비즈니스
프로세스 경영

생산 및 서비스 운영 관리 제3판

MANAGING BUSINESS PROCESS FLOWS

옮긴이 소개

김승범 교수

현재 아주대학교 경영대학 교수로 재직하고 있다. 연세대학교 경영대학을 졸업하고 삼성그룹 기획조정실에서 근무하였다. 미국 워싱턴(St. Louis)대학교에서 경영학석사를 취득하고, University of Illinois at Urbana-Champaign에서 생산관리 전공으로 박사학위를 취득하였다. 미국 San Francisco State University와 중국 북경대외경제무역대학에서 강의를 한 경력이 있다. 주요 관심 분야는 Supply Chain Management, Project Management, Service Management 등이다.

이창환 교수

현재 아주대학교 경영대학 교수로 재직하고 있다. 서울대학교 경영대학을 졸업하고 주식회사 효성에서 근무하였다. 미국 Miami University에서 석사를 취득하고, Rutgers University에서 생산관리/OR 전공으로 박사학위를 취득하였다. 미국 Fairleigh Dickinson University와 The Hong Kong Polytechnic University에서 강의한 경력이 있다. 주요 관심 분야는 Incentive Contracting in Supply Chain, Channel Coordination, Productivity Analysis(DEA) 등이다.

김선교 교수

현재 아주대학교 경영대학 교수로 재직하고 있다. 서울대학교 경영대학 및 동 대학원을 졸업하고 삼성경제연구소에서 근무하였으며 University of Illinois at Urbana-Champaign에서 응용수학석사, University of California at Berkeley에서 산업공학석사, Purdue University에서 산업공학 박사학위를 취득하였다. 주요 관심 분야는 대기행렬네트워크 근사방법이며 경영과학, 경영확률모형론, 통계적 품질관리 등을 강의하고 있다.

성민제 교수

현재 아주대학교 경영대학 부교수로 재직하고 있다. 중앙대학교에서 경제학사, 석사를 마친 후 도미하여 George Washington University에서 Information and Decision Systems를 전공으로 MBA와 경영학 박사학위를 취득했다. 동 대학에서 강사를 거친 후, Duke University의 Department of Biostatistics and Bioinformatics에서 Assistant Research Professor와 Visiting Associate Professor로 근무하였다. 연구관심 분야는 Bayesian Decision Making, Markov Chain Models, Stochastic Process, Multivariate Longitudinal Data Analysis 등이다.

비즈니스 프로세스 경영

생산 및 서비스 운영 관리 제3판

MANAGING BUSINESS PROCESS FLOWS

Ravi Anupindi | Sunil Chopra | Sudhakar D. Deshmukh
Jan A. Van Mieghem | Eitan Zemel 지음
김 승 범 | 이 창 환 | 김 선 교 | 성 민 제 옮김

PEARSON

비즈니스 프로세스 경영 제3판

Managing Business Process Flows, 3rd edition

3판 1쇄 발행 | 2012년 2월 24일

지은이 | Ravi Anupindi · Sunil Chopra · Sudhakar D. Deshmukh · Jan A. Van Mieghem · Eitan Zemel
옮긴이 | 김승범 · 이창환 · 김선교 · 성민제
발행인 | 유재성
발행처 | (주)피어슨에듀케이션코리아
등 록 | 제13-579호(1999. 3. 31.)

판매처 | 도서출판 석정
전 화 | (02)332-6293
팩 스 | (02)334-5367
e-mail | sukjung1@kornet.net

ISBN | 978-89-450-1080-3

값 30,000원

PREFACE

저자 서문

우리는 이 책에서 운영관리의 기본 개념들을 공부하기 위한 새로운 접근법을 제시하고자 한다. 운영 관리는 재무관리, 마케팅과 함께 경영학에서의 세 가지 주요 기능 분야의 하나이다. 이 책에서는 비즈니스 프로세스의 설계, 통제, 개선의 측면에서 운영관리를 공부하기 위한 하나의 통합적인 이론적 틀로써 프로세스 관점을 사용하게 된다. 재고 생산(make-to-stock)과 주문 생산(make-to-order) 환경하에서 서비스 분야와 제조 분야의 운영을 고찰하게 된다.

우리는 논리적이고 정확한 접근법을 사용하여 기본적인 운영관리를 다음의 세 가지 단계로 설명하고자 한다.

1. 비즈니스 프로세스와 그 흐름을 모형화하여 이해.
2. 프로세스 구조와 운영, 재무성과 지표 사이의 인과 관계 분석.
3. 프로세스 성과의 운영 및 재무 지표들의 관리 수단 및 영향분석을 통한 관리적 조치들의 의의 파악.

제 3 판의 새로운 것

이 책의 초판은 1999년에 출판되었고 Northwestern 대학고 Kellogg 경영대학원에서 기초과목인 Operations Management를 강의하면서 겪은 저자들의 경험을 반영하고 있다. 2006년의 2차 개정판에서는 각 장의 주제에 대한 설명을 더욱 개선하고 이론과 실제 간의 연계를 명확하게 하였다. 이번 3판에서도 일반적인 프로세스 관점의 패러다임(paradigm)을 유지하지만 각 장의 아이디어를 더욱 발전시키고, 실제 일어나고 있는 최신 사례를 예시하고자 노력하였으며, 다음과 같은 새로운 내용을 포함하기 위해 약간의 내용을 삭제하였다.

- 더욱 더 현실감 있는 해설을 위해서 각 장을 시작하는 에피소드와 이론이 현실에 어떻게 적용되는지를 알 수 있는 여러 실제 예를 최신 내용으로 바꿨다. 이에 부가해서 각 장의 본문은 쉬운 서술적인 설명에다 기술적인 도출의 상세한 내용을 추가하는 한편, 긴밀하게 관련되지 않는 아이디어는 장의 부록으로 미루었다.

- 4장은 측정, 핵심경로의 분석 및 리드타임 개선을 위한 관리 방식에 주안점을 두어 완전히 수정되었다. 기술적 분석은 부록으로 넘겼다.
- 5장은 효과적인 용량 및 병목관리, 제품믹스가 용량에 미치는 효과, 그리고 용량 낭비의 감축에 중점을 두어 상당한 부분이 수정되었다.
- 수량할인 정책에 관한 논의가 6장에 포함되었다. 주기적 재고검사 정책에 대한 논의는 6장과 7장에 추가되었다.
- 8장은 개념의 흐름을 개선하기 위하여 완벽하게 수정하고 재조직화 과정을 거쳤다. 우리는 우선순위를 토대로 한 프로세싱에 관한 논의도 추가시켰다.
- 9장은 관리도에 대해서 보다 상세한 내용을 담고 있는데, 부분결함 차트, 최근 적용사례, 통합설계에 대한 논의 및 총체적 품질관리 등을 포함시켰다.
- 3장부터 9장까지의 일부 연습 문제에 대한 답을 책 뒷부분에 두었다.
- 각 장의 말미와 책의 마지막 부분에 포함되는 내용을 업데이트했다.

마지막으로 이번 개정판에서는 iGrafx 시뮬레이션(소프트웨어 및 관련 샘플 모형)을 삭제하였다.

개관

우리의 목표는 어떻게 관리자들이 프로세스 구조와 프로세스 구동 수단들을 설계하고 통제하여 모든 비즈니스 프로세스 성과를 개선할 수 있는지를 알려주고자 하는 것이다. 본 책은 4부로 구성되어 있다.

1부, '프로세스 관리와 전략'에서 비즈니스 프로세스와 관리전략의 기본적 개념들이 소개된다. 프로세스는 내부와 외부 고객들의 요구를 충족시키기 위한 제품과 서비스들을 설계하고 생산하여 제공하는 모든 조직에서 핵심 기술을 이루고 있다. 프로세스는 자본과 인적자원을 사용하여 상호 연관이 있는 일련의 활동들을 수행함으로써 투입을 산출로 변환시키게 된다. 프로세스 역량 상의 교환문제(trade-offs)는 기업의 경쟁전략에 의해 결정된, 희망하는 제품속성과 전반적인 경쟁우위에 그들의 역량을 일치시켜야 세계 일류 수준의 운영(operations)을 달성할 수 있다는 것을 의미한다.

2부, '프로세스 흐름측정'에서 주요 프로세스 척도들을 알아보고 그들의 상호 연관성 그리고 척도들을 통제하기 위한 관리적 수단들을 공부한다. 특히 프로세스 성과에 대한 재무적 척도에 영향을 미치는 세 가지 근본적인 운영 척도들은 프로세스 흐름시간, 평균 흐름률 그리고 재고이다. 흐름시간은 핵심 활동의 구조를 바꾸거나 시간을 감소시킴으로써 개선될 수 있으며, 흐름률은 프로세스의 병목 용량을 증가시킴으로써 개선할 수 있고, 재고는 뱃치 크기를 감소시키고, 프로세스를 간결화시키고, 변동성을 줄임으로써 개선될 수 있다. 그러나 2부에서는 프로세스 성과에 대한 변동성의 영향은 무시되고, 전반적으로 평균값들에 초점이 맞추어져 있다.

3부, '프로세스 흐름 변동성'에서 흐름과 프로세스에서의 변동성이 프로세스 성과에 미치는 영향과 이러한 영향에 대해 계획하고 통제하기 위한 관리적 수단들을 공부한다. 재고 생산(make-to-stock) 환경에서 유입과 수요에서의 변동에 상관없이 원료와 제품의 가용성을 유지하고자 사용되는 것이 안전재고이다. 주문 생산(make-to-order) 환경에서 유입과 처리시간상의 변동에 기인한 대기시간을 최소화하고자 사용되는 것이 안전 용량이다. 안전시간은 한 고객을 처리하기 위한 반응시간에 대한 믿을만한 추정치를 구하는 데 이용된다. 마지막으로 피드백 통제는 시간에 따른 프로세스 성과의 변동을 관찰하고 대응하기 위해서 사용된다.

4부, '프로세스 통합'에서 프로세스들이 네트워크를 통해 가장 경제적인 방법으로 물자와 정보의 흐름을 동기화시키는 원리에 대해 논의한다. 가장 이상적인 것은 초과비용, 불량품, 지연 그리고 재고의 형태로 나타나는 낭비들을 제거하는 것이다. 흐름에서의 변동과 규모의 경제에 대응하기보다는 장기적인 관점에서 프로세스들을 간결, 유연하고, 예측 가능하게 만들어 낭비에 대해 대응할 필요를 없애는 것이 바람직하다. 그러기 위해서는 비효율, 경직성, 변동성 등의 원인을 지속적으로 노출하고 제거하여야 하고, 정보기술을 사용하여 다양한 하부 프로세스들을 통합시킬 필요가 있다. 여기에서 목표는 대기, 재고, 불량 없는 연속적인 흐름을 위하여 프로세스를 설계하고 통제하는 것이다.

부록 1에서는 비즈니스 프로세스들을 관리하기 위한 수단들을 요약한다. 이러한 점검 목록이 실제 활용에 유용하길 저자들은 바라고 있다. 이 책은 독자들이 확률과 통계의 기본적인 개념을 이해하고 있다고 간주하였으나 완벽을 기하기 위하여 확률과 통계의 기본 개념을 부록 2에 요약하였다.

교수자를 위한 자료

- **교수자 자료 센터**(instructor resource center): 교수자 자료 센터는 테스트 뱅크, PowerPoint 슬라이드 및 Solutions Manual의 전자 파일을 저장하고 있다. (www.pearsonhighered.com/anupindi)
- **등록, 로그인**: www.pearsonhighered.com/irc에서 교수자는 다운로드가 가능한 디지털 포맷의 텍스트도 함께 제공되는 다양한 프린트, 미디어, 그리고 프레젠테이션 자료를 쓸 수 있다. 대부분 텍스트의 경우, Blackboard, Web CT 및 Course Compass와 같은 과목 관리 플랫폼에서도 관련자료를 구할 수 있다.
- **도움이 필요할 경우**, 우리의 전담 기술지원 팀이 이 교재에 따르는 media supplements에 관한 질문에 대해 교수자를 도울 준비가 되어 있다. 자주 묻는 질문에 대한 답은 http://247.pearsoned.com/ 또는 이용자 지원 무료전화번호(toll free number)를 이용할 수 있다. 교재를 채택하는 교수자들은 보충자료를 이용할 수 있다. 상세설명은 교수자 자료 센터(instructor resource center)에서 제공된다.

Instructor's Solutions Manual

저자가 새로이 작성한 Instructor's Solutions Manual은 Instructor Resource Center로부터 다운로드 받아서 사용할 수 있다.

Test Item File

저자가 새로이 작성한 test item file 역시 Instructor Resource Center로부터 내려받아서 사용할 수 있다.

PowerPoint Presentations

저자가 새로이 작성한 PowerPoint presentations 역시 Instructor Resource Center로부터 내려받아서 사용할 수 있다.

감사의 말

We gratefully acknowledge the feedback from our full-time, part-time, and executive management students at our respective institutions and numerous adopters of the textbook at other institutions. Our colleagues Krishnan Anand (now at David Eccles School of Business, University of Utah), Sarang Deo, Martin (Marty) Lariviere, Andy King (now at Dartmouth College), and Matt Tuite (now retired) have, over time, given us many suggestions for improvement. In particular, Anand suggested the original Loan Application Flow example in Chapter 3, while Marty offered us several new exercises. (Instructors know that good problem sets are golden.) Andy pointed out the need to explicitly account for setup times in determining flow rate more accurately. In addition, we also benefited from the suggestions by several colleagues at other universities. We are particularly indebted to Larry Robinson at Cornell University, George Monahan at the University of Illinois at Urbana-Champaign, Kevin Gue and Ken Doerr of the Naval Postgraduate School at Monterey, and Marty Puterman at the University of British Columbia.

The manuscript has benefited significantly from extensive and meticulous reviews from Amy Whitaker, developmental editor at Pearson Prentice Hall. We are thankful to her for suggesting, among other things, the idea of a glossary of terms and helping us prepare this list. Several people from the staff at Pearson Prentice Hall have really worked hard in patiently coordinating the entire project. In particular, we are thankful to Mary Kate Murray, Senior Project Manager Chuck Synovec, Senior Acquisition Editor Anne Fahlgren, Executive Marketing Manager Clara Bartunek, Production Project Manager. We also thank Mohinder Singh of Aptara Incorporation for his assistance with the production of the book.

Finally, all of us have been influenced in various ways by the way we were taught operations at our respective alma maters. Parts of the book reflect what each of us imbibed from the various classes we took. So we thank our mentors and other faculty at Carnegie Mellon University, Stanford University, the State University of New York at Stony Brook, and the University of California at Berkeley. Last, but not least, we would like to thank our families for their support during this effort.

Ravi Anupindi
Stephen M. Ross School of Business
University of Michigan, Ann Arbor

Sunil Chopra,
Sudhakar D. Deshmukh,
and Jan A. Van Mieghem
J.L. Kellogg School of Management
Northwestern University

Eitan Zemel
Leonard N. Stern School of Business
New York University

PREFACE

역자 서문

흔히들 경영학의 여러 주제 가운데서 '생산관리'는 어렵고 딱딱한 주제라고 인식되고 있다. 이는 요즈음의 전반적인 이공계 기피현상과 맥을 같이 하는 것으로 보인다. 전통적인 과목 명칭인 '생산관리'로는, 제품을 생산해 내는 공장을 연상하기 때문에 지나치게 진부하기도 하고, 또 이 분야의 요즈음 연구대상이 제조현장뿐만 아니라, 서비스 제공현장까지 포함하기 때문에 '운영관리'라고 새로이 간판을 내걸고 신장개업했지만 역시 어렵게 느끼는 는 마찬가지인 것으로 보인다.

어렵게 느끼게 되는 또 다른 이유로는 관련 교과서 내용이 통일된 프레임워크와 일관적인 논리 없이 산만하게 다양한 이슈를 소개하는 데 치우쳤기 때문이 아니었나 반성도 하게 된다. 사실 그동안 '생산관리' 교과서는 재화를 생산하고 제공하기 의해, 공장 시스템을 어떻게 설계하고, 일단 시스템이 완성된 후의 일상적인 운영은 어떻게 할 것인가에 관해 고려해야 할 여러 가지 문제중심으로 그 대응 기법을 나열하는 형식으로 기술되었다.

오랫동안 이런 문제를 안고서, 학생들이 보다 쉽게 배우고, 흥미를 느끼게 가르칠 수 없을까 고민하다가 마침 발견하게 된 책이 바로 우리가 번역하게 된 『비즈니스 프로세스 경영(*Managing Business Process Flows*)』이다. 이제 제3판의 개정을 통해 좀 더 최신의 내용을 풍부하게 전달할 수 있게 되어 무척 다행스럽게 생각한다.

이 책은 재무관리, 마케팅과 더불어 경영학의 가장 중요한 세 가지 기능 분야 가운데 하나인 생산(운영)의 핵심개념을 공부하는데 매우 새로운 방식을 취하고 있다. 즉 경제활동을 영위하는 모든 조직, 즉 조선소, 자동차 조립공장, 건설회사, 병원, 항공사, 레스토랑, 영화사 등등을 모두 프로세스로 보고, 운영(생산)관리에 이런 비즈니스 프로세스를 설계하고, 관리 및 통제 그리고 개선하는 활동으로 인식하고 있다. 요컨대 운영관리에 대한 하나의 통일된 패러다임으로서 프로세스 관점을 사용하고 있는 것이다.

운영관리에 대해 종전처럼 공장에서 일어나는 문제에 대해 단편적으로 대응한 해법을 단순하게 암기하는 데 급급하고 산만하게 받아들이기보다, 통일된 하나의 패러다임으로 핵심개념을 이해하도록 하면, 운영관리의 핵심을 오래 기억할 수 있으며, 나아가 프로세스 전체를 바라볼 수 있는 눈을 키우고, 필요한 경우 이를 개선할 수 있는 역량을 갖출 수 있을 것이다. 도요타가 자랑하는 TPS(도요타생산시스템)가 최근의 대량 리콜 사태로 위기를 겪은 반면, 현대기아자동차가 약진하고, 포스코, 삼성전자가 세계 일류기업의 반열에 오르고, 사양산업으로 치부되던 의류산업에서 Uniqlo, Zara가 폭발적인 성장세를 보이고, Wal-Mart가 세계유통업계에서 최강자가 된 것은 프로세스 관리 역량의 탁월함에서 비롯된 것이다.

역자가 재직하는 아주대학교에서 1999년 이래 이 책을 강의에 사용하면서, 학기 중에 반드시 학생들에게 현실의 비즈니스 프로세스를 하나 선정하여, 그 흐름을 분석하고 현재의 수준을 파악하여, 이를 개선하기 위한 해결책을 제시하라는 기말 과제를 부과하고 있다. 그 결과 학생들의 반응은 "과제 시작하기 전에는 운영관리라는 주제가 어떻게 현실 비즈니스에 적용되는지를 몰랐다가 과제를 끝내고 난 후에는 정말 많이 배우게 되었고, 흥미를 느끼기 시작했다."라는 평들이 많았다. 특히 기말 프로젝트 수행에 제대로 참여를 한 사람들은 이구동성이었던 것이 인상 깊다. 이들 중에는 운영(생산)관리의 다음 후속과목이 어떤 것인지 궁금해하는 학생도 많았다. 그래서 역자는 어렵고, 생소하다고 깊이 인식된 과목도 충분히 승산이 있다는 것을 느꼈다.

오래전에 학교를 졸업하고 번듯한 직장에서 제법 책임있는 일을 하기 시작한 졸업생 중에는 '교수님, 왜 그때(자신이 재학 중 강의 들을 때) 생산관리가 중요하다고 말씀하시지 않았습니까?' 라고 원망을 하는 사람이 가끔 있다. 요즈음은 회사에서 어느 일을 맡아 하든지 간에 경영학의 모든 주제를 전반적으로 연결지어 이해하는 것이 요구되고 있는 바람직한 현상이 나타나고 있다는 반증이다. 회계를 맡아도 생산을 알아야 하고, 인사업무를 맡아도 그리고 재무나 마케팅을 맡아도 공장이나 서비스 현장에서 일어나는 일을 이해하여야 한다.

중요하다고 특별히 강조하지 않은 것은 아니지만, 그동안 운영관리를 '종래' 의 교과서 중심으로 가르치다 보니, 중심이 되는 일관된 원리를 확실하게 이해시키지 못했고, 게다가 흥미를 가지게 하지 못한 데에는 우리의 책임이 또한 크다는 점을 고백하지 않을 수 없다.

우리 역자는 그런 푸념을 하는 제자들에게 그리고 지금 열심히 하지 않으면 앞으로 당연히 그럴 수 있는 재학생들에게 이 책을 바친다. 또한, 이 책은 프로세스 운영을 책임지고 있는 경영자뿐만 아니라, 혹 운영관리의 전략적 중요성을 아직 깨우치지 못하고 있는 CEO에게도 도움을 줄 것으로 확신한다. 아울러 이런 유익한 책의 번역을 주선한 피어슨 코리아의 관계자께 감사드린다. 그리고 이 책의 개선은 그동안 이 책을 읽은 일반 독자들과 역자가 재직하는 아주대학교 학생들의 사랑과 지원으로 이루어졌음에 감사드린다.

2012년 2월
수원 원천동산에서
김승범, 이창환, 김선교, 성민제

BRIEF CONTENTS

요약 차례

CONTENTS

차례

1부 프로세스 관리와 전략

1장 제품, 프로세스 그리고 수행성과

2장 운영전략 및 관리

2부 프로세스 흐름측정

3 장 프로세스 흐름척도

Chapter

1

제품, 프로세스 그리고 수행성과

서론

Wal-Mart는 상당히 오랫동안 업계에서 최고수준의 이익을 성공적으로 창출했다. 2008년에 Wal-Mart의 이익은 1백27억 달러로 소매부문에서 최고였다. eBay는 1990년대 말 경매 프로세스의 일부분을 자동화함으로써 경매산업을 혁신하였다. 2008년 eBay의 추정이익은 18억 달러 정도에 달했다. 2008년 Global Health 부문의 Gates Prize를 수상한 인도의 Aravind Eye Hospital은 2009년 4월부터 2010년 3월 사이에 2,539,615명의 환자를 진료했고 302,180건의 백내장 수술을 시행하였다. 외래 환자의 67% 그리고 안과 수술환자의 75%가 빈민으로 이들에 대해서는 진료비를 한 푼도 안 받았지만 Aravind는 상당한 이익을 내고 이를 병원의 성장을 위한 프로젝트에 사용할 수 있었다. Netflix는 비디오 대여 비즈니스를 고객이 대여점을 주로 방문하는 것에서 비디오가 우편으로 또는 고객의 집으로 직접적으로 전송되는(streaming) 방식으로 바꾸었다. 2009년 Netflix는 16억 7천만 달러의 매출과 1억 1천5백만 달러를 달성한 것으로 알려졌다. 대조적으로 Blockbuster는 수년 동안 손실을 보고 많은 대여점을 폐쇄 조치하더니, 결국 2010년에 파산 지경에 이르고 말았다. 성공적인 기업은 고객이 인지하는 가치보다도 훨씬 생산 및 인도 비용을 낮춤으로써 고객기대를 충족시키는 제품을 제공하여 양호한 재무성과를 실현한다. 이에 비해 Blockbuster 사례에서 알 수 있듯이 생산 및 인도 비용보다 큰 가치를 고객에게 제공할 수 없으면 적자를 보게 되고 조직의 사멸까지 감수해야 한다. 소프트웨어 제조업체, 공원관리공단, 자동차 제조업체, 우편서비스, 세금징수기관, 그리고 병원에 이르기까지 어떤 조직이든 성공하기 위해서는 재화와 서비스의 생산 및 인도(제공)에 드는 비용보다도 훨씬 큰 가치를 고객에게 제공하여야만 한다.

Wal-Mart, eBay, Aravind 및 Netflix의 재무성과는 조직의 성공이 재화와 서비스를 생산하고 고객에게 인도하는 비즈니스 프로세스의 효과적인 관리와 얼마나 밀접하게 연계되는지를 보여준다. Wal-Mart의 구매 및 배급기능은 필요한 때, 필요한 곳에서 낮은 비용으로 품절의 발생 없이 거의 항상 제품의 구매가 가능하도록 한다. eBay는 판매자로 하여금 전통적인 경매장 이용 수수료에 크게 못 미치는 저렴한 비용에, 공식 경매장에서는 수주일 또는 수개월 걸릴 수 있는 시간을 단축하여 불과 몇 분 내로 경매를 준비할 수 있게 한다. Aravind는 고가의 자원의 가동률을 크게 높이는 프로세스를 설계하여 무료 안과 수술을 빈민에게 해 주면서도 이익을 발생시키고 있다. Netflix는 비디오 대여점포가 부과하는 임대료에 훨씬 못 미치는 비용에 광범위한 다양한 비디오를 시청하도록 하고 있다. 이 책에서 우리는 생산 및 인도에 드는 비용보다 고객에게 훨씬 더 큰 가치를 제공하는 비즈니스 프로세스를 어떻게 설계하고 관리할 수 있을까? 하는 문제에 집중하고자 한다.

비즈니스 프로세스의 집합으로서 조직을 어떻게 그려낼 수 있을까? 프로세스의 성과를 감시하고 관리하기 위하여 어떤 유형의 척도를 쓸까? 조직은 충족시키려 하는 고객의 기대를 어떻게 범주화하는가? 탁월한 재무성과를 내기 위해서 프로세스를 어떻게 설계하는가? 비즈니스 프로세스의 성공을 뒷받침하기 위해서 조직은 어떤 다른 도구와 장치를 가져야만 하는가?

이 장에서는 이러한 질문에 대한 답을 찾는 틀을 제시할 것이다. 1.1절에서 우리는 모든 조직은 왜 프로세스로 간주할 수 있는지를 살펴볼 것이다. 1.2절에서는 경영자들이 프로세스에 대해 평가할 때 사용할 수 있는 성과 척도를 살펴볼 것인데, 특히 재무성과 척도, 외부 또는 고객중심의 성과 척도 및 내부 또는 운영 성과 척도에 대해 논의할 것이다. 1.3절에서는 고객이 가치를 부여하는 네 가지 제품 속성, 즉 제품 원가(product cost), 인도-반응속도(delivery-response time), 다양성(variety), 품질(quality) 등에 대해 살펴볼 것이다. 1.4절에서는, 경영자가 통제할 수 있으며, 네 가지 제품 속성에 상응하는 프로세스 능력, 즉 프로세스 원가(processing cost), 흐름시간(flow time), 자원의 유연성(resource flexibility), 프로세스 품질(process quality)에 대해서 공부할 것이다. 또한, 두 가지 유형의 프로세스인 잡샵(job shop)과 플로우 샵(flow shop)에 대해서도 살펴볼 것이다. 1.5절에서는 프로세스 설계, 프로세스 통제 그리고 이 책의 나머지 부분에서 상세하게 논의되는 프로세스개선을 위한 의사결정에 대해 고찰해본다. 1.6절에서는 실제 실행되고 있는 상이한 프로세스 구조에 대해 논하고자 한다.

1.1 조직에 대한 프로세스 관점

프로세스를 사전에서는 '어떤 결과를 지향하여 이뤄지는 일련의 체계적 행동'이라고 정의한다. 이를 근거로 우리는 투입(inputs)을 산출(outputs)로 바꾸는 어떠한 변환도 **프로세스**(process)로 간주한다(그림. 1.1 참조). 이런 정의에 의하면 자동차 조립 라인의 어느 한 단계, 예로써 좌석을 내부에 설치하는 단계도 프로세스라 할 수 있고, 또는 부품을 조립하여 완성된 차를 만드는 전체 조립 라인도 프로세스라 할 수 있다. 조직을 프로세스로 보는 관점에서는 어떤 조직이든 서로 연결된 하위 프로세스(sub process)로 구성된 하나의 프로세스로 간주한다.

이 책의 두 가지 주요 목적인 프로세스의 성과를 창출된 가치 기준으로 평가하고 개선하기 위해서 투입에서 산출로의 변환을 면밀히 검토하여야 한다. 변환과정의 특징을 나타내는 프로세스의 다섯 가지 요소는 다음과 같다.

1. 투입(inputs)과 산출(outputs)
2. 흐름단위(flow units)
3. 활동과 버퍼로 구성된 네트워크(network of activities and buffers)
4. 생산자원(resources)
5. 정보 시스템(information structure)

투입과 산출 어느 조직을 프로세스로 보기 위해서는 먼저 프로세스의 투입과 산출을 파악하여야 한다. **투입**(inputs)은 외부환경으로부터 프로세스로 유입(flow)되는 유형, 무형의 것을 일컫는다. 따라서 투입에는 원자재, 부품, 에너지, 데이터 및 서비스를 해야 하는 고객 등이 포함된다, 자동차 조립 공장에서는 강판, 타이어, 여러 가지 전장부품 등이 외부에서 프로세스로 유입되는 투입요소의 예이다. **산출**(outputs)은 완제품, 처리된 정보, 에너지, 현금 또는 서비스를 받고 만족하는 고객 등과 같이 프로세스로부터 외부로 되돌려지는 유형 내지 무형의 것을 일컫는다. 예로 완성된 자동차는 조립공장을 떠나 시장에 출시되며, 치료 서비스를 받은 환자는 건강을 회복하고 병원을 나서게 된다. 따라서 조직으로 유입되는 투입과 조직에서 유출되는 산출은 조직이 외부 환경과 어떤 상호작용을 형성하는지를 결정하는 셈이다.

투입은 프로세스를 거치면서 산출로 변환되어서 프로세스를 떠나게 된다. 예를 들어, 원자재는 생산공정을 거치면서 변환되어 완제품으로 배출되며, 데이터는 회계과정을 거쳐 재무제표로, 송장 금액(외상매출금)은 청구와 추심과정을 거쳐 수금액(현금)으로 프로세스를 떠나게 된다.

그림 1.1 프로세스 관점으로 보는 조직(블랙박스)

표 1.1 일반적 비즈니스 프로세스의 예

프로세스	흐름단위	투입-산출 변환
주문충전	주문	주문접수-제품의 인도
생산	제품	원자재의 수납-완제품의 생산
출고 물류	제품	생산의 종결-제품을 고객에게 인도
선적	제품	제품의 선적-고객에게 인도
공급사이클	공급품	구매주문의 발행-공급품의 수납
고객서비스	고객	고객의 도착-고객의 이탈
신제품 개발	프로젝트	필요의 인식-제품의 출시
현금사이클	현금	비용의 지출-수익의 수금

흐름단위 프로세스 관점에서의 두 번째 단계는 프로세스를 거치는 흐름단위에 대해 분명하게 이해하는 것이다. **흐름단위**(flow units)는 프로세스 분석의 대상이기도 하다. 프로세스에 따라 흐름단위는 고객의 주문처럼 투입의 단위이기도 하고, 완제품과 같이 산출의 단위이기도 하다. 흐름단위는 투입 또는 산출의 금전적 가치가 될 수도 있다. 예를 들어 '아마존'의 창고에서의 흐름은 책, 고객주문, 매출액 기준으로 분석될 수 있다. 흐름단위가 무엇인지를 결정하는 것은 프로세스 분석과 성과 평가에서 중요하다. 표 1.1은 일반적인 비즈니스 프로세스를 열거하고 투입-산출 변환을 거쳐 움직이는 흐름단위를 예시하고 있다.

활동과 버퍼로 구성된 네트워크 프로세스 관점을 택할 때 취하는 3번째 단계는 프로세스를 활동(activities)과 버퍼(buffers)로 구성된 네트워크로 묘사하는 것이다.

활동(activity)이란 변환의 가장 단순한 형태이다. 다시 말해 프로세스를 구축하는 기초단위가 된다. 사실, 한 활동이란 그 자체로서 미니(mini) 프로세스라고 볼 수 있지만, 프로세스의 평가와 개선이란 목적을 위해서 구체적인 활동의 상세한 내용에 대해서는 관심을 두지 않는다. 단지 활동을 블랙박스(black box)로 보는 것만으로 충분하다. 예를 들어, 공급자, 제조업자, 유통업자, 소매업자를 포함하는 여러 조직 사이에 형성되는 프로세스인 공급망을 연구할 때, 각 조직 내에서 일어나는 모든 활동에 눈길을 주기보다는 각 조직을 하나의 활동으로 보면 충분하다. 각 조직을 더욱 충분히 공부할 때는 각 조직의 구체적 활동을 엄밀히 살펴봄으로써 특정 변환과정에 대해 공부하여야 한다. 이러한 구체적 수준에서는, 자동차 차대에 판재를 용접하는 활동, 공항터미널에서 여객을 체크인하는 일, 회계정보시스템 원가정보의 입력, 추심기관에서 전자자금 이체의 수납 등과 같은 활동을 세부적으로 살피게 될 것이다.

버퍼(buffer)에서는 한가지 활동을 마쳤지만, 다음 활동을 기다리는 흐름 단위를 저장한다. 예를 들어, 접수를 마친 환자는 응급실에서 의사를 만나기 위해 대기 장소에서 기다린다. 이와 비슷하게 도장(painting)을 마친 자동차는 조립라인의 들어가기 전에 버퍼(buffer)에서 기다린다. 물질적 재화의 버퍼라 함은 재화가 저장되는 물리적 입지를 의미한다. 그러나 일단의 고객주문처럼 물리적 입지와 상관이 없는 버퍼도 있을 수 있다. 버퍼에서의 저장을 흐름단위의 시간차원을 변환시키는 특별한 활동으로 생각할 수 있다. 비즈니스 프로세스에서는 저장은 **재고**(inventory)라고도 불리기도 한다. 이때 재고는 프로세스 경계 내에 있는 흐름 단위의 총량을 의미한다. 시스템 내에 있는 재고량은 중요한 성과척도로서 3장에서 상세하게 다룰 것이다.

프로세스 내의 활동은 서로 연결되어 있어서 앞의 한 활동의 산출은 중간의 매개하는 버퍼를 거쳐 다음 활동의 투입이 된다. 따라서 프로세스를 **활동과 버퍼로 구성된 네트워크**(network of activities and buffer)로 부르기도 하는 것이다. 네트워크에서는 활동 간의 구체적인 **선행관계**(precedence relationships), 즉 어떤 활동이 다른 활동을 시작하기 전에 완료되어야 하는지를 나타낸 순서 관계를 표시한다. 나중에 다시 살펴보겠지만, 네트워크구조에서의 선행관계는 프로세스의 시간 차원의 성과에 영향을 크게 미친다. 여러 가지 제품을 취급하는 조직에서는 각 제품을 생산하는 데에 특정의 선행관계를 갖는 활동을 요한다. 여러 활동으로 구성된 네트워크는 여러 경로(routes)를 가지며 각 경로는 특정 제품 생산 과정의 선행관계를 나타낸다.

그림 1.2는 프로세스를 활동과 버퍼로 구성된 네트워크로서 보여주며, 또한 활동 간의 선행관계 또는 경로를 보여준다.

생산자원 프로세스 관점의 4번째 요소는 조직의 생산 자원이다. 운영의 관점에서 본다면, 생산자원(resources)은 유형자산으로써 보통 다음 두 가지로 구분된다.

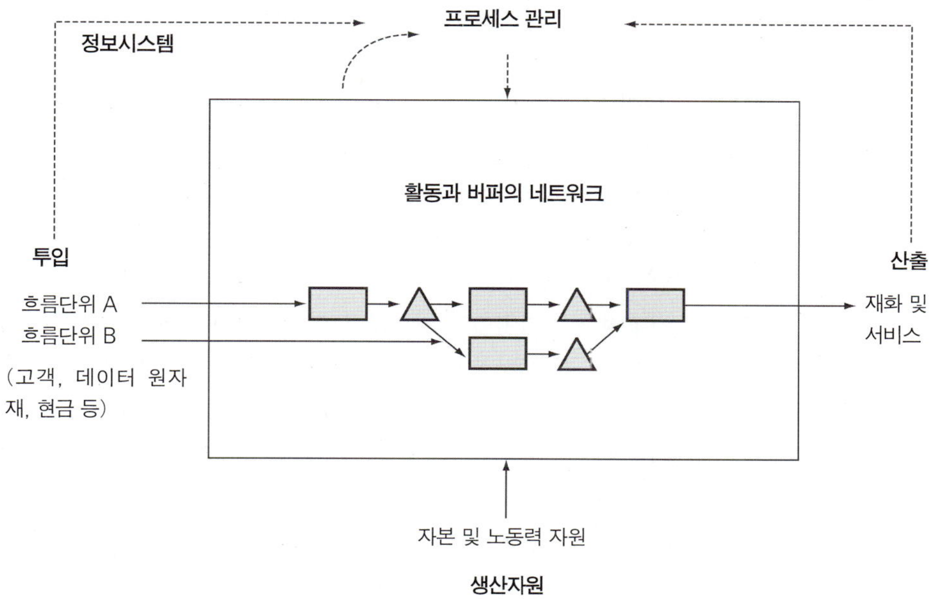

그림 1.2 활동과 버퍼로 구성된 네트워크로서의 프로세스

- **자본**(capital): 토지, 건물, 시설 장비, 기계 및 정보시스템과 같은 고정자산
- **노동력**(labor): 기술자, 기계 운전공, 고객서비스 요원 및 판매사원과 같은 인력

생산자원은 프로세스 내에서 투입의 산출로의 변환을 도모한다. 어떤 활동은 여러 가지 생산자원을 필요로 하고(예로 용접활동은 작업자와 용접봉이 있어야 한다), 어떤 생산자원은 여러 가지 활동을 수행할 수 있다(어떤 작업자는 용접도 하지만 판금도 한다). 생산자원을 활동에 할당하는 것은 프로세스 관리에 있어서 매우 중요한 의사결정이다.

정보시스템 프로세스 관점의 마지막 요소는 **정보시스템**(information structure)이다. 이는 활동을 수행하거나 의사 결정을 내리기 위해서 어떤 정보가 필요하고 어디에서 얻을 수 있는지를 나타낸다.

이제 비즈니스 프로세스를 '투입을 산출로 변환하는 생산자원에 의해서 수행되는 활동들의 네트워크' 로 정의할 수 있다. 따라서, **프로세스 흐름 관리**(process flow management)는 장시간 동안 프로세스가 어떻게 운영되어야 할지 그리고 어떤 생산자원이 어떤 활동에 배정되어야 할지를 구체화하는 관리 방침을 일컫는다. 이것이 조직의 성과를 평가하고 개선하기 위한 우리의 작업의 토대가 될 것이다. 우리는 프로세스 구조와 프로세스 흐름 관리가 모든 조직의 성과에 어떻게 영향을 미치는지를 살펴보게 될 것이다.

프로세스 관점은 다양한 조직에 적용될 수 있다. 이 관점은 원자재를 완제품으로 변환시키는 제조과정과 회계부서, 제품설계 팀, 컴퓨터 임대업체, 병원, 등지에서 수행되는 서비스를 나타낼 수 있다. 이 프로세스 관점은 조직 내에서 생산, 재무, 마케팅관련 기능 및 공급자 관계를 포함하는 조직 내에서의 교차기능적 프로세스를 표현하는 편리한 도구이기도 하다. 버퍼를 포함함으로써 다른 사람 또는 활동 간의 인터페이스(interface)를 고려할 수 있다. 이 인터페이스 부분이 대부분 개선이 가능한 분야이다. 또한, 프로세스 관점은 공급망과 같이 거시적인 수준에서 채택되기도 하고 공장 내의 한 작업장과 같이 미시적인 수준에서도 도입할 수도 있다. 프로세스 관점은 산출을 받는 사람, 즉 고객을 포함하기 때문에 '고객을 염두에 두는 관점' 이라 할 수 있다.

가치흐름지도(value stream mapping) 또는 **가치사슬지도**(value chain mapping)는 가치를 부가하는 활동과 소모하는 대기와 같은 활동을 파악해서 프로세스 내의 활동과 버퍼로 구성된 네트워크를 그림으로 나타내기 위해 사용하는 도구이다. 가치흐름지도의 목표는 프로세스 설계자와 관리자가 최종제품에 가치를 부가하도록 함으로써 프로세스 개선에 집중하도록 하는 것이다. 이 책은 프로세스의 가치를 부가하는 잠재력을 개선하는 설계 및 관리전략을 파악하는 것을 목표로 한다.

프로세스 관점은 모든 조직이 상호 연결된 프로세스의 집합체라는 사실을 부각한다. 예로서 Amazon에서 고객의 주문을 처리하는 프로세스는 주문 접수 프로세스, 창고에서 주문 물건을 발견하고 이를 선택하고 포장하는 프로세스, 그리고 선적 프로세스 등으로 구성된다. 주문품 선택과 포장 프로세스의 성과는 창고에서 물품을 정확하게 인수하고 보충하는 활동에 의존한다. 한 품목

이 인수과정에서 창고에서의 위치선정이 잘못되어 엉뚱한 곳에 놓였을 때, 주문을 충족시키기 위해서 둘러보는 작업자가 발견하지 못할 수도 있다. 어떤 조직이든 성공은 모든 프로세스를 통틀어 사람이 쏟는 관심과 노력의 조화로운 정렬이 필요하다는 것을 이해하는 것이 기본이다.

Aravind Eye Hospital은 고객들에게 감당할 수 있는 가격에 고품질 안과 진료를 제공할 목적으로 설계된, 훌륭하게 상호 연결된 프로세스의 사례이다. 눈부신 햇빛과 유전적 소질 때문에 인도인들은 특히 백내장 질환에 취약하다. 수백만의 인도사람들은 50세가 될 때쯤 시력을 잃는다. 치료를 받을 수 없거나 받지 못하는 빈민은 할 수 없이 맹인이 된다. Aravind는 인도에서 불필요한 실명을 박멸하자는 사명하에 Dr. Venkataswamy에 의해 설립된 병원이다. 이것이 성공하기 위해서는 이용자로 하여금 안과진료를 비용상으로 감당할 수 있고 또 쉽게 접근할 수 있을 것을 필요로 한다.

Aravind는 진료비를 부담할 수 있는 환자를 진료하는 데에서 출발하여 여기에서 나오는 이익을 돈 때문에 안과진료를 받을 수 없는 환자에게 무료진료를 제공하는 데 쓰고 있다. 이런 일이 안과진료비용을 감당할 수 있게는 하였지만, 교통비를 감당하지 못하든가, 환자가 내원할 때 친척의 동반이 필요한 환자 또는 종종 며칠간의 밥벌이를 포기해야 하는 환자들에게는 안과진료서비스 이용이 거의 불가능했다. 따라서 Aravind의 의사들은 안과 캠프를 열면서 마을을 방문했고 병원에서는 첫 검진부터 수술 이후에 환자를 귀가시킬 때까지 환자를 수발하는 안과 보조 직원 그룹과 환자의 이동을 도울 버스까지 투입하였다. 저렴한 비용에다 추가로 접근을 더욱 쉽게 하려고 Aravind에서는 농촌지역에 시력센터를 열어 진단과 진료를 하기 위해 Madruai 병원에 있는 의사와 협력해서 원격지에서 일할 훈련된 진료보조직원들을 상주시켰다. 비용을 낮은 수준으로 유지하기 위해서 Aravind는 의사와 수술 장비 같은 고가 자원의 활용도를 가능한 한 높여야 했다. 수술 장비는 온종일 사용되고 의사는 수술에만 집중적으로 매달리고 수술 전후의 보살핌은 대부분 간호사가 담당한다. 품질 수준은 상당한 수의 유료환자를 끌 만큼 일관된 높은 수준을 유지하고 있다. 프로세스 관점을 취함으로써 Aravind는 비용을 통제할 수 있는 수준으로 묶어두면서 환자에게 더욱 큰 가치를 창출하는 변화를 지속적으로 파악할 수 있게 되었다. 결과적으로 오늘의 Aravind는 상당한 비중의 환자를 무료로 서비스하면서 세계 최대의 안과진료 제공 기관이 되었다.

요컨대 조직에 대한 프로세스 관점은 다음을 위한 주요 도구이다.

1. 프로세스 평가
2. 성과를 개선하기 위한 프로세스의 설계, 구조조정, 관리방식에 대한 탐구

1.2 성과 척도

프로세스의 유효성을 결정하는 것은 무엇인가? 이 질문에 대한 합리적인 답은 다음의 두 요소를 토대로 해야만 한다.

1. 기업의 현재 및 과거 성과에 대한 평가와 측정
2. 기업의 전략에 의해서 표현된 미래의 목표

비즈니스 프로세스의 수행성과를 평가하고 개선하기 위하여 이를 정량화하여야 한다. 이 절에서 우리는 재무, 외부 및 내부 성과지표 등 몇 가지 프로세스의 성과 척도를 확인하게 될 것이다.

1.2.1 측정의 중요성: 사실에 의한 관리

오랫동안 GM의 회장을 지낸 Alfred Sloan은 전문경영자를 '직관이나 감정보다는 사실에 의해서 관리하는 사람'으로 정의하였다. 사실을 객관적이고 구체적이고 계량화할 수 있는 방식으로 수집함으로써 통제 가능한 프로세스 능력과 원하는 제품 속성 간의 관계에 대해서 명확히 알 수 있고 따라서 적절한 성과 표준을 설정할 수 있다(표 1.2 참조). 성과측정은 제품과 프로세스를 개선하기 위한 인센티브를 설계하고 집행하는데 긴요하다. 그리고 개선의 결과를 평가하는데도 중요하다.

1.2.2 척도의 유형: 재무, 외부 및 내부

한 프로세스의 재무성과는 프로세스의 산출(제품과 서비스)이 고객에게 제공하는 가치와 그것의 생산 및 인도에 소요된 원가 간의 차이를 토대로 한다. 견실한 재무성과는 고객만족과 프로세스의 유효성에서 나온다. 그러므로 프로세스 관리는 고객만족을 측정하는 외부 척도와 프로세스의 유효성을 점검하는 내부척도가 필요하다. 외부 척도는 제품이 고객의 기대를 충족시키는데 얼마나 효과적인가를 나타내고 내부 척도는 프로세스가 잘 운영되는 부분과 개선이 필요한 부분을 파악할 수 있어야 한다.

재무 척도

재무 척도는 고객에게 제공된 가치와 제품의 생산과 인도에 소요된 원가 간의 차이를 추적한다. 모든 기업의 목표는 이 차이 즉 이익을 극대화하는 것이다. 영리기업에서 주가 되는 재무성과 척

표 1.2 측정의 중요성

"당신이 언급하는 것을 측정할 수 있고, 그것을 숫자로 표현할 수 있다면, 당신은 그것에 대해 뭔가를 알고 있는 것이다."

—Lord Kelvin(1824 ~1 907)

"셀 수 있는 것은 세고, 측정할 수 있는 것은 측정하라. 그리고 측정할 수 없는 것은 측정할 수 있도록 하라."

—Galileo Galilei(1564~1642)

"데이터! 데이터! 데이터! 진흙 없이 벽돌을 만들 수 없다."

—Sherlock Holmes in *The Adventure of Copper Beeches*
by Sir Arthur Conan Doyle(1859~1930)

"우리는 신을 믿는다. 그러나 사람은 데이터를 보여야 한다."

—W. Edwards Deming(1900~1993)

도는 이익이다. 비영리조직에서 주요 재무성과 척도는 주어진 예산의 제약 속에서 생산되어 고객에게 제공된 가치이다. 분기마다 모든 기업은 3가지 종류의 재무성과치를 주주와 기타 이해관계자에게 보고한다.

1. 절대적 성과(수익, 원가, 순 수입, 이익)
2. 자산가동률과 관련한 성과(자산 수익률, 투자 수익률, 재고 회전율과 같은 회계비율,)
3. '생존' 강도(현금흐름)

프로세스 성과의 궁극적인 판정근거가 되지만, 재무성과는 본질적으로 후행적이고, 포괄적이며 행동지향적이기보다는 결과지향적이다. 재무성과 척도는 조직의 목표를 나타내지만, 단독으로 프로세스를 관리하고 통제하는 척도로 활용될 수 없다. 재무성과치만 사용하여 프로세스를 관리하고 통제하는 일은 뒤를 비추는 거울을 보면서 자동차를 운전하는 것과 마찬가지이다. 따라서 재무성과치를 프로세스의 산물에 대한 고객의 만족을 측정하는 외부 척도와 운영유효성을 추적하는 내부 척도에 연계시켜야 한다.

외부 척도

재무성과 척도를 개선하기 위하여 기업은 고객의 기대를 충족하거나, 능가하는 재화와 서비스를 제공함으로써 고객을 유혹하고 유지하여야 한다. 고객의 기대는 프로세스 산출의 네 가지 핵심적인 속성으로 정의할 수 있다. 제품원가, 반응시간, 다양성 및 품질 등이 그것이다. 예를 들어, FedEx 고객은 속도와 신뢰성을 기대하고, 그것에 대해서 비싼 대가를 치를 용의가 있지만, 미국 우편서비스의 고객은 저 원가를 기대하고, 그 대신 더욱 장시간의 인도 시간을 허용한다. Lexus를 사는 고객은 높은 품질, 다양한 옵션, 빠른 대응서비스를 원한다. 이와는 대조적으로 도요타의 Corolla를 구매하는 고객은 상당히 낮은 가격을 지급하는 대신에 제품의 제원, 옵션, 및 서비스의 반응성에서 양보할 용의가 있다. 고객만족은 4가지 속성에서의 제품 성능이 고객의 기대를 충족하는가 또는 그 이상인가에 관련된다.

외부 척도는 제품 또는 서비스의 원가, 반응시간, 다양성 및 품질 기준으로 나타난 고객의 기대를 추적하고 또한 같은 제품 속성기준으로 제품의 성능에 대한 고객의 만족을 함께 측정한다. 외부 척도는 고객이 느끼는 제품 또는 서비스의 가치를 추정하는 데 쓰일 수 있다. 예를 들어 미국 품질 협회(American Society for Quality)와 미시간 대학(University of Michigan)에서는 미국 소비자 만족지수를 개발하였고 이는 제조 및 서비스 산업 그리고 공공분야에서의 전반적 고객만족도를 추정하는 데 쓰인다. 고객 만족 점수는 서비스, 품질, 가치의 인지 및 제품이 기대를 충족하는 정도와 관련된 질문에 대한 고객의 응답을 가중 평균한 값이다. J. D. Power & Associates와 Consumer Reports 역시 자동차, 가전제품, 호텔 및 식당 등을 포함한, 제품 및 서비스에 대해 고객만족도를 조사하고 순위 정보를 제공한다.

제품에 대한 고객의 불만족을 측정하는 척도도 미래를 개선할 수 있게 하는 훌륭한 외부 척도이다. 보증 수리의 건수, 제품 리콜(recall) 건수, 현장 실패 건수 등은 잠재적인 고객 불만족의 신호이다. 고객불만 접수 건수는 고객 불만족의 직접적 척도이지만 연구에 의하면 불만족 고객의

4%만이 불평을 털어놓는다고 한다. 그러므로 불평을 하는 사람은 빙산의 일각에 불과하다. 고객 불만족은 고객 유지율을 떨어뜨리고 수익의 감소 및 원가의 증가로 이어진다. 기업은 보통 불만족 고객 가운데 20%는 영원히 잃어버리게 되고, 신규고객을 창출하는 비용은 기존 고객을 유지하는 것에 비해 5배나 비용이 더 드는 것으로 추정된다.

고객만족 척도는 프로세스 매니저(프로세스를 계획하고 통제하는 사람)가 표적으로 삼는 경쟁적 벤치마크를 확인하는 것이기 때문에, 객관적이고 이익에 연결되는 외부 시장으로부터의 관점을 나타내는 것이다. 그러나 고객만족 지수는 고객을 전체로서 측정하지 개별 고객 차원에서 측정하는 것은 아니다. 게다가 행동지향적이지 못하고 결과 지향적이다. 달리 말해서 경영자가 프로세스를 어떻게 개선시킬 수 있을지를 말해주는 내용이 없다. 마지막으로 기업 성공의 선행 지표라기보다는 후행 지표로서 성과를 사후에 평가하는 것이다. 그래서 운영상으로 유용하려면 프로세스 매니저가 통제할 수 있는 내부 척도에 연계되어야만 한다.

내부 척도

프로세스 관리자는 고객 만족 또는 재무성과를 직접적으로 통제하지 않는다. 고객의 기대를 충족하고 재무성과를 개선하기 위하여 관리자는 상세한 내부 운영 척도가 필요하다. 내부운영 척도는 통제될 수 있어야 하고, 궁극적으로 제품과 재무성과에 상관되는 것이어야 한다. 제품 원가, 반응시간, 다양성, 품질 등에 대한 고객의 기대는 원가, 흐름시간, 유연성 및 품질 등의 기준으로 프로세스의 수행성과를 추적하는 내부 척도로 바꿀 수 있다. 내부성과 척도는 고객의 기대가 정확하게 파악된다면 고객의 만족, 불만족 그리고 이익의 예측도구가 될 수 있다.

예로서 항공사의 정시 운항은 다음의 내부적 목표로 전환될 수 있다. 즉 '평균 도착 및 출발 지연은 15분을 초과해서는 안 된다'는 것과 같이. 또한, 항공사의 예약체계의 반응성은 전화에 응답하는 데에 걸린 시간에 의해 측정될 수 있는데, 말하자면 '통화의 95%가 30초 이내'라고 하는 구체적인 목표로 제시될 수 있다. 또 은행 창구의 서비스 대기시간 또는 병원에서의 등록 및 수납소요시간도 측정되고 감시되고 표준화될 수 있다. 이와 마찬가지로 소매점에서 제품의 가용성은 보유 중인 재고로부터 수요를 충족시킨 비율 또는 연간 평균 품절 횟수 등의 표준에 의해 측정될 수 있다. 콜센터에서는 서비스 가용성이 모든 서비스 요원이 바쁘기 때문에 기다려야 하는 고객 통화의 비율에 의해서 측정될 수 있다. 전기 회사에서 서비스 가용성은 '연간 총 정전 30분 이내'의 목표를 세우고 연간 정전의 건수나 정전 시간에 의해서 측정될 수 있다. 어떤 경우에나 내부 척도는 고객이 프로세스 성과에 만족할 가능성을 재는 지표이다.

프로세스의 유연성은 제품 또는 서비스의 생산 전환에 걸리는 시간 또는 생산되는 다른 제품 품종 수로 측정될 수 있다. 제품품질을 측정할 때, 관리자는 많은 품질 차원 중에서 어디에 관심이 있는지 구체적으로 표현하여야 한다.

제품의 품질 차원에는 제품 제원, 성능, 신뢰성, 정비 용이성, 심미성, 고객의 기대에 대한 부응 등 8가지가 있다. 예를 들어 신뢰성은 내구성과 수리의 빈도 등으로 측정되고 다음과 같은 기술 척도에 의해서 평가될 수 있다.

- 실패율: 제품의 실패 확률
- 실패 간의 평균시간(MTBF): 고장이 발생하기 전까지 제품이 만족스럽게 작동하는 기간

서비스용이성은 수리에 걸리는 평균 시간 즉 평균수리시간(mean time to repair)으로 측정된다. 이는 수리 중인 제품이 얼마나 오래 가동을 중지하여야 하는가를 표시한다.

비록 고객이 제품 실패를 바로 파악할 수 있어도, 성능은 실제 경험을 통해서만이 평가될 수 있다. 신뢰성을 평가하는 것은 오랜 경험이 필요하다. 식당에서는 주요 서비스 변환이 배고픈 고객에게 음식을 제공하는 것이며, 분위기, 메뉴, 칵테일 라운지 등이 서비스 제원에 속한다. 우호적이고 관심을 기울이고 업무지식에 밝은 웨이터가, 노련한 주방장이 마련한 맛있는 음식을 손님한테 내어 놓을 수 있으면 질적 수준이 높은 식사 경험이 될 것이다. 여러 번의 방문에도 품질의 일관성을 유지한다면 신뢰성을 입증하는 것이 된다. 예를 들어 McDonald's는 제한된 메뉴를 제시하고 아주 특별한 종류의 식사 경험을 제공하는 패스트 푸드 식당으로 신뢰성이 매우 높다.

프로세스 매니저가 고객이 기대하는 외부의 제품 척도를 알면, 이를 외부 척도에 영향을 미치는 적절한 내부 프로세스 척도로 전환해야 한다. 내부 척도가 효과적이기 위해서는 다음 두 조건을 만족시켜야 한다.

1. 고객이 중요하다고 생각하는 외부 척도에 연계되어야 한다.
2. 프로세스 매니저가 직접적으로 통제할 수 있어야 한다.

고객이 중요하게 생각하지 않는 특징을 개선하는 것은 시간 낭비며, 생산자원의 낭비인 것은 분명하다. 게다가 내부 프로세스 변수가 제품척도에 어떻게 영향을 미칠지 모른다면 프로세스를 통제할 수 없다. 위의 두 가지 조건 중에 어느 하나라도 무시하는 것은 많은 프로세스 개선 프로그램을 무위로 돌리고 만다(Kordupleski et aI., 1993).

1.3 제품 및 제품 속성

제품은 원하는 프로세스 산출물의 집합이다. (프로세스는 열, 오염물질, 폐기물 등 고객이 원하지 않는 물건이거나 고객에게 제공되지 않는 부산물도 생산한다.) 제품은 물질적 재화, 수행되는 서비스 또는 양자의 결합인데, 재화나 서비스를 제공하는 프로세스를 설계하거나 관리할 때 경영자가 고려해야만 하는 차이점이 양자 간에 존재한다. 한 가지 차이점은 유형적 재화와 달리 서비스는 의사의 진료 또는 투자자문을 받는 것과 같이 고객이 경험하는 무형적 측면을 포함한다는 것이다. 또 다른 점은 이발과 같은 서비스는 생산과 동시에 소비되고 미리 생산해 둘 수 없다는 점이다. 이에 반해 재화는 나중을 위해 생산되고 저장될 수 있다.

고객들은 특정 제품에 대해 다른 기대를 가질 수 있다. 만일 프로세스가 모든 고객을 만족하게 하는 제품을 생산하고 인도하려 한다면 프로세스 관리자는 고객의 기대가 무엇인지를 알아야만 한다. 외부 척도는 프로세스 매니저로 하여금 고객이 중요하다고 생각하는 주요 제품속성을

파악하고 이해하도록 한다. 예를 들어 외부 척도는 페덱스(FedEx)가 '다음 날 인도'라고 하는 서비스를 위해 인도시간, 신뢰성 및 가격에 관해서 고객의 기대를 정의하는데 도움을 준다. 우리는 다음 4가지 차원으로 제품속성을 나눈다.

1. **제품원가**는 고객이 그 제품을 소유하고 경험하는데 드는 총 원가를 뜻한다. 여기에는 구매가격과 서비스 비용, 수리비용, 보험 및 최종처분비용과 같이 제품의 수명 기간 동안에 발생하는 비용까지 포함된다. 원가는 고객이 예산 한도 내에서 제품의 구입을 결정하기 때문에 중요하다
2. **제품인도-반응시간**은 고객이 제품 제공자로부터 필요하다고 말한 제품을 받기까지 걸린 총 시간을 일컫는다. 반응시간은 제품가용성 및 접근성에 밀접하게 연결되어 있다. 만일 제조된 상품이 점포 선반에 있으면 반응시간은 실질적으로 '0'이다. 만일 그것이 창고나 물류센터에 저장되어 있으면 반응시간은 그것을 고객에게 인도하기까지에 걸린 운송시간이 될 것이다. 만일 기업이 그 제품을 저장하지 않고 있거나, 주문에 따라 생산한다면 반응시간은 그 제품을 생산하는 데 걸린 시간까지를 포함하게 될 것이다.

   서비스는 고객을 접대하는 데 필요한 생산자원을 지금 쓸 수 있는지에 따라서 결정이 된다. 만일 생산자원이 당장 쓰일 수 없다면 고객은 기다려야만 한다. 예를 들어 호텔에서 체크아웃 사원이 없는 경우 고객은 기다려야 한다. 일반적으로 고객은 즉각적인 필요의 충족을 더 선호하기 때문에 짧은 반응시간을 선호한다.
3. **제품다양성**은 고객의 필요를 충족시키기 위하여 고객에게 제공되는 선택의 범위를 일컫는다. 다양성은 다른 수준에서 해석되고 측정될 수 있다. 가장 낮은 수준에서는, 다양성을 한 제품에 적용된 맞춤화 수준의 다양함으로 측정할 수 있다. 여기에는 특정 자동차 모델에 제공된 옵션 또는 청바지의 스타일별로 허용되는 색깔과 크기의 범위 등이 포함된다. 더 높은 차원에서 다양성은 기업에 의해 제공되는 제품계열의 수 기준으로 측정될 수 있다. 예를 들어 스포츠카만 생산하는 페라리(Ferrari) 같은 제조업체보다 GM은 소형차, 스포츠카, 고급세단, SUV 등 광범위한 차종을 제공한다. 이와 비슷하게 캐주얼 의류부터 비즈니스 정장의류까지 제공하는 소매점은 예복 정장만 제공하는 점포보다는 더욱 광범위한 다양성을 제공한다. 표준적인 일상 재화는 다양성이 제한적이지만 맞춤제품은 고객의 독특한 필요나 희망에 따라 특별하게 맞춤 제작되는 '한 종류에 한 가지 제품(one of a kind)'까지 다양해질 수 있다. 예를 들면 백화점에서 취급하는 의류처럼 기성복을 구매하는 경우 고객은 한정된 범위 내에서 선택하여야 한다. 이에 비해 맞춤 양복점에서 정장을 주문할 때는 각 고객이 개인적인 필요와 희망에 따라 다른 규격을 요구할 수 있기 때문에 실질적으로 제품 다양성의 범위는 제한이 없다.
4. **제품품질**은 제품이 얼마나 잘 성능을 발휘하는가 그 탁월한 정도를 말한다. 제품의 품질은 효과적인 설계의 함수이며 또한 그 설계에 얼마만큼 적합하게 생산되었는가에 관한 함수이다. 품질은 유형, 무형 및 직관적인 특성까지 포함한다. 제품 품질은 주관적인 판단과 인지가 품질의 평가에서 중요한 역할을 하기 때문에 정의하거나 측정하기가 가장 어

표 1.3 품질이란 무엇인가?

"품질은 사고과정을 통해 인식되지 않으며 따라서 정의할 수 없다."

—R. M. Pirsing in *Zen and the Art of Motorcycle Maintenance*

"어느 것이든 현재대로 만든 모든 것."

—Funk and Wagnall's Dictionary

"용도적합성."

—J. Juran and American Society of Quality Control

"요건에의 부합성."

—P. Crosby

"목표에의 근접성–편차 발생은 사회비용을 의미."

—G. Taguchi

"총제적품질관리(TQC)는 완전한 고객만족을 가장 경제적으로 제공한다."

—A. Feigenbaum

"품질의 여덟 가지 차원은 성능, 제원, 부합성, 신뢰성, 서비스 용이성, 내구성, 심미성 그리고 평판이다."

—D. Gavin

려운 제품 속성이다. 표 1.3은 품질에 대한 몇 가지 정의를 예시한다. 각 정의는 품질이 고객의 관점에서 그리고 동시에 생산자의 관점에서 봐야만 하는 문제이기 때문에 포착하기 어려운 것을 포착하려고 시도하고 있다.

고객의 관점에서는 품질은 제품의 제원(이 제품이 무엇을 할 수 있는가?), 성능(얼마나 잘 기능하는가?), 신뢰성(제품이 오랫동안 얼마나 일관되게 기능하는가?), 서비스 용이성(얼마나 빨리 수리되는가?), 심미성, 고객의 기대에 대한 부응 등에 의존한다. 제품의 제원 및 성능은 설계 품질(quality of design)에 의해서 영향을 받지만, 신뢰성은 생산 프로세스가 설계와 얼마나 잘 맞는지를 나타내는 적합품질(quality of conformance)에 의해서 크게 영향을 받는다. 이어서 자동차의 스타일링, 크기, 옵션 및 엔진의 등급 등은 자동차의 제원이다. 가속능력, 비상대응력, 승차감, 안전 및 연비는 성능의 측면을 이야기하는 것이고 내구성과 장시간 무사고 운행 등은 자동차의 신뢰성을 나타낸다.

제품은 네 가지 속성 즉 원가, 시간, 다양성 및 품질의 집합으로 정의될 수 있다. 이 4가지 제품속성을 측정하고 평가하면, 4차원으로 이루어진 행렬(matrix) 또는 원가, 시간, 다양성 및 품질로 이루어진 제품공간에서 한 제품을 한 점으로 표현할 수 있다. (제품공간은 제2장에서 전략을 정의하기 위해서 유용하게 사용할 수 있다.) 올바른 외부 척도는 경쟁자와 고객의 기대에 비해서 이들 제품에 대해 4가지 제품속성 차원에서 제품의 성능을 절대적인 기준으로 추적할 수 있다.

제품이 고객에게 주는 가치는 고객이 이들 제품 속성의 어떤 조합을 구매하는가에 의해서 얻을 수 있는 효용에 의해서 측정된다. 일반적으로 다양한 형태로 제공되는 고급 품질이 신속하게 그리고 싼 값에 제공된다면 고객을 큰 가치를 느낄 것이다. 제품가치 또는 효용은 4가지 제품속성의 복잡한 함수이다. 말로서 정성적으로 정의하기는 쉽지만, 제품가치를 측정하는 것은 실제로 어렵다. 특정 고객이 제품에 대해서 지급할 용의가 있는 가격은 제품가치의 합리적인 추정치이다. 물론 고객이 지불할 용의가 있는 가격은 고객마다 달라서 우리가 잘 아는 경제학에서의 가격, 수량, 시장 수요 간의 관계로 나타난다.

고객은 도든 제품속성을 갖춘, 말하자면 양질의 저렴한 제품을 빠르게 얻는 것을 선호한다. 그러나 모든 제품에는 교환관계(trade-off)가 있다. 어떤 제품은 품질이 우수하지만 빠르게 인도되지 못하고, 어떤 제품은 싸지만, 품질이 나쁠 수 있다. 고객의 기대가 여러 경쟁자의 제품에 의해 충족될 수 있는 상황이라면, 시장의 특정 세분시장에 어필하는 제품을 구성하는 제품속성의 최적조합을 어떻게 할 것인가의 문제가 바로 한 기업의 전략적인 사업 의사결정의 주요 내용이다. 게다가 경쟁자가 존재하기 때문에 제품의 다양성 및 품질은 지속적으로 향상되어야 하고 제품의 원가와 인도-반응시간은 줄여야 한다.

1.4 프로세스 및 프로세스 역량

프로세스는 자본과 노동력을 수단으로 하여, 투입을 산출로 변환시킴으로써 제품을 생산하고 인도한다. 재화를 생산하는 프로세스는 제조 또는 제품 생산(production operation)으로 불린다. 서비스를 제공하는 프로세스는 **서비스 생산**(service operation)이라 불린다. 제품과 서비스를 설계하고, 생산하고, 인도하는 비즈니스 프로세스를 **운영**(operations)이라 일컫는다. 재화 생산과 서비스 생산은 많은 유사성을 띠지만 여기서 서비스 생산에 독특한 몇 가지 면을 부각해 보기로 하자. 병원과 같은 서비스 생산에서는 프로세스에 부분적으로나마 참여하는 고객이 물리적으로 서비스 현장에 있을 것을 필요로 한다. 이것 때문에 고객 간의 변동성이 초래되고, 따라서 프로세스 환경이 매력적인가, 그리고 종업원(노동력)이 우호적인가와 같은 요소의 중요도가 커진다. (서비스에서 '후선 부서운영'은 고객으로부터 가려진 서비스 생산의 측면을 일컫는다.) 서비스 생산의 운영성과를 측정할 효과적인 내부 척도를 정하는 문제는 서비스가 고객과의 접촉을 상당히 포함하고 있으며, 서비스가 생산되면서 동시에 소비되기 때문에 특별히 더욱 어렵다. 바로 이런 점 때문에 고객만족의 선행 지표가 될 수 있는 내부 척도를 파악하는 것은 어렵다.

프로세스 매니저는 4가지 제품 속성, 즉 제품원가, 반응시간, 다양성 및 품질 기준으로 고객 기대를 충족시키는 제품을 효과적으로 생산함으로써 재무성과를 개선하는 것을 목표로 한다. 이 절에서는 4가지 제품 속성에 상응하는 것을 생산하고 제공하는 프로세스 역량을 측정하는 네 가지 차원에 대해 살펴보기로 한다. 내부 척도는 원가(cost), 흐름시간(flow time), 유연성(flexibility) 및 품질(quality) 기준으로 프로세스의 역량을 잰다. 내부 척도는 프로세스 산출물이 얼마나 잘 고객의 기대에 충족시킬 것인가를 나타내는 지표이다.

제품과 마찬가지로 제품속성을 생산하고 인도하기 위한 프로세스의 역량을 측정하기 위해 제품속성에 상응하는 네 가지 차원을 이용한다.

1. **프로세스 원가**(process cost)는 산출을 생산하고 인도하는데 발생한 총 원가를 일컫는다. 이것은 원자재의 원가, 프로세스를 운영하는데 드는 고정비 및 변동비를 모두 포함한다(우리의 목적상 회계 실무에서, 원가를 시간과 제품에 배부하는 방식에 관해서 이 정도의 구분이면 충분하다).
2. **프로세스 흐름시간**(process flow time)은 흐름단위를 투입으로부터 산출로 변환하는 데 걸리는 총 시간이다. 여기에는 실제 프로세스 흐름 시간과 흐름단위가 버퍼에서 보내는 대기시간을 포함한다. 흐름시간은 생산자원의 개수 및 프로세스 처리속도에 의존한다.
3. **프로세스 유연성**(process flexibility)은 희망하는 제품 다양성을 생산하고 제공하는 프로세스의 능력을 측정한다. 프로세스 유연성은 생산자원의 유연성에 의존한다. 신축적인 기술 및 교차 훈련된 작업자 또는 일반 경력자와 같은 신축적인 자원은 다양한 활동을 수행할 수 있으며 또한 다양한 제품을 생산해 낼 수 있다. 용도가 지정되었거나 전문화된 자원은 이에 비해 매우 한정된 활동들, 보통 한가지 제품 생산에만 기여하는 활동만 수행할 수 있다. 프로세스 유연성의 또 다른 차원은 수요의 변동을 감당해 낼 수 있는 능력을 가리킨다. 제철소는 단번에 강철생산량을 변경할 수 없다. 이에 비해 자동차 정비 공장은 매일 수리할 수 있는 차량의 수를 쉽게 변경할 수 있다.
4. **프로세스 품질**(process quality)은 고품질의 제품을 생산하고 인도할 수 있는 프로세스의 능력을 일컫는다. 여기에는 프로세스의 정확성(정밀도), 설계규격에의 부합도, 프로세스의 신뢰성 및 정비 용이성이 포함된다.

프로세스 역량은 그 프로세스가 특별하게 더 잘 공급할 수 있는 제품속성을 결정한다. 예를 들어 소모품(MRO) 공급업자인 맥마스터-카(McMaster-Carr)는 대단히 신축적이고 프로세스 흐름시간이 대단히 짧고 고급 품질의 제품을 취급하는 프로세스를 소유하고 있다. 그러나 저 원가 역량을 가지고 있지는 못하다. 그 회사에서의 프로세스 역량은 매우 고급 품질의 다양한 MRO 제품을 빠르게 공급하도록 한다. 회사에서는 고객들에게 높은 가격을 요구한다. 단일품목을 대량으로 저가에 찾는 고객은 그 회사와 거래하지 않는다.

캐나다의 슐다이스 병원(Shouldice Hospital)은 탈장 환자 수술에만 집중하고 있다. 병원 같지 않은 환경에서 제공되는 탁월한 간호를 통해 환자의 참여와 사회화, 그리고 환자 스스로의 기동을 장려한다. 슐다이스의 프로세스는 비교적 싼 가격에 매우 높은 품질의 서비스를 제공한다. 그러나 그 프로세스는 매우 유연성이 떨어지고 어떤 다른 위험요소를 가진 환자도 받아들이지 않고, 탈장 이외에 어떤 다른 질병도 치료하지 않는다. 응급실 프로세스에서 요구되는 역량은 슐다이스에서 요구되는 것보다는 매우 차이가 있다. 응급실에서 다루어야 하는 환자는 매우 다양하기 때문에 응급실 프로세스 역량에는 유연성과 높은 품질의 처치(treatment)가 필요하다.

1.5 프로세스의 성공 가능성

프로세스의 성공은 궁극적으로 비용을 덜 들이고, 고객의 기대를 충족시키거나 능가할 수 있는 프로세스 능력이 있는지에 달렸다. 성공적인 프로세스의 수행을 위해 프로세스 관리자는 다음의 5가지 중요한 질문에 답하여야 한다.

1. 프로세스 설계나 구조는 어떠해야 하는가?
2. 프로세스의 성과를 추적하기 위해서는 어떤 척도를 사용하여야 하는가?
3. 프로세스 운영에는 어떤 방침을 적용해야 하는가?
4. 프로세스 성과는 시간의 흐름에 따라 어떻게 통제해야 하는가?
5. 프로세스 성과는 어떻게 개선되어야 하는가?

프로세스 설계(process design) 단계에서는 관리자는 제품에 대한 고객의 기대를 충족시킬 프로세스 역량을 최선으로 개발하는 프로세스 구조를 선택한다. 프로세스 설계 결정에는 공장의 입지 및 생산용량, 제품 및 프로세스 설계, 생산자원의 선택 및 투자(자본–기술 및 노동), 조업규모 등이 포함된다. 예를 들어 도요타는, 일정한 자리에 있는 작업자가 맡은 일을 반복적으로 하고, 대신 작업 대상 차량이 작업장 사이를 움직이는 라인 흐름 공정을 이용하여 코롤라(corolla)를 대량으로 생산하는 공장을 세계의 대부분의 주요 시장에 가지고 있다. 이렇게 하여 도요타는 다양성은 제한되지만, 대량의 코롤라 차를 저가에 신속하게 공급할 수 있게 된다. 이에 반해 페라리(Ferrari)는 고도로 숙련되고 유연한 작업자로 채워진 보다 신축적인 프로세스, 즉 잡샵 형태의 공장을 이탈리아에 두고 모든 차량을 그곳에서 생산해낸다. 한 대(특별히 매우 비싼 차)를 생산하는데 시간이 더 오래 걸리지만 Ferrari는 고도의 주문제작을 수용할 수 있다. 판매량이 소량이지만 Ferrari는 매 주요시장지역에서 여러 공장을 갖는 것에 비해 단일 공장을 유지함으로써 어느 정도 규모의 경제를 실현하고 있다.

척도 선정(metric identification) 단계에서는 프로세스의 성과를 추적하기 위한 측정 가능한 차원(척도)을 파악하게 된다. **프로세스 척도**(process metrics)는 고객의 기대와 기업의 전략 목표로부터 도출되는 것이고 바람직한 프로세스 역량에 관련되는 것이 이상적일 것이다. 예로써, 반응속도에 초점을 맞춘 기업은 정시인도를 보장하기 위해 주문이행시간을 주의 깊게 추적해야 할 것이고 제품혁신에 집중하는 기업은 과거 12개월 동안에 출시된 제품으로부터 발생된 매출의 비율을 추적하여야 할 것이다. 이 단계의 목표는 제품에 관한 고객의 기대를 더 잘 충족시키도록 경영자가 프로세스를 계획하고 통제하고 개선하는 데 도움을 주는, 성과 관련 정보를 제공하는 것이다.

프로세스 계획(process planning)에는 다양한 척도 기준으로 목표를 설정하고, 이들 목표를 달성하는 데에 도움이 되는 경영방침을 구체화하는 일이 포함된다. 경영방침은 고객의 수요를 최선으로 충족하기 위해 자원의 활용과 프로세스의 운영을 구체화하는 내용을 담고 있다. 소매 점포에서의 경영방침은 취급제품의 보유재고가 얼마여야 하는지 언제 재주문이 요청되어야 하는지를 구체화한다. 콜센터에서는 반응시간을 바람직한 수준으로 낮추기 위해 주당 요일 별로, 하루 중 시간대별로 유지하여야 할 서버(server)의 수를 구체적으로 정한다. Zara 같은 의류 소매업체는 비싸지만, 대응시간이 빠른 유럽의 공급처로부터는 언제 물건을 조달하고, 싸지만 리드 타임이 긴 아시아의 공급자로부터는 언제 물건을 조달할지에 관한 경영방침이 구체화되어 있다. 어떤 경우에도 경영방침은 원가, 유연성, 품질 및 시간 기준으로 목표로 삼은 성과수준을 달성하도록 꾀하여야 한다.

프로세스 통제(process control)는 단기적으로 실제 프로세스 성과가 계획과 부합되는지를 지속적으로 확인하는데 초점을 맞추는 프로세스 관리활동의 전술적 측면이다. 어떤 프로세스든 변동에서 자유로울 수 없다. 이는 부분적으로는 설계상의 제약에 기인하기도 하고 부분적으로는 외부적 요인이 프로세스 환경에 개입하기 때문이기도 하다. 시리얼 상자에 내용물을 담는 기계에는 각 상자에 담는 시리얼 양에 약간의 자연스러운 변동이 나타나기 마련이다. 프로세스를 방해하는 외부적인 요인 때문에 충전 시스템이 제대로 기능을 발휘하지 못하게 되면 일관되게 넘치거나 또는 모자라게 충전이 될 것이다. 여기에서의 목적은 실제 프로젝트 성과가 계획된 성과 목표 값에 일치하도록 하는 것이다. 이렇게 부합시키기 위해서는 계속해서 실제 성과를 모니터하고 이를 계획된 목표치에 비교하고 편차가 발생했을 때, 수정을 위한 행동을 취하는 것을 의미한다. 통제 결정에는 제품원가, 인도실적, 고객대기 시간, 재고수준, 그리고 품질 결함을 모니터하고 수정하는 내용이 포함된다.

프로세스 개선(process improvement)을 위해 관리자는 장기적으로 향상되어야 할 내부 척도를 파악하고, 프로세스 설계를 변화시키거나 또는 개선을 달성하기 위한 계획을 세워야 한다. 예를 들어 도요타는 자신의 부품공급자들이 더욱 신축적이어야 하고 적은 재고를 가지고도 운영할 수 있어야 하고, 도요타의 주문에 신속하게 대응할 수 있도록 하는 것이 중요하다는 것을 인식하였다. 도요타는 제품결함이 나타나는 즉시 이를 검출하고, 또 모든 생산라인에서 작업변경에 걸리는 시간을 줄이기 위하여 협력업체와 공동 작업을 하고 있다. 이러한 프로세스 변화는 신축성, 재고 및 생산 시간에 관해서 성과를 향상시킨다.

어느 조직도 고립해서 존재하지 않고, 조직 내에서도 어떤 프로세스든 고립해서 존재하지 않기 때문에, 최적의 성과를 거두기 위해서는 앞서 언급된 다섯 가지 질문 각각에 대해 프로세스 간, 그리고 조직 간의 차원에서 생각해볼 필요가 있다. 예를 들면, Netflix는 단순하게 비디오가 언제 창고에서 출고되었는지를 추적하는 것만으로는 충분하지 않다. 왜냐하면, 고객은 Netflix가 언제 발송했는지가 아니라 자신이 언제 받게 되는지에만 관심이 있기 때문이다. 최적의 성과를 거두기 위해서는 U. S. Postal Service와 호흡을 잘 맞추고 또한 고객에게 전달하는 전체 과정의 수행성과를 개선하기 위해 다섯 가지 질문 모두에 분명하게 답할 수 있어야 한다. 온라인으로 제공되는 영화는 Netflix 자체의 서버 용량이 충분한 것만으로는 안심할 수 없을 것이다. 고객들이 만족스러워하는 최적의 시청 경험을 위해서는 회사의 서버로부터 시청자의 집까지 이르는 경로 상의 모든 제약조건을 고려해야 할 것이다.

1.6 기본 프로세스 구조

프로세스 구조(process architecture)는 활동을 수행하기 위해서 사용되는 자원의 종류와 프로세스 네트워크상의 자원의 물리적인 배치에 의해서 정해진다. 자동차 조립 공장은 생산되는 전 차종에 공통적인 엄격한 순서에 따라 전문화된 생산자원이 배열된 프로세스 구조로 되어 있다. 반면에 공구–주물 공장에서는 각기 다른 흐름 순서를 갖는 상당히 다양한 제품을 제작하기 위해 신축적인 생산 자원을 활용하는 프로세스 구조를 가진다. 프로세스 역량은 프로세스 구조에 의해 큰 영향을 받는다. 고객의 기대, 바람직한 프로세스 역량 및 필요한 프로세스 간의 연계는 제2장에서 논의될 것이다.

대부분의 프로세스 구조는 잡샵 프로세스(job shop process)와 플로우 샵 프로세스(flow shop process) 두 극단 간의 스펙트럼 어딘가에 해당한다.

잡샵

한 극단에 놓인 **잡샵**(job shop)은 매우 다양한 제품을 소량 생산하기 위한 신축적인 생산자원을 이용한다. 잡샵에는 고급제과점, 공구 공장, 경영컨설팅 기업, 변호사 사무소 및 건축 설계 회사 등이 포함된다. 잡샵은 다른 많은 활동을 수행할 수 있는 범용생산자원을 활용하고 비슷한 생산자원이 인접하여 배치된다. 이런 설계를 **기능별 배치**(functional layout) 또는 **공정별 배치**(process layout)라 한다. 왜냐하면, 그 설계는 조직의 생산자원을 프로세스 활동 또는 부서의 수행 기능별로 집단화하기 때문이다. 예를 들면 잡샵 생산공정(공구 및 주물 또는 기계 설비 공장)에서는 공장에서 보유하고 있는 모든 프레스 설비를 프레스 부문에 그리고 모든 선반 기기는 선반 부문에 설치한다.

잡샵에서는 각기 고유의 경로를 가지는 많은 제품이 동시에 프로세스를 걸쳐 나간다. 그러므로 잡샵을 '활동으로 구성된 네트워크'가 아니라 '생산자원의 네트워크'로 표현하는 것이 더 정확할 수 있다. 생산자원의 네트워크에서는 네모 칸이 활동 대신에 부서(엑스레이 실, 회계부서, 프레스부문)별로 집단화된 생산자원을 표시한다. 그림 1.3에 왼쪽의 흐름 도표는 두 가지 제품을 생산하는 4가지 생산자원의 군집(ABCD)으로 구성된 기능별 배치 공정을 보여준다. 생산자원 A, D 및 B는 제품 1의 생산에 따른 활동을 수행하고 생산자원 C, B 및 A는 제품 2를 담당한다. 각 제품에 필요한 활동에는 생산자원이 배정되고 선행관계를 표시하는 경로가 형성된다.

각 제품을 처리하는 데 필요한 활동의 순서는 잡(job) 별로 변화하기 때문에 잡샵은 활동 간에 많은 저장시설과 상당한 대기시간을 가진 작업 흐름이 뒤섞여 있는 것이 보통이다. 작업흐름을 감독하기 위해 잡샵에서는 보통 고도로 조직화된 정보 체계를 사용한다.

잡샵을 거치는 제품이 매우 다양하기 때문에 한 제품의 생산 활동으로부터 다른 제품의 필

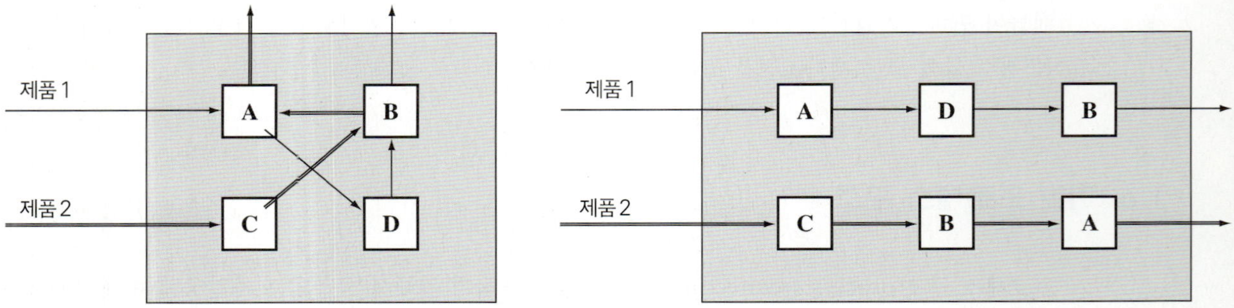

그림 1.3 기능별 배치와 제품별 배치

요한 활동으로 변경할 수 있기까지 종종 작업 준비(set up)가 필요하다. 이러한 작업변경(실무에서는 기종변경이라고 함; change over)은 생산의 손실과 작업 부하의 변동을 수반한다. 프로세스 역량 기준으로 보면 잡샵은 보통 맞춤 제품을 주문할 수 있게 하는 프로세스의 유연성을 갖추었지만, 처리비용은 비싸고 흐름시간은 길어진다.

플로우 샵

다른 극단의 **플로우 샵**(flow shop)에서는 제약된 과업을 매우 정확하게 그리고 빠르게 수행할 수 있는 전문화된 생산자원을 사용한다. 결과적으로 표준화된 제품을 대량으로 생산해 낼 수 있다. 전문화된 설비와 반복 작업을 통해서 개발된 종업원의 전문적인 능력 때문에 품질은 일관성을 유지할 수 있다. 대량 생산에 필요한 고속 생산 용량은 공장 및 설비에 높은 고정비가 필요하지만, 이 고정비가 대규모 생산단위에 배부되어서 규모의 경제의 특징인 변동비가 경감되는 효과를 낳는다. 생산자원은 특정제품을 생산하는 데 필요한 활동 순서에 따라 배열되고 각 활동 사이에 제한된 저장 공간이 위치한다. 생산자원의 입지는 제품의 처리요건에 따라 정해지기 때문에 이때의 설비 배치는 **제품별 배치**(product layout)로 불린다. 그림 1.3의 오른쪽에 있는 흐름 도표는 제품별 배치 형태의 두 제품 생산 프로세스를 보여주고 있다. 각 제품은 제품별로 할당된 생산자원으로 이루어진 '생산라인'에서 생산된다. 제품에 전적으로 할당된 생산 자원은 그림 1.3에서의 생산자원 A와 B같이 생산자원의 중복이 필요할 수도 있다. 긍정적으로 본다면 제품의 다양성을 제한하는 것이 생산자원의 전문화를 가능케 한다. 따라서 플로우 샵은 잡샵보다 짧은 프로세스 흐름 시간을 요한다.

플로우 샵의 가장 유명한 예는 1913년 Henry Ford에 의해서 창안된 자동차 조립 라인이다. 조립라인(assembly line)은 단속적(discrete) 플로우 샵의 예이며, 여기에서는 제품이 한 단위 한 단위씩 생산된다. 이와는 대조적으로 음료수 공장, 제철소, 정유공장 및 화학공장은 연속적(continuous) 플로우 샵이다. 여기서는 맥주 및 기름과 같은 산출이 연속적으로 생산되기 때문에 '공정공장(processing plant)'이라 불린다. 생산자원의 배치가 엄격하고 고도로 전문화되어 있기 때문에 상당한 제품 다양성을 제공하기 어렵지만 플로우 샵은 산업혁명이 빚어낸 최종 결정판으로 남아 있다. 그 특징은 일관된 품질을 대량으로 저렴한 원가에 짧은 시간 내에 생산해 낼 수 있다는 점이다.

실제의 프로세스는 일반적으로 두 극단적인 형태 사이의 중간 어디쯤 속한다. 제품의 수명주기상 초기에는 생산량이 적고 불확실하기 때문에 전용설비에 대한 많은 자본 투자는 정당화될 수 없다. 따라서 잡샵이 적절한 프로세스이다. 그러나 제품 시장이 성숙화 되면서 양이 증가하고 제품의 일관성, 원가 및 반응시간이 중요해진다. 그때 플로우 샵이 보다 적절한 프로세스 구조가 된다. 제품 수명 주기가 종말에 다다르면 양은 감소하고 대체 수요만 필요할지 모른다. 이때 다시 잡샵이 보다 적절해진다.

적절한 프로세스 구조의 디자인은, 구조에 의해 프로세스의 특장점과 초점이 정해지기 때문에 아마도 기업이 내릴 수 있는 가장 중요한 결정일 것이다. 요컨대 고객이 가장 중시하는 차원 기준을 정확하게 만족하게 하는 프로세스를 설계할 때 성공은 보장된다.

1.7 본서의 구성계획

이 책의 다음 장부터 우리는 일반적으로 운영의 관리 특히 프로세스 흐름에 집중하게 될 것이다. 제2장은 제품속성에 관한 전략적인 결정 및 제품에 프로세스 역량을 대응시키는 결정에 관해 집중하게 될 것이다. 제II부에서는 주요 프로세스 척도에 대해 상세하게 분석할 것이다. 제III부에서는 프로세스 계획과 통제에 집중하게 될 것이며, 불확실성 하에서 바람직한 성과를 달성하기 위해서 관리자가 사용할 수단에 대해서 강조하게 될 것이다. 결론부인 제IV부에서는 프로세스의 동기화, 통합 및 개선의 원칙에 초점을 맞추게 될 것이다.

요약

프로세스는 투입을 산출로 변환하기 위하여 생산자원을 활용하는 활동과 버퍼로 구성된 네트워크이다. 조직 전체를 프로세스로 볼 수 있지만, 한 조직의 어느 한 부분도 프로세스로 간주할 수 있다. 프로세스의 유효성은 궁극적으로 재무적 성과—다시 말해 고객에게 제공된 가치와 제품의 생산과 인도에 소요된 비용 간의 차액으로 결정된다. 그러나 어떠한 재무성과치도 성과의 후행 지표이며 프로세스를 관리하거나 통제하는 데 이용될 수 없다.

재무성과를 개선하기 위하여 기업은 고객의 기대를 충족하거나 또는 능가하는 재화와 서비스를 제공함으로써 고객을 유인하고 유지하여야만 한다. 고객의 기대는 원가, 인도-반응시간, 다양성, 품질과 같은 주요 제품 속성으로 정의된다. 고객의 관점에서는 제품은 4가지 속성의 집합으로 보인다. 제품의 가치는 그 속성의 조합을 구매함으로써 이끌어 낼 수 있는 효용에 의해서 측정된다. 재무성과를 개선하기 위하여 기업은 고객이 중시하는 제품속성을 파악하고 이를 제공하여야 한다.

제품속성은 프로세스의 산출이고 프로세스가 끝난 후에만 측정될 수 있다. 성과의 선행 지표로서 경영자는 원가, 흐름시간, 유연성 및 품질과 관련하여 프로세스의 역량을 내부적으로 감시하여야 한다. 프로세스 역량은 기업의 프로세스가 어떤 제품을 제공하는 데 우수한지를 파악하게 한다. 다른 프로세스 구조는 다른 역량으로 귀결된다. 한 극단의 잡샵은 고객의 주문에 맞춰 제품을 생산하는 고도의 프로세스 유연성을 보유하지만, 프로세스 원가가 비싸고 흐름시간이 길다. 또 다른 극단의 플로우 샵은 저가에 짧은 흐름시간 내에 일관된 품질을 제공하지만 상당한 다양성을 생산해 낼 수 없다.

주요 용어

가치사슬지도(value chain mapping)
가치흐름지도(value stream mapping)
기능별 배치(functional layout)
노동(labor)

버퍼(완충)(buffer)
비즈니스 프로세스(business process)
산출(outputs)
생산운영(production operations)
서비스운영(service operations)
선행관계(precedence relationships)
운영(operations)
자본(capital)
자원(resources)
잡샵(job shop)
재고(inventory)
정보구조(information structure)
제조, 생산(manufacturing)
제품(product)
제품가치(product value)
제품다양성(product variety)
제품인도-반응시간(product delivery-response time)
제품별 배치(product layout)
제품속성(product attributes)
제품원가(product cost)
제품품질(product quality)
투입(inputs)
프로세스(process)
프로세스 계획(process planning)
프로세스 관리자(process manager)
프로세스 구조(process architecture)
프로세스 배치(process layout)
프로세스 비용(process cost)
프로세스 설계(process design)
프로세스 유연성(process flexibility)
프로세스 통제(process control)
프로세스 품질(process quality)
프로세스 흐름관리(process flow management)
프로세스 흐름시간(process flow time)
플로우 샵(flow shop)
활동 및 버퍼의 네트워크(network of activities and buffers)
활동, 과업(activity)
흐름단위(flow units)

토의 과제

1.1 다음의 예에 대해서 각기 투입, 산출 및 활용된 생산자원에 관해 비즈니스 프로세스에 대해서 설명하시오. 각 기업의 주요경쟁자는 누구인가? 각 기업은 어떠한 재무성과 척도, 외부성과 척도, 그리고 내부성과 척도를 사용하는가? 또 누가 고객이며 그들이 중요하다고 생각하는 제품 속성은 무엇인가? 그리고 어떠한 프로세스 역량을 추구하여야 하는가?

- PC 제조업자
- 전화회사
- 경영대학
- 교도소
- 적십자
- 법률사무소
- 패스트푸드 식당(fast-food restaurant)

- 빈민 거주지의 학교(inner-city school)
- 지역 은행
- 미술관
- 공원
- 치약 제조업체

1.2 고객이 기대하는 제품 속성 기준으로 월마트(Wal-Mart)와 세븐 일레븐(7-Eleven)과 같은 편의점 체인을 비교하라. 각 기업은 어떤 프로세스 역량을 개발하는 것을 목표로 하는가?

1.3 맥도널드(McDonald's)와 고급 레스토랑을 고객이 기대하는 제품 속성기준으로 비교하라. 각자는 어떤 프로세스 역량을 개발하는 것을 목표로 해야 하는가? 각 프로세스는 잡샵에 가까울까? 아니면 플로우 샵에 가까울까? 그 이유는?

1.4 제품이 도입기를 지나, 성숙기를 거쳐 쇠퇴기에 이르기까지 제품 수명주기를 따라 움직일 때 고객들이 중요하다고 생각하는 제품속성은 어떻게 변하는가? 이들이 프로세스 역량에 뜻하는 바는 무엇인가? 도입기에 적절한 프로세스 유형은 무엇인가? 성숙기에는? 왜 그런가?

참고 문헌

Anupindi, R. M. Aundhe and M. Sarkar. 2009. "Healthcare Delivery Models and the Role of Telemedicine." In *Indian Economic Superpower: Fiction or Future*. Singapore: World Scientific.

Hammer, M. "Deep Change: How Operational Innovation Can Transform Your Company." *Harvard Business Review* 82, no. 4 (April 2004): 84-93.

Hammer, M. "The Process Audit." *Harvard Business Review* 85, no. 4 (April 2007): 111-123.

Kordupleski, R. E., R. T. Rust, and A. J. Zahorik. "Why Improving Quality Doesn't Improve Quality (or Whatever Happened to Marketing?)." *California Management Review* 35, no. 3 (Spring 1993): 82-95.

Leavitt, T. "The Industrialization of Service." *Harvard Business Review* 54, no. 5 (September-October 1976): 63-74.

Sam Lazaro, F. "Two Decades On, India Eye Clinic Maintains Innovative Mission." *PBS Newshour* (September 2, 2009). Accessed on April 18, 2011 at www.pbs.org/newshour/updates/health/july-dec09/ eye_09-02.html. Also see video available at www. aravind.org/PBS_newshour.html.

Schmenner, R. W. *Plant and Service Tours in Operations Management*. Upper Saddle River, N.J.: Prentice Hall, 1997.

Schmenner, R. W. *Service Operations Management*. Upper Saddle River, N.J.: Prentice Hall, 1995.

Wheelwright, S. C. "Reflecting Corporate Strategy in Manufacturing Decisions." *Business Horizons* 21 (February 1978): 57-66.

Chapter

2

운영전략 및 관리

서론

항공산업과 관련해서 Warren Buffett는 "멀리 내다보는 자본가가 Kitty Hawk(라이트 형제가 비행기를 처음 시승한 곳)에서 Orville(비행기를 발명한 라이트 형제 중의 한 사람)을 쏘아 쓰러뜨렸다면 후세 자본가들에게 큰 호의를 베푼 셈이 되었을 것"이라고 말했던 것으로 유명하다. Buffett은 항공산업 전체가 그 산업에 투자한 투자자들에게 아무런 이익도 돌려주지 못했던 사실을 언급하고 있는 것이다. 이런 어려운 상황에서 Southwest Airlines가 일관되게 흑자를 냈다는 것은 주목할 만하다. 2009년에 이르는 20년 동안 Southwest는, 2000년에 최고 6억 4천 5백만 달러, 2009년에 최저 9천9백만 달러에 이르는 이익을 내는 등 일관되게 흑자를 유지해 왔다. Southwest는 싼 운임을 선호하면서도, 항상 친절하고 한결같이 정시 운행하는 서비스를 중시하는 승객을 표적으로 했다. 이런 가치제안을 최상으로 제공하기 위해 Southwest는 가까운 거리를 사이에 두고 있는 두 도시 간의 노선을 주로 공략하고, 한가지 기종만 사용하여 (1등급, 비즈니스 급, 이코노미급 구분을 두지 않고) 단일등급으로만 여객운송 서비스를 제공하는 프로세스를 설계하였다. 항공기의 하루당 항행시간을 최대한 늘리기 위해서, 게이트에서 일어나는 업무의 효율화 등을 통해 이착륙에 소요되는 총 시간을 산업평균보다 줄이는데 집중적으로 노력하였다. 종업원의 인건비 상승에도 불구하고 Southwest는 높은 노동생산성을 유지하는 데 성공하여 전체비용을 낮은 수준에서 유지하였다. Southwest의 비즈니스 프로세스와 전략적 포지션 간의 정렬은 일관되게 흑자경영을 가능하게 하였다. 다른 저가 항공사가 세계적으로 우후죽순처럼 나타났지만 RyanAir 말고는 아무도 Southwest만큼 성공을 거두지 못했다.

Southwest의 성공은 Delta나 United와 같은 전통적인 항공사들이 기울인 노력과 대비된다. United는 구조조정을 하기 위해 2003년에서 2006년 사이 법정관리 상태로 들어갔고 적자를 흑자로 반전시키기 위해 노력했다. 한편, Delta는 2008년에 거의 9백만 달러의 손실을 보았다. 두 항공사는 똑같이 저가항공사를 만들었지만, 제한적인 성공만 거두었을 뿐이다. Delta는 저가항공사들과 경쟁하기 위해 Delta Express를 만들었지만 Delta가 또 다른 저가항공 자회사인 Song을 설립한 후 2003년 운항을 중지하였다. 2006년 Delta Express는 5월 Song도 독립적인 브랜드로서의 운항을 중지하고 다시 Delta 네트워크에 편입되었다. 한편, United는 2003년 저가항공사업단위 Ted를 설립하였으나 2008년 말에 운항이 중단되면서 결국 단명에 그치고 말았다.

Southwest Airlines의 성공과 이에 대비되는 전통적인 항공사의 실패 사례는 이 장에서 논하려고 하는 기업의 전략을 비즈니스 프로세스에 연계하는 것에 관해 여러 가지 의문을 제기한다. 기업의 시장에서의 전략적 포지션이 어떻게 비즈니스 프로세스의 선택에 영향을 미치는가? 기업은 자신의 프로세스가 경쟁전략을 지원하기 위한 적절한 역량을 갖추고 있다는 사실을 증명할 수 있을까? 비즈니스 프로세스를 설계할 때 어떻게 한 기업은 프로세스 능력에 내재해 있는 교환관계(trade-off)를 자신에게 유리하게 사용할 수 있을까?

Southwest의 미래는 과거보다 어느 정도 어려워질 가능성이 크다. 먼저 파산선고를 받은 몇몇 경쟁자들이 인건비를 줄이기 위해서 노력하는 반면에, Southwest의 인건비는 계속 증가하였다. JetBlue와 같은 몇몇 신규 저가항공사는 Southwest보다 인건비가 낮은 편이다. 게다가 Southwest가 성장하면서 환승객의 수도 증가하고 있다. 전통적인 항공사를 통해 여행하는 승객보다는 아직은 훨씬 적지만, 약 3분의 1의 승객이 연결 항공편을 이용하였다. 또한, Southwest도 멕시코와 캐리비안의 휴양지를 목적지로 하는 장거리 노선의 취항을 고려하고 있다. 이럴 경우, 회사는 새로운 기종을 도입할 필요가 있다. Southwest의 사례가 보여주듯이 한 기업의 전략적 포지션은 정적일 수 없고 고객의 필요에 계속해서 대응하여야 한다. 따라서 한 기업이 성공하기 위해서는 새로운 전략적 포지션을 뒷받침하기 위한 능력을 개발하고, 이를 유지하기 위하여 비즈니스 프로세스 설계내용을 정기적으로 검토하는 것이 중요하다.

이 장에서, 우리는 전략과 운영관리 사이의 관계를 살펴보고, 운영관리의 발전 역사를 훑어볼 것이다. 2.1절은 전략적 포지셔닝(strategic positioning)과 운영의 유효성(operational effectiveness)이란 개념에 대한 검토로 시작한다. 2.2절에서는 사업전략(business strategy)

을 시장, 고객 및 제품의 관점에서 정의하고, 이들 제품을 생산하고, 유통하는 데에 필요한 프로세스 구조를 계획하는 것으로 운영전략(operations strategy)을 정의한다. 2.3절에서 한 기업 운영의 중심축을 이루는 다음의 세 가지 요소 사이의 전략적 조화(strategic fit)의 중요성에 대해 알아본다.

1. 사업전략(business strategy)
2. 운영전략(operations strategy)
3. 프로세스 구조(process architecture)와 운영방침(operating policies)

2.4절에서 기업이 한정된 세분시장에 집중하고, 거기에 맞춰 비즈니스 프로세스 구조를 정하는 것이 어떻게 전략적 조화를 쉽게 달성하는 데 도움이 되는지에 대해 살펴본다. 2.5절에서는 제품의 다양성과 생산량에 따라 제품과 이를 생산할 프로세스를 대응시키는 중요한 예를 보게 될 것이다. 2.6절에서는 제품원가, 반응시간, 다양성 및 품질 기준으로 이루어진 경쟁제품공간(competitive product space)에서 운영의 최전선(operations frontier)이란 개념을 소개할 것이다. 2.7절에서는 운영전략(operations strategy)과 프로세스 개선의 역사적 진화과정을 살펴본다. 마지막으로 2.8절에서는 인터넷과 통신기술을 활용하여 서비스 운영을 개선할 기회를 고찰해봄으로써 이 장을 마무리할 것이다.

2.1 전략적 포지셔닝과 운영유효성

전략(strategy)이란 용어는 그리스의 군사용어 *strategia*—즉 "장군학—장군의 기술"에서 유래한다. 전략은 전쟁을 계획하는 기술 또는 과학이다. 전략에 대한 초기 경영자의 사고는 비즈니스는 전쟁이며, 목표는 이기는 것이었다. 그러나 이제는 달라졌다. 최고경영자(CEO)는 더는 장군이 아니며, 종업원도 군졸이 아니다. 오늘날 전략은 목적을 달성하기 위한 계획으로 인식되고 있다(Hindle, 1994).

계획(plan)은 기업의 목표를 달성하기 위해 무엇을 해야 할지를 구체적으로 나타낸다. 사업전략의 암묵적인 목적은 경쟁자보다 평균이 아니라, 탁월한 성과를 지속적으로 달성하는 것이다. 경쟁하는 상대방을 능가하기 위해서는, 상대방보다 나아야 하고, 차별화되고, 그 차별화를 늘 유지하고 있어야 한다. 왜냐하면, 비슷한 기업은, 특히 동일 산업에 참여해 있는 경우, 거의 똑같은 방식으로 사업을 운영하기 때문에 지속적인 경쟁우위를 위해서는 어떤 형태로든 차별화가 있어야 한다.

제품경쟁공간 **제품경쟁공간(competitive product space)**은 1장에서 소개된 네 가지 제품속성, 즉 제품원가, 반응시간, 다양성, 품질 등으로 측정된 기업의 제품 포트폴리오를 나타내는 것이다. 그림 2.1은 한 기업의 제품 포트폴리오를 제품경쟁공간에 나타낸 것으로, 도표를 단순하게 하기 위해 반응시간과 품질은 일정하다고 여기고 나머지 두 가지 변수, 즉 다양성과 원가에

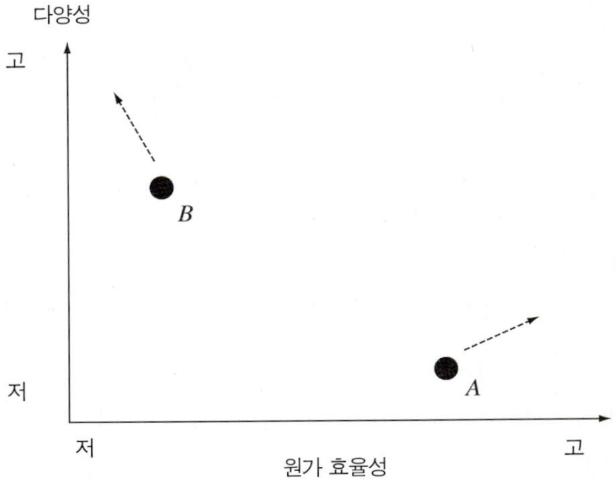

그림 2.1 제품경쟁 공간에서의 현재의 포지션과 전략적 이동방향

관해서만 보여주고 있다(사실 제품원가를 직접적으로 나타내기보다는 원가의 역수 [l/cost]를 원가 효율성의 대체척도로 사용하고 있다). 예로 한 기업에서는 네 가지 제품속성의 독특한 조합으로 이루어진 제품을 통해 고객 가치를 제공함으로써 그 자신을 차별화할 수 있다. 현재의 제품 포트폴리오를 네 가지 속성기준으로 측정하고 정량화하면, 제품경쟁공간에 제품마다 하나의 점으로 나타낼 수 있고 이들 점의 집합으로 한 기업의 제품 포트폴리오가 작성될 수 있다.

전략적 포지셔닝 **전략적 포지셔닝**(strategic positioning)은 그 기업이 자신의 제품경쟁공간에서 차지하기를 희망하는 **포지션**(positions)을 설정하는 것이며 기업이 고객에게 제공하고자 하는 제품 속성을 확인시켜 준다. 그림 2.1은 두 기업 A와 B의 전략적 포지셔닝을 보여준다. A 기업은 저가의 표준제품을, 반면에 B 기업은 비싸지만, 맞춤제품을 제공하고 있음을 알 수 있다. 화살표는 기업이 움직일 의도가 있는 방향으로 기업의 전략을 나타낸다.

경쟁자도 역시 제품경쟁공간에서 일정 포지션을 점유한다. 따라서 각 경쟁자의 제품 성능을 측정할 수 있고, 경쟁제품이 지닌 속성으로부터 전략적 포지셔닝을 유추할 수 있고, 경쟁공간에서의 현재의 입지를 나타낼 수 있다. 차별화된 입지(position)를 점한다는 것은 다른 제품 속성을 생산하고 제공한다는 것을 의미한다. 이런 접근방법은 그 기업의 비즈니스 프로세스가 경쟁자의 프로세스와는 다른 방식으로 구조화되고, 운영되는 것을 필요로 한다. 예를 들어, 자동차 산업에서 현대는 저원가 포지션의 점유를 목표로 하는가 하면, 롤스로이스(Rolls-Royce)는 최상급 품질을 추구하고 있다. 나중에 보게 되지만, 두 기업의 비즈니스 프로세스 역시 다를 것이다. 경쟁우위를 유지하기 위해 기업은, 다른 경쟁자가 자신이 선택한 포지션을 모방하기가 어렵게 하여야 한다.

운영의 유효성 탁월한 성과를 올리기 위해 기업은 경쟁자의 제품이 지닌 속성과는 차별화된 제품속성을 선택하도록 노력하여야 하며, 동시에 경쟁자보다 효과적인 비즈니스 프로세스를 만들어야 한다. **운영의 유효성**(operational effectiveness)은 경쟁기업이 하는 것보다 더 낫게 전략적 포지션을 지원하는 프로세스와 운영방침을 개발하는 것을 의미한다. "운영유효성은 효율성을 포함하지만, 그것에 국한되지 않는다. 운영유효성은 기업으로 하여금 제품의 결함을 줄이거나, 신제품을 더 빨리 개발하는 등의 예에서와 같이 기업의 성산자원(저자 주: 본문에서는 its inputs이라고 했으나 의미상 its resources가 맞는 표현임)을 더욱더 잘 활용할 수 있도록 하는 사례들을 총칭한다."라고 포터는 주장한다(Porter, 1996). 운영상 유효성은 반드시 저 원가 프로세스를 의미하지는 않는다. FedEx는 속도와 신뢰성을 우선시하는 전략적 포지션을 설정하고 있기 때문에, 저 원가가 중심이 아니라 속도와 신뢰성에서 강한 역량을 갖춘 프로세스 운영유효성을 개발하고 있다. 실제로, 경쟁우위를 획득하고 유지하기 위해서, 기업은 좋은(경쟁력 있는) 전략적 포지션과 함께 그 포지션을 지원할 수 있는 운영유효성을 갖추는 것이 요구된다.

2.2 전략의 계층적 구조

전략 수립은 조직 내 여러 계층에 걸쳐 이루어진다. 다각화된 기업의 경우, 가장 높은 계층의 **기업전략**(corporate strategy)은 기업이 참여할 사업을 정하고, 기업의 주요 자원을 어떻게 획득하고, 각 사업에 어떻게 할당할 것인가를 구체적으로 밝힌다. 기업전략의 수립은 따라서 시너지(synergy)와 경쟁우위를 확보하기 위해 여러 사업 또는 제품라인 믹스의 선택으로, 말하자면 포트폴리오 선택과 같다.

다음 단계의 **사업전략**(business strategy)은 사업부가 제공할 제품 속성 및 세분시장 기준으로 각 사업단위 또는 사업부의 범위를 정한다. 여기서, 사업전략에는 그 사업단위가 경쟁의 근거로 삼을 주요 제품 속성을 선정하는 전략적 포지셔닝에 관한 결정이 포함된다. 사업전략의 목적은 네 가지 제품 속성 기준으로 경쟁우위를 확보함으로써 경쟁자로부터 차별화하고자 하는 것이기 때문에, 사업전략에는 두 가지 분석이 뒤따른다.

1. 사업단위가 경쟁하게 될 산업에 대한 경쟁자분석.
2. 사업단위의 경쟁 역량과 자원에 대한 분석.

다음 계층의 기능전략은 대다수 기업의 세 가지 주요 기능인 마케팅, 운영, 재무관리의 목적을 정의한다.

- 마케팅(marketing)은 사업단위가 대상으로 하는 고객, 고객의 니즈를 충족시킬 제품, 그리고 시장에서 만나게 될 경쟁자를 파악한다.
- 운영관리(operations)는 고객에게 원하는 제품을 제공하게 될 프로세스를 설계하고, 계획하고, 관리한다.
- 재무관리(finance)는 사업단위의 모든 프로세스를 운영하기 위한 자원을 획득하고, 배정한다.

이들 각 기능은 더욱 상위계층의 전략을 지원하기 위해 무엇을 잘해야 하는지를 구체화함으로써 중간의 사업전략을 기능별 요건으로 바꾸어 놓아야 한다.

특히, **운영전략**(operations strategy)을 통해 기업은 사업전략에 구체적으로 명시된 제품을 최선으로 생산하고, 제공할 수 있는 비즈니스 프로세스를 설계하고 개발한다. 이 운영전략을 정하는 과업에는 프로세스에서 수행될 활동과 자원을 정하는 일과, 투입 및 산출, 흐름단위, 정보 시스템과 같은 프로세스의 주 요소를 정하는 네트워크 구조(network architecture)에 이들 활동과 자원을 결합하여 짜 넣는 일이 포함된다. 또한 운영(operations)은 프로세스 원가, 흐름시간, 유연성, 품질 등, 기업의 사업전략을 지원하는 데 필요한 프로세스 능력을 개발하고 획득하는 일을 책임진다. 사업전략은 경쟁의 바탕이 되는 제품의 속성을 선택하는 반면, 운영전략은 선택된 제품속성을 생산하고 제공하는데 필요한 프로세스 능력에 초점을 맞춘다.

따라서 사업전략은 외부의 산출물 시장과 시장에 공급할 제품의 선택에 관한 결정이지만, 운영전략은 내부의 프로세스 설계와 투입과 산출 시장 간 경계(interfaces)의 설계에 관한 결정이다. 운영전략은 전반적 사업목표와 일치하는 운영관리 측면의 목표를 설정하여야 하고, 이를 달성할 프로세스를 개발하여야 한다. 일례로 제품원가를 제일의 경쟁우선순위로 삼는 사업전략은 효율적이고, 낭비가 배제된 간결(lean) 생산 프로세스를 근간으로 할 것을 필요로 한다. 만일 다양성을 무기로 경쟁우위를 추구하는 기업이 있다면, 그 기업의 프로세스는 맞춤제품을 생산하여 제공할 수 있도록 충분히 신축적이어야 한다. 예로써, 스페인의 의류 소매업체인 Zara는 신제품을 신속하게 시장에 선보이고 이를 소량으로 공급하기에 충분할 만큼, 빠르고 유연한 프로세스를 이용하여 광범위한 제품 종류를 소비자에게 제공함으로써 엄청난 성공을 거두었다. 만일 짧은 반응시간이 목표라면, 프로세스는 (생산제품의 경우) 재고에 상당한 투자를 하거나, (제조나 서비스 운영의 경우) 용량을 충분히 확보하여 필요할 때 언제나 용량을 활용할 수 있도록 하여야 한다. 마지막으로 고품질의 제품을 생산하고 인도할 것을 추구하는 전략이면, 정밀도가 높은 장비를 갖춘 고품질의 프로세스와 고도로 훈련된 작업자가 요구된다. 어떤 경우에도, 프로세스 역량은 희망하는 제품 속성에 맞는 것이어야 하며, 운영전략은 사업전략과 일관되어야 한다. 예제 2.1은 월마트 (Wal-Mart) 가 어떻게 그런 일관성을 달성했는지를 보여주고 있다.

예제 2.1

계층적 구조의 전략 사이에 일관성을 유지하고 있는 한 예로, 잘 알려진 소매 및 유통기업인 월마트(Wal-Mart)의 사례를 살펴보자. 그림 2.2는 Wal-Mart가 어떻게 점포의 입지와 점포 내 진열대와 관련해서 양호한 접근성과 (고객이 원할 때 언제나 구매할 수 있는) 지속적인 제품 구입 가능성을 유지하면서, 중간 품질 수준의 제품을 저렴하게 제공하는 소매업체로 입지시켰는지를 보여준다. 이런 사업전략을 뒷받침하기 위해 Wal-Mart의 운영 전략은 짧은 반응시간과 낮은 재고 수준을 특징으로 갖는 효율적 배급 프로세스가 필요하다.

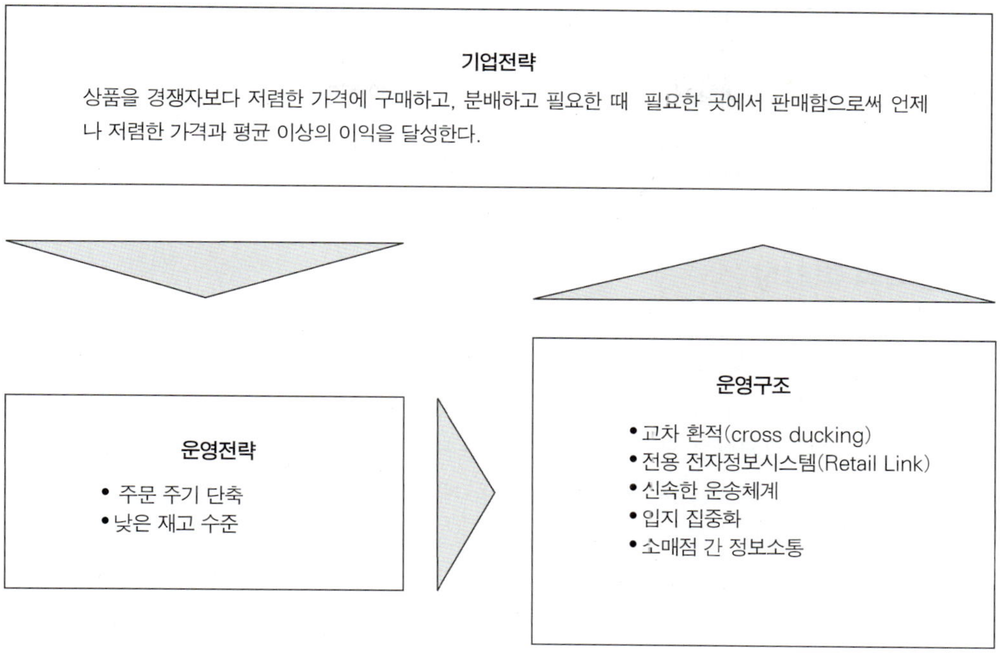

그림 2.2 Wal-Mart의 전략과 운영구조

언뜻 보기에 상충되는 이런 목적을 달성하기 위하여 Wal-Mart의 물류프로세스는 자체의 수송 트럭 편대와 제대로 선정된 입지의 점포를 연결하기 위한 위성 통신 시스템을 중심으로 구성된 정보 네트워크가 필요하다. 소매점포와 공급자 간에 밀접한 통신을 가능하게 하기 위해 그리고 소진된 재고를 빠르게 재충전하기 위하여, 판매 시점정보(POS: point-of-sales)는 Retail Link라고 불리는 고유의 정보 시스템을 통하여 전송된다. 운송 중 재고를 낮게 유지하기 위하여 Wal-Mart는 물류센터에서 교차 환적(cross-docking)이라고 불리는 시스템을 사용한다. 교차 환적은 중간의 저장단계를 생략하고 입고 트럭의 물건을 바로 출고 트럭으로 옮겨 싣고 최종 목적 소매점으로 운송하는 것을 말한다.

이로 인한 전반적인 결과는 산업 내 다른 리더와 비교해보아도 매우 인상적이다. 재고 회전율은 2009년 기준으로 Target의 6.1회전에 비해 Wal-Mart는 9.2회전에 달하고, 제품의 시장 표적화가 향상되어 품절과 판매가격 인하가 줄어들고, 평당 매출액은 2009년 기준으로 Target이 273달러에 불과하지만, Wal-Mart는 425달러를 달성하였으며, 2009년 Target의 매출이 630억 달러인 데 비해 4,050억 달러의 매출을 달성하여 시장지배력을 공고히 하였다. 이렇게 Wal-Mart는 운영전략과 프로세스 구조를 회사의 사업전략에 뒷받침하기 위하여 주의 깊게 조화시키고, 전략적으로 포지션을 잘 설정한 모범사례 기업이 되었다.

그러나 Wal-Mart가 성장을 거듭하여 성숙화되면서 도전적인 과제에 직면하고 있다. Wal-Mart가 미국 내에서 현재보다 더 성장하기 위해서는 도시지역 중심으로 더욱 소규모의 소매업에 초점을 맞출 필요가 있다. 이는 주로 대도시외곽에 입지한 대규모 점포로 구성된 회사의 현재의 소매점 네트워크와는 매우 다른 모습이다. Wal-Mart가 설계해놓은 현재의 비즈니스 프로세스는 추후 추구할 필요성이 있는 소규모 소매점포라는 전략적 포지션과 완벽하게는 일치되지 않는다. 따라서 Wal-Mart는 새로운 비즈니스 프로세스를 설계해내야만 할 것이다.

2.3 전략적 적합성

앞 절에서 논의된 계층적 구조는 전략 수립의 하향식 접근법을 반영하고 있다. 기업의 사업전략이 경쟁공간에서 기업의 포지션을 일단 정하면 비즈니스 프로세스는 그 포지션을 쟁취하고 유지하기 위해 설계되고 관리된다. 하향식 접근방법은 무엇이 효과적인 비즈니스 프로세스를 만드는가에 대한 근본적인 문제에 대한 해답을 제공하기 때문에 이런 관점을 유지하는 것이 가치가 있다. 제조업에서는 효과적인 프로세스를 효율적인 프로세스와 동일시하는 경향이 있다. 최소한의 투입과 자원으로 희망하는 수준의 산출을 달성하는 **원가 효율성**(cost efficiency)이 분명히 중요한 경쟁우위이지만 기업은 반응시간, 제품의 다양성 또는 품질과 같은 다른 몇 가지의 전략 포지션을 근거로 경쟁할 수 있다. 따라서 한 기업의 효과적인 프로세스가 동일한 산업에서 다른 전략을 쓰는 다른 기업에는 올바른 선택이 아닐 수도 있다.

그러면 '효과적'인 것은 '효율적'인 것과 어떻게 다른가? 한 프로세스가 만일 낮은 원가로 운영된다면 이는 효율적이라 할 수 있다. 반면에 프로세스가 기업 전략의 실행을 뒷받침한다면 이는 효과적이라 할 수 있다. 따라서 프로세스 유효성의 주요 조건은 기업전략의 세 가지 구성요소 간에 전략적 조화 또는 적합성이 있는가 하는 것이다.

- 기업의 전략적 포지션
- 기업의 프로세스 구조
- 기업의 경영방침

전략적 조화 또는 **적합성**(strategic fit)은 기업이 추구하는 경쟁우위와 그 경쟁우위를 달성하기 위하여 사용하는 프로세스 구조와 경영방침 간의 일관성을 일컫는다. 만일 최고경영자가 기본적인 비즈니스 프로세스에 관한 지식을 결여하고 있거나 또는 중요한 프로세스 관련 의사결정을 기업의 전반적인 전략에 정통하지 못한 관리자에게 이양한다면 일관성을 상실할 것이다. 두 가지 가운데 어느 경우에나 기업의 전략적 포지션과 비즈니스 프로세스 간에 양립성이 보이지 않는다. 일관성을 살리지 못한 예로 Jaikumar(1986)는 유연생산 시스템(flexible manufacturing systems) 구축에 투자했었지만, 몇 가지 제품을 상당히 대량으로 생산하고 있는 기업의 예를 든다. 유연생산 시스템은 매우 다양한 제품을 소량으로 생산하고자 하는 전략을 지원하기 위하여 쓰여야 한다. 그렇지 않으면 유연생산 시스템은 제품원가만 높여 놓을 것이다.

하향식 전략과 전략적 적합성의 원칙 간에 나타날 수 있는 갈등은 1969년 Skinner에 의해서 표면화되었다. Skinner는 "최고 경영진이 기업의 경쟁능력을 강화하거나 약화시킬 수 있는 생산관리의 잠재력을 왕왕 간과한다."라고 주장한다. 따라서 Skinner는 "생산관리가 기업전략에서 제외됨으로써 연결고리가 결여되어 있다."라고 결론지었다(1969 by Skinner). Skinner는 생산을 원가 절감과 낮은 차원의 일상적인 의사결정에만 관심을 두는 기술적인 문제로 경영진이 안이하게 인식하는데 대해서 강하게 비판을 하고 있다.

이런 잘못된 생각은 아직도 널리 퍼져 있지만 컨설턴트, 교육자, 실무를 담당하는 운영관리자는 운영에 대한 전략적 중요성을 이해하는 데에 상당한 진전을 보였다. 사실 1990년대 초기 비즈니스 프로세스 재설계(business process reengineering)의 추진은 시간, 원가, 품질 및 서비스와 같은 분야에서 성과를 향상하기 위한 수단으로서 비즈니스 프로세스를 재고려하고, 재설계하는 일의 중요성을 일깨워 주었다. 이러한 이론은 성과 상에 상당한 향상을 가져올 수 있는 전략 수립과 프로세스 설계의 효과적 수단으로서의 프로세스의 급진적인 변환을 옹호한다. 프로세스와 조직을 동일시함으로써, 이런 관점은 많은 회사에서 비즈니스 프로세스 관리를 최고경영진의 전략적 의제로 다루게 하였다(Harrison & Loch, 1995).

주의해야 할 것은 전략적 적합성은 한번 성립되었다고 해서 영구히 유지되는 것이 아니라는 점이다. 전략 포지션과 프로세스 구조, 양자를 늘 적응시켜나가야 할 필요가 있음을 상기시켜 주는 사례로는 Dell이 안성맞춤이다. 1984년 초, Michael Dell이 창업한 Dell은 불과 20년이 지난 2004년 현재 세계 컴퓨터 시장점유율 18%에 육박하는 세계 1위의 기업이 되었다. 1980년대, 컴퓨터의 판매 과정은 너무나 비효율적이었고, 신기술 제품이 최종 소비자에게 도달하기까지 1년 이상의 시간이 걸렸다. 제1장에서 논의된 제품 속성기준으로, Dell의 창업 초기 초점은 제품원가를 낮추고, 그리고 제품의 다양성과 품질은 이해할 만한 수준으로 유지하면서 제품의 인도와 시장에 대한 반응시간(product delivery-response time)을 개선하는 쪽으로 맞춰졌었다. 그런 구체적 가치를 최적으로 제공하기 위해, Dell은 시장의 요구에 즉각적으로 반응하는, 간결(lean) 유형의 주문조립 방식(assemble-to-order system)에 의해 생산하고, 직접 판매하는 새로운 개념의 운영 프로세스를 설계해 낼 필요가 있었다. Carpenter (2003)에 의하면, Dell은 "성공의 관건은 고객에게 초점을 맞추고, 사용자가 필요로 하는 맞춤 컴퓨터를 정확히 조립한 것"이라고 자신의 성공에 대해 언급했다고 한다. 기업이 의도하는 전략적 포지셔닝과 기업이 자신의 제품을 고객에게 인도하기 위해 사용하는 프로세스 간에 완벽하게 조화가 이루어진다면 기업은 놀랄만한 수익을 거둘 수 있다. Carpenter는 "[Michael] Dell은 회사가 첫 8년 동안 연 80%, 다음 6년 동안에는 60%, 그 이후는 매년 20%씩 성장했다고 말했다."라고 전한다. 그 대단한 10년이 지나고 Dell은 2005에서 2010년 사이 큰 봉변을 당하게 된다. 2004년 490억 달러의 매출이 2009년 530억 달러로 근소하게 증가했지만, 2004년에 30억 달러에 달했던 이익이 2009년에는 15억 달러에 못 미치는 수준으로 급감한 것이다. 초기의 성공을 이끌었던 두 가지의 핵심 프로세스, 즉 주문 생산과 직접판매방식의 구조를 변경하기 위해 2007년 Michael Dell은 회사 경영진에 복귀하였다. 그는 그동안 고수해왔던 직접판매 방식 대신에 Wal-Mart 같은 소매점을 통한 판매방식과 함께, 주문 생산보다는 재고생산에 집중하던 제조업체에 일부 조립을 아웃소싱하는 방식을 도입하였다. 프로세스 구조상의 이런 변경은 하드웨어가 점차 일상재화 되어가고 동시에 고객들의 선택기준도 다양성(맞춤화)보다는 저가격으로 바뀌고 있었기 때문에 불가피한 선택이었다. 이런 환경의 변화는 Dell로 하여금 유연성보다는 저비용 생산에 초점을 맞춰 새롭게 프로세스를 설계할 수밖에 없게 만들었다.

시장 및 프로세스 지향 전략 하향식 관점은 전략적 적합성의 개념을 설명하는데 편리하지만, 전문가 중에서는 이 관계가 뒤바뀌어야 한다고 주장한다. 일단의 연구자들은 경영진이 "기업전략의 구축요소는 제품이나 시장이 아니라 비즈니스 프로세스임을 강조하여야 한다."라고 주장한다. 그렇게 되면 경쟁에서의 성공은 기업의 프로세스를 일관되게 고객에게 탁월한 가치를 제공하는 전략적 역량으로 변화시키는 것에 의존하게 된다(Stalk et al., 1992).

전략적 적합성은 다음의 두 가지 방식 중 하나를 이용하여 성취할 수 있다.

1. **시장 주도전략**(market-driven strategy): 기업은 주요경쟁 우선순위에서 출발하여 그것을 뒷받침하기 위해 프로세스를 개발한다.
2. **프로세스 주도전략**(process-driven strategy): 기업은 주어진 프로세스 역량에서 출발하고 그 프로세스에 의해서 최상으로 지원할 수 있는 시장 포지션을 파악한다.

일상재의 생산자는 시장에 주도 당할 가능성이 있지만, 기술적으로 혁신적인 기업은 시장을 주도하는 경향이 있다. Apple은 시장을 주도했던 iPod, iPhone, 및 iPad와 같은 제품과 iTunes 같은 콘텐츠 제공서비스 등을 설계하기 위해 고객에 대한 깊은 이해와 자체의 탁월한 설계능력 양자를 바탕으로 대단한 성공을 거두었다. eBay와 Google은 기술혁신을 통해 온라인경매와 검색 시장을 각기 주도한 서비스 제공자로서 좋은 예이다. 또한, Facebook은 온라인 소셜 네트워킹의 폭발적인 성장을 가져온 기술을 고안하였다. 이들 성공사례에서 주목할 점은 혁신의 원천은 기술 측면이었지만, 궁극적으로 성공은 고객 니즈를 효과적으로 충족시킨 점에 기인한다는 사실이다.

일반적으로 전략적 적합성은 시장주도와 프로세스주도 전략을 동시에 필요로 한다. 전략적 적합성은 양자가 상호일관 되기까지 내부의 프로세스 역량에 따라 외부의 시장 기회를 파악하고 발전시키는 일을 반복적으로 수행하는 것을 필요로 한다. 결과적으로 전략과 적합성의 관점은 "기업의 내부역량(무엇을 잘하는가?)과 기업의 외적 산업환경(시장이 무엇을 요구하고 경쟁자는 무엇을 제공하는가?)을 매우 밀접하게 연결하고 있다."라고 주장하는 이도 있다(Collis & Montgomery, 1995).

2.4 초점관리

전략적 적합성 및 전략적 포지셔닝의 개념은 교환관계(trade-offs)를 바탕에 깔고 있으므로 선택을 요한다. 앞에서 논의한 것처럼 전략적 적합성은 주어진 사업전략과 일치하는 비즈니스 프로세스를 요한다. 그러나 하나의 프로세스가 모든 차원에서 잘 수행할 수 없으므로 모든 전략에 적합한 프로세스는 있을 수 없다. 전략의 선택에는 초점이 결부된다. 다시 말해 '전략의 요체는 무엇을 하고 무엇을 하지 않을 것인가?'를 의미하는 초점을 정하는 것이라고 Michael Porter

는 강조한다(Porter, 1996).

초점전략과 초점공정 매우 다양한 목표를 충족시켜야 하는 프로세스보다 한정된 목적을 달성하는 프로세스를 설계하기가 더욱 쉽다. **초점**(또는 집중화)**전략**(focused strategy) 즉, 수요(제품 및 시장) 및 공급(투입, 필요한 공정기술 및 생산량) 기준으로 제한된 목적을 일관되게 달성하려고 하는 전략 개념의 바탕에는 이런 사실이 깔려있다. 달리 말하자면 이런 방식은 제한된 세분시장(market segments)의 공략에 집중하는데, 그 시장의 욕구를 충족시키기 위하여 특별히 설계되고 운영되는 비즈니스 프로세스가 요구된다는 것이다.

다시, 초점전략은 **초점**(또는 집중화)**공정**(focused processes)에 의해서 뒷받침되어야 하는데 이 프로세스의 모든 제품은 원가, 품질, 반응시간, 다양성에 관해서 비슷한 속성을 지닌다. 만일 한 프로세스의 제품 포트폴리오가 경쟁제품 공간에서 차지하는 면적이 좁으면 그 프로세스는 초점을 가진 것으로 볼 수 있다. 역으로 제품 포트폴리오가 경쟁적 공간에서 다소 흩어져 있다면 그 프로세스는 초점이 명확하지 않은 것이다. 인도의 Madurai에 있는 Aravind Eye Hospital은 다양성을 희생하고 높은 품질의 의료서비스를 저가에 공급하는 데 집중하고 있다. Aravind에서는 매년 18만 건의 백내장수술을 시행한다. Rubin(2001)에 의하면 설립자 Dr. Govindappa Venkataswamy는 그의 수술도구를 표준화하고 백내장 수술 프로세스를 표준화하여 하루에 100건의 수술을 할 수 있다고 한다. Aravind의 운영의 탁월성은 70%의 환자가 거의 무료로 시술을 받음에도 40%의 총 이익률을 거두고 있으며 병원이 기부에 의하지 않고서도 자립할 수 있는 성과를 거두게 하고 있다. 원가 주도 경쟁자의 한 예인 세계적인 소매점인 Aldi는 고품질의 제한된 종류의 자사(private)브랜드를 가능한 최저가에 유통하는데 특화하고 있다. Aldi는 첫 점포를 독일의 Essen에 1948년에 열었다. 오늘날 Aldi는 5000여 개 이상의 점포를 가진 세계 식품 잡화 소매 산업의 선두 주자이고 유럽, 미국 및 호주에서 사업을 운영하고 있다. 그 회사 성공의 비결은 가장 저렴한 원가 구조를 가능하게 하는 검약과 단순함에 주안점을 둔 군살 없는(lean) 운영구조에서 찾을 수 있다. Brandes(1998)는 Aldi의 창업자인 Theo Albrecht를 종이의 앞 뒷면을 사용하고 방을 나설 때는 항상 불을 끌 정도로 검약한 사람으로 묘사한다. 그렇지만 저가격은 경쟁자보다 낮은 제품가용성 및 제한된 다양성을 바탕으로 할 때만 가능하다.

협소한 제품라인을 제공하는 것이 초점전략의 가장 직관적인 예에 해당하지만, 초점프로세스는 반드시 제한된 품목을 생산하는 것은 아니다. 잡샵(job shop)도 그 임무가 다양성을 제공하는 것이지만 초점화 프로세스가 될 수 있다. 잡샵(job shop)에서 제공하는 제품이 유사한 품질, 원가 및 시간속성 기준으로 제품공간에서 한정된 지역에 모두 놓인다면 초점화 생산으로 간주할 수 있을 것이다. 비슷하게 서비스부문에서 병원의 응급실은 다양성과 대응성에 초점을 맞추고 있다. 2000년 7월 Michigan 주의 Dearborn에 있는 Oakwood Hospital의 응급실은 응급환자에게 의사를 면담할 수 있고, 30분 이내에 진료가 시작될 것임을 보장하였다. Oakwood Hospital은 응급 프로세스를 완벽하게 다시 뜯어고쳤다. 결과적으로 응급실에서 의사를 만나기까지 기다린 평균시간은 몇 시간에서 22분으로 줄어들었고 1년 동안에 6만 명의 환자 중에 32명의 환자만 빼고 모두 보장된 30분 이내에 의사를 만날 수 있었다. 저가는 아니지만,

속도와 다양성의 제공에 초점을 맞춘 또 다른 기업의 예로는 1장에서 언급한 소모성 자재 및 운전 부품(MRO) 유통업체인 McMaster-Carr가 있다.

비록 전략이 더욱 넓은 세분시장을 공략할 필요가 있고, 각 세분시장이 다른 전략적 초점(또는 경쟁제품 공간에서의 포지션)을 가지고 있는 경우 전략은 하나하나가 제한되고 일관성 있는 분명한 목표에 집중하는 하위 전략으로 나누어질 수 있다. 각 하위 전략은 그 자체로 일관된 또는 초점이 있는 비즈니스 프로세스에 의해서 뒷받침될 수 있다. 비즈니스 규모에 따라 이런 방식은 한가지 특정 프로세스를 실행하는 초점공장(focused plant)이나, 또는 전체 공장을 몇 개의 미니 공장으토 나누어, 각 공장이 그 자체의 사명을 가지며 그 사명에 집중하는 프로세스를 가지는 **공장 내 공장**(PWP: plant-within-a-plant)을 형성하게 한다.

예를 들어 대부분 종합병원은 응급실과 중환자실을 다른 시설과 분리함으로써 집중화의 이득을 실현하고 있다. Massachusetts General과 같은 일부 종합병원은 한 걸음 더 나아가서 고관절 또는 무릎관절 이식과 같은 일상적인 수술 및 재활치료에 초점을 맞춘 독립된 단위를 운영하고 있다. 많은 병원은 보행 가능한 환자들에게 고차원의 서비스를 비교적 저렴하게 제공할 수 있는 암치료센터를 별도로 만들었다. 이렇게 보행 가능한 단순한 처치를 요하는 환자를 별도로 분리해냄으로써 병원에서는 그렇지 못한 진짜 어려운 환자들에게 더 적절한 처치를 제공할 수 있게 되었다. 1장에서 언급한 Shouldice Hospital과 같은 전문병원은 탈장수술만 제공하며 오직 거기에 초점을 맞춘 부서만 가지고 있다.

제조업자도 한 공장 내에 제품 라인을 별개로 분리하여 운영할 수 있다. Harley-Davidson은 두 개의 독립된 흐름공정, 즉 소형 833cc 엔진 및 변속시스템을 위한 프로세스와 별도로 대형 1,340cc를 위한 프로세스를 운영한다. 각 제품라인이 다른 프로세스를 필요로 하고, 또한 투자의 타당성을 입증할 만한 충분한 생산량을 쏟아내기 때문에 이런 전략은 논리적이다. 마찬가지로 엔진 제조업자인 Briggs & Stratton도 다양한 생산공장을 분리하고 매 공장 내에 제품 조립라인을 분리하여 공장 내 공장(PWP)을 실천하고 있다.

마지막으로 초점생산은 기업들에 경쟁자의 모방 노력을 강력하게 저지하는 수단을 제공한다. 따라서 그들의 경쟁 우위는 더욱 지속가능성이 커진다. 단일 활동은 모방당하기 쉽지만 관련되는 활동의 수가 커질수록 전체를 모방하는 것은 점점 어려워진다. 기업은 서로 조화를 이루는 여러 가지 활동으로 한 기업의 전략적 포지션을 뒷받침함으로써 기업의 지속 가능한 경쟁우위를 창출한다. 그것은 Porter에 의하면 '경쟁자가 한가지 특정활동을 단순히 모방하는 것보다는 복잡하게 얽힌 활동을 모방하고 이에 대응하기 훨씬 더 어렵기' 때문이다(Porter, 1996). 사실 활동, 경영자원 및 경영 하부구조로 이뤄진 완전한 네트워크인, 초점이 있는 비즈니스 프로세스를 복제하는 것은 전체조직을 복제하기만큼이나 어렵다. 만일 한 기업의 프로세스와 전략이 한가지 초점에 집중되어 있다면 그 기업의 포지션은 경영자가 포지션과 그를 뒷받침할 프로세스를 정할 때 교환문제를 주의 깊게 고려한 결과물이다(2.6절에서 교환문제(trade-offs)에 대해 좀 더 자세하게 살펴볼 것이다). 따라서 경쟁자는 비슷한 교환을 함으로서만이 그 포지션을 복제할 수 있다. 그렇게 함으로써 그 경쟁자는 불가피하게 자신의 고유의 포지션을 포기하게 될 것이다. 예제 2.2는 United Airlines이 저 원가 중심의 경쟁자인 Southwest Airlines을 모방하는 데 실패한 사례를 기술하고 있다.

예제 2.2

2004년 United Airlines는 Southwest Airlines와 같은 저가 항공사와 경쟁하기 위하여 '항공사 내 항공사' 인 Ted를 만들었다. Ted는 모두 이코노미석으로만 채워진 Airbus A320을 57기 보유하였다. 그러나 모든 Ted 항공편은 United 소속 승무원에 의해 운행되었다. 가끔은 United의 비행기가 Ted 항공편에 대체되어야 하는 경우도 발생하였다. 고객들은 Ted와 United의 항공편이 종종 연결되면서 매우 혼란스러워했다. 승객, 승무원 및 항공기 간의 교차는 Ted가 '항공사 내 항공사' 로서 진정하게 저가에 초점을 맞춘 항공사로 자리매김하기가 어렵게 되었다. United는 Southwest 같은 저가항공사를 성공하게 한 프로세스의 여러 부분을 부분적으로는 모방할 수 있었지만, 초점이 결여된 탓에 모든 것을 완벽하게 복제하는 것은 불가능하였다. 결과는 Ted가 United와 같을 것으로 생각한 비즈니스 출장 승객을 만족하게 할 수 없었고, 저가 항공사가 갖춰야 할 낮은 원가수준을 충족시킬 수도 없었다. 2008년 6월 United는 Ted의 폐업을 선언할 수밖에 없었다.

지속 가능한 저비용 운항 시스템을 확립하는 데 실패한 United의 예에서 보듯이 전통적인 항공사는 PWP 개념을 실천하는데 어려움을 겪었다. 이는 전통적인 고객에게 초점을 맞춘 프로세스로부터 저비용 프로세스를 완벽하게 분리해낼 수 없는데 주로 기인한다. Southwest는 두 도시 간 운항(point-to-point) 네트워크를 운영할 수 있었지만, 전통적인 항공사들은 고객으로 하여금 자신들의 저가 노선과 다른 항공편을 연결할 수밖에 없었다. 여객들도 바뀌었을 뿐만 아니라 승무원과 비행기들도 자주 프로세스 간에 바뀌었다. 이는 전통적인 항공사들의 운영방식인, 거점(Hub)을 중심으로 다른 지역으로의 이동을 가능하게 하는 거점-지선 네트워크(hub & spoke network) 상의 거점공항에서 연결되는 항공편과 관련해 매우 심각한 불균형적인 부하(workload)로 나타나기 때문에 저비용 프로세스에 필요한 소요 인력수준으로 낮추기가 매우 어려웠다. 만약 항공편 간의 연결시간이 매우 짧으면, 연결편이 제한적이기 때문에 지연의 효과가 문제가 된 일부 노선에만 한정되는 Southwest와는 달리 전통적 항공사의 운항지연은 전체 네트워크에 연쇄적으로 파급효과가 크게 미치는 현상이 나타났었다.

그러나 Southwest도 규모가 커지면서 똑같은 문제에 직면하고 있음을 알 수 있다. 과거 Southwest는 환승객이 매우 적었었지만, 2009년에는 승객 가운데 3분의 1이 다른 항공편에 연결되고 있다. 이는 전통적인 항공사의 경우보다 아직 절반에 해당하는 숫자지만 순수한 point-to-point 네트워크 방식에 의존했던 항공사로서는 그 운영에 어려운 문제가 되고 있다.

2.5 제품과 프로세스의 대응

초점생산/운영(focused operations)은 기업이 생산하는 제품을 그 기업의 생산 프로세스에 대응시키는 것을 더욱 수월하게 만든다. 프로세스를 제품에 대응하는 유용한 도구는 Hayes와 Wheelwright(1979)가 제안한 **제품-프로세스 행렬**(product-process matrix)이다. 그림 2.3은 이 행렬의 모형을 보여준다.

이 행렬의 수평축은 '낮은 다양성'(표준화 제품의 대량생산)에서부터 '높은 다양성'(소량으로 생산되는 한 종류의 한 제품)에 이르기까지의 제품의 다양성을 나타낸다. 수평축의 오른쪽 끝에는 마천루(skyscrapers), 맞춤 정장, 컨설팅보고서 및 성형외과 수술과 같은 독특한 제품이 놓인다. 이렇게 고도로 맞춤화된 제품은 소량으로 주문되고, 주문에 따라 제조된다. 왼쪽 끝에는 고도로 표준화된 일상재처럼 대량으로 소요되고, 대량으로 생산되는 제품이 놓인다. 주류양조장,

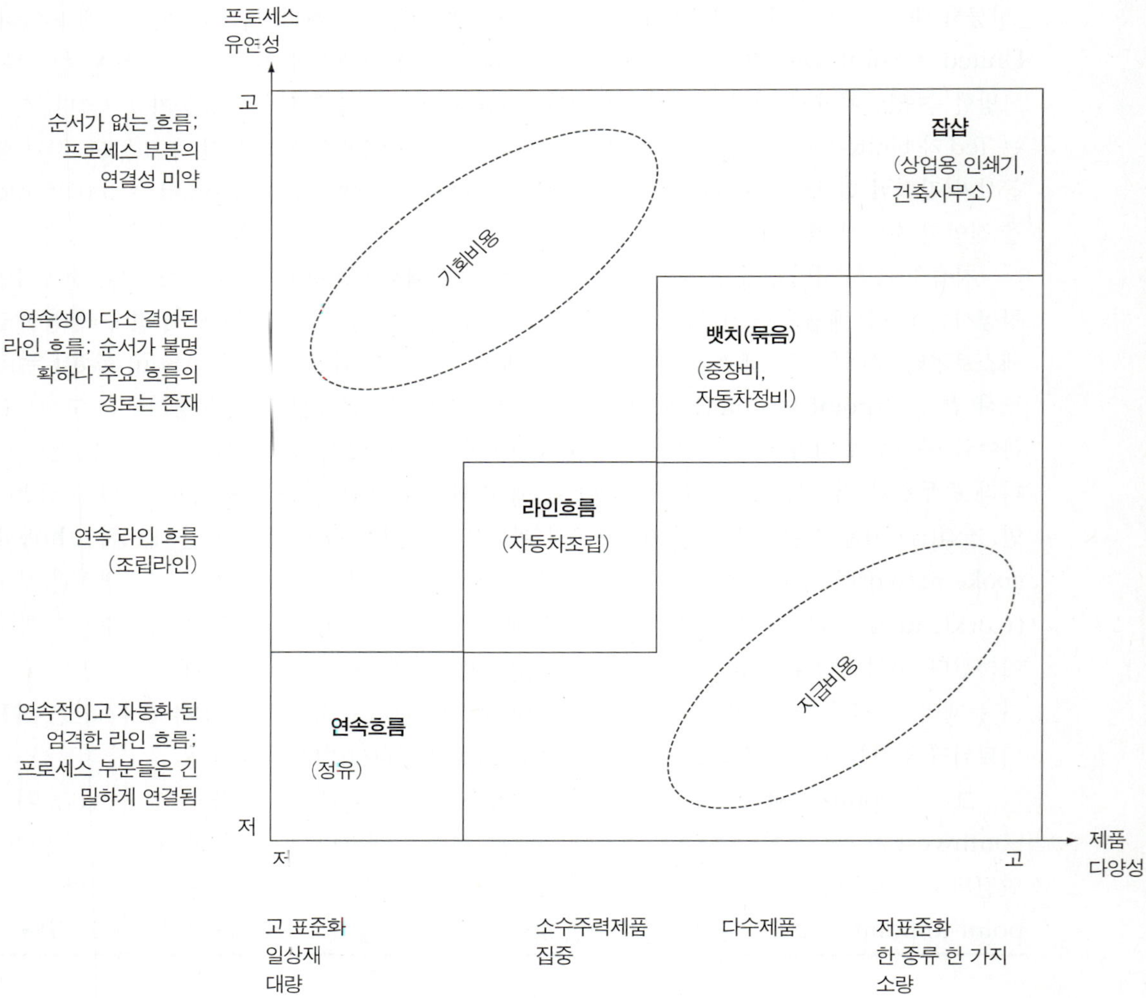

그림 2.3 제품 프로세스 행렬

제지회사 등은 여기에 해당한다. 중간 정도의 맞춤화와 중간 규모수준의 생산량이 필요한 제품은 앞의 두 극단 중간에 위치한다. 따라서 부동산 개발업자가 건설하는 주택은 대체로 종류가 제한된 견본 주택과 유사하면서, 약간의 맞춤화와 업그레이드를 허용한다.

행렬의 수직축은 프로세스의 유연성 말하자면, 공급자 측면에서 제품의 다양성에 상응하는 프로세스의 능력인 유연성을 나타낸다. 맨 아래쪽에는 엄격하고 고정된 제품경로를 가지며 제한된 범위의 과업을 반복적으로 수행할 수 있는 전용 생산자원으로 이루어지는 프로세스 구조, 예를 들면 플로우 샵(flow shop) 형태가 놓인다. 맨 위쪽에는 범용 생산자원이 느슨하게 연결되어 있어서 제품이 다양하고 상이한 경로를 따라 움직일 수 있어서 유연성이 높지만, 작업의 흐름은 질서 정연하지 못한 잡샵(job shop)이 놓이게 된다(제1장 참조). 중간에 놓이는 프로세스들은 전문화의 정도, 생산량과 생산자원의 상호연계에서 차이를 보인다.

각 프로세스 유형은 특정의 제품 요구조건에 부합되는 것이 이상적이다. 예를 들어 잡샵(job shop)은 맞춤제품을 소량으로 생산하는데 적합하고, 플로우 샵(flow shop)은 대량으로 소요되는 표준화된 제품에 더욱 잘 부합된다. 효과적인 제품–프로세스 대응은 제품–프로세스 행렬의 대각선상에 나타난다. 대각선 바깥의 포지션은 불필요한 비용을 유발할 수 있는 그릇된 대응을 나타낸다. 말하자면 단지 한 가지 종류만 잡샵(job shop)에서 생산한다면 다양한 제품을 생산하지 못함으로써 기회비용이 발생하게 되고, 플로우 샵(flow shop)에서 소량으로 소요되는 다수 제품을 생산하려면 많은 설비를 자주 조정해야 하므로 과도한 기종 변경(changeover)에 따른 비용지출(out-of-pocket costs)이 따른다. 대각선상의 포지션은 희망하는 제품다양성과 이를 만족하게 하는 데 필요한 프로세스 유연성 간의 적절한 대응(match)을 나타낸다.

제품–프로세스행렬은 한가지 제품속성만을 한가지 프로세스 역량에 연결하고 있음을 주목하라. 예로서, 프로세스 유연성과 제품원가 간에는 상관관계가 존재한다. 표준화는 규모의 경제를 이루고 제품의 변동비를 낮추는 효과를 가져온다. 마찬가지로 프로세스 유연성과 제품의 반응시간 간에도 상관관계가 존재한다 플로우 샵(flow shop)에서는 보통 잡샵(job shop)보다 흐름시간이 짧아진다. 하지만, 제품 품질은 자원의 배치 및 자원을 잇는 연결경로와는 직접적인 상관관계가 없다. 잡샵(job shop) 및 플로우 샵(flow shop) 모두에서 높은 수준의 품질을 생산할 수 있다.

2.6 운영 최전선과 교환

기업에서 운영전략과 프로세스 구조를 선택하고 나면, 기업은 그 전략을 실행하기 위하여 프로세스를 관리하여야만 한다. 앞서 논의한 것처럼, 비즈니스 프로세스가 전략적 포지션과 일관되고 효과적으로 관리될 때 전략적 포지션은 탁월한 성과를 거두게 된다. 경쟁우위를 지속하기 위해서는 전략적 포지셔닝과 운영의 유효성이 요구된다. 전략적 포지셔닝(strategic positioning)은 충족하고자 하는 일단의 상이한 고객욕구를 선택하는 것이거나, 기존의 욕구를 더 효과적으로 만족시킬 방식을 선택하는 것이다. 기업이 전략적 포지션을 변경하는 것은 아주 드물다. 경영자가 그러한 변경을 고려할 때 그들은 '무엇을 해야만 하고 무엇을 하지 말아야 할 것인가?' 를 스스로 물어보아야 한다. 반면에 운영의 유효성은 전략적 포지션을 최상으로 뒷받침하기 위하여 프로세스 구조를 정하고 이들 프로세스를 경쟁자보다 더욱 낫게 실행하는 것에 관한 것이다. 경영자가 이미 설정된 프로세스 구조의 운영방침에 대해 어떻게 변경할 것인가를 고려할 때 그들은 '어떻게 더욱 낫게 프로세스를 설계하고 관리할 수 있을까?' 에 자문자답해야 한다.

운영 최전선 일찍이 우리는 전략적 포지션을 경쟁제품공간에서 한 기업의 제품이 차지하는 입지로 표현했다. 특정산업에 대한 실증적인 연구에서는 경쟁제품공간에서 각 기업의 제품이 차지하는 입지를 측정하고 설정할 수 있다. 그림 2.4 에서와같이, 측정은 원가와 반응성(제품 품질과 제품 다양성 또는 맞춤화를 상수로 간주하고) 두 가지 경쟁적 차원에 한정하여 적용할 수 있다. 이 그림에서, **운영 최전선**(operations frontier)을 현재의 산업 내의 모든 기업의 포지션을 내포하는 가장 작은 곡선으로 정의할 수 있다. 운영 최전선은 세계 일류기업의 현재의 최상의 실무(the current best practices)를 나타낸다. 같은 방사선에 놓인 기업은 동일한 전략적 우선순위를 공유한다. 운영 최전선 상에 놓인 기업은 탁월한 성과를 올리고 있는 것으로 자부할 수 있다. 달리 말해서, 이런 기업은 자신의 프로세스를 얼마나 잘 관리 하는가에 대한 척도 기준, 즉 운영유효성에서 가장 높은 수준에 도달했음을 의미한다. 그 프로세스는 선택된 제품 속성 기준으로 탁월한 성과를 발휘한다. 운영의 유효성은 현재의 운영 최전선에서부터 그 기업의 현재 포지션 사이의 거리와 관련이 있다. 즉 한 기업이 최전선에 가까울수록 그 기업의 운영유효성은 높다고 할

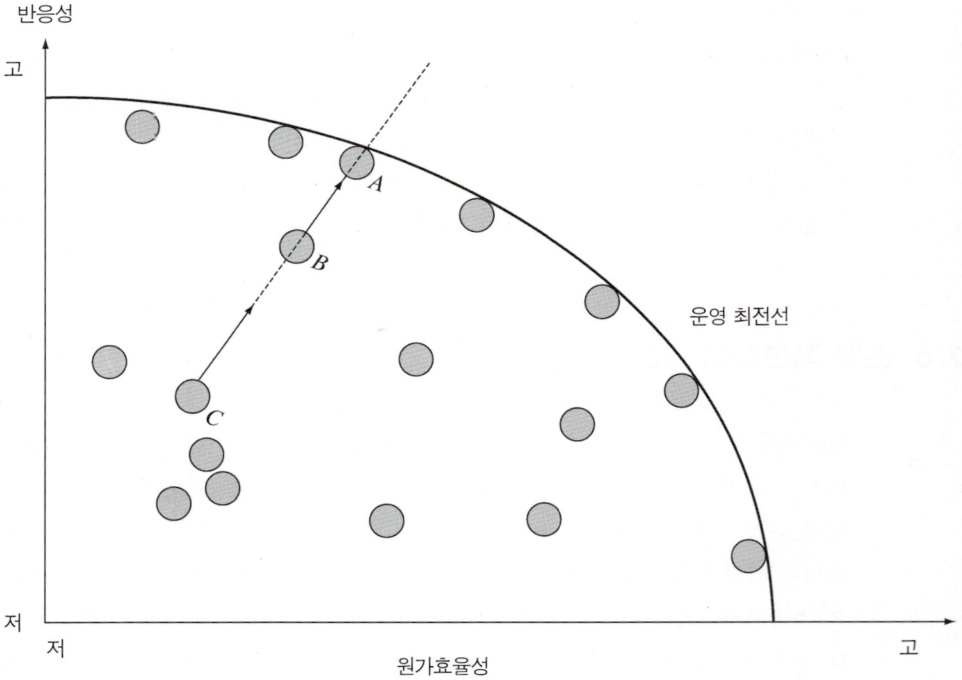

그림 2.4 한 산업 나의 현재의 모든 포지션을 포괄하는 최소의 곡선인 운영 최전선

수 있다. 이는 한 기업이 특정의 개선방향(방향의 기울기는 네 가지 제품속성에 대해서 기업이 부여한 상대적 전략적 우선순위를 의미한다)으로 최전선에 가까울수록 운영상의 효율이 높아지는 것을 의미한다. 그림 2.4에서 보듯이, 제품 A, B 및 C를 각각 제공하는 회사는 고려하는 전략적 우선순위에서는 동일하지만, 제품 A를 제공하는 회사가 운영의 유효성에서 최상의 수준을 달성하고 있으며 즉 제품 C의 회사는 (이동 방향 기준으로 측정하여, 최전선에서 가장 멀리 떨어져 있어) 운영유효성이 가장 낮다. 최전선에 놓인 제품 A의 입지는 현재 가능한 일련의 최상의 실무로 프로세스를 운영하기 때문에 가능한 것이다.

교환 **교환 관계(trade-offs)**는 한 가지 측면을 개선하기 위하여 다른 측면을 희생시키는 것을 의미한다. 운영 최전선(operation frontier)은 보통 오목한 곡선이기 때문에, 전선 상의 어느 점도 교환관계의 문제가 발생한다. 즉, 한 가지 제품차원에서 성과를 높이기 위해서는, 다른 차원의 성과를 어느 정도 포기하여야 한다. 하지만, 최전선에 있지 않은 기업은 엄격한 교환문제에 직면하지 않는다. 말하자면, 그런 기업은 여러 차원에서 동시에 개선을 기할 수 있다는 말이다. 따라서 교환은 보통 예제 2.3에 묘사된 도요타 같은 세계 일류기업의 전략에서 분명하게 나타난다.

예제 2.3

1960년대 말에서 1970년대 초, 일본의 한 소규모 자동차 업체에 불과했던 도요타(Toyota)는 땅값이 매우 비싼 나라에서 경기불황에 직면하고 있었다. 아무도 한 가지 제품으로 경기불황이 덮친 소규모 시장에서 살아남을 수 없었기 때문에 제품의 다양성은 필수 조건이었다. 이 난관을 돌파하기 위해, Taiichi Ohno와 그의 동료는 Toyota Production System(TPS)를 개발하였다. TPS의 기본개념은 다양성을 불문하고 사람들이 원하는 것을, 정확하게 사람들이 필요로 할 때 생산하는 것이었다. 여기서 해결해야 할 문제는 마찬가지로 간단하였다. 다시 말해 해결해야 할 과제는, 실수를 저지를 여유가 없다는 매우 단순한 것이었다. 공급자와 설비는 신뢰할 수 있어야 하고, 생산은 유연해야 하고, 품질수준은 높아야만 하고, 그리고 모든 면에서 일관성이 필수적이었다. 공급자와 정확하고 정밀하게 조화를 이루는 것이 시스템의 성공에 핵심이었다. 공급자는 자동차업체만큼 유연하면서도 정확한 일정을 지킬 수 있어야 하였고, 성능 규격을 또한 정확하게 지킬 수 있어야 하였다.

TPS는 사실상 Henry Ford의 조립라인, 혹은 프로세스-흐름개념(2.7절 참조)의 재발견이었다. 물론, 저 원가에 초점을 맞추고 일체의 다양성을 허용하지 않는 대신에 TPS는 프로세스의 신축성을 통해 제품의 다양성을 허용하는 중요한 변경을 가했다. TPS는 폭넓은 다양성, 높은 수준의 품질, 저 원가 및 짧은 반응시간을 동시에 가능하게 한다. 결과적으로, 도요타는 전 세계적으로 경쟁자들이 다투어서 달성하려고 하는 운영 최전선을 완벽하게 재정의하였다. 도요타는 TPS를 단속적 제조업(discrete manufacturing)에서 세계 일류의 흐름 공정으로 정립시킴으로써, 자동차업계 내에서 무명의 존재에서 일약 주목해야 할 주요기업으로 뜨는 과정에서 생산을 경쟁 무기로 활용한 최상의 기업 사례로 기억되고 있다.

초기에, 경쟁자들이 TPS의 요소를 복제하기 시작했을 때 그들은 원가와 품질에서 극적인 개선 효과를 경험하였다. 그 기업들은 그런 수준의 운영상의 유효성이 가능하다면 원가와 품질 또는 원가와 다양성 간의 전통적인 교환문제는 더는 타당하지 않다고 생각하였다. 사실, 이들 경쟁자의 대부분은 업계의 최상, 다시 말해 운영 최전선에서 떨어져 있었기 때문에, 운영상의 유효성을 추구하는 과정에서 순수한 교환문제에 봉착할 필요가 없었다. 한마디로 그들의 운영은 프로세스의 여러 차원에서 동시에 개선할 수 있을 정도로 비효과적이었다.

운영유효성의 개선은 전략적 포지션의 개선과 동일한 것은 아니다. 전략적 포지셔닝은 현재의 포지션으로부터 개선의 방향을 정의하지만, 운영의 유효성은 개선의 방향을 따라 현재 포지션에서부터 현재의 운영 최전선까지의 간격을 측정한다. 한 기업이 운영 최전선에서 차지하고 있는 포지션은 '최상의 실무'에 의해서 정해진다면 그 포지션은 특정시점에서 선택된 두 가지 제품 차원 사이에 최상으로 달성 가능한 타협을 나타낸다. 예제 2.4는 병원의 응급실을 병원의 다른 프로세스로부터 차별화하는 교환에 대해서 기술하고 있다.

예제 2.4

만일 종합병원이 응급환자와 비응급환자를 단일 프로세스에서 처리하려고 한다면 그 프로세스의 산출은 매우 다른 전략적 강조점을 가질 것이다. 결론적으로 그런 프로세스는 제품경쟁공간에서 매우 넓은 지역을 포함할 것이고, 병원으로 하여금 두 가지 차원에서 동시에 경쟁우위를 유지하는 것을 어렵게 할 것이다. 그러나 만일 병원이 운영을 응급실과 비응급시설로 나누어서, 두 개의 확실하게 구별이 되는 공장 내 공장(PWPs)로 분리한다고 생각해보자. 그리고 각 PWP가 모두 자체의 경쟁우위(시간 또는 원가) 및 그 우선순위를 뒷받침할 프로세스를 가진다고 생각해보자. 응급실에서는 항상 대기상태에 있을 수 있는 의사와 직원을 고용할 것이고 매우 다양한 환자를 신속하게 처리할 수 있는 유연성이 필요하다. 반면 종합병원에서는 한정된 분야의 환자 치료에 적합하게 보다 전문화된 인적자원들을 각 전공과 별로 채용할 수 있다. 그림 2.5에서는, 각 PWP의 제품이 비슷한 경쟁 우선순위를 공유하고 있고, 따라서 더욱 축소된 지역을 점유하고 있다. 각 PWP 프로세스는 보다 초점이 좁혀져 있고 각기 구체적인 전략적 사명을 효과적으로 완수하는데 더 쉽다.

운영의 유효성을 개선하는 목적은 기업을 전략적 포지션에서 구체화된 개선의 방향을 따라 최전선에 근접시키거나 최전선 자체를 움직이는 것이다. 방향을 유효성의 일부로 포함함으로써, 전략과 프로세스 역량 간의 정렬(조화: alignment)상태를 측정한다. 이처럼 운영의 유효성은 탁월한 성과의 핵심에 자리 잡고 있다. 우리가 프로세스를 개선하면서, 정렬을 유지하는 것은 매우

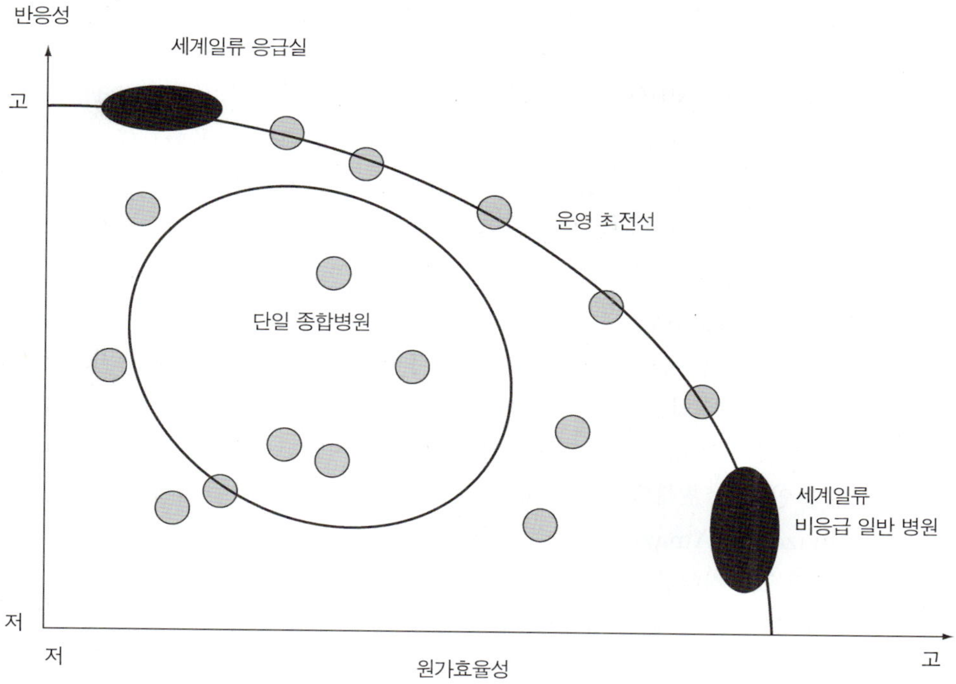

그림 2.5 병원산업의 운영 최전선

중요하다. 이것은 도요타가 2002년 저비용에 더욱 다양한 품종의 생산을 실현하기 위해 실행한 Global Body Line(GBL)의 성공사례에서도 입증된다(Visnic, 2002). GBL의 명시적 목표는 Toyota로 하여금 어느 국가에서, 얼마를 생산하든 효율적인 제품 생산이 가능하도록 한다는 것이다. GBL은 차체제작공장에서 작업 중인 차량의 흐름을 더 빠르게 하면서도, 모델 간의 전환이나 모델의 상당한 변경을 완성하는 데 걸리는 시간을 단축할 수 있게 해주었다. 도요타는 Global Body Line의 도입을 통해 플로우 샵(flow shop)의 효율성과 프로세스에서의 다양성을 동시에 개선하는 데 성공하여 운영 최전선을 더 밖으로 이동시키고 있다.

기업이 어떤 한 가지 차원에서 프로세스를 개선할 때, 운영 효율성을 유지하면서도 고객에게 중요한 다른 차원을 희생시키지 않는 것이 매우 중요하다. 2009년 전후로 Toyota는 품질 문제 때문에 전 세계적으로 12백만 대의 차량을 리콜(recall)해야 했을 때 상당한 곤경에 처했다. 이들 차량에 사용된 공용부품은 낮은 원가에 다양성을 확보하는 데 도움을 줬지만, 북미, 유럽 및 아시아 시장에서 불거진 품질불량 문제로 인한 리콜 사태로 Toyota가 치른 대가가 상당한 데서 보듯이 품질문제가 있는 공용부품 하나가 끼치는 부작용의 파장도 그만큼 상당하다는 교훈을 남겼다.

기술과 경영 실무가 진보하면서, 운영 최전선은 바깥으로 또는 제품경쟁공간의 원점에서부터 점점 더 먼 지점으로 이동한다. 세계 일류 기업들은 더욱 낮은 원가에 같은 반응시간(또는 품질 또는 다양성)을 달성하거나 같은 원가에 더 나은 반응시간(또는 품질 또는 다양성)을 달성하고 있다. 경쟁의 역동성은 운영 최전선을 바깥으로 계속 이동시키기 때문에 세계 일류의 기업은 그들의 포지션을 유지하기 위해서라도 운영유효성을 지속적으로 개선해야 한다.

인터넷은 운영 최전선을 바깥으로 이동시키는 잠재력을 가진 신기술의 한 예이다. 그러나 Chopra와 Van Mieghem(2000)은 전자상거래의 수용에 의해서 획득되는 가치는 산업의 환경에 의존한다고 지적한다. 예를 들어 미국의 Peapod와 영국의 TESCO와 같은 인터넷 식료잡화상이 출현하여, 가정배달서비스의 편의성을 제공함으로써 고객에 대한 서비스의 질은 개선되었지만, 그 대신 전통적인 슈퍼마켓보다 보통 반응성과 다양성에서 떨어지고, 원가는 상승하였다. 2003년에 Peapod는 보통의 미국 슈퍼마켓이 40,000개의 품목을 다루고 있었던 데 비해, 약 10,000개의 품목만을 취급하였다. 슈퍼마켓과 가격기준으로 경쟁을 시도했던 Webvan과 같은 몇몇 식품배달 비즈니스는 실패하고 말았다. 이렇게 식료잡화의 택배사업에서 인터넷을 도입함으로써, 고객에 대한 서비스의 품질은 증가하였지만 동시에 다양성과 반응성 측면에서 후퇴하고 가격 인상도 초래되었다. 2007년 시애틀 지역에서 식품 잡화 배달사업을 시작하기 위해 Amazon은 AmazonFresh를 만들었다. Amazon은 고객 편의제공 차원에서는 슈퍼마켓과 효과적으로 경쟁할 수 있었겠지만, 택배 운송비가 비싼 여건에서, 비용에 민감한 고객을 대상으로 전국적으로 이런 사업을 전개한다는 것이 엄청나게 어려운 일임을 자각하고 물러설 수밖에 없었다.

하지만, 도서 유통산업에서는 일반 Wal-Mart Supercenter 점포와 그 회사의 인터넷 점포, Wal-Mart.com을 비교하는 예제 2.5에서 예시된 것처럼 인터넷의 효과는 전혀 다르게 나타난다. 도서 유통산업에서의 인터넷 기술 수용은 서비스와 선택의 범위를 높여서 서비스와 다양성 차원기준으로 최전선을 넓힌다. 사실 요즘은 콘텐츠가 디지털화되면서 전통적인 도서를 출판하고 유통하는 비용보다 훨씬 저렴하게 전자책(e-book)을 수 분내로 내려받을 수 있게 되었다.

인터넷이 비즈니스 프로세스를 본질적으로 바꿔 놓은 또 다른 예로는 영화 비디오의 대여와 판매이다. 전통적으로 Blockbuster와 같은 대규모 비디오 대여 점포는 사람들이 DVD를 빌리려 할 때 반드시 들리던 곳이다. 그러나, 2010년 인터넷에 의해 소비자들이 더 쉽게 이용하는 방법이 등장함으로써, Blockbuster는 크게 타격을 입었다. Netflix의 출현으로 인터넷상에서 DVD를 주문하고, 우편으로 배달받을 수 있게 되었다. 보고 싶은 DVD를 기다려야만 할 때, Netflix는 Blockbuster보다 훨씬 더 다양한 영화를 제공하였고, 일부 영화에 대해서는 곧바로 볼 수 있는 스트리밍(streaming)방식도 이용하였다. Blockbuster의 또 다른 대안으로는 보통 식품잡화점이나 패스트푸드 식당에 있는 자판기를 통해 영화를 빌려 보도록 한 Redbox가 있다. Blockbuster 점포보다 더 많은 Redbox 자판기가 있어 고객들은 더 가까운 곳에서 빌릴 수 있게 되었다. Redbox가 갖춘 영화는 다양성에서는 미흡하지만, 고객들은 온라인으로 자신들이 원하는 비디오가 어디에 있는 자판기에서 입수할 수 있는지를 파악할 수 있다. 또한, 온라인으로 예약할 수 있고 하루에 단 1달러의 비용으로 대여할 수 있다. Netflix와 Redbox 모두 저비용에 반응성을 개선함으로써 Blockbuster의 포지션에 비해 상대적으로 더 효율적인 전선으로 이동하였다.

마지막으로, 기업 대 기업(B2B: business-to-business) 간 거래에서 인터넷은 반응성을 향상하고, 정보 교환에서 정확성을 높인다. 이를 통하여 원가 절감과 동시에 더욱 빠른 주문의 인도를 달성할 수 있다. Wal-Mart와 Proctor & Gamble은 인터넷상의 (수요, 재고, 생산용량 관련) 정보 교환을 통해 계획수립, 수요예측 및 재고 보충과 관련해서 서로 간에 협력함으로써 수요공급 간의 적절한 대응을 가능하게 하여 원가절감과 재고관리의 효율화를 기할 수 있었다.

이 책은 프로세스의 변화가 어떻게 제품가치를 향상하는가에 대한 이해를 돕고자 한다. 인터넷은 정보 제공의 또 하나의 경로에 불과할 뿐이므로 이 책의 나머지 부분에서 보듯이, 일반적인 원칙은 전자상거래가 제품의 가치와 원가에 미치는 효과를 결정하는데 적용될 수 있다.

예제 2.5

가치창출을 위한 새로운 경로인 인터넷이 운영 최전선에 미치는 효과를 살펴보기 위해 예제 2.2에서 소개된 Walmart.com의 사례를 보기로 하자. Walmart.com은 1976년 7월에 on-line으로 판매를 시작했지만, off-line에서의 성공을 복제하기는 쉽지 않았다. on-line 고객기반을 공략하는 데에는 전통적인 정규점포와는 다른 기술이 필요하였다. 더욱 많은 on-line 전문 식견을 얻기 위하여 Wal-Mart는 2000년 1월에 Walmart.com을 새로운 회사로 분리했다.

Wal-Mart는 on-line에서의 진정한 강점은 전통산업과 IT 기술의 통합(bricks-and-clicks integration)임을 오래지 않아 자각하게 되었다. 그래서 2001년 7월에 Wal-Mart는 외부의 지분을 사들이고, Walmart.com을 Wal-Mart의 100% 소유 자회사로 다시 탈바꿈시켰다. 이로써 예를 들면 이제 고객은 on-line으로 교체용 타이어를 선택하고, 인근의 Wal-Mart에서 이를 자동차에 부착할 수 있게 되었다. 2008년 Walmart.com의 고객 가운데 약 40%가 무료로 인근 Wal-Mart 점포에서 자신이 주문한 물건을 가져갔다. 2008년 Walmart.com은 주말 온라인 소매 교통량의 약 8%를 점유하고 있고 이는 약 15%를 점유하는 아마존 바로 다음 순위에 해당한다.

보통 하나의 Wal-Mart Supercenter가 10만 품목을 저장하고 있지만 Walmart.com은 약 60만 품목을 재고로 저장하고 있다. 그러한 다양성 증가의 상당 부분은 정규점포에서 저장하는 수천 종에 비해, 도서는 50만 종, CD는 8만 종을 보유하고 있는데서 기인한다. 게다가 거래에서 추가로 발생하는 비용(주문규모에 맞는 선택, 포장, 배달) 때문에 Walmart.com은 불과 몇 달 안 되어 저가 품목은 배제하였다. 그림 2.6에서 보는 것과 같이 주문 접수를 위한 단일 인터넷 경로와 주문충족을 위한 중앙집중식 창고운영을 통해 일반 점포가 할 수 있는 것보다 더 싼 가격에 더 다양한 도서와 CD를 제공할 수 있게 되었다. 다양성을 증가시키려면, 정규점포에서 제공되는 회전율이 높은 베스트 셀러에 비해, 판매예측 가능성이 떨어지는 회전율이 낮은 제품까지 재고로 보유하여야 한다. 인터넷 채널은 Walmart.com으로 하여금 재고보유를 집중적으로 하고, 회전율이 낮은 품목의 주문 충당은 한 곳에서 집중적으로 할 수 있도록 하였다. 6장과 7장에서 이러한 경우, 재고절감규모가 상당하고, 규모의 경제 확대 및 재고의 통합보유로 인한 이득 때문

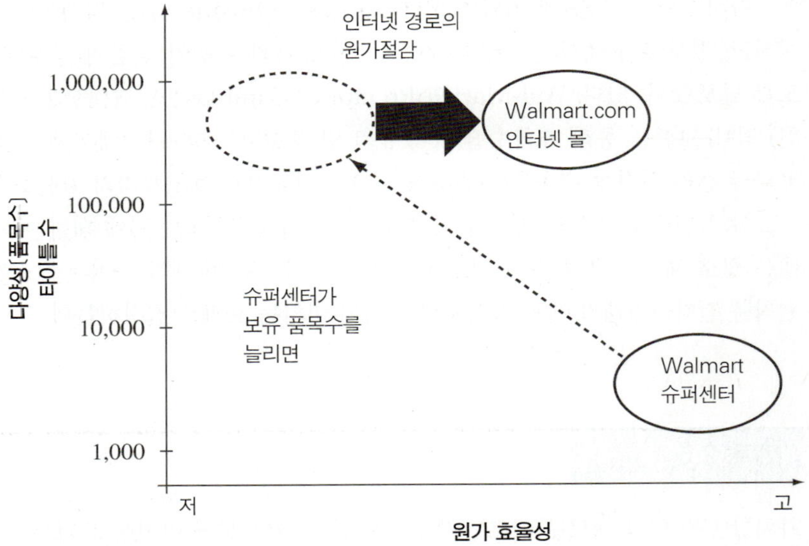

그림 2.6 인터넷 경로 대 전통 소매점

에 경비가 상당히 절감되는 것을 보여줄 것이다. 궁극적으로, 이런 산업에서 인터넷기술을 수용하면, 다양성과 원가 차원 기준으로 운영 최전선을 바깥으로 확장하는 효과를 기대할 수 있다.

2.7 전략 및 운영관리의 진화

기업이 속해있는 산업 또는 기업과 관련된 기술의 변화에 대응해서 전략과 프로세스는 바뀔 것이다. 운영 및 프로세스관리의 역사적 발전은 기술적인 변화와 산업화의 진전과정에서 기술이 담당한 역할과 밀접하게 연결되어 있다. 1765년까지는 상업 및 기술의 세계는 그리스와 로마시대의 세계와 비교해서 큰 변화를 겪지 않았었다. 섬유, 인쇄 그리고 건설 산업에서 얼마간 진보가 있었지만, 1765년에도 상업은 고대 문명과 같이 동일한 물리적 제약에 직면하고 있었다. 사람, 재화 또는 정보의 이동속도는 육지에서는 가장 빠른 말의 속도, 그리고 해상에서는 가장 빠른 순풍이 한계이었다. 16세기 말에는 뉴욕에서 보스턴까지 여행하는데, 불과 288킬로미터에 불과한 거리이지만, 3일이나 소요되었다(Ambrose, 1996).

공장시스템 및 전문화 이런 상황은 공장 시스템이 산업혁명의 시작을 알리고, 기능공의 동업조합(craft guilds)과 분산화된 가내수공업산업으로 이루어진 장인시스템의 종말을 고하면서 변화할 수밖에 없었다. 공장 시스템은 다음 세 가지 혁신의 결과였다.

1. 스코틀랜드의 경제학자인 Adam Smith는 노동의 분업과 직능별 전문화를 제안하였다.

이 프로세스 하에서는 각 개인이 구체적인 과업에 할당되어 직능별로 전문화되면서 유연성은 희생되지만, 원가와 품질 면에서 엄청나게 개선되었다(직능별 구조에 대비되는 또 다른 조직 구조는 사람들이 제품별로 전문화되는 즉, 각 개인이 구체적인 제품라인에 할당되는 제품별 전문화이다).

2. 스코틀랜드의 기술자인 James Watt가 증기 엔진을 발명함으로써, 기계가 노동력을 대체할 수 있게 되었다. 증기의 동력화로 화물운송수단의 속도는 20배 이상 빠르게 증가하였다(또한, 전신은 정보의 운송속도에 대한 제한을 실질적으로 제거하였다).
3. 작업수행을 하나의 시설에서 집중적으로 할 수 있게 되었다. 이로써 규모의 경제가 촉진되고, 조립라인의 발달과 저비용의 대량생산으로 이어졌다.

표준화에서 대량생산까지 1810년, Massachusetts 주 Springfield의 국립 조병창에서 Eli Whitney와 Samuel Colt의 업무경험을 바탕으로, 조립과정에서 일일이 규격에 맞추어서 부품을 생산할 필요가 없는 호환성 부품을 사용함으로써 '미국 생산 시스템'이 개발되었다. 이로써 표준화가 시작되었다. 19세기 말에는 판금과 전기저항 용접기술의 도입으로 새로운 설계와 조립방법이 가능해 짐으로써 1890년대의 자전거 붐과 같은 상업적 현상을 불러온 기술적 진보가 많이 이루어졌다. 1913년 4월 1일에 또 다른 근본적인 변화가 있었는데 바로 Henry Ford가 Michigan 주 Highland Park에 있는 포드 공장에 도입한, 사상 최초로 기계가 작업 페이스를 조절하는 플로우 샵(flow shop), 즉 이동조립라인(moving assembly line)이 그것이다. 이로써 대량생산의 시대가 열렸다. "조병창의 실무와 판금 작업은 포드에게 실질적으로 부품을 무제한 생산해내는 능력을 부여했다. 이들 부품을 어떻게 조립할 것인가라는 나머지 병목을 제거하는 일은 조립라인의 과제로 남겨졌다."라고 Hounshell은 미국 기업사례 연구에서 밝히고 있다(Hounshell,1991). (조립라인의 반대개념이자, 포드가 조립라인의 힌트를 얻은 분해라인(disassembly lines)은 19세기 말 시카고의 도축시장에서 일찍이 출현한 바 있다).

포드가 경쟁에 임하는 일차적인 대응방법은 저원가에 있었다. 규모의 경제와 모든 제품유연성의 실질적인 제거는 자동차를 대중시장에 대량으로 출시할 수 있게 하였다. 조립라인의 개발 이전에 포드 모델 T는 12.5시간의 조립-작업자 시간을 요하였는데 조립라인의 도입에 의해 이것은 불과 1.5시간으로 단축되었다. 오래지 않아 미시간주 Rouge에 있는 포드의 공장은 최상의 고로, 생산장비 및 전기 시스템이 갖추어진 전체적으로 통합된 시설이었고 원자재를 36시간 만에 효율적으로 현금화시키는 기적을 만들어내었다. 그 공장은 저 원가 및 '0' 수준의 유연성을 추구하는 경쟁전략하에 고도로 집중화된 공장이었다. 그 공장에서는 모델 T 한가지 제품만 생산했고, 제품다양성에 필연적으로 수반되는 원가 인상에 대한 포드의 태도는 타협의 여지가 없었다. 모델 T에 대해서 그는 "자동차가 검은색인 한 어떤 색깔의 차도 당신은 가질 수 있다."라고 그는 강변하였다.

신축성과 생산성 딜레마 모델 T에서부터 모델 A로의 기종변경은 포드의 경쟁우위의 종말을 뜻하였다. GM의 Alfred Sloan은 '연도별 모형(annual models)'의 개념을 소개하였고 '다른 목적을 위한 자동차 그리고 상이한 가격대의 자동차'의 슬로건을 내걸었다. 제품의 다양성을 확보하면서 대량으로 생산하는 방법인 **신축적 대량생산**(flexible mass production)의 실무는 자동차 산업에서 제품의 다양성을 경쟁의 두 번째 방식으로 자리 잡게 하였다. 이것은 전략적 포지션의 역사상 가장 의미가 있는 교환을 수반하였다. 말하자면 소위 **생산성 딜레마**(productivity dilemma)에 직면하여 제조업자들은 잦은 기종변경에 따른 생산성 저하 또는 제품라인의 다양성을 거부함으로써만 가능한 생산성 향상 양자 가운데서 택일하도록 강요받았다(Hounshell, 1991).

과학적 관리에서 종업원참여로 1900년대 초기 수십 년간은 과학적 관리의 태동과 확산을 지켜본 시기이다. 과학적 관리는 20세기 초 Frederick W. Taylor에 의해서 수행된 시간 및 동작 연구에 토대를 두고 있다. Taylor 철학의 중심은 다음의 세 가지 개념에 있다(Hounshell, 1991).

1. 작업자가 하루에 얼마나 많이 생산할 수 있는가는 과학적 법칙이 지배한다.
2. 이런 법칙을 발견하고 생산운영시스템에 적용하는 것은 관리자의 일이다.
3. 관리자의 결정을 아무런 이의 없이 수행하는 것은 작업자의 일이다.

Taylor의 '유일한 최상의 방법' 및 효율성에 대한 부단한 추구는 근대 생산의 모습을 바꾸었다. 테일러는 포드의 조립라인 개발에 영향을 끼쳤다(Kanigel, 1997). 그리고 테일러의 과학적 관리법은 대학으로 하여금 새로운 '산업공학' 부를 개설하게 하였다. 그의 산업조직화의 개념과 과학적 관찰법은 '통계적 품질관리 연구'와 Elton Mayo의 'Hawthorne 연구'에 영감을 주었다. 흐름단위의 표본수집과 프로세스의 품질을 확보하기 위하여 통계적 이론에 의존하는 관리 방법인 '통계적 품질관리'는 1930년대 벨 연구소의 Shewhart에 의해서 개발되었고 Elton Mayo의 Western Electric사의 작업자 동기부여에 관한 'Hawthorne 연구'는 노동 생산성 향상을 위한 작업자의 참여와 보상체계의 중요성을 부각시켰다.

2차 세계대전 후의 경쟁 차원 2차 세계대전 후에는 미국이 세계 생산에서 실질적인 독점을 유지하였다. 유럽과 일본의 대부분은 거의 파괴되어서 고객의 수요충족을 위한 경쟁이 없는 시대였다. 따라서 규모의 경제와 수요의 확장은 미국(기업)의 (이사회의) 전략적 의제에 우선적인 과제로 부상했다. 1960년대에는 거대한 통합경제구조가 탄생했고, 많은 산업에서 대규모 자본투자가 주요 진입장벽으로 작용하기 시작했다.

1970년대 일본제조업체는 품질을 그들의 원가 위주 전략에 접목하기 시작하였다. 도요타는 예제 2.3에서 도요타 생산시스템(TPS)이라고 묘사한 방식을 개발하기 시작하였다. 다른 무엇보다도, TPS는 제품 개발, 생산 및 유통에서 시간의 활용을 4번째의 경쟁차원으로 인식시켰다. 1980년대 일본이 제조업의 글로벌 강자로서 부상한 것은 나머지 산업국가로 하여금 생산을 경쟁 무기로 인식하게끔 하였다. 그래서 총체적 품질관리(TQM: total quality management), 적시 생산(JIT: just-in-time manufacturing), 시간기준경쟁(time-based competition) 그리고 비즈니스 프로세스 재설계(BPR: business process reengineering)와 같은 다양한 새로운 경영철학과 실무의 출현을 도왔다. 게다가 컴퓨터지원 설계 및 생산(CAD/CAM: computer-aided design and manufacturing), 유연생산시스템(FMS: flexible manufacturing systems), 로보틱스(robotics) 그리고 인터넷 기반 프로세스는 비즈니스 프로세스가 현대적인 모습을 갖추는 데 중요한 역할을 하고 있다.

정보기술의 발전 20세기 말과 21세기 초에 걸쳐 자료수집, 계획수립 및 운영을 지원하는 비즈니스 프로세스 전반에 쓰이는 소프트웨어와 하드웨어 관련 정보기술의 발전이 빠르게 진행되었다. 20세기 말, 기업은 원자재, 주문, 일정계획, 완제품 재고, 외상 매출금 및 기업 전반에 걸치는 다른 비즈니스 프로세스에 관한 정보를 수집하고 모니터하는 **전사적 자원관리**(ERP: enterprise resource planning) 시스템을 실행하기 위해 상당한 돈과 노력을 투자하였다. 기업이 점차 커지면서 기업 내의 상이한 기능 간에 조정하는 일이 점점 더 어려워졌다. ERP 시스템의 실행은 비즈니스 프로세스 간에 이런 조정을 용이하게 하였다. 정확한 거래자료의 입수가 가능해짐으로써 가용재고, 수요 및 가치사슬 전반에 걸쳐 생산과 관련한 프로세스를 계획하는데 더 정확성을 기할 수 있게 하였다. 고객관계관리(CRM: customer relationship management) 시스템이 지원하는 수요계획 수립에서부터 생산실행시스템이 지원하는 생산계획 수립, 공급자 관계관리 시스템이 지원하는 제품개발 및 조달에 이르기까지 정보기술은 기업 내에 모든 비즈니스 프로세스를 가동하는 동력이 되었다.

정보기술은 가치사슬 전반에 걸쳐 디자인 측면의 협력과 혁신적인 노력을 촉진하였다. Billington과 Jaeger(2008)는 이와 관련된 훌륭한 사례를 제시하고 있다. 세계 최대의 금 생산업자 중의 하나인 Goldcorp Inc.는 보유한 광산의 생산성을 향상하고자 하였다. 경영진들은 회사가 소유한 광산에 관한 상세한 정보를 제공하였고 채택되는 최상의 아이디어에 대해 상당한 현상금을 내걸었다. 결과적으로 호주에 있는 두 회사의 도움으로 Goldcorp Inc.는 10배 이상의 생산량 증가를 달성할 수 있는 혁신적인 생산방식을 도출해 낼 수 있었다. 정보기술은 지구 정반대편에 있는 사람들도 Goldcorp의 채광 프로세스를 개선하는 혁신적 아이디어를 제공할 수 있게 하였다. 오늘날 다국적 기업 사이에서는 세계적인 인재와 획기적인 아이디어의 이점을 취하기 위해 기업의 설계 및 혁신활동이 전 세계적으로 수행될 수 있도록 하는 일이 보편화되었다.

21세기 초기 인터넷과 무선전화기의 성장은 비즈니스 프로세스와 고객 간의 접촉영역(interface)을 변화시켰다. 비즈니스 프로세스가 고객과 아주 저렴한 비용에 즉각적으로 소통할 수 있게 됨으로써 제품 및 가격과 관련해서 맞춤정보를 보급할 수 있게 되었다. 이런 맥락의 재미있는 예가 지역광고에 초점을 맞춘 웹사이트인 Groupon이다. 과거 동네의 영세사업체들은 자신들의 비즈니스에 대한 홍보를 위해서 인쇄물 광고에 의존했었다. 주어진 시간과 비용의 제약 때문에 인쇄물 광고를 통한 성공은 제한적이었다. 2008년에 설립된 Groupon은 동네 영세사업체가 오늘의 특가행사(deal of the day) 소식을 웹사이트 회원에게 즉각적으로 큰 비용을 들이지 않고 보낼 수 있는 통로가 되었다. 이런 서비스를 통해 영세사업체들은 고객에게 접근하는 데는 상당히 성공했다고 하지만 이런 투자로 과연 얼마나 이익을 실현하게 될지는 아직 좀 더 지켜보아야 할 것이다. Facebook이나 Twitter 같은 소셜 네트워킹 사이트는 기업이 고객과 즉시 소통할 수 있는 중요한 경로가 되고 있다. 이런 움직임의 결과, 비즈니스 프로세스의 반응속도에 대한 고객의 기대가 점차 증가하고 이들의 기대를 어떻게 충족시킬 수 있을까가 당면한 중요한 과제가 되고 있다. 고객이 프로세스와 즉시 소통할 수 있게 된 이상, 과거보다는 훨씬 빠르게 비즈니스 프로세스로부터 산출물을 얻고자 한다. 따라서 비즈니스 프로세스가 더욱 빠르게 응답을 해야 한다는 압박이 점차 커지고 있다. 고객의 니즈를 빠르고 정확하게 충족시키는, 반응이 매우 빠른 프로세스를 개발해냄으로써, Amazon과 온라인 신발판매업체 Zappos는 괄목할만한 성공을 거두었다.

2.8 서비스업 운영에서의 새로운 기회

21세기 초 인터넷과 통신기술의 발달로 서비스 프로세스 변화가 촉진되었다. 기술변화가 생산 및 인도비용을 낮추고 반응시간을 개선하면서 접근성을 향상하는 방향으로 서비스 프로세스가 설계되고 실행될 수 있었다. 결과적으로 경제 스펙트럼 상의 고가품시장(high-end)과 저가품시장(low-end) 양쪽에서 새로운 서비스가 폭발적으로 늘어났다.

중국, 인도, 인도네시아 및 나이지리아 같은 나라에서 Nokia가 제공한 Ovi Life Tools가 한 예이다. 인도에서는 농부가 자신의 휴대폰으로 기상정보와 농산물의 도매시세를 알기 위해 한 달에 1달러 50센트 미만의 요금을 내고 Ovi Life Tools를 사용할 수 있다. 도매가격 정보를 통해 농부는 자신이 수확한 것을 판매할 정확한 장소와 시기를 앎으로써 자신이 수확한 농산물로부터의 수익을 극대화할 수 있게 된다. 또한, Nokia는 Indira Gandhi National Open University와 연계해서 영어실력 인증프로그램을 제공하려고 계획하고 있다. 이런 예에서 보듯이 통신의 개선은 정보재(information goods)를 보다 싸고 빠르게 이전할 수 있게 한다. 신흥시장에서는 인터넷과 휴대폰으로 가능해진 저비용 프로세스가 아니면 취급할 수가 없는 가난한 고객들에게 이런 기술을 통해 접근할 수 있게 되었다. 선진국에서는 기술의 발달로 물리적 제품형태를 갖춘 도서, 음악, 영화의 보급이 훨씬 더 싼 비용에 내려받을 수 있는 전자제품으로 대체되고 있다. 한 예로써 2010년 12월 TV 시리즈 The Monk의 첫 번째 시즌 DVD 세트는 Amazon에서 34달러 49센트에 구매할 수 있었지만 11달러 88센트에 내려받을 수 있다. 이 모든 예에서 보듯이 기술은 정보재의 이전에 필요한 자원을 상당히 감소시켰고 동시에 인도 시간도 감소시켰다.

두 번째 혁신은 인터넷을 통해 제공되는 프로세스의 표준화와 이에 수반하는 자동화에 의해 촉진되었다. 그 좋은 예가 eBay와 그 기업의 경매 비즈니스가 미친 영향이다. 2005년 첫 6개월 동안 미국에 있는 eBay 회원들은 약 160억 달러 상당의 물품을 팔았다. 최근 온라인 경매는 중국 및 인도에서도 폭발적으로 성장했다. 입찰은 전통적으로는 고도로 맞춤화된 프로세스로서 제품의 판매자가 나타나지 않는 한 개시될 수 없는 거래로 간주하였다. 경매는 입찰자나 그 대리인이 입찰 중개자와 함께 일정한 공간에 물리적으로 함께 함으로써 진행될 수 있었다. eBay는 이 입찰 프로세스의 대부분을 해체하고 표준화하였다. 판매자, 제품정보 및 예정가격을 제외한 나머지가 표준화된 프로세스가 eBay 웹사이트상에서 자동으로 진행되면서 판매자는 스스로 경매 준비를 할 수 있게 되고, 세계 어느 구석에서 있을 수도 있는 구매자들을 끌어들였다. 표준화와 자동화는 경매를 조직화하고 실행하는 데 필요한 자원과 시간을 대폭으로 감소시켰다. 결국, 이 프로세스는 소액의 물건을 사고, 파는데도 경제적인 수준에까지 이르렀다. 이는 규모의 경제효과를 거두고 또한 많은 수의 구매자를 유혹하기 위하여 대량의 제품이 경매되는 전통적 경매시장과 대비된다.

많은 서비스가 값비싼 자원을 더 효율적으로 활용하는 기술을 사용함으로써 자신들의 프로세스를 재조직화하여 보다 효율성을 기하게 되었다. 예로서 McDonald's는 고객이 승용차 안에서 주문하는 방식(drive-thru)에서의 주문접수를 식당 내에서 개별적으로 받던 것을 집중적으로 처리할 수 있는 원격지로 이동시켰다. 저렴한 통신비용 때문에 McDonald's는 식당의 스크린에 나타난 주문을, 원격지에서 받도록 전문적으로 훈련된 상담원을 중앙에 배치할 수 있게 되었다. 한 장소에 주문처리상담원을 집중시킴으로써 McDonald's는 인건비를 절감하는 동시에 고객서비스를 개선할 수 있었다. 이런 여건하에서는 어떤 McDonald's 식당에서의 주문도 비는 시간에 바로바로 처리할 수 있으므로, 상담원이 빈둥거리는 시간이 매우 줄어들 수 있다. 비슷한 방식은 Aravind Eye Hospitals에서도 사용되고 있다. 원격 의료를 통해 농촌지역에 의료 서비스를 제공하기 위해 (Anupindi Et al., 2009 참조) Aravind Eye Hospitals는 주기적으로 개설하는 안과 캠프를 운영함으로써 그들이 상주하지 못하는 농촌지역 주민을 대상으로 의료 서비스를 제공했다. 숙련된 스태프가 안과 캠프로 출장을 가서 1년에 두 번 정도 부락민에게 안과 진료를 제공하였다. 캠프는 AEH 설명에 따르면 10% 미만의 농촌지역의 니즈를 충족시킬 수 있었다. 질적으로 안정된 통신망이 가능해지면서 AEH는 농촌지역의 기본적인 서비스 제공 모형을 바꿨다. 이번에는 격지 시력센터(vision center)가 농촌인구에 더 가깝게 세워졌다. 이 센터는 과거 안과의사가 다루었던 기본적인 표준화된 진료를 수행하도록 AEH가 훈련한 진료 보조자로 채워졌다. 영상회의 링크를 활용하여 복잡한 진료는 병원본부에서 근무하고 있는 안과의사에 의해서 행해진다. 한 사람의 안과의가 지금은 몇 개의 시력센터를 담당하고 있어 전문의의 가동률은 매우 높은 수준에 이르고 있다. 고도로 훈련된 값비싼 인력인 안과의를 집중시키고 단순하고 표준화된 진료행위를 농촌환자에게 편리하게 제공함으로써 AEH는 의료서비스 제공지역을 대폭 늘리면서, 환자의 이동시간을 줄이면서 발생하는 추가비용을 낮추었다. 이런 원격기반 진료모형은 AEH로 하여금 빈민환자의 병원 이용비용을 10분의 1로 줄이면서, 고품질 안과진료를 10배 이상이나 접근 가능하게 하였다고 AEH는 말한다.

요약

1장에서는 어떤 프로세스든 그 유효성은 현재와 과거의 성과에 의존하고 또 기업의 전략에 표현된 미래의 목표에 의존한다고 언급하였다. 이 장에서는 전략과 프로세스 간의 관계에 초점을 맞추었다.

전략적 포지셔닝은 의도적으로 경쟁자의 활동과는 상이한 활동을 수행하는 것을 의미한다. 운영전략은 희망하는 프로세스 역량을 개발하기 위한 계획으로 구성된다. 운영의 유효성은 전략적 포지션을 경쟁자보다 더 잘 지원하는 프로세스와 운영방침의 개발을 요한다. 전략적 포지셔닝과 운영의 유효성은 둘 다 경쟁우위를 위한 필수 사항이다.

여기서 중요한 것은 효과적인 비즈니스 프로세스는 비즈니스 전략에 맞추어야 한다는 것이다. 즉, 프로세스 구조와 운영방침은 조직의 전반적인 전략적 목적을 뒷받침하기 위하여 함께 작용해야 한다. 그러한 전략적 적합성을 확보하기 위하여 세 단계 방식이 채택될 수 있다. 첫째, 제품원가, 품질, 다양성 및 반응시간에 대한 표적 고객의 니즈에 대해 우선순위를 정함으로써 전략적 포지셔닝을 정한다. 둘째, 그 전략 포지션을 지원하기에 적합한 프로세스가 무엇인지에 대해 결정한다. 달리 말해서 제품속성에 관한 우선순위를 프로세스 원가, 품질, 유연성 및 흐름시간 등 프로세스 역량으로 변환한다. 마지막으로, 다른 프로세스가 상이한 역량을 가진다는 전제하에 전략을 가장 잘 뒷받침하는 역량을 가진 프로세스를 선택한다.

운영의 초점화와 제품을 프로세스에 대응시키는 것은 전략과 프로세스 간에 효과적인 적합(조화)을 쉽게 하는 수단이다. 경쟁적 시장에서 최상의 운영실무는 늘 개선되어 감으로 기업은 운영상의 유효성에서 지속적으로 개선을 이루어야 한다.

주요 용어

공장 내 공장(PWP: plant-within-a-plant)
공정주도전략(process-driven strategy)
교환(trade-off)
기능별 배치(functional specialization)
기능전략(functional strategies)
기업전략(corporate strategy)
노동의 분업(division of labor)
대량생산(mass production)
미국제조시스템(american system of manufacturing)
사업전략(business strategy)
생산성 딜레마(productivity dilemma)
시장유지전략(market-driven strategy)
운영유효성(operational effectiveness)
운영전략(operations strategy)
운영 최전선(operations frontier)
원가효율성(cost efficiency)
유연대량생산(flexible mass production)
전략적 조화(적합성)(strategic fit)
전략적 포지셔닝(strategic positioning)
제품경쟁공간(competitive product space)
제품프로세스 행렬(product-process matrix)
제품전문화(product specialization)
초점(집중화) 공정(focused process)
초점(집중화) 전략(focused strategy)
통계적 품질관리(statistical quality control)

토의 과제

2.1 이웃 슈퍼마켓의 전략은 Wal-Mart의 전략과 어떻게 다른가? 그들의 비즈니스 프로세스

는 어떻게 각자의 전략을 뒷받침하는가?

2.2 Southwest Airlines과 Singapore Airlines의 전략과 그것을 지원하는 비즈니스 프로세스를 비교하고 대조하라. 즉 약간의 조사(예를 들어 그 기업의 웹 사이트 참조)를 하고 네 가지 제품차원, 표적세분시장 및 프로세스구조 기준으로 그들의 사업전략을 비교하라.

2.3 도입기부터 성숙기, 쇠퇴기까지 제품의 수명 주기를 고려하라. 어떤 유형의 프로세스(gob shop, batch process, or line flow)가 각 단계에 적절할 것인가? 그리고 그 이유는?

2.4 소규모 인쇄회로기판(PCB)제조업체가 다양한 품종의 소규모 주문을 즉시에 공급하는 능력을 토대로 자신의 사업을 영위하고 있다. 지금 한 기업이 이 제조업체에 접근하여 대규모 주문(모든 거래처의 현재 주문량과 같은)을 발주하면서 30%의 할인을 요구하고 있다. PCB 제조업체가 이 주문을 수락해야 할 것인가? 왜 그렇게 생각하는가?

2.5 병원 응급실 환자의 니즈와 무릎수술을 하는 환자 니즈의 차이를 가격, 품질, 시간 및 다양성 기준으로 비교하라. 이 두 부서 중 어느 부서가 숄다이스 병원(Shouldice)의 프로세스를 따라야 하는가? 그 이유는?

2.6 "전략의 요체는 무엇을 하지 않을 것인가"라는 주장을 뒷받침하는 근거를 간단히 제시하라.

2.7 MDVIP는 독특한 가격 구조를 제시하는 플로리다의 1차 진료 의사그룹이다. 그들은 연중 1500달러의 정액 요금에다 매 방문 시 진료비를 징수한다. 말하자면 환자가 연중 의사를 만나지 않더라도 1500달러를 지불하고 연간 정액을 지급했음에도 불구하고 매 방문 시 진료비를 지불한다. 방문당 진료비는 의료 평균과 비슷하고 환자의 건강보험에 의해서 지급된다. 정액 요금은 표준적인 건강보험에 포함되지는 않는다. 이러한 가격체계를 도입한 이래 MDVIP의 환자는 6,000명에서 300명으로 줄어들었다. 의사의 시간은 결과적으로 자유시간이 많아졌고 환자로서는 예약하기가 더욱 쉬워졌다. 게다가 의사 환자 간의 상담은 10분 미만의 산업평균을 웃돌게 되었다.

네 가지 제품 경쟁차원을 활용해서 MDVIP의 전략적 포지션을 전통적인 의료행위와 비교하면 어떻게 묘사하겠는가? MDVIP의 자원관리에 대해서 시사하는 바는 무엇인가?

2.8 시장에는 다양한 스타일의 유모차가 출시되어 있다. 부모가 조깅할 때 거친 표면에서 밀기 쉬운 큰 바퀴를 장착한 조깅용 유모차도 있다. 조깅용 유모차 제조자 중 하나인 Baby Trend는 기저귀 통에서부터 유아용 의자 그리고 다양한 유모차에 이르기까지 유아용 제품 모두를 만들고 있다 Baby Trend의 조깅용 유모차는 금속프레임에 걸치는 헝겊의자로 만들어진다. 그 기업에서는 한 명의 아기를 태우는 single joggers(헝겊의 색깔에 의해서 차별화)를 몇 가지 종류 생산하고, 두 명의 아기를 태우는 double stroller를 또한 생산하고 있다. Baby Trend의 double stroller에는 두 명의 아기를 옆으로 앉힌다(산업의 표준설계와 동일). Baby Trend는 독립 웹 사이트(e.g., www.strollers4less.com), 전문점(e.g., The Right Start), 그리고 대형소매점(e.g., Toys 'R' Us)를 통해 판매한다. 그들의 가격대는 single joggers는 100달러 미만이고 double stroller는 100~299달러까지이다.

Berg Design은 Baby Trend의 경쟁자이다. 조깅용 유모차는 Berg Design이 만드는 유일한 유아용 제품이다. Berg Design은 금속가공을 요하는 다른 제품을 생산하고 있지만. Berg Design의 유모차는 금속 틀에 볼트로 고정하는 플라스틱 자석에 아이를 앉히는 독특한 설계를 제공하고 있다. 한 개 좌석의 아기는 정면을 향할 수도 있고, 뒤를 향할 수도 있다. 여러 개의 좌석을 갖는 유모차는 아기들은 앞뒤로 앉게 된다. 두 좌석 모형은 모두 정면을 바라볼 수 있거나 서로 마주 볼 수도 있다. Berg Design에서는 보육센터에서 인기가 많은 4명의 아이를 태울 수 있는 모형을 만든다. Berg Design의 웹 사이트에서는 매 유모차가 한번에 한 개씩 만들어지고, 수작업으로 용접하고, 분체도장을 하며 세심한 장인정신으로 조립한다고 강조하고 있다. Berg Design은 웹과 080 전화로 고객에게 직접 판매한다. 가격범위는 가장 저렴한 255달러짜리 single joggers에서부터 745달러짜리 4 좌석모형에 이르기까지 다양하다.

a. Baby Trend와 Berg Design이 취하는 각각의 전략적 포지션에 대해서 설명하라.

b. Baby Trend와 Berg Design은 유모차 제작을 위해 그들의 프로세스를 어떤 구조로 만들었을까?

2.9 초점(focus)의 두 가지 이점을 제시하라. 모든 조직이 초점 운영을 채택하지 않는 이유를 제시하라. (주: "기업이 초점화를 모른다."라고 주장하는 것은 이유가 되지 않는다.)

참고 문헌

Ambrose, S. E. *Undaunted Courage: Meriwether Lewis Thomas Jefferson and the Opening of the American West*. New York: Simon & Schuster, 1996.

Anupindi, R., M. Aundhe, and M. Sarkar. "Healthcare Delivery Models and the Role of Telemedicine." In *Indian Economic Superpower: Fiction or Future*. Singapore: World Scientific, 2009.

Brandes, D. *Konsequent Einfach: Die Aldi-Erfolgsstory*. Frankfurt: Campus Verlag, 1998.

Billington, C., and F. Jager. "Procurement: The Missing Link in Innovation." *Supply Chain Management Review*, no. 1 (January-February 2008): 22-28.

Carpenter, M. "Dell Computers Founder Tells His Success Story." *The Diamondback Online*, April 7, 2003. www. inform.umd.edu/News/Diamondback/archives/2003/04/07/news6.html (last accessed September 2004).

Chopra, S., and J. A. Van Mieghem.. "Which E-Business Is Right for Your Supply Chain?" *Supply Chain Management Review* 4, no. 3 (July-August 2000): 32-40.

Collis, D. J., and C. A. Montgomery. "Competing on Resources: Strategy in the 1990s." *Harvard Business Review* 73, no. 4 (July-August 1995): 118-129.

Harrison, J. M., and C. Loch. "Five Principles of Business Process Reengineering." Unpublished manuscript. 1995. Hayes, R. H., and S. C. Wheelwright. "Link Manufacturing Process and Product Life Cycles." *Harvard Business Review* 57, no. 1 (January-February 1979): 133-140.

Heskett, J. L. *Shouldice Hospital Limited*. Harvard Business School Case Study 9-683-068. Cambridge, Mass.: Harvard Business School, 1989. 1-16.

Hindle, T. *Field Guide to Strategy*. Cambridge, Mass.: Harvard Business School Press, 1994.

Hounshell, D. A. *From the American System to Mass Production 1800-1932: The Development of Manufacturing Technology in the United States*. Baltimore: Johns Hopkins University Press, 1984.

Jaikumar, R. "Postindustrial Manufacturing." *Harvard Business Review* 64, no. 6 (November-December 1986): 69-75.

Kanigel, R. "The One Best Way: Frederick Winslow Taylor and the Enigma of Efficiency." Viking: New York, 1997. Maguire, J. "Insights-Trends: Case Study: Walmart.com." November 15, 2002. HYPERLINK http://www.ecommerce-guide.com/www.ecommerce-guide.com/news/trends/article.php/10417_1501651(accessed April 19, 2011).

Porter, M. E. "What Is Strategy?" *Harvard Business Review* 74, no. 6 (November-December 1996): 61-78.

Rubin, H. "The Perfect Vision Dr. V." *Fast Company*, no. 43 (February 2001): 146.

Skinner, W. "Manufacturing-Missing Link in Corporate Strategy." *Harvard Business Review* 47, no. 3 (May-June 1969): 136-145.

Skinner, W. "The Focused Factory." *Harvard Business Review* 52, no. 3 (May-June 1974): 113-121.

Stalk, G., P. Evans, and L. E. Shulman. "Competing on Capabilities: The New Rules of Corporate Strategy." *Harvard Business Review* 70, no. 2 (March-April 1992): 54-69.

Stalk, G., and A. M. Webber. "Japan's Dark Side of Time." *Harvard Business Review* 71, no. 4 (July-August 1993): 93-101.

Treacy, M., and F. Wiersema. *The Discipline of Market Leaders*. Boston: Addison-Wesley, 1997.

Van Mieghem, J. *Operations Strategy: Principles and Practice*. Belmont, MA: Dynamic Ideas, 2008.

Visnic, B. "Toyota Adopts New Flexible Assembly System." *Ward's Autoworld* (November, 2002): 30-31.

PART >>> 2

프로세스 흐름측정

Chapter

3

프로세스 흐름척도

서론

밴쿠버 국제공항당국에서는 밴쿠버국제공항을 경영하고 운영한다. Atkins et al. (2003)에 의하면, 안전, 보안, 고객서비스에 집중함으로써 밴쿠버 공항은 세계 상위 10대 공항 내에 들 수 있었다고 한다. 정부 당국의 새로운 규제가 예상되는 가운데, 기존의 탁월한 고객서비스 표준을 유지하기 위하여 공항경영진은 공항 보안점검 장에서 고객이 소비하는 시간을 줄이고자 하였다. 그들은 고객이 보안점검 프로세스를 거치는 방식을 개선코자 하였다. 다시 말해, 경영진은 프로세스 흐름을 개선하고자 하였다.

또한, BellSouth International은 11개 라틴 국가에서 무선 통신서비스를 제공하고 있다.

BellSouth는 두 종류의 고객, 즉 선불 고객 및 후불 고객에게 회사의 네트워크를 월 기준으로 빌려준다. 남미국가 시장에서 가장 많은 시간을 요하는 업무는 서비스 개통프로세스, 즉 서비스를 희망하는 고객에게 휴대폰을 제공하는 일이다.

개통 프로세스에는 희망하는 무선 서비스 종류의 결정, 신용도 점검, 전화기 선택과 서비스 플랜 선정, 전화번호부여, 시험통화, 그리고 짤막한 제품설명 등이 포함된다. BellSouth의 최대의 개통센터 한 곳에서는 주당 평균 10,000명의 고객에게 개통 서비스를 제공하고 있으며, 이 가운데 21%는 후불 고객이며, 나머지는 선불 고객이다.

이런 개통 프로세스를 관리하고 개선하기 위해서는 다음의 질문에 대한 답이 필요하다. 경영자는 프로세스의 재무적 성과의 선행지표로서 어떤 운영성과 척도를 주시하여야 하는가? 한 명의 고객 처리에 걸리는 시간, 특정시점에서 처리되고 있는 고객의 수는 한 주당 처리할 수 있는 총 고객의 수에 어떤 영향을 미치는가? 이런 프로세스 척도는 프로세스의 재무적 성과에는 어떤 영향을 미치는가? 어떤 구체적 결과를 개선이라 부를 수 있을까? 그리고 실천행동계획을 수립할 때 어떤 개선을 먼저 시도할 것인가? 등등.

이 장에서는 이런 문제에 대한 답을 제공하고자 한다. 3.1절에서는 프로세스 흐름을 정의하고, 3.2절부터 3.4절까지는 프로세스 성과의 기본척도인 재고(inventory), 평균 흐름률(throughput), 그리고 흐름시간(flow time)을 소개한다. 3.5절에서는, 이 세 가지 척도 간의 기본적 관계를 나타내는 리틀의 법칙(Little's law)을 살펴보고, 3.6절에서는 재무제표 분석에 리틀의 법칙이 어떻게 쓰이는지를 보게 된다. 또한, 3.7절에서는 재고 회전(inventory turns)과 관련된 개념을 살펴보고 마지막으로 3.8절에서 프로세스 변경(예로, 프로세스 흐름의 재설계 또는 추가 자원의 할당 등)이 운영 및 재무적 관점 모두에서 개선으로 인정될 것인가를 판정하기 위해 프로세스 흐름 관련 척도를 재무성과 척도에 연계시켜 볼 것이다.

3.1 프로세스 흐름의 요체

지금까지 우리는 어느 프로세스든, 그 목적이 고객의 필요를 만족시키기 위해 투입을 산출(제품)로 변환시키는 것에 있다고 배웠다. 또한 조직의 전략적 포지션은 조직이 제공하려고 하는 제품의 속성을 설정하려는 것이지만, 운영의 효율성은 조직의 프로세스가, 제공하려는 제품의 속성을 얼마나 잘 제공하고 있는지를 측정하는 것임을 알게 되었다. 그리고 제품 속성과 프로세스 역량은 원가, 시간, 다양성 및 품질 기준으로 분류됨을 살펴보았다. 프로세스를 개선하기 위해서는 프로세스 관리자가 통제할 수 있는 프로세스 성과를 재는 내부 척도가 있어야 하는데, 만일 이것이 제대로만 선정되면 고객만족의 선행지표로서 그리고 재무적 성과의 선행지표로서의 역할도 충분히 수행할 수 있음도 앞 장에서 살펴보았다.

이 장에서 흐름시간, 흐름률, 재고 등 프로세스 흐름 관련 척도에 집중할 것이다. 이들 세 가지 척도는 다 함께 프로세스 흐름의 요체를 나타낸다. 이어지는 장에서 보겠지만, 이들 세 가지 프로세스 흐름척도는 프로세스 원가와 반응시간에 직접 영향을 미치고, 프로세스 유연성(또는 유연성의 결여)과 프로세스 품질에 의해 영향을 받는다.

이 책을 통틀어 우리는 프로세스를 흐름의 관점에서 검토할 것이다. 구체적으로 말하면 투입이 프로세스에 투입되어, 프로세스 내에서 수행되는 (활동의 수행을 기다리는 '수동적 활동'인 대기까지 포함한) 다양한 활동을 거쳐 흐르다가, 마지막에 산출의 형태로 프로세스를 떠나는 프로세스의 역동성을 살펴보게 될 것이다. 1 장에서 흐름단위는 프로세스를 거쳐 흐르는 단위라고 정의하였다. 흐름단위는 한 사람의 환자, 현금(1 원), 1 kg 의 쇠, 한 건의 고객서비스 요청, 한 건의 연구개발 프로젝트, 한 건의 은행거래 등 다양한 형태로 나타난다. 프로세스 흐름의 성과에 대해 연구하면서 세 가지 척도에 대해서 살펴보고, 다음의 세 가지 중요한 문제에 대한 답을 찾으려 할 것이다.

1. 하나의 흐름단위가 프로세스 경계 내에서 지내는 시간은 평균적으로 얼마인가?
2. 단위시간 동안 평균적으로 몇 개의 흐름단위가 프로세스를 거쳐 나가는가?
3. 어느 특정시점에서 프로세스 경계 내에 평균적으로 몇 개의 흐름단위가 존재하는가?

예제 3.1 에서 기술된 밴쿠버 국제공항의 사례는 프로세스 흐름 성과의 검토가 특히 바람직한 기업상황의 한 예이다. 이 장의 나중에, 프로세스 변경이 개선으로 연결되는지를 판정하기 위해 이 사례를 분석할 것이다.

예제 3.1

밴쿠버 국제공항 당국이 보안검색대(security checkpoints)를 통과하는 고객의 흐름을 어떻게 개선했는지를 살펴보기로 하자. 고객의 흐름을 이해하기 위해 경영진은 한 명의 작업자가 붙은 X-ray 스캐너, 그리고 몇 명의 보안검색관 등으로 구성된 하나의 보안검색 라인을 분석하는 데서부터 출발하였다. 검색대에 도착하는 승객은 줄에 합류하든가, 대기자가 없는 경우에는 바로 스캐너 위에 짐 가방을 올려놓는다. 승객들은 대체로 지갑을 포함하여 0, 1, 2 또는 3개의 손가방을 소지하는데 평균 1.5개의 가방을 지참하는 것으로 나타났다. X-ray 스캐너는 분당 18개의 가방을 처리한다. 국내선의 경우, 평균 약 절반 정도의 승객이 출발 약 40분(± 10분) 전에 도착한다. 첫 승객이 출발 80분 전에 나타나고 마지막 손님이 20분 전에 도착한다. 200명의 승객을 싣는 운항편이라면, 대략 예정된 출발시간보다 50~80분 일찍 나타나는 승객이 75명, 30~50분 일찍 도착하는 승객이 100명, 나머지 25명이 20~30분 일찍 도착하는 양상을 보였다.

환승하는 승객의 중간 기착 시간을 최소화하기 위해, 밴쿠버 국제공항의 항공운항편은 출발시간이 동일 시간대를 중심으로 몰려 있다. 세 가지 주요 프로세스 척도를 중심으로 밴쿠버 국제공항의 보안검색 프로세스에 대해 살펴보기 위해, 단순하게 200명의 승객을 운송하는 항공편이 매시간에 3편씩 편성되어 있는 것으로 가정하기로 한다. 그러나 보안절차가 강화되면서 동일 시간대에 집중된 출발편은 스캐너의 처리용량에 부담을 주고 있으며, 따라서 긴 대기행렬을 불가피하게 만들고 있다. 공항 당국에서는 3편의 항공편을 한꺼번에 출발시키기보다 출발시간을 20분 간격으로 분산시키면, 보안검색장을 통과하는 고객의 흐름과 대기시간에 어떻게 달라질 것인가에 대해 알고 싶어한다.

3.2 세 가지 주요 프로세스 척도

흐름시간 프로세스는 활동(activity)과 버퍼(buffer)로 이루어진 네트워크를 통과하는 흐름단위를 변환시킨다. 따라서 프로세스 내에서, 다음 두 가지 가운데 한 가지 일이 흐름단위에 발생한다.

1. 어느 한 가지 활동이 행해진다.
2. 활동이 수행되기 전에 버퍼에서 대기한다.

공항의 예에서 보듯이, 승객과 그가 소지하는 가방은 보안검색을 받든지 아니면, X-ray 앞에서 순서를 기다리면서 줄을 서 대기한다. 이제 우리는 흐름단위인 특정 승객을 보안검색 프로세스에 들어가서부터 나가기까지 따라가 보기로 하자. 흐름단위가 프로세스 경계 내에서 머문 총 시간을 **흐름시간**(flow time)이라고 한다. 어떤 승객(흐름단위)은 전혀 기다리지 않고 프로세스를 거쳐 이동한다. 아마도 풍족하게 쓸 수 있는 자원만 필요로 했던지 (여러 대의 스캐너와 여러 명의 요원이 있었기 때문에), 아니면 다른 승객이 없을 때 도착했을 수도 있다. 또는 일등석 승객이어서 일반석 승객보다 우선 탑승권을 인정받아 인위적으로 급행 통과했을 수도 있다. 그런가 하면, 어떤 사람은 설비(생산자원)의 이용 차례를 기다리느라 오랜 시간을 보낼 수도 있다. 따라서 일반적으로 흐름시간은 흐름단위에 따라 상당히 다를 수 있다.

프로세스 성과의 척도로서, 흐름시간은 투입을 산출로 변환시키는 데 필요한 시간을 가리키며, 수행될 프로세스 활동을 기다리면서 흐름단위가 보낸 시간까지를 모두 포함한다. 그러므로 흐름시간 정보는 고객에게 인도일자를 약속해야 하는 관리자로서는 유용한 정보이다. 흐름시간은 또한 운전자본(working capital)이 재고자산 형태로 얼마나 오래 프로세스에 묶여 있어야 하는지를 가리킨다.

흐름률 프로세스 흐름의 역동성을 재는 중요한 척도 가운데 한 가지는 흐름률로서, 이는 단위시간 동안에 프로세스 내의 특정 지점을 거쳐 흘러가는 흐름단위의 개수를 측정한다. 많은 경우, **흐름률**(flow rate)은 시간에 따라 변동할 수도 있기 때문에 프로세스 내의 특정 지점에 덧붙여, 측정이 어느 시점에서 이루어지는가에 대해서도 구체적으로 밝혀야 한다. 예제 3.1에서 보듯이, 밴쿠버 국제공항의 보안검색대로 도착하는 승객의 수는 시간에 따라 달라진다. 앞에서 이미 언급한 바 있어 기억하겠지만 세 개의 운항 편 각각, 출발시간 30~50분 전에 200명의 승객 가운데 약 절반이 도착한다. 그래서 오전 10시에 출발하는 세 개의 항공편 각기, 약 100명의 승객이 오전 9시 10분에서 9시 30분 사이, 20분 동안에 도착한다. 이는 이 시간 동안에 약 총 300명의 승객이 세 개의 운항 편 가운데 어느 하나를 이용하기 위해 도착하는 것을 뜻한다. 즉 분당 승객유입량(inflow rate)은 15명이다. 그 나머지 300명의 승객은 오전 8시 40분~9시 10분 사이(출발 전 약 50~80분)와 오전 9시 30분~9시 40분 사이 (출발 전 약 20~30분)에 도착한다. 말하자면, 나머지 300명의 승객은 40분 동안에 도착함으로써, 분당 7.5명의 승객이 도착하는 꼴이며, 오전 9시 10부터 오전 9시 30분까지의 성수기 때의 절반에 해당하는 도착률을 보인다. 검색대에서의 승객처리율(outflow rate)은 분당 18개의 가방을 처리할 수 있는 X-ray 스캐너에 의해 제한되며, 고객당 평균 1.5개의 가방을 소지하므로 분당 12명의 고객을 처리하는 셈이다.

어느 특정 시점 t에서 흐름률(flow rate)을 순간흐름률(instantaneous flow rate)이라 부르고 $R(t)$로 표시한다. 예를 들어 만일 시점 t에서 프로세스의 입구와 출구를 통과한 흐름에 초점을 맞춘다면, 모든 입구와 출구를 통과하는 순간적 총 유입량 및 유출량을 각기 $R_i(t)$ 및 $R_o(t)$로 표시할 수 있다.

그림 3.1은 두 군데의 입구와 한 군데의 출구를 가진 프로세스를 보여준다. 이때 총 유입량 $R_i(t)$은 두 곳의 입구로의 유입량을 모두 합친 것이다. 투입은 여러 곳으로 들어올 수 있고, 산출도 여러 곳을 통해 프로세스를 빠져나갈 수 있다.

재고 프로세스의 유입량이 유출량을 초과할 경우, 프로세스 내에 있는 흐름단위 수는 증가하게 된다. 재고는 프로세스 경계 내에 존재하는 총 흐름단위 수를 일컫는다. 앞서 예를 든 공항에서, 손님이 가장 많이 붐비는 오전 9시 10분부터 9시 30분까지의 성수기 동안, 승객의 유입량은 분당 15명, 유출량은 12명이다. 그러므로 유출입양 간의 차이만큼 승객의 재고는 대기행렬의 형태로 형성된다. 시점 t에서 프로세스 경계 내에 존재하는 흐름단위의 총 개수를 "시점 t에서 프로세스 재고(process inventory)"라고 하고 이를 $I(t)$로 나타내기로 한다. 시점 t에서 프로세스 재고를 측정하기 위해, 바로 그 시점에 프로세스의 즉석 사진을 촬영하여 그 당시 프로세스 경계 내의 흐름단위 수를 계산한다. 따라서 현재재고는 프로세스로 유입되었지만, 아직 유출되지 않은 모든 흐름단위를 나타낸다.

제조업 현장에서 재고는 전통적으로 가공을 기다리는 원자재나 팔리기 전의 완제품으로 정의되었다. 우리의 정의에서는 일반적인 흐름단위를 고려하고, 제조, 서비스, 금융, 또는 정보처리 프로세스 등 어느 프로세스에나 적용되는 보다 광범위한 관점을 취하고 있다. 그러므로 재고는 제품, 고객, 현금 및 주문 등 다양한 형태의 것을 아우른다. 또한, 재고는 프로세스 경계 내에 존

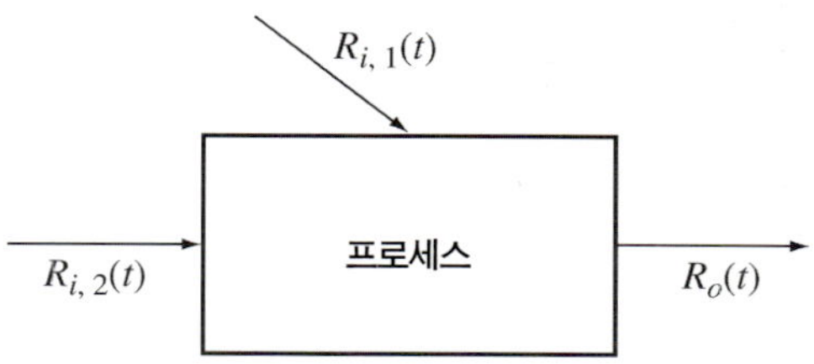

그림 3.1 두 개의 입구를 가진 프로세스의 유입·유출률

재하는 모든 흐름단위, 그것이 가공되고 있든 또는 가공을 기다리고 있든 상관하지 않고 모든 것을 포함한다. 즉 원자재, 공정 중의 재고(부분적으로 완성된 제품), 그리고 완제품 모두가 재고에 포함된다. 이렇게 재고를 더욱 넓게 정의함으로써, 모든 비즈니스 프로세스에서의 흐름을 통일된 틀 속에서 분석할 수 있게 된다.

무엇이 흐름단위인가는 고려하는 문제가 무엇인가에 따라 달라진다. 흐름단위를 원, 달러(dollar), 유로(euro)와 같은 화폐로 정의함으로써 금전적 흐름을 분석할 수 있다. 또한, 돈을 흐름단위로 생각하고, 재고에 대해 폭넓게 생각하면 소요운전자본(working capital requirements)을 파악하기 위해 재고 개념을 이용할 수 있을 것이다. 어느 프로세스든 '운전자본에 대한 투자'는 주요 재무 척도의 하나로 활용되고 있다. 회계에서는 운전자본을 유동자산에서 유동부채를 차감한 나머지로 정의한다. 유동자산에는 프로세스 내의 현금과 외상매출금 그리고 재고의 형태로 남아 있는 것의 금전적 가치가 포함된다. 따라서 재고는 묶여 있는 자금과 같은 것이어서 재고의 감소는 소요운전자본의 감소를 의미한다. 소요운전자본의 감축은 기업의 이자비용을 줄이고, 수익성이 우수한 다른 사업에의 투자가 가능한 현금을 추가로 만들어낸다(이 장의 다음에서 보겠지만 재고의 감축은 흐름시간을 단축하고, 시장에 대한 반응태세를 개선할 수 있다).

3.3 흐름시간, 흐름률, 및 재고의 역동성

일반적으로 유입량과 유출량은 시간에 따라 변동한다. 단기적으로 유입량이 유출량을 초과하면, 재고가 증가한다. 이에 비해 단기적으로 유출량이 유입량을 초과하면 재고는 감소한다. 그러므로 재고의 변화는 유입량과 유출량의 차이에 따라 발생한다. 여기서 **순간 재고누적률**을 순간적 유입률과 유출률 간의 차이로 정의하고 $\Delta R(t)$로 표기한다.

$$\text{순간 재고누적률} = \text{순간유입률} - \text{순간유출률}$$

또는

$$\Delta R(t) = R_i(t) - R_o(t) \tag{3.1}$$

따라서 다음이 성립한다:

- 순간유입률 > 순간유출률이면, 재고는 순간누적률 $\Delta R(t) > 0$ 만큼 누적.
- 순간유입률 = 순간유출률이면, 재고는 변동하지 않는다.
- 순간유입률 < 순간유출률이면, 재고는 순간누적률 $\Delta R(t) < 0$ 만큼 감소.

예로, (t_1, t_2) 기간 동안, 재고축적률 ΔR이 일정하다면, 그 기간의 재고변화는 다음과 같이 표시할 수 있다

$$\text{재고변화} = \text{누적률} \times \text{시간 간격의 길이}$$

또는

$$I(t_2) - I(t_1) = \Delta R \times (t_2 - t_1) \tag{3.2}$$

초기의 재고수준을 주고, 시간을 일정한 재고 누적률이 발생하는 간격으로 나눠서 보면, 시간대별 재고의 변동상황을 보여주는 **재고 누적도**를 작성할 수 있다. 재고 누적도에서 X축으로 시간을 나타내고, Y축으로 각 시점별 흐름단위의 재고수준을 나타낸다. 초기에 무재고 상태에서 출발한다면, t 시점에서 재고수준은 t 시점까지 누적 유입량과 누출 유출량 간의 차이와 같다. 예제 3.2는 재고 누적도를 예시하고 있다.

예제 3.2

MBPF Inc.는 조립식 차고(garage; 미국에서는 차를 주택의 부속건물 '차고'에 주차해 둔다.)를 제조하는 업체이다. 이 회사는 완제품 차고를 조립할 원자재로 강판을 구입한다. 한 개의 차고를 만드는 데 지붕과 바닥이 각각 필요하고, 이들은 차고로 조립되기 전에 별도의 강판에서 찍어내게 된다. 과거 8주 동안의 생산과 수요 자료가 표 3.1에 표시되어 있다. 생산과 수요는 매주 달라진다.

여기에서 MBPF Inc.의 완제품 창고를 프로세스로, 그리고 완성된 차고를 흐름단위로 생각할 것이다. 이때 공장에서의 생산량은 완제품 창고로의 유입률이고, 수요(판매량)는 유출률이다. 물론 유입과 유출은 매주 변동한다.

MBPF Inc.는 완제품의 재고수준을 매주 말 점검하고 있다. 여기서 t 번째 주말의 재고를 $I(t)$로 표기하기로 하자. 그리고 첫째 주초의 기초재고(또는 week 0의 기말재고)가 2,200단위인 것으로 가정하면,

$$I(0) = 2{,}200$$

이제 첫 주의 생산 또는 유입률 $R_i(1)=800$단위에서 수요 또는 유출률 $R_o(1)=1{,}200$을 차감하면 재고누적률은 다음과 같아진다.

$$\Delta R(1) = 800 - 1{,}200 = -400(\text{첫 주})$$

따라서, 첫 주말의 재고수준은

$$I(1) = I(0) + \Delta R(1) = 2{,}200 + (-400) = 1{,}800$$

이와 비슷하게 매주의 재고누적률과 재고를 평가하여 표 3.1과 같이 나타낼 수 있다. 흐름단위의 재고는 평균 2,000개를 중심으로 시간에 따라 변동하고 있는 것을 알 수 있다.

표 3.1 생산, 수요, 누적률 및 기말재고(MBPF Inc.)

주	0	1	2	3	4	5	6	7	8	평균
생산		800	1,100	1,000	900	1,200	1,100	950	950	1,000
수요		1,200	800	900	1,100	1,300	1,300	550	850	1,000
누적률 ΔR		−400	300	100	−200	−100	−200	400	100	0
기말재고	2,200	1,800	2,100	2,200	2,000	1,900	1,700	2,100	2,200	2,000

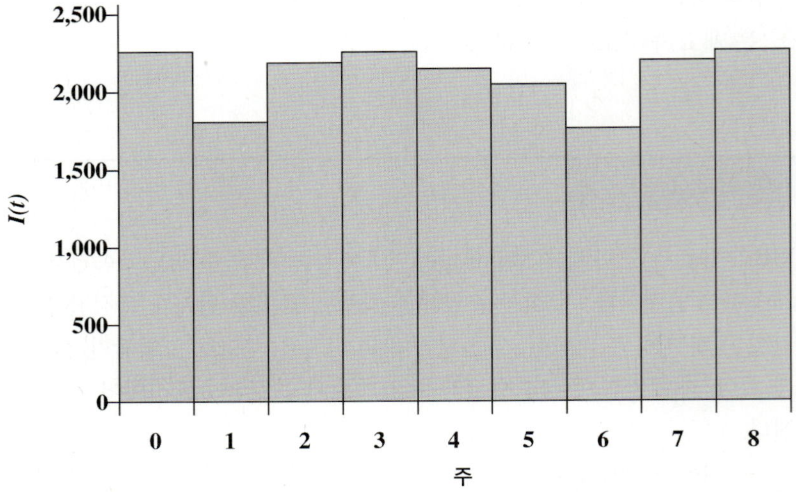

그림 3.2 재고 누적도

이 자료를 토대로 시간에 따라 어떻게 재고가 변동하는가를 나타내는 재고 누적도표를 그릴 수 있다. 그림 3.2는 지난 8주 동안의 MBPF의 재고 누적도표이다. 여기서 단순하게 재고는 주중에는 변화가 없고, 판매가 이루어지는 주말에만 재고 변동이 발생한다고 가정하기로 한다.

예제 3.1의 사례에서 대기승객누적률로부터 승객재고(대기)의 변화와 이와 관련한 대기시간을 도출함으로써 공항의 보안검색 프로세스도 분석할 수 있다. 보안검색과정의 X-ray 스캐너를 분석 대상 프로세스로 삼고, 오전 10시에 출발하는 세 편의 운항을 중심으로 아무 승객도 기다리지 않는 오전 8시 40분부터 분석하기로 한다.

앞서 계산한 것처럼, 오전 8시 40분에서 9시 10분 사이의 유입률은 분당 7.5명이다. 대기행렬(queue)로부터의 유출률은 승객의 짐 가방이 검색대를 통과하는 속도이다. X-ray 스캐너는 분

표 3.2 예제 3.1의 밴쿠버 국제공항 보안검색장의 누적률 및 기말재고

시간	8:40 A.M.	8:40–9:10 A.M.	9:10–9:30 A.M.	9:30–9:43:20 A.M.	9:43:20–10:10 A.M.
유입률 R_i		7.5/분	15/분	7.5/분	7.5/분
유출률 R_o		7.5/분	12/분	12/분	7.5/분
누적률 ΔR		0	3/분	4.5/분	0
기말재고 (대기승객의 수)	0	0		0	0

당 최고 12명의 승객을 처리할 수 있지만, 도착하는 승객 이상을 처리할 수는 없으므로 유출률도 분당 7.5명이다. 표 3.2에 요약된 것처럼, 오전 8시 40분부터 9시 10분까지는, 대기행렬의 누적률이 0이다. 이 기간에 X-ray 스캐너는 승객의 도착 상황을 쉽게 따라잡을 수 있으며, 아무도 대기행렬에서 기다릴 필요가 없다. 하지만, 가장 많은 승객이 도착하는 오전 9시 10부터 9시 30분까지는, 분당 유입률이 15명의 승객에 달함으로써 스캐너의 최대처리량 12명을 초과하게 되어 분당 ΔR=3명꼴로 대기행렬의 길이가 늘어난다. 오전 9시 30분에는, 스캐너 앞의 대기행렬이 오전 9시 10분부터 9시 30분까지 20분 동안 분당 3명씩 늘어 총 60명이 대기행렬에 있게 된다. ΔR(9시 30분−9시 10분 동안): 3명(분당)×20분=60명! 오전 9시 30분. 이후, 유입률은 초기의 낮은 수준인 7.5명으로 떨어지고, X-ray 스캐너는 분당 최고 12명을 처리하면서 대기행렬은 분당 4.5명씩 줄어들게 된다. 따라서 60명의 대기행렬은 13.33(=60/4.5)분 이후에는 완전히 사라진다. 달리 말해, 9시 43분 20초에 행렬에는 아무도 남지 않고, X-ray 스캐너는 유입되는 대로 처리할 수 있게 된다.

오전 10시 출발편의 경우, 7.5명씩 승객이 유입되는 현상은 오전 9:40분에 끝나고, 오전 11시 출발편의 첫 승객이 오전 9시 40분부터 도착하기 시작한다. 오전 10시 출발편의 승객 대기가 오전 9시 10분부터 시작되었듯이, 오전 11시 출발편의 승객은 오전 10시 10분부터 대기행렬이 형성되기 시작한다. 이런 주기는 다음 출발편의 경우도 마찬가지로 반복된다. 그림 3.3은 보안검색 프로세스에 도착하고 떠나는 승객 누적숫자를 함께 제시한 재고 누적도이며, 누적 유입과 유출의 차이가 재고임을 분명하게 보여주고 있다.

만일 출발편이 조정된다면, 표 3.3에서 예시된 것처럼, 다른 출발편에 대한 유입률의 등(peaks: 성수기)와 골(valleys: 비수기)은 서로 상쇄될 수도 있다. (음영진 부분이 특정 출발편 승객의 도착을 나타낸다. 시간당 600명의 승객의 유입을 수반하는 세 개의 출발편을 분산시키면, 하루 중 어느 시점에서든 분당 10명꼴로 고르게 유입될 것이다). 이는 X-ray 스캐너의 프로세스 용량에 못 미치는 것으로, 누적률은 0에 머물게 될 것이다. 요컨대, 출발편을 분산시킴으로써 보안검색장에서 대기행렬을 사라지게 할 수 있다. (이 분석은 짧은 시간 동안에 도착하는 승객의 단기간의 변동성을 무시하였기 때문에 개략적으로 본 것이다. 그리고 프로세스 성과에 단기적 변동성이 미치는 효과는 8장에서 논의될 것이다).

표 3.3 예제 3.1의 밴쿠버 국제공항 보안검색장의 분산조정된 출발일정 하의 유입률(명/분)

시간(기간의 시작)	8:40	8:50	9:00	9:10	9:20	9:30	9:40	9:50	10:00	10:10	10:20	10:30
정각 출발편 승객 도착률 유입률 $R_{i,1}$	2.5	2.5	2.5	5	5	2.5	2.5	2.5	2.5	5	5	2.5
매시 20분 출발편 승객 도착률 유입률 $R_{i,2}$	5	2.5	2.5	2.5	2.5	5	5	2.5	2.5	2.5	2.5	5
매시 40분 출발편 승객 도착률 유입률 $R_{i,3}$	2.5	5	5	2.5	2.5	2.5	2.5	5	5	2.5	2.5	2.5
총유입률 R_i	10	10	10	10	10	10	10	10	10	10	10	10

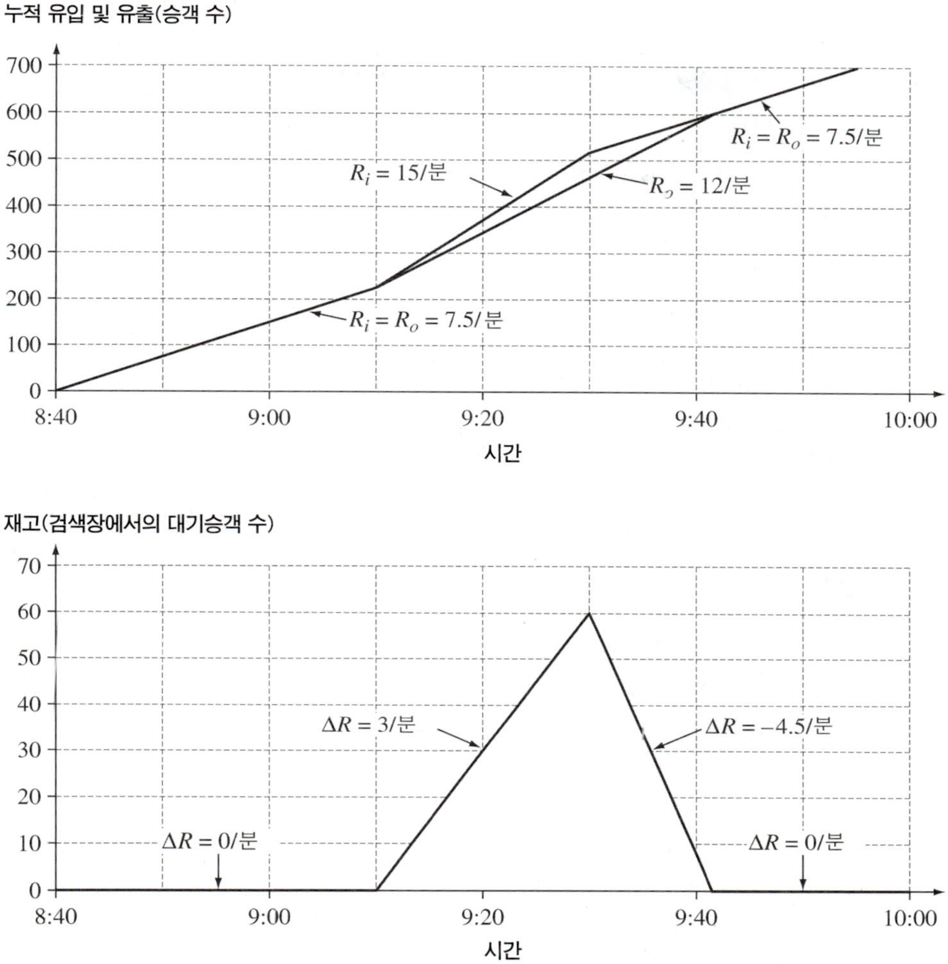

그림 3.3 밴쿠버 국제공항 보안검색장의 재고 누적도

3.4 안정적 프로세스의 평균 흐름률

안정적 프로세스(stable process)는 장기적으로 평균유입률이 평균 유출량과 같아지는 프로세스를 일컫는다. 공항 검색장의 예에서 보면, 유입량과 유출량은 시간에 따라 변화하지만, 시간당 평균 유입량은 600명의 승객 수준이다. X-ray 스캐너는 분당 최대 12명, 시간당 최대 720명의 승객을 처리할 수 있으므로, 장기적으로 유입량을 쉽게 처리할 수 있어 평균 유출량도 역시 600명이다. 따라서 보안검색장은 안정적 프로세스라 할 수 있다.

프로세스가 안정적일 때, 평균유입률과 평균유출률을 **평균 흐름률**(average flow rate) 또는 **흐름률**(throughput)이라 부르며 이는 단위 시간당 프로세스를 거쳐 흐르는 (들어오고 나가는) 평균 흐름단위 수를 의미한다. 이를 간단하게 R로 표기한다. 프로세스의 척도로서의 평균 흐름률은 프로세스가 산출을 생산하고 인도하는 평균량을 말해준다. 이상적으로는, 우리는 프로세스의 평균 흐름률과 고객 수요율을 일치시키고자 한다. (만약 흐름률이 수요율보다 적다면, 일부 고객의 수요는 충족되지 않은 것이다. 만일 반대의 경우라면, 프로세스는 팔리는 것보다 더 많이 생산한 것이다).

비록 안정적 프로세스에서도 재고는 변동하지만, 평균 재고를 정할 수 있으며, I로 표기한다. 예로서 밴쿠버 국제공항에서의 평균 재고를 구해 보기로 하자. 그림 3.3의 아래 그림에서 엿보이는 재고의 움직임에 대해 생각해보기로 하자. 오전 8시 40부터 9시 10분까지는 항공사 보안검색장 앞의 대기행렬, 즉 재고는 0이다. 9시 10부터 오전 9시 43분까지, 재고가 최대 60명까지 점점 선형적으로 불어나다가 이후 선형적으로 다시 0까지 줄어든다. 그러므로 그 기간 중 평균 재고는 60/2=30명 수준이다(그림 3.3에서의 삼각형의 평균 높이는 최대 높이의 절반이다). 마지막으로, 재고는 오전 9시 43분부터 다음의 재고 누적이 새로이 시작되는 오전 10시 10분까지 0이 된다. 평균 대기행렬의 길이를 추정하기 위해서는 두 번의 연속적인 재고누적 주기 사이의 60분의 시간대에 대해 분석해보는 것으로 충분할 것이다. 예로 들자면, 오전 10시 출발편과 관련하여 대기행렬(재고)이 형성되는 오전 9시 10분부터 다음 오전 11시 출발편의 대기행렬이 형성되는 오전 10시 10분까지 60분 동안의 시간에 대해 생각해보면 될 것이다. 앞서 보았듯이, 이 60분 간격 동안, 오전 9시 10부터 9시 43분 사이에는 평균 30명이 기다리고, 오전 9시 43분~10시 10분 사이에는 아무도 기다리지 않는다. 따라서 대기행렬의 평균 길이는 가중시간평균이며, 다음과 같이 계산된다.

$$I = \frac{33\text{분} \times 30\text{명} + 27\text{분} \times 0\text{명}}{60\text{분}}$$
$$= 16.5\text{명}$$

평균 재고 누적률, ΔR은 안정적 프로세스(평균유입량이 평균유출량과 동일한)에서는 0이어야 하지만, 보통 평균 재고는 양의 값을 취한다.

이제 **평균 흐름시간**에 대해 살펴보기로 하자. 실제 흐름시간은 흐름단위마다 틀리지만, 특정 시간대 동안 프로세스를 거쳐나가는 모든 흐름단위가 소비한 흐름시간의 평균을 구해, 이를 평균 흐름시간이라 정의할 수 있다. 평균 흐름시간을 T로 표기하기로 한다. 평균 흐름시간을 측정하는 한 가지 방법은 장기간에 걸쳐 매 흐름단위의 흐름시간을 추적하고 이의 평균을 계산하는 법이고, 또 다른 방법은 평균 흐름률과 평균 재고로부터 평균 흐름시간을 계산하는 방식이다. 평균 재고 계산은 다음에 설명할 것이다.

3.5 리틀의 법칙: 평균 흐름시간, 평균 흐름률 및 평균 재고 간의 관계

지금까지 논의한 세 가지 성과 척도는 앞서 제기한 프로세스 흐름에 관한 세 가지 질문에 대한 답을 제공한다.

1. 평균적으로, 보통 흐름단위 하나가 프로세스 경계 내에서 얼마나 긴 시간을 보내는가? 답은 평균 흐름시간 T이다.
2. 평균적으로, 단위시간 동안에 얼마나 많은 흐름단위가 프로세스를 거쳐 통과하는가? 답은 평균 흐름률 R이다.
3. 평균적으로, 어느 한 시점에서 프로세스 내에 얼마나 많은 흐름단위가 존재하는가? 답은 평균 재고 I이다.

리틀의 법칙 안정적 프로세스에서는 이들 세 가지 프로세스 척도 간에 기본적인 관계가 성립된다. **리틀의 법칙**(Little's law)으로 알려진 이 관계는 '평균 재고는 평균 흐름률에 평균 흐름시간을 곱한 것'과 같음을 밝히고 있다.

$$\text{평균 재고}(I) = \text{평균 흐름률}(R) \times \text{평균 흐름시간}(T)$$

또는

$$I = R \times T \tag{3.3}$$

리틀의 법칙이 왜 성립되어야 하는지를 살펴보기 위해, 임의의 흐름단위를 하나 정해서 추적해 보기로 하자. 문제의 흐름단위가 프로세스 내로 진입한 후, 프로세스를 떠나기까지 프로세스 내에서 T 단위시간만큼 보낸다. 이 시간 동안에 새로운 흐름단위가 단위시간 당 R의 율로 진입한다. 따라서 문제의 흐름단위가 시스템 내에서 머무는 T 단위시간 동안, $R \times T$만큼의 새로운 흐름단위가 도착한다. 그러므로 우리가 관심을 두고 지켜보는 흐름단위가 시스템을 거쳐 외부로 나갈 때, 재고는 $R \times T$에 이른다. 문제의 흐름단위가 무작위로 선택되었기 때문에, 그리고 프로세스가 안정적이기 때문에, 프로세스 경계 내의 평균 재고 I는 $R \times T$와 같다.

리틀의 법칙에 의해 평균 흐름시간을 평균 흐름률과 평균 재고(이 둘은 일정시간기준의 평균개념이라서, 평균 흐름시간처럼 흐름단위를 대상으로 하여 평균을 구하는 것보다는 계산하기가 쉽다) 값에서 도출할 수 있다. 공항의 보안검색장의 예에서, 평균 흐름률은 시간당 $R=600$명, 분당 10명이며, 평균 대기행렬의 길이는 $I=16.5$명이다. 보안검색장의 대기행렬에서 기다리는 고객의 평균대기 시간을 결정하기 위해 리틀의 법칙, $I=R \times T$를 이용하여 T를 구한다.

$$T = I/R = 16.5\text{명의 승객}/\text{분당 } 10\text{명의 승객} = 1.65\text{분}$$

대부분 승객은 전혀 기다리지 않지만, 가장 오래 기다리는 승객은 대기행렬이 최대 60명까지 늘어났을 때 도착한 손님이다. 가장 불운한 이 승객은 60명 모두가 처리될 때까지 기다려야 하고, 따라서 대기시간은 60/12분=5분이 걸린다. 예제 3.3은 MBPF Inc. 사례의 경우에, 리틀의 법칙을 예시하고 있다.

예제 3.3

예제 3.2에서 MBPF Inc.의 평균 재고는 I=2000개의 차고이다. 표 3.1에서 나타난 것처럼 평균생산율(흐름률)은 주당 1,000개의 차고이다. 또한, 표 3.1에서 고려한 8주 동안 MBPF Inc.가 경험한 평균수요량도 주당 1,000개의 차고이다. 따라서 문제의 8주 동안을 놓고 보면, MBPF에서의 평균생산과 평균수요는 일치한다. 평균생산율과 평균수요율이 동일하기 때문에, "MBPF. Inc.는 주당 평균 흐름률이 1,000개인 안정적 프로세스(stable process)"라고 결론지을 수 있다.

여기서 재료비와 인건비 기준으로, 차고 1개 생산에 3,300달러 소요된다고 가정하기로 한다. 만일 소비되는 1달러를 흐름단위로 생각한다면, MBPF Inc.의 평균 흐름률은 주당 R=3,300달러×1,000개의 차고=3,300,000달러(주당)이다. 따라서 MBPF Inc.의 평균 흐름률을 두 가지 다른 흐름단위 즉 개수와 1달러를 이용하여 측정해보았다. 마찬가지로, 재고는 2,000개의 차고, 또는 2,000×3,300달러(차고 개당 원가)=6,600,000달러로 평가될 수 있다.

이 프로세스는 안정적 프로세스이기 때문에, 차고의 평균 흐름시간 또는 매 차고에 묶인 1달러의 평균 흐름시간을 산출하기 위하여 리틀의 법칙을 아래와 같이 적용할 수 있다.

$$T = I/R = 6{,}600{,}000\text{달러}/3{,}300{,}000\text{달러} = 2\text{주}$$

리틀의 법칙은 두 가지 즉각적이면서도 매우 중요한 다음과 같은 시사점을 제시한다.

1. 평균 흐름시간, 평균 흐름률, 평균 재고 등 세 가지 운영 성과 척도 가운데 프로세스 관리자는 두 가지 척도만 집중할 필요가 있다. 왜냐하면, 리틀의 법칙 때문에 두 가지가 나머지 세 번째 척도를 직접 결정하기 때문이다. 이때 어느 두 척도를 관리할 것인가를 결정하는 것은 관리자에게 달렸다.
2. 한 프로세스에서 평균 흐름률이 정해져 있다면 흐름시간을 단축하는 유일한 방법은 재고를 감축하는 것이고 재고를 감축하는 유일한 방법은 흐름시간을 단축하는 것이다.

이제 제조업과 서비스업 운영에서, 리틀의 법칙이 광범위하게 적용되는 상황을 나타내는 간략한 예제를 살펴보기로 하자. 이때 다음을 기억하는 것이 도움될 것이다.

평균 재고는 I로 표기한다.
평균 흐름률은 R로 표기한다.
평균 흐름시간은 T로 표기한다.

3.5.1 원자재 흐름

한 패스트푸드 식당(fast-food restaurant)에서는 주당 평균 5,000 kg의 햄버거를 처리한다. 냉장고에 저장된 살코기의 평균 재고는 2,500 kg이다. 이 사례의 프로세스는 식당이고 흐름단위는 살코기 1 kg이다. 따라서 다음을 알 수 있다.

평균 흐름률 $R=5{,}000\ \text{kg}/$주

그리고

평균 재고 $I=2{,}500\ \text{kg}$

그러므로 리틀의 법칙에 의해서,

평균 흐름시간 $T=I/R=2{,}500/5{,}000=0.5$ 주

다시 말해, 살코기 1 kg은 냉장고에서 반 주의 시간을 보낸다. 식당에서는 햄버거에 신선한 고기를 쓴다는 사실을 정당화하기 위해 이 정보를 이용할 수 있다.

3.5.2 고객흐름

Belgium의 Ninove에 있는 cafe Den Drippel에서는 하룻밤에 60명의 고객을 접대한다. Den Drippel의 영업시간은 약 10시간 정도이다. 어느 시점에서든, 카페에는 평균 18명의 고객이 있다. 이들 고객은 식사 및 음료를 즐기고 있거나, 주문하기 위하여 기다리거나, 주문한 음식이 나오기를 기다리고 있다. 우리는 한 명의 고객이 식당 내에서 얼마나 오래 시간을 보내는가를 알고자 하기 때문에 고객의 평균 흐름시간에 관심이 있다. 이 예에서 프로세스는 카페고, 흐름단위는 한 명의 고객이며 다음을 알 수 있다.

평균 흐름률 $R=60$ 명/night

밤 영업시간은 10시간이기 때문에 $R=6$ 고객/시간

그리고

평균 재고 $I=18$ 명

이기 때문에, 리틀의 법칙에 의하면 다음 값을 산출해 낼 수 있다:

평균 흐름시간 $T=I/R=18/6=3$ 시간

다시 말해서, 고객은 평균 Den Drippel에서 3시간을 보낸다.

3.5.3 일의 흐름

한 보험회사의 지점에서 연간 만 건의 클레임을 처리한다. 평균 처리 시간은 3주이고 어떤 시점에서 처리되고 있는 클레임 건수를 알고 싶다. 이 사무실의 근무시간은 연간 50주이다. 이 사례에서 프로세스는 보험회사의 지점이고, 흐름단위는 한 건의 클레임이다. 따라서 다음 정보를 알고 있다.

$$\text{평균 흐름률 } R = 10{,}000 \text{ 건/년}$$

그리고

$$\text{평균 흐름시간 } T = 3/50 \text{ 년}$$

따라서 리틀의 법칙은 다음을 계산한다.

$$\text{평균 재고 } I = R \times T = 10{,}000 \times 3/50 = 600 \text{ 건의 클레임}$$

평균적으로, 600건의 클레임이 어느 직원에게 할당되기를 기다리거나, 처리되고 있거나, 고객에게 발송되기를 기다리고 있거나, 또는 추가적인 정보를 기다리고 있거나 하는 등 프로세스의 다양한 단계에 존재하고 있다.

3.5.4 현금 흐름

한 철강회사에서는 연간 4억 달러어치의 철광석을 처리한다. 철광석 처리비용은 연간 2억 달러이다. 평균 재고는 1억 달러이다. 우리는 1달러가 이 프로세스에서 얼마나 오랜 시간을 보내는지를 알고 싶다. 재고의 가치는 철광석의 구입비용과 처리비용을 모두 포함한다. 이 사례의 프로세스는 철광회사이고, 흐름단위는 원가 1달러이다. 연간이 프로세스를 통하여 4억 달러+2억 달러=6억 달러어치가 흐른다.

$$\text{평균 흐름률 } R = 6 \text{억 달러/년}$$

그리고

$$\text{평균 재고 } I = 1 \text{억 달러}$$

따라서 다음 정보를 유추할 수 있다:

$$\text{평균 흐름시간 } T = I/R = 1 \text{억 달러}/6 \text{억 달러, 년} = 1/6 \text{년} = 2 \text{개월}$$

평균적으로 1달러는 이 프로세스에서 2개월간 머문다. 다시 말하자면, 1달러가 원자재나 프로세스 원가로 이 프로세스에 들어온 시점부터 완제품의 형태로 떠나는 시점까지 걸린 시간은 평균 2개월이다. 즉 1달러는 이 공장에서 평균 2개월간 운전자본으로 묶여 있는 셈이다.

3.5.5 현금흐름(외상 매출금)

한 제조업체에서 무선장비를 연간 3억 달러어치를 팔고 있다. 평균 외상매출금은 4,500만 달러이다. 우리는 고객에게 대금지급을 청구한 때로부터 대금을 영수하기까지 걸린 시간이 얼마인지를 알고 싶다. 이 사례에서 프로세스는 이 제조업자의 외상매출금 부서이고 흐름단위는 1달러이다. 따라서 다음을 알고 있다.

$$\text{평균 흐름률 } R = 3\text{억 달러/년}$$

그리고

$$\text{평균 재고 } I = 4500\text{만 달러}$$

리틀의 법칙에 의하면

$$\text{평균 흐름시간 } T = I/R = 45/300\text{년} = 0.15\text{년} = 1.8\text{개월}$$

그러므로 고객에게 대금청구를 하고 대금을 영수하기까지 걸린 시간은 1.8개월이다. 이 시간을 단축하면 제조업자가 수익을 보다 빨리 회수할 수 있게 된다.

3.5.6 서비스 흐름(Auto-Moto에서 금융신청)

Auto-Moto Financial Services는 자동차와 모터사이클을 신규로 구매하는 고객 중 유자격자에게 금융을 제공한다. 이 회사에서는 대출신청 처리절차를 대폭 변경한 이후, 이 변경의 효과가 서비스 성과에 미칠 영향을 평가하고 있다. Auto-Moto에서는 매월 약 1,000건의 대출신청서를 받아, 각 신청서를 면밀히 검토한 것을 토대로 수용/기각 결정을 내린다. 한 달에 30일이 근무일수라고 가정한다.

작년까지 ('Process I' 라고 부르는 프로세스 하에서), Auto-Moto는 각 신청서를 개별적으로 처리하였다. 평균적으로, 전체 신청서 가운데 20%가 승인을 받았다. 내부감사를 통해, 이 회사의 승인/기각 절차의 여러 단계에서 평균 약 500통의 신청서가 처리되면서 산재하고 있었던 것으로 밝혀졌다. 매 신청서를 처리하는 데 걸린 시간에 대한 고객의 불만에 대처하기 위해, Auto-Moto에서는 회사의 의사결정 프로세스의 효율화를 기하고자, Kellogg Consultants(KC)에게 자문하였다. KC는 즉각 현재의 프로세스의 주요 문제점을 파악하였다. 대부분의 신청서가 상당히 빨리 처리될 수 있음에도, 어떤 신청서는, 미흡하거나 불충분한 서류작성 때문에 상당히 오랜 시간을 요하곤 하였다. 그러므로 KC에서는 프로세스에 대해 다음의 변화를 제안하게 되었다. (즉 결과적으로 'Process II' 라고 불리는 프로세스가 도입되었다).

1. 신청 서류 가운데, 승인되는 비율이 상당히 낮아서, 엄격하지만 다분히 요식적인 지침에 따라 미리 대출신청서류를 검토하는 1차심사팀(Initial Review Team)을 둔다.
2. 매 신청서는 다음 세 가지 종류로 분류한다: *A*(승인가능성 매우 큼), *B*(추가적인 상세한 평가 요함), 그리고 *C*(즉시 기각). 그리고 *A*와 *B* 유형은 상이한 전문 심사팀에게 본 심사를 위해 넘긴다.
3. 각 전문 심사팀에서는 넘겨받은 신청서를 평가하여 승인/기각 결정을 한다.

Process II를 시험 삼아 실행한 결과, 회사에서는 총 신청서 가운데 평균 25%가 *A*, 25%가 *B*, 그리고 나머지 50%가 *C*로 분류되는 것을 알게 되었다. 보통 *A*의 약 70%와 *B*의 약 10%가 검토과정에서 승인을 받는다(*C*는 모두 즉각 기각된다는 것을 상기하라). 내부감사에서 밝혀진

바로는 평균적으로, 200건의 대출신청서가 1차심사팀의 처리단계에 있고, A그룹 본 심사중에는 25건이, B그룹 본 심사중에는 150건이 각기 재고로 남아 있다고 한다.

Auto-Moto에서는 제안이 실행된 후 서비스 수행성과가 실제 향상되었는지를 알고자 한다.

여기서 분석대상이 되는 흐름단위는 한 건의 대출신청서이다. 평균적으로, Auto-Moto는 매월 1,000건의 대출신청서를 접수하고 처리한다. 이제 실행된 프로세스의 변경이 고객서비스에 어떤 효과를 가져왔는지를 판정해보기로 하자.

Process I 하에서, 다음을 알고 있다:

$$\text{평균 흐름률 } R = 1{,}000\text{건/월}$$

그리고

$$\text{평균 재고 } I = 500\text{ 건}$$

따라서, 다음과 같이 결론을 지을 수 있다.

$$\text{평균 흐름시간 } T = I/R$$
$$T = 500/1{,}000\text{월} = 0.5\text{개월} = 15\text{일}$$

따라서 Process I 하에서는, 보통 신청서 한 건의 승인/기각 결정을 내리기까지 보통 15일이 걸렸다.

이제 Process II를 고려해 보자. 이 프로세스는 여러 단계가 개입되어 있기 때문에 그림 3.4의 프로세스 흐름 도표를 참조하는 것이 좋을 것이다(4장에서 프로세스 흐름도표를 논의할 것이다). 이 도표에서 보면 평균 1,000건의 신청서가 도착하는 것을 알 수 있다. 1차 검토를 거친 후,

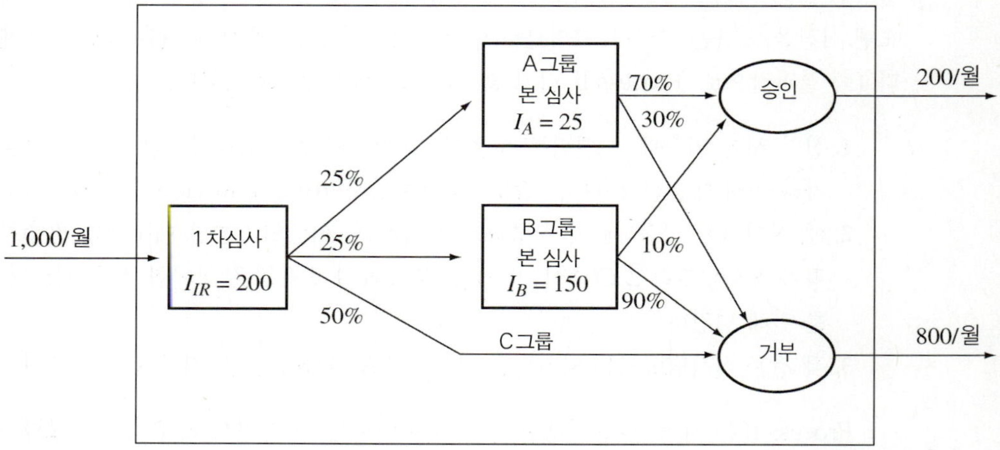

그림 3.4 Auto-Moto Financial Services의 흐름도표

신청서 중 50%가 거부되고, 25%로는 A 유형 그리고 나머지 25%는 B 유형으로 분류된다. 상세한 검토를 마치면 A 유형신청서의 70%는 승인되고 30%는 거부된다. B 유형 신청서 가운데 10%는 승인되고 90%는 거부된다. 따라서 매월 200건이 승인되고 800건이 거부된다.

재고 상황을 보면 평균적으로 200건의 신청서가 1차심사팀에 있고 25건이 그룹 본 심사중에, 150건이 B 그룹 본 심사중에 있다. 따라서 Process II에 대해서 다음과 같은 결론을 내릴 수 있다.

$$\text{평균 흐름률 } R = 1{,}000 \text{ 신청서/월}$$

그리고

$$\text{평균 재고 } I = 200 + 150 + 25 = 375 \text{ 신청서}$$

따라서 다음과 같이 유추할 수 있다.

$$\text{평균 흐름시간 } T = I/R$$
$$T = 375/1{,}000 \text{ 월} = 0.375 \text{ 개월} = 11.25 \text{ 일}$$

그러므로 Process II 하에서는 매 신청서가 Auto-Moto에서 승인거부 결정이 내리기까지 11.25일을 기다리게 된다. Process I에서의 15일에 비하면 이것은 상당한 단축을 뜻한다.

T=11.25일이라는 똑같은 결론에 도달하는 다른 방법은 각 유형별로 신청서의 평균 흐름시간을 계산하는, 더욱 상세한 분석법이다(1차심사팀은 접수한 각 신청서를 유형 A, B, 또는 C로 분류하였던 것을 기억하라). 전체 신청서의 평균 흐름시간을 개선하기 위하여 각 유형의 흐름시간의 가중 평균을 취할 수 있다. 다시 말해 Process II를 1차 심사, A 그룹 본 심사, B 그룹 본 심사 등 세 가지 하위 프로세스로 분해하여, 각 하위 프로세스별로 신청서가 얼마의 시간을 보냈는지를 계산하자는 것이다. 그 정보를 이용하여 매 유형의 신청서가 보낸 흐름시간을 계산할 수 있다. 이 절의 나머지는 이러한 상세한 계산을 예시한다.

그림 3.4에서 보듯이, 매 신청서는 1차 검토단계에서 시작한다. 평균적으로, 200건의 신청서가 1차심사팀에 있다. 1차 검토단계에서는 성과 척도를 아래와 같이 아래 첨자 IR로 표기한다.

$$\text{평균 흐름률 } R_{IR} = 1{,}000 \text{ 건/월}$$

그리고

$$\text{평균 재고 } I_{IR} = 200 \text{ 건의 신청서}$$

이 정보로부터 1차 심사단계에서의 평균흐름 시간을 다름과 같이 유추할 수 있다.

$$\text{평균 흐름 시간 } T_{IR} = I_R / R_{IR}$$
$$T_{IR} = 200/1{,}000\text{ 월} = 0.2\text{ 개월} = 6\text{ 일}$$

따라서 매 신청서는 1차 심사단계에서 6일을 소비한다.

이제 1차 심사단계에서 A 유형으로 분류된 신청서에 관해 살펴보기로 하자. A 그룹 본 심사에는 평균 25건의 신청서가 있음을 상기하라. 접수되는 총 신청서의 25%가 A 유형 으로 분류되기 때문에 평균적으로 매월 접수되는 1,000건의 신청서 가운데 250건이 A 유형으로 분류된다. 이 그룹을 아래 첨자 A로 표기하기로 하자. 그러면 다음과 같이 나타낼 수 있다.

$$\text{평균 흐름률 } R_A = 250\text{ 신청서/월}$$
$$\text{평균 재고 } I_A = 25\text{ 신청서}$$

따라서 다음을 유추할 수 있다.

$$\text{평균 흐름 시간 } T_A = I_A / R_A$$
$$T_A = 25/250\text{ 월} = 0.1\text{ 개월} = 3\text{ 일}$$

A 유형 신청서는 본 심사에서 3일을 추가로 보내는 것을 알 수 있다.

마찬가지로 총 접수 신청서의 25% 또는 매월 250건이 B 그룹 본 심사를 받게 되고 150건의 신청서가 재고로 있다는 사실을 상기하라. 말하자면,

$$\text{평균 흐름률 } R_B = 250\text{ 신청서/월}$$
$$\text{평균 재고 } I_B = 150\text{ 신청서}$$

따라서 다음을 유추할 수 있다.

$$\text{평균 흐름 시간 } T_B = I_B / R_B$$
$$= 150/250\text{ 개월} = 0.6\text{ 개월} = 18\text{ 일}$$

따라서 B 유형 신청서는 B 그룹 본 심사에서 평균 18일을 머물게 된다.

총 접수 신청서의 50%, 즉 매월 500건의 신청서는 1차심사팀에서 바로 기각되어 C 유형으로 분류되며 프로세스에서 즉시 사라진다. (편의상, 1차심사(IR) 이후에 보내는 추가적인 시간 $T_C = 0$이라고 할 수 있고 따라서 재고 $I_C = T_C \times R_C = 0$이다.)

Auto-Moto의 1차심사팀은 접수한 신청서를 유형 A, B, C로 구분한다. 신청서는 1차심사팀에서 평균 6일을 보낸다. A 유형신청서는 A 그룹 본 심사에서 검토되면서 추가로 3일을 소비한다. B 유형신청서는 B 그룹 본 심사에서 검토되면서 평균 18일을 추가로 소비한다. C 유형신청서는 1차심사팀에서 바로 거부된다.

요컨대, Process II 하에서의 각 유형의 신청서 별로 평균 흐름시간을 다음과 같이 계산하였다.

- A 유형 신청서는 평균 9일을 프로세스에서 보낸다.
- B 유형 신청서는 평균 24일을 프로세스에서 보낸다.
- C 유형 신청서는 평균 6일을 프로세스에서 보낸다.

마지막으로, 세 가지 유형의 신청서를 통틀어 가중 평균을 취함으로써 더욱 상세한 분석을 이용하여 Process II 하에서의 모든 신청서를 통틀어 평균 흐름시간을 다음과 같이 계산할 수 있다.

$$T = \frac{R_A}{R_A + R_B + R_C}(T_{IR} + T_A) + \frac{R_B}{R_A + R_B + R_C}(T_{IR} + T_B) + \frac{R_C}{R_A + R_B + R_C}(T_{IR})$$

따라서

$$T = \frac{250}{250 + 250 + 500}(6 + 3) + \frac{250}{250 + 250 + 500}(6 + 18) + \frac{500}{250 + 250 + 500}(6)$$

$$T = \frac{250}{1{,}000}(9) + \frac{250}{1{,}000}(24) + \frac{500}{1{,}000}(6) = 11.25\text{일}$$

여기에서의 결과는 먼저 계산한 11.25일의 평균 흐름 시간과 같음을 알 수 있다.

지금까지의 분석에서 신청서의 범주에 따라 흐름단위를 정의하였다. 그러나 서비스 성과를 평가할 때, Auto-Moto는 흐름 단위를 신청서, 승인된 신청서, 또는 거부된 신청서와 같이 다르게 정의할 수도 있다. 사실, 승인된 신청서만이 수익을 발생시킬 고객을 나타내는 것이고, Auto-Moto에서는 이들 고객의 흐름 시간을 11.25일보다 단축함으로써 더욱더 큰 이득을 얻을 수 있을 것이다.

Process I 하에서는, 신청서가 최종적으로 승인을 받았는지 못 받았는지와 관계없이 프로세스 내에서 평균 15일을 소비한다. 이제 승인된 신청서가 Process II 하에서 Auto-Moto에서 보낸 시간이 얼마인지를 알아보기로 하자. Process II 하에서 A 유형신청서의 70%(평균 월간 250건 가운데 175건)가 승인되고 B 유형신청서의 10%(월평균 250건 가운데 25건)가 승인된다. 그러므로 모든 신청서 가운데 승인되는 건수는 175+25= 월 200건에 이른다. 매 유형의 승인된 신청서의 가중 평균 흐름시간은 $T_{approved}$로 표기하고 다음과 같이 계산할 수 있다.

승인된 신청서의 평균 흐름시간 =

$$\begin{aligned} T_{approved} &= \frac{175}{175+25}(T_{IR}+T_A)+\frac{25}{175+25}(T_{IR}+T_B) \\ &= \frac{175}{200}(6+3)+\frac{25}{200}(6+18) \\ &= 10.875\text{ 일} \end{aligned}$$

마찬가지로, 궁극적으로 거부된 신청서가 Process II 하에서, Auto-Moto에서 소비한 시간, T_{reject}를 결정하기로 하자. Process II 하에서는, A 유형신청서의 30%(매월 250건 가운데 평균 75건)가 거부되고 B 유형신청서의 90%(매월 250건 가운데 평균 225건) 그리고 C 유형신청서의 100%(평균 매월 500건)가 거부된다.

거부된 신청서의 평균 흐름 시간, T_{reject}는 이들 세 가지를 통틀어서 구한 가중 평균이며 다음과 같이 구할 수 있다.

$$
\begin{aligned}
T_{reject} &= \frac{75}{75+225+500}(T_{IR}+T_A)+\frac{225}{75+225+500}(T_{IR}+T_B)+\frac{500}{75+225+500}(T_{IR}) \\
&= \frac{75}{800}(6+3)+\frac{225}{800}(6+18)+\frac{500}{800}(6) \\
&= 11.343 \text{ 일}
\end{aligned}
$$

그러므로 Process II는 전반적인 신청서의 평균 흐름시간을 단축할 뿐만 아니라, 거부된 고객보다는 승인된 고객에게 더 시간을 단축해주는 효과가 크다. 그러나 승인된 신청서의 12.5%(매월 승인된 200건 중에 B 유형으로 분류된 25건)는 Process I에서보다 Process II에서 소비하는 시간이 훨씬 길다. (평균 15일에서 24일로 증가). 이런 지체는 서비스 성과기준으로 Auto-Moto에 큰 문제로 대두될 수 있다. 승인된 신청서는 잠재적 고객을 의미하기 때문에 승인 프로세스에서의 지체는 이런 신청자 중의 일부로 하여금 대출을 위하여 다른 곳을 찾아가는 결과를 가져올 수 있으며 Auto-Moto의 수익손실을 초래할 것이다.

3.6 재무제표를 통한 재무흐름분석

비즈니스 프로세스 흐름에 대한 사고방식(paradigm)은 실물뿐만 아니라 금전 흐름단위(예로 1달러)를 분석 대상으로 하고, 그 흐름을 고려함으로써 재무제표 분석에도 활용될 수 있다. 예제 3.2의 MBPF Inc. 사례로 돌아가서, 이 회사의 2011년도 세 가지 재무제표인, 손익계산서(income statement), 대차대조표(balance sheet) 그리고 좀 더 상세한 매출원가보고서(cost of goods sold (COGS) statement)를 분석해보기로 하자. 리틀의 법칙을 적절히 이용하면, 이런 분석을 통해 프로세스의 현재의 성과를 이해할 수 있을 뿐만 아니라, 개선이 필요한 분야도 부각시킬 수 있다.

운전 자본은 MBPF Inc와 같은 한 프로세스의 주요한 재무 척도 가운데 하나이다. 운전 자본은 프로세스 재고의 가치 및 외상 매출금을 포함한다. 아래의 분석은 MBPF Inc. 내에서 흐름시간의 단축이 재고의 상당한 감소, 따라서 운전자본 감소를 가능하게 하는 분야를 어떻게 찾을 것인가를 보여줄 것이다.

2011년 MBPF 운영은 강판(원자재)과 조립바닥재(구매부품) 양자의 구매가 필요했다. 차고의 지붕은 가공장소에서 강판재로 만들어서 조립장으로 옮겨진 후 조립바닥재에 붙여 제품으로 완성된다. 완성된 차고는 고객에게 선적되기까지 완제품 창고에 저장된다.

분석을 위하여 위하여 다음 표에 나타나는 데이터를 이용한다.

- 표 3.4: MBPF의 2011년 손익 계산서
- 표 3.5: MBPF의 2011년 12월31일 현재 연결 대차대조표
- 표 3.6: 2011년 12월 31일 현재 프로세스재고와 제조 원가에 관한 상세 보고서

이 표의 모든 값은 100만 달러 단위로 표시되어 있고 모든 값은 연말 기준의 값임을 주의하라! 그렇지만 재고 금액은 프로세스 내의 평균 재고를 나타낸다.

3.6.1 재무 흐름 성과의 평가

우리의 목적은 1달러의 원가가 수익으로 변환되기까지 걸린 시간을 결정하기 위하여 MBPF에서의 현금흐름을 연구하는 것이다. 이를 위하여 프로세스 전반의 현금 흐름의 전체 그림을 그려 보아야 한다(추후에 기업 내에서의 구체적인 개선분야를 파악하기 위해보다 상세한 그림이 필요할 것이다).

여기서 흐름단위는 원가 1달러이고 프로세스는 완제품 창고를 포함하는 전체 공장이 된다. 표 3.6에서 구할 수 있는 재고 및 현금흐름 수치를 이용하여 전체 프로세스(공장+완제품 창고)를 거치는 금전 흐름을 프로세스 관점에서 보면 그림 3.5와 같다. 표 3.6에서 살펴보면 50.1백만 달러어치의 (지붕용)원자재와 그리고 40.2백만 달러어치의 (완성된 바닥재)구매부품이 매년 구매되는 것을 알 수 있다. 지붕 가공 단계에서의 인건비와 일반 관리비는 매년 총 60.2백만 달러가 소요되고 최종 조립에서는 매년 합계 25.3백만 달러가 발생한다. 모든 원가를 더해서 연간 총 제조 원가는 표 3.4에서 보는 바와 같이 175.8백만 달러에 이른다. 표 3.5를 살펴보면 MBPF Inc.에서의 재고는 총 50.6백만 달러에 이름을 알 수 있다.

표 3.4 MBPF Inc.의 2004 손익 및 이익잉여금계산서

순매출	250.0
원가 및 비용	
매출원가	175.8
판매 및 일반관리비	47.2
지급이자	4.0
감가상각	5.6
기타(수입) 비용	2.1
총원가 및 비용	234.7
소득 세전이익	15.3
소득세	7.0
순이익	8.3
유보이익, 기초	31.0
현금배당	2.1
유보이익, 기말	37.2
보통주/주당 순익	0.83
보통주/주당 배당	0.21

표 3.5 MBPF Inc.의 연결 대차대조표(2011. 12. 31 현재)

유동자산	
현금	2.1
단기투자(원가: 시장추정)	3.0
외상매출금($0.7백만 대손 충당금)	27.9
재고	50.6
기타유동자산	4.1
총 유동자산	87.7
토지, 공장 및 설비	
토지	2.1
건물	15.3
기계 및 설비	50.1
건설가계정	6.7
소계	74.2
누적감가상각비	25.0
순토지, 공장 및 설비	49.2
투자	4.1
지급비용 및 기타 이연비용	1.9
기타자산	4.0
총자산	146.9
유동부채	
외상매입금	11.9

표 3.6 MBPF Inc.의 재고 및 매출원가 보고서

매출원가	
원자재	50.1
가공(L&OH)	60.2
구매부품	40.2
조립(L&OH)	25.3
총계	175.8
재고	
원자재(지붕)	6.5
가공 WIP(지붕)	15.1
구매부품(바닥재)	8.6
조립 WIP	10.6
완제품	9.8
총계	50.6

주: WIP는 재공품, L & OH는 인건비(labor) 및 일반 관리비(overhead)

현금 흐름을 분석하면 다음과 같은 정보를 얻을 수 있다.

평균 흐름률 R = 175.8 백만 달러/년[매출원가, 표 3.4]
평균 재고 I= 50.6 백만 달러[재고, 표 3.5]

따라서 평균 흐름시간은 다음과 같이 추정할 수 있다.

$$\text{평균 흐름 시간 } T = I/R = 50.6/175.8\text{년} = 0.288\text{년} = 14.97\text{주}$$

또는 만일 연간 평균 흐름률 금액, 연 175.8 백만 달러를 주당 금액, 3.381 백만 달러로 대체하면 아래와 같이 한 주가 시간단위인 흐름시간 ***T***를 직접 구할 수 있다.

$$\text{평균 흐름시간 } T = I/R = 50.6/3.381\text{주} = 14.97\text{주}$$

따라서 공장에 투자된 1달러는 완제품 저장 창고 문을 나서기 전까지 평균 약 15주 걸린다. 다시 말해 공장에 투자된 1달러는 고객에게 청구하기까지 평균 14.97주가 걸리는 셈이다.

비슷한 분석을 외상매출금(AR)부서에도 적용할 수 있다. 그러면 여기서 고객에게 1달러가 청구된 시점에서부터 고객으로부터 수금하여 그 1달러가 AR로 회수되기까지의 평균 걸린 시간을 알아보기로 하자. 이 사례에서, 프로세스 경계는 AR 부서로 정해지고 흐름단위는 외상 매출금 1달러가 된다. 표 3.4에서 MBPF는 연간 매출(AR로 들어오는 연간 흐름률과 동일)이 250백만 달러를 올리고 있음을 알 수 있다. 표 3.5에서 AR에서 외상매출금은 27.9백만 달러임을 알 수 있다. 이 숫자를 이용하여, 그림 3.6은 MBPF의 AR 부서를 프로세스 흐름 관점으로 나타낸다.

AR을 통한 흐름을 분석하여 다음과 같은 정보를 얻을 수 있다.

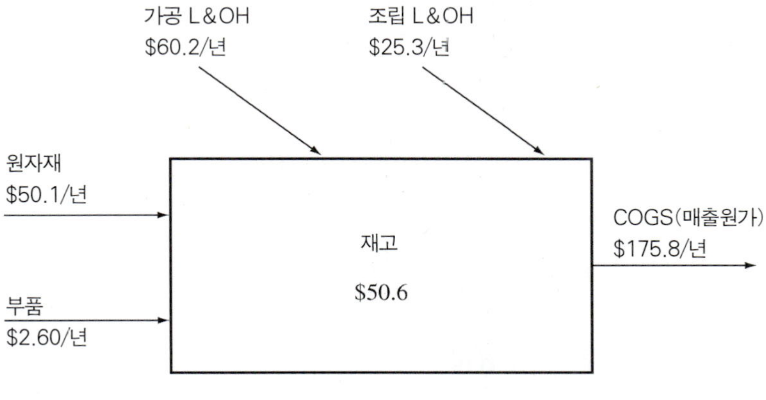

그림 3.5 MBPF Inc.의 재무흐름

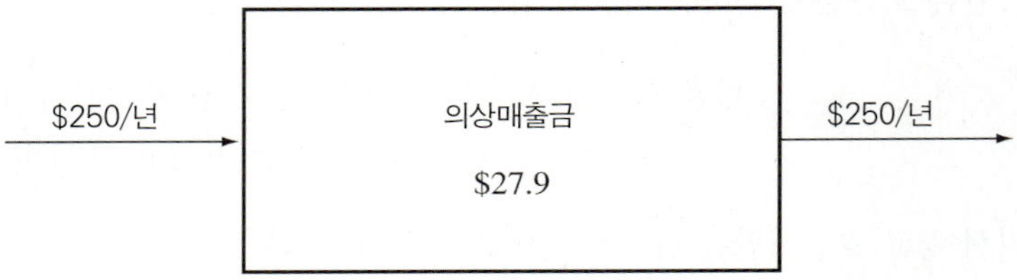

그림 3.6 MBPF Inc.의 외상매출금흐름

$$\text{평균 흐름률 } R_{AR} = 250 \text{ 백만 달러/년[순매출, 표 3.4]}$$
$$\text{평균 재고 } I_{AR} = 27.9 \text{ 백만 달러[외상매출금, 표 3.5]}$$

따라서, AR을 통한 평균 흐름시간은 다음과 같다.

$$\begin{aligned}\text{평균 흐름시간 } T_{AR} &= I_{AR}/R_{AR} \\ &= 27.9/250 \text{ 년} \\ &= 0.112 \text{ 년} = 5.80 \text{ 주}\end{aligned}$$

달리 말해서 매출이 이루어진 후, MBPF는 매출액이 고객으로부터 수금되기까지 평균 약 6주간을 기다려야 한다.

마지막으로 똑같은 분석을 MBPF의 외상 매입금(AP) 프로세스에 적용할 수 있다. MBPF는 원자재와 부품 양자를 구매하고 있다. 이제 원자재와 부품이 수납되고 공급자가 MBPF에 대금을 청구하는(청구서가 AP로 들어오는) 순간부터 MBPF가 그 공급자에게 대금을 지급하기까지 얼마나 걸리는지를 알아보기로 하자. 이 사례에서 프로세스의 경계는 AP 부서로 정해지고 흐름단위는 외상 매입금 1달러가 된다. 표 3.6에서 MBPF는 원자재 구입에 50.1백만 달러 그리고 구매 부품에 40.2달러를 매년 지출한다. AP를 통한 연간 흐름률은 50.1백만 달러+40.2백만 달러=90.3백만 달러이다. 표 3.5의 대차대조표는 구매에서의 평균 재고(외상매입금)가 11.9백만 달러임을 보여준다. 아래 첨자 AP로 외상매입금을 표기하기로 하면, AP 부서를 통과하는 평균 흐름시간을 리틀의 법칙을 이용하여 다음과 같이 계산할 수 있다.

$$\begin{aligned}T_{AP} &= I_{AP}/R_{AP} \\ &= 11.9/90.3 \text{ 년} \\ &= 0.13 \text{ 년} = 6.9 \text{ 주}\end{aligned}$$

달리 말해서 외상매입대금을 지급하기까지 MBPF는 평균 6.9주를 소비한다.

3.6.2 현금화 주기 성과

전반적으로 원가 1달러가 투자되는 시점에서부터 매출 1달러가 MBPF로 회수되기까지 평균 약

21주가 걸린다. 원가 1달러를 매출로 변환하기까지 걸린 이 시간(MBPF의 경우 21주)을 이 프로세스의 원가-현금화 주기(cost-to-cash cycle)라고 부른다. MBPF는 자신이 구매부품과 원자재의 형태로 투자한 1달러 원가를 6.9주 지난 후에 지급한다. 그러므로 MBPF의 총 '현금화(cash-to-cash)' 주기는 다음과 같다.

$$21 - 6.9 = 14.1\text{주}$$

흐름률은 원가 1달러나 매출 1달러 어떤 형태로든 표시할 수 있다는 것을 주목하여야 한다. 표 3.4를 통해서 175.8백만 달러의 원가가 250백만 달러의 매출로 변환되는 것을 볼 수 있다. 재고를 고려할 때는, MBPF는 원가 1달러를 사용하여야 하고 이에 비해 외상매출금이나 수익을 고려할 때는, 매출 1달러를 고려하여야 한다. 어떤 율(rate)을 흐름시간으로 변환할 때는 모든 흐름은 동일한 시간단위로 표현되어 비교될 수 있어야 한다.

3.6.3 상세한 재무 흐름 분석을 통한 개선

프로세스 내에서 개선을 통해 가장 이득을 볼 수 있는 분야를 파악하기 위해, 더욱 상세한 흐름 분석이 필요하다. 이제 원자재, 구매부품, 가공, 조립 및 완제품 등의 각 분야 또는 부서를 통하는 현금흐름을 분리하여 분석함으로써 프로세스의 운영을 상세하게 들여다보기로 한다. 각 사례에서의 흐름단위는 1달러의 원가이다. 그림 3.7에 나타난 상세 흐름 도표에서 표시한 원가 달러 흐름은 백만 달러 단위로 표시된다.

각 부서에서 투입 원가와 그 부서에서 발생한 인건비와 관리비를 합쳐 평균 흐름률을 구한다. 따라서 가공단계를 통하는 평균 흐름률은 다음과 같다.

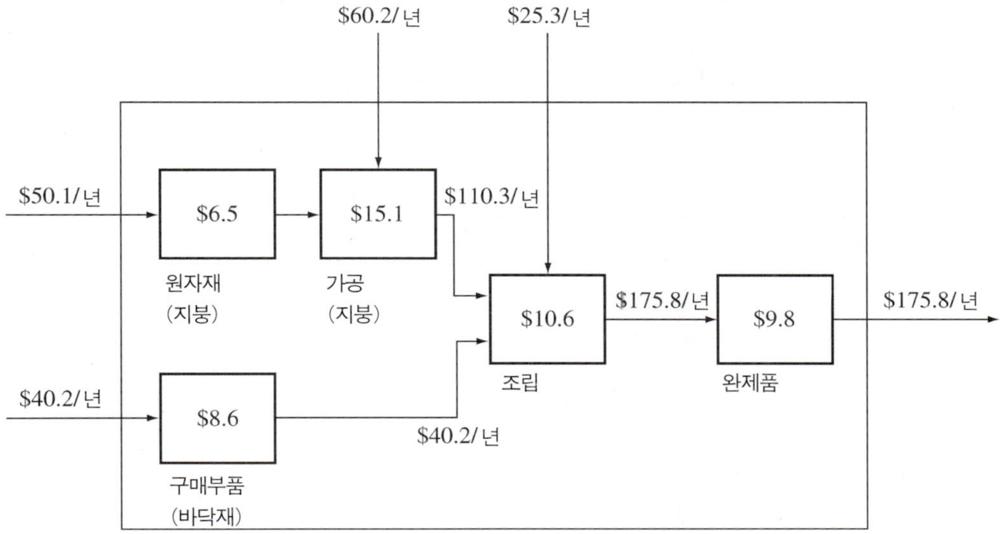

그림 3.7 MBPF Inc.의 상세한 재무흐름

표 3.7 MBPF Inc.의 흐름시간

	원자재	가공	구매부품	조립	완제품
평균 흐름률 *R*					
달러/년	50.1	110.3	40.2	175.8	175.8
달러/주*	0.96	2.12	0.77	3.38	3.38
재고 *I*(달러)	6.5	15.1	8.6	10.6	9.8
흐름시간 *T* = *I*/*R*(주)*	6.75	7.12	11.12	3.14	2.90

* 초기데이터로 작업후 반올림

50.1 백만 달러/년(원자재)
\+ 60.2 백만 달러(인건비 및 일반 관리비)
= 110.3 백만 달러/년

조립분야를 통하는 평균 흐름률은

110.3 백만 달러/년(지붕)
\+ 40.2 백만 달러/년(바닥재)
\+ 25.3 백만 달러/년(인건비 및 일반 관리비)
= 175.8 백만 달러/년

이들 네 가지 단계를 통하는 다양한 흐름을 분석함으로써, 표 3.7에 나타난 각 부서를 통하는 원가 1달러의 흐름시간을 파악할 수 있다(모든 자료는 표 3.6에서부터 구한 것이다).

각 부서의 운전자본에는 각 부서의 재고액이 포함된다. 각 부서에서의 흐름 시간은 원가 1달러가 평균 그 부서에서 보낸 시간을 나타낸다. 따라서 흐름시간의 단축은 MBPF의 소요 운전자본을 감축하는 효과를 거둔다. 이런 원칙을 알면 "어떤 부서에서 흐름 시간을 단축하는 것이 운전자본에 가장 큰 효과를 거둘 것인가"라는 의문을 즉각 가질 것이다. 재고는 흐름 시간과 평균 흐름률의 곱과 동일하기 때문에 한 부서에서 흐름시간을 단축할 때, 예를 들어서 한 주를 단축할 때, 그 가치는 그 부서의 평균 흐름률에 비례한다. 예로써, 완제품 창고를 통하는 평균 흐름률은 주당 3.38 백만 달러이기 때문에 여기서 1주만큼 단축하는 것은 운전자본(재고)을 3.38 백만 달러를 절감시켜준다. 그러나 구매 부품단계를 통과하는 평균 흐름률은 주당 0.77 백만 달러에 불과하기 때문에, 흐름시간을 1주일 단축해본들 운전자본을 고작 0.77 백만 달러를 절감시켜줄 뿐이다. 또 한 가지 더 말하자면, 당연히 한 활동의 현재 흐름 시간은 흐름시간을 최대한 줄일 수 있는 값을 나타낸다.

그림 3.8은 현재의 흐름시간과 그것을 단축할 때의 가치를 그림으로 표현하고 있다. 각 부서에 대해 평균 흐름률을 수직축에 그리고, 흐름시간을 수평축에 그린다. 각 부서에 상응하는 막대는, 그 면적으로 그 부서의 재고 크기를 표현한다. 보통 프로세스를 거쳐 가는 원자재부터 외상

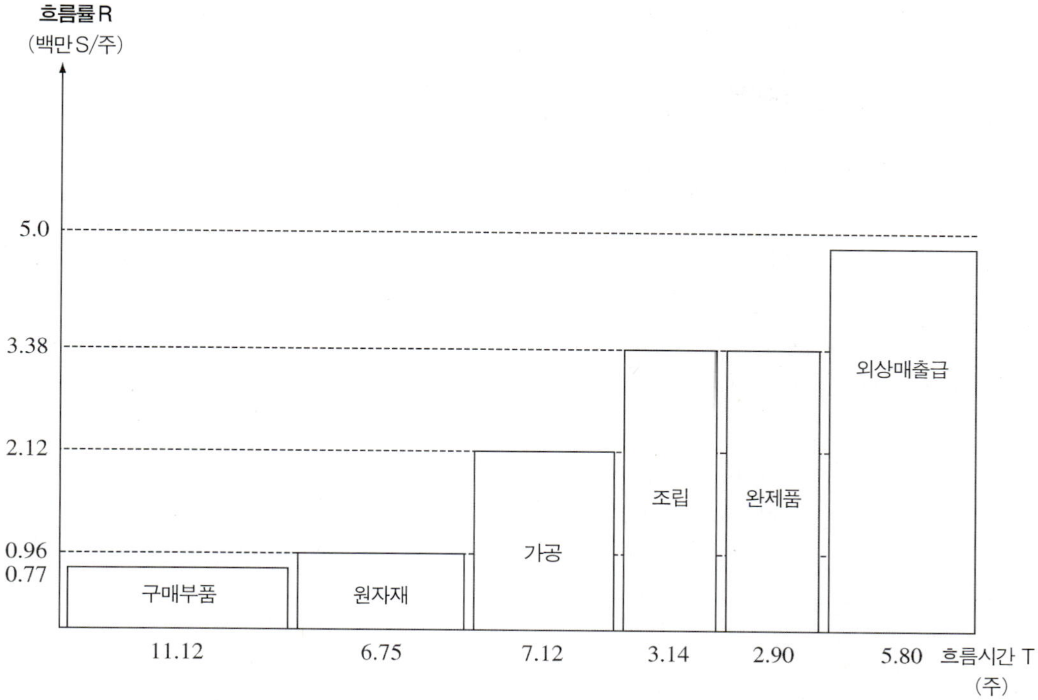

그림 3.8 MBPF Inc.의 부서별 재고가치

매출금까지 고려한다면 뒤로 갈수록 가치가 부가되기 때문에 평균 흐름률은 증대된다.

그림 3.8에서 흐름 시간을 1주 단축할 때 가장 효과가 큰 곳은 AR 부서이다. 이는 AR의 막대기 높이가 모든 부서를 통틀어서 가장 높은 주당 흐름률 5백만 달러를 보이기 때문이다. 따라서 AR 부서에서 흐름시간을 1주일 단축함으로써 5백만 달러의 운전자금을 줄일 수 있다(예제 3.4는 AR에서 흐름시간을 줄여 현금화하는 조치를 예시한다).

일주일에 감축효과가 최소인 곳은 구매부서로서 그림 3.8에서 보는 막대가 가장 낮은, 흐름률 기준으로 0.77백만 달러에 불과하기 때문이다. 그러나 구매 부품 부서는 11.12주의 긴 흐름시간을 가지기 때문에 흐름시간 자체를 가장 많이 줄일 수 있는 여유를 가지고 있는 곳이기도 하다.

예제 3.4

비즈니스 고객에게 경호와 보안서비스를 제공하는 한 포트폴리오 회사가 있다. 이 회사에서는 유동성을 개선하기 위하여 운전자본을 줄일 필요가 있다. 관리팀에서는 매일매일의 운영에 초점을 맞추고 있고 외상 매출금(AR) 감축에 상당한 개선을 해야 할 형편이다.

이사회의 한 사람인 Jeb Bentley(자동차 및 산업재 부문의 전 운영관리자이면서 기술자)는

AR에서 상당한 감축을 하기 위해 경영진을 도울 흐름 개념의 적용을 제안한다. 이는 부채를 상환할 현금을 10백만 달러 정도를 마련하는 것이고 기업의 투자가치를 증대하는 조치가 될 것이다. 그는 다음 조치들을 제안하였다.

- 수금 프로세스의 각 단계에서 현금이 묶여 있는 시간의 길이를 요약하는 가장 기본적인 프로세스 도표를 그려야 한다. 이는 개선의 목표분야를 파악하기 쉽게 할 것이다.
- 청구서를 보내는 시간을 줄임으로써 외상매출금 재고를 줄일 수 있을 것이다. 현재 통상적으로 어느 때건 200백만~300백만 달러에 이르는 청구서가 운송 중이다. 이 청구서를 이메일로 보냄으로써, 재고는 75% 정도 감축될 수 있을 것이다.
- 프로세스 내의 각 지점 사무실에서 품질을 확보하도록 하는 방침('원천 품질')은 처리 시간을 절감하기 위하여, 그리고 불필요한 지체를 줄이기 위하여 집행될 것이다. 현재 고객에게 발송하는 청구서는 실수를 없애기 위해 지점에서 본부로 보내 이를 검토하도록 한다. 이 책임을 본점이 아닌 지점이 지도록 함으로써 청구서작성실수와 검토시간은 줄어들 것이다. 왜냐하면, 각 지점에서 청구서 작성에 대해서 더 잘 알 것이고 본부에서 검토를 담당하는 사람이 더는 병목이 되지 않을 것이기 때문이다. 이는 재고의 감축으로 이어질 것이다.

3.7 두 개의 프로세스 척도: 택트 타임과 재고 회전율

평균 재고 수준, 평균 흐름률 및 평균 흐름 시간에 덧붙여 실무 운영 관리자는 두 개의 서로 관련된 프로세스 척도, 즉 택트 타임과 재고 회전(inventory turns) 값도 사용한다.

3.7.1 택트 타임

택트 타임(takt time)은 평균 흐름률의 역수이며, 각 프로세스 자원이 수요를 충족시키기 위해서 흐름단위에 쏟는 최장의 시간을 뜻한다.

$$\text{택트 타임} = 1/R \tag{3.1}$$

택트란 말은 리듬 또는 박자를 뜻하는 독일어이다. 지휘자가 오케스트라를 위해 리듬을 정하는 것과 마찬가지로 택트 타임은 수요에 동기화하도록 프로세스의 속도를 맞춘다.

예로써, 밴쿠버 공항의 보안검색대에 시간당 600여 명의 평균 흐름률이 있다는 것은 승객당 6초 또는 0.1분 또는 600명의 승객당 한 시간의 택트 타임이 소요된 것을 의미한다. 이는 각 자원이 6초 내로 한 명의 승객을 처리해야 함을 뜻한다. 사실 x-ray 스캐너는 승객당 5초만 사용할 뿐이다. 그래서 체크 포인트는 수요에 맞출 수 있다.

택트 타임은 10장에서 더 설명하겠지만, 간결운영(lean operation)의 배경이 되는 주요 개념이다. 택트 타임은 고객 수요를 동기화된 프로세스 설계 및 실행으로 바꾼다. 예로써, 중형차의

조립 프로세스의 설계를 생각해보자. 만일,

수요 = 연간 15만 대
총 가용 생산시간 = 2 × 8시간/ 일 × 250일/년 = 4,000 시간/년
그러면, 택트 타임 = 4,000시간/15만 대 = 1시간 / 37.5대 = 96초/대

이것은 한 대의 차량이 96초 내로 조립된다는 것을 의미하지 않는다. 오히려 전체 조립 라인이 많은 단계 또는 '작업장' 으로 분할되고, 단계 사이에 버퍼가 잠재하지만, 각 단계가 평균 96초를 초과해서는 안 된다는 것을 의미한다. 이것은 정확히 스코틀랜드 경제학자인 애덤 스미스가 옹호한 작업의 분할과 전문화이고, 높은 생산성과 현대적 프로세스의 높은 평균 흐름률을 실현하는 초석이다.

3.7.2 재고 회전

운영관리자, 회계사 및 애널리스트들은 일정 기간 재고가 몇 번 팔리고, 대체되었는지를 나타내는 **재고 회전**(inventory turns) 횟수 또는 **재고 회전율**(turnover ratio) 개념을 자주 이용한다. 회계문헌에서는, 재고 회전율은 매출원가를 평균 재고로 나눈 값으로 정의하고 있다. 특정 기간의 매출 원가는 화폐단위로 표시한 평균 흐름률과 다르지 않다. 그러므로 우리가 해온 것처럼 재고를 광의로 해석한다면, 재고 회전수 또는 재고 회전율은 평균 재고에 대한 평균 흐름률의 비율로 정의할 수 있다. 즉, 재고 회전율은 아래와 같이 표현된다.

$$\text{재고 회전율} = R/I \tag{3.5}$$

그러나 다음과 같이 리틀의 법칙, $I=R\times T$ 을 이용하여 재고 회전율을 아래에서 보는 것처럼 동일하게 정의할 수 있다.

$$\begin{aligned}\text{재고 회전율} &= R/I && \text{(정의에 의해서)}\\ &= R/(R\times T) && \text{(리틀의 법칙을 이용)}\\ &= 1/T\end{aligned}$$

달리 말해서 재고 회전율은 평균 흐름시간의 역수이며 따라서 직접적인 운영 척도이다. 이 계산식은 왜 높은 회전율이 매력적인가를 보여준다. 높은 재고 회전율을 갖는 기업은 흐름 시간이 짧고 따라서 기업이 그 투입을 산출의 판매로 전환하는데 더욱 빠르다는 것을 의미한다.

의미 있는 재고 회전율을 도출하기 위하여, 흐름단위를 구체적으로 정의해야 하고, 재고와 평균 흐름률을 동일한 단위로 측정해야 한다. 일부 기업에서는 재고에 대한 매출의 비율로 회전율을 측정한다. 그러나 이 척도는 매출(평균 흐름률의 한 척도)은 판매 금액으로 표시되지만, 재고는 원가 금액으로 측정되기 때문에 문제를 안고 있다. 재고 회전율을 계산하는 더 좋은 방법은 재고에 대하여, 인건비, 재료비, 그리고 제품에 배부된 일반관리비의 합인 매출 원가의 비율로 나타내는 것이다. 재고와 매출원가, 모두 원가 금액으로 측정되기 때문에 상이한 단위로 측정하는 경우보다 훨씬 더 의미가 있다. 예제 3.5에서는 이런 계산을 예시하고 있다. 요컨대, 재고에 대한

매출의 비율로 회전율을 측정하면 프로세스 성과를 측정할 때 잘못된 결론에 도달할 수 있다.

예제 3.5

재고 회전율을 분석하기 위하여 표 3.4와 표 3.5의 MBPF의 재무제표로 되돌아 가보자. 흐름 단위로 원가 갈러를 이용하고 공장과 완제품 창고를 프로세스로 간주한다.

회전율 = 평균 흐름률/재고
= (175.8달러/년)/50.6달러 = 3.47/년

달리 말해서 일 년 동안 MBPF Inc.는 평균 재고를 약 3.5회 팔고, 재보충한 것으로 나타났다.

3.8 운영성과 척도와 재무성과 척도와의 연계: 개선의 평가

이제까지 흐름률, 흐름시간 및 재고 등 세 가지 운영 측면에서의 프로세스 성과 척도를 정의하였다(택트타임과 재고 회전율은 각기 평균 흐름률과 평균 흐름시간의 역수임을 상기하라). 또한 다양한 비즈니스 프로세스 흐름에서 각 척도가 어떻게 평가될 수 있는지도 살펴보았다. 리틀의 법칙은 이들 척도를 하나의 등식으로 연결하기 때문에, 세 가지 중의 두 가지만 독립적으로 관리하면 나머지 세 번째 척도는 자동으로 결정된다. 이제 이들 운영 척도를 프로세스 성과의 재무 척도에 연결해보기로 하자. 우리의 목표는 언제 프로세스 변경이 운영 및 재무적 관점에서 개선을 달성하는가를 결정하는 것이다.

3.8.1 운영상의 개선과 NPV의 연계

순현재가치 어떤 비즈니스 프로세스건 재무성과는 그것의 현재 및 미래의 현금 흐름의 순현재가치(NPV: net present value)로 측정될 수 있다. **NPV**는 모든 미래의 예상 현금 유입과 유출을 현재 가치로 할인 계산하여 총 예상되는 금전이익과 손실을 측정한 값이다. 미래의 어느 기간 동안 현금 흐름이 연이어 발생할 때, 한 기업의 NPV는 위험 중립적인 투자자가 장래에 발생할 일련의 현금 흐름을 받아들이거나 또는 그 현금흐름의 현재가치만큼을 오늘 한목에 다 받을 것인가를 선택해야 할 상황에 놓였을 때, 이들 양자를 동일하다고 생각하게끔 하는 한목에 받는 현재의 금액을 가리킨다. NPV는 돈의 시간가치(time value of money)를 반영하기 위하여 할인율로 미래의 현금 흐름을 조정함으로써 계산된다. 오늘의 만원은 미래에 받을 수 있는 만원보다는 더 가치가 있다는 것이 돈의 시간가치의 원칙이다(할인율도 투자자의 위험 선호도를 고려하기 위하여 조정될 수 있지만 우리는 여기서 돈의 시간가치에만 집중할 것이다). 할인율은 **수익률**(r: rate of return) 즉, 투자자가 한 단위시간 경과해서 돈을 돌려 받게 될 때, 요구하는 보상을 바탕으로 한다.

C_t를 기간 t에서의 현금흐름을 나타내기로 하고, 시간은 $t=0$으로부터 시작하여 $t=n$ 기간으로 끝난다고 생각하자. $t=0$으로부터 $t=n$까지의 동안에 현금 흐름의 NPV는 각 현금흐름(C_t)과 할인율, $1/(1+r)^t$을 먼저 곱하고 이들 전체 할인된 현금흐름을 더 함으로써 구한다.

$$\text{NPV} = C_o + \sum_{t=1}^{n} \frac{C_t}{(1+r)^t}$$

(순현재가치는 Microsoft Excel의 NPV와 같은 내장 함수를 이용해 직접 계산될 수 있다).

매출량과 현금 흐름 한 비즈니스 프로세스의 진정한 평균 흐름률은 팔린 개수 즉, 판매량으로 측정된다. 만일 MBPF Inc가 주당 시장 수요가 1,000개의 차고를 요구할 때 주당 2,200개를 생산한다면 매출에 의해서 측정되는 평균 흐름률은 주당 1,000개뿐 일 것이다. 주당 나머지 1,200개는 단순히 재고로 축적될 것이다. 하지만, 만일 주당 800개의 차고만 생산되고, 1,000개가 수요된다면 평균 흐름률은 800개에 불과할 것이고, 그때 완제품 재고는 곧 고갈될 것이다. 그러므로 장기적 평균 매출률(long-term average sales rate)로 측정되는 진정한 평균 흐름률은 산출과 시장 수요 중 작은 값이 된다. 양의 현금흐름은 제품 매출로부터 받는 수익에서 발생한다(다른 수익의 원천이 더 있을 수 있지만, 제품 매출이 가장 큰 수익의 원천이 될 것이다). 따라서 양의 현금 흐름은 평균 흐름률과 상관이 있음을 가정할 수 있다. 따라서, 평균 흐름률(매출)의 증가는 양의 현금 흐름을 증가시킨다.

음의 현금흐름은 통상적으로 생산자원에 대한 투자, 이자비용 및 운영비용(인건비 + 일반 관리비) 지출이 주가 된다. 이자비용은 프로세스 내의 재고량과 상관이 있다. 프로세스 내의 재고를 감축하면 기업의 소요 운전자본은 감소한다. 운전자본의 감축은 이자지급지용을 낮추고 음의 현금 흐름을 감소시킨다. 1장에서 언급된 것처럼, 우리는 프로세스 원가를 산출의 생산과 인도과정에서 발생한 총원가로 정의한다. 음의 현금흐름은 프로세스에서 산출을 생산할 때 비용이 줄어들면, 음의 현금 흐름이 감소하기 때문에, 프로세스 원가를 감소시켜서 음의 현금 흐름을 감소시킬 수 있다.

이제 프로세스상의 변경이 언제 개선으로 간주 될 수 있을지를 평가할 수 있을 것이다. 재무적 관점에서는, 프로세스 변경으로 NPV가 증가할 때만이 개선을 이루었다고 할 수 있다. 프로세스 변경은 양과 음의 현금 흐름을 증가시킬 수 있는데, 양의 현금 흐름상의 증가분의 NPV가 음의 현금 흐름상의 증가분의 NPV를 초과할 때만, 개선이 이루어졌다고 할 수 있다. 또 음의 현금흐름을 증가시키지 않고 양의 현금 흐름을 증가시키거나, 양의 현금 흐름을 감소시키지 않고 음의 현금 흐름을 감소시킬 경우의 변경을 개선이라고 부를 수 있다. 이러한 상황은 다음 세 가지 질문을 다루는 것과 같다.

1. 진정한 프로세스 평균 흐름률(매출에 의해서 측정된)이 재고의 증가 또는 프로세스 원가의 상승 없이 증가하였는가?

2. 평균 흐름률의 감소 또는 프로세스 원가의 증가 없이 프로세스 재고가 감소하였는가?
3. 평균 흐름률의 감소 또는 재고의 증가 없이 프로세스 원가가 감소했는가?

처음 두 질문은 실제로는 프로세스 원가의 상승 없이 흐름시간이 줄어들었는가를 묻고 있다. 세 가지 질문 모두 E. M. Goldratt가 그의 저서, 'The Goal'에서 프로세스 개선을 파악하고, 그 특성을 묘사하기 위해 제기한 문제와 매우 유사하다(Goldratt, 1992). 세 가지 질문 모두, 변화로 인해 NPV가 상승할 것으로 알 수 있는 단순한 경우만을 다루고 있다. 그러나 양의 현금흐름과 음의 현금흐름 모두가 변화하는 좀 더 복잡한 시나리오에서는, 변화를 개선으로 단정 짓기 전에 반드시 NPV를 평가해보아야 한다.

3.8.2 운영의 개선을 통한 재무비율 개선

NPV에 추가해서, 운영성과 상의 변화가 재무성과지표에 미치는 효과를 고려해보는 것도 유용하다. 여기서는 Chopra와 Meindl(2009)의 접근방법을 따르기로 하고 이 절의 재무 척도에 대한 정의는 Dyckman, Magee와 Pfeiffer(2011)의 재무회계 책에서 내린 정의를 사용하기로 한다.

주주의 관점에서 자본수익률(ROE: Return on Equity)은 기업의 성과를 요약하는 주요 척도이다.

$$\text{ROE} = \text{순이익}/\text{평균자기자본}$$

ROE 척도는 기업 주주의 투자에 대한 수익을 측정하지만, 자산수익률(ROA: Return on Assets)는 기업이 투자한 자산의 매 1달러가 벌어들인 수익을 측정한다.

$$\begin{aligned}\text{ROA} &= \text{이자 지급 전 이익}/\text{평균 총자산}\\ &= \text{순이익} + [\text{이자비용} \times (1 - \text{세율})]/\text{평균 총자산}\end{aligned}$$

표 3.8에 나타난 Amazon.com의 재무실적을 생각해 보자. 2009년 Amazon은 ROE=17.2% (902/5257) 그리고 ROA=6.7%[(902+34×(1−.35)]/13813)를 시현하였다. 2009년 Amazon은 ROFL=10.5%를 달성하였다. ROFL(return on financial leverage)은 재무적 레버리지(외상매입금, 부채 등) 탓으로 돌릴 수 있는 ROE 몫을 나타내는 것이다. Amazon의 경우에 2009년에 재무 레버리지의 상당한 몫은 부채보다도 외상 매입금으로부터 발생하였다. 따라서, 재무 지렛대를 정의하는 중요한 비율은 외상 매입금 회전율(APT: accounts payable turnover)[1]이다.

$$APT = \text{매출원가}/\text{외상매입금}$$

Amazon은 2009년 APT=2.58을 시현하였다. 작은 값의 APT는 Amazon이 운영자금의 상당 부분을 공급자들에게 진 빚으로 융통하였음을 의미한다. Amazon은 약 20.18주 분 (=52/2.58)의 운영자금을 공급자의 자금으로 융통해서 쓸 수 있었다. ROA는 두 가지 비율, 즉 이윤 마진

[1] 이상적으로 말하자면 APT의 분자에는 매출원가가 아니라 구매자재원가가 들어가야 한다. 그러나 미국에서 상장기업은 구매자재원가를 보고하지 않으므로, COGS가 그 대신 쓰이고 있다.

표 3.8 Amazon.com Inc.의 재무자료 일부

12.31 기준(백만불)	2009	2008
순 매출	24,509	19,166
매출원가	18,978	14,896
총이익	5,531	4,270
판매 및 일반 관리비	4,402	3,428
영업 이익	1,129	842
이자	34	71
기타 순이익(손실)	66	130
소득세 전 이익	1,161	901
소득세	253	247
순이익	902	645
자산		
현금 및 현금성 자산	3,444	2,769
단기 투자	2,922	958
순외상 매출금	1,260	1,031
재고	2,171	1,399
총유동자산	9,797	6,157
부동산, 공장, 설비	1,290	854
영업권	1,234	438
기타 자산	1,492	705
총자산	13,813	8,314
부채 및 자기자본		
외상 매입금	7,364	4,687
단기 부채		59
총유동 부채	7,364	4,746
장기 부채	109	533
기타 부채	1,083	363
총부채	8,556	5,642
자기자본	5,257	2,672

및 자산 회전율의 곱으로 표시할 수 있다.

$$\text{ROA} = \frac{\text{이자 지급 전 이익}}{\text{매출 수익}} \times \frac{\text{매출 수익}}{\text{총자산}}$$

$$= \text{이익마진} \times \text{자산 회전율}$$

따라서, 기업은 이익마진과 자산회전율을 함께 또는 각각을 증대시킴으로써 ROA를 증가시킬 수 있다. 2009년 Amazon은 3.8% [902+34×(1−.35)]/24509)를 달성하였다. 이익 마진은 가격을 올리거나 운영에서 발생하는 다양한 비용을 줄임으로써 개선될 수 있다. 시장에 반응하는 성향이 높은 운영을 하면, 기업은 고객에게 높은 가치를 제공할 수 있고, 프리미엄 가격을 부과할 가

능성이 커진다. 효과적인 운영관리자는 고객수요를 충족하는데 발생하는 제반 비용을 줄일 수도 있다. Amazon에서 가장 비중이 큰 비용은 출하 선적비용(outbound shipping cost)이다. 2009년 연간보고서에서 이 회사는 17억 7천만 달러의 선적비용이 발생했음을 보고하고 있다. 선적수입을 고려하면, 출하 선적에서의 순손실은 8억 4천9백만 달러로 계산된다. 이는 회사의 당기순이익과 비슷한 금액이다. 즉 출하 선적비용을 경감하면 Amazon의 이익 마진에 상당한 효과를 가져올 것이 분명하다.

자산회전율을 구성하는 주요요소는 외상매입금 회전율(ART: accounts receivables turns), 재고 회전율(INVT: inventory turns), 부동산, 공장 및 설비 회전율(PPET: property, plant, equipment turns)이다. 이들 회전율은 다음과 같이 정의된다.

$$ART = \frac{\text{매출수익}}{\text{외상매출금}}\ ;INVT = \frac{\text{매출원가}}{\text{재고}}\ ;\ PPET = \frac{\text{매출수익}}{\text{부동산+공장+설비}}$$

Amazon은 2009년도에 19.45회의 외상매출금 회전율을 달성했다. 이는 회사가 약 2.7주 내로 비교적 신속하게 매출을 현금화한 것을 나타낸다. Amazon은 2009년에 8.74회의 재고 회전을 기록하고, 또한 PPET의 경우는 19회전을 나타냈다. 따라서 재고는 평균 약 5.95주(52/8.74) 동안 회사에 머물고, 2009년 부동산, 공장, 설비에 투자된 1달러는 약 19달러의 매출을 지원한 셈이다. 먼저의 논의를 연장해서 종합하면, 이는 현금을 투입해서 현금화하기까지 걸린 시간이 5.95+2.7−20.18=−11.53주가 소요된다는 사실을 말해주는 것이다.

Amazon은 재고를 더 빨리 회전시키거나 기존의 창고 저장시설을 활용하여 더 많은 매출을 달성하거나 또는 창고 저장시설은 줄이더라도 현재 수준의 매출을 유지하면 자산회전율을 개선할 수 있을 것이다.

Amazon의 재무제표를 중심으로 간단히 논의하는 과정에서 운송, 재고 및 창고 보관과 같은 운영관리활동은 기업의 재무성과에 상당한 영향을 미치는 것이 분명한 것을 알 수 있다. 일반적으로 앞의 세 가지 질문에 대한 답이 긍정적이라면 **총 자산수익률**이 높아지는 것을 의미한다.

이 장에서, 우리는 세 가지 핵심 운영척도와 몇몇 보편적인 재무 척도 간의 관계를 확립하였다. 또 세 가지 주요 운영 척도 상에서 개선을 이루면, 재무 척도 상의 개선으로도 이어진다는 것도 알게 되었다. 그러므로 평균 흐름률, 재고, 및 흐름시간 등 세 가지 운영척도는 재무성과의 선행지표라고 할 수 있다.

요약

이 책의 첫 장에서 우리는 고객만족과 프로세스의 재무적 성과의 훌륭한 선행지표인 운영척도를 파악하는 것이 매우 중요함을 알게 되었다. 이 장에서는, 프로세스를 거치는 단위의 흐름 특성을 파악할 수 있는 세 가지 주요 운영척도, 즉 평균 흐름률, 재고, 및 흐름시간을 소개하였다. 평균 흐름률은 흐름단위가 프로세스를 거쳐 흐르는 흐름 단위의 양이다. 재고는 어느 주어진 시점에 프로세스 경계 내에 존재하는 흐름단위의 개수를 말한다. 마지막으로, 흐름시간은 특정 흐름단위가 투입에서부터 산출로 변환되기까지 걸린 시간을 이른다. 세 가지 운영척도는 금전, 고객, 데이터, 원자재 및 주문 등등 다양한 흐름단위를 갖는 프로세스에 적용될 수 있다.

안정적 프로세스의 경우, 평균 재고는 평균 흐름률과 평균 흐름시간의 곱이라고 하는 리틀의 법칙을 통해 서로 연결된다. 달리 말해서, 관리자는 세 가지 척도 중 단 두 가지만 추적하고 통제할 필요가 있다. 관리자는 보통 평균 흐름률과 평균 재고를 통제하고 따라서 평균 흐름시간 통제는 자동적으로 이루어지게 된다.

이러한 운영척도는 재무성과 척도의 선행지표이다. 재고는(제조업의 경우) 운전자본에 묶인 금전적 자원을 측정하는 척도이고, (서비스업의 경우) 대기하는 고객에 대한 척도이다. 제조업의 경우, 재고의 감소는 소요 운전자본의 감소를 뜻한다. 평균 흐름률 척도는 프로세스의 산출이 판매되는 양을 말한다. 평균 흐름률의 증가는 수익의 증가를 뜻하고, 만일 제품이 (+) 이윤을 남기는 제품이라면 이익도 증가한다. 흐름시간은 프로세스가 주문 및 투하된 현금을 제품으로 변환하기까지 걸린 시간을 측정한다. 흐름시간이 빠를수록 재고 회전율은 높아지고, 소요 운전자본은 상대적으로 낮아진다. 세 가지 운영척도 상의 개선은 순현재가치 및 투자 수익률과 같은 장기적인 재무성과치의 개선을 이끌어낸다.

주요 등식 및 기호

(3.1) $\Delta R(t) = R_i(t) - R_o(t)$

(3.2) $I(t_2) - I(t_1) = \Delta R \times (t_2 - t_1)$

(3.3) 리틀의 법칙: $I = R \times T$

(3.4) 택트 타임 $= 1/R$

(3.5) 재고 회전율 $= R/I$

$R_i(t)$: 순간 유입률

$R_o(t)$: 순간 유출률

$\Delta R(t)$: 순간 재고 누적률

$I(t)$: t 시점에서의 재고

I: 평균 재고

R: 흐름률 또는 평균 흐름률

T: 평균 흐름시간

주요 용어

누적률(accumulation (buildup) rate)
리틀의 법칙(Little's law)
수익률(rate of return)
순간재고(instantaneous inventory)
순현재가치(NPV: net present value)
안정적 프로세스(stable process)
재고 누적도(inventory buildup diagram)
재고 회전(inventory turns)
재고 회전율(turnover ratio)
총자원수익률(return on total assets)
택트 타임(takt time)
평균 흐름시간(average flow time)
평균 흐름률(average flow rate)
평균 흐름률(throughput)
프로세스 흐름척도(process flow measures)
흐름시간(flow time)
흐름률(flow rate)

토의 과제

3.1 평균 재고, 평균 흐름시간, 평균 흐름률에 의해 측정되는 바처럼, 총괄적 기준으로 흐름성과를 보는 것이 왜 중요한가?

3.2 평균흐름 시간보다는 평균 재고와 평균 흐름률을 측정하는 것이 더 쉬운 이유는 무엇인가에 대해 토의하라.

3.3 프로세스의 재무적 성과를 예측하기 위해 경영자는 매일 감시해야 할, 최소한의 운영척도를 어떻게 정할 수 있는가?

3.4 미국 국세청의 세금법제국(Department of Tax Regulations)은 의회에서 통과된 법에 따라 시행세칙을 성안하는 부서이다. 평균적으로, 규제국은 연간 300개의 과제를 수행한다. The *Wall Street Journal*은 2004.10. 11일 현재, 국에서 수행 중인 프로젝트 개수가 588개라고 보도했다. 그럼에도, 규제국장은 한 프로젝트를 끝내는 데 걸리는 평균시간이 6개월 미만이라고 주장한다. 당신은 그의 주장에 동의하지 않을 이유는 있는가? 왜 또는 왜 아닌가?

3.5 The *Wall Street Journal*은 "비록 GM과 Toyota는 동일한 재고 회전수로 운영하고 있지만, Toyota의 평균 흐름률이 GM의 두 배에 이른다."라고 보도하였다. 기자는 그 차이는 "도요타 생산시스템 덕분으로 무척 빠른 흐름시간과 훨씬 적은 재고수준을 유지할 수 있었던 때문"이라고 결론지었다. 당신은 다음의 결론 가운데 어떤 것에 동의하는가?

a. 두 가지 진술은 일관된다.

b. 두 가지 진술은 일관되지 않는다. 만일 두 기업의 재고 회전율이 같다면, 그 둘의 흐름

시간은 동일하지만 Toyota는 GM보다 평균적으로 많은 재고를 가진다.

c. 두 가지 진술은 일관되지 않는다. 만일 두 기업의 재고 회전율이 같다면, 그 둘의 흐름 시간은 동일하지만 Toyota는 GM보다 평균적으로 적은 재고를 가진다.

d. 두 가지 진술은 일관되지 않는다. 만일 두 기업의 재고 회전율이 같다면, 그 둘은 동일한 평균 재고를 가지지만, Toyota의 흐름시간이 GM보다 길다.

e. 두 가지 진술은 일관되지 않는다. 만일 두 기업의 재고 회전율이 같다면, 그 둘은 동일한 평균 재고를 가지지만, Toyota의 흐름시간이 GM보다 짧다.

3.6 낮은 재고수준과 빠른 재고 회전 사이에는 차이가 있는가?

3.7 흐름시간과 택트타임 간에 차이점이 있는가? 예를 들어 설명하라.

3.8 왜 짧은 원가-현금화 주기를 갖는 것이 바람직한가? 또 그것은 어떻게 달성될 수 있는가?

연습 문제

***3.1** 한 은행에서 점심시간에 대기행렬에서 기다리는 평균 손님의 수가 10명인 것을 알았다. 이 시간 동안 평균적으로 분당 2명의 손님이 업무를 마치고 은행점포를 떠난다. 평균적으로 은행 고객이 대기행렬에서 기다리는 시간은 얼마인가?

3.2 한 쾌식식당의 드라이브 스루 카운터(drive-through counter)에서 평균 10대의 차량이 기다린다. 점포 관리자는 대기행렬의 길이가 매출에 어떤 영향을 주는지를 알고 싶어한다. 조사결과, 평균 분당 2대의 차량이 드라이브 스루 카운터로 진입하려 하지만, 25% 가량의 운전자는 줄 길이가 긴 것 때문에 낙심하고, 음식 주문을 하지 않고 이동하는 것으로 나타났다. 대기행렬에 합류하는 차량은 한 대도 빠짐없이 서비스를 받는다고 가정하자. 그때, 평균적으로 한 대의 차량이 드라이브 스루 행렬에서 기다리는 시간은 얼마인가?

3.3 한 지역 은행의 당좌계정의 평균잔고는 3,000달러이다. 그 은행의 연간 잔고 회전율은 6회전이다. 평균적으로 매월 그 은행을 거쳐 나가는 돈은 얼마인가?

***3.4** 한 병원의 응급실(ER)은 현재 모든 환자가 초기 체크-인 프로세스를 통해 등록하도록 조직되어 있다. 자신의 차례가 되면, 의사에게 보여지고, 처방을 받거나 병원에의 입원지시를 받은 후 프로세스를 빠져나간다. 현재, 시간당 55명이 ER에 도착하고, 그 중 10%가 병원에 입원이 허용된다. 평균적으로, 7명이 등록을 기다리고, 34명이 등록한 후 의사를 만나려고 기다린다. 등록 프로세스는 평균 환자당 2분의 시간이 걸린다. 처방을 얻는 환자는 의사와 함께 지내는 시간이 평균 5분이다. 병원에 입원이 허용되는 환자는 평균 30분의 시간이 걸린다. 평균적으로, 한 환자가 ER에서 보내는 시간은 몇 분인가? 또 평균적으로, 의사가 진료하는 환자는 몇 명인가? 평균적으로, ER에는 몇 명의 환자가 있는가? 이 프로세스가 안정적임을 가정하라. 다시 말해 평균유입률과 평균유출률은 같다고 가정하라.

3.5 연습 문제 3.4에 묘사된 ER을 위해 선별 시스템이 제안되었다. 제안된 선별 시스템하에

서, ER에 도착하는 환자는 종전과 같이 등록된다. 환자들은 전문간호사에 의한 신속한 검진에 의해 단순처방환자 또는 입원예정환자로 분류된다.(개업) 단순처방환자는 일반진료를 위한 스텝들이 있는 지역으로 이동하고, 입원예정환자는 응급진료지역으로 보내진다. 선별시스템 입안자들은 간호사에 의한 초기검진에 3분(등록 시간 평균 2분과 간호사 검진 시간 평균 1분) 정도 소요될 것으로 예측한다. 또한, 평균 20명의 환자가 등록을 위해 대기할 것이며, 5명의 환자가 선별 간호사의 진료를 위해 대기할 것으로 예상한다. 시스템 입안자들은 단순처방 지역에 의사와의 면담을 위해 평균 15명의 환자가 기다릴 것으로 예상한다. 선별 시스템 이전의 경우와 마찬가지로, 환자가 자기 차례가 되면, 의사와 평균 5분의 면담시간을 가지게 될 것이다. 병원에서는 응급실 구역에는 평균 1명의 고객만 대기할 것으로 예상하고 있다. 이전과 마찬가지로 차례가 되면 입원예정환자는 의사와 평균 30분의 면담시간을 가지게 될 것이다. 앞에서와 마찬가지로 총 환자 가운데 90%가 단순처방환자이고, 선별 간호사의 분류작업은 100% 정확한 것으로 가정하자. 제안된 계획에 따라, 한 사람의 환자가 평균 ER에서 소비하는 시간은 얼마나 될까? 평균적으로 입원예정환자가 ER에서는 얼마나 오래 머물까? 평균적으로 몇 명이 ER에 머물까? 평균 유입 고객 수가 평균 유출 고객 수와 일치하는 안정적 프로세스임을 가정하라.

3.6 다시 연습 문제 3.5로 돌아가자. 선별 시스템(triage system)이 도입되고 난 후, 예상에 상당히 근접하는 성과를 보이면서 운영되고 있다. 딱 한 가지 데이터, 즉 개업간호사가 수행하는 분류 관련 데이터만 제외하고 모든 데이터가 계획입안자의 예상에 부합하고 있다. 전체 환자 가운데 90%만이 단순처방환자로 분류되어야 하는데, 실제 선별 간호사는 91%의 환자를 단순처방 쪽으로 보내고 있었던 것으로 가정하자. 차이가 나는 1%는 의사에 의해 응급실로 보내질 때 발견되고 있다. 연습 문제 3.5의 다른 정보들은 모두 유효한 것으로 생각하자. 평균적으로 한 환자가 ER에서 보내는 시간은 얼마인가? 또 평균적으로 입원예정환자가 ER에서 보내는 시간은 얼마인가? 그리고 ER에 평균 몇 명의 환자가 있는가? 이 프로세스는 방문 환자 수와 처리된 환자 수가 동일한, 안정적 프로세스라고 가정하자.

3.7 Orange Juice Inc.에서는 과일주스를 만들어 시장에 판다. 오렌지 수확 철 동안에, 트럭들은 평일 근무시간 오전 7부터 오후 6까지 농장에서 가공공장으로 오렌지를 실어 나른다. 성수기에는, 대략 시간당 10,000 kg의 오렌지를 하역한다. 트럭은 6,000 kg의 저장용량을 갖는 저장고에 짐을 부린다. 저장고가 가득 차면, 입고 차량은 충분한 공간이 빌 때까지 기다려야 한다. 저장된 오렌지는 컨베이어를 통해 가공공장으로 이동한다. 공장은 평균적인 수확 철에 맞춰 설계되었고, 시간당 최대 8,000 kg을 처리한다.

오렌지가 근무시간 중 계속해서 도착한다고 가정하고, Orange Juice Inc.의 재고 누적도를 그려보라. 하루 동안에 배달된 모든 오렌지를 모두 가공하려면, 공장에서는 성수기 때 하루에 얼마나 오래 조업을 하여야 하는가? (Orange Juice Inc.는 신선한 주스를 만들기 때문에 오렌지를 저장할 수 없다고 가정하라). 마지막으로 각 트럭이 약 오렌지 1,000 kg을 싣고 있다고 가정하면, 하루 중 언제부터 저장고에 짐을 부리기 위해 기다려야 하는가? 가장 오래 기다려야 하는 트럭은 얼마나 오래 기다려야 하는가? 모든 트럭 기준으로 트럭이 대기하는 평균 시간은 얼마인가? 대기하는 트럭의 경우, 평균대기시간은 얼마인가?

3.8 Jasper Valley Motors(JVM)는 새 차와 중고차를 함께 판매하는 가족기업이다. 한 달 평균, JVM은 총 160대를 팔고 있다. 그 가운데 60%가 새 차 판매이고, 나머지 40%가 중고차 판매 분이다. Max는 아버지로부터 최근에 사업을 인수받았다. 그의 아버지는 자동차 판매회사의 재고관리의 중요성을 특히 강조한 바 있다. 재고를 유지하기 위한 금융비용은 JVM에게 상당한 부담이 되기 때문이다. 따라서 Max의 아버지는 재고 회전율을 가능한 한 높일 것을 지시하였다.

a. 최근 수년간의 회사의 실적을 검토한 결과, Max는 JVM의 연간 재고 회전(새 차 중고차 모두 포함하여)이 8회전에 이르고 있음을 알게 되었다. JVM의 평균 재고(새 차 중고차 모두 포함하여)는 얼마인가?

b. 실적을 상세히 검토한 결과, Max는 회사의 신차 및 중고차 영업이 다르게 이루어지는 것을 알게 되었다. 즉 신차의 회전율은 연간 7.2회전, 중고차는 회전율은 9.6회전인 것으로 판명되었다. 신차를 재고로 한 달 보유하면 JVM은 약 175달러의 비용이 발생한다. 중고차를 재고로 한 달 보유하면, 대략 145달러의 비용이 발생한다. JVM에는 자동차 한 대당 평균 얼마의 비용이 발생하는가? 컨설팅회사 한 군데서 JVM에게 자기들의 월간 시장조사 서비스를 받아볼 것을 권유하고 있다. 컨설팅 회사는 자신의 프로그램이 JVM으로 하여금 신차 판매율은 그대로 유지하되, 재고보유기간을 20%나 감축시킬 수 있다고 주장한다. 컨설팅 회사의 주장이 옳다면, Max는 그 서비스에 대해 얼마를 지불할 용의가 있겠는가?

3.9 Cheapest Car Rental은 Chicago 공항에서 자동차 렌털 사업을 하고 있다. 렌터카 시장은 두 부류로 구성된다. 하나로 단기 렌털로 평균 0.5주 임대하는 경우이고, 다른 하나는 중기 렌털로 평균 2주 임대하는 경우이다. Cheapest는 현재 주당 평균 200대 단기로 임대하고, 주당 100대는 중기로 임대하고 있다.

회수되는 차량 가운데 약 20%(단기 중기 똑같이)가 다시 임대하기 전에 수리할 필요가 있다. 수리를 요하지 않는 다른 차량에 대해서는 세차, 그리고 주유 후에 새로운 고객에 임대된다. 평균 100대가 세차를 기다리고, 세차에는 대당 약 5달러의 비용이 든다. 수리를 요하는 차량의 경우, 정비공장에서 평균 약 2주의 시간을 보내게 되며, 수리비용은 평균 대당 150달러가 소요된다. 차량은 세차하고 수리되자마자 임대되는 것으로 가정하라.

단기 임차인은 주당 200달러를 지급하고, 중기 임차인은 주당 120달러를 지급한다. 자동차의 흐름상태는 그림 3.9에 나타나 있다.

a. 각 단계에서의 평균 흐름률, 재고, 및 흐름시간을 파악하라.

b. 현재의 시스템하에서 Cheapest에는 주당 얼마나 수익이 발생하는가? 각 차량은 주당 감가상각비로 40달러 가량 가치가 줄어든다.

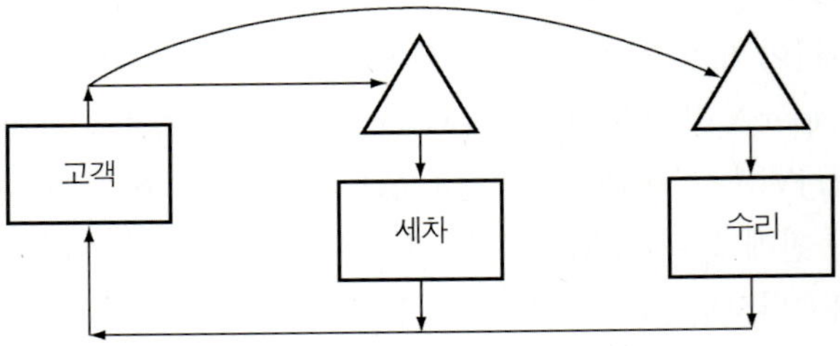

그림 3.9 Cheapest Car Rentals의 흐름도표

c. Cheapest는 두 가지 개선방안을 고려하고 있다.

1. 수리시간을 2주에서 1주로 단축한다.
2. 수리 소요시간을 2주로 현상유지하되 수리비용을 대당 150달러에서 120달러로 감축한다.

위의 두 가지 개선에 소요되는 노력은 동일하다고 가정하자. 어떤 대안이 더 효과적일까? 왜 그 이유는?

3.10 The Evanstonian은 비즈니스여행객 및 레저 여행객 두 부류 모두를 대상으로 하는 고급 독립(체인에 속하지 않은) 호텔이다. 평균적으로, 매일 숙박 손님의 1/3이 레저 손님이다. 레저여행객들은 평균 3.6박을 머무는데, 이는 비즈니스 여행객의 두 배에 해당한다.

a. 보통 하루에, 135명의 숙박객이 The Evanstonian에 투숙하러 온다. 어느 하루에 유형별로, 평균 몇 명의 숙박객이 머무는가?

b. 매월 객실(재고) 회전율은 얼마인가? (한 달을 30일로 생각하라).

c. 비즈니스 출장자들은 하룻밤 숙박에 평균 250달러를 지급한다. 반면 레저 여행객은 평균 일박에 210달러를 지급한다. The Evanstonian에서는 투숙객이 입실한 방당 평균 얼마의 수익이 발생하는가?

3.11 ABC Corporation의 2004년도 및 2005년도 연결 대차대조표와 손익계산서가 표 3.9(단위: 천달러)에 나타나 있다.

공장과 외상매출금 측면에서 2005년의 현금흐름을 2004년의 현금흐름과 비교하면 어떻다고 생각하는가? 2005년은 2004년에 비해 개선되었는가? 왜 그렇게 생각하는가?

표 3.9 ABC Cop.의 손익계산서 및 대차대조표의 일부

	2011	2012
순수익	$99,621	$110,644
매출원가	$97,380	$98,350
유동자산		
현금	$13,491	$8,079
재고	$20,880	$25,200
외상매출금	$21,596	$22,872

참고 문헌

Chopra, S., and P. Meindl. *Supply Chain Management: Strategy, Planning, and Operation* 4th ed. Upper Saddle River, NJ: Prentice Hall, 2009.

Dyckman, Thomas R., Robert P. Magee, Glenn M. Pfeiffer. *Financial Accounting*. 3rd edition. Westmont, Il: Cambridge Business Publishers, 2011.

Goldratt, E. M. *The Goal*. 2nd ed. Great Barrington, Mass.: North River Press, 1992.

Hopp, W. J., and M. L. Spearman. *Factory Physics*. Chicago: Irwin, 1996.

Chapter

4

흐름시간의 분석

서론

아메리칸 익스프레스(American Express)의 금융자문 자회사 Zhang & Associates[1]는 순자산을 많이 보유하고 있는 고객들에게 포괄적인 금융자문과 자산경영서비스를 제공하고 있다. Zhang & Associates의 금융자문 업무는 업계에서 흔히 이루어지고 있는 자문서비스 업무로 볼 수 있다. 고객과 회사 양측이 모두 만족할만한 실행계획이 완성되고 실행되기까지 고객과 회사 양측은 지속적으로 회동을 가진다. 이 과정에서 드러나는 가장 큰 문제점은 고객들이 너무 긴 시간을 할애하여야 할 필요가 있다는 데 있다—단순한 금융포트폴리오를 지닌 고객은 4~6주 정

[1] 이 예제의 사용을 허가해 준 Ms. Lynn L. Chen-Zhang에게 감사의 뜻을 표한다.

도의 자문기간이 소요되며, 복잡한 포트폴리오를 지닌 고객일 경우에는 이보다 훨씬 많은 시간을 사용하게 된다.

최근, Zhang & Associates는 2주 내에 모든 자문 과정을 끝마칠 수 있도록 자문서비스 프로세스를 재설계하였다. Zhang & Associates의 고객들은 신속한 서비스에 만족하고 있으며 회사 차원에서는 자원을 보다 효율적으로 이용하게 되어 고객서비스를 향상할 수 있게 되었다.

다음 몇 장에서는 Zhang & Associates의 예에서 제시한 프로세스(서비스) 흐름시간을 단축 시키는 방안을 논의해 보고자 한다.

이전 장인 3장에서는 프로세스성능(performance)을 측정하는 세 가지 주요수치, 즉, 흐름시간(flow time), 흐름률(flow rate), 재고(inventory)를 소개한 바 있다. 또한, 이들 측정치의 평균값들이 리틀의 법칙(Little's law)을 통해 어떻게 관계 지어지는지 알아보았다. 우리는 이 측정치들의 중요성을 고찰하였으며 리틀의 법칙을 적용하여 거시적인 차원에서 비즈니스 프로세스의 성능을 평가하는 예를 공부하였다. 본 장과 5장에서는 보다 기초적인 프로세스 분석을 위해 기본개념과 지식을 익히고자 한다. 본 장의 학습목적은 어떤 요소들이 3대 프로세스 성능들의 측정치에 영향을 미치는가를 알아본 후 프로세스 성능을 향상하는 방안을 모색하고자 한다.

우선 흐름시간(flow time)의 개념부터 알아보기로 하자. 3장에서 설명했듯이 흐름시간이란 주어진 특정 흐름단위(flow unit)가 프로세스에 유입하는 시점부터 산출하는 시점까지 전 과정에서 걸리는 시간이다. 흐름시간은 흐름단위에 따라 매우 다양한 값을 취할 수 있다. 다양한 흐름단위가 처리되는데 걸리는 시간을 관찰한 후 이들의 평균값을 산출하여 **프로세스 흐름시간**(flow time of a process)이라고 정의한다.

프로세스 흐름시간은 다음과 같은 이유로 인해 프로세스의 성능을 측정하는 중요한 수치로 사용된다.

1. 흐름시간은 1장에서 언급한 바와 같이 주요 제품속성인 배달반응 시간(delivery response time)에 영향을 미친다. 고객들은 제품 또는 서비스를 받기 위해 기다리는 시간이 짧을수록 더 선호한다. 또한, 짧은 배달 반응 시간은 신속한 수익 회수를 뜻하므로 기업의 재무 성과를 향상한다.
2. 생산과 배달프로세스의 신속한 흐름시간은 리틀의 법칙에 따라 재고와 관련된 비용을 감소시킬 수 있음을 알 수 있다.
3. 신속한 신제품 개발프로세스의 흐름시간은 기업이 더욱 민첩하게 신제품을 시장에 내놓을 수 있게끔 한다. 이는 매우 중요한 경쟁력으로 기업으로 하여금 주어진 시간에 더 많은 신제품을 시장에 내놓을 수 있게끔 한다.
4. 제품수명주기가 짧은 시장에서 신속한 생산프로세스 흐름시간은 기업으로 하여금 수요시점에 아주 가깝게 생산을 시작할 수 있게 하여 정확한 시장과 고객수요 정보들을 바탕으로 생산계획을 수립하여 생산을 진행할 수 있게끔 한다. 따라서 제품의 노후화를 가능한 막을 수 있게 하고 잉여 재고량을 최소화할 수 있게 한다.
5. 짧은 흐름시간은 9장과 10장에서 거론하게 될 예정으로 빠른 피드백과 품질개선을 달성

할 수 있게끔 한다.

6. 끝으로, 흐름시간은 프로세스 성능의 포괄적인 측정치로 사용할 수 있으므로 중요한 역할을 한다. 신속한 흐름시간은 포괄적인 관점에서 전체 프로세스를 구성하는 다양한 업무들의 효율성을 요구한다. 예를 들면, 품질문제로 어려움을 겪고 있는 프로세스는 일반적으로 품질검사와 (제품규격에 적합하지 않은 결함 있는 제품들의) 재 작업 등 다양한 종류의 작업에 많은 시간을 소요하게 된다.

본 장에서는, 프로세스 흐름시간을 정의하고 이를 줄일 수 있는 몇몇 관리 기법을 공부할 예정이다. 4.1절에서는 흐름시간을 측정하는 방법을 알아본다. 4.2절에서는 프로세스를 도형으로 표현하는 프로세스 흐름도표(process flowchart)를 알아본다. 4.3절에서는 이론적 흐름시간(theoretical flow time)을 소개하며 이 개념이 프로세스 흐름도표 상의 핵심 경로(critical path)와 어떻게 연관되는지 살펴 볼 것이다. 4.4절에서는 **활동시간**(activity time)과 대기시간(waiting time)의 역할을 알아볼 것이며 이들과 전체 흐름시간과의 관계를 규명할 것이다. 또한, 흐름시간 효율성(flow time efficiency)과 이론적 흐름시간의 개념들을 소개할 것이다. 4.5절에서는 흐름시간을 줄이기 위한 중요한 경영기법 몇 가지를 알아볼 것이며 특히 이론적 흐름시간을 줄이는 방안에 초점을 둘 것이다.

4.1 흐름시간의 측정

특정 프로세스의 흐름시간은 두 가지 다른 방법으로 측정할 수 있다. (i) 직접적인 관찰에 기초한 방법, (ii) 3장에서 언급한 리틀의 법칙을 사용하는 간접적인 방법. 직접적인 관찰에 기초하는 방법은 다음과 같이 진행된다.

1. 일정한 기간 프로세스를 관찰한다.
2. 이 기간에 무작위로 샘플을 추출한다.
3. 샘플 내 각각의 흐름단위의 흐름시간을 측정한다.
4. 측정된 흐름시간의 평균을 계산한다.

간접적인 측정 방법을 사용하기 위해, 우선 평균 흐름률 R, 평균 재고 I를 측정한 후 리틀의 법칙을 응용하여 평균 흐름시간 T를 계산한다.

$$I = R \times T$$

평균 흐름률 R의 측정은 5장에서 설명한다. 따라서 간접적인 측정 방법은 다음과 같은 단계를 거친다.

1. 일정 기간 프로세스를 관찰한다.

2. 이 기간에 무작위로 관찰시점들을 추출한다.
3. 무작위로 추출한 시점에 재고량을 측정한다.
4. 평균 재고를 계산한다.

예제 4.1

모 은행의 신용승인 프로세스를 살펴보자. 직접적 측정법을 사용하여 흐름시간을 측정한다. 주어진 관찰기간에서 신청안건 샘플을 50개 선정하였다. 각 안건의 신용승인 처리시간(흐름시간)을 측정하였다. 평균 흐름시간은 20.85 작업일로 측정되었다. 이는 직접적 측정법을 사용하여 얻은 수치다. 간접적은 측정법이 어떻게 적용되는지 알아보자.

주어진 관찰기간에서 무작위로 10일을 선출하여 관찰하였다. 각각의 날짜에 승인절차를 밟고 있는 신청안건을 측정하였다. 10일간의 평균은 (평균 재고 I) 215로 측정되었다. 이는 간접적인 측정법을 사용하여 얻은 수치다. 또한, 이 기간 내의 흐름률(5장 참조)은 하루에 10건이다. 따라서 다음과 같이 리틀의 법칙을 사용하여 평균 흐름시간을 구할 수 있다.

$$T=I/R=215/10=21.5\text{일}$$

두 평가방법에 의해 얻어지는 측정치가 비슷할 것으로 기대하지만 샘플링 과정의 무작위 특성(randomness) 때문에 꼭 그렇지만은 않다는 점을 주목할 필요가 있다.

두 방법을 사용할 때 흐름단위, 프로세스의 시작시점과 종점 등을 정확히 정의해 둘 필요가 있다. 만일 직접적인 방법을 사용한다면 반드시 흐름시간, 재고, 흐름률 등 일관되게 정의할 필요가 있다. 예를 들어 식빵을 굽는 과정을 상기해보자. 분석하고자 하는 목적에 따라서 흐름단위는 식빵 한 개, 밀가루 한 파운드, 제조 원가 등 다양한 대상이 될 수 있다. 또한, 프로세스의 시작점도 여러 가지 형태를 취할 수 있다. 예를 들어 밀가루를 구매한 시점을 시작점으로 볼 수도 있고, 또는 밀가투를 반죽하기 시작하는 시점을 시작점으로 볼 수도 있다. 끝으로 프로세스의 종점도 예를 들어 잘 구워진 식빵을 오븐에서 꺼내는 시점을 종점으로 볼 수도 있고, 식빵을 판매한 시점으로 볼 수도 있다. 물론 다른 대안들도 많이 있을 것이다. 독자들의 선택에 따라 프로세스 흐름시간도 다양한 값을 취할 수 있다는 점에 유의하기 바란다.

예제 4.2

Golden Touch Securities의 연구 부서는 Golden의 고객들과 중개자들의 이익을 위해 연구보고서를 작성한다. 보고서는 두 가지 유형으로 분류될 수 있다. 집중적인 연구 노력이 있어야 하는 중요한 보고서와 비교적 좁은 범위를 다루는 중요하지 않은 수정 보고서가 있다. 일반적으로 한 달에 20개의 주요 보고서(보고서의 금전적 판매가격=40,000달러)와 40개의 수정 보고서(보고서 금전적 판매가격=20,000달러)가 완성된다. 평균적으로 10개의 주요 보고서(미완성 상태의 보고서 가치=2,000달러)와 8개의 수정보고서(미완성 상태의 보고서 가치=500달러)가 미완성 상태(진행 중)로 프로세스 내부에 존재한다.

우선 가장 단순한 분석기법을 알아보자. 보고서들의 종류에 상관없이 평가한다. 프로세스의 흐름률은 한 달에 20+40=60개가 되며, 재고는 10+8=18개가 된다. 따라서 흐름시간은 다음과 같이 얻을 수 있다.

$$T = I/R = 18/60 = 0.3\text{개월}$$

다음으로, 흐름단위를 금전적 가치로 정의하고 분석하는 경우를 알아보자. 보고서의 판매가격을 이용할 수 있다. 이 경우 흐름률은 한 달에 20,000+40,000=60,000달러가 되며, 재고는 10×2,000+8×500=24,000달러가 된다. 따라서 흐름시간은 다음과 같이 얻을 수 있다.

$$T = I/R = 24{,}000/60{,}000 = 0.4\text{개월}$$

이러한 차이를 보이는 이유는 첫 번 예의 경우 보고서의 종류와 구관하게 모두 같은 가중값을 지니게 되는 데 반해 그다음 예에서는 두 보고서가 다른 금전적 가치를 지니게 되므로 다른 가중치를 적용받게 된다. 두 가지 방법 모두 타당성을 지니고 있다. 분석목적상의 차이에 따라 다른 결과를 얻게 되었다. 어떤 방법을 채택하나에 관한 결정은 연구의 목적에 따라 달라질 수 있다. 따라서 사용 목적에 따라 알맞은 방법을 택해야 한다. 만약 흐름단위들이 비교적 유사하다면 가장 쉬운 방법은 이 단위들에게 동등한 가중치를 부여한다. 반면에 만약 단위들이 크기, 비용, 가격, 기능 면에서 확연히 다르다면 치중하고자 하는 특성에 따라 가증치를 각기 부여할 수 있다. 어느 방법을 택하든 흐름률, 흐름시간, 재고 등이 모두 같은 맥락하에서 일관되게 정의되고 적용돼야 한다.

4.2 프로세스 흐름도표

1장에서 프로세스를 5가지 요소로 설명했다. 즉 투입(input), 산출(output), 흐름단위(flow units), 활동 네트워크(network of activity), 버퍼(buffer), 활동에 배치한 자원(resource allocated to activities), 그리고 정보 구조(information structure) 등이다. **프로세스 흐름도표**(process flowchart)는 프로세스의 네트워크 구조관계를 그림으로 보여 준다. 프로세스 흐름도표는 다양한 자원과 활동으로 구성된 복잡한 대형프로젝트를 원활하게 완성할 수 있게끔 조정을 하기 위해 개발 됐다. 그러나 이 기법은 일반적인 사업 프로세스를 이해하고 문서화하고 분석하는데도 유용하게 사용할 수 있다. 일반적으로 기업 프로세스는 매우 복잡한 양상을 보임으로서 이러한 프로세스의 다양한 면모를 표현하기 위해 다양한 기호시스템들이 개발되었다.

가장 기초적인 기호는 다음과 같다.

- 결정은 다이아몬드 모양으로 표시한다.
- 두 활동의 선후 관계는 연속적 화살표로 표시한다.
- 사건은 타원형으로 표시한다.

예제 4.3

프로세스 흐름도표의 기능을 설명하기 위해 보관창고 생산업체인 Wonder Shed Inc.,의 생산 프로세스를 고려해 보자. 이 회사의 생산 프로세스는 주로 보관창고의 지붕과 바닥에 사용될 철판의 생산과정으로 구성된다.

첫 단계는 바닥에 사용될 재료와 지붕에 사용될 재료를 분류하는 과정이다. 바닥과 지붕의 조립과정은 병행하여 진행될 수 있다. 지붕 조립은 지붕의 모양을 내기 위한 단조와 성형과정으로 구성되며, 바닥 조립은 단조, 성형, 그리고 조립으로 구성된다. 조립된 지붕과 바닥은 다시 완성된 창고로 조립된 후 품질검증을 받게 된다. 지붕 조립, 바닥 조립, 그리고 마지막 창고 조립을 위해 필요한 활동 목록들을 표 4.1 에 정리하였다.

전체 창고 제조 프로세스의 흐름도표는 그림 4.1 에 표시하였다.

표 4.1 Wonder Shed Inc.의 활동 리스트

	활동
1	지붕과 바닥 모듈의 분리
2	바닥 단조
3	지붕 단조
4	바닥 성형
5	지붕 성형
6	바닥 밑 조립
7	조립
8	검사

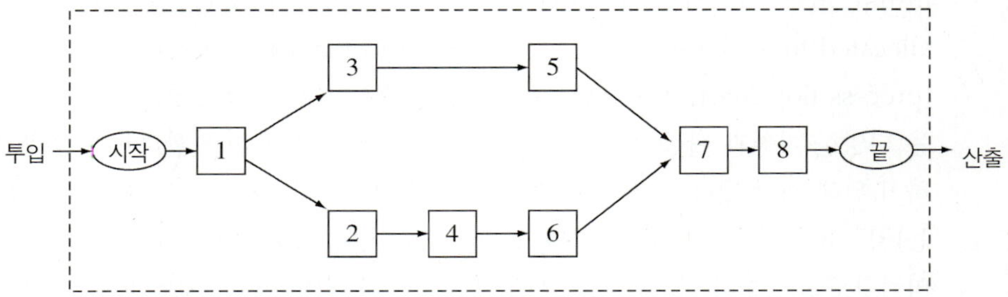

그림 4.1 Wonder Shed Inc.의 프로세스 흐름도

기본 흐름도표를 보다 정확하게 표현하기 위하여 프로세스상의 요소들을 가능한 상세하게 포함했다. 예를 들어 프로세스 내에서 재고가 축적되는 장소(buffer)는 삼각형으로 표현하였으며, 여러 개의 연속적인 경로 들이 연결되게끔 관계를 지어주어 흐름의 분기를 가져오는 결정(decision)은 다이아몬드 모양으로 표현한다. 자원 배분을 흐름도표에 반영하는 방법으로 각각의 자원을 위해 확연하게 구분할 수 있는 색 또는 띠로 프로세스 흐름도표를 나눌 수 있다. 또한, 정보 흐름은 물질적 흐름과 구분하기 위해 점선 화살표로 표시한다.

프로세스 흐름도표는 분석의 목적에 따라 아주 상세하게 표현할 수도 있으며 또는 대략 표현할 수 있다. 어떠한 프로세스요소를 프로세스 흐름도표에 포함할 것인지에 대한 결정은 용도와 요구되는 표현상의 상세성에 따라 달라진다. 부록 4.1 에서는 분할(cascading)을 사용하여 이러한 목적을 달성하는 방법을 알아본다.

4.3 흐름시간과 핵심 경로

전장에서, 프로세스의 네트워크구조를 표현하는 흐름도표에 대하여 알아보았다. 본 장에서는 흐름도표와 흐름도표 내에 표기한 활동들을 완성하는 데 걸리는 시간에 관한 정보를 바탕으로 흐름시간을 계산하는 방법을 알아본다.

프로세스의 흐름시간은 흐름단위가 프로세스를 완료(통과)하는데 소요된 시간의 평균값이다. 이와 흡사하게 특정 **활동의 흐름시간**은 흐름단위가 활동을 완료(통과)하는데 쇼요된 시간의 평균값이다. 흐름시간은 경험에 근거하여 예측하거나 특정 활동을 일정 기간 관찰하여 얻을 수 있다. 프로세스의 흐름시간 또는 프로세스 내부의 각 활동의 흐름시간은 대기시간을 포함한다. 이 부분에 대하여 4.4 절에서 좀 더 상세하게 설명한다.

프로세스 내부에 존재하는 다양한 활동들의 실행 순서와 이러한 활동들을 완성하는 데 사용하는 시간을 분석하여 프로세스의 흐름시간을 계산할 수 있다. 이러한 계산과정을 알아보기 위해 활동들이 차례대로 진행되는 단순한 프로세스를 생각해 보자. 이 프로세스의 흐름도표는 프로세스의 시작점과 끝나는 점이 일렬로 연결된 단순한 단일경로로 구성된다. 즉, 프로세스의 모든 활동이 이 경로를 따라 차례로 완성된다. 프로세스를 완성하는 데 사용하는 총 시간은 각 활동의 활동시간을 더한 값이 된다. 예를 들어 A, B, C 세 가지 활동이 순차적-일렬로 구성된 단순한 프로세스가 있다. 각 활동을 완성하는 데 10분이 걸린다. 필요한 총 시간은 세 가지 활동시간을 더한 10+10+10=30분이 된다.

하지만, 프로세스 대다수는 다양한 형태의 순차적인 활동들과 병렬적인 활동들로 복합하게 구성된다. 따라서 프로세스 흐름도표는 프로세스의 시작점과 끝나는 점을 연결하는 복수의 경로(path)가 구성된다. 각각의 경로의 흐름시간은 경로를 구성하는 활동들의 활동시간(활동의 흐름시간)의 합이다. 흐름단위는 모든 활동을 모든 경로를 따라 완성할 때 비로소 완료되어 프로세스를 떠날 수 있게 된다. 그러므로 프로세스의 흐름시간은 반드시 **핵심 경로**(critical path; 프로세스 흐름도표에서 가장 긴 경로)의 흐름시간과 같아야 한다. 핵심 경로 상에 있는 활동은 핵심 경로 활동(critical activity)이라고 부른다. 이 개념들을 예제 4.4에서 설명한다.

예제 4.4

프로세스 흐름시간을 계산하는 방법을 알아보기 위해 예제 4.1에서 설명했던 Wonder Shed를 다시 생각해 보자. 표 4.2는 표 4.1에 각 활동의 활동 시간을 추가하였다.

그림 4.1의 프로세스 흐름도표를 살펴보면 프로세스의 시작점과 끝을 연결하는 경로가 두 가지가 있음을 알 수 있다.

경로 1(지붕): 시작점 → 1 → 3 → 5 → 7 → 8 → 끝
경로 2(바닥): 시작점 → 1 → 2 → 4 → 6 → 7 → 8 → 끝

경로 1 (지붕)의 흐름시간은 120분이다.

	활동	활동 시간(분)
1	분리	20
3	바닥 단조	25
5	지붕 성형	20
7	조립	15
8	검사	40
	총계	120 분

표 4.2 Wonder Shed Inc.의 활동별 시간(단위: 분)

	활동	활동시간
1	분리	20
2	바닥 단조	35
3	지붕 단조	25
4	바닥 성형	10
5	지붕 성형	20
6	바닥 밑 조립	30
7	조립	15
8	검사	40

경로 2(바닥)의 흐름시간은 150분이다.

	활동	활동시간
1	분리	20
2	바닥 단조	35
4	바닥 성형	10
6	바닥 밑 조립	30
7	조립	15
8	검사	40
	총계	150 분

흐름단위는 모든 활동이 모든 경로를 따라 완성 됐을 때, 비로소 완료되어 프로세스를 떠날 수 있게 된다. 그러므로 이 프로세스의 흐름시간은 150(경로 2와 같음)이고 바닥을 만들기 위한 경로 2가 핵심 경로이다.

예제 4.4에서 고려한 단순한 프로세스는 경로의 경우 수가 한정되므로 핵심 경로는 각 경로의 흐름시간을 계산, 비교하여 결정할 수 있다. 하지만, 복잡한 프로세스에서는 경로의 경우 수가가 너무 많으므로 부록 4.2에 정리한 효율적인 접근법을 사용할 필요가 있다.

프로세스의 핵심 경로 활동은 프로세스의 흐름시간을 결정한다. 그러므로 핵심 경로 활동의 지연은 전체프로세스의 지연을 가져온다. 따라서 핵심 경로는 세밀하게 관리할 필요가 있다. 반대로 비 핵심 경로 활동은 흐름시간에 영향을 주지 않는다. 따라서 약간 느슨하게 관리해도 무방하다.

흐름단위들의 활동시간(활동의 흐름시간)은 우발적으로 발생하는 고장, 반복작업(재가공) 등 사소한 사건에 인해 천차만별의 값을 취한다. 반복작업(재가공)이 프로세스에 주는 영향은 부록 4.3에 설명하였다.

4.4 이론적 흐름시간과 대기의 역할

흐름단위는 프로세스를 통과하면서 일련의 활동을 완성하고 대로는 버퍼에서 대기하기도 한다. 따라서 흐름시간은 활동을 하는 활동시간과 활동을 기다리는 대기시간으로 구성된다.

$$\text{흐름시간} = \text{활동시간} + \text{대기시간} \tag{4.1}$$

프로세스의 **이론적 흐름시간**(theoretical flow time)은 대기시간을 제외한 프로세스 전 과정(시작에서 종결까지)을 통과하는데 소요되는 필요한 최소 시간이다. 따라서 이론적 흐름시간은 프로세스의 활동시간 요소만 포함하며 대기 시간을 철저히 제외한다. 이론적 흐름시간은 흐름시간을 계산하는 과정과 유사하게 얻어질 수 있다. 단, 앞에서도 언급했듯이 대기 시간은 제외한다.

예제 4.5

Wonder Shed를 다시 고려해 보자. 표 4.3은 각 활동의 활동 시간을 나열하였다.

경로 1과 경로 2상에 있는 활동시간을 계산하면 다음과 같다.

$$\text{경로 1:} = 5+10+5+10+15=45\text{분}$$
$$\text{경로 2:} = 5+15+5+10+10+15=60\text{분}$$

표 4.3 Wonder Shed Inc.의 활동별 시간(단위: 분)

	활동	활동시간
1	분리	5
2	바닥 단조	15
3	지붕 단조	10
4	바닥 성형	5
5	지붕 성형	5
6	바닥 밑 조립	10
7	조립	10
8	검사	15

따라서 프로세스의 이론적 흐름시간은 60분이다. 프로세스의 이론적 흐름시간(60분)과 흐름시간(150분, 예제 4.4)의 차이는 흐름시간에 포함된 대기시간에 기인한다.

예제 4.5에서 고려한 프로세스의 핵심 경로는 경로 2이다. 일반적으로 볼 때 다양한 경로들에서 발생하는 대기시간은 서로 다를 수밖에 없다. 따라서 대기시간을 제외한 이론적 흐름시간을 사용하여 분석하는 경우와 흐름시간을 사용하여 분석하는 경우는 다른 결과를 가져올 수 있다.

4.4.1 흐름시간 효율성

흐름시간 효율성(flow time efficiency)은 이론적 흐름시간과 흐름시간의 비율이다. 흐름시간 효율성은 다음과 같이 정의된다.

$$\text{흐름시간 효율성} = \text{이론적 흐름시간}/\text{흐름시간} \tag{4.2}$$

예를 들어 Wonder Shed의 흐름시간은 150분(예제 4.4)이며 이론적 흐름시간은 60분(예제 4.5)이다. 따라서 다음과 같은 결론을 얻을 수 있다.

$$\text{흐름시간 효율성} = 60/150 = 40\%$$

Blackburn(1992)은 다양한 프로세스의 흐름시간 효율성을 연구하여 표 4.4에 발췌해놓았다. Blackburn (1992)의 연구에서 보여주듯이 개선을 통해 흐름시간 효율성을 높이는 노력은 매

표 4.4 비즈니스 프로세스의 흐름시간 효율성

산업	프로세스	흐름시간	이론적 흐름시간	흐름시간 효율성
생명보험	신규가입	72시간	7분	0.16%
소비포장	그래픽디자인	18일	2시간	0.14%
은행	소비자대출	24시간	34분	2.36%
병원	환자비용청구	10일	3시간	3.75%
자동차생산	재무결산	11일	5시간	5.68%

우 의미 있는 결과를 가져올 수 있다.

특정 흐름단위를 처리하기 위해 사용한 모든 활동시간을 합한 프로세스의 이론적 흐름시간은 가치창출 흐름시간(Value-adding flow time)과 비 가치창출 흐름시간(Non-value-adding flow time)으로 나눌 수 있다.

$$\text{이론적 흐름시간} = \text{가치창출 흐름시간} + \text{비 가치창출 흐름시간}$$

비 가치창출 흐름시간을 줄임으로써 불필요한 시간적 낭비를 줄일 수 있다. 4.5.2 절에서 이 부분에 대하여 더 상세히 언급할 것이다.

예제 4.6은 이번 장에서 지금까지 거론한 중심 개념들을 설명한다.

예제 4.6

Valley of Hope Hospital은 최근 주주들로부터 비용 효율성을 향상하고 고객서비스를 개선하라는 압력을 받고 있다. 이로 인해 병원 측은 일련의 프로세스 개선방안을 시도하였다. 첫 번째 개선대상은 X-ray 서비스 프로세스다. 물리 치료사와 환자에 의해서 자주 거론된 문제점은 X-ray를 찍기 위해 너무 많은 시간이 사용된다는 점이다. 경영층도 X-ray 서비스 프로세스에서 자원이 효율적으로 사용되지 않고 있다고 생각한다.

프로세스 개선팀은 X-ray 서비스 프로세스를 검토한 후 개선 방안을 추천했다. 프로세스의 시작점을 환자가 물리 치료사의 사무실을 나와서 X-ray 실로 들어가는 시점으로 보았다. 프로세스의 끝 지점은 환자와 완성된 X-ray 필름이 진찰을 위해 물리 치료사의 사무실에 도착하는 시점으로 보았다. 흐름단위는 환자다.

프로세스의 흐름시간을 측정하기 위해, 무작위로 선정한 50명의 환자 샘플을 2주간 관찰하였다. 각 환자들의 X-ray 서비스 프로세스 도착시간과 나가는 시간을 기록했다. 두 시간의 차이는 X-ray 서비스 프로세스에서 사용한 시간이다. 샘플 50개에서 얻어진 관찰 값의 평균은 154분이었다. 이 값은 X-ray 서비스 프로세스의 흐름시간이 된다.

프로세스 흐름시간을 보다 자세하게 분석하기 위해 세부구성요소들을 분할하였으며 가치창

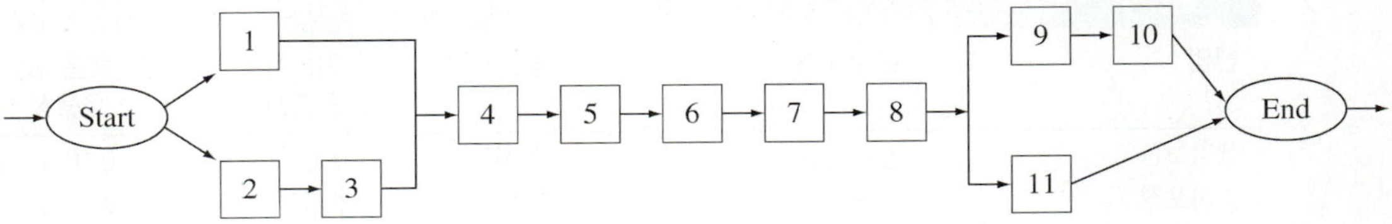

그림 4.2 Valley of Hope 병원의 X-ray 서비스 프로세스의 흐름도

출(VA) 활동과 비 가치창출(NVA) 활동으로 분류하여 표4.5에 기술하였다.

프로세스 흐름도표는 그림 4.2에 표현하였다. 프로세스 흐름도표는 모든 활동과 그들 사이의 선행 관계를 표시하고 있다. 예를 들어 활동 2는 반드시 활동 3이 시작하기 전에 완료되어야 한다. 또한, 활동 1은 활동 2, 3과 동시에 처리될 수 있다. 활동을 VA와 NVA로 분류하는 과정은 주관적 관점에 의해 행해졌으며 주어진 상황에 따라 다르게 분류될 수 있다는 점에 유의하기 바란다.

경로1: 시작 → 1 → 4 → 5 → 6 → 7 → 8 → 9 → 10 → 끝
경로 2 : 시작 → 2 → 3 → 4 → 5 → 6 → 7 → 8 → 9 → 10 → 끝
경로 3 : 시작 → 1 → 4 → 5 → 6 → 7 → 8 → 11 → 끝
경로 4: 시작 → 2 → 3 → 4 → 5 → 6 → 7 → 8 → 11 → 끝

표 4.5 VOH 병원의 X-ray 서비스 프로세스

활동/이벤트	서술	종류
시작	환자가 의사진료실을 떠남	
1	환자가 X-ray 실험실에 도착	NVA
2	메신저가 X-ray 진료사항을 X-ray 실험실에 옮김	NVA
3	X-ray 기술자가 의사가 제공한 정보를 바탕으로 표준 문항을 작성함	NVA
4	안내자가 환자의 보험에 관한 정보를 수집하여 보험 청구서작성 보험회사에 보냄	NVA
5	환자는 X-ray 촬영을 하기 위해 옷을 벗음	NVA
6	X-ray 기술자 X-ray 촬영	VA
7	암실기술자가 X-ray 사진작성	VA
8	X-ray 기술자가 X-ray 사진선명도 점검	NVA
9	환자 옷을 입음 실험실을 떠날 준비를 함	NVA
10	환자 의사진료실로 돌아옴	NVA
11	X-ray 사진 메신저에 의해 의사진료실로 옮겨짐	NVA
끝	X-ray 사진과 환자가 의사진료실에 도착	

표 4.6 X-ray 서비스 프로세스 활동의 소요시간

활동	활동시간(분)
시작	—
1	7
2	20
3	6
4	5
5	3
6	7.5
7	15
8	2.5
9	3
10	7
11	20
끝	—

50명으로 구성된 다른 샘플에 대해 2주 동안 분석하여 필요한 활동들을 완료하는데 환자별로 소요된 활동시간을 표 4.6에 기록하였다.

4개의 경로의 이론적 흐름시간은 다음과 같다.

경로 1 = 50분

경로 2 = 69분

경로 3 = 60분

경로 4 = 79분

경로 4가 핵심 경로가 되며 이론적 흐름시간은 79분이 된다.

프로세스의 흐름시간 효율성은 다음 식으로 얻을 수 있다.

$$\text{흐름시간 효율성} = \text{이론적 흐름시간}/\text{평균 흐름시간} = 79/154 = 51\%$$

이 값이 의미하는 바는 프로세스에서 대략 반 정도 시간이 대기에 사용되었다는 것이다. 확실히 Valley of Hope 병원은 대기시간을 줄일 필요가 있다. 또한, 주의할 점은 전체 79분의 이론적 흐름시간 중 가치를 창조하는 활동들은 활동 6과 활동 7뿐이다. 따라서 프로세스 내에서 가치를 창조하는 시간은 7.5+15=22.5분이며 이는 전체 흐름시간의 15% 미만임을 알 수 있다. 이러한 점들을 고려해 볼 때 Valley of Hope 병원은 확실히 개선할 필요가 있다.

4.5 이론적 흐름시간의 관리 방안

경영자가 어떻게 프로세스의 흐름시간을 감소시킬까? 지금껏 알아본 바와 같이, 프로세스의 이론적 흐름시간은 핵심 경로에 의해 결정된다. 그러므로 핵심 경로의 길이를 단축하여 이론적 흐름시간을 감소시킬 수 있다. 또한, 흐름시간은 두 가지 요소의 합이다—활동시간과 대기시간이다. 두 요소는 다른 요인에 의해 발생하게 되므로 이들을 관리하는 방안도 자연스럽게 구별돼야 한다. 대기 시간도 전체 흐름시간의 주요 부분을 구성하므로 대기시간을 줄이는 방안을 고려해 보는 것도 중요하다. 대기시간을 감소시키는 방안들은 다음과 같다.

(i) 흐름 혼잡-막힘(congestion) 현상 관리(5 장과 8 장)
(ii) 생산배치(batch)크기의 감축(6 장)
(iii) 안전재고의 감축(7 장)
(iv) 흐름의 동조화(Synchronizing)(10 장)

이번 절에서는 이론적 흐름시간을 줄이는 관리기법에 초점을 두고자 한다.

핵심 경로를 줄이는 방안은 다음과 같은 다섯 가지 방안이 있다.

(i) 핵심 경로 상의 작업량을 다른 경로로 이동시킨다(병행작업 work in parallel).
(ii) 비 가치창출 활동을 제거한다(work smarter).
(iii) 재가공(반복작업) 횟수를 감소시킨다(do it right the first time)
(iv) 제품 믹스를 수정한다(do the quickest things first)
(v) 작업속도를 증진시킨다(work faster)

위에서 언급한 다섯 가지 방안 사이에는 현저한 차이가 있다. 첫 번째 방안은 프로세스 구조조정(restructuring)과 같은 재 설계과정을 거쳐 흐름단위의 작업량을 유지하되 다양한 작업들의 순서를 조정하여 핵심 경로를 단축하는 방법이다. 두 번째 방안은 제거하는 방법으로 프로세스의 구조를 유지하되 핵심 경로상의 활동에 요구되는 작업량을 감소하여 핵심 경로를 단축하는 방안이다. 세 번째 방안은 강건(robust)한 품질경영을 운영하여 재가공을 줄인다(9 장). 네 번째 방안은 우선순위를 결정하는 방안이다. 신속하게 처리할 수 있는 흐름단위들에게 우선순위를 부여한다. 당연히 다섯 가지 방안으로부터 얻을 수 있는 장점은 주어진 상황에 따라 다를 수 있다.

여러 가지 방안 중 선택을 해야 할 때 유의해야 할 점은 핵심 경로를 단축하는 방안에 초점을 두어야 한다. 비 핵심 경로 상 활동들의 작업량을 아무리 줄여도 이론적인 흐름시간을 줄일 수 없다는 점에 주목하기 바란다.

4.5.1 핵심 경로 활동의 작업량감소

프로세스의 이론적 흐름시간을 줄이는 가장 효율적인 방법의 하나는 핵심 경로상에 있는 활동을 비 핵심 경로로 옮기는 방안이다. 이 작업은 다음과 같은 두 가지 방법으로 달성할 수 있다.

1. 일을 핵심 경로에서 비 핵심 경로로 옮긴다.
2. 일을 핵심 경로와 떨어진 외부 loop로 옮긴다. (예를 들어 이전 프로세스나 이후 프로세스 단계로 옮긴다).

비 핵심 경로로 작업을 이동한다는 뜻은 핵심 경로 활동을 병행하여 완료하게끔 프로세스를 재설계하는 것이다.

예를 들어 설계 명세서 작성, 설계, 개발, 서류 작업(사용자 설명서), 검증과 같은 다섯 가지 단계로 구성된 소프트웨어 개발과정을 생각해 보자. 확실히 검증과 서류 작업은 병행하여 처리할 수 있다. 또한, 사용설명서 작성을 시작하기 전에 소프트웨어 개발을 완료할 필요가 없다. 따라서 소프트웨어 설계에서 개발, 검증, 그리고 서류화는 병행적으로 실행될 수 있다.

다른 예로 동시공학 기술(concurrent engineering)을 들 수 있다. 전통적으로 제품 설계, 프로세스 계획, 생산과 같은 활동들은 순차적으로 실행된다. 동시공학 기술은 내부 기능 간의 협동을 통해 설계, 생산, 신제품 시장 도입, 비용, 그리고 재 작업을 줄인다(동시공학 기술은 10장에서 더욱 자세하게 다룰 것이다).

외부 loop으로 활동을 옮긴다는 것은 특정활동을 프로세스가 시작하기 전에 또는 프로세스가 끝난 후에 수행함을 뜻한다. 따라서 핵심 경로 밖으로 이전됨으로 이로 인해 핵심 경로 완료시간은 단축된다. 예를 들어 환자가 병원에 입원하기 전에 병원측에서는 환자의 보험종류 확인, 환자동의서 사인, 알레르기 종류 확인 등 절차를 미리 처리해 놓을 수 있다. 또 다른 예로 '주문생산' 생산 시스템에서 '비축생산' 시스템으로 변환하는 프로세스를 생각해 보자. 고객의 주문을 받은 후에 햄버거를 조리하는 대신 바쁜 점심시간 전에 미리 소고기 반죽을 조리해 놓을 수 있다. 소고기 반죽 활동을 고객 주문 프로세스의 외부 루프로 빼내므로 고객서비스의 이론적 흐름시간은 줄일 수 있다.

4.5.2 비 가치창출 활동의 감축

조직 또는 개인에 의해 행해지는 일들 일부분은 제품 또는 가치 창출에 별로 도움이 되지 않는 경우가 있다. 이러한 불필요한 활동을 줄여서 시간과 금전을 절약하고자 하는 아이디어는 2장에서 언급한 Frederic Taylor(1911), Frank Gilbreth(1911) 그리고 그 추종자들에 의해 사용 된 과학적 경영 접근법으로 거슬러 올라 가 볼 수 있다. 이 접근법은 벽돌 쌓기, 석탄 적재, 또는 타이핑과 같은 수작업에서 개별 노동자에 의해 진행되는 일의 속도를 최적화하기 위해 사용 됐다. 이 접근법의 핵심 아이디어는 오늘날까지도 서비스와 생산 또는 일반적인 비즈니스 프로세스 등 광범위하게 그 가치를 인정받고 있다.

가치창출 활동(Value-adding activity)은 고객의 관점에서 흐름단위의 경제적 가치를 올려주는 활동을 말한다(즉 고객이 그 가치를 인정하며 기꺼이 금전적인 지출을 통해 그 가치를 획득할 용의가 있다). 의료 수술, 비행 운전, 병원에서의 음식 제공, 공장에서의 제품 생산, 그리고 은행 대출 등등은 가치창출 활동의 예들이다.

비 가치창출 활동(Non-value adding activity)은 흐름단위의 가치를 직접적으로 상승시키지 않는 활동이다. 다음은 비 가치창출 활동이 예다. 다양한 지역 간의 작업 또는 작업자 이전, 기계 설치, 문서 작성, 장비 유지, 또는 스케줄 작성, 검사, 개수 확인 등이 비 가치창출 활동들이다.

비 가치창출 활동은 대체로 두 가지 형식을 취한다. (i) 현재 진행 중인 프로세스가 원활하게 진행할 수 있게끔 보조하는 활동 (ii) 현재 진행 중인 프로세스에 전혀 도움을 주지 못하는 활동. 첫 번째 부류의 활동은 프로세스의 구조조정을 통해 가능한 줄일 수 있다. 예를 들어 불량품이 많이 섞여 있는 프로세스를 보자. 불량품을 찾아내는 과정은 이 프로세스에서 가치 창출을 하지는 않지만 필요한 활동이다. 그럼에도, 만약에 이 프로세스의 신뢰도를 높여 불량률을 줄이면 이러한 활동을 할 필요성을 줄일 수 있게 된다(10장 참조). 또 다른 예를 들어 보자. 외상매출 회수 프로세스를 생각해 보자. 외상매출 회수를 담당하는 부서는 전형적으로 정보를 조정하고, 검증하고, 서류와 맞춰보고, 그리고 불일치점 조사와 같은 사소한 활동에 시간을 많이 소비한다. 이러한 작업은 필요하기는 하나 직접 부가가치를 창출하지는 않는다. 이러한 작업은 프로세스가 개선된다면 제거될 수 있는 작업이다. 예를 들어 Ford 사의 외상매출 회수 부서에 대한 Hammer and Champy(1993)의 보고서는 프로세스 개선을 통해서 흐름시간과 비용을 감소시킨 좋은 예를 보여 주고 있다. 더욱 자세한 사항은 Hammer and Champy(1993)를 참조하기 바란다.

4.5.3 반복 작업(재가공)의 감소

프로세스상의 재가공(반복 작업)은 통계적 프로세스관리, DFM(design for manufacturability), Process Fool Proofing, 작업자 훈련 프로그램과 같은 프로세스 개선 방안들을 구현하여 줄일 수 있다(10장). 데이터를 빈번하게 처리해야 하는 작업에서는 가능한 데이터의 입력과정을 단순화하여 데이터의 반복 입력 횟수를 줄여 실수가 발생하지 않도록 막아야 한다. 재가공이 흐름시간에 주는 영향은 부록 4.3에 정리하였다.

4.5.4 제품 믹스의 수정

거의 모든 프로세스는 다양한 흐름시간을 지닌 복수 제품들의 믹스로 구성된다. 물론 어떤 제품 믹스를 구성할 것인지는 전적으로 시장에 의해 결정된다. 심지어 기업이 이에 대해 어느 정도의 통제력이 있다 해도 여기에는 다른 요소들 예를 들어 수익성, 시장성, 자원 사용 이슈 등이 반영되므로 우리가 원하는 대로 제품믹스를 설계할 수는 없다. 제품 믹스의 적절한 수정을 통해 더욱 많은 고객 또는 활동을 더욱 짧은 시간에 완성할 수 있으므로 흐름시간을 줄이는 효과적인 방법이 될 수 있다. 5장에서 제품믹스에 관한 의사결정을 더욱 상세히 설명하고자 한다.

4.5.5 작업 속도 증진

신속하게 작업을 처리할 수 있는 장비 구입, 작업에 투입하는 자원 증가, 또는 포상제도의 도입 등을 통해 작업속도를 증진 시킬 수 있다. 예를 들어 슈퍼마켓의 계산대에 바코드 스캐너 시스템 도입, 작업자 추가 고용, 또는 작업자 훈련 프로그램을 시행하여 작업속도 증진과 실수 감소 등 방안을 도입하여 작업속도를 증진 시킬 수 있다. 유사한 예로 연구개발 부서에서 특정 업무 전담팀을 구성하여 전문성을 높여 작업속도를 늘리는 동시에 실수를 줄이는 방안도 이러한 부류에 속한다.

4.5.6 Zhang & Associates

앞에서 언급한 Zhang & Associates의 프로세스 개선 활동을 다시 검토해봄으로써 본 장을 끝마치고자 한다. 서론 부분에서 언급한 Zhang & Associates는 순자산이 많은 고객에게 포괄적인 금융자문과 경영 서비스를 제공하는 회사로 소개되었다. 최근에 이 기업은 고객 상담 프로세스를 재설계하여 4주에서 6주가 요구되던 단순한 금융포트폴리오를 지닌 고객의 프로세스 흐름시간을 2주로 줄였다. 4.5절에서 알아본 기법들을 중심으로 Zhang & Associates가 어떻게 이러한 성과를 달성하였는지 알아보기로 하자

기존 프로세스

프로세스의 시작 시점은 새로운 고객이 도착하는 시점이다. 회사의 상담원은 새로운 고객과 만나 고객의 재무정보를 기록하고 고객의 주식, 보험, 은행 계좌 등 자세한 정보들을 수집한다. 미팅이 끝난 후, 상담원은 "행정서기관"이라 불리는 계획 부서의 직원들과 함께 이 정보들을 다시 평가한다. 행정서기관은 이 정보를 재무계획 소프트웨어에 기록한 후, 기본적인 재무계획을 준비한다. 이 단계에서 행정서기관은 상담원이 첫 번째 회동에서 빠뜨린 중요한 정보가 무엇인지 분석한다. 빠진 정보가 있으면 상담원에게 주지시켜 필요한 정보를 획득한다.

일부 고객은 자산계획과 같은 고급 상담서비스를 요구한다. 이 경우 기본적인 재무계획을 고급상담서비스 부서로 보낸다. 주로 변호사 또는 공인 회계사로 구성되는 고급 상담서비스 부서의 전문가는 일반적인 재무계획을 다시 분석한 후 고객 상담원과 회동한다. 재무계획이 완성된 후 상담원은 재무계획을 실행에 옮기기 위해 고객과의 두 번째 회동을 가진다. 고객은 더욱 자세히 살펴보기 위해 계획을 집으로 가지고 간다. 만약 고객이 이 계획을 받아들인다면, 필요한 서류에 사인하고 이 계획의 최종본을 작성하기 위해 세 번째 회동 가진다. 만약 고객이 이 계획에 만족하지 않는다면, 고급 재무 계획부서의 직원들과 함께 새로운 상담 사이클을 시작한다. 이러한 프로세스는 고객에 의해 승인될 때까지 반복적으로 진행된다.

이 프로세스는 대체로 한 달 내지 한 달 반가량 소요된다. 만약 상황이 복잡해져, 4번 또는 심지어 5번 정도의 회동이 요구되면, 이 시간은 더 길어질 수 있다.

새로운 프로세스

Zhang & Associates은 최근에 새로 개선된 프로세스를 실행하였다. 기존의 프로세스와 현저하게 다른 부분은 다음과 같이 요약할 수 있다.

첫 회동 전에 '숙제'가 고객에게 보내어진다. 고객은 첫 회동 전에 숙제를 완성하여야 한다. 숙제 내용은 중요한 재무정보를 정리하는 것이다. 고객은 상담원의 사무실에 전화를 걸어 숙제를 완성하기 위한 도움을 얻을 수 있다.

첫 번째 회동은 재무계획의 심층적 분석을 위해 상담원을 포함한 행정서기관과 고급계획 전문가들이 모인다. 회의가 끝나기 전에 참석자들은 관련된 모든 사안에 대해 철저히 이해하며 각자의 행동계획을 확실하게 이해한다.

행정서기관은 참여자들로부터 다양한 계획을 받아 포괄적인 계획을 작성한다. 완성된 계획

은 두 번째 회동 전에 고객에게 보내 진다. 두 번째 회의를 위한 준비과정에서 행정서기관은 계획실행을 위해 모든 서류를 준비한다. 두 번째 회의에서 상담원과 행정 서기관은 고객과 계획을 세밀히 검토하고 모든 문제나 관심사들을 해결한다. 거의 모든 경우, 이 시점에서 고객은 계획에 찬성하고 필요한 서류에 사인한다.

새로운 프로세스의 성공

새로운 프로세스를 받아들임으로써 Zhang & Associates은 프로세스 완료 시간을 2주로 줄일 수 있었다. 개선은 다음과 같은 방안들을 결합하여 달성되었다.

1. 핵심 경로상의 활동 감축
  a. 외부 순환으로 작업을 옮김(첫 회동 전에 '숙제 완성')
  b. 병행하여 일을 처리함(첫 회의 이후에 모든 전문가는 병행하여 일을 처리할 수 있다)
2. 비 가치창출 작업을 제거함(3번 또는 그 이상의 회동을 제거함)

프로세스는 현저하게 개선되었다. 고객은 계획의 실행을 위해 두 달간을 기다릴 필요가 없어서 아주 만족해했다. 상담원들은 투자 포트폴리오 설계와 같은 부가가치 있는 활동에 집중할 수 있기 때문에 회사는 인적자원을 보다 효율적으로 사용하고 비용을 절감할 수 있었다. 또 다른 추가 이득은 고객과 행정 서기관 사이에 신뢰 관계를 만든 것이다(이전 프로세스에서는 고객은 행정 서기관을 만날 수 없었다). 이점이 고객의 만족도를 높였다. Zhang & Associates는 이점을 이용하여 고객과의 회의를 보다 효과적으로 진행하였다.

새로운 프로세스는 전문가 특히 행정서기관과 고급계획 부서의 직원들에게 부담을 가중시킨다. 이전 프로세스에서는 상담원만이 고객과 회동을 가지며, 다른 직원들은 전면에 나서지 않았다. 이와는 대조적으로 새로운 프로세스에서는 모든 직원이 전면에 나서게 된다.

요약

이전 장에서 세 가지 중요한 프로세스 성능의 측정치-흐름시간, 흐름률, 재고를 소개하고 그들의 관계를 알아보았다(리틀의 법칙). 이번 장에서는 이 중 첫 번째 요소인 흐름시간에 초점을 맞추었다. 흐름시간의 감축은 반응능력, 고객만족, 재무성과 등을 증가시킨다. 또한, 주어진 프로세스의 흐름시간을 단축하기 위해서는 결함과 재가공을 줄여 품질을 향상해야 하는 등 프로세스의 다양한 방면에서의 개선을 요한다.

주어진 프로세스의 흐름시간은 직접적으로 다양한 흐름단위가 사용하는 시간을 측정하여 합하는 방법 또는 간접적으로 흐름률과 재고를 측정하여 리틀의 법칙을 사용하여 측정하는 두 가지 방법이 있다.

프로세스 흐름도표는 프로세스를 도형으로 표현한 도구로써 프로세스를 일련의 활동으로 분류한 뒤 이들 활동들 간의 선후 관계를 밝혀준다. 개별 활동들의 활동시간을 기초로 핵심 경로의 완성시간을 측정하여 프로세스의 흐름시간을 결정할 수 있다.

프로세스의 흐름시간은 활동과 대기 시간 두 가지 요소로 구성된다. 이론적 흐름시간은 대기 시간을 제외한 시간이며 전체 흐름시간은 이론적 흐름시간에 대기시간을 합한 시간이다. 흐름시간 효율성은 프로세스에서의 대기 시간이 차지하는 비중을 나타내는 기준이 된다. 이론적 시간은 가치창출 시간과 비 가치창출 시간으로 분류할 수 있다.

프로세스의 흐름시간을 개선하기 위해 핵심 경로 활동에 초점을 맞출 필요가 있다. 흐름시간의 두 주요 요소인 활동시간과 대기시간을 줄임으로써 흐름시간을 감축시킬 수 있다. 대기시간을 줄이는 방안으로써 프로세스 내 막힘 현상 관리, 배치크기 감소, 안전재고 감소, 흐름의 동조화 등을 고려할 수 있다.

이론적 흐름시간을 줄이는 5가지 주요 방안은 첫째 핵심 경로상의 작업량을 줄이는 방안을 고려해 볼 수 있다. 이를 달성하기 위한 두 가지 방법은 병렬 작업을 하여 핵심 경로상의 일부 작업을 비 핵심 경로로 옮기는 방법과 비 가치창출 작업을 줄이는 방법 등이 있다. 물론 일부 비 가치창출 활동들은 프로세스가 원활하게 진행할 수 있게끔 도와주는 역할을 하지만, 프로세스의 구조조정을 통해 이러한 비 가치창출 활동들을 줄일 수 있다. 세 번째로 재가공 횟수를 줄여 활동시간을 줄일 수 있다. 네 번째 적절한 제품믹스를 설정하여 이론적 흐름시간을 줄일 수 있다. 끝으로 작업속도를 증진해 이론적 흐름시간을 줄일 수 있다.

주요 등식 및 기호

(4.1) 흐름시간 = 이론적 흐름시간 + 대기 시간

(4.2) 흐름시간 효율성 = 이론적 흐름시간/평균 흐름시간

주요 용어

가치창출 활동(value adding activities)
비 가치창출 활동(non-value-adding activities)
이론적 흐름시간(theoretical flow time)
잉여시간(slack time)
활동(critical activities)
핵심 경로(critical path)
총 흐름시간(total flow time)
특정활동의 흐름시간(flow time of a given activity)
프로세스 흐름도표(process flow chart)
프로세스의 흐름시간(flow time of a process)
하위 프로세스(subprocess)
활동시간(activity time)
흐름시간 효율성(flow time efficiency)

토의 과제

4.1 식당에 들러 식사를 하는 것과 같은 서비스 경험을 생각해 보자. 평균 흐름시간(이론적 흐름시간)과 흐름시간 효율성의 대략적인 추정치를 제시하라.

4.2 당신의 작업 환경 안에서 다음의 방법을 사용해서 어떻게 흐름시간을 개선 시킬 수 있는지 예를 들어 보라.

a. 더 영리하게 일하라(Work smarter).

b. 처음에 옳게 하라(Do it right the first time).

c. 더 빠르게 일하라(Work faster).

4.3 주택 담보 대출을 하는 은행의 프로세스를 묘사하라. 특히 이미 병행으로 처리되고 있거나 병행으로 처리될 수 있는 활동들을 표시하라. 병행 작업시 장단점은 무엇인가?

4.4 MBA 학생 그룹이 운영 관리 기말 프로젝트를 제출하기 위해 경영사례를 준비하고 있다. 순차적 방식을 사용하여 프로세스를 수행하는 경우와 병행적 방식으로 프로세스를 수행하는 과정들을 묘사해 보라.

4.5 Indy 500과 같은 자동차 경주 대회에서 정비사들이 바람 빠진 타이어를 바꾸는 속도는 환상적이다. 이 상황에서 외부 순환으로 일을 옮기는 효과에 대해 논하라.

4.6 당신의 기업에서는 경비 지출 양식을 작성하기 위해 얼마만큼의 시간이 걸리는가? 이 프로세스를 위해 필요한 이론적 시간은 얼마인가? 흐름시간 효율성은 얼마인가?

4.7 고객 불평을 처리하기 위한 시간이 얼마나 걸리는가? 프로세스 흐름도표를 작성하고 앞에서 열거한 수단들이 어떻게 이 프로세스의 속도를 높이는지 논하라.

4.8 활동시간 감소는 흐름시간을 개선한다. 설명하라.

연습 문제

***4.1** King James County 교통법정은 오전 9시와 오후 1시 사이에 운영된다. 매일 아침 과속이나 불법 주차, 신호 위반 등의 교통 법규 위반에 관련된 피고인 200명이 법정에 출두하여 재판을 받는다. 2003년 6월 10일 월요일 10명의 피고인들을 무작위로 추출하여 법원 도착 시간, 재판 시간, 벌금 지급 시간, 법원 출발 시간 등을 조사하였다. (표 4.7 참조)

a. 프로세스의 이론적 흐름시간을 계산하라.

b. 프로세스의 흐름시간을 계산하라.

c. 흐름시간 효율성을 계산하라.

4.2 Wonder Shed 사(예제 4.3)는 표준과 고급 두 가지 모델의 철제 창고를 생산한다. 두 모

표 4.7 교통법정

피고인	도착시간	출발시간	재판시간(분)	벌금계산 시간(분)
1	8:45	9:30	1	5
2	8:45	9:45	1.5	2
3	8:45	12:05	2	3
4	8:50	12:55	1.5	5
5	8:50	10:35	1	2
6	8:55	9:20	1	0
7	8:55	11:35	2	2
8	9:00	10:45	3	0
9	9:00	12:55	1	2
10	9:00	9:20	1.5	3

델의 생산 프로세스는 동일하며 그림 4.1에 도시되어 있다. 고급 모델을 위한 활동 시간은 표 4.8에 열거 되어 있으며 각 활동 흐름시간에는 대기시간이 포함되어 있다.

a. 고급 모델을 생산하는데 소요되는 프로세스 흐름시간을 계산하라.

b. 만약에 활동 2의 흐름시간이 40분으로 증가하면 프로세스 흐름시간은 어떻게 변하는지 계산하라.

c. 만약에 활동 3의 흐름시간이 40분으로 감소하면 프로세스 흐름시간은 어떻게 변하는지 계산하라.

표 4.8 Wonder Shed Inc의 고급모델

활동	고급 모델의 흐름 시간(분)
1	20
2	35
3	45
4	10
5	45
6	30
7	25
8	40

4.3 투숙객들의 음식을 준비하는 호텔 Evanstonian를 생각해 보자. 손님이 이 호텔에서 룸서비스를 요청하면, 룸서비스 관리자가 주문을 받는다. 그리고 나서 그는 음식 준비를 위해 주문내역서를 주방에 제출한다. 그는 또한 와인 전문가에게 와인 셀러로부터 와인과

다른 알코올 음료를 준비하도록 주문을 한다. 마지막으로 그는 6명의 웨이터 중 한 명에게 그 주문을 배정한다. 만약 필요한 자원이 그 즉시 분배될 수 없다면 이 주문은 버퍼에 머물러야 한다.

주문을 받고 주방, 와인전문가, 그리고 웨이터에게 일을 배정하는데 평균 4분이 소요된다. 주방에서는 주문을 준비하기 위해 18분을 사용한다. 주방에서 음식이 주문되는 동안 와인 전문가는 와인을 준비한다. 와인 전문가는 주문을 처리하는데 6분을 사용한다. 주방과 와인 전문가가 그들의 일을 하는 동안 웨이터는 음식 카트와 테이블 보, 포크, 나이프 등을 준비하는데 10분을 사용한다.

웨이터가 음식을 배달하는데 12분이 소요되고 돌아와서 고객 계좌에 계산서를 청구하는데 4분이 소요된다. 이상의 활동 흐름 시간들에는 대기시간도 포함되어 있다.

a. 룸서비스 프로세스를 위한 프로세스 흐름도표를 그려라.

b. 프로세스의 흐름시간은 얼마인가?

c. 만약에 웨이터가 음식 카트를 준비하는 시간이 10분에서 8분으로 감소한다면 프로세스 흐름시간은 어떻게 변하는지 계산하라.

d. 만약에 웨이터가 음식을 배달하고 룸서비스 부서로 돌아오는 데 걸리는 시간이 12분에서 10분으로 감소한다면 프로세스 흐름시간은 어떻게 변하는지 계산하라.

e. 룸 서비스의 프로세스가 주문 접수로 시작되어 웨이터가 고객의 계산서에 청구를 완료하는 시점에 종료되는 것으로 정의하고 문제 a와 b의 답은 어떻게 달라지는가?

4.4 주거 보험 신청서는 두 가지 양식으로 구성되어 있다: F1은 그 집의 소유자와 관계된 양식이며 F2는 부동산과 관계된 양식이다. 각 신청서는 F1과 F2로 나누어서 처리 기록된다. 이 과정은 데이터 입력 직원이 10분 정도 걸려 완료한다. F1은 전문가 A에 의해 15분 동안 처리되며 그리고 나서 전문가 B에 의해 10분 동안 처리된다. F2는 전문가 C에 의해 20분 처리된다. F1과 F2는 이후 프로세스에서 대출 담당자에 의해 합쳐지는 데 15분이 걸린다. 지금까지 거론된 시간은 활동을 완성하는데 소요되는 흐름시간이며 대기시간이 포함되어 있다.

a. 이 프로세스의 프로세스 흐름도표를 그려라.

b. 이론적 흐름시간은 얼마인가?

c. 만약 F1 신청서의 50%가 활동 A를 1회 추가 반복작업 (총 2회) 해야 한다면 프로세스 흐름시간에 어떤 영향을 줄 것인지 계산하라.

***4.5** 밴쿠버 국제공항 당국은 밴쿠버 국제공항을 운영하고 관리한다. 안전과 보안 그리고 고객서비스 면에서 볼 때 이 공항은 세계 10위로 랭크되어 있다. 훌륭한 고객서비스를 계속 유지하며 예상되는 새로운 규칙을 수용하기 위해 공항 관리당국은 보안 체크 지점의 고객 흐름을 개선하고자 한다.

보안 체크 지점의 고객 흐름을 이해하기 위해 관리 당국은 한 명의 조작자와 3명의 사무직원과 X-ray 스캐너로 구성된 한 개의 보안 검사 라인을 분석하였다. 도착한 고객은 줄을 서거나 만약 도착지에 대기라인이 없다면 바로 그들의 소유 품들을 바구니(개인 소유 품을 X-ray 스캐너에서 검사하기 위해 관리 당국이 공급하는 바구니) 속에 집어넣는다. X-ray 스캐너에서 소유 품 검사를 받기 위해 고객들은 지갑, 핸드백, 벨트, 코트, 기타 전자 제품 등을 주어진 바구니에 집어넣는다.

승객들은 소유품목이 들어간 바구니를 X-ray 스캐너에 올려 검사를 받기까지 대기 열에서 평균 30초 사용한다. X-ray 스캐너는 바구니 한 개를 검사하는데 평균 40초를 사용하며 승객당 평균 1.5개의 바구니를 사용한다. 승객의 신체 검사대에서는 승객을 검사하는데 평균 30초를 사용한다. 신체 검사대를 통과한 승객들은 X-ray 스캐너를 통과한 바구니 안에 들어 있는 개인의 지갑, 핸드백, 전자 제품 등 개인 소유물을 주워 모아 정리하는데 60초 사용한다. 위에서 주어진 흐름시간은 대기시간을 포함하지 않는다.

a. 보안 검사대의 프로세스 흐름도를 작성하라.

b. 보안검사대의 이론적 흐름시간을 계산하라.

c. 20명의 승객 샘플을 무작위로 선택하여, 보안 체크를 위해 요구되는 시간을 정확하게 기록하였다. 평균 흐름시간은 530초이다. 흐름시간 효율성은 얼마인가?

d. 만약에 승객의 신체 검사대에서 승객을 검사하는데 평균 30초에서 20초로 소요시간이 감소한다면 프로세스의 이론적 흐름시간에 어떤 영향을 미칠 것인가?

참고 문헌

Blackburn, J. D. "Time-Based Competition: White-Collar Activities." *Business Horizons* 35, no. 4 (1992): 96-101.

Chase, R. B., N. J. Aquilano, and F. R. Jacobs. *Production and Operations Management.* 10th ed. Chicago: Irwin McGraw-Hill, 2004.

Eppen, G. D., F. Gould, C. Schmidt, J. Moore, and L. Weatherford. *Introductory Management Science.* 5th ed. Upper Saddle River, N.J.: Prentice Hall, 1998.

Evans, J. R. *Applied Production and Operations Management.* 4th ed. Minneapolis: West Publishing, 1994.

Gilbreth, F. B. *Motions Study.* New York: Van Nostrand, 1911.

Hammer, M., and J. Champy. *Reengineering the Corporation.* New York: HarperBusiness, 1993.

Bohn, R. E. *Kristen's Cookie Company.* Harvard Business School Case 9-686-093. Cambridge, Mass.: Harvard Business School, 1986.

Kaniegel, R. *The One Best Way: Fredrick Winslow Taylor and the Enigma of Efficiency.* New York: Penguin, 1997.

Kerzner, L. J. *Project Management.* Princeton, N.J.: Van Nostrand Reinhold, 1989.

Krajewski, L. J., and L. P. Ritzman. *Operations Management.* 4th ed. Reading, Mass.: Addison-Wesley, 1996.

McClain, J. O., L. J. Thomas, and J. B. Mazzola. *Operations Management.* 3rd ed. Upper Saddle River, N.J.: Prentice Hall, 1992.

Schroeder, R. J. *Operations Management.* 4th ed. New York: McGraw-Hill, 1993.

Schtub, J. F. Bard, and S. Globerson. *Project Management.* Upper Saddle River, N.J.: Prentice Hall, 1994.

Taylor, F. W. *The Principles of Scientific Management.* New York: Harper & Row, 1911.

부록 4.1 하부프로세스와 프로세스 분할

활동은 그림 4.1와 같이 어떤 주어진 프로세스의 더는 분할할 수 없는 기본 구성부분으로 인식되어왔다. 하지만, 어떤 활동이든 하부 활동집단으로 분할할 수 있으며 이를 원 프로세스(원 활동)의 하부 프로세스(하부 활동)라고 부른다. 이러한 분할 작업의 대상이 되는 활동 그 자체를 투입, 산출, 활동, 공급자, 고객 등을 지닌 독립적인 프로세스로 고려할 수 있다.

흔히 프로세스를 여러 수준으로 표현하여 목적에 따라 상세하게 표현할 부분은 상세하게 표현하고 그렇지 않은 부분은 대략 표현한다. 이러한 접근법을 프로세스 분할(cascading) 기법이라고 한다. 앞 예제 4.3에서 알아본 Wonder Shed Inc.의 프로세스 흐름도표를 예로 들어보자. 자세한 분석을 한 결과 활동 4(바닥 성형)는 3개의 하부 활동으로 재분류할 수 있음을 알았다

활동 4.1 바닥의 전반부 성형
활동 4.2 바닥의 후반부 성형
활동 4.3 제품 검사

프로세스 흐름도표의 원형과 프로세스분할 기법을 사용하여 그린 하부활동들의 관계를 그림 4.3에 설명하였다.

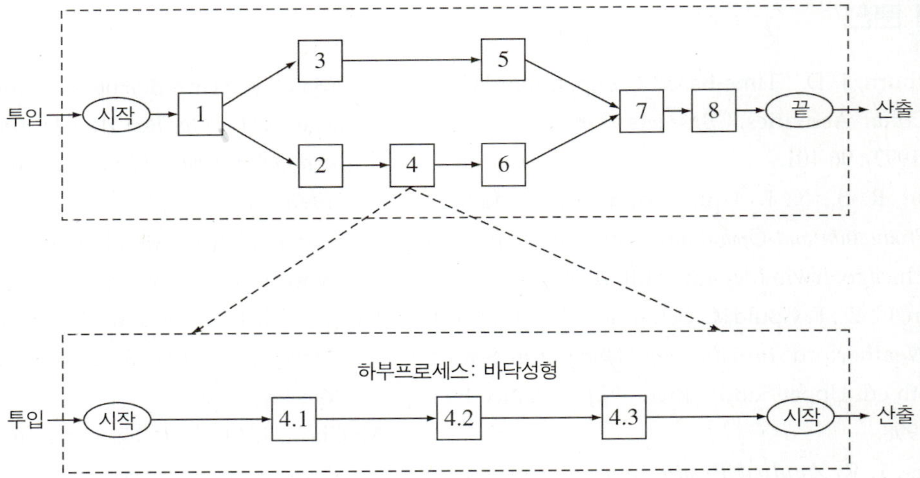

그림 4.3 Wonder Shed Inc.의 프로세스 분할

부록 4.2 핵심 경로 방법

4.3절에서 우리는 프로세스 흐름도표에서 각 경로의 흐름시간을 계산하여 가장 긴 흐름시간을 선별하여 핵심 경로를 찾는 방법을 설명했다. 하지만, 핵심 경로와 핵심 경로 활동을 찾기 위한 보다 체계적인 기법을 알아 둘 필요가 있다. 크고 복잡한 프로젝트를 통제하고 스케줄을 작성하는데 특히 유용한 핵심 경로 방법에 대해 설명해 보자.

핵심 경로의 모든 활동은 주공정 활동으로 구성되어 있으며, 이 활동들의 지연은 전체프로세스를 지연시킨다. 반면에, 주공정에 있지 않은 활동은 프로세스 흐름시간에 영향을 주지 않으면서 지연될 수 있다. 프로세스의 흐름시간에 영향을 주지 않는 범위 내에서 활동의 지연 시간을 활동의 잉여 시간으로 정의한다. 그러므로 이 정의에 따르면, 핵심 경로 활동의 잉여 시간은 '0' 이다.

따라서 핵심 경로는 잉여 시간이 없는 모든 활동으로 구성된 경로이다.

잉여 시간을 계산하기 위해, 프로세스 네트워크의 네 가지 시간을 계산할 필요가 있다.

- **Early start time(EST)**: 활동을 시작할 수 있는 가장 이른 시간.
- **Early finish time(EFT)**: EST에 작업량을 더한 값. 활동을 끝낼 수 있는 가장 이른 시간.
- **Late finish time(LFT)**: 프로세스의 완료를 지연시키지 않는 전제에서 활동을 가장 늦게 끝낼 수 있는 시간
- **Late start time(LST)**: LFT에 활동의 작업량을 뺀 값. LFT 이전에 지연 없이 활동을 끝내기 위해 반드시 시작해야 할 가장 늦은 시간.

잉여 시간은 다음의 식에 의해 얻어진다.

$$\text{잉여시간} = \text{LST} - \text{EST} = \text{LFT} - \text{EFT}$$

이 네 가지 시간을 계산하기 위한 시스템적 접근법을 살펴보자. 이 방법은 프로세스 흐름도표를 두 번 분석한다. 우선 전진적(forward)으로 시작점부터 끝까지 분석한 후, 그다음으로 후진적(backward)으로 끝부터 시작점까지 분석한다. 먼저, EST와 EFT를 산출하는 과정에서 **전진적 스케줄링**(forward scheduling)법을 사용한다—즉, 프로세스의 시작점에서 시작하여 활동의 선후 관계를 고려하면서 각 활동의 스케줄을 결정한다. 이와는 대조적으로 LST와 LFT는 후진적 스케줄링법을 사용하여 계산한다. 이 경우에는 프로세스 완료를 위해 주어진 목표 날짜에 따라 분석을 시작한다. 프로세스의 끝부터 시작하여 역방향으로 프로세스 완료 시간 이내에 활동을 완료할 수 있는 가장 늦은 시간을 계산한다.

EST와 EFT 계산

'시작점' 의 EST와 EFT를 '0' 으로 설정한다. 그리고 나서 다음의 단계들을 반복적으로 시행한다.

1. 선행(predecessors) 활동들의 EFT가 이미 모두 결정된 활동을 찾는다.
2. 이 활동의 EST는 선행 활동들의 EFT 중 최댓값으로 한다.

3. 이 활동의 EST에 이 활동의 작업량을 더하면 이 활동의 EFT가 된다.

단계 2에 대한 부연 설명하면 특정 활동은 선행 활동들이 모두 완료된 즉시 시작을 할 수 있기 때문이다. 특정 활동의 EFT는 단계 3에 의해서 쉽게 계산될 수 있다.

모든 활동에 대한 분석이 완료될 때까지 단계 1부터 3을 반복한다. '끝' 이벤트의 EST는 단계 2의 마지막 반복에 의해서 계산 된다. '끝'의 EFT와 EST는 같으며 프로세스가 완료될 수 있는 가장 이른 시간을 나타낸다.

LST와 LFT의 계산

'끝'에서 후진적(backward) 검색을 시작한다. '끝'의 LFT는 EFT와 같게 설정한다. 다음에서 열거한 단계들을 후진 반복적으로 시행한다.

1. 후속 활동들의 LST가 이미 모두 결정된 활동을 찾는다.
2. 1에서 찾은 활동의 LFT는 후속 활동들의 LST 값 중 최솟값으로 한다.
3. 이 활동의 LFT에서 이 활동의 작업량을 차감하면 이 활동의 LST가 된다.

단계 2에 대한 부연 설명하면 특정 활동은 모든 후속 활동들의 (프로세스를 지연시키지 않는 전제하에서) 시작 시점 이전에 완료되어야 한다. 이 조건을 만족하기 위해서 특정 활동은 반드시 후속 활동들의 3번째 단계에서 계산된 LST들보다 일찍 시작하여야만 한다.

모든 활동에 대한 분석이 완료될 때까지 단계 1부터 3을 반복한다. '시작' 이벤트의 LFT는 모든 과정이 끝난 후 계산된다. (만약 계산이 정확하게 처리되었다면 이 값은 '0'이 될 것이다).

표 4.9의 다음 4개의 열(EST-LST)이 어떻게 계산되었는지 보기 위해, 전진적 검사를 응용하여 EST와 EFT를 계산한다. '시작' 점의 EST와 EFT는 0으로 설정한다. 다음으로, 분석할 활동은 이전 단계 ('시작점')의 EFT가 모든 계산 완료된 활동 1이다. 그러므로 활동 1의 EST=0과 EFT+20=20으로 설정한다. 다음 단계에서 활동 1의 후속 활동인 활동 2와 3을 분석한다.

표 4.9 Wonder Shed의 잉여시간

	활동	작업량	EST	EFT	LST	LFT	잉여시간
	'시작'	0	0	0	0	0	0
1	분리	20	0	20	0	20	0
2	바닥 단조	35	20	55	20	55	0
3	지붕 단조	25	20	45	50	75	30
4	바닥 성형	10	55	65	55	65	0
5	지붕 성형	20	45	65	75	95	30
6	바닥 밑 조립	30	65	95	65	95	0
7	조립	15	95	110	95	110	0
8	검사	40	110	150	110	150	0
	끝	0	150	150	150	150	0

활동 2를 먼저 선택하자. 우선 EST =20가 됨을 알 수 있다(이는 활동 1의 EFT 값이다). 단계 3을 적용하여 활동 2의 EFT=20+35=55가 됨을 알 수 있었다. 남은 활동들의 EST, EFT를 유사한 방법으로 계산한다.

활동 7과 같이 한 개 이상의 선행활동이 있는 활동에 대해서 단계 2가 어떻게 행해지는지 알아보자. 활동 7의 선행 활동은 5와 6이다. 활동 7이 고려되기 이전에 이 두 활동의 EFT는 이미 65과 95로 계산됐다. 이중 최댓값은 95이므로 활동 7의 EST는 95이다. EFT는 95+15=110이다.

EFT가 150인 활동 8을 포함한 모든 활동에 이와 같은 방법을 적용하였다. 이는 또한 '끝' 이벤트의 EST와 EFT가 된다.

이제 후진적 검사에 의해 LST와 LFT의 계산 방법을 알아보자. '끝' 이벤트의 LST와 LFT를 150으로 설정하였다. 가장 먼저 고려할 활동은 활동 8이며 활동 8의 LFT는 150이다. 활동 8의 LST는 150−40=110(단계 3)으로 계산된다. 이 방법을 계속하면 궁극적으로 활동 1에 도착한다. 활동 1의 후속 활동은 LST가 20과 50인 활동 2와 3이다. 단계 1을 적용하여 LST 값 20−20=0을 얻었다. 이 값은 '시작' 이벤트의 LST와 LFT가 된다.

이론적 흐름시간의 전 계산과정, 핵심 경로, 그리고 잉여시간 (slack)들의 값은 표 4.9에 요약되어 있다. 예를 들어 활동 1, 2, 4, 6, 7, 8의 잉여시간이 0이므로 이 활동들을 연결한 경로가 핵심 경로가 된다.

부록 4.3 재가공(반복 작업)과 방문

활동의 흐름시간은 흐름단위가 활동을 완수하는 데 걸리는 시간이다. 재 작업은 흐름단위가 완성될 때까지 몇 회에 거쳐 반복 (재가공, 반복작업) 될 수 있다. 이러한 반복작업을 방문(visit)이라 한다. 예를 들어 흐름단위 중 평균 10%가 반복작업을 한다면 방문은 1.1이 된다. 반대로, 품질 샘플링 검사와 같은 일부 활동은 모든 흐름단위에 공동으로 적용되지 않으므로 이런 경우 평균 방문 수는 1보다 작아진다.

총 흐름시간(total flow time)은 흐름 시간과 방문 횟수의 곱으로 정의한다. 따라서 프로세스의 흐름시간은 그 분석 목적에 따라 활동들의 총 흐름시간을 사용하거나 흐름시간을 사용하여 얻을 수 있다. Wonder shed Inc의 예제 4.4를 다시 고려해 보자. 하부조립부서의 기계에 고장이 발생하여 품질문제가 발생하였다고 가정하자. 고장을 일으킨 장비를 수리하기 전까지 50%의 흐름단위가 재가공을 하여야 한다. 이러한 문제가 프로세스의 흐름시간에 어떤 영향을 주는지 알아보자. 50%의 흐름단위가 재가공을 해야 하므로 방문 횟수는 1.5회가 된다. 하부조립활동의 활동시간(흐름시간)은 30분이므로 총 흐름시간은 1.5*30=45가 된다.

하부조립은 주공정상의 활동이므로 다음과 같은 결과를 얻게 된다.

	활동	총 흐름시간
1	분리	20
2	바닥 단조	35
4	바닥 성형	10
6	바닥 밑 조립	45
7	조립	15
8	검사	40
	총	165 분

따라서 재가공은 프로세스의 흐름시간을 150분에 165분으로 증가시켰음을 알 수 있다.

Chapter

5

흐름률과 용량의 분석

서론

중국 내 자동차 수요의 폭증을 예상하여—2010년부터 연 20% 증가추세—자동차 제조사들은 수십억 달러를 공장, 장비, 또는 인적자원에 투자하고 있다. Toyota는 2010년에 800,000대를 판매할 것으로 예측하고 있으며, 길림성(吉林省) 장춘(長春)시에 현재 건설 중인 공장은 연 생산용량 100,000대 체제를 계획하고 있다. Nissan도 현재의 연간 600,000대 미만의 생산용량에서 연간 900,000대 체제로 용량 확충을 계획하고 있다. 이러한 추세에 뒤지지 않고자 Volkswagen도 현재의 생산용량에서 10% 증가한 연간 850,000대 체제로 용량을 확충하고 있다.

Toyota, Nissan, Volkswagen처럼 기업들은 수시로 자원투자와 용량효율성 향상을 병행하며 생산용량을 조정하여 수요변동에 적극적으로 대응하고 있다. 이 장에서는 기업의 용량계획을 설명하고자 한다.

5.1절에서, 용량과 흐름률이 어떻게 측정되는지 알아볼 것이다. 5.2절에서 프로세스 활동을 위해 필요한 자원 풀(자원묶음, resource pool)과 자원 풀의 유효용량(effective capacity)을 분석할 것이며 유효용량이 프로세스의 병목자원(bottleneck resource)과 어떤 관계가 있는지 알아볼 것이다. 5.3절에서는 제품믹스(product mix) 결정이 수익성과 프로세스의 유효용량에 어떤 영향을 미치는지 알아볼 것이다. 5.4절에서는 프로세스 용량낭비(capacity waste)에 대해 토의할 것이며 이론적 용량(theoretical capacity)의 개념을 소개할 것이다. 마지막으로 5.5절에서는 프로세스의 용량을 개선하기 위한 주요 경영기법들을 공부할 것이다.

5.1 흐름률 척도

이전 장에서 정의한 바와 같이 흐름률(throughput) 또는 평균 흐름률(average flow rate)은 주어진 시간 내에 프로세스를 거쳐 지나간 흐름단위 수의 평균이다. 이번 장에서 거론할 프로세스 용량(process capacity)은 지속적으로 유지할 수 있는 최대 프로세스 흐름률이다. 흐름률과 용량은 프로세스 성능의 중요한 측정척도가 된다. 이 척도들은 프로세스의 '크기(scale)'를 나타낸다. 프로세스의 흐름률은 기업의 생산활동과 직결되므로 흐름률 또는 용량이 클수록 기업의 수익도 커진다. 용량은 프로세스 흐름시간에도 영향을 미치므로 프로세스관리상의 중요한 척도가 된다. 부족한 용량은 불필요한 대기시간을 가져온다. 따라서 용량관리는 기업경영자의 주요업무가 된다.

흐름률은 주어진 시간 내의 흐름단위로 정의할 수 있다. 예를 들어 하루에 방문한 고객인 수, 1회 가동에 생산된 철의 양, 1시간당 생산된 자동차 수, 또는 일 년에 치료한 환자 수 등이 흐름률의 대표적인 예다. 프로세스의 흐름률 R은 다음에서 열거한 세 단계로 얻을 수 있다.

1. 프로세스를 일정 기간 관찰한다.
2. 일정 기간 프로세스에 의해 처리된 흐름단위를 측정한다.
3. 평균을 내서 시간 단위당 흐름률을 얻는다.

린 생산 방식에 관한 연구 논문들을 보면 Toyota 생산 시스템(10장 참조 바람)에서는 흐름률을 'takt time'으로 표현한다. 독일어가 어원인 takt time은 흐름률의 역수(1/흐름률)를 뜻한다. takt time은 조립라인에서 평균 활동시간(average activity time)과 같은 개념으로 쓰이고 있다. (최근 자동차 산업의 takt time은 대체로 1분 정도로 유지되고 있다). Takt time은 가끔 'cycle time'으로 불리기도 한다. 하지만, 일부 저자들은 'cycle time'을 흐름시간(flow time)의 동의어로 사용한다. 혼란을 피하고자 우리는 이 책에서 'cycle time'을 사용하지 않는다.

5.2 자원과 유효용량

시스템의 용량은 투입되는 자원과 이러한 자원들이 얼마나 효율적으로 사용되나에 의해 결정된다. 이런 의미에서 프로세스의 용량을 정확히 측정하기란 매우 어려운 과제다. 본 절에서는 프로세스의 용량에 대한 추정치로써 유효용량의 개념을 소개하고자 한다.

5.2.1 자원과 자원 풀

1장에서 논한 바와 같이 활동은 자본과 노동에 의해서 실행된다. 각 활동은 하나 또는 그 이상의 자원을 필요로 하며 각 자원은 하나 또는 그 이상의 활동에 배분된다. 예를 들어 빵을 만드는 프로세스에 투입된 원자재들—밀가루, 소금, 버터, 물 등등—은 빵 한 덩어리로 산출된다. 전체 프로세스는 재료를 섞고, 반죽하고, 빵의 형태를 만들고, 오븐에 넣어 굽는 과정을 거친다. 이러한 활동들은 믹서, 제빵사, 오븐 등과 같은 자원을 사용한다. 주어진 자원—예를 들어 제빵사—은 반죽하고, 형태를 만드는 등 복수의 활동에 투입된다. 또한, 오븐에서 빵을 굽는 활동은 제빵사와 오븐 등 하나 이상의 자원을 사용한다.

자원 풀(묶음, resource pool)은 동일한 활동을 하는 호환이 가능한 자원들의 집합이다. 자원 풀 안에 있는 개별 자원들은 **자원단위**(resource unit)라고 부른다. 예를 들어 빵을 만드는 프로세스를 상상해 보자. 빵을 굽는 과정에 관련된 모든 기술에 숙달한 제빵사 3명이 있다고 가정하자. 이 경우 3개의 자원단위를 포함한 한 개의 자원 풀(묶음)이 있다고 보면 된다. 반면 각 제빵사가 특화된 활동만을 수행한다면 (예를 들어 반죽, 모양 만들기) 각 제빵사는 하나의 자원단위로 구성된 세 개의 자원 풀로 고려되어야 한다.

하지만, 때로는 투자를 통해 서로 다른 자원 풀들이 상대방의 활동을 할 수 있게끔 할 수도 있다. 이러한 투자를 **자원병합**(resource pooling)이라고 부른다. 즉 서로 다른 활동을 하는 자원 풀들을 하나의 자원 풀로 병합하는 과정이다. 이는 프로세스 흐름률과 용량뿐 아니라 흐름시간에도 현저한 영향을 줄 수 있는 운영관리 기법이다(8장에서 자세히 언급할 것이다).

5.2.2 유효용량

자원단위의 단위 부하시간(단위 로드, unit loads)은 프로세스에 투입한 자원단위가 1개의 흐름단위를 처리하는 활동에서 사용한 시간으로 정의할 수 있다. **자원단위의 유효용량**(effective capacity)은 단위 부하시간(로드)의 역수다. 유효용량은 자원단위가 유지할 수 있는 최대의 흐름률을 뜻한다. **자원 풀의 유효용량**은 자원 풀 안에 있는 모든 자원단위의 유효용량의 합이다. 예를 들어 보험회사의 직원(자원단위)은 고객이 작성한 보험가입신청서를 처리하는데 12분(부하시간)을 사용한다. 따라서 자원단위(직원)의 유효용량은 1분에 1/12단위(또는 한 시간에 60/12=5단위)가 된다. 만약에 자원 풀 안에 유사한 직원이 2명이 있다면 자원 풀의 유효용량은 한 시간에 2×5=10이 된다.

자원 풀 i에 속하는 자원단위의 단위 부하시간을 T_i, 자원단위 수를 c_i라고 지정한다. 유효용량은 다음과 같이 얻을 수 있다.

$$\text{자원 풀 } i\text{의 유효용량} = c_i / T_i \quad (5.1)$$

만약에 자원 풀 안에 있는 자원단위들의 유효용량이 서로 다르다면 자원 풀의 유효용량은 모든 자원단위의 유효용량의 합이 된다. 본 장에서는 편의상 자원 풀 안에 있는 자원단위들의 유효용량이 같다고 가정하겠다.

자원 풀들은 서로 다른 활동들을 하기 때문에 그들의 유효용량도 자연히 서로 다를 수밖에 없다. 프로세스는 병목(bottleneck)자원—프로세스의 가장 느린 자원 풀—보다 빠르게 흐름단위를 산출할 수 없다. 그러므로 프로세스의 유효용량은 병목자원의 유효용량과 같다.

프로세스의 유효용량은 프로세스를 관리하는데 유용하게 쓸 수 있는 척도가 된다.

예제 5.1

건강 보험회사 HMO는 월 정액으로 모든 의료 서비스가 포함된 서비스를 고객들에게 제공하고 있다. 안정된 서비스를 공급하기 위해 HMO는 복수의 개업의사들 또는 병원들과 계약을 맺어 서비스를 제공하고 있다. 이들 개업의사 또는 병원은 고객들에게 서비스를 제공한 후 의료비를 HMO에 청구한다. New Life Finance는 HMO의 재무 서비스회사이다. New Life Finance는 HMO의 요금청구 업무를 대행한다.

개업의사의 청구서 처리 과정은 다음과 같다.

1. 개업의사에 의해 청구된 영수증은 우편으로 도착한다. 우편실의 직원에 의해 개봉되고 날짜 도장이 찍혀진다. 그 후 데이터 입력부서에 배치된다.
2. 데이터입력 직원은 날짜가 찍힌 신청서를 선입, 선출(first in, first out) 규칙에 따라 청구서처리 시스템에 입력한다. 데이터 입력 직원은 시스템에 입력하기 전에 청구서를 확인한다. 만약 청구가 적법하지 않거나, 완성되지 않거나 또는 적합한 형식이 아니면, 수정하도록 개업의사에게 반송한다.
3. 청구서는 1차 심사작업을 위해 심사 및 처리담당자에게 배정된다.
4. 처리된 청구서는 감독자에 의해 검토되고 필요에 따라 수정된다.
5. 거래를 종결하고 결제를 위해 청구서를 심사 및 처리담당자에게 보낸다.

이 프로세스는 5단계로 나누어지며 4개의 자원 풀(우편실 직원, 데이터입력 직원, 청구서 처리직원, 감독자)에 의해 처리된다. 이 프로세스를 처리하기 위해 사용한 자원 풀들과 이들의 단위 부하시간(unit load), 유효용량, 자원단위 수는 표 5.1에 열거되어 있다. 주어진 데이터를 기초로 자원 풀들의 유효용량을 산출하여 표 5.1의 마지막 열에 열거였다.

표 5.1에서 보여주듯이 병목은 우편실 직원이며 우편실 직원의 유효용량은 1분에 1단위이다(시간당 60단위).

표 5.1 New Life Finance: 개업 의사 청구서에 대한 유효용량

자원 풀 (i)	단위 부하시간 (분/건) (T_i)	자원단위의 유효용량 (건/분) ($1/T_i$)	자원 풀 내의 자원단위 수 (c_i)	자원 풀의 유효용량 (건/분) (c_i/T_i)
우편실 직원	1.00	1/1 = 1.00	1	1.00
데이터입력 직원	5.00	1/5 = 0.20	8	1.60
청구서 처리 직원	8.00	1/8 = 0.125	12	1.50
감독자	2.50	1/2.5 = 0.40	5	2.00

그렇다면 한 시간에 80단위를 처리하기 위해서 자원을 얼마만큼 더 확보해야 하는지 알아보자. 유효용량에 기초하여 분석해보면 우편실 직원을 1/3명 더 고용하여야 함을 알 수 있다. 만약에 임시 고용직을 사용할 수 있다면 문제가 간단히 해결될 수 있지만, 정규직만 고용해야 한다면 1명을 더 고용하여야 한다. 정규직 직원을 한 명 더 고용하면 우편실 직원 풀의 유효용량은 한 시간에 120단위가 된다. 유의하여야 할 점은 우편실 직원을 한 명 더 고용한다고 해서 프로세스의 유효용량이 한 시간에 120단위로 증가하지는 않는다. 병목이 이전하여 시간당 유효용량이 90단위인 청구서 처리직원이 새로운 병목이 된다. 따라서 프로세스 유효용량은 시간당 90단위가 된다.

5.2.3 용량 사용률

프로세스의 흐름률 R은 주어진 기간 안에 처리된 평균 흐름단위 수이다. 내부적인 비효율성에서 오는 자원낭비 또는 외부적 제한에서 오는 낮은 산출률(낮은 수요율)과 투입률(낮은 공급률) 등에 의해 대체로 프로세스의 흐름률은 유효용량과 다르다.

자원 풀 i의 **용량사용률**(u_i)은 다음과 같이 얻을 수 있다.

$$u_i = \text{흐름률}/\text{자원 풀 } i \text{ 의 유효용량} \quad (5.2)$$

자원의 용량사용률은 산출(흐름단위 또는 기업수익)을 창출하는데 자원이 얼마나 활용되었는지를 표시해 준다. 용량사용률은 각 자원 풀마다 측정하여야 한다. 프로세스의 용량사용률은 병목 자원 풀의 용량 사용률과 일치한다. 예제 5.2에서 용량 사용률에 관해 더욱 자세히 알아보자.

예제 5.2

New Life Finance의 1일 평균 청구서 처리 건수를 400건이라 가정하자. 따라서 R=480(건/일)이다. 다양한 자원 풀의 유효용량은 표 5.2에 정리하였다. 표 5.2의 세 번째 열에 다양한 자원

표 5.2 New Life Finance의 용량사용률

자원 풀 (p)	자원 풀의 유효용량 (건/일)	용량사용률 (u_i)
우편실 직원	1.00 × 480 = 480	400/480 = 83%
데이터입력 직원	1.6 × 480 = 768	400/768 = 52%
청구서 처리 직원	1.5 × 480 = 720	400/720 = 56%
감독자	2.0 × 480 = 960	480/960 = 50%

풀의 용량사용률을 계산하였다.

정의에 따르면 병목자원은 제일 많이 사용되는 자원이다. 따라서 흐름률이 증가하면 병목자원에서 가장 먼저 문제가 발생할 것이다. 병목자원을 분석해보면 프로세스의 용량사용률이 83%임을 알 수 있다.

5.2.4 유효용량에 영향을 주는 요소들

이전 절에서 언급되었던 유효용량의 계산법은 다음과 같은 가정에 따라 이루어졌다. 프로세스는 차례로 진행되며, 자원들은 한 번에 1개의 흐름단위만 처리하며, 모든 자원의 가용시간은 같다. 이러한 가정들은 현실에서 흔하게 적용되지 않고 있다. 따라서 이러한 가정들을 수정하여 유효용량을 계산하는 방법을 알아보자.

5.3 제품믹스가 유효용량과 프로세스 수익성에 주는 영향

기업은 흔히 복수의 제품을 생산한다. 이번 절에서는 프로세스의 유효용량과 제품믹스의 관계를 알아보고자 한다. 제품믹스에 관한 의사결정은 매우 중요하며 주로 기업의 판매/마케팅 부서에서 결정한다. 이러한 의사결정은 프로세스의 용량에도 영향을 준다. 따라서 기업의 운영관리 차원에서도 중요한 의사결정 문제가 된다. 본 절에서는 제품믹스와 용량 간의 상호작용이 어떻게 기업의 이익에 영향을 끼칠 것인지 살펴볼 것이다.

예제 5.3

개업의사의 청구서 외에도 New life는 병원들에 의해 제출된 청구서도 처리한다. 병원들이 제출한 청구서를 처리하는 프로세스와 개업의사들이 제출한 청구서를 처리하는 프로세스는 동일하지만 두 프로세스에서 상용되는 단위 부하시간은 다르다. 표 5.3은 두 종류의 청구서에 대한 단위 부하시간을 열거하고 있다.

표 5.3 New Life Finance, 청구서 유형별 단위 부하 시간

자원 풀	단위 부하시간(개업의사) (분/건)	단위 부하시간(병원) (분/건)
우편실 직원	1.00	1.50
데이터입력 직원	5.00	6.00
청구서 처리 직원	8.00	8.00
청구 담당자	2.50	4.00

표 5.4 New Life Finance: 병원 청구서에 대한 유효용량

자원 풀 (i)	단위 부하시간 (분/건) (T_i)	자원단위의 유효용량 (건/분) ($1/T_i$)	자원 풀 내의 자원단위 수 (c_i)	자원 풀의 유효용량 (건/분) (c_i/T_i)
우편실 직원	1.50	1/1.50 = 0.66	1	0.66
데이터입력 직원	6.00	1/6.00 = 0.17	8	1.33
청구서 처리 직원	8.00	1/8.00 = 0.125	12	1.50
감독자	4.00	1/4.00 = 0.25	5	1.25

표 5.4에서는 단위 부하시간을 사용하여 프로세스의 유효용량을 계산하였다. 따라서 병원의 청구서를 처리하는 프로세스의 유효용량은 1분에 0.66단위 (시간당 40단위)이며, 개업의사의 청구서를 처리하는 프로세스의 유효용량(시간당 60단위)보다 적다.

5.3.1 제품믹스와 유효용량

다양한 제품을 생산하는 프로세스에서는 복수제품들의 흐름을 복수제품으로 구성된 한 제품믹스 단위의 흐름으로 볼 수 있다. 예제 5.4에서는 제품믹스의 단위 부하시간을 계산하는 방법을 설명하였다. 즉, 제품믹스 내의 제품들의 단위 부하시간을 가중 평균하는 방법을 알아보았다.

예제 5.4

New life에 제출된 청구서들의 60%는 개업의사들에 의해 제출된 청구서이며 40%는 병원들이 제출한 청구서이다.

표 5.5는 두 종류의 청구서에 대한 단위 부하시간을 열거하고 있다. 네 번째 열은 60%−40% 믹스의 가중 평균 부하시간을 나열하였다. 예를 들어 우편실 직원의 가중 평균 부하시간은 다음과 같이 얻어진다.

$$60\% \times 1.0 + 40\% \times 1.5 = 1.20$$

표 5.5 New Life Finance, 청구서 유형별 단위 부하 시간과 믹스 부하 시간

자원 풀	단위 부하시간(개업의사) (분/건)	단위 부하시간(병원) (분/건)	단위 부하시간(60-40% 믹스) (분/건)
우편실 직원	1.00	1.50	1.20
데이터입력 직원	5.00	6.00	5.40
청구서 처리 직원	8.00	8.00	8.00
감독자	2.50	4.00	3.10

표 5.6 New Life Finance, 60-40% 제품믹스의 유효용량

자원 풀 (i)	단위 부하시간 (분/건) (T_i)	자원단위의 유효용량 (건/분) ($1/T_i$)	자원 풀 내의 자원단위 수 (c_i)	자원 풀의 유효용량 (건/분) (c_i/T_i)
우편실 직원	1.20	1/1.20 = 0.83	1	0.83
데이터입력 직원	5.40	1/5.40 = 0.185	8	1.48
청구서 처리 직원	8.00	1/8.00 = 0.125	12	1.50
감독자	3.10	1/3.10 = 0.32	5	1.61

표 5.6은 60%의 개업의사 청구서와 40%의 병원 청구서 믹스의 이론적 용량을 계산한 값들을 보여 준다.

표 5.6에서 보여 주듯이 60%−40% 믹스에 따르면 유효용량은 1분에 0.83단위(한 시간에 50단위)가 된다. 이 값은 두 유효용량들의(개업의사 청구서=1.00 보다 적으며 병원 청구서=0.66 보다 많다) 사이에 있다. 그러나 60%−40% 믹스의 유효용량은 1/1.20=0.83으로 두 청구서 유효용량들의 가중평균(60%×1.00+40%×0.64=0.86)값인 0.86과는 다르다는 점을 유의하기 바란다.

New Life의 예에서는 우편실 직원이 모든 제품믹스 종류에서 병목자원이다. 그러나 일반적으로 볼 때 제품믹스가 변경되면 유효용량뿐만 아니라 병목자원도 바뀔 수 있다.

5.3.2 이윤 최적화

New Life의 예에서 두 제품(개업의사 청구, 병원 청구) 중 어느 제품이 더 많은 이익을 창출할까? 이 문제에 답하기 위해서는 물리적 흐름단위보다는 금전적 흐름단위를 평가하는 것이 더 정확할 것이다.

흐름단위의 **공헌이익**(contribution margin)을 판매가격(수익) 에서 변동비용을 차감한 것으로 정의한다. 예를 들어 개업의사 청구와 병원 청구의 판매수익이 각각 5.5달러와 6.75달러라고 가정하자.

그리고 각자의 변동비용은 0.5달러와 0.75달러이다. 그렇다면 각 제품의 공헌이익은 5.5−0.5=5달러와 6.75달러−0.75=6달러이다. 주어진 공헌이익들을 고려하여 이윤을 최대화

하는 제품믹스를 결정하는 문제를 생각해 보자. 첫눈에 보기에는 병원청구의 공헌이익이 크므로 병원청구를 많이 생산하는 것이 유리하다고 생각할 수 있다. 그러나 이러한 접근법은 용량이 기업이익 창출에 주는 영향을 무시하고 있다. 예제 5.5를 참조하기 바란다.

예제 5.5

표 5.7은 두 제품에 관한 정보를 요약하였다.

표 5.7 New Life Finance, 유효용량과 공헌이익

	개업의사 청구서	병원 청구서
유효용량(단위/시간)	60	40
공헌이익($/단위)	5.00	6.00

우선 개업의사만 청구서만을 처리(생산)하는 경우를 고려해 보자. 이 경우 용량은 한 시간에 60단위이며 공헌이익은 5달러이므로 한 시간을 사용하면 60×5=300달러를 창출할 수 있다. 반면에 병원 청구서만을 처리(생산)할 때 한 시간에 40×6=240달러를 창출한다. 따라서 비록 병원 청구서의 공헌이익이 크지만, 용량을 고려하면 개업의사 청구서를 많이 처리하는 것이 유익하다는 것을 알 수 있다.

위의 예가 시사하는 점은 제품믹스를 결정하는 데 있어서 제품 단위당 공헌이익을 척도로 볼 것이 아니라 병목자원의 시간단위당 공헌이익을 평가척도로 보아야 한다는 것이다. 즉, 이윤극대화를 하기 위해서는 흐름률과 유효용량을 물리적인 단위로 볼 것이 아니라 금전적인 단위로 보아야 한다는 것이다(개업의사에 관한 유효용량을 60단위의 청구서로 보기보다 300달러로 보는 것이 더 정확하다는 것이다).

현실적인 제품믹스 결정문제는 매우 복잡하며, 여러 경영기능적인 면(마케팅, 재무 등)을 고려하여야 하므로 위의 예와 같이 단순하게 결정할 수 있는 문제가 아니다. 따라서 더욱 일반적이며 과학적인 방법론을 사용할 필요가 있다. 부록 5.2에서는 선형계획법(Linear Programming)을 사용하여 제품믹스를 결정하는 접근법을 설명하였다.

5.4 용량낭비와 이론적 용량

현실상황에서는 자원파손, 예방보수, 품질문제에 의한 반품, 재작업 등 이유로 인해 용량낭비가 흔하게 발생한다. 유효용량을 결정하는 단위 부하시간 안에는 효율적으로 사용되는 시간요소와

낭비요소가 모두 포함되어 있다. 만약에 낭비요소가 차지하는 비중이 그다지 크지 않다면 무시할 수도 있지만, 낭비요소가 현저하게 크다면 경영자는 이러한 낭비요소를 제거하고자 노력하여야 한다. 낭비요소를 정확하게 찾아내는 과정이 이러한 노력의 시점이 된다.

5.4.1 이론적 용량

자원단위의 **이론적 단위 부하시간**(theoretical unit load)은 흐름단위를 처리하는데 사용하는 최소 시간으로 모든 낭비요소가 제거된 부하시간이다. **이론적 용량**(theoretical capacity)은 이론적 단위 부하시간의 역수로 자원단위가 최대한 사용될 때 (모든 낭비요소를 제거한) 유지될 수 있는 최대의 흐름률이다.

또한, 자원 풀의 이론적 용량은 자원 풀 내의 모든 자원단위의 이론적 용량의 합이다. 이론적 흐름시간(4장에서 언급)과 같이 이론적 용량은 현실적으로 달성하기 어려운 이상적 목표라 할 수 있다.

예제 5.6

병원에서 백내장 수술을 하는데 30분을(단위 부하시간) 사용한다. 따라서 자원단위의 유효용량은 한 시간에 2건이다.

만약에 수술시간의 33%가 낭비된다고 가정하면 (수술 장비를 소독하는 시간, 간호사를 찾는 시간 또는 간호사가 오기까지 기다리는 시간, 수술 장비가 고장이 나서 보수하는 시간 등). 이론적인 단위 부하시간(로드)과 이론적 용량은 다음과 같이 얻을 수 있다. 이론적 단위 부하시간이 $30 \times (1-33\%) = 20$분이므로 이론적 용량은 한 시간에 3건이 된다.

CWF를 용량 낭비율이라고 정의하고 이론적 용량의 백분율로 표시하면 이론적 용량은 다음과 같이 얻을 수 있다.

$$\text{이론적 용량} = \text{유효용량}/(1-\text{CWF}) \tag{5.3}$$

각 자원 풀들이 처리하는 활동들이 서로 다르므로 그들의 CWF도 서로 다르다는 점을 유의하기 바란다.

5.4.2 이론적 용량 사용률

앞에서 토론한 용량 사용률과 마찬가지로 i번째 자원 풀의 **이론적 용량 사용률**(theoretical capacity utilization)을 다음과 같이 얻을 수 있다.

$$\text{이론적 용량 사용률} = \text{흐름률}/i\text{번째 자원 풀의 이론적 용량}$$

이론적 용량 사용률은 기업의 외적 요인에 인한 비효율성과 내적 요인에 인한 비효율성을 모두 보여준다. 이런 의미에서 경영자에게 매우 중요한 척도가 된다. 끝으로 최소의 이론적 용량을 지닌 자원 풀을 이론적 병목자원 풀이라고 부른다. 그러므로 프로세스의 이론적 용량 사용률은 병목자원 풀에 의해 결정된다.

5.5 흐름률을 관리하는 방안

프로세스의 흐름률을 개선하는 방안들을 알아보자. 앞에서도 언급되었듯이 이러한 방안은 기업의 이익과도 직결된 문제다. 기업프로세스를 운영하는 비용 중 큰 부분은 고정비용이므로, 흐름률을 개선하면 기업의 이익창출에 큰 도움이 된다. 우선 **흐름률 이윤승수**(throughput profit multiplier)의 개념을 소개한다.

흐름률 이윤승수 = 이윤 변화률 %/흐름률 변화률 % **(5.4)**

예제 5.7을 참조.

예제 5.7

기업이 자원을 보유하고 운영하는데 고정비용을 한 달에 180,000달러를 사용한다. 단위제품의 판매수익은 22달러이며, 변동비는 2달러이다. 따라서 공헌이익은 20달러이다. 2010년 7월의 흐름률은 10,000단위다. 따라서 이윤은 다음과 같이 얻을 수 있다.

20달러/단위 × 10,000단위 − 180,000달러 = 20,000달러

프로세스 개선팀은 8월에 흐름률을 개선해 7월의 10,000단위에서 10,100단위로 1% 증가시켰다. 따라서 다른 요소가 변하지 않는 한 8월의 이윤은 다음과 같이 얻을 수 있다.

20달러/단위 × 10,100단위 − 180,000달러 = 22,000달러

1%의 흐름률 증가는 10%, 10배의 이윤증가를 창출한다. 따라서 이 경우의 흐름률 이윤승수는 (이윤 변화률 10%)/(흐름률 변화률 1%) = 10이다.

예제 5.7과 같이 흐름률 이윤승수를 백분율의 비율로 얻을 수도 있지만, 다음과 같은 방법으로 얻을 수도 있다.

흐름률 이윤승수 = 흐름단위의 공헌이익/흐름단위의 이윤 **(5.5)**

식 5.5를 예제 5.7에 응용하면 다음과 같은 결론을 얻을 수 있다. 흐름단위의 공헌이익은 20달러, 7월의 흐름단위 당 이윤은 20,000달러/10,000달러 = 2달러이다. 따라서 식 5.5에 대입하여

다음과 같이 얻을 수 있다. 흐름률 이윤승수=(흐름단위의 공헌이익 20달러)/흐름단위의 이윤 2달러)=10이다. 흐름률 이윤승수가 클수록 흐름률 개선에 따르는 재무적인 이득도 커진다. 따라서 이익승수가 클수록 그만큼 기업도 흐름률을 개선하고자 노력할 것이다.

5.5.1 프로세스 개선 지도 작성

흐름률 개선을 본격적으로 진행하기 전에 개선에 대한 큰 그림을 분석함으로써 개선노력의 방향을 결정할 수 있다. 이러한 접근법을 **프로세스 개선 지도 작성**(process improvement mapping)이라고 한다. 현재까지 알아본 바를 기초로 다음과 같은 관계를 얻을 수 있다.

$$\text{흐름률} \leq \text{유효용량} \leq \text{이론적 용량} \tag{5.6}$$

만약에 흐름률이 유효용량보다 많이 작으면 "병목이 외부에 존재한다."라고 한다, 즉 프로세스의 외부요인 (예를 들어 수요요인 또는 공급요인)에 의해 제약을 받는다는 뜻이다.

따라서 흐름률을 증가시키기 위해 외부에 존재하는 병목현상을 해결하여야 한다. 예를 들어 수요감소가 외부병목이라면 가격조정, 품질향상 또는 마케팅 홍보전략 등을 통해 외부병목을 제거하여야 한다. 만약에 공급요인이 외부병목이라면 다른 공급처를 개발하거나 공급망을 더 효율적으로 운영할 필요가 있다.

만약에 흐름률과 유효용량이 비슷하다면 "병목이 내부에 존재한다."라고 한다. 이 경우 용량을 증가시켜 흐름률을 증진시킨다. 두 가지 방안을 고려해 볼 수 있다. 첫 번째는 기업의 제품믹스를 수정하여 이윤을 창출하는 방안을 모색해 볼 수 있다. 이 부분은 5.3.2절을 참조하기 바란다. 반면에 용량 자체를 물리적으로 증가시키는 방안을 고려해 볼 수 있다. 이러한 방안을 고려할 때 식 5.6을 참조하면 많은 도움을 얻을 수 있을 것이다. 특히 유효용량과 이론적 용량이 비슷하다면 자원들이 아주 효율적으로 사용되고 있다는 것이므로 용량을 늘리기 위해서는 추가 자본투자가 이루어져야 한다는 뜻이다. 이 부분은 5.5.2절에서 자세히 언급될 것이다. 반면에 만약에 유효용량이 이론적 용량보다 많이 작으면 현재 자원들이 효율적으로 사용되고 있지 않다는 것이므로 낭비요소를 제거하는 것이 급선무가 될 것이다. 이 부분은 5.5.3절에서 상세하게 다루어 질 것이다.

5.5.2 자원의 양을 증가시키는 방안

만약에 프로세스의 유효용량과 이론적 용량이 비슷하다면 이론적 용량을 증가시켜 유효용량을 증가시키는 방안을 선택해야 한다. 이론적 용량을 증가시키는 방안은 자원 풀에 있는 자원의 양을 증가시키는 방안과 직결된다. 이는 다음과 같은 방안을 통해서 달성할 수 있다.

1. 자원단위의 수적 증가
2. 자원단위의 크기 증가
3. 자원의 운영시간 연장
4. 외주 조달
5. 자원이 활동하는 속도 증진

이상 방안들은 병목자원을 중심으로 행해져야 한다. 다섯 가지 방안을 좀 더 자세히 설명하자.

자원단위의 수적 증가: 병목자원 풀에 더욱 많은 자원을 배치함으로써 이론적 용량을 증가시킬 수 있다. 유의할 점은 병목자원 풀의 용량을 증가시킴으로써 병목이 다른 자원 풀로 이전 될 수 있다.

자원단위의 크기 증가: 자원이 동시에 복수의 흐름단위를 처리하게끔—**로드 뱃치**(load batch)—하여 자원의 용량을 증가시킬 수 있다. 예를 들어, 빵을 굽는 오븐이 병목일 경우, 오븐의 용량은 로드 배치를 증대시킬 수 있는 새로운 오븐을 배치 시킴으로써 증가시킬 수 있다.

작업시간 연장: 병목자원의 운영시간을 늘림으로써 가용시간(scheduled availability)을 증가시킬 수 있다. 빵을 굽는 프로세스의 병목이 오븐이라고 가정하자. 하루에 오븐을 8시간 운영한다고 하자. 이 경우 오븐을 하루에 8시간 이상 운영함으로써 프로세스 용량을 증가시킬 수 있다. 생산과 서비스 운영에서 작업자의 근무 시간을 늘리는 방안은 용량을 증가시키기 위한 보편적으로 사용되는 방법이다.

외주 조달: 이 방법은 용량을 증가시키기 위해 빈번하게 사용되는 방법으로 기업이 자원 수를 늘리거나 크기를 늘려 직접 용량을 증가시키기보다 외부에 주문을 주어 용량문제를 해결하는 방안이다.

자원이 활동하는 속도 증진: 병목자원이 활동하는 데 사용하는 시간을 단축함으로써 용량을 증가시킬 수 있다. 그러나 이러한 방안은 때때로 투자를 통해 더 신속하게 작업을 할 수 있는 생산장비를 구입해야 할 필요가 있다.

5.5.3 자원 용량의 낭비요소 제거

병목자원의 낭비요소를 제거함으로써 용량을 효과적으로 증대시킬 수 있다. 다음과 같은 방안들은 이러한 목적을 달성하는 데 도움이 된다.

1. 비 가치창출 시간의 제거
2. 불량품 생산과 반복작업(재작업) 제거
3. 가용시간 손실(availability loss) 제거
4. 생산(가동)준비 시간 감소
5. 일부 활동을 비 병목자원으로 이동
6. 방해요소에 의한 낭비 제거

위에서 언급한 1항과 2항은 4장에서 언급한 내용과 유사하다. 단 차이점은 4장에서는 주공정에 초점을 둔 데 반해 5장에서는 병목자원에 초점을 둔다. 나머지 세 가지 방안에 대하여 좀 더 상세히 알아보자.

가용시간 손실 제거: 파손과 생산중단 등 사건은 프로세스의 가용시간을 감소시킨다. 따라서 이러한 손실은 보수, 유지 정책을 개선하거나, 생산시간 이외의 시간으로 예방 유지 계획을 이전하거나, 파손의 빈도나 기간 단축에 의해 줄일 수 있다.

생산(가동)준비시간 낭비 제거: 생산(가동) 준비와 생산전환(changeover)은 흐름률을 감소시킨다. 생산준비와 생산전환에 의해 초래되는 시간 낭비는 전환 빈도를 감소시키거나, 제품 믹스를 변경하거나, 생산준비에 요구되는 시간을 감축하여 줄일 수 있다(보다 자세한 사항은 부록 5.1에서 언급할 것이다) 생산전환 빈도를 감소시킴으로써 다른 제품라인 생산으로 전환하기 전에 많은 양의 제품을 생산하게 된다. 그러나 증가한 생산량은 더욱 높은 재고와 더욱 긴 흐름 시간을 유발한다는 점에 유의할 필요가 있다(이 부분은 6장에서 언급할 것이다).

일부 활동을 비 병목자원으로 이동: 병목 자원이 처리하는 활동 중의 일부를 비 병목자원으로 이전시킴으로써 용량을 증가시킬 수 있다. 이러한 방안을 구현하기 위해 비 병목자원의 유연성을 높일 필요가 있다. 때로는 투자를 통해 생산장비의 유연성을 높일 필요가 있으며 작업자를 교차 훈련해 기술 수준과 유연성을 향상할 필요가 있다.

방해요소에 의한 낭비 제거: 방해요소에 의한 낭비는 자원들의 상호작용 능력이 낮으며 동조화(synchronization)가 되어 있지 않아 발생한다. 예를 들어

- **고갈**: 프로세스 상부에 있는 자원이 문제를 일으켜 프로세스 하부에 있는 자원에 투입되는 원자재를 고갈시켜 유휴 상태를 가져올 수 있다.
- **거부**: 반대로 하부에 있는 프로세스 자원이 문제를 일으켜 상부에 있는 프로세스 자원이 방해를 받아 산출을 못 할 경우가 있다.

두 가지 경우 모두 자원 자체에 문제가 발생한 것이 아니라 연결된 자원들이 문제를 일으켜 발생하는 용량낭비다. 병목자원과 인접해 있는 자원 간에 충분한 버퍼재고를 추가하여 독립성을 제고시켜 고갈현상과 거부현상을 피할 수 있다. 예를 들어, 부품 A와 B를 조립하여 제품을 만든다고 가정하자, 조립과정은 그 이전의 부품 생산과정으로부터 A와 B 중 어느 하나의 부품이 공급되지 않아 중단될 수 있다. 이 문제는 A와 B 부품의 재고 버퍼를 늘림으로써 최소화시킬 수 있다. 이 부분은 7장과 8장에서 자세하게 알아볼 것이다. 이 외에도 프로세스의 동조화를 통해 이러한 낭비요소를 제거할 수 있다. 이 부분은 10장에서 상세하게 언급할 것이다.

5.5.4 병목자원의 이전

앞에서 언급되었던 것처럼 프로세스의 용량을 증가시키기 위한 유일한 방법은 프로세스의 병목(외부 또는 내부)을 찾아낸 후 병목의 용량을 증가시키는 것이다. 하지만, 병목은 이동할 수도 있다는 점에 유의할 필요가 있다. 일단 병목이 이전되면 과거의 병목에 대한 투자는 용량을 증가시키는데 더 이상의 효과를 볼 수 없다. 프로세스 용량을 증가시키기 위해서는 새로운 병목의 용량을 증가시켜야 한다. 그러므로 개선과정은 다음과 같은 순환과정을 반복하게 된다.

1. 프로세스의 병목(외부 또는 내부)을 확인한다.
2. 병목이 이전될 때까지 용량을 증가시킨다.
3. 새로운 병목을 식별해 내고, 단계 2를 반복한다. 병목은 위의 단계들을 반복함에 따라 내부에서 외부로 옮겨질 수도 있다는 점에 주목하자. 용량 개선 순환과정에 대한 보다 상세한 설명은 Goldratt(1990)를 참조하기 바란다.

요약

3장에서는 세 가지 프로세스성능 척도—흐름 시간, 흐름률, 재고—를 정의하고 그들의 관계를 논의했다. 4장에서는 첫 번째 성능 척도인 흐름시간에 대해서 공부했다. 이번 장에서는 프로세스의 흐름률을 알아보았다.

흐름률은 단위 시간당 프로세스를 통과하는 평균 흐름단위 수이다. 용량은 프로세스의 유지가 가능한 흐름률이다. 높은 흐름률은 주어진 기간에 더욱 높은 가치를 창출하기 때문에 기업의 성능을 측정하는 중요한 척도가 된다. 부족한 용량은 불필요한 대기시간을 가져올 수 있으므로 용량은 흐름시간 관점에서도 중요하다.

프로세스의 용량은 자원과 자원 풀의 크기와 효율성에 의해 결정된다. 프로세스의 유효용량은 프로세스의 용량에 대해 근사치 값으로 쓰일 수 있으며 용량과 자원의 연관관계를 분석하는데 유용한 척도로 쓸 수 있다. 유효용량은 프로세스의 병목자원에 의해 결정된다. 용량 사용률은 흐름률과 유효용량의 비율이다.

이론적 용량은 프로세스의 최대용량으로 모든 낭비요소가 완전히 제거된 상태의 용량이다. 이론적 용량은 실제로 성취될 수 없는 이상적인 목표를 나타낸다. 이론적 용량 사용률은 프로세스의 현실과 이상 간의 차이를 보여주고 있다. 병목이 외부에 있을 때, 흐름률은 마케팅 판매촉진 또는 공급 루트의 개선으로 개선될 수 있다. 병목이 내부에 존재할 때 흐름률은 프로세스 용량을 증가시킴으로써 증가할 수 있다. 또한, 프로세스 용량은 제품믹스를 변경하거나 물리적 용량을 증가시켜 증가시킬 수 있다.

주요 등식 및 기호

(5.1) 자원 풀 i의 유효용량 $= c_i / T_i$

(5.2) 자원 풀 i의 용량 사용률 $u_i =$ 흐름률/자원 풀 i의 유효용량

(5.3) 이론적 용량 = 유효용량/(1−CWF)

(5.4) 흐름률 이윤승수 = 이윤 변동율 %/흐름률 변동율 %

(5.5) 흐름률 이윤승수 = 흐름단위의 공헌이익/흐름단위의 이윤

(5.6) 흐름률 ≤ 유효용량 ≤ 이론적 용량

T_i = 자원 풀 i에 속하는 자원 단위의 단위 부하시간
c_i = 자원 풀 i에 포함된 자원단위 수
CWF = 용량 낭비율
u_i = 자원 풀 i의 용량 사용률

주요 용어

가동준비 배치(setup batch)
거부(blocking)
계획 가용시간(scheduled availability)
고갈(starvation)
단위 공헌이익(unit contribution margin)
로드 배치(load batch)
병목(bottleneck)
생산(가동)준비(setup)
생산전환(changeover)
용량 이용률(capacity utilization)
자원단위(resource unit)
자원단위의 단위 부하시간(unit load)
자원단위의 유효용량(effective capacity)
자원단위의 이론적 용량(theoretical capacity)
자원병합(resource pooling)
자원 풀(resource pool)
자원 풀의 유효용량
자원 풀의 이론적 용량
총 단위 부하시간(total unit load)
프로세스 개선 지도 작성(improvement mapping)
프로세스의 유효용량
프로세스의 이론적 용량
흐름률 이윤승수(throughput profit multiplier)

토의 과제

5.1 당신이 가장 좋아하는 레스토랑을 상상해 보자, 자원 풀(묶음)과 병목을 식별하고, 용량 이용률을 평가하여라.

5.2 사우스웨스트항공사와 같은 항공사의 단위 부하시간(로드)과 총 단위 부하시간(로드)을 설명해 보아라.

5.3 프로세스의 이론적 용량은 프로세스의 이론적 흐름시간의 역수(반비례적) 개념이다. 이에 동의하는가? 설명하라.

5.4 용량과 흐름률을 개선하기 위해 생산(가동)준비 감축에 중점을 둔 서비스 기업의 예를 열거하라.

5.5 흐름률과 이익을 최대화하기 위해 최적 제품믹스를 결정한 기업의 예를 열거하라.

5.6 다음 문장에 대해 의견을 제시하라. '이익 최대화를 하기 위해 항상 가장 높은 공헌이익을 지닌 제품을 우선 생산해야 한다.'

5.7 다음 문장에 대해 의견을 제시하라. '병목자원의 자원 단위 수를 두 배로 늘리면 항상 프로세스 용량을 두 배로 늘릴 수 있다.'

5.8 다음 문장에 대해 의견을 제시하라. '각 자원 풀의 사용률을 최대로 하는 것은 부질없는 행동이다.'

연습 문제

5.1 부동산 개발프로젝트에 관한 법적 자문을 특화한 법률사무소는 고객을 위해 개발 프로젝트의 계약서를 작성한다. 부동산프로젝트는 두 부류—쇼핑센터 프로젝트와 의료복합센터 프로젝트—가 있다. 각 부류의 개발프로젝트 계약서를 작성하는 데 사용하는 시간은 표 5.8에 나열하였다. 표 5.8에는 각 부류에 특화한 전문가와 인원수도 정리하였다. 2010년 11월 법률사무소는 두 부류의 계약서를 각각 75건 완성하였다(총 150건). 한 달에 20일을 작업한다고 가정하자.

a. 프로세스의 유효용량을 계산하라.

b. 150건 모두 11월에 완성할 수 있었는지 분석하라.

c. 만약에 11월에 150건 모두 완성하고자 한다면 각 부류의 전문가들을 몇 명 고용했어야 하는가?

***5.2** 예제 5.1의 쇼핑센터 계약서에서 얻는 수익은 4,000달러, 의료복합센터에서 얻는 수익은

표 5.8 법률 사무서의 데이터

	쇼핑센터의 단위 부하시간 (시간/계약서)	의료복합센터의 단위 부하시간(시간/계약서)	전문가 인원수	전문가 1인당 가용시간 (시간/일)
법무사	4	6	4	6
세무변호사	1	3	3	8
고급파트너	1	1	2	4

5,000달러이다. 변동비는 두 프로젝트 모두 0이라고 가정한다. 사무실을 운영하는데 고정비는 월 500,000달러이다.

a. 어떤 프로젝트가 많은 이윤을 창출하는지 결정하여라.

b. 현재의 제품믹스 (50%−50%)에서 하루에 공헌이익을 얼마나 창출하는지 계산하여라.

c. 현재의 제품믹스 (50%−50%)에서 법무사 한 명을 더 고용하는데 얻을 수 있는 이득은 얼마인가?

***5.3** Francois, Bernard와 Mimi는 시카고시 번화가 Gold Coast 지역에서 바쁜 직장인을 위한 초고속 서비스를 제공하는 Fast Service Hair (FSH) Salon을 공동운영하고 있다(그림 5.1 참조). FSH salon은 아침 6시 45분에 개점해서 저녁 9시까지 운영한다. FSH salon

에서는 샴푸와 스타일링 작업만을 한다. 샴푸를 하는데 평균 10분, 스타일링을 하는데 평균 15분, 계산대에서 계산하는데 평균 5분을 사용한다. 고객이 도착하면 우선 Bernard의 여동생 LuLu가 고객을 안내한다(3분 사용). 그 후 3인의 미용사 중 한 사람이 배정되며 모든 서비스(샴푸, 스타일링, 계산 모두 포함)를 진행한다.

a. FSH salon은 한 시간에 평균 고객 몇 사람을 처리할 수 있는지 계산하라.

b. FSH의 고객 중 한 사람이 계산 활동을 LuLu가 전담할 것을 제안하였다. 이론적 용량에 어떤 영향을 줄 것인가?

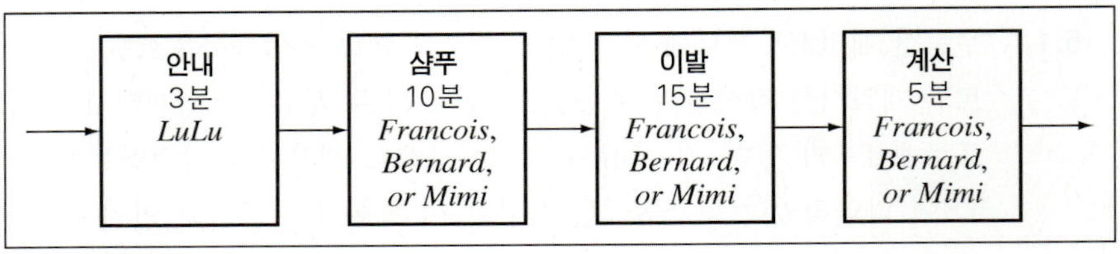

그림 5.1 Fast Service Hair Salon의 프로세스

5.4 한 개의 자원 풀을 사용하여 제품 A와 B를 생산하는 회사의 자원 풀은 하루에 가용시간이 900분이다. 제품 A와 제품 B의 공헌이익은 각각 20달러와 35달러이다.

a. 어떤 제품이 이익을 더 많이 창출하는지 결정하라.

b. 회사는 40%−60% 믹스를 사용하고자 한다. 일일 유효용량을 계산하라.

c. 40%−60% 믹스를 사용할 때 하루에 얻을 수 있는 이익을 계산하라.

5.5 보험회사는 2종류의 청구서—생명보험과 부동산보험—를 처리한다. 보험회사의 청구서 처리용량은 한 달에 1,000건이며, 현재 한 달에 보험 청구서 500건을 처리하고 있다.

a. 두 제품의 병목이 같다고 가정한 후 50%−50% 제품믹스 하에 보험회사의 용량을 계산하라.

***5.6** 회사의 한 달 평균 비용과 수익은 각각 1.5천만 달러과 1.8천만 달러이다. 비용의 33%는 변동비용이며 나머지 비용은 고정비용이다.

a. 흐름률 이윤승수를 계산하라.

5.7 연습 문제 5.1에서 법무사, 세무 변호사, 고급 파트너들의 용량 낭비율(CWF)은 각각 20%, 30%, 35%이다.

a. 프로세스의 이론적 용량을 계산하라.

참고 문헌

Eppen, G. D., F. J. Gould, C. P. Schmidt, J. H. Moore, and L. R. Weatherford. *Introductory Management Science*. 5th ed. Upper Saddle River, N.J.: Prentice Hall, 1998.

Goldratt, E. M. *Theory of Constraints*. Croton-on-Hudson, N.Y.: North River Press, 1990.

Goldratt, E. M., and J. Cox. *The Goal*. 2nd rev. ed. Barrington, Mass.: North River Press, 1992.

Winston, W. L. *Operations Research: Applications and Algorithms*. 2nd ed. Boston: PWS-Kent Publishing, 1991.

부록 5.1: 유효용량에 영향을 가하는 기타 요소: 로드배치, 계획된 가용시간과 생산(가동)준비

부록 5.1에서는 식 5.1에 자원크기(resource size), 작업시간, 생산준비 등 요소들을 어떻게 포함하는지 알아볼 것이다. 우선 첫 두 요소를 포함해 보자.

로드배치(load batch) 자원들은 흔히 복수의 흐름단위를 동시에 처리한다. 이런 현상을 로드배치라고 한다. 예를 들어 주어진 오븐에 동시에 10개의 빵을 구울 수 있다고 생각해 보자. 이 경우 로드배치를 10으로 본다. 5.2절에서 소개한 유효용량의 계산방법은 로드배치=1의 경우에 해당한다. 로드배치가 증가할수록 용량도 증가한다.

계획된 가용시간(scheduled availability) 각 자원단위는 전체 운영가능시간 (예를 들어, 하루에 8시간, 일주일에 5일)의 일정 비율만이 운영에 투입한다. 운영을 위해 투입할 수 있는 자원의 총 시간을 계획된 가용시간이라고 부른다. 다양한 자원의 계획된 가용시간은 서로 다를 수 있다. 예를 들어 어떤 작업반은 하루에 2교대(1교대=8시간/1일 운영, 2교대=16시간/1일 운영)를 운영하는가 하면 어떤 작업반은 하루에 1교대만을 운영(8시간 정상 근무)한다. 이보다 더욱 복잡한 운영패턴을 유지할 수도 있다. 예를 들어 몇몇 자원 풀은 특정 요일에만 몇 시간 작업에 투입할 수도 있다. 이런 경우 우리는 계획된 가용시간을 1주당 몇 시간으로 계산할 필요가 있다.

자원단위의 유효용량을 수정하여 로드배치(load batch)와 계획된 가용시간(scheduled availability) 요소를 포함할 수 있다.

LB_i를 자원 풀 i의 로드배치로 지정한다.
SA_i를 자원 풀 i의 계획된 가용시간으로 지정한다.

유효용량의 포괄적 수식을 다음과 같이 표현할 수 있다.

$$\text{유효용량(자원 풀 } i) = (c_i / T_i) \times LB_i \times SA_i$$

예를 들어 동시에 10개의 빵(로드배치=10)을 구울 수 있는 2개의 오븐을 생각해 보자. 굽는 시간은 15분이다. 오븐은 하루에 7.5시간(450분) 운영되도록 계획되어 있다. 자원 풀의 유효용력은 다음과 같이 얻을 수 있다. (2/15)×10×450 = 600단위/1일

다음으로 생산(가동)준비시간의 영향을 알아보자. 다양한 제품을 생산하는 프로세스에서는 제품라인 변경을 할 때 생산(가동)준비를 할 필요가 있다. 제품 라인을 바꾸기 위해 장비를 청소하고, 재설정하고, 기계 공구를 바꾸는 과정을 **생산(가동)준비** 또는 **생산전환**(changeover)이라고 부른다. 예를 들어 연구개발 부서 연구자들이 복수의 연구 프로젝트를 동시에 처리할 때 작업을 전환할 때마다 전환시간을 일으킬 것이다.

주어진 자원 풀 i를 위해 사용되는 평균 생산준비시간을 S_i라고 한다. 일단 생산준비가 완성

되면 동일제품을 1회 Q_i 단위를 생산한다고 가정하자. 그리고는 다시 생산준비를 하고 다른 제품을 생산한다. 이러한 생산방식을 반복적으로 수행한다. Q_i를 **생산준비배치**(setup batch) 또는 롯 크기(lot size)라고 한다.

Q_i 단위를 생산할 때마다 S_i 단위 시간만큼 생산준비를 하므로 단위당 평균생산준비시간은 S_i/Q_i이다. 이 시간을 제품의 단위 부하시간(로드)에 추가한 후 총 단위 부하시간(로드)을 구할 수 있다.

$$\text{총 단위 부하시간} = T_i + S_i/Q_i$$

생산준비요소를 고려한 유효용량을 계산하려고 단위 부하시간 대신 총 단위 부하시간을 사용한다. 따라서 유효용량은 다음과 같이 얻을 수 있다.

$$\text{자원 풀 } i\text{의 유효용량} = c_i/(T_i + S_i/Q_i)$$

예를 들어 제품의 단위 부하시간(로드) T_i=10분, 생산준비시간은 S_i=60분이라고 가정하자. 표 5.9에서 다양한 생산준비배치 Q_i, 총 단위 부하시간(로드), 그리고 유효용량들을 열거하였다.

적절한 생산준비배치의 크기를 어떻게 결정할 건지 알아보자. 생산배치를 크게 정할수록 총 단위 부하시간은 감소할 것이며 이로 인해 유효용량은 증가할 것이다. 그러나 배치 크기가 증가할수록 재고수준도 증가할 것이다. 따라서 리틀의 법칙(little's law)에 의해 흐름시간이 증가할 것이다. 6장에서는 이러한 상관관계를 좀 더 상세히 알아보고 최적의 배치크기를 결정할 것이다.

여기서 검토한 생산준비배치와 부록의 앞부분에서 검토한 로드배치는 아주 다른 개념인 점에 유의하기 바란다. 로드배치는, 빵을 굽는 오븐의 예에서 보여 주듯이, 자원 풀이 한번에 병행적(simultaneously)으로 처리(생산)할 수 있는 단위 수인데 반해 생산준비배치는 생산준비와 생산준비 간에 순차적(sequentially) 적으로 처리(생산)하는 단위 수이다. 로드배치는 대체로 생산장비의 과학기술적 능력의 제약을—예를 들어 오븐의 유형—받는데 반해 생산배치는 경영정책의 제약을 받는다—생산배치는 경영자가 자의적으로 결정한 단위량이다.

표 5.9 총 단위부하시간과 유효용량

Q (단위)	총 단위부하시간(분/단위)	용량(단위/시간)
5	10+ 60/5 = 22	60/22= 2.7
10	10+ 60/10 = 16	60/16= 3.75
20	10+ 60/20 = 13	60/13= 4.6
60	10+ 60/60= 11	60/11= 5.4
120	10+ 60/120 = 10.5	60/10.5= 5.7

부록 5.2: 선형계획법을 사용한 제품믹스 최적화 방안

최적 제품믹스 결정은 이익을 최대화하기 위한 자원배분의 과정으로 볼 수 있다. 5.3절에서 검토한 New Life Finance Inc.의 예를 다시 보자. 개업의사 청구서와 병원 청구서 외에도 세 번째 청구서인 정부 청구서도 처리한다고 가정하자. 각 청구소는 다음과 같은 4개의 자원 풀에서 처리된다: 우편실 직원, 데이터입력 직원, 청구서 처리직원, 청구 담당자.

분석하기 위해 다음과 같은 데이터가 주어졌다. 각 청구서의 공헌이익과 각 자원 풀의 단위 부하시간. 각 자원 풀이 보유하고 있는 자원단위 수도 주어졌다. 또한, 각 청구서 (제품)의 시장수요 정보도 주어졌다. 모든 정보는 표 5.10과 5.11에 정리하였다.

세 종류 청구서의 한 시간에 생산율(=수요율)을 P(개업의사), H(병원), G(정부)로 지정한다. 위 문제를 다음과 같은 선형계획법문제로 모형화하여 목적함수 식을 최대화하는 (이윤최대화) 값을 구한다.

1. 최대화 $5P + 6H + 4.5G$

제약조건:

2. $1P + 1.5H + 2G \leq 60$

3. $5P + 6H + 5G \leq 480$

4. $8P + 8H + 10G \leq 720$

5. $2.5P + 4H + 4.5G \leq 300$

6. $P \leq 30$

7. $H \leq 50$

8. $G \leq 40$

9. P, H, G는 양수(0보다 크거나 같다)

표 5.10 NewLife Finance의 단위부하시간

		단위 부하시간(분/안건)		
자원	단위	개업의사	병원	정부
우편실 직원	1	1.0	1.5	2.0
데이터입력 직원	8	5.0	6.0	5.0
청구서 처리 직원	12	8.0	8.0	9.0
청구 담당자	5	2.5	4.0	4.5

표 5.11 NewLife Finance의 단위 공헌이익과 수요

	개업의사	병원	정부
공헌이익($/단위)	5	6	4.5
수요(단위/시간)	30	50	40

목적함수 1은 재무(금전적) 흐름률이며 이를 최대화하고자 한다. 제약 식 2−5는 자원 풀에 대한 제약 식으로 주어진 용량을 초과하지 않는 범위에서 생산해야 한다는 뜻이다. 제약 식의 우측 상수는 자원 풀 안에 있는 자원단위 수 곱하기 60분으로 계산하였다. 제약 식 6−8은 수요에 대한 제약 식들이다. 끝으로 제약 식 9는 음수(−)의 흐름률이 발생하지 않게끔 보장하는 제약식이다. 이러한 문제는 예를 들어 Microsoft Excel의 해 찾기(solver)기능으로 풀 수 있다 (Winston 1991 참조 바람). 이윤을 극대화하는 최적값은 다음과 같다.

P=30
H=20
G=0

이렇게 생산을 하면 이윤은 한 시간에 270달러가 되며 병목자원은 우편실 직원이다.

New Life Finance Inc.의 단순한 예에서는 우편실 직원이 모든 고려할 수 있는 제품믹스에서 병목이라는 것을 쉽게 얻을 수 있다. 그리고 가장 이익을 많이 창출하는 제품은 P, 그다음은 H와 G 순이다. 따라서 New Life Finance Inc.는 가능한 한 개업의사 청구서를 많이 생산(처리)해야 한다. 그러나 개업의사의 한 시간에 최대 시장수요가 30이므로 30단위를 생산한다. 개업의사 한 단위 생산에 병목자원 1분이 필요함으로 한 시간에 30분을 사용한다. 다음으로, 높은 이윤을 창출하는 제품은 병원청구서(H)다. New Life Finance Inc.는 병원 청구서 최대수요와 남은 병목자원 시간을 고려하여 가능한 한 많은 병원청구서를 처리(생산)하여야 한다. 병원청구서의 단위 부하 시간은 1.5분이다. 나머지 병목자원 시간 30분을 병원청구서를 처리하는데 다 쓰면 20단위를 생산할 수 있다. 병원 청구서의 최대시장수요는 한 시간에 50단위이다. 따라서 병원 청구서 20단위를 생산할 수 있다. 결국, 이렇게 생산하면 모든 병목자원의 용량을 다 쓰게 된다. 따라서 정부청구서(G)를 생산할 수 없게 된다.

현실적인 문제를 모형화한 선형계획법 문제는 대체로 방대하며 무척 복잡한 형식을 취한다. 이러한 문제들을 풀기 위한 수리적 기법은 경영과학 교제들을 참조하면 자세하게 설명되어 있다.

Chapter

6

재고 분석

서론

미국의 건강관리 업계는 최근 서비스의 질적 개선을 위한 다양한 압력에 직면하고 있으며 수입 감소 비용증가 등 여러 가지 악재들에 시달리고 있다. 연구조사에 의하면 병원들이 예산의 25%에서 30% 정도를 의료품, 수술 장비 및 약품공급에 사용하고 있다고 한다. 일반적으로 주문, 구매, 지불 등 물품조달 업무들이 수작업에 의해 진행되고 있어서 때로는 조달비용이 구매원가보다 더 높이 발생하는 경우도 발생하였다. 병원 내 부서들은 각자 독립적인 물품조달 기능을 운영하여 높은 비용구조를 보이고 있으며 중복 주문으로 인해 불필요하게 많은 재고를 보유하고 있다. 따라서 공급라인을 합리화하고 재고를 줄이기 위한 구매업무의 개선이 시급하다.

지난 몇 년간, 몇몇 병원들은 재고관리 시스템을 효율적으로 개선하기 위한 다양한 개선방안을 구현하였다. 조지아주에 있는 Phoebe Putney Health System은 향후 5년 내에 3백만 달러를 감축시킬 수 있는 계획을 추진하고 있다. Memorial Sloan Kettering Institute는 구매기능을 효과적으로 관리하기 위해 인터넷을 이용하고 있다. 9개의 병원으로 구성된 네트워크를 운영하고 있는 덴버시의 Centura Health는 구매조달에 지출되는 연비용 1억 달러를 줄이기 위해 전자상거래방식을 도입하였다. 이러한 개선방안에 앞서 정보기술과 재고관리시스템에 대한 상당한 양의 투자가 선행되어야 한다. 따라서 투자가 보다 합리적으로 진행될 수 있게끔 투자를 하기 전에 병원의 관리자는 현재의 시스템이 어떻게 운영되고 있는지 상세하게 파악해둘 필요가 있다.

비단 건강관리 산업만이 아니라 다른 산업에서도 건강관리 산업과 마찬가지로 재고압박과 비용증가의 어려움을 겪고 있다. 즉, 이러한 문제는 모든 산업에 보편적으로 산재하고 있는 문제라고 볼 수 있다. 예를 들어 Borders Group, Barnes & Noble, Amazon은 미국 내 3대 도서판매업체들이다. 2009년 Borders Group의 연간 판매수익은 27.9억 달러, 마진율은 21.5%이며 평균보유 재고는 145일분이다. 반대로 Barnes & Noble은 121일 분량의 재고를 보유하였다. 만약에 Borders Group이 재고를 Barnes & Noble의 수준 (121일분)으로 감소시킬 수 있었다면 연간 1.47억 달러의 비용감소 효과를 얻었을 것이다.

거시 경제적 측면에서 보면, 2009년 미국은 재고와 관련된 비용이 GDP의 2.5% 정도를 차지하고 있다. 미국 상무부에 따르면, 2009년 연간 판매액이 12조 달러를 기록한데 반해 월평균 재고액은 1.37조 달러에 달한다고 한다. 생산업, 도매업, 그리고 소매업에서 재고는 각각 5.22천억 달러, 4.04천억 달러, 4.11천억 달러 수준을 기록하였다. 이러한 수치는 재고를 효과적으로 관리하여 비용을 현저히 줄일 기회가 있다는 점을 암시한다.

재고를 보유하는 이유는 무엇인가? 조달비용이 재고관리에 주는 영향은 무엇인가? 다양한 개체의 구매행위를 통합하여 공동구매 하는 행위가 재고관리에 주는 영향은 무엇인가? 재고관리 정책이 기업의 이윤에 어떤 영향을 미치는가? 이번 장과 다음 장에서, 우리는 이러한 질문에 대한 해답을 얻고자 한다.

우선 재고의 다양한 분류에 대해 공부를 한 후에 재고를 보유하여야 하는 이유와 재고와 관련된 비용에 대해 알아보고자 한다. 그 후 규모의 경제효과가 재고관리에 주는 영향을 분석할 것이다. 7장에서는 수요 또는 공급의 이 불확실성을 고려한 재고관리정책을 알아볼 것이다.

본 장의 6.1절에서는 프로세스의 다양한 부위에 있는 재고를 분류한 후 이론적 재고의 기본개념을 소개한다. 6.2와 6.3절에서는 재고를 보유해야 하는 이유와 다양한 재고비용들을 알아볼 것이다. 6.4절은 뱃치 (batch) 주문구매와 뱃치생산이 재고관리에 어떤 영향을 줄 것인지를 알아볼 것이다. 6.5절은 비용과 이익이 균형을 이루는 최적 재고수준을 알아볼 것이다. 6.6절은 주문리드타임의 효과를 알아볼 것이다. 6.7절에서는 주기적 재고주문모형을 논의할 것이다. 마지막으로 6.8절에서는 다양한 부류의 재고를 관리하는 방안들을 요약한 후 이번 장을 결론지을 것이다.

6.1 재고의 분류체계

4장과 5장에서 공부했던 흐름시간, 흐름률과 더불어 재고는 프로세스 성능의 세 번째 측정 척도이다. 재고를 정확히 측정하기 위해 프로세스의 구역을 확실하게 정의 두어야 한다. 재고는 프로세스 구역 내에 존재하는 모든 흐름단위의 합으로 정의된다. 리틀의 법칙에 의하면 평균 재고는 평균 흐름시간, 평균 흐름률과 함수관계를 유지하고 있으므로 재고를 통제하면 흐름시간과 흐름률을 간접적으로 통제할 수 있다. 또한, 재고는 프로세스 성과에 직접적인 영향을 줌으로 비즈니스 프로세스관리에 중요한 역할을 한다.

재고는 프로세스 구역 내에 있는 다양한 형태의 모든 흐름단위를 포함한다. 프로세스 내에서 차지하는 위치나 상태에 따라 우리는 재고를 다음과 같은 범주들로 구분할 수 있다.

1. **투입재고**(input inventory): 프로세스를 시작하기 위해 기다리는 흐름단위.
2. **재공재고** (in-process inventory): 프로세스 처리 중인 흐름단위.
3. **산출재고**(outputs inventory): 처리가 완료된 상태로 프로세스를 아직 빠져나가지 못한 흐름단위.

그림 6.1은 프로세스 흐름과 3종류의 재고범주를 설명하고 있다.

재공재고는 **재공품 재고**(work in process inventory) 또는 **운송 중 재고**(in transit inventory)로 분류될 수 있다. 재공품 재고는 생산 또는 서비스 운영에서 처리 중인 흐름단위이다. 운송 중 재고 또는 **파이프라인 재고**(pipeline inventory)는 운송되고 있는 흐름단위이다.

생산 프로세스의 투입재고는 주로 가공하지 않은 원재료 또는 부품을 뜻하며 재공재고는 제조과정에 있는 모든 반제품을 포함한다. 그리고 산출재고는 완성된 최종제품을 뜻한다. 또한, 특정 프로세스의 산출재고는 그림 6.2와 같이 다른 프로세스의 투입재고가 될 수 있다.

일반적으로 서비스 프로세스의 흐름단위는 고객이다. 따라서 투입재고를 서비스를 기다리고 있는 고객으로 보면 되고 재공재고는 서비스를 받고 있는 고격으로 보면 된다. 서비스가 완료되면 고객은 산출재고로 프로세스를 떠날 준비를 한다. 서비스 프로세스의 재고관리는 8장에서 다시 언급될 것이다.

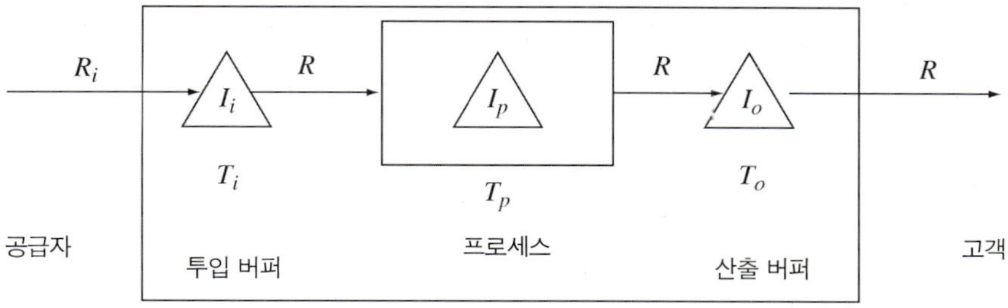

그림 6.1 프로세스 흐름과 재고

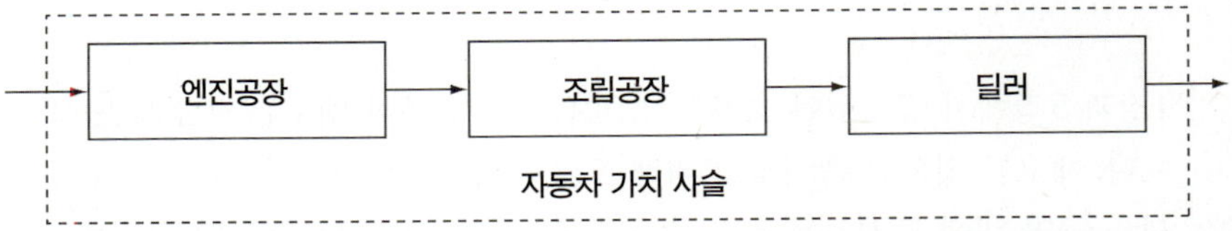

프로세스	투입재고	재공 재고	산출 버퍼
엔진공장	엔진 부품	미완성 엔진	엔진 완제품
조립공장	엔진 완제품 및 기타 부품	미완성 자동차	자동차
딜러(판매)	자동차	자동차	—

그림 6.2 자동차 회사의 재고분류

다음과 같이 기호를 정의한다.

투입재고 $= I_i$
재공재고 $= I_p$
산출재고 $= I_o$

그리고 프로세스 내의 총재고, I는 다음과 같이 표현된다.

$$I = I_i + I_p + I_o$$

프로세스를 통과하는 흐름단위는 원자재에서 완제품이 되기까지 세 가지 재고형태를 모두 거치게 된다. 또한, 흐름시간은 다음과 같이 정의한다.

투입재고 흐름시간 $= T_i$
재공재고 흐름시간 $= T_p$
산출재고 흐름시간 $= T_o$

따라서 흐름시간은 다음과 같이 표현될 수 있다.

$$T = T_i + T_p + T_o$$

3장에서 설명한바와 같이 리틀의 법칙에 따라 $I=R\times T$가 된다. 세부 재고부류에서도 리틀의 법칙은 똑같이 적용된다. 예를 들어 $I_i=R\times T_i$가 된다.

이론적 재고 리틀의 법칙은 평균의 개념으로 적용된다. 그러나 현실적 재고수준은 투입과 산출 간에 차이가 있으므로 시간이 지남에 따라 증감 현상을 반복한다. 3장에서 재고의 동태적 특성과 재고의 축적과정을 알아보았다. 프로세스 유입이 프로세스 유출보다 많을 때 프로세스의 각 단계에 재고가 축적된다. 반대로 프로세스 유출이 유입보다 많을 때는 재고가 감소한다.

프로세스에는 항상 일정량의 재고가 존재하기 마련이다. 심지어 완전하게 균형이 유지된 프로세스—투입률, 생산율, 산출률이 완전히 동일—도 최소한의 재공재고는 존재한다. 4장에서 논한 이론적 흐름시간의 개념을 다시 생각해 보자. 버퍼에서 대기하지 않는다 하여도 흐름단위는 프로세스 구역 내 각 제조과정을 통과하기 위해 최소한의 시간을 사용한다. 따라서 어느 정도의 산출을 유지하기 위해서는 최소한의 재고를 프로세스 내에 보유하게 된다. 이미 논의되었던 이론적 흐름시간과 이론적 용량의 개념과 함께 **이론적 재고**(theoretical inventory)를 소개한다. 이론적 재고를 I_{th}로 표시한다. 이론적 흐름시간과 유사하게 이론적 재고는 프로세스 흐름률 R을 유지하기 위한 최소한의 재고수준이다. 이는 다음과 같이 표현된다.

$$\text{이론적 재고} = \text{흐름률} \times \text{이론적 흐름시간}$$

$$I_{th} = R \times T_{th} \qquad \textbf{(6.1)}$$

이론적 재고는 흐름단위가 버퍼에서 전혀 대기 또는 지연하지 않는다는 가정에 따라, 주어진 흐름률을 유지하기 위한 프로세스 내에 존재하는 최소한의 흐름단위수량을 뜻한다. 이론적 흐름시간과 마찬가지로 이론적 재고는 현실적으로 달성하기 어려운 이상적인 상태이다.

현실적으로 흐름단위는 어느 제조단계를 막론하고 처리되기 전에 대기하게 되므로 이론적 흐름시간(T_{th}) 보다 긴 흐름시간을 프로세스 내에서 사용하게 된다. 따라서 재공재고는 이론적 재고보다 큰 값을 취하게 된다.

프로세스의 분리 투입과 산출 재고는 버퍼를 형성하여 프로세스를 환경으로부터 분리해 독립적인 운영을 가능케 한다. 투입재고는 프로세스 관리자로 하여금 투입자재의 공급속도와 무관하게 프로세스율을 자유롭게 관리할 수 있도록 하며, 산출재고는 제품수요와 무관하게 자유롭게 프로세스를 관리할 수 있도록 한다.

만약 버퍼에 투입하는 유입(공급)이 유출(수요)을 초과한다면, 초과분은 버퍼에 누적된다. 반대로 유출이 유입을 초과한다면, 버퍼는 감소한다. 특정 프로세스의 버퍼가 비어 버리면 다음 단계 프로세스에 고갈(starved) 현상을 가져올 수 있다. 5장에서 언급했듯이 고갈은 프로세스의 성능을 약화시킨다. 고갈을 예방하기 위해 일정 수준의 버퍼재고를 유지할 필요가 있다. 버퍼재고를 이용하여 고갈현상을 예방하는 방안은 7장에서 자세하게 논의할 것이다.

6.2 재고 이익

기업은 왜 재고를 보유할까? 이미 언급한 바와 같이 이론적 재고라 불리는 프로세스의 최소 재고수준은 주어진 프로세스 흐름률을 유지하는 데 필요한 재고량이다. 재고를 이론적 재고보다 적게 보유하면 흐름률이 줄어든다. 물품은 물류루트를 통해 운송된다. 운송 또는 물류라인에 수송 중인 재고를 파이프라인 재고라고 한다. 파이프라인 재고는 사업활동을 많은 지역으로 분산할 수 있게끔 한다. 하지만, 현실적인 면을 볼 때 대다수 기업은 이론적 재고와 파이프라인 재고보다 많은 재고를 보유하고 있다. 기업은 무슨 이유로 이렇게 많은 재고를 보유하여야만 하는가? 이 질문에 대한 네 가지 이유를 알아볼 것이다.

6.2.1 규모의 경제

산출량이 증가하면서 평균비용은 하락한다. 우리는 이러한 현상을 **규모의 경제**(economies of scale)라고 한다. 규모의 경제는 구매, 생산, 또는 운송과 같은 영역에서 외부요인 또는 내부요인에 의해 빈번히 발생한다. 기업이 많은 재고를 보유하는 이유 중 하나는 규모의 경제를 추구하고자 하기 때문이다. 예를 들어 공급자가 가격 할인을 제공해 준다면, 구매자는 필요한 양보다 많은 양을 구매하여 규모 경제성을 추구할 것이다. 또한, 기업 내부에서 물품 주문을 할 때 고정주문비용이 발생한다면 기업은 가능한 많은 양의 제품을 주문하여 평균 고정주문비용을 줄이고자 노력할 것이다. 여기서 **고정주문비용**은 다음과 같은 항목들을 포함한다—주문을 관리하는 비용, 자재를 운송하는 비용, 배달을 받고 검사하는 비용—이러한 비용들은 주문량과 무관하며 주문빈도에 영향을 받는다. 예를 들어, 짐을 실어 수송하는 트럭의 운송비용은 주문량의 크기보다는 주문빈도에 더 크게 영향을 받는다. 제품생산을 하는 경우를 생각해 보자. 생산하기 직전 **고정 생산준비비용**이 발생한다—생산설비 보수, 장비변경 등에서 발생하는 시간 또는 비용. 생산준비 시간에는 실제로 제품생산이 이루어지지 않으므로 상대적으로 흐름률을 감소시키는 효과를 가져온다. 예를 들어, 아이스크림을 제조하는 프로세스를 생각해 보자. 초콜릿 아이스크림에서 바닐라아이스크림으로 생산 스케줄을 바꿀 때 우선 생산장비를 청소하여야 한다. 생산교체를 하기 위해 아이스크림 생산장비를 청소하는 과정에 걸리는 시간은 생산할 수 없으므로 흐름률을 감소시킨다. 따라서 다른 닷으로 교체하기 전에 아주 많은 양의 제품을 생산할 필요가 있으며, 관리자는 이러한 생산량을 조심스럽게 결정하여야 한다. 5장에서는 흐름시간과 흐름률에 미치는 생산준비시간의 영향을 알아본 바 있다. 이번 장에서는 생산준비시간이 재고에 미치는 영향을 알아볼 것이다.

규모의 경제 개념에 상응하는 주문량을 흔히 **뱃치**라고 한다. 생산하는 상황에서는 **생산뱃치**(production batch), 운송하는 상황에서는 **수송뱃치**(transfer batch) 또는 **주문 뱃치**(procurement batch)라고 부른다. 뱃치를 구성하는 흐름단위 수를 **뱃치크기**(batch size)라고 부르거나 **롯 크기**(lot size)라고 부른다. 규모 경제의 이득을 보기 위해 관리자들은 흔히 1회에 많은 양의 제품을 생산하여 평균고정비용을 줄이고자 한다. 이러한 간헐적인 생산행위가 다음 장에서 살펴볼 재고의 주기적인 증가와 감소를 일으킨다. 뱃치생산에 의해 증가하는 평균 재고를 **주기 재고**(cycle inventory)라고 부른다.

6.2.2 생산과 용량의 원활화

투입을 산출보다 높게 유지하는 여러 가지 이유 중 하나는 생산과 용량의 원활화를 달성하기 위함이다. 수요가 계절성을 보일 때, 경제성을 유지하는 방안 중 하나는 수요가 적은 기간에 지속적인 생산율을 유지하면서 이 기간에 재고를 축적하여 수요가 높을 때 축적된 재고를 방출하는 방법이 있다. 예를 들어 크리스마스 기간에 급격하게 증가하는 수요를 맞추기 위해 일 년 동안 장난감을 꾸준히 생산하여 재고를 쌓아 둔 후 크리스마스 기간의 수요를 맞추는 방안을 생각해 볼 수 있다. 이렇게 함으로써 수요의 변동은 재고에 의해 흡수되므로 프로세스 용량의 간헐적인 조정에 의한 불필요한 노력과 비용을 줄일 수 있다. 마찬가지로, 공급 또한 계절성을 띌 수 있다. 예를 들어, 농산품은 음식 제조산업의 핵심적 투입자재가 된다. 프로세스에 투입되는 농산품은 수확기간에 따라 계절적으로 가격과 물량에 차이가 난다. 원활한 생산을 유지하기 위해 투입재고는 항상 일정한 수준을 유지하여야 한다. 수요와 공급의 계절적 변동을 흡수하기 위해 사용되는 재고를 **계절성 재고**(seasonal inventories)라고 부른다. 기업이 계절성 재고를 보유함으로써 재고보유비용이 증가하지만, 안정한 생산전략을 유지할 수 있게끔 해주어 생산용량을 조정-변동하는데 발생하는 비용을 줄여준다.

계절성 재고를 보유하는 방안과 대조적으로 **수요추종**(chase demand) 정책을 사용할 수 있다. 수요추적 정책은 수요와 정확하게 일치하는 생산계획을 유지하는 정책이다. 따라서 수요추적 정책을 구현하면 기업은 재고를 보유할 필요가 없어진다. 그렇지만 이러한 정책을 사용하면 불가피하게 프로세스 용량 또는 사용률을 수시로 조절할 필요가 있게 되며 이로 인해 비용이 증가하게 된다.

생산을 일정하게 유지하는 방안과 수요에 따라 생산을 조절하는 방안 중 어떤 방안이 더 좋은 방안일까? 이 질문에 대한 대답은 용량을 조절하는데 발생하는 고정비용과 재고를 보유하는데 발생하는 재고보유비용의 상대적 크기에 달렸다. 만약 생산용량을 조절하는데 발생하는 비용이 비싸다면, 생산을 일정하게 유지하는 것이 합리적이고, 반대로 재고를 보유하는 비용이 비싸다면 수요를 따라가며 (추적하며) 생산용량을 조절하는 것이 더 좋을 것이다. 물론 최적방안은 이 두 가지 극단적인 방안을 조화하여 최적으로 배합하는 방안일 것이다. 이러한 최적의 배합을 **통합생산계획**(aggregate production planning)이라고 부른다. 이 주제에 대한 자세한 논의는 Chopra and Miendl(2009) 또는 Nahmias(2008)을 참조하라.

6.2.3 품절의 예방

재고를 보유하는 세 번째 이유는 예상치 못한 공급부족 또는 수요폭증 때문에 일어나는 품절을 예방하기 위함이다. 투입량은 여러 가지 사안—공급자 파업, 화재, 운송지연, 악천후—으로부터 영향을 받을 수 있다. 이로 인해 구매자의 프로세스는 고갈, 고장, 흐름률의 일시적인 감소 등을 경험하게 될 것이다. 그러므로 많은 생산자는 프로세스의 독립성을 유지하기 위해 투입재고를 보유하고 있다.

또한, 고객수요에 대한 예측은 항상 불확실성이 따른다. 따라서 프로세스 산출을 고객수요에 정확하게 맞추면 품절현상이 생길 우려가 있다. 그러므로 품절에 의한 배송지연, 판매손실 그리고 고객불만을 가져올 수 있다. 따라서 생산자 대다수는 초과수요를 흡수하고 원활한 고객서비스를 제공하기 위해 재고를 보유한다. 예상치 못한 공급부족이나 수요의 쇄도로부터 프로세스의 독립성을 유지하기 위한 재고를 **안전재고**(safety inventories, safety stock)라 부른다. 7장에서 안정재고에 대해 더 자세히 알아보고자 한다.

6.2.4 가격변동을 예상한 매입

재고를 보유하는 네 번째 이유는 투입원자재 또는 산출제품의 시장가격 변화에 대응하기 위함이다. 원유의 공급부족을 예상한 재고, 원자재(금, 은, 곡물, 밀)의 가격급등을 예상한 재고, 또는 투자가치를 지닌 금융자산(주식, 보증금, 통화)의 갑작스러운 가격 변화를 예방하기 위한 재고를 예로들 수 있다. 시간이 지남에 따라 재고가치가 수시로 변동하므로 투자자들은 재고의 가치를 최적화하기 위하여 수시로 재고를 구매 또는 판매한다. 예를 들어 반도체 산업에서는 시간이 흐름에 따라 칩의 가격이 빠르게 감소하므로 컴퓨터 생산자는 가능한 한 칩을 늦게 구매하고자 한다. 이러한 투기적 재고가 재무적으로나 경제적으로 매우 중요하지만, 이 책에서는 이 부분에 대해 상세하게 거론하지는 않을 것이다.

이번 장에서 거론한 개념들을 예제 6.1에서 상세하게 알아보자.

예제 6.1

Centura Health[1]는 미국 덴버 지역에 있는 9개의 병원으로 구성된 네트워크를 운영하고 있다. 현재 병원들은 각자 공급자에게 주문하며 독립적인 재고시스템을 운영하고 있다. 이들 병원에서 사용되는 물품 중 대표적인 품목은 IV Starter Kit이다. 매주 IV Starter Kit의 수요율(흐름률 R)은 600단위이다. IV Starter Kit의 단위당 구매원가는 3달러이다. Centura는 재고의 물리적 보유비용(운영과 저장비용)을 연간 5%로 예상하고 있다. 병원 네트워크의 연간자본(이자)비용은 25%이다. 각 병원의 주문비용은 주문량과 무관하게 주문당 130달러로 예상된다. 주문 배달기간은 1주이다. 현재 각 병원은 1회에 IV Starter Kit을 6,000단위 주문한다. Centura Health는 최근 각 병원의 재고수준이 우려할 정도로 높으므로 재고수준을 줄일 필요가 있다고 판단하고 다음과 같은 방안을 고려 중이다.

1. 현재의 주문크기를 줄임으로써 주문의 빈도수를 증가시킨다.
2. 9개 병원의 주문을 집중화하여 공동 주문을 한 후 집중화한 재고를 보유하는 단일 창고에서 모든 병원의 재고를 관리한다.

6.3 재고 비용

재고의 보유는 생산 운영적인 면에서나 재무적인 면에서 모두 비용이 발생한다. 많은 양의 재공품 재고와 최종제품 재고를 보유하고 있는 기업을 생각해 보자. 시장수요가 급격하게 변화하여

[1] 모든 숫자는 가상적이며 단지 개념을 설명하기 위해 사용되었다.

새로운 제품을 도입할 필요가 있게 되었다고 가정하자. 이 경우 이 기업은 두 가지 대응방안을 고려해 볼 수 있다. 우선 다음과 같은 방안을 생각해 볼 수 있다. 재공품 재고와 최종제품 재고의 가격을 인하하여 처리한 후 신속하게 신제품을 생산하여 시장에 적응할 수 있다. 이러한 방안은 가격인하로 손해를 많이 볼 수 있다. 반대로 정상적인 가격으로 재공품 재고와 최종제품 재고를 처리한 후 신제품을 생산할 수 있다. 이 경우에는 신제품 도입이 늦어져 시장선점을 할 수 없게 된다.

재고가 과다하게 되면 제품의 디자인을 제 때 변경하지 못할 수도 있다. 또한 프로세스 내에 비축한 버퍼 간 재고는 프로세스의 독립성을 높여 고갈 또는 장애현상을 줄여 주는 반면 프로세스 구성원 간의 협동정신 또는 팀워크를 저하한다. 재고보유에 따르는 비효율성은 10장에서 자세히 논의할 것이다.

보유비용 재고보유에 수반되는 비용을 **보유비용**(holding cost)이라고 한다. 대체로 보유비용은 물리적인 보유비용(physical holding cost)과 재고에 묶여 있는 자금의 기회비용(opportunity cost)의 두 가지 요소로 구성된다. .

1. **물리적인 보유비용**은 재고를 저장하는 비용이다. 이는 다양한 운영비용(보험, 보안, 창고대여, 전기, 저장고의 보온과 냉방)과 재고가 처분되기 전에 발생하는 모든 비용(손상, 절도, 노후, 또는 재작업의 필요)을 포함한다. 단위 시간당 (일반적으로 1년) 발생하는 물리적 보유비용은 1개의 흐름단위에 적용되는 생산원가(생산변동비) 또는 자재주문원가 C와 h(0과 1 사이의 수)에 의해 표현된다. 재고 1단위의 단위 시간당 물리적 보유비용은 hC가 된다.
2. **기회비용**은 다른 프로젝트에 투자하여 이득을 볼 수도 있었지만 재고에 투자되어 상실한 기회에 대한 비용이다. 재고는 미래 기업에 이득을 줄 가능성을 지니고 있으므로 대차대조표상에서 자산으로 처리된다. 따라서 기업은 재고를 정리함으로써 그 가치를 현금화시킨 후 다른 곳에 투자할 수 있다. 같은 맥락에서 재고가 신속하게 판매되면 더 신속하게 현금을 창출할 수 있다. 따라서 신속한 재고처리는 신속한 현금화를 가져온다. 재고 1 단위를 보유하는데 발생하는 기회비용은 rC로 표현된다. 여기서 r은 기업의 투자회수율 또는 이자율이다.

재고의 기회비용과 물리적 보유비용의 합을 H라 하면 다음과 같이 정리할 수 있다.

$$\text{보유비용} = \text{물리적 보유비용} + \text{기회비용}$$

$$H = (h + r)C \tag{6.2}$$

예를 들어 시간단위가 일 년이라면, H는 일 년 동안 재고 한 단위를 보유하는데 따른 비용을 나타낸다. 예제 6.2는 예제 6.1에서 소개된 Centura health에 대한 H를 알아본다.

예제 6.2

예제 6.1에서 소개된 Centura health를 고려해 보자. IV Starter Kit의 단위 변동비는 $C=3$달러이다. 5%의 연간 물리적 보유비용을 가정하여 다음과 같은 값을 얻을 수 있다.

$$hC = (0.05)(3)\text{달러} = 0.15\text{달러/년}$$

연간이자비용은 $r=25\%$이다. 따라서 재고 한 단위를 1년 보유하기 위해 발생하는 기회비용은 다음과 같다.

$$rC = (0.25)(3)\text{달러} = 0.75\text{달러/년}$$

그러므로 연간보유비용은 다음과 같다.

$$H = (h+r)C = 0.15\text{달러} + 0.75\text{달러} = 0.90\text{달러}$$

H가 1단위의 재고를 단위 시간 동안 보유하는데 따른 비용이므로 총 재고 보유 비용은 $H \times I$가 된다. 여기서 I는 평균 재고수준이다. 그러므로 재고보유비용을 감소시키려는 방안은 다음과 같다.

1. 보유비용 H를 감소시킨다.
2. 평균 재고수준 I를 감소시킨다.

6.4 뱃치 구매의 효과

이번 장의 나머지 부분에서는 6.2.1에서 논의한 규모의 경제효과와 주기 재고를 알아보고자 한다. 우선 뱃치 구매가 재고수준에 어떤 영향을 줄 것인지 알아보자. 3장에서 언급한 흐름률과 재고의 기본관계를 분석의 기본토대로 한다. 편의상 재고를 주문조달 하는 상황을 고려한다. 하지만, 이러한 분석은 생산조달 또는 기타 조달방안에도 똑같이 적용될 수 있다.

Centura health의 예를 고려해보자. Centura health는 IV Starter Kit를 뱃치(batch, 묶음)로 구매한다. 따라서 자재관리자는 (1) 1회에 얼마만큼 구매할 것인지 (뱃치 크기) 그리고 (2) 언제 구매할 것인지를 결정해야 한다. 두 가지 결정은 재고비용에 영향을 미치는 만큼 병원의 수익성에 영향을 줄 것이다. 이 문제에 답하기 위해 Centura health 병원의 IV Starter Kit에 관한 재고흐름을 알아보자. 제품 구매과정은 다음과 같이 진행된다.

1. 한번에 IV Starter Kit를 뱃치로 구매한다.
2. IV Starter Kit의 소비는 일정한 비율을 유지하며 지속적으로 발생한다.

뱃치 크기에 대한 질문에 답하기 위해 관리자가 한 번에 Q 단위를 구매한다고 가정한다. 다음 절에서 비용을 최소화하는 최적의 구매 뱃치크기(Q)를 결정할 것이다. 주문한 품목이 Centura에 도착하면 프로세스의 시작점에 Q 단위가 투입재고 버퍼에 투입된다. 수요율은 일정하며 단위 시간당 R이라고 가정하자. Starter Kit에 대한 요청이 들어오면 투입재고로부터 출고하여 요구하는 부서로 배달한다. 주문한 재고가 도착하기 직전, $t=0$ 시점에서, Centura의 재고는 0이다. 투입재고가 도착하면 재고수준은 즉시 Q까지 증가한다.

투입재고는 시간에 따라 변하며 시점 t의 투입재고 수준을 $I_i(t)$로 표시한다. 이러한 정의에 따르면 첫 번째 주문 뱃치가 도착한 시점($t=0$)에 투입재고는 $I_i(0)=Q$가 된다. 첫 번째 주문 뱃치가 배달된 이후부터 다음 주문 뱃치가 투입되기까지 어떤 형태의 재고투입도 발생하지 않는다. 따라서 유입률은 계속 0이 된다. 반면 이 기간에 소비는 지속적으로 발생하며 소비율은 일정하게 R 값을 유지한다. 따라서 투입재고는 Q 값을 정점으로 R의 비율로 일정하게 감소하게 된다. 이러한 추세로 t_z 시간이 지나면 재고 수준이 0이 된다, 즉 $I_i(t_z)=0$가 된다. 따라서 다음과 같은 식을 얻게 된다.

$$t_z \text{ 시점의 투입재고} = \text{시점 } t = 0 \text{의 투입재고} - \text{시간 } (0, t_z) \text{ 동안의 총수요}$$

$$I_i(t_z) = Q - R \times t_z = 0$$

그러므로

$$t_z = Q/R$$

R의 비율(수요율$=R$)로 재고가 감소한다면 투입재고 Q를 소진하는데 걸리는 시간은 Q/R가 된다. 만약 프로세스 관리자가 항상 뱃치크기$=Q$를 주문한다면, 같은 주문주기가 매 t_z 시간단위마다 반복될 것이다. 그러므로 재고수준은 그림 6.3과 같이 톱니 패턴으로 반복된다. 이러한 결론은 우리의 두 번째 질문에 해답을 제공한다. 즉, 새로운 IV Starter Kit 뱃치를 주문해야 하는 시점은 투입재고가 0으로 떨어졌을 때(투입재고 버퍼가 비어 있을 때)이다. 따라서 Centura는 매 t_z 시간단위마다 주문 뱃치가 도착하도록 주문을 해야만 한다.

그러므로 뱃치주문과 지속적인 감소비율을 보이는 상황에서는 재고수준은 대략 높이 Q인

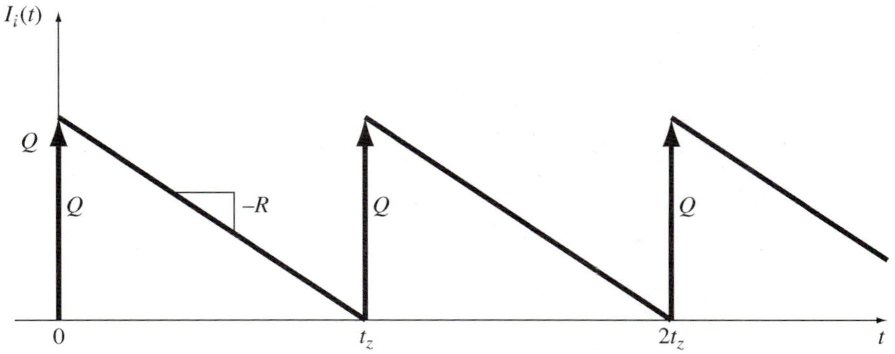

그림 6.3 뱃치크기가 Q인 경우 재고 변동

직각 삼각형으로 표현될 수 있다. 또한, 주문주기 내에서 평균 투입재고는 뱃치크기의 1/2수준이다.

$$I_i = Q/2$$

각 주문 뱃치 내의 첫 번째 흐름단위는 주문이행 후 즉시 프로세스에 투입된다. 반면 마지막 흐름단위는 투입재고에서 $t_z=Q/R$ 시간을 기다린 후 프로세스에 투입된다. 그러므로 흐름단위는 투입재고에서 평균 $t_z/2=(Q/R)/2=Q/(2R)$ 시간을 소비한다. 투입재고 상태에서 소요되는 흐름시간을 결정하기 위해 리틀의 법칙을 응용하여 다음과 같은 결론을 얻을 수 있다.

$$T_i = (Q/2)/R = Q/(2R)$$

지금까지 알아본 바를 요약하면, 재고는 증가와 감소양상을 반복하며 투입재고수준이 가장 높은 시점은 뱃치주문량 Q가 도착하는 시점이며 평균재고수준은 $Q/2$이다. 평균 재고를 주기재고(cycle inventory)로 명명한 후 다음과 같이 표현한다.

$$I_{cycle} = Q/2 \qquad \textbf{(6.3)}$$

예제 6.3

Centura health의 병원 중 하나는 매주 IV Starter Kit의 수요량이 600단위이며 1회에 6,000단위의 IV Starter Kit를 주문한다. 병원은 10주에 한 번 주문한다. 따라서, IV Starter Kit의 평균재고는 $I_{cycle}=6{,}000/2=3{,}000$ 단위이며 IV Starter Kit 한 단위는 창고에서 평균 5주를 소비한다. 따라서 IV Starter Kit의 주기 재고는 3,000 단위이다.

규모의 경제효과가 있을 때, 뱃치주문(또는 뱃치생산)을 하면 비용감소효과를 얻을 수 있다. 지금까지는 주문조달 프로세스에 초점을 설명하였다. 그러나 규모경제의 효과는 다른 프로세스에도 똑같이 적용할 수 있다:

- Joe Smith는 현금을 찾기 위해 현금자동인출기로 갔다. 가장 가까운 거리에 있는 현금자동인출기는 2마일 정도 운전거리에 있다. 그는 일주일 동안 생활하는 데 필요한 현금을 한 번에 찾는다. Joe의 지갑에 있는 현금을 주기 재고로 볼 수 있다.
- 직원훈련소는 고객을 위해 비서 또는 사무직 직원을 훈련한다. 전문가로 구성된 팀이 교육프로그램을 담당한다. 전문가팀의 보수는 수강자의 수와 독립적이다. 따라서 고정비용으로 볼 수 있다. 직원훈련소는 약 3개월에 걸쳐 근무파견을 할 수 있는 45명으로 구성된 수강 반을 운영하기로 하였다. 아직 근무처를 배정받지 못한 수강자의 평균값을 주기 재고로 볼 수 있다.
- Big Blue 사는 미시간 대학에서 스쿨버스 서비스를 운영하고 있다. 노선에 따라 버스 운영

고정비용이 발생한다. 그러므로 대학 당국은 빈도수를 제한하여 경제성을 찾고자 한다. 버스를 타고자 기다리는 고객 수가 뱃치 크기가 되며 이 값의 평균은 주기 재고가 된다.

- Pittsburgh 시는 매주 한 번 거주지역에서 쓰레기를 수거한다. 쓰레기는 월요일에 수거될 때까지 쓰레기통에 계속 쌓이게 된다. 가정집에서 축적되고 있는 쓰레기의 평균 재고는 주기 재고이다.

처음 두 예는 재고주문 프로세스와 같이 재고의 단계적인 소모가 일어난 후 주문량의 도착으로 인해 재고가 급격하게 증가하는 상황이다. 따라서 재고 상태는 그림 6.3에서 보여 준 상황과 유사하다. 그다음의 두 가지 예는 반대의 경우로 급격한 재고감소 다음에 단계적인 재고증가를 보이는 예들이다. 그럼에도, 두 가지 상황 모두 활동의 주기적인 특성 때문에 주기 재고를 발생시킨다.

6.5 규모의 경제와 최적 주기 재고

프로세스 관리자는 이익과 비용 간의 최적 밸런스를 이룩할 수 있는 재고수준을 결정하고자 한다. 이번 장의 나머지 부분에서는 재고 보유비용과 규모 경제 간의 밸런스를 이룰 수 있는 주기 재고의 최적수준을 결정할 것이다. 우리는 규모경제를 두 가지 요인으로 분류한 후 검토한다.

1. 경제성은 구매(예, 주문 비용), 생산(예, 가동 준비 비용) 또는 운송 프로세스의 고정비용 요소로부터 발생한다.
2. 경제성은 공급자에 의해 제공된 가격할인으로부터 발생한다.

이번 절에서는 1번에 대해 집중적으로 알아볼 것이며 가격할인부분은 부록 2에서 알아볼 것이다.

경제적 주문량 지금부터 언급할 내용은 투입재고와 산출재고에 모두 적용될 수 있다. 뱃치 주문조달을 하는 경우에는 투입재고에 적용되며 반면에 뱃치생산조달을 하면 재공재고와 산출재고에 적용된다. 프로세스의 연 수요(흐름률)율은 일정하게 R 단위라고 가정한다. 관리자는 주문(생산)량을 자유롭게 결정할 수 있으며 완전하게 통제할 수 있다고 가정한다. 재고유입은 주문조달에 의해 시작되며, 주문할 때마다 고정비용 S가 발생한다. 주문비용 S는 주문량에 관계없이 발생한다. 따라서 주문빈도를 줄이면 고정주문비용을 줄일 수 있다. 주문 뱃치의 크기(주문량) Q는 항상 일정하다. 따라서 연 수요율 R을 만족시키기 위해 필요한 연간주문빈도는 다음과 같다.

$$\text{연간주문빈도} = \text{연간 수요율} \ / \ \text{주문 뱃치크기} = R/Q$$

주문할 때마다 고정주문비용 S가 발생하므로 연간 고정주문비용은 다음과 같이 얻을 수 있다.

$$\text{고정주문비용} \times \text{연간주문빈도} = S \times R/Q$$

주문 뱃치 크기(주문량) Q가 증가하면 연간주문빈도가 줄어든다. 따라서 연간주문비용은 감소한다. 주기 재고는 $I_{cycle}=Q/2$이다. 그러므로 연간 재고보유비용은 다음과 같다.

$$\text{연간보유비용} \times \text{평균 재고} = H \times I_{cycle} = H \times (Q/2)$$

주문크기 Q가 증가하면 이 비용은 증가한다.

마지막으로, 연간 주문원가는 다음과 같다.

$$\text{자재구매원가} \times \text{연간 수요율} = C \times R$$

연간 주문원가$=C\times R$는 주문량 Q와 무관하다. 즉, 주문원가(변동비)가 주문량과 무관하다고 가정하고 있다. 주문량이 증가함으로써 가격인하를 받을 수 있는 경우와 같이 주문원가가 주문량의 영향을 받는 경우에는 다른 형식의 재고관리정책을 사용하여야 한다. 부록 6.2에서 논의할 것이다.

연간 총 재고비용 TC는 연간고정주문비용과 연간재고보유비용 그리고 연간 주문원가의 합이다.

$$TC = S \times \frac{R}{Q} + H \times \frac{Q}{2} + C \times R \tag{6.4}$$

예제 6.4는 Centura health 병원에서 현재 운영되는 재고정책의 비용구조를 설명해 준다.

예제 6.4

Centura health 병원은 IV Starter Kit를 주문할 때 주문량에 관계없이 130달러의 고정 주문비용이 발생한다. 예제 6.1을 보면 원가는 $C=3$달러이다. 매주 600단위가 필요하므로 1년을 52주로 가정했을 때, 연간 수요율 $R=31{,}200$이 된다.

예제 6.2에서 Centura health의 연간 보유비용은 $H=0.90$달러로 계산했다. Centura health는 현재 주문 뱃치크기 (주문량, Q)$=6{,}000$단위를 주문한다. 연간 총 재고비용은 다음과 같이 계산된다.

$$\text{연간고정주문비용} = S \times R/Q = 130 \times 31{,}200/6{,}000 = 676\text{달러}$$

$$\text{연간재고보유비용} = H \times (Q/2) = 0.90 \times 3{,}000 = 2{,}700\text{달러}$$

$$\text{연간주문원가} = C \times R = 3 \times 31{,}200 = 93{,}600\text{달러}$$

연간 총 재고비용은 다음과 같다.

$$\begin{aligned} TC &= S \times \frac{R}{Q} + H \times \frac{Q}{2} + C \times R \\ &= \$676 + \$2{,}700 + \$93{,}600 \\ &= \$96{,}976 \end{aligned}$$

연간 총 재고비용 TC를 관찰하면, 주문비용 부분($S \times R/Q$)은 주문 뱃치크기(Q)가 증가할 때 감소하고 재고보유비용 부분($H \times Q/2$)은 주문 뱃치크기(Q)가 증가할 때 증가한다. 그림 6.5는 연간 총 재고비용 TC를 최소화하기 위한 최적 주문 뱃치크기 Q^*를 보여 준다. 연간고정주문비용과 연간보유비용을 최소화하는 최적 주문량 Q^*는 **경제적 주문량**(EOQ: economic order quantity)라고 부른다. 표 6.2로부터 $Q=3{,}000$가 연간 총 재고비용이 최소가 되는 경제적 주문량임을 알 수 있다. 최적 주문 뱃치크기 Q^*에 대간 간결한 식을 다음과 같이 분석적으로 유도할 수 있다(부록 1 참조 바람).

$$\text{최적 주문 뱃치크기} = \sqrt{\frac{2 \times \text{고정주문비용} \times \text{연간 수요율}}{\text{연간 보유비용}}} = \sqrt{\frac{2SR}{H}} \tag{6.5}$$

이 수식은 **EOQ 공식**(EOQ formula)으로 알려져 있다.

그림 6.4는 최적 주문 뱃치크기(주문량)뿐 아니라 주문 뱃치 크기와 연간 총 재고 비용간의 함수관계를 보여 준다. 최적 주문량은 연간 고정주문비용($S \times R/Q$)과 연간 재고보유비용 [$H^*Q/2$]이 일치하는 점에서 결정된다.

$$\text{연간 고정주문비용} = \text{연간 재고보유비용}$$

$$S \times R/Q^* = H \times (Q^*/2)$$

연간 총 재고비용 식 (6.4)에 최적 주문 뱃치 Q^* 식 (6.5)를 대입한 후 정리하면, 최소 연간 총 재

표 6.1 주문량의 함수관계인 총비용: 스프레드시트 접근법

주문량 (Q)	주문횟수 (R/Q)	연간 주문비용 ($S \times R/Q$)	평균 주기 재고 ($Q/2$)	연간 보유비용 ($H \times Q/2$)	연간 구매원가 ($C \times R$)	연간 총 재고 비용 (TC)
500	62.40	8,112.00	250	225.00	93,600	101,937.00
1000	31.20	4,056.00	500	450.00	93,600	98,106.00
1500	20.80	2,704.00	750	675.00	93,600	96,979.00
2000	15.60	2,028.00	1,000	900.00	93,600	96,528.00
2500	12.48	1,622.40	1,250	1,125.00	93,600	96,347.40
3000	10.40	1,352.00	1,500	1,350.00	93,600	96,302.00
3500	8.91	1,158.86	1,750	1,575.00	93,600	96,333.86
4000	7.80	1,014.00	2,000	1,800.00	93,600	96,414.00
4500	6.93	901.33	2,250	2,025.00	93,600	96,526.33
5000	6.24	811.20	2,500	2,250.00	93,600	96,661.20
5500	5.67	737.45	2,750	2,475.00	93,600	96,812.45
6000	5.20	676.00	3,000	2,700.00	93,600	96,976.00
6500	4.80	624.00	3,250	2,925.00	93,600	97,149.00

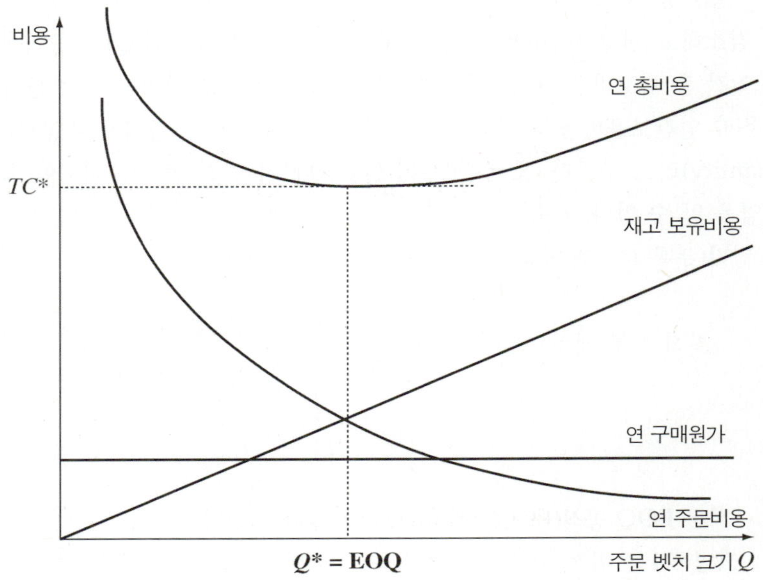

그림 6.4 주문량 Q에 따르는 연간 총비용

고비용 TC^*를 다음과 같이 얻을 수 있다.

$$TC^* = \sqrt{2SRH} + CR \quad \textbf{(6.6)}$$

첫 번째 항($\sqrt{2SRH}$)는 주문비용과 보유비용을 나타낸다. 두 번째 항(CR)은 연간 구매원가이다.

EOQ를 결정하기 위해서는 3개의 비용요소(고정주문비용 S, 수요율 R, 단위당 보유비용 H)를 정확하게 평가할 필요가 있다. 그러나 현실적으로 이 비용요소들의 근삿값을 정확하게 구하기가 매우 어렵다. 따라서 이 비용요소들의 근삿값을 정확하게 평가하지 못할 때 재고비용에 어떤 영향을 줄 것인지 경영자는 이점에 대하여 큰 관심을 갖는다. 그림 6.4를 관찰하면 다행히도 연간 총 재고비용 함수(TC)가 최적 주문 뱃치크기(Q^*)를 중심으로 평탄하게 펼쳐져 있음을 알 수 있다. 즉, 최적 주문 뱃치크기(주문량)에서 약간 빗나갈 때 총비용의 차이가 그다지 크지는 않다는 뜻이다. 그러므로 비용요소의 근삿값이 정확하지 않더라도, EOQ는 최적 주문량의 대략적인 근삿값을 제공한다. 예제 6.5는 Centura health의 재고관리정책을 설명해 준다.

예제 6.5

EOQ 수식에 예제 6.1과 6.2에 주어진 정보를 대입하였다.

$$Q^* = \sqrt{\frac{2SR}{H}}$$
$$= \sqrt{\frac{2 \times \$130 \times 31,200}{\$0.90}} = 3,002$$

Centura health는 주문을 신청할 때 IV Starter Kit 3,002 단위를 주문하여야 한다.

평균주기 재고는 다음과 같다.

$$I_{cycle} = Q^*/2 = 1,501 \text{ units}$$

식 6.4를 사용하여 최소 연간 총 재고비용 TC^*를 다음과 같이 구할 수 있다.

$$TC^* = \$130 \times (31,200/3,002) + \$0.9 \times (3,002/2) + \$3 \times 31,200 = \$96,302$$

주문고정비용과 재고보유비용 2,702달러에 원가비용 93,600달러를 더한 값이다. IV Starter Kit가 투입재고에서 소비되는 평균시간은 다음과 같이 계산된다.

$$T_i = I_{cycly}/R = 1,501/600\text{주} = 2.5\text{주}$$

가령 Centura health의 공급자가 3,500단위를 주문할 것을 강요한다고 가정하자. 이 경우 비용을 최소화하는 EOQ와 다른 주문량을 주문함으로써 (주문량이 16.6% 증가 한다)는 총비용을 증가시키지만, 그 비용의 실제 차이는 그다지 크지 않다. TC^* 수식에 Q=3,500을 대입하면, 연간 총 재고비용이 최소비용(3,002를 주문할 때의 비용)보다 31.86달러 증가한다. 이 값은 0.03% 증가한 값이다.

EOQ 공식을 관찰하면 다음과 같은 결론들을 얻을 수 있다.

고정주문비용 감소의 효과 만약 고정주문비용이 증가하면 최적 주문 뱃치크기(주문량)는 증가하게 될 것이다. 따라서 비싼 고정비용은 연간 주문횟수를 줄이는 원인이 된다. 결과적으로 1회에 보다 많은 뱃치크기를 주문하게 한다. 반대로, 낮은 고정주문비용은 주문횟수가 늘어나도 그다지 부담을 주지 않는다. 따라서 평균 재고와 흐름시간을 줄일 수 있도록 적은 경제적 주문 뱃치를 주문하게끔 한다(예제 6.6 참조).

지금까지는 주문조달을 하는 상황에서 규모경제의 효과를 설명하였다. 이러한 원리는 운송 또는 생산조달을 하는 상황에도 똑같이 적용된다. 주문조달을 하는 상황에서 고정주문비용(S)은 일반적으로 주문관리비용, 주문처리비용 등을 포함한다. 이 비용들을 줄일 수 있는 관리기법들이 최근 많이 개발되어왔다. 예를 들어, 자동주문과 자동구매 시스템은 시간과 비용을 줄여준다. 자동주문과 자동구매를 하기 위해 인터넷과 전자정보교환 시스템을 적용한 기업 중 고정주문비용이 현저하게 감소한 예를 자주 볼 수 있다.

운송과정에서 발생하는 고정주문비용은 수송수단과 방법을 바꾸어 줄일 수 있다. 혁신을 통해 고정수송비용을 감소시키는 방안은 공급망 관리(supply chain management) 교과서들을 (예를 들어 Chopra and Meindl 2009) 참조하기 바란다.

끝으로 생산준비(setup) 또는 생산교체(changeover)비용을 줄이면 생산 고정비용을 줄일 수 있다. 10장에서 Just-in-Time 시스템의 간결 생산방식(lean operations)을 소개할 때 이 부분에 대하여 좀 더 상세히 설명할 것이다.

예제 6.6

예제 6.5에서 알아본 주문 뱃치크기(주문량)는 3,002단위이며 주기 재고는 1,501단위다. 따라서 IV Starter Kit의 흐름시간은 2.5주가 된다. 주기 재고를 반으로 줄이고자 한다고 하자(흐름시간을 1.25주로 감소시킬 것이다). 이를 위해서는 주문 뱃치 크기를 1,501로 줄여야 한다. 주문량은 3,002단위는 비용이 최소가 되는 최적 주문 뱃치크기이므로 다른 요소의 변화 없이 최적 주문 뱃치크기만을 변화시킨다면 총비용을 오히려 증가시킬 것이다. 그러므로 다른 방안을 연구할 필요가 있다. 주문 뱃치크기를 줄이면서 비용을 증가시키지 않는 방안으로써 고정주문비용 S를 줄이는 방안을 고려해 보자. EOQ 공식을 사용하여 $S=\sqrt{HQ/(2R)}$를 구한다. 1,501의 주문량이 최적의 주문 뱃치크기가 되기 위해서는 Centura health는 S를 32.50달러(현재 비용 130달러로부터)까지 줄여야 한다. 고정주문비용을 감소시키는 혁신적인 경영기법과 함께 조달 정보기술에 투자하여 고정 주문비용을 감소시킬 수 있다.

재고와 판매증가 EOQ 공식의 최적 주문 뱃치크기는 수요율(R)의 재곱근에 비례한다. 그러므로 수요율(R)을 네 배로 증가하면 EOQ는 두 배로 증가하며, 평균 재고와 평균 흐름시간도 두 배로 증가한다. 그러므로 연간판매량이 두 배로 증가한다고 해서 주기 재고를 두 배로 늘릴 필요는 없다. 재고의 증가량이 판매 성장량과 똑같을 필요가 없다는 뜻이다. EOQ 수식에 의하면 수요율(R)이 100% 성장하면 주기 재고는 41% 증가한다.

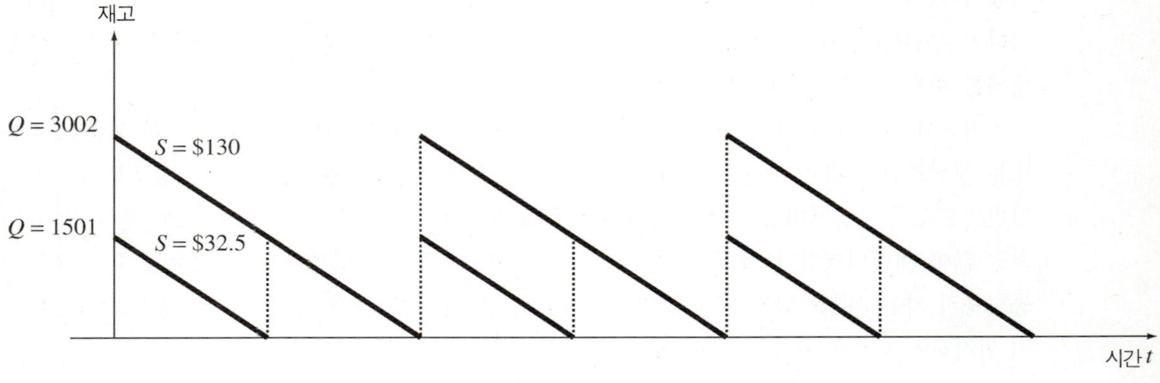

그림 6.5 고정주문비용 감소에 따르는 재고수준

재고집중화와 규모의 경제 최적 주문 뱃치 Q^*는 수요율 R의 제곱근에 비례한다. 이러한 특성을 이용하여 재고 집중화 방안을 고안할 수 있다. 예를 들어 병원들로 구성된 네트워크를 고려해 보자. 병원들은 독립적으로 주문한다. 주문, 구매를 집중화(centralization)하여 주기 재고량을 줄일 수 있다. 예제 6.1에서 소개되었던 Centura health를 생각해 보자. Centura health는 9개의 병원으로 구성된 병원 네트워크를 운영하고 있으며 각 병원은 독립적으로 공급자에게 주문했다. Centura health는 최근 새로운 주문방식을 설계하였다. 새로운 주문방식에서는 9개 병원의 주문조달을 중앙집권화한다. 구매조달한 재고는 중앙에 설치한 창고에 비치해둔다. 각 병원의 수요가 동일하다고 가정하자. 따라서 Centura health는 각 병원 수요율의 9배에 해당하는 총 수요율(R)을 충족할 수 있는 물량을 주문하여야 한다. 재고관리 비용요소가 변하지 않는다고 가정하면, 재고집중화를 통해 9개 병원의 총주문량(EOQ)은 분권화된 병원 중 1개의 주문량의 3배($\sqrt{9}$)가 된다. 정확한 계산은 예제 6.7을 참고하기 바란다.

예제 6.7

Centura health는 9개로 구성된 병원 네트워크를 운영한다. 최근까지 각 병원은 공급자에게서 독립적으로 주문하고 있다. 각 병원이 같은 비용요소하에서 운영된다고 가정하며, 9개 병원의 수요는 동일하며 1주 수요율이 600단위라고 가정하자. 예제 6.5에서, 병원 1개에 해당하는 최적 주문량을 3,002단위(EOQ)로 계산하였다. 각 병원의 주기 재고는 3,002/2=1,501단위이다. 만약 각 병원이 동일하다고 가정하면, 9개 병원의 총주기 재고는 각 병원의 주기 재고의 9배가 된다.

$$9 \times 1{,}501 = 13{,}509 \text{ units}$$

각 병원의 연간 고정주문비용+재고보유비용은 2,702달러이다. 따라서 9개 병원의 연간 고정주문비용+연간 재고보유비용은 다음과 같다.

$$9 \times 2{,}702\text{달러} = 24{,}318\text{달러}$$

만약 Centura health가 재고집중화를 하면 연간 수요율은 9개 병원의 연간 수요율의 합이 된다.

$$9 \times 31{,}200/1\text{년} = 280{,}800\text{단위}/1\text{년}$$

따라서 재고 집중화를 고려한 EOQ는 다음과 같이 계산할 수 있다.

$$\sqrt{\frac{2 \times \$130 \times 280{,}800}{\$0.90}} = 9{,}006$$

따라서 주기 재고는 다음과 같다.

$$\frac{9,006}{2} = 4,503$$

연간 고정주문비용과 재고보유비용의 합은 다음과 같다.

$$\sqrt{2 \times 130 \times 280,800 \times 0.90} = \$8,106/\text{year}$$

이는 분권화된 재고시스템보다 67%가 적다.

앞의 예는 재고의 중앙집중화와 창고시스템의 중앙집중화를 동시에 고려하였다. 재고 중앙집중화를 하기 위해 반드시 중앙집중화 창고를 사용할 필요는 없다. 재고의 중앙집중화는 구매의 중앙집중화를 통해 충분히 달성할 수 있다. 즉, 각 병원이 각자의 수요정보를 중앙통제시스템에 공개하여 중앙의 코디네이터가 주어진 수요정보를 바탕으로 일괄주문을 하게끔 하면 된다. 그 후 재고를 각 병원에 할당하여 각 병원의 수요를 충족시킨다. 이러한 운영을 하기 위해서 중앙에 있는 코디네이터는 각 병원의 수요정보를 정확히 알고 있어야 한다.

6.6 주문 의사 결정에서 리드 타임의 효과

현실적인 상황에서 프로세스 관리자는 흔히 주기적인 주문결정을 해야만 한다. 따라서 프로세스 관리자는 다음과 같은 두 가지 문제에 직면하게 된다.

1. 얼마나 주문해야 하는가?
2. 언제 주문해야 하는가?

첫 번째 질문은 1단위 이상의 제품을 주문하는데 발생하는 주문 고정비용과 재고보유비용 사이의 교환관계에 관한 문제다. 교환관계는 앞에서 논한 EOQ공식의 예에서 논의되었다.

두 번째 질문은 재고를 배달하는 데 걸리는 시간이다. 주문 신청 시점과 신청한 주문량의 도착 시점 간의 시간 간격을 주문 **리드 타임**(lead time)이라고 부르며 L로 표시한다. 관리자는 재고수준을 수시로 점검하며 재고가 재주문점(reorder point)에 도래할 때 주문을 한다.

이런 정책—재고가 재주문점까지 감소하면 자동으로 주문하는 정책—을 우리는 **계속실사정책**(continuous review policy)이라고 한다. 우리는 재주문점을 ROP로 표시한다. 재고의 감소율＝수요율 R이므로 리드타임 L을 감안할 때 재주문점은 다음과 같다.

$$\text{재주문점} = \text{리트타임} \times \text{수요율}$$

$$ROP = L \times R \tag{6.7}$$

만약 L이 주문간의 시간간격(6.4절에서 $t_z = Q/R$로 계산)보다 적다면($L < Q/R$), 재주문점은

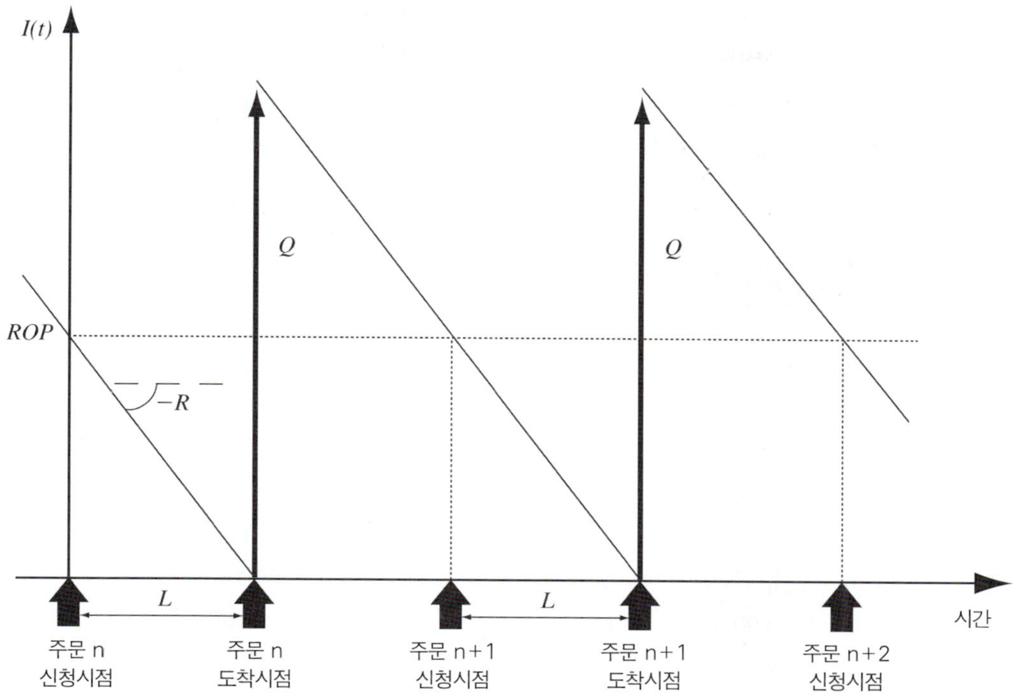

그림 6.6 주문의사결정과 재주문점

주문신청시점에 보유하고 있는 재고수준이다. 재주문점의 결정은 그림 6.6에서 설명하였다. 예제 6.8은 재주문점의 개념을 설명한다.

예제 6.8

IV Starter Kit의 리드 타임 $L=1$주이다. 재주문점은 다음과 같다.

$$ROP = L \times R = 1\text{ 주} \times 600\text{ 단위}/1\text{ 주} = 600\text{ 단위}$$

그러므로 600단위 이하로 재고가 떨어지면, 관리자는 공급자에게 새로운 주문을 신청하여야 한다.

만약 리드타임 L이 주문 사이의 시간 간격보다 크다면($L \geq Q/R$) 재주문점은 주문량 Q보다 클 것이다. 이 경우에는 주문 리드타임 내에 과거에 주문한 재고가 도착할 수 있다. 따라서 재고 포지션(inventory position)이라는 수치를 정의하여 사용하면 재고를 관리하는 데 도움이 될 것이다.

$$\text{재고 포지션} = \text{재고수준} + \text{발주완료 재고}$$

발주완료 재고(on order inventory)는 발주가 완료된 모든 미결제 주문량을 포함한다. 예제 6.8에서는 발주완료 재고가 0이며, 재고수준과 보유 재고수준이 일치하는 경우다. 더욱 일반적인 정의를 하기 위해 우리는 재주문점을 다음과 같이 정의한다. **재주문점**은 계속 실사 정책하에서 재주문을 주는 재고수준이다. 재주문점은 예제 6.9에서 설명하였다.

예제 6.9

IV Starter Kit의 주문 리드타임은 $L=6$주라고 가정하자(예제 6.1과 6.8에서는 1주로 가정하였지만 여기서는 6주로 가정한다). 주당 수요율 R은 일주일에 600단위이고, 재주문점은 다음과 같이 얻을 수 있다.

$$ROP = L \times R = 6\text{주} \times 600\text{단위}/1\text{주} = 3{,}600\text{단위}$$

예제 6.5에서, 최적의 주문 뱃치크기는 $Q^*=3{,}002$로 계산하였다. 그러므로 주문 사이의 시간 간격은 $Q/R=5.003$주이다. 이는 주문 리드 타임 $L=6$주보다 작다. 그러므로 주문 리드타임 내에 이전의 미결제 주문 하나가 있다. 이 경우, 3,600단위의 재주문점은 주문신청 시점의 재고 598단위와 미결제 주문($Q^*=3{,}002$)의 합을 나타낸다. 그림 6.7을 참조하기 바란다.

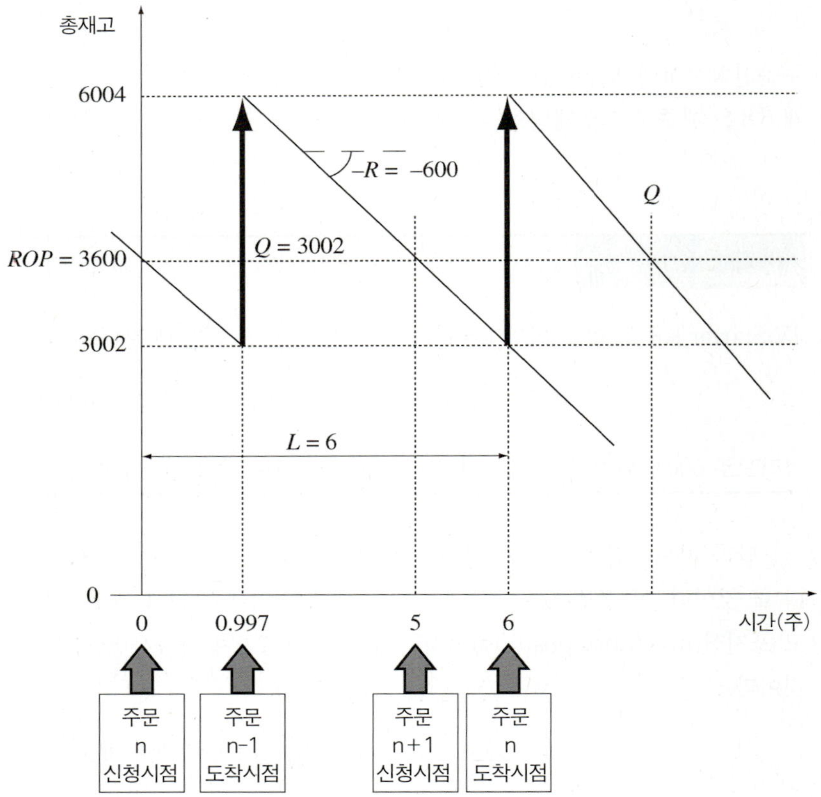

그림 6.7 주문의사결정과 재주문점(예제 6.9)

지금까지는 수요율 R과 리드타임 L을 확실하게 알고 있다는 가정하에서 재고모형을 알아보았다. 현실 상황에서는 이러한 경우는 매우 드물다. 예를 들어 소비자 수요는 대체로 확실하게 알려지지 않았으며 공급자의 배달 스케줄이 정확하게 지켜지는 경우도 드물다. 다음 장에서는 불 확실성에 대응하기 위한 재주문점을 어떻게 결정하고 안전재고라 불리는 안전장치를 어떻게 결정할 것인지를 알아볼 것이다.

6.7 주기 주문 재고관리

지금까지는 관리자가 고정주문비용(S)에 대하여 예측할 수 있어 최적주문량을 결정할 수 있는 경우를 고려하였다. 수요율(R)이 일정한 추세를 보일 때 주문 정책은 주기 주문(periodic ordering)의 형식을 취한다. 예를 들어 예제 6.4에서는 IV Starter Kits를 대강 5주마다 주기적으로 주문(=31,200/6000)하는 경우가 이 경우에 속한다. 또한, 계속실사정책을 응용하여 재고수준이 재주문점(ROP)까지 감소할 때 주문을 하였다. 그러나 현실상황을 고려해 보면 관리자는 고정주문비용을 정확히 알고 있지 않을 수도 있으며 계속 실사를 할 수 있는 여건이 형성되어 있지 않을 수도 있다. 따라서 더욱 현실적이며 단순한 대안을 고려할 필요가 있다. 예를 들어 재고수준을 계속 실사하여 재고수준이 재주문점까지 감소했나를 파악하는 것보다 일정 기간이 지나면 자동으로 주문하는 (예를 들어 매달 월초에 주문) 방안을 고려해 볼 수 있다. 그리고 이러한 보다 현실적이고 단순한 방안이 재고관리에 주는 영향을 알아보자.

Centura 병원은 다음과 같은 재고관리 방법을 사용한다. 격주에 한번 주초 월요일에 주문한다. 따라서 14일에 한 번 주문한다. 일주의 수요율은 600단위이므로 14일간에 1,200단위를 소비한다. 따라서 공급량은 14일간 1,200단위를 충족할 수 있어야 한다. 그러므로 관리자는 격주에 한번 재고를 검사하고 현 재고수준과 목표재고 수준 (1,200단위)의 차이만큼 주문하여 재고수준을 1,200단위까지 올려놓는다. 이처럼 일정 기간에 한 번씩 거쳐 주기적으로 재고수준을 검사하고 주문을 하는 정책을 **주기실사정책**(periodic review policy)이라고 한다. 이러한 정책의 예로 목표 충전 수준 정책(order up to level policy)을 들을 수 있다. 목표 충전 수준 정책은 일정 간격을 두고 주문을 하며 고정 목표재고 수준(OUL)과 현 재고수준의 차이만큼 주문하여 재고수준을 고정(목표)재고수준까지 올려놓는 정책이다.

만약에 주문리드타임이 있을 경우에는 어떻게 대처해야 하는지 알아보자. IV Started Kits의 예를 보면 리드타임은 1주다. 따라서 그림 6.8의 주문시점 1에서 주문한 제품은 1주 후에 도착한다. 그러므로 리드타임 1주간의 수요를 충족하기 위해 주문시점 1에서 600단위의 재고를 보유하고 있어야 한다(그 후의 주문 시점 3에도 마찬가지로 재고가 600단위 비축되어 있어야 한다). 주문시점 1에서 주문한 제품 1,200단위는 시점 2에 도착하여 재고수준을 1,200단위까지 증가시킨다. 그러므로 주문시점 1의 OUL은 600(보유재고)+1200(주문한 물량)=1,800단위가 된다. 좀 더 일반적으로 정의한다면 OUL은 다음과 같다(그림 6.8 참조).

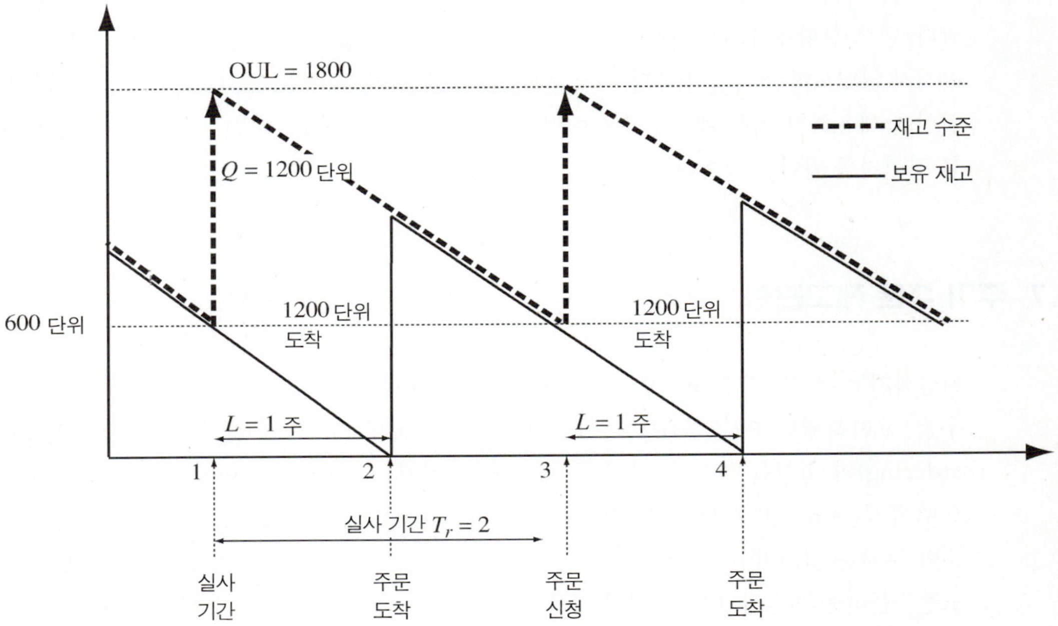

그림 6.8 그림 6.8 주기 실사 정책의 재고수준

$$OUL = R \times (T_r + L) \tag{6.8}$$

평균 주문량은 $Q=R\times T_r$이므로, 재고수준은 0과 최대치 Q 사이에서 변동한다. 따라서 평균 주기 재고는 다음과 같다.

$$I_{cycle} = Q/2 = (R \times T_r)/2$$

그리고 운송(수송) 중인 재고는 $R\times L$이다. Centura 병원은 격주(14일)에 한번 주문을 하므로 주기 재고는 $I_{cycle}=Q/2=1{,}200/2=600$ 단위가 된다.

6.8 재고 관리를 위한 방안

이번 장에서는 다양한 재고부류를 관리하는 주요 방안들을 요약한 후 결론을 내리고자 한다.

이론적 재고 다음과 같이 표현되는 이론적 재공재고는

$$I_{th} = R \times T_{th}$$

흐름률 R과 이론적 흐름시간 T_{th}에 의해서 결정된다. 4장과 5장에서 논의한 바와 같이 이 두 측정

치를 이용하여 재고를 조절할 수 있다. T_{th}는 다음과 같은 방법으로 줄일 수 있다.

- 핵심경로 시간 감축
- 비 가치창출 활동 제거
- 덜 중요한 활동을 핵심경로에서 비핵심경로로 이동
- 순차적인 프로세스를 병렬 프로세스로 재설계

프로세스 흐름률 R을 감소시키면 이론적 재공재고를 줄일 수 있다. 하지만, 이러한 방안은 산출량을 감소시킨다. 이론적 재공재고가 전체 재고의 아주 작은 부분만을 차지하는데도 불구하고 경영자는 흐름시간을 단축하기 위해 이론적 재공재고를 줄이고자 노력한다.

주기 재고 주기 재고는 주문량의 1/2이다. 그러므로 주기 재고는 주문 크기를 줄임으로써 줄일 수 있다. 최적 주문크기는 EOQ 공식에 의해 주어진다.

$$\text{최적주문량} = \sqrt{\frac{2 \times \text{고정주문비용} \times \text{연간수요율}}{\text{연간보유비용}}}$$

그러므로 주기 재고 감소를 위한 현명한 방안은 고정주문비용을 줄이는 것이다.

정보기술을 사용하여 주문프로세스를 단순화하여 고정주문비용을 줄일 수 있다. 생산준비 또는 교체시간(changeover) 감소에 투자하여 고정 생산준비 또는 교체비용을 줄일 수 있다. 끝으로 판촉할인보다는 공급자와 협상을 통해 장기적으로 낮은 가격으로 제품을 공급받는 것도 지나치게 많은 주기 재고를 감소시킬 수 있다(부록 6.2 참조).

계절성 재고 계절성 재고는 수요율의 일시적 변화 또는 이를 충족하기 위한 용량 조절비용이 많이 들어서 발생한다. 안정적인 수요패턴을 유지하기 위해 가격조정 또는 다른 인센티브 전략을 사용하여 계절성 재고를 줄일 수 있다. 자원의 유연성을 향상하여 능동적으로 수요율 변동에 대응할 수 있게끔 하는 방안도 계절성 재고를 줄여 비용을 줄일 수 있다. 이와 비슷하게, 경기순환 경향과 반대되는 생산계획을 유지하며 유연적으로 생산자원을 사용하는 방안도 재고의 증가 없이 수요율 변화에 적응하는 방안이다. 예를 들어 생산장비의 유연성을 향상해 겨울에는 제설차를 만들고 여름에는 잔디 깎는 기계를 만들도록 하는 것이다.

안전 재고 안전 재고는 예상치 못한 공급 결핍이나 수요의 폭증에 대응하기 위한 재고이다. 안전 재고를 감소하기 위해서는 공급과 수요의 불확실성을 줄여야 한다. 확실한 공급과 안정적인 수요패턴의 확보는 안전재고에 대한 의존성을 감소시킨다. 안전재고에 대한 보다 자세한 사항은 7장에서 다룰 것이다.

투기적 재고 투기적인 재고는 다음 두 가지 결과를 가져온다.

1. 자재구매 총비용을 감소시킨다.
2. 제품가격의 불확실한 변동을 이용하여 이익을 증가시킨다.

안정적인 가격협상은 투기적 재고를 감소시킨다.

요약

공급과 수요가 불일치하면 재고는 축적된다. 재고는 흐름시간과 흐름률에 이어 세 번째 기초적인 프로세스 성능 측정단위이다. 이번 장에서는 재고의 분류, 재고보유에 따르는 비용과 비용이 발생하는 이유, 규모의 경제성에 의해 결정되는 최적의 주문 뱃치크기(주문량) 그리고 가격할인을 통한 판매촉진에 대해서 알아보았다.

재고는 프로세스에서의 위치에 따라 투입, 제공 또는 산출재고로 분류될 수 있다. 기업은 다음과 같은 이유 때문에 재고를 보유한다. 첫째, 요구되는 재고의 최소수준인 이론적 재고는 흐름률을 유지하기 위한 최소재고수준이다. 한 지역에서 다른 지역으로 이동하는 재고는 운송 중 또는 파이프라인 재고로 분류된다. 생산, 조달 그리고 운송에서 규모경제를 달성하기 위해 기업은 제품을 대량으로 생산, 구매, 또는 운송한다. 이는 높은 주기 재고를 발생시킨다. 계절적 수요의 변동에 대응하기 위해 기업은 계절성 재고를 보유한다. 기업은 불확실한 수요나 공급에 대비해 안전 재고를 보유한다. 끝으로 가격변화(예, 판매 촉진)에 의해 기업은 필요 이상으로 많은 투기적 재고 또는 입도선매한다. 재고를 보유하는 이유는 다양하다. 하지만, 이는 재고보유비용을 가져온다.

규모의 경제를 고려하여 주문 결정을 할 때에는 재고보유비용과 주문비용 간의 교환관계를 고려하여야 한다. 주문량이 증가하면 연간주문횟수는 줄어든다. 따라서 연간주문비용은 감소한다. 하지만, 주문량이 증가하면 재고수준이 향상한다, 따라서 재고보유비용이 증가한다. 최적 주문량은 경제적 주문량 수식에 의해서 결정된다. 주기 재고를 줄이기 위해서는 주문량 크기를 줄여야 한다. 이를 달성하기 위한 방안으로 주문 또는 생산준비 고정비용을 줄이는 방안을 들 수 있다. 따라서 생산준비에 필요한 시간을 감소시키거나 주문비용을 줄이기 위한 기술을 개발하여 고정비용을 줄이는 방안을 생각해 볼 수 있다. 이 외에도 재고집중화를 통해 재고를 줄일 수 있다. 특히 재고집중화를 이용하여 주기 재고를 주문 개체 수의 제곱근의 배수로 감소시킬 수 있다.

주문량 크기와 더불어 재고관리자는 재주문시기를 결정할 필요가 있다. 재고관리자는 재고수준이 재주문점 밑으로 떨어졌을 때 주문을 신청한다. 만약 수요가 알려졌다면, 재주문점은 주문 리드타임(lead time)의 수요에 의해 결정될 수 있다. 재고수준이 특정 재고수준에 도달하면 자동으로 주문하는 재고관리 정책을 계속실사정책이라고 한다.

계속실사정책을 대체할 수 있는 현실적인 대안으로 주기실사정책을 고려해 볼 수 있다. 주기실사정책을 응용할 때 관리자는 재고실사와 주문을 일정 간격을 두고 한다. 대표적인 주기실사 재고관리정책은 목표 충전 수준(OUL) 정책이다.

끝으로 판매촉진을 통한 가격할인 기회가 주어질 때 재고관리자는 평소보다 많은 양의 제품을 주문하여 입도선매에 따르는 재고를 발생시킨다(부록 6.2 참조). 평시 염가정책(EDLP)은 입도선매에 따르는 재고를 줄여 주는 효과적인 수단이다.

주요 등식 및 기호

(6.1) $I_{th} = R \times T_{th}$

(6.2) $H = (h + r)C$

(6.3) $I_{cycly} = Q/2$

(6.4) $TC = S \times \frac{R}{Q} + H \times \frac{Q}{2} + C \times R$

(6.5) $Q^* = \sqrt{\frac{2SR}{H}}$

(6.6) $TC^* = \sqrt{2SRH} + CR$

(6.7) $ROP = L \times R$

(6.8) $OUL = R \times (T_r + L)$

I_{th} = 이론적 재고

R = 흐름률 또는 수요율

T_{th} = 이론적 흐름시간

H = 보유비용

C = 주문원가

h = 물리적 보유비용

r = 자본 기회비용

I_{cycle} = 주기 재고

Q = 주문 뱃치크기(주문량)

TC = 연간 총 재고비용

Q^* = 경제적 주문 뱃치크기(주문량)

TC^* = 최적 연간 총 재고비용

ROP = 재주문점

L = 주문 리드타임

OUL = 목표 충전 수준

T_r = 실사(review) 기간

주요 용어

EOQ 공식(EOQ formula)
경제적 주문량(EOQ: economic order quantity)
계절성 재고(seasonal inventory)
고정생산준비비용(fixed setup cost)
고정주문비용(fixed order cost)
규모의 경제(economies of scale)
기회비용(opportunity cost)
리드타임(lead time)
물리적 보유비용(physical holding cost)
발주완료재고(on order inventory)
뱃치(batch)
뱃치크기(batch size)
산출비용(output cost)
생산뱃치(production batch)
안전재고(safety inventory)
운송재고(in-transit inventory)
이론적 재고(theoretical inventory)
입도선매(forward buying)
재고보유비용(invent holding cost)
재공재고(in-process inventory)
재공품 재고(work in process inventory)
재주문점(ROP: reorder point)
주기 재고(cycle Inventory)
주문 뱃치(procurement batch)
투기적 재고(speculative inventory)
투입재고(input inventory)
파이프라인 재고(pipeline inventory)

토의 과제

6.1 효율적인 재고관리가 회사의 이윤창출에 어떤 영향을 미치는지 설명하라.

6.2 비용증가에도 왜 기업들은 재고를 보유하는가?

6.3 경제적 주문량을 결정하는 핵심 교환관계는 무엇인가?

6.4 경제적 주문량 모형(EOQ model)을 결정하는 데 있어서 비용항목이 약간 정확하지 않게 평가되어도 경제적 주문량에 크게 영향을 미치지 않는 이유를 설명하라

6.5 주문비용이 1/4로 감소하는데 주기 재고가 절반으로 감소하는 이유를 설명하라.

6.6 IT 기술의 사용으로 재고를 어떻게 줄일 수 있는지 설명하라.

6.7 주문 리드타임을 감소시켜 어떻게 주기 재고를 줄일 수 있는지를 토론하라.

6.8 계속실사정책과 주기실사정책 중 어떤 것이 더 많은 주기 재고를 보유하는지 토론하라.

연습 문제

6.1 빨간색 부품을 조립하는데 생산자로부터 1단위당 4달러로 부품을 구입한다고 가정하자. 매년 이 부품을 평균 50,000단위 사용한다. 매번 주문할 때마다 주문량에 관계없이 주문비용 800달러가 발생한다. 자본 기회비용은 1년에 20%이다.

a. 비용을 최소화하는 1회 주문량을 결정하라.

b. 연간 수요를 충족하기 위해 주문을 몇 번 하여야 하나?

***6.2** BIM computer Inc.는 자사의 유명한 PC=PAL 모델을 유통 업자에게 1단위당 1,250달러에 판매한다. BIM의 이익마진은 20%이다. 공장의 평균주문량은 일주일에 400단위이다. BIM은 뱃치생산을 하고 있으며 4주분의 공급량을 뱃치(묶음)으로 생산한다. BIM의 생산 프로세스는 다음과 같이 3단계로 구성된다.

- PC board 조립(부품 자동설치, 매뉴얼 로딩, 주파 납땜, 외부 소스로부터 구입한 전자부품의 레이저 접착)
- 최종조립
- 테스트

한 모델에서 다른 모델로 생산을 교체할 때마다, 회사는 4시간 동안 조립라인을 닫아야 한다. 조립라인을 닫을 때마다 비용이 2,000달러가 들며, 관리자의 작업시간을 1/2시간 정도 낭비한다. 관리자의 임금은 하루에 1,500달러이다.

비록 BIM의 제품품질이 높게 인식되고 있으나, BIM이 속한 산업 내에서의 첨예한 가격경쟁은 회사로 하여금 비용절감과 생산력 증진 캠페인을 하도록 하였다. 구체적으로 BIM은 소비자 서비스를 현 상태로 유지하면서 적은 재고를 보유하고자 한다. 산출재고에 묶여 있는 자금 일부를 현금화하여 새로운 프로젝트에 투자하면 1년에 20%의 리스크-조절 후 회수율을 얻을 수 있다고 예상된다. 1년에 50주 근무하고 주5일제라고 가정한다.

a. BIM의 연간 총생산비용과 재고관리비용을 계산하라.

b. 비용을 최소화하는 경제적 뱃치생산량 크기를 계산하라.

6.3 Victor는 그의 부티크에서 고급 이브닝드레스를 판매한다. 그는 드레스 한 벌당 300달러에 판매하며, 1주에 평균 30벌을 판매한다. 최근에 Victor는 공장에서 한 번에 10주 분량을 주문하였다. 그는 한 드레스 당 150달러를 지불하였으며, 배송물품을 받는데 2주가 소요됐다. Victor는 주문하는데 소요되는 일반 주문관리비가 225달러라고 평가했다. 1달러에 해당하는 기회비용은 연간 0.30달러로 추정하였다.

a. Victor의 연간 주문과 재고보유비용을 계산하라.

b. 만약 연간 총 재고비용을 최소화하고자 한다면, Victor는 주문 뱃치크기를 얼마로 결정하여야 하는가?

c. 현재 정책과 최적정책의 재고회전 수를 비교해 보아라.

***6.4** 소매상의 주문당 고정비용은 1,000달러이다. 현재 소매상의 최적 주문량은 400단위이다. 소매상은 적은 주문량을 구입하여 재고를 적게 보유하는 Just-in-Time 방안의 효과에 대해 들은 바 있다. 만약 소매상이 50단위보다 적은 주문량을 주문하고자 한다면, 소매상의 고정주문비용은 얼마가 되어야 하나?

6.5 Major Airlines는 비행기 승무원들을 경제적이고 합리적인 방식으로 훈련하고자 한다. 이 항공사는 약 1,000명의 훈련된 직원을 고용하고 있다. 직업의 특성상, 승무원들의 이직률이 아주 높으며, 평균 약 2년간 근무하기 때문에 이러한 훈련의 필요성이 대두되었다. Major 사의 훈련코스는 6주가 소요되며, 그 후 피 훈련자들은 감원에 의한 빈자리를 채우게 된다. 회사는 선택된 직원에게 배정받기 전까지 1주간의 휴가와 여행시간을 준다. 중도탈락자를 줄이고, 훈련된 승무원을 지속적으로 보유하기 위해 Major는 훈련 중일 때나 휴가 중일 때, 또는 배정되길 기다리는 동안, 한 달에 500달러씩 지급한다.

a. 훈련 비용은 주로 강사 임금(1주에 1인당 220달러)과 보조인력 임금(1주에 1인당 80달러)으로 구성된다. 훈련팀은 10명의 강사와 10명의 보조인력으로 구성된다. 이 팀은 오직 훈련에 관련된 시간에 한해서 임금을 받으며, 임금은 클래스의 규모나 운영되는 클래스 수와 무관하다. 1년에 50주가 있다고 가정하자. 가장 경제적인 클래스 치수와 이 정책에 따른 연간 비용을 결정하라. 그리고 연속적으로 시작하는 클래스 간의 시간 간격을 결정하라. 재고-시간 도표를 그려보고 언제 각 배치가 훈련을 시작하고 끝낼 것인지, 언제 휴가 시간을 갖고, 언제 비행에 배정받을 준비가 되는지 설명하라.

b. 한 번에 오직 한 개의 클래스가 운영될 수 있도록 파트 a에서의 답을 수정하라. 이 요구 사항은 새로운 클래스가 6주마다 신설되어야 한다는 것을 의미함을 주목하라. 이러한 옵션 하에서의 클래스의 사이즈와 총 연간비용을 결정하라. 파트 a에서 설명된 옵션에서 발생한 최적의 비용과 이 옵션에서 발생한 비용과 비교하라. 그리고 Major Airlines이 어떤 옵션을 선택해야 하는지 추천하라.

6.6 National Bank는 현금인출기 네트워크를 운영한다. 현금인출기의 1회 평균 인출금액은 80달러이다. 현금인출기의 현금 잔고에 상관없이, 현금을 충전하는데 드는 고정비용이 약

100달러 정도 된다고 한다. 일주일에 평균 현금 인출횟수는 약 150건이다. 연간이자비용이 10%일 때, 얼마의 현금을 현금인출기에 유지해야 하는가? 얼마나 자주 현금인출기를 보충해야 있는가?

6.7 (부록 6.2 참조) Gourmet Coffee(GC)는 구운 커피 원두를 소비자에게 판매하는 커피전문점이다. GC는 1년에 약 150,000파운드의 원두를 판매하며 커피 원두의 비용은 1파운드당 약 1.50달러이다. GC는 다음과 같은 스케줄에 따라 커피원두 공급자에게 운송비용을 지불한다.

선적량	파운드당 운송비용
10,000파운드보다 적을 때	0.17달러
10 000~15,000파운드	0.15달러
15,000파운드보다 많을 때	0.13달러

GC는 연간자본비용을 15%로 추정하고 있다. 주문하는데 발생하는 일반 관리비는 주문당 50달러이다. 또한, 선적 물품들을 점포 내로 운반하기 위하여 필요한 지게차를 대여하는데 350달러가 소요된다.

a. 최적의 커피 원두 주문량은 얼마인가? 전체 연간비용은 얼마인가?

b. GC는 지게차 대여비용을 없애기 위해 지게차를 구입하고 진입로를 건설하는 방안을 고려 중이다. GC는 투자자금을 조달하기 위해 돈을 빌려야 한다. 만약 이 설비의 수명이 약 5년이라면, GC는 지게차를 구매하고 진입로를 건설하는데 얼마까지 지불할 용의가 있느냐? 만약 투자가 이루어진다면, 최적 주문정책은 어떻게 변하나?

6.8 Toyota의 한 공급자가 프레스기를 사용하여 부품을 생산하고 있다. 부품 타입을 교체하려면 그 공급자는 프레스기의 금형을 바꾸어야 했다. 이 교체 작업은 4시간이 걸리며 1시간당 평균 250달러의 교체비용이 소요된다. 부품들의 수요는 한 달에 1,000건이다. 각 부품의 생산원가는 100달러이며, 공급자의 연간 재고 보유비용은 25%이다.

a. 최적의 생산뱃치크기를 결정하라.

b. Toyota는 공급자가 그들의 뱃치크기를 4분의 1로 줄이기를 바란다. 즉, 만약 공급자가 한 배치에 Q 단위를 생산한다고 하면, Toyota는 $Q/4$까지 배치를 줄이기를 원한다. 공급자는 이러한 결과를 얻기 위해 무엇을 해야 하는가?

6.9 SUPERfast Motors는 구매자에게 갖가지 모터를 생산하고 판매한다. 모든 모터의 생산원가는 대체로 같으며, 같은 라인에서 조립된다. 제품조립을 교체하는데 (한 제품에서 다른 제품으로 교체) 걸리는 교체시간은 약 2시간이. Superfast는 완성된 제품을 유통센터에 비축한다. 주문이 접수되는 대로 제품은 유통센터에서 구매자로 운송된다. HP는 판매량 가장 많은 모터이며 LP는 가장 판매량이 적은 모터이다.

a. HP 모터의 평균주기 재고는:

- LP 모터의 주기 재고보다 높을 것이다.

- LP 모터의 주기 재고보다 낮을 것이다.
- LP 모터의 주기 재고와 같을 것이다.

b. HP 모터가 재고상태에서 사용한 평균시간은:

- LP 모터보다 높을 것이다.
- LP 모터보다 낮을 것이다.
- LP 모터와 같을 것이다.

***6.10** Complete Computer(CC)는 4개의 소매 아울렛을 운영하고 있는 컴퓨터 소매상이다. 최근까지 각 아울렛은 독립적으로 주문하고 있다. 각 소매 아울렛의 수요는 1주당 평균 4,000단위이다. 컴퓨터 한 단위의 원가는 200달러이며, CC의 연간 재고보유비용은 20%이다. 각 주문당 고정비용(일반 관리비 + 운반비)은 900달러이다. 1년에 50주라고 가정하자.

a. 각 아울렛이 독립적으로 주문하고, 각자 재고를 보유한다고 가정했을 때, 각 아울렛의 최적 주문크기를 결정하라.

b. CC는 (전체 4개 아울렛의) 재고집중화를 고려하고 있다. 이러한 가정에 따라 CC는 (4개 아울렛의) 주문을 모아서 공급자에게 주문할 것이다. 공급자는 주문을 트럭에 담아 배달지점에 배달한다. 배달지점에서 다시 4개의 아울렛으로 분리 배달된다. 이러한 운영방침은 1회 주문비용을 1,800달러로 증가시켰다. 만약 CC가 이 새로운 정책을 운영한다면, CC의 (4개의 아울렛을 합한) 평균 재고량을 계산하라.

참고 문헌

Buzzell, R. D., J. A. Quelch, and W. J. Salmon. "The Costly Bargain of Trade Promotions." *Harvard Business Review* (March-April 1990): 1-9.

Chopra, S., and P. Meindl. *Supply Chain Management: Strategy Planning and Operations.* 4th ed. Upper Saddle River, N.J.: Prentice Hall, 2009.

Hadley, G., and T. M. Whitin. *Analysis of Inventory Systems.* Upper Saddle River, N.J.: Prentice Hall, 1963.

Nahmias, S. *Production and Operations Analysis.* 6th edition. Homewood, Ill.: McGraw-Hill/Irwin, 2008.

Peterson, R., and E. A. Silver. *Decision Systems for Inventory Management and Production Planning.* New York: John Wiley & Sons, 1979.

Sasser, W. "Match Supply and Demand in Service Industries." *Harvard Business Review* (November-December 1976): 132-138.

부록 6.1 EOQ 공식의 유도

EOQ 공식의 유도

식 6.4에 따라 연간 총 재고비용은 다음과 같다.

$$TC = S \times \frac{R}{Q} + H \times \frac{Q}{2} + C \times R$$

연간 총 재고비용 TC를 뱃치크기 Q로 일차미분 하면 다음과 같은 식을 얻는다.

$$d(TC)/dQ = -SR/Q^2 + H/2$$

연간 총 재고비용함수를 Q로 미분한 식이 '0'이 되는 Q 값을 풀어보면 다음과 같은 EOQ 공식을 얻을 수 있다.

$$Q^* = \sqrt{\frac{2SR}{H}}$$

부록 6.2 가격 할인

예제 6.10과 6.11을 다시 생각해 보자.

예제 6.10

IV Starter Kits의 공급자는 다음과 같은 가격할인 계획을 Centura 병원에 통보하였다.

주문량	단위가격
0−5,000	3.00달러
>5,000−10,000	2.96달러
>10,00 0 초과	2.92달러

예제 6.4에서 결정한 구매방안을 수정할 필요가 있는지 결정하여다

예제 6.11

할인판매점에서 치약의 주문량을 결정하고자 한다. 치약의 수요는 한 달에 10,000단위다. 고정 주문비용 (관리, 수송 등)은 주문량과 무관하게 100달러이다. 연 보유비용은 20%이다. 단위 구매원가는 3달러이다. 생산자는 다음 달에 한하여 5% 가격할인을 해주기로 하였다.

가격할인 정책은 여러 가지 형식을 취할 수 있다. 구매물량에 따라 구매원가가 결정되는 가격정책을 **물량할인정책**(quantity discount policy)이라고 한다. 자주 사용되는 물량할인 정책은 **총 물량 할인정책**(all unit quantity discount policy)으로 어떤 지정된 물량보다 많은 양을 구매하면 총 구매물량에 대하여 가격할인이 적용된다. 예제 6.11에서 보여준 가격할인 정책은 총 물량 할인 정책으로 볼 수 있다. 반면 **점증(증가)적 물량 할인정책**(incremental quantity discount policy)은 어떤 지정된 물량보다 많은 양을 구매하면 지정물량을 초과한 물량에 대하여 가격할인을 적용하며 지정된 물량까지는 원 가격을 적용하는 계획이다.

예제 6.10을 고려해보자. 5,500단위를 주문한다고 가정하자. 총 물량 할인정책을 적용하면 5,500단위 모두에게 2.96달러가 적용된다. 반면에 점증적(증가) 물량 할인정책을 적용하면 첫 5,000단위의 가격은 3.00달러이고 나머지 500단위의 가격은 2.96달러이다. 본 교과서에서는 가격할인을 고려한 최적 주문정책에 대해서 다루지 않을 것이며 이 부분에 대하여 관심이 있는 독자들은 공급망관리 서적들 예를 들어 Chopra and Meindl(2009) 또는 Nahmias(2008)을 참조하기 바란다.

예제 6.11에서 서술한 가격할인 정책은 주어진 일정 기간에 한해서 가격할인을 하는 단기적

(일시적) 물량 할인 정책이며 일종의 판매촉진정책이다. 공급자는 1회에 한해서 가격할인을 해주며 이러한 기회를 구매자에게 미리 공지할 수 있다. 때로는 이러한 형식을 가격인상 시점 전에 시행하여 인상 전 가격으로 구매할 수 있는 마지막 기회를 구매자에게 부여하는 때도 있다. 구매자는 이러한 기회가 주어질 때 미래의 수요를 현재에 구매하여 가격변화의 이점을 충분히 이용하고자 한다. 이러한 행위를 **입도선매**(forward buying)이라고 한다.

판매촉진은 소매상으로 하여금 많은 양의 재고를 입도선매하도록 유인하여 재고수준의 급격한 증가를 초래한다. Buzzell et al.(1990)의 음식산업에 관한 연구에 따르면 입도선매량은 총재고저장량의 40%에서 50% 수준이라고 한다. 물론 판매촉진과 입도선매는 운송비용, 관리비용을 증가시키며 공급자와 판매자 모두에게 관리와 판매비용을 증가시킨다. 또한, 판매촉진 거래를 평가하기 위해 구매자의 평가시간도 증가시킨다. 이 추가된 비용들은 상당히 높을 수도 있다. 예를 들어, Buzzell et al.(1990)의 보고서를 보면 비부패성 음식의 경우 입도선매에 따르는 비용은 최소한 소매 매출액의 1.15%에서 2.0%를 차지한다고 한다.

앞에서 알아본 바와 같이 판매촉진은 때때로 불필요하게 많은 재고—또는 불필요하게 긴 흐름시간—를 공급망(supply chain)에 축적하도록 한다(Chopra and Meindl 2009). 그러므로 많은 기업은 **평시 염가 정책**(EDLP)—항상 동일하며 일시적인 가격할인이 없는 가격정책—을 적용한다. EDLP 하에서는 고객은 입도선매하지 않는다. 이와 같은 현상은 공급망(supply chain)의 상위부분에도 적용된다. 만약 도매업자가 가격할인 없이 매일 염가정책을 시행한다면, 소매업자는 입도선매를 하지 않을 것이다. 그러므로 전체 공급체인 내의 흐름은 한층 더 유연해질 것이며 공급망 총재고는 입도선매 때보다 적을 것이다. 우리는 10장에서 이러한 정책에 대하여 더욱 심도 있게 공부할 것이다.

PART >>> 3

프로세스 흐름 변동성

Chapter

7

프로세스 흐름 변동성 관리: 안전 재고

서론

1990년대에 General Electric Lighting은 유럽에서 프랑스 파리 근교 세 곳과 오스트리아, 벨기에, 독일, 그리고 스위스에 각각 한 곳 등 총 일곱 군데의 창고로 구성된 유통망을 통해 제품을 공급했다. 여러 개의 창고 네트워크를 구성함으로써 지역 고객들에게 더 가까운 거리에서 제품을 공급할 수 있을 것이라는 생각에서였다. 그러나 기대와는 달리 이러한 유통망은 '재고-서비스 위기'를 가져왔다. 유통망의 재고 수준은 높아지고 고객서비스는 도리어 악화되었다. GE Lighting은 남부 유럽으로 시장을 확대하는 동시에 유럽에서의 유통전략을 재평가하고자 했으며 다음과 같은 문제들에 직면하게 되었다.

- 고객 수요를 예측하기 어려운 경우 재고를 결정하는 주요인은 무엇인가?
- 더 좋은 예측 시스템에 투자해야 할 것인가?
- 적정한 재고 수준은 어느 정도인가?
- 어느 정도의 서비스 수준이 적당한가?
- 예전대로 분권화된 네트워크를 통해 고객들을 서비스할 것인가 아니면 모든 고객을 서비스할 수 있는 중심 유통시설을 구축할 것인가?

GE Lighting은 결국 일곱 곳의 기존 창고를 프랑스 내의 단일 총괄유통센터로 통합하여 오스트리아, 벨기에, 프랑스, 독일, 네덜란드, 룩셈부르크, 그리고 스위스에 있는 모든 고객을 서비스하기로 하였다. 추가로, 유럽의 기타 지역의 고객들을 위하여 다음과 같이 시설을 개설하였다. 스칸디나비아 반도 국가들을 위해 스웨덴에 한 곳, 영국과 이탈리아에 각각 한 곳, 그리고 스페인과 포르투갈을 위한 스페인 유통센터 한 곳 등이다(Harps, 2000).

공급과 수요를 일치시키는 것은 비즈니스 프로세스관리의 매우 중요한 측면이다. 6장에서는 규모의 경제에 초점을 맞추어 기업들이 왜 수요 이상으로 공급하고 그에 따른 재고를 부담하는가를 설명하였다. 그럼에도, 공급 또는 수요의 예기치 않은 변동성(불확실성)으로 인하여 공급이 수요에 미치지 못할 수도 있다. 이로 인하여 프로세스 중단(process starvation), 제품 부족, 매출 상실, 그리고 고객 불만족이 초래될 수도 있다. 이와 같은 위험상황하에서 심각한 재무위기를 맞은 기업들의 사례가 표 7.1에 예시되어 있다. 이에 대비하여 프로세스 관리자는 소위 안전재고라 불리는 추가적인 재고를 보유함으로써 공급 또는 수요의 변동성에도 가용 재고를 유지할 수 있다.

본 장에서는, 재고의 보호적인 기능과 재고의 주요 결정요인, 그리고 재고통제를 위한 관리수단을 살펴보기로 한다. 6장에서와 마찬가지로, 이 논의는 투입(원재료), 재공(in process), 그리고 산출 (완제품) 등 프로세스의 세 단계의 각 버퍼에 동일하게 적용된다. 그러나 일관성을 유지하기 위하여, 버퍼로 투입을 공급으로 그리고 버퍼에서의 산출은 수요라고 부르기로 한다.

적절한 재고수준의 계획을 위하여, 프로세스 관리자는 수요를 예측해야 한다. 필요한 안전 재고량은 예측의 정확도에 따라 달라진다. 7.1절에서는 안전 재고의 관리와 관련된 예측의 일반적인 원칙들에 대해 개관하고 본 장의 나머지 부분에서는 이들의 의의를 구체적으로 살펴본다. 7.2절에서는 일정 수준의 재고에 의해 보장되는 품절방지 정도와 일정 수준의 품절방지를 위해 필요한 안전 재고의 양에 대해 알아본다. 7.3절에서는, 과잉재고와 과소재고의 균형을 유지하는 최적 보장 수준을 결정하는 문제를 살펴본다. 7.4절에서는 공급과 수요의 변동성에 영향을 미치는 요인들과 함께 일정 수준의 서비스를 제공하는 데 필요한 안전 재고의 범위에 대해 분석한다. 7.5절과 7.6절에서는 수요를 통합하거나 공급을 지연하는 등의 방법으로 변동성을 감소시키는 운영전략에 대해 정리한다. 7.7절에서는 정기적인 재고 조사 및 주문 정책에 대해 설명한다. 마지막으로, 7.8절에서는 수요 변동성 하에서 안전 재고와 고객서비스를 관리하는 주요 수단들을 정리한다.

표 7.1 공급-수요 불일치 사례

애플사의 아이폰은 출시일에 170만대를 판매하면서 판매기록을 경신하였다. 일주일이 지난 후에도 고객들은 아이폰을 구입하기 위하여 줄을 서야만 했다. 애플이 아이폰을 더 많이 생산할 수 있었다면 200만 내지 250만대를 판매할 수 있었을 것으로 추정된다.

파이낸셜 타임스, 2011.1월

2007년도에 닌텐도사의 게임 콘솔 Wii는 공급 부족으로 구입하기가 매우 어려웠다. 전문가들에 의하면 닌텐도사는 미충족 수요로 13억 달러가량의 매출 기회를 상실한 것으로 추정한다.

Techspot.com, 2007.12.17

Mumbai의 부동산 경기는 과열상태라고들 했지만 지난 분기의 매매는 매우 저조하였으며 현재의 소비 추세라면 매물들이 소진되는데 2년 4개월 정도 소요될 것으로 예상한다. 이는 경계해야 할 정도의 상태이며 정상적인 부동산 경기 하에서의 재고는 8개월 정도 분량이어야 한다.

Mumbaimirror.com, 2011.2.8

온라인 패션 제품 소매 수입이 상당히 증가하였음에도 불구하고 재고 상각으로 Bluefly 사의 4분기 손실은 더욱 확대되었다. 4분기의 수입은 10% 증가한 2,970만 달러였으나 재고 상각으로 인한 총이익 감소분은 7%였으며 Bluefly 사의 4분기 손실은 지난해의 350만 달러에서 560만 달러로 더욱 확대되었다.

Just-Style.com, 2008.3.27

캐나다 약사협회(CPA)에 의해 발표된 12월 보도자료에 의하면 캐나다 전국의 90%가량의 약사들이 지난 수년간 약품 공급 부족 사태가 심화하되었다는 사실에 동의한다고 한다. 항생제, 구토방지약, 심장약 등이 특히 부족하였다고 한다. 필요한 약을 구하지 못하는 환자들은 약을 복용하지 못하거나 대체약을 복용해야 하며 이로 인한 부작용도 무시할 수 없다. 공급부족이 해결되지 않으면 우울증 환자가 자살하거나 다른 문제의 환자들도 심각한 문제에 처하게 될 수 있다.

The Globe and Mail, 2011.1.31

7.1 수요 예측과 예측 오차

지금까지 제품 수요는 알려져 있고 일정 기간 고정된 것으로 가정하였다. 물론 실제 수요는 시간에 따라 변하기 마련이다. 변동성의 일부는 추세나 계절적 요인 등 예측 가능한 시스템적인 것이지만, 많은 부분은 잡음(noise)이라고 불리는 예측할 수 없고 설명되어지기 어려운 확률적인 요인들에 기인하기도 한다. 미래수요를 예상하는 과정으로서, 예측은 무엇보다도 이러한 잡음들을 해결하려는 일종의 노력이다. 기업들은 미래 고객 수요, 매출, 자원필요량과 가용량, 그리고 금리 등 다양한 요인들을 예측한다.

예측방법 다양한 예측 방법들이 있으나 크게 주관적 또는 객관적인 방법으로 나눌 수 있다. 주관적인 방법은 판단과 경험을 바탕으로 하며 고객 설문조사와 전문가의 판단 등을 포함한다. 객관적인 방법은 자료 분석을 근거로 하며 인과모형과 시계열 분석이 대표적인 방법이다. 인과모형은 자료 이외에도 다른 요인들이 수요에 영향을 미친다고 가정하는 예측방법이다. 예를 들면, 미래 매출은 소비자가격의 함수라고 가정하는 것이다. 시계열 분석은 과거 자료에만 의존하는 예측방법이다. 객관적인 방법은 잡음을 제거하여 추세나 계절적인 변동 등 체계적인 요인들의 영향을 추정하거나 가격이 매출에 미치는 영향 등 인과 요인들을 추정하고자 한다.

구체적인 예측방법은 본서의 범위를 벗어나므로 Chopra와 Miendl(2003) 그리고 Nahmias (2000)를 참조하기 바란다. 본 절에서 우리의 초점은 프로세스 관리자들이 예측방법에 관계없이 공정재고에 관한 합리적인 결정을 내리기 위하여 꼭 이해해야 할 사항들로서 Nahmias(2000)가 다음과 같이 지적한 예측의 일반적인 측면들에 있다.

1. **예측은 대개 틀리기 마련이다**: 수요 패턴의 체계적인 요인들의 변동은 정확하게 예측할 수 있다 하더라도, 설명이나 통제할 수 없는 잡음들로 인하여 오차가 발생할 수밖에 없다. 따라서 (특정 수치로 제시된) 예측에 기초한 의사결정은 높은 비용 또는 부적절한 서비스 등의 예기치 못한 결과를 가져올 수 있다.
2. **따라서, 예측은 반드시 예측 오차의 척도와 함께 제시되어야 한다**: 예측 오차 척도는 프로세스 관리자의 예측에 대한 확신 정도를 수치화한 것이다. 재고 등에 관한 의사결정은 예측에 대한 확신 정도에 따라 달라질 것이다. 예측 오차가 크면 클수록, 일정 수준의 안전 재고하에서 재고품절의 확률이 높아지는 것이다. 7.2절에서는 안전 재고, 서비스 수준, 그리고 예측 오차 간의 정확한 관계를 살펴보기로 한다.
3. **통합 예측은 개별 예측보다 더 정확하다**: 예를 들어 스웨터의 수요를 색상별로 예측하는 것은 스웨터의 총 수요를 예측하는 것보다 덜 신뢰할 만할 것이다. 직관적으로, 통합은 변동성을 감소시켜준다. 더 엄밀하게 표현하면, 통합 평균 수요 대비 변동성을 감소시킨다. 왜냐하면, 개별(색상) 제품에 대한 평균 이상 또는 이하의 수요 유형이 서로 상쇄되어 안정적인 총 수요유형을 나타내기 때문이다. 결과적으로, 전체적으로 안전 재고량이 줄어드는 것이다. 이러한 인식이 재고 통합과 집중화에 의한 변동성 및 안전 재고 감소 원칙의 밑바탕이며 7.5절에서 다루어질 것이다.
4. **장기예측은 단기예측보다 덜 정확하다**: 직관적으로 먼 미래의 사건이 가까운 미래의 사건보다 예측하기 더 어렵다. 모든 기상학자는 내일의 기상예측이 다음 주의 기상 예측보다 더 쉽다는 것을 알고 있다. 마찬가지로 단기적인 공급과 수요의 일치가 장기 계획보다 쉬운 것이다. 관리자가 실제 수요 시점에 더 가깝게 공급관련 결정을 내릴수록, 의사결정에 더 많은 정보가 주어질 것이다. 따라서, 단기 수요 예측은 장기 수요 예측보다 더 정확할 것이고, 더 적은 양의 안전 재고를 필요로 하게 될 것이다. 7.6절에서는 단기예측의 정확성을 활용하기 위한 지연 전략에 초점을 둘 것이다.

실제 구체적인 수치들을 반영하는 것 외에도, 예측은 관리자의 판단, 직관, 그리고 시장조사와 같은 정성적인 요인들을 반영하여 수정되어야 한다. 결국, 예측은 과학이면서도 예술이므로 어떠한 정보도 무시되어서는 안 된다.

7.2 안전 재고와 서비스 수준

예측은 대개 틀릴 것이라고 인정하더라도, 예측 수요를 겨우 충족시킬 정도의 공급을 계획한다면 예제 7.1에서와같이 분명히 공급이 수요를 초과하는 과잉재고나 수요가 공급을 초과하는 품절을 초래할 것이라는 것도 인정해야 할 것이다.

예제 7.1

파리 근교의 GE Lighting 창고관리자가 당면한 산업용 투광 조명등 구매결정문제를 생각해 보자. 전구의 일일 흐름양(throughput rate)은 2,000개라고 하자.[1] 창고관리자는 2주일마다 28,000개의 전구를 묶음으로 주문하며 전구 한 개를 재고로 보관하는 비용은 연간 20로 추정하고 있다. 주문은 10일 만에 도착하며 재주문은 재고수준이 20,000개로 떨어졌을 때에 다시 하게 된다.

어떻게 하루 2,000개의 흐름양(throughput rate)이 결정되었는가? 그것은 아마도 전구 수요량의 예측에 근거했겠지만, 예측에는 필연적으로 오차가 존재하기 마련이다. 관리자가 재주문점(ROP)은 20,000개로 설정하였고 재충전 리드타임은 10일이다. 10일간의 리드타임 동안, 다음 중 하나의 사건이 일어날 수밖에 없다.

1. 실제필요량이 20,000개에 미달하여 과잉 재고 발생.
2. 실제필요량이 20,000개를 초과하여 품절 사태 발생.

극히 드문 경우지만 우연히 실제 수요가 정확히 20,000개일 수도 있다. 만약 수요가 20,000개를 초과하거나 미달할 확률이 동일하다면, 20,000개의 재고 보유 시 품절 사태가 발생할 확률은 50%이다.

품절은 수요가 공급을 초과할 때 발생하며 사업에 치명적인 영향을 미친다. GE Lighting 파리창고의 경우, 전구 품절은 고객 수요가 충족되지 않는 것을 의미한다. 이는 고객 상실과 수입 상실뿐만 아니라 단골고객의 상실로 인한 미래 매출손실로 귀결될 수도 있다. 소매부문에서 품절 빈도에 대한 광범위한 연구에 의하면 (Gruen 외, 2002) 위와 같은 상황에서 품절 빈도는 세계적으로 평균 8.3%에 이르는 것으로 추정되었다. 또한, 일반적인 소매업체의 품절로 인한 손실은 대략 매출의 4% 정도로 추정하고 있다. 이러한 매출 손실은 일반적인 청과소매업의 경우 4.8 % 정도의 주당순이익 감소에 해당하는 것으로 추정된다.

때로는, 고객이 제품이 도착할 때까지 기다리고자 할 경우도 있다. 그러한 경우, 그들의 수요는 **주문 대기**(backlogged) 되었다고 한다. 하지만, 품절이 발생하면 고객의 필요가 즉각 해결되

---

[1] 모든 숫자는 개념설명을 위해 재구성된 것임

지 못함으로 인해 어느 정도 불만족을 초래하기 마련이다. 품절을 예방하고 더 나은 고객서비스를 제공하기 위하여 업체들은 실제 수요가 예측을 초과하는 경우를 대비해 초과 재고를 보유하기도 한다. 언급한 대로, 평균 또는 예측 수요를 초과하는 재고분을 안전 재고라고 한다.

이러한 안전재고의 정의가 항상 양(+)의 값을 가지는 것으로 보일 수도 있다. 그러나 재고보유에 따른 비용과 효익에 따라서, 평균 수요 이하로만 충족시킬 수 있는 재고 수준을 유지할 수도 있으며 이 경우 안전 재고는 음의 값이 된다. 음의 값을 취하는 안전 재고에 대해서는 7.3절에서 살펴보기로 한다.

7.2.1 서비스 수준 척도들

최적 수준의 안전 재고를 결정하기 위하여, 프로세스 관리자는 품절에 따른 비용과 초과재고를 보유하는데 따르는 비용의 경제적인 상충관계(trade-off)를 고려해야 한다. 재고보유에 따른 비용은 6장에서와같이 계산할 수 있지만, 불행히도 품절에 따른 무형의 결과들은 금전적으로 평가하기가 어렵다. 결과적으로 프로세스 관리자는 종종 어느 정도의 고객서비스 수준을 결정하고 이를 충족하는 데 필요한 안전 재고량을 결정한다. 일반적인 두 가지 고객서비스의 척도는 다음과 같다.

- **주기 서비스 수준**(cycle service level)은 한 주문 사이클 동안 품절이 발생하지 않을 확률 또는 품절이 발생하지 않는 주문 사이클의 비율을 나타낸다. 여기서 주문 사이클은 인접한 두 주문시점 간의 기간이다.
- **충족률**(fill rate)은 전체 수요 중에서 보유재고에 의해 충족되는 수요의 비율이다.

이러한 척도들은 예제 7.2에 예시되어 있다.

예제 7.2

프로세스 관리자의 관측에 의하면 100번의 주문 주기 중에서, 품절이 발생한 주기는 20번이라고 한다. 이 경우 주기 서비스 수준은

$$80/100 = 0.8 \text{ 또는 } 80\%$$

이다. 만약 품절이 발생한 각 주문 주기 동안, 부족수량으로 품절의 정도를 측정한다고 하자. 구체적으로, 전체 100주기 동안 총수요는 15,000단위이고 품절이 발생한 20주기 동안 총 부족수량은 1,500단위라고 하자. 이 경우 충족률은

$$13{,}500/15{,}000 = 0.9 \text{ 또는 } 90\%$$

이다. 업종에 따라서, 80% 주기 서비스 수준 또는 90% 충족률은 용납될 수 없는 값일 수도 있다.

이 두 가지의 척도 중 어느 것에 대해서든 관리자가 원하는 수준을 달성하기 위한 효과적인

재고정책이 고안될 수 있다. 대부분의 기업-소비자간(B2C) 거래 환경에서 (예를 들면 소매 매출), 매출에 관한 정보만을 얻을 수 있으며, 품절 등으로 인하여 진정한 수요는 파악하기 어렵다. 따라서, 수요를 알아야 하는 충족률을 측정하기가 어렵다. 게다가, 주기 서비스 수준에 대한 재고 정책의 분석이 충족률에 대한 분석보다 간편하다. 본서에서는, 주기 서비스 수준에 초점을 맞추고 간단히 서비스 수준 (*SL*)이라 부르기로 한다. 충족률 척도에 대한 재고 정책에 관한 논의는 (Chopra & Miendl, 2003)과 같은 공급망 관리 교재들을 참고하기 바란다.

본 절의 나머지 부분에서는 다음 두 가지를 결정하고자 한다.

1. 일정한 양의 안전 재고에 의해서 제공되는 서비스 수준
2. 일정 수준의 서비스를 제공하는 데 필요한 안전 재고의 양

이 문제들을 논하기 전에 6장 7절에서 소개된 재고 정책이 불확실한 수요하에서 어떻게 수정되어야 하는가에 대해 논하고자 한다.

7.2.2 계속 실사, 재주문점 시스템

재고 시스템을 수립하면서, 프로세스 관리자는 먼저 얼마나 자주 재고 수준을 확인할 것인지를 결정해야 한다. 선택은 주간 또는 월간 등 주기적인 조사 또는 상시적인 조사 중의 하나일 것이다. 물론, 조사비용도 결정요인 중의 하나이다. 정보 시스템들의 보급으로 이러한 비용은 감소추세에 있으며 점점 많은 기업이 상시 재고확인 시스템을 선택하고 있다. 이 또한 본서의 초점 중의 하나이다.

재고확인정책이 결정된 후 프로세스 관리자가 염두에 두어야 할 두 가지 근본적인 질문들은 다음과 같다.

- 얼마나 주문할 것인가?
- 언제 주문할 것인가?

첫 번째 질문에 대한 답은 주문관련 고정비용과 많은 양의 주문에 따른 재고보유로 인한 변동 보유비용 간의 상충관계(trade-off)에 달렸다. 이러한 상충관계로 인해 6장에서 논의된 경제적 주문량(EOQ) 공식이 개발된 것이다. 일정량을 주문한 후, 프로세스 관리자는 재고 수준을 계속 확인하고 가용 재고 수준이 미리 정해진 재주문점 이하로 떨어지는 순간 아마도 경제적 주문량과 같은 수량만큼을 재주문한다. 계속 실사-재주문점 정책이라고 알려진 이러한 정책은 근본적으로 6장에서 논의된 것이다. 본 장에서는 수요와 재충전 리드타임의 불확실성을 고려하여 모형을 확장시킨다.

본서의 이하에서는, 불확실하거나 미지의 변수들을 굵은 활자로 나타내기로 한다. 예를 들어, **X**는 불확실한 값을 갖는 변수를 나타내며 대개 확률변수라고 불린다. **X**의 평균은 기울임체 *X*로 표시하고 변동성의 통계적인 척도인 **X**의 표준편차 (부록 II 참조)는 그리스 문자 sigma와 아래첨자 **X**를 사용하여 σ_X로 나타낼 것이다.

이러한 표기법을 따라, **R**은 단위기간(일간, 주간, 월간 또는 년간) 동안의 불확실한 수요(율)를 나타낸다고 하면 평균 수요 *R*은 같은 기간 동안 평균 재고 소진율을 나타낸다. 실제 수요(율)와 재고 수준은 변하는 값이다. 마찬가지로, 불확실한 재충전 리드타임과 평균은 각각 **L**과 *L*로

표기한다. 리드타임은 정보, 처리, 또는 운송 등의 지연에 기인하며 **R**과 동일한 시간단위에 의해 측정된다. 만약 **R**이 일정기간(일간, 주간, 월간 등)의 흐름단위의 수요량이라면 **L**은 같은 시간단위로 측정되며 주문시점과 수령시점의 차이를 나타낸다. 따라서, 가용 재고 수준이 미리 정해진 재주문점 이하로 떨어지는 순간 아마도 경제적 주문량인 수량 *Q* 단위를 재주문하게 되며 **L** 단위 시간만큼 지난 후에 받게 된다. 주문도착시점에 가용 재고 수준은 *Q* 단위만큼 증가한다.

리드타임 수요 재주문점 재고는 주문된 재고가 도착할 때까지 **L** 기간 동안 흐름단위의 필요량을 충족시키기 위해 사용된다. 품절 위험은 재충전 리드타임 동안 존재한다. 재충전 리드타임 동안 흐름단위 필요총량은 리드타임 수요라 불리고 **LTD**로 나타낸다. 일반적으로, 흐름양 **R** 또는 리드타임 **L**이 불확실하면, 총 리드타임 수요 **LTD**도 불확실할 수밖에 없다. 흐름양의 불확실성은 불완전한 예측 때문이고 리드타임의 불확실성은 공급자가 정해진 시간에 공급할 수 있는지의 신뢰성 문제에 기인한다. 리드 타임 수요가 재주문점을 초과하면 다음 예제에서 보는 바와 같이 품절이 발생한다.

예제 7.1 (재검토)

예제 7.1에서 평균 리드타임 수요는 20,000단위로 결정되었고 재주문점은 20,000단위로 설정되었다. 그러나 관리자의 관찰에 의하면 실제 리드타임 수요는 15,000단위에서 25,000단위 사이의 값들이라고 한다. 리드타임 수요가 불확실하기 때문에 주문 주기에 따라 실제 수요가 20,000단위 이하인 경우도 있고 이상인 경우도 있다. 실제 수요가 20,000단위 이상인 경우, 품절이 발생했다고 한다.

리드타임 수요의 평균과 표준편차를 각각 *LTD*와 σ_{LTD}로 나타내고 재주문점이 평균 리드타임 수요로 설정되었다고 하자. 다시 말해 *ROP*=*LTD*이다. 또한, 리드타임 수요의 분포(부록 II 참조)가 평균을 중심으로 대칭이라고 가정하자. 만약 리드타임 동안의 예측 수요만 충족시킬 수 있는 재고를 보유한다면, 실제 리드타임 수요가 예측 수요를 초과하는 경우가 주문 사이클들의 50%일 것이다. 품절이 발생할 확률도 50%이고, 서비스 수준 *SL*은 따라서 50%가 될 것이다. 품절 위험감소를 위해서, 재주문점을 평균 리드타임 수요보다 크게 설정함으로써 좀 더 일찍 주문할 수도 있다. 평균 필요량을 초과하여 보유하는 부분을 안전 재고라 하고, I_{safety}로 나타낸다. 즉,

$$I_{safety} = ROP - LTD$$

이다. 따라서, 재주문점 재고는 다음과 같이 표시될 수 있다

$$ROP = \text{리드타임 평균 수요} + \text{안전 재고} = LTD + I_{safety} \tag{7.1}$$

그림 7.1은 리드타임 수요가 불확실한 경우의 계속 실사 재주문점 시스템을 보여준다. 그림에서

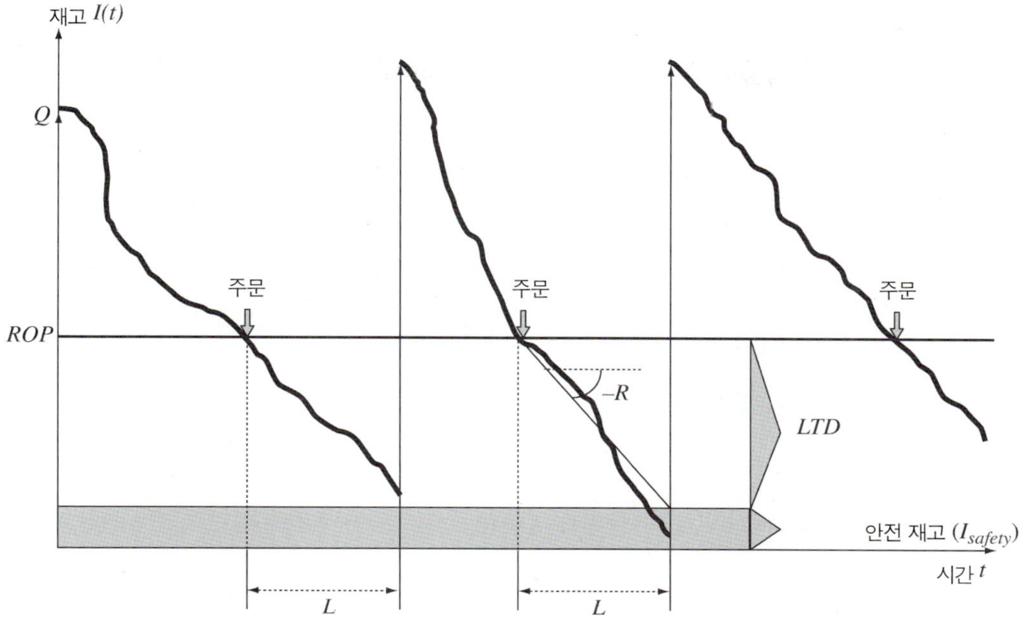

그림 7.1 계속실사 재주문점 시스템

보이는 대로, 재고 수준은 증감을 거듭하며 균등하게 줄어들지 않는다. 특히, 주문 도착시점의 보유 재고는 주기마다 다르다. 실제 리드타임 수요가 (그림 7.1의 첫 번째 주기에서와같이) 평균값 *LTD* 보다 적은 경우, 주문 도착시점 직전의 보유재고는 안전 재고 (I_{safety}) 보다 크다. 그러나 실제 리드타임 수요가 (그림 7.1의 두 번째 주기에서와같이) 평균값 *LTD* 보다 많은 경우, 주문 도착시점 직전의 보유재고는 안전 재고(I_{safety})보다 적다. 평균 리드타임 수요가 *LTD* 이므로, 주문 도착시점 직전의 평균 보유 재고는 안전 재고(I_{safety})와 같다.

6장에서, 주문량이 Q인 경우 평균 재고는 $Q/2$이고 이를 주기(평균) 재고, I_{cycle}이라 하였다. 리드타임 수요가 불확실한 경우, 안전 재고 I_{safety} 만큼을 추가로 보유하게 되고, 총 평균 재고는 다음과 같다:

$$I = I_{cycle} + I_{safety} = Q/2 + I_{safety} \tag{7.2}$$

평균 흐름양이 R 이므로, 리틀의 법칙에 의해 평균 흐름시간은 다음과 같이 표시된다.

$$T = I/R = (Q/2 + I_{safety})/R$$

즉, T는 흐름단위가 사용되기까지 재고로 기다리는 평균 시간이다.

7.2.3 안전 재고가 주어진 경우 서비스 수준

서비스 수준은 실제 리드타임 수요가 재주문점을 초과하지 않을 확률에 의해 측정된다. 그림 7.2

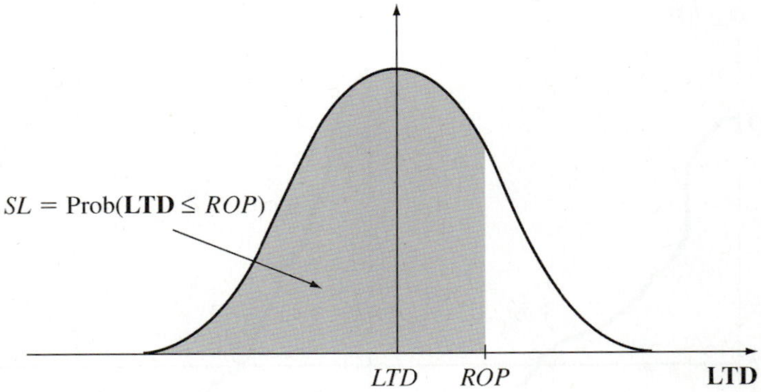

그림 7.2 재주문점과 서비스 수준

는 리드타임 수요 **LTD**의 분포, 재주문점 *ROP*, 그리고 그에 해당되는 서비스 수준 *SL* 간의 관계를 도시한다. 그림 7.2에서, 재주문점 좌측의 확률밀도함수의 면적이 리드타임 수요가 재주문점보다 낮을 확률 *SL*이다.

이 면적은 다음과 같이 표시될 수 있다

$$SL = \text{Prob}(\mathbf{LTD} \leq ROP) \quad \textbf{(7.3)}$$

이 확률을 계산하기 위해서는 확률변수 **LTD**의 분포를 알아야 한다. 일상적으로 **LTD**는 평균 *LTD*와 표준편차 σ_{LTD}를 갖는 정규분포로 가정한다. 따라서, **LTD**의 확률밀도함수(**LTD**가 어떤 구간의 값을 취할 확률: 부록 II 참조)는 평균 *LTD*를 중심으로 대칭이고 표준편차 σ_{LTD}의 크기에 비례하여 좌우로 늘어진 종 모양을 가진다. **LTD**의 확률밀도함수의 재주문점 좌측의 면적은 표준정규분포 확률밀도함수에서 어떤 z값 좌측의 면적과 동일하다는 것을 보일 수 있다(본장의 부록 참조). 즉,

$$SL = \text{Prob}(\mathbf{LTD} \leq ROP) = \text{Prob}(\mathbf{Z} \leq z)$$

여기서 $\mathbf{Z} \sim \mathbf{N}(0, 1)$는 표준정규분포를 따르는 확률변수이고 z 값은 안전 재고 I_{safety}를 리드타임 수요의 표준편차의 곱으로 나타낸 값이다. 즉,

$$I_{safety} = z \times \sigma_{LTD} \quad \textbf{(7.4)}$$

$$z = \frac{I_{safety}}{\sigma_{LTD}}$$

따라서, 주어진 z에 대해 서비스 수준 *SL*은 부록 II에 주어진 표준정규분포표에서 읽을 수 있다.

서비스 수준은 또한 Microsoft Excel을 이용하여 다음과 같이 얻어질 수도 있다:

$$SL = \text{NORMDIST}\,(ROP, LTD, \sigma_{LTD}, \text{True})$$

예제 7.3은 주어진 안전 재고에 대한 서비스 수준을 계산하는 예를 보여준다.

예제 7.3

예제 7.1에서 GE Lighting의 파리창고의 전구 평균 리드타임 수요는 20,000단위로 결정되었다. 그러나 실제 수요는 매일 변한다. 리드타임 수요의 표준편차가 5,000단위로 추정된다고 하자. 현재 창고관리자는 재고 수준이 24,000단위로 떨어지면 14일분의 전구공급량을 주문한다. 주문 사이클 중에서 고객 수요를 충족시킬 수 있는 비율로서 서비스 수준을 어떻게 결정할 수 있을 것인가? 평균 총 재고와 평균 흐름시간은 얼마인가?

리드타임 수요 **LTD**의 평균은 LTD=20,000단위이고 표준편차는 σ_{LTD}=5,000이다. 안전 재고는

$$\begin{aligned} I_{safety} &= ROP - LTD \\ &= 24{,}000 - 20{,}000 = 4{,}000 \end{aligned}$$

이를 표준편차의 배수로 표시하면

$$z = \frac{I_{safety}}{\sigma_{LTD}}$$

$$z = 4{,}000/5{,}000 = 0.8$$

표준정규분포표 (부록 II)에 의해, 서비스 수준은

$$SL = \text{Prob}(\mathbf{Z} \leq 0.8) = 0.7881$$

Excel을 이용해도 똑같은 값을 얻는다.

$$SL = \text{NORMDIST}\,(24{,}000, 20{,}000, 5{,}000, \text{True}) = 0.7881$$

요약하면, 주문 사이클들의 78.81% 정도는 품절사태가 발생하지 않을 것이다.

예제 7.1에서 창고 관리자는 Q=28,000단위를 주문하므로 주기 재고는

$$I_{cycle} = 28{,}000/2 = 14{,}000$$

이고 안전 재고는

$$I_{safety} = 4{,}000$$

평균 총재고는

$$I = I_{cycle} + I_{safety} = 18{,}000 \text{ 단위}$$

평균 연간보유비용은

$$€20 \times 18{,}000 = €360{,}000/\text{년}$$

따라서 평균 흐름시간은

$$T = I/R = 18{,}000/2{,}000 = 9 \text{ 일}$$

이 된다.

7.2.4 일정 서비스 수준에 대한 안전 재고

관리자들은 종종 일정 수준의 서비스를 제공하는 데 필요한 안전 재고와 재주문점을 결정하고자 한다. 이러한 경우, 그림 7.2 에서 서비스 수준 SL 이 주어진 상태에서 재주문점 ROP 를 산출하는 것이다. 이를 위해서는 7.2.3 의 계산 절차를 역으로 수행해야 한다. SL 을 알고 있다면 먼저 표준정규분포표를 이용하여 다음과 같이 z 값을 결정한다 (부록 II 참조).

$$SL = \text{Prob}(\mathbf{Z} \le z)$$

SL 이 주어졌다면, z 값은 Excel 을 이용하여 다음과 같이 직접 얻을 수도 있다:

$$z = \text{NORMSINV}\ (SL)$$

안전 재고는

$$I_{safety} = z \times \sigma_{LTD}$$

이고 재주문점은 다음과 같이 얻어진다.

$$ROP = LTD + I_{safety}$$

재주문점은 Excel 을 이용하여 다음과 같이 직접 얻을 수도 있다

$$ROP = \text{NORMINV}\ (SL, LTD, \sigma_{LTD})$$

따라서, 원하는 서비스 수준에 대한 재주문점을 결정하기 위해서는, 평균 리드타임 수요 LTD 와 그 표준편차 σ_{LTD} 가 필요하다. 이 수치들을 결정하는 것은 흐름양 **R**(평균과 표준편차)과 공급의 리드타임 **L**(평균과 표준편차)이다. 서비스 수준과 안전 재고 간의 상호작용에 초점을 맞추기 위하여 본 절에서는 리드타임 수요의 평균과 표준편차는 알려진 것으로 가정한다. 리드타임 수요

들에 관한 정보들을 추정하는 방법들에 대해서는 7.5절에서 논의할 것이다. 일정수준의 서비스 수준을 달성하기 위한 안전 재고와 재주문점의 계산이 예제 7.4에 예시되어 있다.

예제 7.4

예제 7.3에서 4,000단위의 안전 재고에 의해 제공되는 서비스 수준은 78.81%이다. 최근, 파리근교의 창고에서는 자주 발생하고 있는 품절사태에 대해 고객들이 불만을 표시하기 시작했다. 이에 대해, 창고관리자는 서비스 수준을 제고시키려고 하지만 그에 따른 추가재고의 비용에 대해서는 알지 못한다. 그는 85%, 90%, 95%, 그리고 99%의 서비스 수준을 제공하는데 따르는 비용을 평가하고자 한다. 이러한 수준의 서비스를 제공하기 위하여 안전 재고를 얼마나 보유해야 하는가?

리드타임 수요의 평균(LTD)과 표준편차(σ_{LTD})는 각각 20,000단위와 5,000단위이다. 85% 서비스 수준에 대응되는 z 값은

$$\text{Prob}(\mathbf{Z} \leq z) = 0.85$$

을 만족해야 하며 표준정규분포표를 이용하면 1.04임을 알 수 있다. Excel을 이용하여 다음과 같이 구할 수도 있다.

$$z = \text{NORMSINV}\ (0.85) = 1.04$$

안전 재고는 $I_{safety} = z \times \sigma_{LTD} = 1.04 \times 5{,}000 = 5{,}200$ 단위이고 재주문점은 $ROP = LTD + I_{safety} = 20{,}000 + 5{,}200 = 25{,}200$단위이다. 원하는 서비스 수준에 대해 이같이 z 값을 확인하고, 안전 재고와 재주문점을 계산할 수 있다. 표 7.2에 정리된 결과에 의하면 서비스 수준이 향상됨에 따라 필요안전 재고가 증가한다는 것을 알 수 있다. 서비스 수준이 85%에서 90%로 증가할 때 추가로 필요한 안전 재고는 1,206단위이지만, 서비스 수준이 90%에서 95%로 증가할 때는 1,840단위의 안전 재고가 추가로 필요하다. 따라서, 안전 재고와 서비스 수준 간에 비선형(nonlinear) 관계가 존재하는 것을 알 수 있다.

그림 7.3에서 볼 수 있듯이 서비스 수준 제고는 서비스 수준 향상보다 더 높은 비율의 필요 안전 재고 증가를 요구한다. 더 높은 수준의 서비스는 재고 보유비용 관점에서 더 큰 비용을 수반하여 서비스 수준을 더 비싸게 하므로, 서비스와 안전재고 수준의 선택은 중요한 전략적 결정이

표 7.2 서비스 수준 대비 안전재고

서비스 수준 (SL)	z 값	안전재고(I_{safety})	재주문점(ROP)
85%	1.04	5,200	25,200
90%	1.28	6,406	26,406
95%	1.65	8,246	28,246
99%	2.33	11,686	31,686

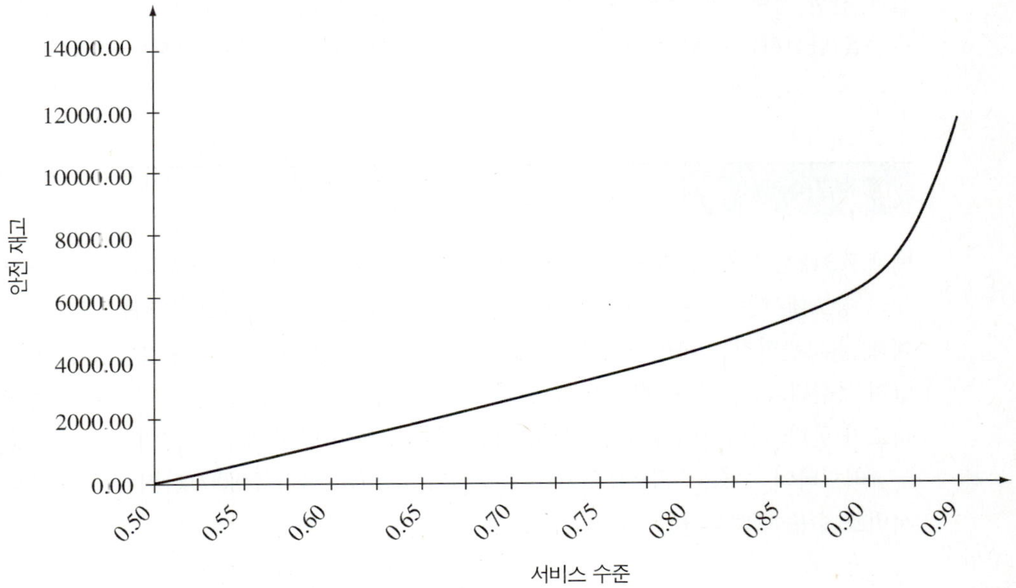

그림 7.3 안전 재고와 서비스 수준

다. 예를 들어, 기업은 제품 가용성 측면에서 높은 서비스 수준을 제공할 수도 있고, 또는 재고 비용을 낮춤으로써 저비용 공급자가 될 수도 있다. 어느 경우든 간에, 회사는 그림 7.3에 도시된 서비스 대 비용의 상충관계(trade-off) 곡선상의 한 점을 선택하는 것이다. 예제 7.4와 표 7.2를 통해 그러한 시장 위치가 어떻게 운영될 수 있도록 할 것인가를 보았다. 예를 들어, 99% 수준의 서비스를 제공하는 회사로 자리매김하기 위해서는 대략 11,686단위의 안전 재고와 부대비용을 부담해야 한다.

7.3 최적 서비스 수준: 신문판매 문제

지금까지는, 일정 수준의 고객서비스를 위한 안전 재고를 계산하였다. 그러나 과연 기업이 어느 정도 수준의 서비스를 제공해야 할 것인가? 최적 서비스 수준은 공급의 연속성에 따른 서비스의 개선과 고객 만족의 효익과 필요 안전 재고 보유에 따르는 추가 비용의 균형을 이루어야 한다. 본 절에서는, 이 문제를 한 주문 사이클만을 가지는 간단한 문제를 통해 분석해보기로 한다. 앞으로 논의하게 될 정성적인 원칙들도 재주문점 모델로 설명될 것이다.

상당수의 소매업 매출은 몇 달에 불과한 짧은 제품 수명주기를 가지는 '패션 제품' 들을 포함한다. 대개, 소매업체는 한두 번의 구매기회를 얻으며 제품 수명 주기 후에는 잔여 제품들을 할인된 가격에 손실을 보면서라도 처분을 해야만 한다. 예를 들어, 신문이나 잡지들은 짧은 수명(하루, 일주일, 또는 한 달)을 가지며 일정 기간 후에는 가치를 거의 잃게 된다. 생선, 야채, 빵, 우유 등상하기 쉬운 제품들 또한 제한된 수명을 가지며 유통기한 후에는 반드시 폐기 처분될 수밖에 없다. 성탄절 트리, 눈 치우는 기계, 잔디 깎는 기계, 여름철 또는 겨울철 의류 등 계절상품들도 일 년 중 정해진 기간에만 사고팔 수 있다. 이러한 상품들을 불확실한 고객 수요보다 너무 많거나 적게 구입하게 되면 분명한 손해를 보게 된다. 대개 시즌 동안의 마진은 높아서, 재고가 불충분한 소매업자는 잠재적인 이익 기회를 상실하게 되며 또한 시즌이 끝난 후에는 처분을 위한 가격 인하 폭이 크기 때문에 재고가 과다한 경우에도 손실을 보게 된다.

따라서, 최적 주문량 결정을 위해 경제적인 분석을 하는 것이 중요하다. 그러한 분석은 과소주문의 기대비용(고객 불만족과 상실된 수입의 기회비용 등)과 과다주문의 기대비용(할인 처분과 처리비용)을 비교한다. 일반적으로, 의사결정자가 과소주문의 기대비용과 과다주문의 기대비용을 비교하여 최적 주문량을 결정하는 불확실성하의 기본적인 의사결정모형은 **신문판매**(newsvendor)문제로 논의된다. 6장에서 논의된 EOQ 재고 모형은 규모의 경제에 초점을 맞추고 있다는 점과 무엇보다 불확실성 가정이 없다는 점에서 다르다. 신문판매모형은 불확실성하의 기본적인 의사결정모형으로서, 불확실성의 중요성을 강조하고 규모의 경제를 가정하지 않는다. 본 절의 마지막에서 다양한 응용사례를 보일 것이며 먼저 예제 7.5를 살펴보자.

예제 7.5

Big George Appliances[2]는 Michigan 주 Ann Arbor에 소재한 가전제품 매장이다. 이 업체는 성탄절 시즌에 대비해 PDP-HDTV를 주문하고자 한다. HDTV의 판매가는 대당 2,500달러이며 Big George는 1,800달러에 구매할 수 있다. 판매되지 않은 TV는 대당 1,700달러에 처분 가능하다. 업체는 HDTV 수요를 100~200 대 범위내에서 표 7.3에 주어진 확률분포를 따를 것으로 예상하고 있으며 이에 기초하여 이번 연말시즌 주문량을 결정해야 한다.

표 7.3에 사용된 기호들을 정리하면 **R**은 확정되지 않은 HDTV 수요를 나타내는 변수로서 100~200 사이의 값이며 표의 첫째 열에 있는 값 중 하나인 r을 취할 수 있다. Prob($\mathbf{R}=r$)은 수요량이 r 값을 취할 확률로서 두 번째 열에 주어져 있다. Prob($\mathbf{R} \le r$)은 누적확률로서 수요 **R**이 특정 값 r보다 같거나 적을 확률로서 세 번째 열에 주어져 있다. 마지막으로, 마지막 열은 수요 R이 특정 값 r을 초과할 확률을 나타낸다. 표 7.3의 값들을 이용하여 100~200 사이의 모든 가능한 수요량과 각각의 확률에 의한 가중평균으로서 평균 수요 R을 계산할 수 있다. x라는 변수가 1에서 k까지의 값을 취한다면, x가 취할 수 있는 값들 1부터 k까지의 합은 $\sum_{x=1}^{k} x$ 으로 표기한다. 합의 기호를 이용하여 다음과 같이 표기할 수 있다.

[2] 모든 숫자는 개념설명을 위해 재구성된 것임

표 7.3 Big George 매장의 HDTV 수요

수요 (r)	$\text{Prob}(R = r)$	누적확률 $\text{Prob}(R \leq r)$	꼬리확률 $\text{Prob}(R > r)$
100	0.02	0.02	0.98
110	0.05	0.07	0.93
120	0.08	0.15	0.85
130	0.09	0.24	0.76
140	0.11	0.35	0.65
150	0.16	0.51	0.49
160	0.20	0.71	0.29
170	0.15	0.86	0.14
180	0.08	0.94	0.06
190	0.05	0.99	0.01
200	0.01	1	0

$$R = \sum_{r=100}^{200} \text{수요} \times \text{확률}$$

$$R = \sum_{r=100}^{200} r \times \text{Prob}(\mathbf{R} = r) = 151.60 \text{ units}$$

이러한 평균 수요 R의 추정치는 매출예측을 대표한다. HDTV에 대한 수요의 불확실성이 없다면, Big George 사는 152단위를 주문해야 할 것이다. 그러나 수요의 불확실성으로 인하여 49%의 확률로 실제 수요는 150단위를 초과할 것이며, 품절과 매출기회 상실을 초래할 것이다. 또한, 51%의 확률로 최소 한 대 이상의 HDTV가 팔리지 않고 남아 손실을 보며 처분해야 할 것이다. 따라서, 평균수요만큼 주문하는 것이 꼭 이익을 최대화하는 것은 아니다.

최적 주문량 결정과정을 설명하기 위하여 먼저 특정 주문량, 예를 들면 Q=160단위에 대한 기대이익을 추정하는 절차를 간단히 살펴보자. 다시 한 번 주어진 상황을 정리하면

- 실제 수요가 160대 이상이라면, 160대 모두 대당 700달러의 이익을 가져다줄 것이다.
- 만약 수요가 160대 미만이라면 판매되지 않은 TV들은 대당 100달러(구입비용－처분비용)의 손실을 보며 처분될 것이다.

따라서, 판매된 TV는 대당 700달러의 이익을 가져다주고, 판매되지 않은 TV는 100달러의 손실을 가져온다. 주문량이 주어지면, 모든 가능한 수요량(100~200)에 대해 총이익을 산출할 수 있다. 그러나 각각의 수요 시나리오는 표 7.3에 주어진 확률분포를 따른다. 예를 들어, 주문량이 160이고 실현된 수요가 100이라면 100대는 대당 700달러의 이익으로 팔리겠지만 60대는 판매되지 않고 대당 100달러의 손실을 보며 처분될 것이다. 수요가 100단위일 경우 총이익은 (100×700－60×100)=64,000달러이고, 수요가 100단위일 확률은 Prob(**R**=100)=0.02이다. 수요가 160단위 이상인 시나리오가 실현되면, 매출은 160단위가 되며 남은 재고 없이 160×700=112,000

표 7.4 주문량 대비 기대이익

주문량 (Q)	기대이익
100	$70,000
110	$76,840
120	$83,280
130	$89,080
140	$94,160
150	$98,360
160	$101,280
170	$102,600
180	$102,720
190	$102,200
200	$101,280

달러의 총이익을 가져다줄 것이다. 이 시나리오는 Prob($\mathbf{R} \geq 160$)의 확률로 일어날 것이다. 각 시나리오 하에서의 총이익과 확률의 곱을 모두 더하면, 특정 주문량에 대한 기대이익을 계산할 수 있다. 주문량이 160단위인 경우, 기대이익은

$$(100 \times 700 - 60 \times 100)\,\text{Prob}(\mathbf{R} = 100) + (110 \times 700 - 50 \times 100)\,\text{Prob}(\mathbf{R} = 110) + (120 \times 700 - 40 \times 100)\,\text{Prob}(\mathbf{R} = 120) + \cdots + (160 \times 700)\,\text{Prob}(\mathbf{R} \geq 160) = \$101{,}280$$

비슷한 방법으로 주문량 Q=110, ... , 200단위 각각에 대해서 기대이익을 계산할 수 있으며 그 결과가 표 7.4에 정리되어 있다.

최대 이익을 가져다주는 주문량은 180단위이며 우리가 원하는 주문량이다. 최적 주문량이 기대 수요보다 많은 것은 수요가 불확실한 경우 단순히 수요만큼만 주문하지는 않기 때문이다. 대신에, 주문량 결정은 가격이나 구매비용 그리고 처분 가치 등 다양한 경제적 고려요인들에 의해 이루어진다.

대표적인 문제가 다음과 같다. 스키 파카를 판매하는 소매업체에 대해 제품의 불확실한 수요를 **R**로 나타내자. 시즌 중에 판매된 파카 한 벌은 p의 수입을 가져다준다. 정규 시즌 중에 판매되지 않은 파카는 시즌이 끝난 후에 할인된 가격에 처분되며 한 벌 당 v의 수입을 가져다준다. 소매업체가 도매업체로부터 구입하는 단가는 c이다. 소매업체는 주문량을 결정해야 한다. 소매업체의 주문량이 Q라고 하자. 그 결과로서, 다양한 다음과 같은 현금흐름이 발생하게 된다.

- **시즌 중 매출:** 시즌 중에 판매된 파카의 수량은 실현된 수요와 보유재고 중 적은 것과 같다. 즉, $min\,(Q, \mathbf{R})$이다. 이에 해당하는 파카 한 벌은 p의 수입을 가져다주며, 총수입은 $p \times min\,(Q, \mathbf{R})$이 된다.

- **할인 매출**: 정규 시즌 중에 판매되지 않은 파카는 시즌이 끝난 후에 처분된다. 이때 남은 파카의 수량은 $max\,(Q-\mathbf{R}, 0)$이며 한 벌 당 v의 수입을 가져다주고 할인 매출로 인한 총 수입은 $v \times max\,(Q-\mathbf{R}, 0)$이다.
- **구매 비용**: 마지막으로, 소매업체의 구입 수량은 Q이고 단위비용은 c이므로 총 구매비용은 cQ이다.

실현된 시즌 중 매출액과 할인 매출액은 실현된 수요에 따라 다를 수 있다. 그러나 소매업체는 수요를 알게 되기 전에 주문량 결정을 해야 하며 기대 이익을 최대화하는 주문량 Q를 선택한다.

$$\text{기대 이익} = \text{기대 시즌 매출} + \text{기대 할인 매출} - \text{구매비용}$$

한계분석 최적 주문량 결정과 연관된 상충관계를 더 잘 이해하기 위해서는 한 단위 추가 구매에 따른 기대 비용과 효익을 비교하는 한계분석이 필요하다. 먼저 다음 두 용어를 정의하자.

- **순한계이익**은 제품 단가와 한계 단위 구매 비용과의 차이이다. 제품 한 단위 추가의 순한계이익은 곧 공헌이익이고 MB로 나타낸다. 소매가격이 p이고 단위 구매비용이 c이면 순한계이익은

$$MB = p - c$$

  이다. 실제로는, 품절 시 기회비용도 포함해야 한다.
- **순한계비용**은 한계 단위 구매 비용과 처분 가치와의 차이이다. 제품 한 단위를 추가로 보유하는데 따르는 순한계비용은 MC로 나타내며 수요부족으로 판매되지 않을 때 실제 비용이다. 만약, 단위당 처분가치가 v이고 한계 단위 구매 비용이 c이면 순한계비용은 다음과 같다:

$$MC = c - v$$

순한계이익은 수요가 주문량 Q를 초과하여 추가 단위가 판매될 때에만 얻어진다. 주문량 Q에 대해 추가 단위 주문 시 기대한계이익은

$$MB \times \text{Prob}(\mathbf{R} > Q)$$

이며 이와 동시에, 수요가 주문량 Q를 초과하지 않아 추가 단위가 판매되지 않으면 추가한계손실을 입게 된다. 판매되지 않은 한 단위의 기대한계비용은

$$MC \times \text{Prob}(\mathbf{R} \leq Q)$$

이다. 추가 단의 주문 시 기대한계이익은 감소하지만, 기대한계비용은 주문량 Q에 따라 증가한다. 기대이익이 기대비용을 초과하는 한 Q는 증가하여야 한다. 따라서, 최적의 주문량 Q^*는 추가 단위 주문에 따른 기대비용이 기대이익을 초과하는 최초 값이다. 즉,

$$MC \times \text{Prob}(\mathbf{R} \leq Q^*) \geq MB \times \text{Prob}(\mathbf{R} > Q^*)$$

이며, 여사상의 확률

$$\text{Prob}(\mathbf{R} > Q) = 1 - \text{Prob}(\mathbf{R} \leq Q)$$

을 이용하여 Q^*의 최적성 조건은 다음과 같이 쓸 수 있다.

$$MC \times \text{Prob}(\mathbf{R} \leq Q^*) \geq MB \times [1 - \text{Prob}(\mathbf{R} \leq Q^*)]$$

정리하면, 다음을 만족하는 최솟값 Q^*가 최적 주문량임을 알 수 있다.

$$\text{Prob}(\mathbf{R} \leqq Q^*) \geq \frac{MB}{(MB + MC)}$$

따라서, 최적 주문량 결정은 다음 두 단계에 의해 가능하다.

1. $\dfrac{MB}{(MB + MC)}$ 비율을 계산한다.
2. 수요 $\mathbf{R}$의 누적분포로부터 최적 주문량 Q^*를 결정한다.

이러한 절차들이 예제 7.6 에 예시되어 있다.

예제 7.6

이러한 원칙들을 Big George 사의 HDTV 주문 문제에 적용해 보자. 예제 7.6에서

$$MB = p - c = 2{,}500 - 1{,}800 = \$700$$

이다. 따라서,

$$\frac{MB}{MB + MC} = \frac{700}{700 + 100} = 0.875$$

이고, 표 7.3 (세 번째 열)에 있는 수요의 누적분포로부터,

$$\text{Prob}(\mathbf{R} \leq 180) = 0.94$$

이므로, $\text{Prob}(\mathbf{R} \leq Q^*) \geq 0.875$을 만족하는 최솟값은 $Q^*=180$이다.

$$\text{Prob}(\mathbf{R} \leq 170) = 0.86$$

이 절차를 더 단순화할 수도 있다. 예를 들면, 수요가 연속확률변수라고 가정하여 **R**과 Q가 정수가 아닌 실수 값도 취할 수 있도록 하는 것이 더 편리할 수도 있다. 이러한 가정하에서는 Q의 증가(정수 값이 아닐 수도 있음)에 따른 한계 효익과 Q를 현 수준으로 유지하는 데 따른 손실을 정확히 같게 하는 최적의 Q 값을 결정할 수 있다. 즉,

$$MC \times \text{Prob}(\mathbf{R} \le Q^*) = MB \times [1 - \text{Prob}(\mathbf{R} \le Q^*)]$$

에 의해 최적 주문량 Q^*는 다음을 만족한다.

$$\text{Prob}(\mathbf{R} \le Q^*) = \frac{MB}{(MB + MC)}$$

7.2절에서 주기 서비스 수준은 주문 주기 동안 품절이 발생하지 않을 확률로 정의되었다. 수요와 주문량을 각각 **R**과 Q로 나타내면, 주기 서비스 수준은 $\text{Prob}(\mathbf{R} \le Q)$이다. 최적 주문량 Q^*는 재고 부족 또는 과잉 재고로 인한 비용의 경제적인 상충관계에 의해 결정되므로 $\text{Prob}(\mathbf{R} \le Q^*)$은 품절이 발생하지 않을 최적 확률이다. 따라서, Q^*의 관계식으로부터 최적 서비스 수준 SL^*은 다음 공식에 의해 주어진다.

$$\text{신문판매 공식: } SL^* = \text{Prob}(\mathbf{R} \le Q^*) = \frac{MB}{MB + MC} \tag{7.5}$$

최적 서비스 수준은 확률 분포함수가 아니라 순한계 효익과 비용에 의해 결정된다는 것에 주목할 필요가 있다. 더 나아가, 최적 서비스 수준은 순한계 효익(MB)의 증가함수이고 순한계비용(MC)의 감소함수이다. 따라서, 품절의 대가가 더 비싸지거나 과잉 재고의 처분 비용이 낮아질수록, 최적 서비스 수준은 더 높아진다. 예제 7.5와 7.6에서 최적 서비스 수준은

$$\frac{MB}{MB + MC} = 0.875$$

이다. 최적 서비스 수준을 알면, 수요의 확률 분포로부터 최적 주문량을 결정할 수 있다. 예를 들어, 수요가 평균 R과 표준편차 σ_R인 정규분포를 따른다고 가정하면 최적 주문량 Q^*는 다음 두 가지 방법으로 얻어질 수 있다.

1. 표준 정규 분포표(부록 II)로부터, 최적 서비스 수준 SL^*에 대응되는 z 값을 찾아 다음과 같이 구한다.

$$Q^* = R + z \times \sigma_R$$

2. 또는, 다음과 같이 Excel 함수를 이용한다.

$$Q^* = \text{NORMINV}(SL^*, R, \sigma_R)$$

이러한 절차가 예제 7.7에 예시되어 있다.

예제 7.7

예제 7.5에서, $R=151.60$이며 $\mathbf{R}$의 분산은 평균과의 편차 제곱의 평균으로 얻어진다. 즉,

$$\sigma_R^2 = \sum_{r=100}^{200} [(r - R)^2 \times \text{Prob}(\mathbf{R} = r)] = 503.44$$

분산의 제곱근은 표준편차 $\sigma_R=22.44$ 단위이며 이는 실제 수요가 평균을 중심으로 흩어진 정도를 나타낸다. 다음 확률을 만족하는 Q^* 값을 구해야 한다.

$$\text{Prob}(\mathbf{R} \leq Q^*) = 0.875$$

이 확률에 해당하는 값을 표준정규분포표에서 읽으면 $z=1.15$이고

$$Q^* = R + z \times \sigma_R = 151.60 + 1.15 \times 22.44 = 177.41$$

다음과 같이 Excel 공식을 이용해도 같은 값을 얻을 수 있다:

$$Q^* = \text{NORMINV}\ (0.875, 151.60, 22.44) = 177.41$$

이 값은 앞에서 계산된 180단위와 비슷하다는 것을 알 수 있다. 차이는 이산 확률분포를 따르는 수요(예제 7.5)를 연속 확률분포로 근사했기 때문이다.

일회성 주문량 결정문제인 신문판매 모델에서 최적 주문량 Q^*와 평균 수요 R의 차이는 7.2절에서 정의된 안전 재고 I_{safety}와 같은 것이다. 따라서, 본 절의 정성적인 결론은 7.2절의 논의에도 적용될 수 있다. 물론, 최적 주문량이 평균 수요보다 적은 경우, 즉 음의 안전재고, 도 있을 수 있다. 예를 들어, 최적 서비스 수준이 50% 이하인 경우도 있을 수 있다. 그러므로 수요가 불확실한 경우 최적 서비스 수준과 그에 따른 안전 재고는 추가 단위의 기대 한계 효익과 기대 한계 비용이 균형을 이루는 점에서 결정된다. 직관적으로, 순한계 효익이 순한계비용의 두 배인 경우, 과잉재고의 확률이 재고부족의 확률보다 두 배가 되는 주문량이 필요하다고 할 수 있다. 요약하면, 최적 서비스 수준은 순한계 효익과 함께 증가하고 순한계비용에 대해서는 감소함수이다. 주문량은 최적 서비스 수준, 그리고 수요의 평균과 표준편차에 대해서도 증가함수이다.

신문판매 모형은 가장 기본적인 불확실성 하의 의사결정모형이며 여러 분야에 응용될 수 있다. 몇 가지 예를 보면:

1. AT&T는 모바일 컴퓨터를 위한 두 종류의 데이터 요금제를 제공한다. DataConnect 200MB는 35달러로 미국 내에서 월 200MB까지 데이터 통신을 이용할 수 있으며 추가

사용량에 대한 요금은 1MB당 0.1달러이다. 마찬가지로, DataConnect 5GB는 60달러로 미국 내에서 월 5GB까지 데이터 통신을 이용할 수 있으며 추가 사용량에 대한 요금은 1 MB당 0.05달러이다. 어떤 요금제를 선택해야 할 것인가?

2. 인터넷 영화 대여업체인 Netflix는 블루레이로 출시된 영화 아바타를 주문하고자 한다. 일반적으로 영화의 대여 가능 기간(lifetime)은 4주가량이며 고정단가로 구입 후 일정 기간 대여된 디스크는 원가 대비 대폭 할인된 가격으로 처분할 수 있다. Netflix는 몇 장의 아바타 디스크를 구입해야 하는가?
3. 미국 국세청 규정에 의하면 종업원들이 급여 일부를 의료비 자유저축계정(FSA: flexible savings account)에 적립할 수 있도록 하고 있다. 단, 한 해 동안 공제될 금액은 전년도 말에 확정되어야 한다. 한 해 동안 종업원은 이 금액을 세금을 내지 않고 대상이 되는 의료비에 사용할 수 있다. 그러나 사용되지 않은 잔액은 소멸하고 만다. 가족들의 의료비는 정확하게 예측하기 어렵다. 얼마나 많은 금액을 FSA에 충당해야 할 것인가?
4. 델타항공사는 아침 7시 출발하는 Detroit-San Francisco 노선의 예약 접수 인원을 결정해야 한다. 항공기의 수용인원은 350석이고. 승객들은 마지막 순간에 계획을 변경하고 예약을 취소하기도 하기 때문에 정확히 350석의 예약을 받는다면 빈자리가 생길 수도 있다. 만약 350석 이상 예약을 받고 모든 고객이 공항에 나온다면, 탑승하지 못하는 일부 고객들에게는 보상을 해주어야만 한다. 얼마나 많은 수의 예약을 받아야 하는가?
5. Amgen 제약회사는 Enbrel이라는 관절염 치료약을 시판하려고 하고 있다. 잠재적인 시장규모에 대해서는 추정치의 범위가 넓지만, 공장건설에 따른 리드타임 때문에 제품출시 훨씬 전에 공장의 규모를 결정해야 한다. 수요가 용량을 초과한다면 수입기회를 상실하게 되거나 또는 추가비용을 들여 하청생산을 해야만 할 수도 있다. 반면, 수요가 충분치 않다면 과잉투자로 자본 비용의 압박을 받게 될 것이다. Amgen 사는 어느 정도 용량의 공장을 건설해야 할 것인가?

7.4 리드타임 수요 변동성

본 장의 나머지 부분에서는 수요 변동성의 원천들과 이를 감소시키기 위한 운영 전략에 대해 살펴보기로 한다.

리드타임 수요 **LTD**는 주문시점과 수령시점 사이의 흐름단위 필요량을 말한다. 서비스 수준에 해당하는 비율만큼 이 필요량을 충족시키기 위하여 안전 재고를 보유한다. 앞에서 논의한 대로, 안전 재고와 서비스 수준 모두 리드타임 수요의 변동성에 결정적으로 의존한다. 만약 리드타임 수요가 상수로 확정되어 알려졌다면, 안전 재고 없이 100% 서비스 수준을 보장할 수 있다. 이 절에서는, 어떤 요인들이 리드타임 수요의 변동성을 통해 서비스 수준과 안전 재고에 영향을 미치는지를 알아본다.

7.4.1 재충전 리드타임이 고정된 경우

문제를 간단히 하기 위하여 먼저 재충전 리드타임이 L로 고정된 경우를 생각해 보자. 공급자가 절대적으로 신뢰할 만하다고 가정하고 리드타임의 변동성에 대해서는 7.4.2에서 논하기로 한다.

먼저, $\mathbf{R}_t$가 t라고 불리는 기간 동안의 불확실한 수요를 나타낸다고 하자. 공급 리드타임 L 기간 동안, 총 리드타임 수요는 다음과 같다.

$$\mathbf{LTD} = \mathbf{R}_1 + \mathbf{R}_2 + \ldots + \mathbf{R}_L$$

각 기간의 수요 수준은 독립적이고 동일한 분포(*i.i.d.*)를 따른다고 가정하자. 따라서, 평균 리드타임 수요는

$$LTD = L \times R \tag{7.6}$$

이며 여기서 L은 기간으로 표시된 리드타임이고 R은 기간 평균 수요이다. L은 상수이므로 리드타임 수요의 변동성은 기간 수요의 변동성에서 기인하게 된다. 변동성의 통계적인 척도 중의 하나가 표준편차이므로 단위기간(일, 주, 또는 월) 동안의 수요(흐름양)의 표준편차를 σ_R로 나타내자. 통계적으로, 리드타임 수요의 표준편차 σ_{LTD}를 계산하기 위하여 먼저 리드타임 수요의 분산 σ^2_{LTD}을 먼저 추정하는 것이 편리하다. L개의 서로 독립인 확률변수들의 합의 분산은 각 변수의 분산의 합이므로

$$\sigma^2_{LTD} = \sigma^2_R + \sigma^2_R + \cdots + \sigma^2_R = L \times \sigma^2_R$$

이고 리드타임 수요의 표준편차는

$$\sigma_{LTD} = \sqrt{L} \times \sigma_R \tag{7.7}$$

이다. 공급 리드타임과 단위기간의 수요의 변동성에 대해 알면, 7.2.4절에서 제시된 방법으로 원하는 수준의 서비스를 달성하기 위한 안전 재고를 계산할 수 있다.

안전 재고는 서비스 수준 (7.2절에서 논의된 대로) 외에 리드타임 수요의 표준편차에도 의존한다. 한편, 리드타임 수요의 표준편차는 공급 리드타임의 기간과 수요의 변동성에 의존한다. 구체적으로, 리드타임이 더 길수록 또는 단위 기간의 수요의 변동성이 클수록 리드타임 수요의 변동성이 커진다. 또한, 원하는 수준의 서비스를 제공하기 위해 더 많은 안전 재고가 필요하게 된다.

예제 7.8

GE Lighting의 파리 창고관리자는 구매비용을 절감할 수 있는지 알고자 한다. 운송부서는 재충전 리드타임이 10일에서 20일로 늘어나지만 단위당 원가를 줄일 수 있는 해상운송을 제안했다. 관리자는 이 제안의 파급효과에 대해 파악해야 한다. 새로운 제안이 창고 보관 재고에 어떤 영향

을 미칠 것인가를 분석하기 위하여 다음과 같은 절차를 통해 알아보자.

예제 7.1에서 일일 평균 수요 R은 2,000단위이다. 예제 7.3에서 일일 수요의 표준편차 σ_R=1,581단위와 재충전 리드타임 10일로부터 리드타임 수요의 표준편차는 5,000단위로 추정되었다. 리드타임이 L=20일로 늘어날 경우, 리드타임 수요의 표준편차는

$$\sigma_{LTD} = \sqrt{L} \times \sigma_R = \sqrt{20} \times 1{,}581 = 7{,}070$$

이고 95% 서비스 수준에 필요한 안전 재고는 다음과 같다.

$$I_{safety} = z \times \sigma_{LTD} = 1.65 \times 7{,}070 = 11{,}666 \text{ 단위}$$

예제 7.4에서 재충전 리드타임이 10일인 경우 비슷한 서비스 수준을 위해서 필요한 안전 재고는 8,246단위인 것으로 추정되었다. 따라서, 새로운 운송 방식 하에서의 안전 재고는 재충전 리드타임의 연장으로 8,246단위에서 11,666단위로 3,420단위 (또는 41.4%)만큼 증가한다. 추가적인 재고비용과 운송비용의 감소분을 비교하여 새로운 제안의 채택 여부를 결정해야 한다.

예제 7.8은 재충전 리드타임과 안전 재고 간의 관계를 예시해 준다. 이는 운송방식의 선택, 공급자 선정, 그리고 조달 등 여러 가지 문제에 대해 관리자에게 시사하는 바가 많다. 항공운송 대 해상운송과 같은 운송방식의 선택에 대한 결정은 재충전 리드타임에 영향을 미치고 재충전 리드타임은 서비스 수준을 제공하는 데 필요한 안전 재고에 영향을 미친다.

마찬가지로, 조달과 관련하여 낮은 비용에 긴 리드타임을 가진 업체와 높은 비용에 짧은 리드타임을 가진 두 공급 업체 중 하나를 선택해야 하는 경우를 단정해보자. 이러한 상황에서 단가만으로 공급자를 선정한다면 상대적으로 더 많은 안전 재고로 인하여 총비용은 더 커질 수도 있다. 어떤 경우든 재료비, 운송비, 그리고 재고 비용 등을 포함하는 총비용에 기초한 의사결정 구조가 필요하다.

7.4.2 재충전 리드타임 기간 중 변동성

리드타임의 길이 외에도, 리드타임의 변동성 또한 리드타임 수요의 변동성에 영향을 미치는 요인이다. 리드타임 변동성의 영향에 대한 이해를 돕기 위해, 단위 기간당 수요는 알려진 확정된 R이며, 리드타임 $\mathbf{L}$은, 평균과 표준편차가 각각 L과 σ_L인 확률변수라고 하자. 이 경우, 불확실한 리드타임 수요는

$$\mathbf{LTD} = R \times \mathbf{L}$$

으로 표시될 수 있으며 평균과 분산은 각각

$$LTD = R \times L$$
$$\sigma_{LTD}^2 = R^2 \times \sigma_L^2$$

이다. 분산은 다음 공식에 의해 얻을 수 있다. 상수 a와 변수 $\mathbf{X}$에 대해 $\mathrm{Var}(a\mathbf{X}) = a^2\,\mathrm{Var}(\mathbf{X})$.

더 일반적으로, 수요 **R**과 리드타임 **L**이 모두 확률변수라면, 리드타임 수요는 임의의 개수의 확률 변수의 합(sum of a random number of random variables)이다. 따라서, 필요 안전 재고를 계산하기 위하여 리드타임 수요의 평균과 분산을 먼저 계산해야 한다. 평균 리드타임은 L이고 평균 흐름양은 R이므로 평균 리드타임 수요는

$$LTD = L \times R$$

이다. 수요와 재충전 리드타임이 서로 독립인 확률변수라고 가정하면, 리드타임 수요의 분산은 두 가지 특별한 경우를 결합하여 계산할 수 있다.

1. 흐름양(수요 **R**)은 확률변수이나 리드타임은 상수인 경우(7.3절에서 주어진 상황)
2. 흐름양(수요 R)은 상수이나 리드타임이 확률 변수인 경우(7.4절에서 논의되었음)

리드타임 수요의 총 변동성은 이 두 가지 효과의 합이다:

$$\sigma_{LTD}^2 = L\sigma_R^2 + R^2\sigma_L^2$$

따라서, 리드타임 수요의 표준편차는 다음과 같다.

$$\sigma_{LTD} = \sqrt{L\sigma_R^2 + R^2\sigma_L^2} \tag{7.8}$$

분산의 유도과정은 Ross(1972 또는 2004)를 참조하라. 리드타임 변동성의 안전 재고에 대한 영향은 예제 7.9에 예시되어 있다.

예제 7.9

예제 7.1에서 재충전 리드타임이 상수가 아니고 변수라고 가정해보자. 더 구체적으로 재충전 리드타임의 평균은 10일이고 표준편차는 2일이라면 (다른 모든 조건은 예제 7.1과 동일하다고 가정) 95% 서비스 수준을 제공하기 위하여 안전 재고의 수준은 얼마가 되어야 하는가?

주어진 자료를 정리하면,

$$L = 10, \sigma_L = 2, R = 2{,}000, \sigma_R = 1{,}581$$
$$\sigma_{LTD}^2 = (10)(1{,}581)^2 + (2{,}000)^2(2)^2 = 40{,}995{,}610$$

따라서,

$$\sigma_{LTD} = 6{,}402.78$$

이고 안전 재고는

$$I_{safety} = 1.65 \times \sigma_{LTD} = 10{,}565 \text{ 단위}$$

가 된다(리드타임이 정확히 열흘일 경우의 안전재고는 8,246 단위였다).

리드타임의 변동성으로 실제 공급의 리드타임이 10일 이상이 될 수도 있다는 점에서 안전 재고의 증가를 직관적으로 이해할 수 있다. 프로세스 관리자는 이러한 리드타임의 연장가능성을 감안하여 안전 재고를 늘려야 한다.

따라서, 공급 리드타임의 변동성은 안전 재고와 흐름시간을 증가시킨다. 정시에 납품하는 신뢰할 만한 공급자들이 기업의 수익과 고객서비스 수준에 직접적으로 기여하는 것이다.

요약하면, 수요와 공급의 불확실성이 어떻게 원재료와 제품 가용성에 영향을 미치는가를 보았다. 불확실성에 직면하여 더 나은 서비스를 제공하기 위하여, 기업들은 안전 재고를 보유한다. 주어진 상황에서 다음 세 가지 요인들이 안전 재고의 양에 영향을 미친다.

1. 원하는 고객서비스 수준
2. 수요의 평균과 불확실성
3. 재충전 리드타임의 평균과 불확실성

한편, 안전 재고의 수준을 줄일 수 있는 두 가지 주요한 수단은 다음과 같다.

1. 재충전 리드타임의 평균과 표준편차의 감소
2. 수요의 변동성 감소

예측능력의 개선으로 수요의 변동성을 감소시킬 수 있는 것은 사실이지만 너무 많은 기업이 그것만을 선택 가능한 방안으로 간주하는 경향이 있다. 예측개선이 도움되긴 하지만 모든 것을 해결해 줄 수는 없다. 논의된 바와 같이, 리드타임 자체와 리드타임의 변동성을 감소시키는 것 또한 중요한 수단이다. 7.5와 7.6절에서는, 변동성을 감소시킬 수 있는 새로운 방법으로서 수요 통합과 단기 예측의 사용 두 가지에 대해 살펴본다.

7.5 통합을 통한 효율성 제고

7.1절에서 예측의 세 번째 특성은 통합된 예측이 개별 예측보다 더 정확하다는 것이다. 유사한 여러 제품의 수요를 더하는 통합의 기본 개념은 광범위하게 응용될 수 있다. 실제로, 기업들은 종종 다양한 지역 또는 제품유형들의 매출을 통합한다. 통합에 따른 예측의 정확성 개선은 단순히 통계적인 성질이지만 이를 이용하여 효과적인 재고 관리에 중요한 운영 전략을 개발할 수 있다.

7.5.1 물적 집중화

지리적으로 분산된 고객들을 위하여 제품을 복수의 창고에 보관하는 기업을 생각해 보자. 모든 창고가 불확실한 수요에 대비해야 하므로 각각의 창고들은 어느 정도의 안전 재고를 보유해야 한다. 만약 각각의 창고들이 분권적으로, 즉 다른 창고와 독립적으로 운영된다고 하자. 경우에 따라서는, 어느 한 창고에는 제품재고가 있다 하더라도 다른 창고에서는 품절이 발생할 수도 있다. 전체 유통시스템으로는 충분한 재고가 있다 하더라도, 필요한 곳에 재고가 부족한 재고 불균형이 발생하여 일부 고객 수요는 충족되지 못할 수도 있다.

그러나 기업이 모든 재고를 한 곳에서 통합 관리하며 모든 고객을 서비스하는 경우를 재고의 물적 집중화라고 부른다. 집중화는 재고 불균형의 가능성을 배제하므로, 시스템 내에 충분한 재고가 있는 한 모든 고객 수요는 충족될 것이다. 따라서, 집중화된 시스템은 똑같은 총 재고를 가지고도 분권화된 시스템보다 더 나은 고객서비스를 제공할 수 있다. 마찬가지로, 더 적은 재고로도 분권화된 시스템과 같은 수준의 고객서비스를 제공할 수 있다.

이러한 주장을 더 명확하게 하기 위하여 기업이 지역 1과 2를 서비스 대상으로 삼고 있다고 하자. 각 지역의 리드타임 수요 $\mathbf{LTD}_1$과 $\mathbf{LTD}_2$가 통계적으로 동일한 분포를 따르며 평균과 표준편차가 각각 LTD와 σ_{LTD}라고 하자. 기업이 원하는 서비스 수준 SL을 제공하기 위하여 각각의 창고는 다음과 같은 안전 재고를 보유하여야 한다.

$$I_{safety} = z \times \sigma_{LTD}$$

여기서 z 값은 7.2절에서 논의된 대로 원하는 서비스 수준에 의해 결정된다. 각각의 창고가 동일한 확률분포의 수요를 대상으로 하고 동일한 서비스 수준을 제공한다면, 분권화된 시스템의 총 안전 재고는 $2z\sigma_{LTD}$이다.

독립적인 수요들

두 지역의 리드타임 수요들이 독립적이면 두 곳의 재고를 한 곳으로 집중화시키는 경우 통합 창고는 다음과 같은 총 리드타임 수요를 접하게 될 것이다.

$$\mathbf{LTD} = \mathbf{LTD}_1 + \mathbf{LTD}_2$$

독립인 확률변수들의 합의 평균은 평균의 합과 같다. 또한, 독립인 확률변수들의 합의 분산은 확률변수들의 분산의 합과 같다. 따라서 통합 중앙창고의 총 리드타임 수요 평균은

$$LTD + LTD = 2\,LTD$$

이고 분산은

$$\sigma^2_{LTD} + \sigma^2_{LTD} = 2\sigma^2_{LTD}$$

이다. 따라서, 통합 중앙창고의 총 리드타임 수요의 표준편차는 $\sqrt{2}\sigma_{LTD}$이다. 여기서 주목할 것은 수요들의 통합이 평균은 두 배로 증가시키지만, 표준편차는 $\sqrt{2}$ 또는 1.414배만큼 증가한다는 점이다.

직관적으로, 두 지역의 수요가 한 곳은 많고 한 곳은 적은 경우 서로 균형을 이루어 좀 더 안정적인 총 수요로 나타난다는 것을 알 수 있다. 집중화된 시스템이 보유하는 안전 재고는

$$I_{safety}^{c} = z \times \sqrt{2}\sigma_{LTD}$$

이다. 분권화된 시스템의 안전 재고 I_{safety}^{d}와 집중화된 시스템의 안전 재고 I_{safety}^{c}를 비교하면, 두 시스템이 동일한 수준의 서비스를 제공할 경우, 집중화된 시스템의 필요 안전재고가 분권화된 시스템의 필요 안전재고의 $1/\sqrt{2}$배라는 것을 알 수 있다. 즉, 집중화된 시스템의 안전 재고는 두 곳으로 분권화된 시스템의 안전 재고의 70%(=$1/\sqrt{2}\times$100%) 수준이다.

이러한 집중화에 따른 효익의 분석을 N개 지역으로 일반화시켜 보면, N개 지역이 집중화된 경우 안전 재고는 다음과 같다.

$$I_{safety}^{c} = z \times \sqrt{N}\sigma_{LTD} \tag{7.9}$$

반면, N개의 지역이 분권화된 경우 전체 네트워크는 각각의 창고의 안전 재고의 N배인 총 $N\times z\times\sigma_{LTD}$ 만큼의 안전 재고 투자를 필요로 한다. 따라서, 집중화에 의해 안전 재고 투자는 분권화의 $1/\sqrt{N}$($\times$100%) 수준이다. 예제 7.10에 집중화의 의의가 설명되어 있다.

예제 7.10

GE Lighting은 일곱 지역에 창고를 운영하고 있었다. 내부 특별대책팀은 모든 창고를 하나의 중앙창고로 통합하여 오스트리아, 벨기에, 프랑스, 독일, 네덜란드, 룩셈부르크, 그리고 스위스의 고객들을 서비스하는 것을 제안하였다. 이 중앙창고에 대한 재충전 리드타임이 예전대로 10이라고 가정하자. 이 제안을 받아들이는 것이 어떤 영향을 미칠 것인가?

현재의 분권화된 시스템하에서 각각의 창고는 다른 창고와 독립적으로 주문한다. 예제 7.4에서, 평균 리드타임 수요가 20,000단위이고 표준편차가 5,000단위인 창고는 안전 재고 I_{safety}=8,246단위를 보유해야 95% 서비스 수준을 제공할 수 있는 것으로 추정되었다. 모든 창고가 비슷한 수요 패턴 하에서 같은 서비스 수준을 제공하려면, 총 안전 재고는 일곱 지역 창고들의 안전재고의 합이다.

$$I_{safety}^{d} = 7 \times 8{,}246 = 57{,}722$$

반면, 특별대책팀의 제안이 받아들여진다면, 단일 중앙창고의 총 리드타임 수요의 평균과 표준편차는 각각

$$LTD = 7 \times 20{,}000 = 140{,}000$$
$$\sigma_{LTD} = \sqrt{7} \times 5000 = 13{,}228.8$$

이며, 95% 서비스 수준을 제공하기 위하여 중앙창고의 안전 재고는

$$I_{safety}^{c} = z \times \sigma_{LTD} = 1.65 \times 13{,}228.8 = 21{,}828$$

이 되어야 한다. 따라서, 단일 중앙창고의 필요 안전 재고는 현재의 일곱 지역 창고로 구성된 분권화된 네트워크의 필요 안전재고보다 35,894만큼 적다. 이는 안전 재고가 62%만큼 감소하는 것이다. 즉, $I^c_{safety}=I^d_{safety}/\sqrt{7}=I^d_{safety}/2.65=0.38I^d_{safety}$ 이라고 할 수 있다.

제곱근 법칙 예제 7.10에서 집중화의 효과는 제곱근 법칙에 기인한다. 즉, 일정 수준의 서비스를 제공하는 데 필요한 총 안전 재고는 재고를 보유하는 지역(창고) 수의 제곱근에 비례하여 증가한다. 이 원칙은 그림 7.4에 도시되어 있다.

안전 재고감소에 따른 효익 외에도, 6장에서 본 대로 집중화의 또 다른 효과는 (주문) 주기 재고의 감소이다. 주기 재고 감소는 집중화를 통해 구매/생산에서 규모의 경제를 더 잘 활용할 수 있다는 사실에 기인한다. 물적 집중화는 상품소개 책자, 우편, 전화, 인터넷 주문 등을 통한 판매 소매업체들에게는 일반적인 관행이다.

상관관계가 있는 수요들 위의 논의에서는 다양한 지역의 수요가 독립적인 경우 집중화의 효익에 대해서 살펴보았다. 그렇다면, 여러 지역의 수요가 상관관계가 있는 경우에도 비슷한 효과를 얻을 수 있을 것인가? 두 지역 1과 2를 대상으로 하는 기업의 리드타임 수요들—$\mathbf{LTD}_1$와 $\mathbf{LTD}_2$—이 통계적으로 동일하지만 상관관계가 있다고 하자. 두 지역 수요의 상관관계를 상관계수 u로 나타내자. 따라서, 총 리드타임 수요의 평균은

$$LTD + LTD = 2\,LTD$$

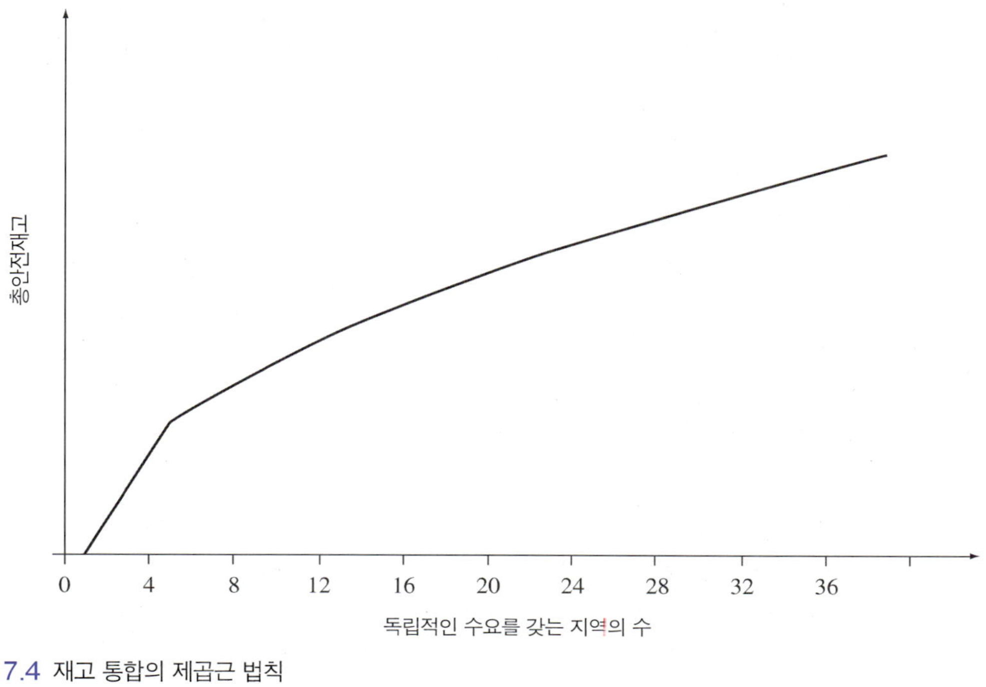

그림 7.4 재고 통합의 제곱근 법칙

이고 분산은

$$\sigma^2_{LTD} + \sigma^2_{LTD} + 2u\sigma^2_{LTD} = 2(1 + u)\sigma^2_{LTD}$$

이다. 따라서, 집중화된 시스템의 총 안전 재고는

$$I^c_{safety} = z \times \sqrt{2(1 + u)}\sigma_{LTD} \qquad \textbf{(7.10)}$$

이고 분권화된 시스템의 총 안전 재고는

$$I^d_{safety} = 2 \times z \times \sigma_{LTD}$$

그러므로 두 지역으로 구성된 분권화된 시스템의 안전 재고와 집중화된 시스템의 안전 재고 간에는 다음 관계식이 성립한다.

$$I^d_{safety} = \sqrt{\frac{2}{(1 + u)}}\, I^c_{safety}$$

앞에서 본대로, 두 지역의 수요들이 독립인 경우, 상관계수는 u=0이고 분권화된 시스템의 안전 재고는 집중화의 경우의 $\sqrt{2}$배이다. 집중화된 시스템의 이익은 두 지역의 수요들이 음의 상관관계를 맺는 경우 더 증가한다. 반면, 두 지역의 수요들이 양의 상관관계를 맺을수록 그 효과는 감소한다. 사실, 수요들이 완전한 양의 상관관계를 가진다면 (즉, u=1), 집중화를 통한 안전 재고 감소 효과는 전혀 없게 된다. 그러나 6장에서 논의한 규모의 경제의 효과는 남아 있다.

집중화의 단점 집중화가 재고를 감소시킨다면, 왜 모든 기업이 따르지 않는 것일까? 재고 비용 외에도, 최소한 두 가지 다른 요인들이 의사결정에 고려되어야 한다. 첫째, 고객 수요를 만족하게 하기 위해 걸리는 시간으로 측정되는 고객에 대한 반응시간이다. 두 번째는 창고에서 고객에게 제품을 배송하는 비용이다. 이전의 분석에서 집중화 또는 분권화된 시스템이 동일한 반응시간과 배송비용을 가진다고 가정했다. 따라서, 재고 비용만이 유일한 결정요인이었다. 실제로는, 집중화된 시스템의 위치가 대개 분권화된 시스템의 어떤 장소보다 고객에게서 더 멀리 있는 경우가 많아 제품이 고객에게 도착하기까지 시간이 더 소요되거나 운송비용이 더 들 수도 있다. 게다가, 반응시간이나 배송비용의 증가로 인해 전체 수요가 감소한다면, 단일 창고를 이용한 집권화가 최적이 아닐 수도 있다. 이러한 경우, 분권화된 지역 창고들의 반응시간과 서비스 수준이 더 나을 수 있다. 분권화된 지역 창고들의 경우, 고객과 가까이 위치하여 고객의 필요에 대한 더 나은 이해와 밀접한 관계 개발이 가능할 수도 있다.

추가로, Harps(2000)가 지적한 대로, 기업들은 어느 국가나 지역 (예를 들어, 유럽이나 아시아)에서 집권화된 운영방식을 막는 문화적, 언어적, 그리고 법적 장벽이 있는지를 잘 알고 있어야 한다. 사실, 본 장의 서두에서 소개된 GE Lighting의 결정은 기업이 이러한 요인을 중요하게 여긴 것을 보여 준다. 집중화와 분권화 간의 상충관계로 인하여 GE Lighting은 유럽의 일부 지역은 단일 창고에 의해 그리고 다른 지역은 지역 창고에 의해 공급하는 혼합형 네트워크를 구축하게 하였다.

7.5.2 통합의 원칙과 재고 공유

7.5.1에서 살펴본 재고감소의 효과는 통합의 원칙이라고 하는 통계적인 성질에 기인한 것이라는 사실을 다시 강조할 필요가 있다. 즉, 확률변수의 합의 표준편차는 개별 변수들의 표준편차들의 합보다 작다는 것이다. 7.5.1절의 모든 예제에서, 총재고는 중앙창고에 보관되어 여러 지역의 수요를 통합할 수 있게 한다. 그러나 실질적인 물적 통합은 중요한 것이 아니다. 가용한 재고가 다양한 수요 원천 간에 공유되기만 하면—**재고 공유**(pooling inventory)라고 불리는 관행—통합의 효익을 누릴 수 있다. 다음 예제들이 예시하는 대로, 재고공유의 개념은 물적 집중화 외에도 다양하게 응용될 수 있다.

가상 집중화 두 지역, A와 B에 창고가 있는 유통시스템을 단정해 보자. 각 창고는 일정 수준의 서비스를 제공하기 위하여 안전 재고를 보유한다. 어느 시점에 A 지역의 제품 수요가 A 창고의 가용재고를 초과하지만 B 창고에는 재고가 존재한다고 가정하자. A 지역의 고객 수요 중 일부는 B 지역의 재고로 충족될 수 있다. 그 반대의 경우도 마찬가지일 것이다. 이러한 대안이 가능하기 위해서는 시스템이 다음 두 기준을 만족해야 한다.

1. 제품 수요와 가용성에 대한 정보가 두 지역에서 확인 가능해야 한다.
2. 한 지역창고에서 타 지역창고로의 배송이 신속하게 이루어질 수 있고 비용 측면에서 효과적이어야 한다.

이 두 조건이 충족되고 수요의 상관관계가 1보다 작다면, 한 지역의 재고가 다른 모든 지역의 수요에 사용되는 재고 공유의 효과를 얻을 수 있다. 한 지역으로의 물적 통합 대신에 분권화된 지역들에 재고를 보관하면서 재고 공유가 이루어지기 때문에 이를 **가상 집중화**라 부른다. 엄밀하게 말하면, 가상 집중화는 여러 지역으로 구성된 네트워크의 재고 공유가 제품 가용성에 대한 정보와 수요 충족을 위한 지역 간 제품 배송에 의해 가능한 시스템이다.

전동공구 생산업체인 Okuma America 사는 일본의 Okuma 사의 자회사로서, 유통망의 가상 집중화를 추진하고 있는 예이다. 북남미의 46개 유통업자들은 미국 North Carolina 주의 Charlotte와 일본에 소재한 창고들에 보관된 전동공구들의 위치와 가용성에 대한 정보를 제공하는 정보공유시스템인 Okumalink에 접속할 수 있다. Okumalink는 유통망 구성원들 간의 직접 통신을 통해 제품과 부품을 교환할 수 있도록 시스템을 업그레이드하는 중이다(Narus & Anderson, 1996). 마찬가지로, 기업을 대상으로 하는 W.W. Grainger 사의 유통센터에 품절이 발생할 경우, 재고를 보유하고 있는 네트워크 내의 다른 유통센터에 의해 주문이 충족될 수도 있다.

전문화(특성화) 기업은 여러 개의 창고를 운영할 수 있고 각각의 창고는 여러 종류의 제품을 보관할 수 있다. 그러나 각 제품의 안전 재고는 그 제품을 중점적으로 보관하고 있는 창고에만 있을 수 있다. 창고가 여러 군데 있다 하더라도, 각 제품에 대해 특화된 오직 한 창고만 해당

제품의 안전 재고를 보관함으로써 효과적인 재고 공유가 가능하다.

이 시스템은 각 창고가 대상으로 하는 지역의 제품 수요가 다소 특이할 때 특히 유용하다. 예를 들어, A와 B 두 지역에 창고가 있고 재고는 제품 P1과 P2가 있다고 하자. 추가로, 지역 A의 수요는 대부분 제품 P1이고 지역 B의 수요는 대부분 제품 P2라고 하자. 그런 경우 지역 A의 창고는 제품 P1의 안전 재고를 보유하도록 특화하고, 지역 B의 창고는 제품 P2의 안전 재고를 보유하도록 특화할 수 있다. 만약, 지역 B(또는 A)가 제품 P1 (또는 P2)을 필요로 하면, 지역 A (또는 B)에서 배송될 수 있다. 이러한 제휴를 통해, 제품의 재고가 한 곳에 집중화되어 각 제품의 안전 재고가 감소한다. 더 나아가, 지역의 수요형태에 기초하여 집중화되어 있기 때문에, 모든 제품이 실제로 한 곳의 창고에 물적 집중화된 경우보다 반응시간이 단축되고 배송 비용이 절감된다.

공용 부품 사용 지금까지의 예제들은 여러 지역의 수요를 통합함으로써 얻어지는 효율성에 초점을 맞추었다. 통합의 효과는 다양한 제품들에 대한 수요를 통합하는 데에서도 얻어질 수 있다. Dell, Hewlett Packard 또는 Apple과 같은 컴퓨터 제조업체들은 대개 다양한 모델들을 판매하지만, CPU, DVD 또는 CD-RW 드라이브 등 상당수의 부품은 여러 제품에 사용된다.

다양성을 제고하기 위하여, 기업들은 여러 가지 대안을 사용할 수 있다. 예를 들어, 제품 수요를 기대하고 제품을 생산하는 **재고 생산** 전략을 택할 때 원하는 서비스 수준을 제공하기 위하여 각각의 완제품에 대해 충분한 안전 재고가 필요하다. 역으로, 고객의 주문에 대응하여 제품을 생산하는 **주문 생산** 전략하에서는 모든 재고를 부품의 형태로 보유하며 고객의 주문을 받으면 완제품을 생산한다. 다양한 제품 라인에 사용되는 부품들의 안전 재고를 결정하기 위하여 기업은 특정 부품을 사용하는 모든 제품의 수요를 통합한다. 공용 부품을 사용함으로써 같은 수준의 서비스와 제품의 다양성을 제공하면서도 재고 투자를 감소시킬 수 있다.

다양한 제품들의 공용 부품 수요에 대한 위험공유(risk pooling)는 위에서 기술한 물적 집중화와 유사하다. 공용부품의 안전 재고는 특정 완제품만을 위하여 별도로 보관되는 특정 부품의 안전 재고보다 적을 것이다. 추가로, 주문 생산은 부품에 부가된 가치가 없으므로 보유비용이 더 저렴하다. 그러나 한 가지 단점이 존재한다. 재고생산 제품은 즉각적으로 소비자에게 인도 가능한 반면, 주문 생산의 경우 제품 생산기간 동안 고객은 기다려야만 한다. 그러므로 만약 생산 흐름 시간이 소비자가 참을 수 있는 시간보다 짧게 단축될 수 있다면 주문 생산 전략은 상당한 효익이 있다.

제품 대체 종종, 한 제품이 다른 제품의 초과수요를 충족하기 위하여 대체될 수 있다. 대체재를 제공할 수 있다면 여러 제품의 안전 재고를 통합함으로써 실질적인 서비스 수준을 개선할 수 있다. 그러므로 제품대체는 일정 수준의 고객서비스에 필요한 안전 재고 수준을 감소시킨다. 그러나 이를 활용하기 위해서는 대체 유형에 대한 정보를 수집할 필요가 있다. 소매업자들은 종종 대체 가능한 제품들을 나란히 배치한다. 대체 가능한 제품들에 대한 소비자들의 구매 행태를 파악하게 되면 매장 내 재고 수준을 최적화할 수 있다.

7.6 제품 차별화 지연을 통한 예측기간의 단축

7.1절에서 지적한 대로, 먼 미래에 대한 예측은 가까운 미래의 사건에 대한 예측보다 덜 정확할 수밖에 없다. 간단히 말하면, 시간이 경과함에 따라 더 정확한 정보들을 얻게 되므로 더 낳은 의사결정을 할 수 있다. 즉, 단기 예측이 더 정확하기 때문에 실제 수요 시점까지 공급이 지연될수록 재고계획관련 의사결정도 더 효과적일 것이다.

차별화 연기 파란색, 녹색, 그리고 빨간색 티셔츠를 제조하는 의류업체가 두 가지 제조 프로세스 대안을 고려하고 있다고 하자.

1. 프로세스 A에서는 원단을 먼저 염색하고 나중에 티셔츠를 제작한다.
2. 프로세스 B에서는 티셔츠를 먼저 제작하고 나중에 염석을 한다.

두 프로세스 모두 염색과 티셔츠 제작에 각각 1주씩 총 2주가 소요되지만, 프로세스 A의 경우, 제조업자는 색상별로 2주 전에 수요를 예측해야 한다. 반면, 프로세스 B는 염색과 티셔츠 제작 프로세스의 순서를 바꿈으로써 색상차별화의 시기를 판매시점에 일주일 더 가깝게 연기를 시킨 것이다. 안전 재고의 감소를 위하여 프로세스 일부를 지연시키는 것은 연기 또는 지연된 차별화로 잘 알려졌다. 색상별 수요를 2주 전에 예측하는 것보다 1주일 전에 하는 것이 더 정확하기 때문에, 프로세스 B의 안전 재고가 프로세스 A의 안전 재고보다 적을 것이다.

프로세스 B는 또한 다른 장점도 있다. 프로세스의 첫 단계에서, 백색 티셔츠의 수량을 결정할 때에 제조업자는 모든 색상에 대해 통합된 예측을 하게 되고 이미 논의한 대로 수요 통합은 변동성을 감소시킨다. 따라서, 프로세스 B는 다음 두 가지 이유로 변동성을 감소시킨다.

1. 프로세스의 1단계에서 모든 색상에 대해 통합된 수요 예측을 한다.
2. 프로세스의 2단계에서 색상 별 수요를 예측하므로 프로세스 A에 비해 단기예측이 가능하다.

이 모두 수요 변동성과 총 필요 안전 재고의 감소로 귀결된다.

의류메이커 Benetton(Signorelli & Heskett, 1989)은 지연 전략의 초창기 창시자이다. 이러한 특별한 프로세스 혁신이 도움이 된다는 것을 발견한 또 다른 회사는 데스크젯 프린터를 세계에 판매하고 있는 Hewlett Packard(HP)이다(Kopczak & Lee, 2001). 예를 들어, 북미 시장과 유럽 시장 대상 프린터의 주요한 차이의 하나는 전력 공급 부품이다. 초기 프린터 설계에 의하면, HP 데스크젯프린터는 특정 지역에 적합한 전력 공급 (110 또는 220볼트) 부품을 조립 프로세스에서 설치하도록 설계되었다. 그러나 유통시스템을 재설계하면서, HP는 전력 공급 모듈이 생산 프로세스의 가장 마지막 단계 (사실, 유통업자에 의해 설치됨)에서 설치되도록 프린터를 재설계했다. 따라서, 공장은 일반적인 프린터를 생산하고 차별화는 유통단계로 지연시킨 것이다. 최근의 HP 데스크젯프린터는 지연개념을 더 발전시켜 잉크 카트리지의 선택에 따라 프린터가 컬러 또는 흑백 전용으로 사용될 수 있도록 하였다. 이러한 맞춤 프로세스가 실제로 소비자에 의해 수행되므로, HP는 컬러 또는 흑백 프린터에 대한 수요를 분리하여 예측할 필요가 없다. 유사한 지연 전략을 채택한 회사가 임상 진단 장비와 시약 분야의 선두 주자인 Dade Behring(DB)이다. DB 사는 가격대가 2만~20만 달러인 고가 진단 장비들을 생산하면서 다음과 같은 양면 전략을 채택하였다. 첫째, 110볼트 또는 220볼트 전용 제품을 생산하는 대신 공용 전압 제품을 생산하는 것이다. 둘째, 의학 및 진단 장비의 판매 대상 국가의 언어로 된 사용설명서와 기기 인터페이스를 포함하도록 규정하고 있는 유럽연합의 생체 진단 관련 규정(IVDD)에 따라 유통센터에서 각국의 언어로 된 설명서를 추가하여 포장하도록 하고 다양한 언어로 된 장비 운영 소프트웨어를 개발하였다.

7.7 주기적 재고 조사 정책

지금까지의 논의는 재고 수준을 매 순간 (연속적으로) 관측할 수 있는 경우를 상정하고 안전재고를 결정하는 문제에 초점을 맞추었다. 즉, 재고 수준이 미리 결정된 수준에 도달하면 재주문이 이루어지는 상황이다. 그러나 6장 7절에서 언급한 바와 같이 여러 가지 이유로 주기적으로 재고 조사를 하고 주문을 해야만 하는 경우도 있을 수 있다. 주기적 재고 조사 정책을 따르는 경우, 재고 수준을 **목표 충전 수준**(OUL: order upto level)까지 끌어 올리기 위해 주기적으로 주문하게 된다. 수요의 불확실성이 없는 상황에서 충전 필요 수준은 $OUL=R\times(T_r+L)$로 주어지며 여기서 R은 흐름률, T_r은 재고 조사 주기, 그리고 L은 충전 리드타임이다. 그렇다면, 수요가 불확실한 경우에 일정 수준의 서비스를 제공하기 위하여 충전 필요 수준이 어떻게 조정되어야 할 것인가? 주기적 재고 조사 정책하에서는 충전 리드 타임뿐만 아니라 재고 조사 주기 동안의 수요의 불확실성에 따른 변동성을 고려하여 목표 충전 수준을 결정해야 하기 때문에 7.2.2절의 연속 재고 조사 시스템에 적용된 것과 유사한 논리로 50% 이상의 서비스 수준을 달성하기 위해서는 안전 재고를 보유해야 하는 것이 명백하다. 단, 주기 재고 조사 하에서 주기 서비스 수준(7.2.1절 참조)을 측정하기 위해 문제가 되는 불확실성의 기간이 재고 조사기간과 재고 충전 리드타임의 합이다.

안전재고 수준을 결정하기 위해 재고 조사 기간과 재고 충전 리드 타임 동안 수요의 표준편차를 추정해야 한다. 7.4.1절에서 재고 충전 리드 타임 동안 수요의 표준편차를 추정하는 방법에 대해 살펴보았다. 마찬가지 방법으로 (T_r+L) 기간 동안 수요의 표준편차를 추정하면 다음과 같다는 것을 알 수 있다. σ_{RLTD}를 재고 조사 기간과 재고 충전 리드 타임 동안 수요의 표준편차라 하면

$$\sigma_{RLTD} = \sqrt{T_r + L} \times \sigma_R \tag{7.11}$$

일정 수준의 서비스 수준 SL을 달성하기 위한 안전 재고는 SL에 해당하는 z 값에 의해 다음과 같이 결정된다.

$$I_{safety} = z \times \sigma_{RLTD} \tag{7.12}$$

마지막으로, 목표 충전 수준은

$$\begin{aligned} OUL &= (T_r + L) \text{ 기간 동안의 평균 수요} + \text{안전 재고} \\ &= R \times (T_r + L) + I_{Safety} \end{aligned} \tag{7.13}$$

예제 7.11 을 통해 계산 예를 살펴보자.

예제 7.11

GE Lighting 의 파리창고의 전구의 수요는 하루 평균 2,000 단위라고 하자. 1 일 수요의 표준편차는 1,581 단위이며 창고 관리자는 2 주일에 한 번씩 주기적으로 재고 조사를 하며 충전 리드 타임은 10 일이라고 한다. 95% 서비스 수준을 유지하기 위한 목표 충전 수준은 얼마인가?

재고 조사 주기 T_r=14 일과 충전 리드타임 L=10 일 동안의 평균 수요는

$$R \times (T_r + L) = 2000 \times (14 + 10) = 48{,}000 \text{ 단위}$$

이 기간 동안 수요의 표준편차는

$$\sigma_{RLTD} = \sqrt{T_r + L} \times \sigma_R = \sqrt{14 + 10} \times 1{,}581 = 7{,}745$$

95% 서비스 수준에 해당하는 z 값은

$$z = \text{NORMSINV}(0.95) = 1.65$$

안전 재고는

$$I_{safety} = z \times \sigma_{RLTD} = 1.65 \times 7{,}745 = 12{,}779$$

목표 충전 수준은

$$OUL = R \times (T_r + L) + I_{safety} = 48{,}000 + 12{,}779 = 60{,}779$$

이다. 따라서, 창고 관리자는 목표 충전 수준을 60,779 단위로 설정하고 2 주일에 한 번씩 주문을 해야 한다. 매번 주문량은 재고 수준에 따라 주기마다 달라지겠지만, 평균적으로는 2 주 동안의 평균 수요인 28,000 단위가 되고 주기 재고는 I_{cycle}=28,000/2=14,000 단위이다. 그림 7.5 에 재고 수준 변동의 한 예가 도시되어 있다.

주기적 재고조사 정책과 연속 재고 조사 시스템하에서의 안전재고를 비교해보는 것이 유용할 것이다. 연속 재고 조사 시스템하에서 안전 재고는 충전 리드타임 동안의 수요에 대해서만 대응을 하면 되었기 때문에 다음과 같이 결정된다.

$$z \times \sigma_{LTD} = 1.65 \times \sqrt{10} \times 1{,}581 = 8{,}249$$

이는 주기적 재고 조사 정책하에서 동일한 수준의 서비스 수준을 유지하는 데 필요한 안전재고인 12,779 보다 현저히 적은 양이다. 따라서, 실시간으로 재고 수준을 관측할 수 없는 경우 추가적인 재고 비용이 발생하는 것을 알 수 있다. 정보기술 시스켐에 대한 투자와 주기적 주문과 관련된 비용 절감 노력으로 프로세스 관리자는 재고 조사 주기를 단축할 수 있고 주기 재고와 안전

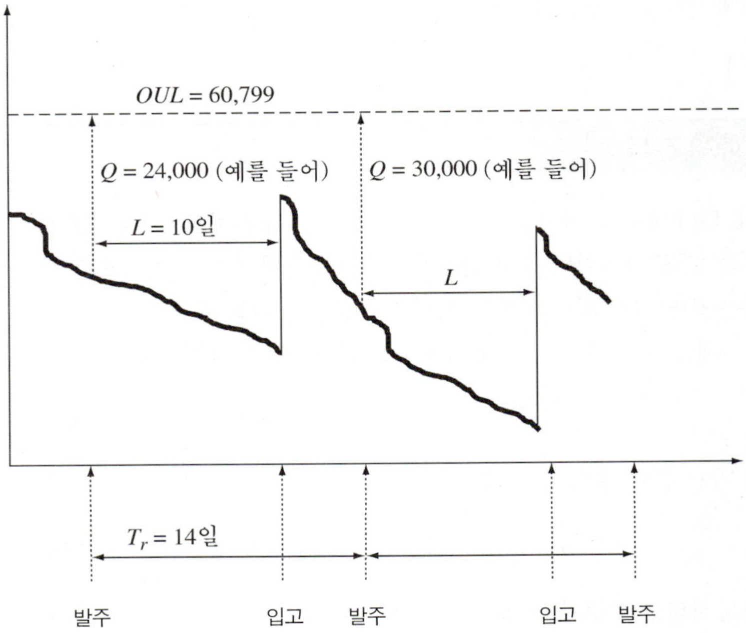

그림 7.5 주기적 재고 조사 시스템하에서 재고 변동 예

재고를 감소시킬 수 있다.

7.8 안전 재고 감소 수단

본 장에서는, 먼저 프로세스 유입과 유출에서 불확실성과 변동성의 역할을 살펴보고 공급과 수요의 불확실성에 대한 버퍼으로서 안전 재고의 개념을 소개하였다.

다음의 수단들이 흐름 변동성과 필요 안전 재고(따라서 흐름 시간)를 감소시키는 것을 파악하였다.

1. 예측능력의 개선을 통한 수요 변동성 감소
2. 재충전 리드타임 단축
3. 재고 조사 주기 단축
4. 재충전 리드타임 변동성 감소
5. 물적/가상 집중화 또는 특성화를 통한 여러 지역 또는 제품들에 대한 안전 재고의 통합(공유)
6. 제품 대체 활용
7. 대체 제품 활용
8. 실제 수요시점에 가깝게 제품차별화 프로세스 지연

요약

기업들은 예기치 않은 공급 부족과 수요 폭발로 인한 품절에 대비하여 투입(원재료 또는 부품)과 산출(완제품)의 안전 재고를 보유한다. 그 목적은 공급과 수요의 불확실성 하에서도 생산에 따른 필요와 고객의 필요를 충족할 수 있도록 흐름단위들이 사용 가능하게 하기 위함이다. 흐름단위들이 필요에 사용될 수 있을 확률은 서비스 수준이라고 한다. 이는 주어진 양의 안전 재고에 의한 품절방지 정도의 척도이다. 안전 재고 수준이 높을수록, 제공되는 서비스 수준은 향상된다. 최적 서비스 수준은 신문판매 공식에서 주어진 대로 추가 단위의 순한계 효익과 순한계비용이 균형을 이루는 점이다.

제공되는 서비스 수준과 필요 안전 재고는 흐름률들의 변동성에 의존한다. 변동성 감소는 주어진 안전 재고에 의한 서비스 수준을 증가시킨다. 또한, 일정 수준의 서비스를 제공하는 데 필요한 안전 재고를 감소시킨다. 한편, 흐름양의 변동성은 예측 오차와 재충전 리드타임의 평균과 변동성에 의해 결정된다. 그러므로 안전 재고 투자 감소를 위해서는 예측능력의 개선과 신속하고 신뢰성 있는 공급자들의 확보가 중요하다. 여러 지역의 수요를 충족시키기 위한 재고를 통합하는 것도 흐름률과 안전 재고의 변동성을 효과적으로 감소시킨다. 제곱근 법칙에 의하면 지역별 수요들이 독립적인 경우, 재고 통합은 지역 수의 제곱근의 배로 안전 재고를 감소시킨다. 통합의 원칙은 가상 집중화, 특성화, 그리고 공용 부품 사용 등의 여러 가지 방법에 의해 운영될 수 있다. 마지막으로, 판매시점에 가까울수록 예측 오차가 감소하므로 차별화에 관한 주요 결정을 미루는 전략은 서비스 수준을 희생시키지 않고 안전 재고를 감소시킬 수 있도록 해 준다.

주요 등식 및 기호

(7.1) $ROP = LTD + I_{safety}$

(7.2) $I = I_{cycle} + I_{safety} = Q/2 + I_{safety}$

(7.3) $SL = \text{Prob}(\mathbf{LTD} \leq ROP)$ (연속 재고 조사 시스템)

(7.4) $I_{safety} = z \times \sigma_{LTD}$ (연속 재고 조사 시스템)

(7.5) 신문판매 공식: $SL^* = \text{Prob}(\mathbf{R} \leq Q^*) = \dfrac{MB}{MB + MC}$

(7.6) $LTD = L \times R$

(7.7) $\sigma_{LTD} = \sqrt{L} \times \sigma_R$ (리드타임이 상수인 경우)

(7.8) $\sigma_{LTD} = \sqrt{L\sigma_R^2 + R^2\sigma_L^2}$ (리드타임이 변수인 경우)

(7.9) $I_{safety}^c = z \times \sqrt{N}\sigma_{LTD}$ (연속 재고 조사 시스템, N 지역 독립수요)

(7.10) $I_{safety}^c = z \times \sqrt{2(1 + u)}\sigma_{LTD}$ (연속 재고 조사 시스템, 두 지역의 수요가 상관관계가 있는 경우)

(7.11) $\sigma_{RLTD} = \sqrt{T_r + L} \times \sigma_R$ (재고 조사 주기와 리드타임이 상수인 경우)

(7.12) $I_{safety} = z \times \sigma_{RLTD}$ (주기적 재고 조사 시스템)

(7.13) $OUL = R \times (T_r + L) + I_{Safety}$ (주기적 재고 조사 시스템, 안전재고 I_{safety}는 식 7.12에 의해 결정)

기호

ROP = 재주문점

LTD = 리드타임 평균 수요

Q = 주문량

I = 평균 재고

z = 서비스수준 표준화 값

SL^* = 최적 서비스 수준

MC = 추가 단위의 순한계비용

R = 평균 수요(율)

L = 평균 재충전 리드타임

I^c_{safety} = 집중화 하에서 안전 재고

I^d_{safety} = 분권화 하에서 안전 재고

T_r = 재고 조사 주기

LTD = 리드타임 수요(확률변수)

I_{safety} = 안전 재고

Q^* = 최적 주문량

SL = 서비스 수준

σ_{LTD} = 리드타임 수요 표준편차

MB = 추가 단위의 순한계 효익

R = 수요(량)

σ_R = 단위기간 수요의 표준편차

σ_L = 재충전 리드타임 표준편차

u = (두 지역의) 수요 상관관계계수

OUL = 목표 (재고) 충전 수준

주요 용어

가상 집중화(virtual centralization)
계속 실사 재주문점 정책(continuous review, reorder point policy)
대기 주문(backlogged)
리드타임 수요
목표 충전 수준(order upto level)
물적 집중화(physical centralization)
순한계비용
순한계이익
시계열 분석
신문판매 문제
안전 재고(safety inventory, safety stock)
연기(postponement)
예측
인과 모형
재고생산(make-to-stock)
재고 조사 주기(review period)
재고 통합(pooling inventory)
제곱근 법칙
주기 서비스 수준(cycle service level)
주기적 재고 조사 정책(periodic review policy)
주문 생산(Make-to-order)
차별화 지연(delayed differentiation)
충족률(fill rate)
통합(aggregation)
통합의 원칙(principle of aggregation)
한계 분석

토의 과제

7.1 안전 재고의 역할은 무엇인가?

7.2 서비스 수준의 여러 가지 척도의 장단점을 논하라.

7.3 서비스 수준이 안전 재고 수준에 어떻게 영향을 미치는가?

7.4 마진은 동일하지만 차분 비용이 다른 두 제품이 있다면 어느 제품의 서비스 수준이 더 높겠는가? 이유는?

7.5 공급업체들에 의해 제공되는 제품의 품질이 동일하다면, 최저가의 제품을 구매하는 것이 최선의 전략이다. 논하라.

7.6 네 곳의 창고로 구성된 유통 네트워크를 단일 창고 시스템으로 운영하더라도 재고의 양은 동일할 것인가? 설명하라.

7.7 온라인 판매업체들은 온라인 주문을 한 고객들이 기꺼이 배송기간만큼 기다리고자 하므로 다수의 소매판매점 대신 집중화된 창고에서 공급할 수 있다. 집중화에 의한 재고감소 효과가 시리얼이나 파스타와 같은 식료품과 음악 CD나 DVD 등의 제품 중 어느 부류에 대해 더 클 것인가? 설명하라.

7.8 수십 년 전에는, 페인트 제조업자들이 소매점에서 판매될 페인트를 색상별 크기별로 제조하였다. 요즘은, 소비자들이 소매점에서 원하는 색을 선택하면 소매업자가 안료와 베이스를 혼합하여 페인트를 만들어 준다. 이러한 전략이 안전 재고에 미치는 영향이 있다면 어떠한 것들인지 논하라.

7.9 재고 수준확인과 주문을 실시간으로 하지 못함으로 인해 안전 재고에 미치는 영향을 논하라.

연습 문제

7.1 MassPC 사는 PC Pal 모델의 재고수준이 500단위가 되면 4주일분의 공급 물량을 생산하며 이에는 1주일이 소요된다. 공장 주문은 주당 평균 400단위이며 예측 오차의 표준편차는 125단위로 추정된다.

a. MassPC 사는 재고 가용성의 기준으로 어느 정도 수준의 고객서비스를 유통업자들에게 제공하고 있는가?

b. MassPC 사는 고객서비스를 80%, 90%, 95%와 99%로 개선하고자 한다. 이러한 계획이 회사의 재주문 정책과 연간비용에 어떠한 영향을 미칠 것인가?

***7.2** 어느 소매업체의 디스켓에 대한 주간수요는 평균 1,000상자, 표준편차 150상자인 정규분포를 따른다. 현재, 업체는 팩스를 이용해 공급업체에 주문한다. 다음과 같이 가정하라.

- 일 년 중 50주 동안 영업을 한다.
- 주문 재충전 리드타임은 4주이다.
- 주문당 고정비용(주문 및 배송)은 100달러이다.
- 디스켓 단가는 상자당 1달러이다.

- 연간 보유 비용은 평균 재고 가치의 25%이다.
- 현재 소매업체는 보유재고가 4,200상자가 되면 20,000개의 디스켓을 주문한다.

a. 현재, 디스켓 하나의 평균 보유기간(출고시점과 입고시점의 차)은 얼마인가? 현 정책하에서 연간 주문비용과 보유비용은 얼마인가?

b. 주문 주기 동안 품절 확률을 5% 이하로 유지하기를 원한다고 가정하자. (주문량과 안전 재고에 관한) 최적 재고 정책을 제안하라. 제안된 정책하에서, 디스켓 하나의 평균 보유기간(출고시점과 입고시점의 차)은 얼마인가?

c. 공급업체는 리드타임을 1주일로 단축하는 계획하에 소매업체로 하여금 전자구매 시스템을 채택하도록 설득하고 있다. 소매업체가 전자구매 시스템을 채택함으로써 비용과 흐름 시간 측면에서 어떤 효과를 실현할 것으로 기대할 수 있는가?

7.3 Home & Garden(HG) 슈퍼스토어 체인은 이탈리아에서 장식용 화분을 수입하고 있다. 화분의 주간 수요는 평균 1,500이고 표준편차는 800이다. 화분의 단가는 10달러이고 HG의 연간 재고 보유비용은 25%이다. Phoenix 지역에 점포를 개점할 기회가 있다고 한다. 이탈리아에서 발송된 주문의 운송 및 배송 관련 고정 비용은 10,000달러이다. 일 년 중 52주 동안 영업을 한다고 하자.

a. 화분의 최적 주문량을 결정하라.

b. 이탈리아에서부터 배송되는데 소요되는 시간(리드타임)이 4주일이라고 하자. HG 사가 고객들에게 90%의 주기 서비스 수준을 제공하고자 한다면, 안전 재고를 얼마나 보유해야 하는가?

c. Fastship이라는 새로운 배송업체는 쾌속정과 신속한 통관처리로 화분의 배송 리드타임을 4주일에서 1주일로 단축할 수 있다고 한다. 이 업체를 이용할 때 화분의 단위비용은 0.2달러 추가될 것이다. Fastship을 선택해야 할 것인가 아닌가? 그 이유를 설명하라? 이에 따른 변화를 계량화하라.

7.4 Johnson 전자는 상품 소개책자를 이용하여 전기, 전자 부품들을 판매한다. 상품소개 책자들은 2년에 한 번씩 출간되며 인쇄 고정비용은 25,000달러이고 권당 5달러의 변동비가 발생한다. 상품소개 책자의 연간 수요는 정규분포를 따르며 평균은 16,000부 표준편차는 4,000부라고 한다. 자료에 의하면 평균적으로 상품소개 책자를 주문하는 고객은 35달러의 매출 이익을 가져다준다고 한다. 2년에 한 번씩 출간한다는 가정하에 일회 인쇄 부수를 결정하라?

***7.5** Catch-of-the-Day 생선가게의 주인은 매일 아침 Walton 어시장에서 생선 한 상자를 18달러에 구입하여 당일 중으로 인근 식당에 상자당 120달러에 판매하고, 남은 생선들은 상자당 2달러의 비용으로 폐기 처분된다. 문제는 고객들의 주문량을 알 수 없다는 것이다. 이 문제를 해결하기 위하여 수요 데이터를 수집하여 표 7.5같이 정리하였다. 매일 아

표 7.5 Catch-of-the-Day의 수요

수요	0	1	2	3	4	5	6	7	8	9	10	11	12	13	14	15
빈도수	0	0	0	1	3	2	5	1	6	7	6	8	5	4	1	3

침 구입할 최적 상자 수를 결정하라.

7.6 Illinois 주 Bucktown 시의 주민은 매주 수요일 아침 쓰레기들을 길가에 내놓는다. 시청 환경미화원들은 당일로 쓰레기를 수거한다. 경험에 의하면 쓰레기 총량은 평균 35톤과 표준편차 9톤인 정규분포를 따른다. 시청 환경미화원들은 정규직으로서 일 인당 하루 5톤의 쓰레기를 처리할 수 있다. 쓰레기 수거용 차량은 충분히 보유하고 있으며 미화원 정규직 한 명의 인건비와 차량관련 하루 순한계비용은 625달러로 추산된다. 당일 근무시간 내에 수거되지 않은 쓰레기들은 하청업체에 의해 톤당 650달러의 비용으로 저녁 중에 수거해야만 한다. 미화원의 수가 정수가 아니어도 좋다고 가정하고 최적 인원을 결정하라.

7.7 Northwest 항공사는 디트로이트-암스테르담 항공편을 매일 운항하고 있다. 실제 탑승객의 수와 관계없이 편당 70,000달러의 고정비용이 발생하며 비행기 좌석 수는 310석이다. 편도 탑승권의 수입은 600달러이며 사용되지 않은 탑승권은 전액 환불된다. 보통 평일에 통보 없이 취소하는 승객의 수는 0과 20 사이의 이산 균등 분포를 따른다(0과 20 사이의 모든 정수들이 똑같이 1/21의 확률로 일어날 수 있다). 법으로, 항공사는 좌석 수 이상으로 예약을 받을 수 있으나 좌석이 부족할 경우 탑승하지 못한 승객에게는 250달러를 보상해 주어야 하고 또한 대체 항공편을 주선해 주어야 한다. 이때, 대체항공편 주선 비용은 Northwest 항공사의 탑승권 판매 수입인 600달러와 거의 맞먹는다. 예약 승객 수를 결정하라.

***7.8** 어느 우편 주문 판매 업체는 네 곳에 창고를 가지고 있다. 각 창고의 수요는 1주일당 평균 10,000단위이고 표준편차는 2,000단위인 정규분포를 따른다. 연간 보유비용은 25%이고 제품의 단위비용은 10달러이다. 주문에 따른 고정비용은 1,000달러 (주로 고정운송비용)이고 리드타임은 1주일이다. 회사는 품절 확률을 5% 이하로 유지하고자 한다. 일 년 중 50주 동안 영업을 한다고 가정하자.

a. 창고들이 각각 독립적으로 운영된다고 가정하면 각 창고의 주문 정책은 어떠해야 하는가? 각 창고는 얼마나 많은 안전 재고를 보유해야 하는가? 전체적으로 평균 재고와 연간 비용은 얼마인가? 평균적으로, 제품이 입고되어 출고되기까지 보관기간은 얼마인가?

b. 모든 재고를 단일 창고에 집중화하였다고 가정하고 주문 주기 동안 품절 확률이 5% 이하라고 하자. 이상적으로, 평균 재고량과 비용은 얼마로 예상할 수 있는가? 이 경우, 제품이 입고되어 출고되기까지 보관기간은 얼마인가?

7.9 Hi-Tek은 Chicago 일대에 네 곳의 소매판매점을 갖고있는 컴퓨터 장비 소매업체이다. 현재, 각 판매점은 독립적으로 주문하고 있고 수요는 각각 주당 평균 4,000단위이다. 제품 원가는 200달러이고 Hi-Tek의 연간 보유비용은 20%이며 각 주문의 고정비용 (처리비 + 운송비)은 900달러이다. 일 년 중 50주 동안 영업을 한다고 가정하자.

a. 각 판매점이 독립적으로 주문하고 제품을 인도받을 경우 각 판매점의 최적 주문량을 결정하라.

b. 평균적으로, Hi-Tek 시스템 내에서 제품이 판매되기까지 기간은 얼마인가?

c. Hi-Tek은 네 곳의 창고의 구매절차를 집중화하는 것을 고려하고 있다. 이러한 경우 Hi-Tek

은 공급업체에 창고들을 대표하여 단일 주문을 하게 된다. 공급업체는 주문을 한 곳으로 배송하고 Hi-Tek은 주문을 1/4씩으로 나누어 동일한 수량(소매판매점의 수요가 동일하므로)을 네 곳의 소매판매점으로 배송한다. 이 경우 주문 고정비용은 1,800달러로 늘어난다. Hi-Tek이 최적의 주문관리를 할 경우, 네 곳의 소매판매점으로 구성된 Hi-Tek 시스템 내의 평균 재고를 결정하라.

***7.10** 보잉사는 항공기 제조에 필요한 특정 부품(fastener)을 사용하고 있으며 1일 수요는 평균 1,000단위, 표준편차 150단위라고 한다. 단가는 2달러이고 재고 조사는 2주에 한 번씩 이루어지며 목표 충전 수준에 맞춰 주문이 이루어진다. 충전 리드타임은 1주일이고 연간 단위당 재고 보유 비용은 단가의 25%라고 한다.

a. 98% 서비스 수준을 달성하기 위한 목표 충전 수준을 결정하고 이에 따른 주기 재고와 안전 재고를 계산하라. 이 정책하의 연간 총재고 유지 비용은 얼마인가?

b. 재고 조사와 주문 주기를 1주일로 단축하고자 하는 시도가 있다고 한다. 새로운 정책에 의한 (연간) 비용 절감액을 결정하라.

7.11 연습 문제 7.8을 다시 생각해 보자. 우편 주문 판매 업체가 주기 재고 조사 정책을 따르며 2주에 한 번씩 재고 조사를 한다고 하자. 업체는 네 곳에 창고를 가지고 있으며 각 창고의 수요는 일 주일당 평균 10,000단위이고 표준편차는 2,000단위인 정규분포를 따른다. 연간 보유비용은 25%이고 제품의 단위비용은 10달러이다. 주문에 따른 고정비용은 1,000달러 (주로 고정운송비용)이고 리드타임은 1주일이다. 서비스 수준은 95%를 유지하고자 한다. 일 년 중 50주 동안 영업을 한다고 가정하자.

a. 창고들이 각각 독립적으로 운영된다고 가정하면 각 창고의 주문 정책은 어떠해야 하는가? 각 창고는 얼마나 많은 안전 재고를 보유해야 하는가? 전체적으로 평균 재고와 연간 비용은 얼마인가? 평균적으로, 제품이 입고되어 출고되기까지 보관기간은 얼마인가?

b. 모든 재고를 단일 창고에 집중화하였다고 가정하고 95% 서비스 수준을 유지하고자 한다면, 평균 재고량과 비용은 얼마로 예상할 수 있는가? 이 경우, 제품이 입고되어 출고되기까지 보관기간은 얼마인가?

참고 문헌

Jacobs, F. R., and R. Chase. *Operations and Supply Chain Management.* 13th ed. New York: McGraw-Hill/Irwin, 2010.

Chopra, S., and P. Miendl. *Supply Chain Management: Strategy Planning and Operations.* 4th ed. Upper Saddle River, N.J.: Prentice Hall, 2009.

Gruen, T. W., D. S. Corsten, and S. Bharadwaj. *Retail Out- of-Stocks: A Worldwide Examination of Extent, Causes, and Consumer Responses.* Washington, D.C.: Grocery Manufacturers of America, Industry Affairs Group, 2002. Harps, L. H. "Pan-European Distribution." *Logistics Management* 39, (February 2000): 2.

Kopczak, L., and H. L. Lee. *Hewlett Packard: Deskjet Printer Supply Chain.* Graduate School of Business, Stanford University, Case Study #GS-3A. 2001

Nahmias, S. *Production and Operations Analysis.* 6th ed. Homewood, Ill.: McGraw-Hill/Irwin, 2008.

Narus, J., and J. S. Anderson. "Rethinking Distribution: Adaptive Channels." *Harvard Business Review* (July-August 1996): 112-120.

Rietze, S.. Case Studies of Postponement in Supply Chain. M.S. Thesis, MIT, Cambridge, MA, 2006.

Ross, S. *Introduction to Probability Models*. New York: Academic Press, 1972.

Signorelli, S., and J. L. Heskett.. *Benetton (A)*. 9-685-014. Cambridge, Mass.: Harvard Business School Publishing, 1989. 1-20.

부록: 안전재고 수준에 대한 서비스 수준 계산

주어진 재주문점 ROP에 대한 서비스 수준은

$$SL = \text{Prob}(\mathbf{LTD} \leq ROP)$$

이다. 서비스 수준 SL을 계산하기 위하여, 만약 리드타임수요 $\mathbf{LTD}$가 평균 LTD이고 표준편차 σ_{LTD}인 정규분포를 따른다면, 다음과 같이 표준정규분포를 따르는 표준정규 확률변수 $\mathbf{Z}$로 표시할 수 있다.

$$\mathbf{Z} = (\mathbf{LTD} - LTD)/\sigma_{LTD}$$

더 나아가, 주어진 안전재고 수준 I_{safety}을 다음과 같이 σ_{LTD}의 배수로 표시하면

$$I_{safety} = z \times \sigma_{LTD}$$

$ROP = I_{safety} + LTD$에 의해

$$z = \frac{ROP - LTD}{\sigma_{LTD}}$$

로 쓸 수 있다. 따라서, 서비스 수준은 다음과 같이 결정된다.

$$\begin{aligned} SL &= \text{Prob}(\mathbf{LTD} \leq ROP) \\ &= \text{Prob}\left(\frac{\mathbf{LTD} - LTD}{\sigma_{LTD}} \leq \frac{ROP - LTD}{\sigma_{LTD}}\right) \\ &= \text{Prob}(\mathbf{Z} \leq z) \end{aligned}$$

서비스 수준과 z 값의 관계를 정리하면, 서비스 수준은 표준 정규분포의 그래프에서 z 값 왼쪽의 면적에 해당하며 z 값은 안전 재고에 의해 결정된다(역으로, 서비스 수준이 z 값을 결정하고 z 값은 다시 안전재고량을 결정한다).

Chapter

8

프로세스 흐름 변동성 관리: 안전 용량

서론

아웃도어 의류 및 장비 그리고 캐주얼 의류 우편 판매업체인 L. L. Bean은 좋은 고객서비스로 잘 알려졌다. 온/오프라인 매장과 함께 메인 주의 여러 도시에 있는 전화상담센터를 통한 우편 판매 업체로서도 유명하다. 고객들은 무료접속 전화번호를 이용하여 고객서비스 상담원(CSR, Customer Service Representatives)을 통해 주문하게 되며 상담원은 제품 정보 제공, 주문접수, 그리고 배송 및 결제 등을 도와주게 된다. 전화를 걸어오는 고객은 바로 상담원과 연결되거나 기

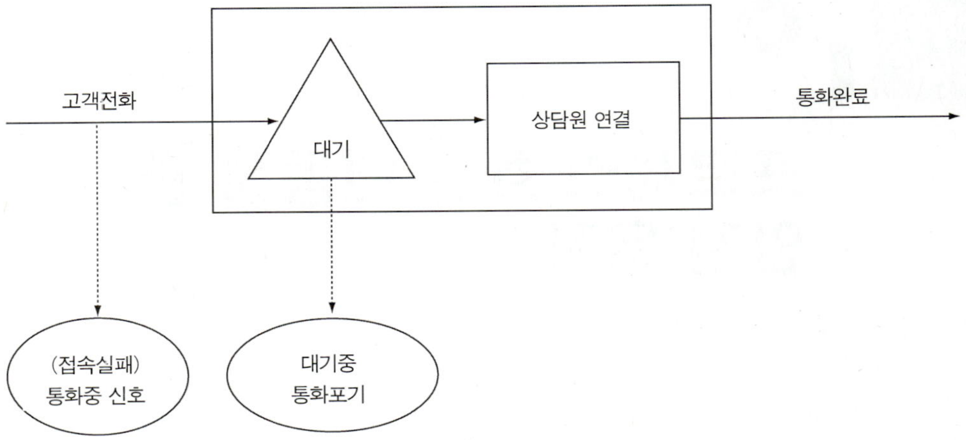

그림 8.1 L. L. Bean 서비스 콜센터

다리게 되며 또는 통화 중 신호를 들을 수도 있다. 오랫동안 기다리게 되는 고객 중에는 도중에 전화를 끊고 포기할 수도 있으며, 통화 중 신호를 듣는 고객은 시스템에 접속조차 하지 못하는 것이다. 어느 경우든, 이런 고객들은 나중에 다시 전화를 걸거나 아니면 경쟁업체를 이용하여 주문을 하게 될 것이고 B. B. Lean의 입장에서는 매출기회의 상실로 이익이 감소하게 된다. 그림 8.1에 고객이 경험하는 콜센터의 프로세스가 도시되어 있다.

최근 L. L. Bean 사의 고객들은 메인 주의 Bangor 시에 소재한 한 콜센터에 접속하기가 어렵고 대기시간이 지나치게 길다는 불만들을 제기하고 있다. 콜센터는 업체의 매출에서 주요한 원천이기 때문에, 경영진은 콜센터의 성과와 그에 따른 업체의 손익에 대한 영향에 대해 우려하고 있다. 경영진은 고객 만족 증대 및 매출증가를 위하여 콜센터의 성과가 개선될 수 있도록 성과개선팀(PIT)에 고객 대기시간 지연 및 이탈의 원인파악과 함께 콜센터 설계와 운영에 상응한 조치를 할 것을 요청하였다.

본 장에서는, 성과 측정과 개선에 대한 관리자로서의 통찰력을 얻기 위하여 그러한 프로세스들을 어떻게 모형화하고 분석해야 하는지를 알아본다. 이러한 프로세스들의 관리에 근본적인 문제는 프로세스(처리)용량과 변동적인 수요를 일치시키는 것이다.

7장에서는 변동적인 수요를 충족하기 위해서 제품의 가용성을 담보하기 위한 재고의 역할에 대해 알아보았다. 안전재고를 충분히 보유하게 되면 예상치 못한 수요에 대응할 수 있으며 원하는 수준의 서비스를 제공할 수 있다. 최적의 안전 재고 수준은 재고 보유로 인한 비용과 개선된 제품 가용성으로 인한 효익의 균형을 이루는 것이다. 그러한 분석은 공급 대상인 제품들이 실제 수요 이전에 생산되어 재고로 보관될 수 있다는 가정을 전제로 하고 있다. 따라서, 재고 생산(make-to-stock) 하에서의 수요에 공급을 대응(일치)시키는 문제를 다루는 것이다.

그러나 상당수의 사업이 주문 생산형 공장(job shops)이나 L.L.Bean의 콜센터와 같이 수요가 발생하기 전에 주문의 생산 및 재고 보관이 불가능한 주문 생산(make-to-order) 프로세스를 포함한다. 사실, 주문이 접수되기 전에는 주문 처리를 시작 조차할 수 없다. 예를 들면, 콜센터의 전화 상담, 병원의 수술, 식당의 음식 등을 미리 완료하여 저장해 놓을 수 없다. 미리 주문에 따라 준비하여 재고로 보관할 수 없다면 주문이 접수될 때 맞추어 처리할 수 있는 충분한 용량을 유지해야 할 것이다. 이러한 주문들은 가용 자원에 의해 처리되기 전에 투입 버퍼에서 대기해야만 하는 투입 단위들이 된다. 처리를 기다리는 고객들의 대기행렬이 곧 흐름단위 재고가 되며 주문처리 지체는 곧 흐름시간을 증가시키게 된다. 여기서 재고의 보유로 인한 비용은 처리지연으로 인한 고객 불만족으로부터 기인하게 된다. 프로세스 관리자는 이러한 대기주문들의 비용과 대기시간 단축 또는 대기 주문 감소를 위해 필요한 개선 조치들의 비용 간의 균형을 유지해야 한다. 본 장에서는 이러한 대기와 지체의 원인을 규명하고 적절한 관리 조치들을 제안한다.

실제로 대부분의 사업 프로세스들은 재고 생산과 주문 성산이 혼합된 성격을 띤다. 예를 들어, Dell과 같은 컴퓨터 제조업체는 수요가 있기 전에 컴퓨터 일부를 조립해 놓고 보관하고 있다가 고객의 주문에 의해 구체적인 사양에 따라 완성할 수도 있다. 마찬가지로, McDonald와 같은 패스트푸드업체는 어느 정도 익힌 고기와 준비된 샌드위치를 혼잡한 시간 전에 준비해 놓았다가 고객들의 필요에 따라 주문을 받아 완성할 수도 있다. 이러한 혼합형 운영 체제하에서 프로세스 관리자는 (부분 완성품) 재고와 (프로세스를 완료할 수 있는) 용량을 조절하여 공급을 수요와 일치시킬 수 있다. 그러나 이러한 두 가지 수단을 더 명확히 이해하기 위하여 7장에서는 순수한 재고생산 프로세스 하에서 재고에만 초점을 맞추고 8장에서는 순수한 주문 생산 프로세스 하에서 용량에만 초점을 맞추기로 한다. 본 장의 분석은 다른 주문형 공장이나 주문 생산 프로세스에도 동일하게 적용 가능하지만, 구체적인 설명을 위하여 서비스 프로세스를 중심으로 한다. 본 장에서는, 이러한 대기와 지체의 원인을 확인하고 이를 감소시키고 프로세스 성과를 개선할 수 있는 관리조치들을 제안한다. 구체적인 설명을 위해, 서비스 프로세스 관리에 초점을 맞추겠지만 본 장의 개념, 방법론, 그리고 결론 등은 주문 생산형 공장(job shops)의 제조 프로세스나 기타 주문 생산 프로세스(make-to-order)에도 동일하게 적용될 수 있다.

8.1절에서는 전형적인 서비스 프로세스를 기술하고 대기행렬(재고)과 지체시간(흐름시간)으로 측정되는 주요 성과 척도들을 열거하고 불충분한 용량이 불만족스러운 성과의 주요 원인임을 살펴본다. 8.2절에서는 용량이 충분하더라도 고객 도착과 프로세스 시간의 변동성 또한 대기와 지체에 영향을 미친다는 것을 살펴본다. 8.3절에서는 프로세스 성과의 두 가지 중요한 결정요인으로서 가동률과 변동성의 계량화에 대해 알아본다. 8.4절에서는 지체시간 감소를 위한 용량 투자결정의 경제학에 대해 논의한다. 8.5절에서는 투입 버퍼의 용량이 제한된 경우 봉쇄되는 도착들과 대기 시간이 길어지는 경우 포기하는 고객들의 영향에 대해 살펴본다. 8.6절에서는 서비스 프로세스의 평균성과보다는 최악의 상황에 대해 분석하고 일정 수준의 확신으로 고객에게 약속할 수 있는 체재시간에 대해 살펴본다. 8.7절에서는 전반적인 성과개선을 위하여 동질적인 고객들에 대한 프로세스 간의 용량 통합, 이질적인 고객들에 대한 차별과 우대, 자원들의 유연성과 전문성의 역할 등에 대해 살펴본다. 8.8절에서는 용량과 동기화의 증대, 고객 도착과 처리시간의 변동성 감소, 그리고 사용 가능한 용량과 수요의 동기화 등 성과를 개선하는 실무적인 관리조치들에 대해 정리한다. 마지막으로, 8.9절에서는 대기와 혼잡이 고객만족에 미치는 악영향을 감소

시키기 위하여 고객들의 인식과 기대를 어떻게 관리해야 하는가에 대해 논의한다. 요약에서는 흐름시간과 재고를 기준으로 프로세스 성과를 개선할 수 있는 주요인들에 대해 정리한다.

8.1 서비스 프로세스와 성과

비즈니스 프로세스는 투입, 산출, 활동들과 버퍼들로 구성된 네트워크, 자원들, 그리고 정보의 흐름 등에 의해 정의된다. 이전 장들에서는, 흐름양, 흐름시간, 그리고 재고 등을 프로세스 성과를 나타내는 중요한 운영 척도들로 강조했다. 또한, 이러한 척도들에 영향을 미치는 다양한 수단들에 대해서도 논의했다. 7장에서는, 재고생산(make-to-stock) 환경에서 사용 가능한 공급과 변동성 있는 수요를 일치시키는 데 있어서 재고의 역할에 대해서 알아보았다. 본 장에서는, 이 문제를 주문 생산형 공장(job shops)이나 서비스 프로세스와 같이 완료된 주문의 재고를 보관할 수 없는 주문 생산(make-to-order)프로세스 하에서 살펴본다. 이러한 주문 처리 과정의 특징은 (1) 주문 도착과 주문처리 시간의 변동성, (2) 안전재고 대신 안전 용량의 활용이라고 할 수 있다. 본 장의 개념, 방법론, 그리고 결론 등은 주문 생산형 공장(job shops)의 제조 프로세스나 기타 주문 생산 프로세스(make-to-order)에도 동일하게 적용될 수 있지만 구체적인 예시를 위해서는 서비스 프로세스 관리를 다루기로 한다. 따라서, 일반적인 기업 프로세스 용어들 대신 서비스 프로세스를 논의하는데 자연스러운 용어들을 사용할 것이다. 다만, 혼동을 피하고 일관성과 간결성을 유지하기 위하여 앞의 장들에서 사용한 일반적인 기호들을 계속 사용한다.

8.1.1 서비스 프로세스

서비스 프로세스에서는 작업 주문 흐름의 유입을 고객 도착이라고 부른다. 따라서, 공항 여객 카운터에 도착하는 승객들이나 병원 응급실의 이송 환자들뿐 아니라 은행 창구, 자동차에서 직접 주문하고 픽업하는 식당, 그리고 대형 할인점의 계산대의 고객들도 서비스를 받기 위하여 도착하는 고객들이다. 마찬가지로, 콜센터에 걸려오는 전화, 데이터 처리장치에 전송 되는 패킷, 공항에 착륙하는 비행기, 그리고 선착장이나 하역장에 도착하는 선박이나 트럭 등도 또한 가용 자원에 의해 처리될 고객들이다. 마지막으로, 주문 생산형 공장에 제출된 작업 명령, 컨설팅업체들의 프로젝트들, 그리고 자동차 정비업소에 도착하는 차량 등도 가용자원에 의해 처리되는 고객들로 볼 수 있다.

고객을 처리하는 자원단위를 서버(server)라고 한다. 따라서, 공항 카운터의 승객, 콜센터에 걸려온 전화, 하역장의 트럭, 그리고 은행에 접수된 대출 신청을 처리하는 서버는 각각 항공사 직원, 전화상담원, 하역근로자, 대출전문 은행원이라 할 수 있다. 만약 서버가 즉각 서비스할 수 없다면, 도착하는 고객은 대기 행렬에서 기다려야 하며 이는 처리용량 부족으로 투입 버퍼에서 누적되는 투입 흐름단위 재고들이다(이는 재고생산 환경에서 완제품의 재고가 부족하여 고객들이 실제 물건을 기다리는 것과 마찬가지이다). 따라서, 비행기로 여행하는 승객들의 항공권 예약, 공항 체크인, 탑승권 발급, 보안검색, 탑승, 이륙 및 착륙, 수하물 회수, 자동차 렌트 등의 과정들이 대기를 수반하게 된다. 그 밖에 고객들이 기다려야만 하는 예들로서 은행, 식당, 슈퍼마켓, 병원, 그리고 놀이공원 등을 들 수 있다.

앞으로 살펴보겠지만, 고객들이 기다리게 되는 이유는 부족한 처리 용량과 도착 및 프로세스 처리 시간의 변동성 때문이다. 고객 도착 시간의 변동성은 프로세스 관리자가 고객 유입에 대해 통제할 수 있는 여지가 제한되어 있다는 사실에 기인한다. 예약, 사전 약속, 그리고 신중한 계획에도 불구하고, 실제 고객들의 도착 시간은 상당한 변동성을 나타낸다. 게다가, 주문 생산 시스템의 맞춤생산 특성상, 그들의 개별 주문 프로세스 처리 시간도 재고생산 시스템의 경우보다 더 변동성이 높다. 예를 들어, 주문 생산(job shop)형 시스템은 대개 프로세스 요구 사항이 다른 다양한 종류의 주문을 취급하기 때문에 제한된 종류의 제품을 생산하는 데 초점을 맞춘 흐름 작업(flow shop) 시스템보다 프로세스 처리 시간의 변동성이 더 높다. 마찬가지로, 응급실에 실려오는 환자들도 다양한 문제를 가지며, 각각을 치료하는 데 필요한 시간도 다를 것이다. 고객 도착과 프로세스 처리 시간의 변동성은 고객 지체시간(흐름시간)과 대기 고객(재고)의 증가로 귀결된다. 프로세스 관리자는 변동성 감소와 용량 증대에 필요한 비용과 지체시간이나 대기행렬 감소로 측정되는 성과개선의 효익 간의 균형을 적절히 유지해야 한다.

본서에서는 단일 활동으로 이루어진 서비스 프로세스만을 고려한다. 각각의 고객은 하나의 서버에 의해 처리되며 서버에 의해 수행되는 모든 업무는 하나의 활동으로 결합하여 있다. 예를 들어, L.L.Bean 콜센터의 상담원은 개별 고객의 모든 문제를 해결한다. 더 복잡한 프로세스 네트워크에서는 복수의 서버들이 각각의 고객을 처리하기도 하며 프로세스는 프로세스 흐름도에 명시된 순서에 따라 수행되는 여러 가지 다른 활동들을 포함할 수도 있다. 예를 들어, 보험금 청구 프로세스는 계약확인, 손해 금액 산정, 그리고 조정 등과 같이 서로 다른 직원들과 정보 자원을 필요로 하는 여러 단계를 포함한다. 4장과 5장에서는 그러한 프로세스네트워크의 흐름 시간과 흐름양들을 분석하였지만, 유입과 프로세스 처리 시간의 변동성은 고려하지 않았다. 본 장에서는, 이러한 변동성과 이에 대처하기 위하여 프로세스 용량을 어떻게 관리할 것인가에 초점을 둔다. 그러나 분석을 간단히 하기 위하여, 프로세스의 세부적인 면들은 무시하고 전체 프로세스를 한 단위의 자원에 의해 수행되는 단일 활동으로 간주한다. 이러한 단일-단계 프로세스 모델은 분석하기 쉬우면서도 우리가 원하는 대부분의 중요한 관리적인 시사점을 제시한다.

단일-단계 서비스 프로세스도 자원 풀(pool) 내에 각각의 서버가 한 번에 하나의 고객을 대상으로 동일한 활동들을 수행하는 복수의 서버를 보유할 수 있으며, 복수의 서버가 있는 경우 도착 고객들은 단일 대기 행렬을 형성할 수도 있고 각각의 서버에 대해 개별 대기행렬을 형성할 수도 있다. 서비스 순서 규정(service order discipline)은 대기 고객들이 어떠한 순서에 의해 서비스를 받게 될 것인가에 대한 규정이다. 우리는 항상 고객들이 도착하는 순서대로 서비스를 받는 것으로 가정한다. 즉, 서비스 순서 규정은 선입선출(FIFO: first-come first-served 또는 first-in first-out)이다. 단일-단계 서비스 프로세스에서는, 고객들이 서비스를 완료하는 순간 프로세스를 떠나기 때문에 산출 버퍼가 존재하지 않는다. 예를 들어, L.L.Bean 콜센터에서, 고객들은 상담원과의 통화가 끝나면 전화를 끊는다. 마지막으로, 설명을 간단히 하기 위하여, 본 절에서는 모든 도착 고객들이 궁극적으로 서비스를 받게 될 것으로 가정한다. 일부 고객들이 대기공간 부족으로 봉쇄되거나 대기 도중 이탈하는 등의 경우에 대해서는 8.7절에서 논의할 것이다.

8.1.2 서비스 프로세스 속성들

일반적인 단일-단계 서비스 프로세스에서, 고객들은 도착 후 서비스를 기다리게 되고 선입선출 방식에 의해 가용한 서버에 의해 처리된다. 서비스 프로세스를 통과하는 고객 흐름은 서비스에 대한 수요와 공급을 결정하는 속성들에 의해 특징 지워진다.

- **도착률** R_i는 단위 시간당 평균 고객 도착률로서 서비스에 대한 수요를 나타낸다. 도착간격은 연속된 두 명의 고객들의 도착 시점 간의 평균으로 $1/R_i$(단위시간)이다.
- **서비스 (또는 프로세스 처리) 시간** T_p는 고객 한 사람을 처리하는 데 필요한 평균시간이다. 단일-단계 서비스 프로세스의 경우, 프로세스 처리 시간은 4장에서 정의된 활동 시간 또는 5장에서 정의된 단위 부하와 같다. 단일 서버의 **단위 서비스율** (또는 **서비스율**)은 단위시간 당 $1/T_p$ 고객이다. 즉, 각각의 서버의 용량 또는 프로세스 속도이다.
- 모든 서버는 **자원 풀**(pool)을 형성하고 서버의 수는 c로 나타낸다. 단일-단계 프로세스에서, 각 서버는 한 번에 한 명의 고객을 처리하며, 따라서 동시에 처리될 수 있는 최대 고객 수는 c이며 이는 프로세스 운영의 규모를 나타낸다.
- **서비스율**(또는 **프로세스 용량**) R_p은 자원 풀 내의 서버들에 의해 동시에 처리될 수 있는 최대 서비스율이다. 즉,

$$R_p = \frac{c}{T_p} \quad \textbf{(8.1)}$$

식 (8.1)은 규모(scale)×속도(speed)로 계산된다. 프로세스 용량은 총 서비스 공급량으로서 단위시간당 자원 풀에 의해 처리될 수 있는 최대 고객 수로서 측정된다.

8.1.3 서비스 프로세스 성과

서비스 프로세스의 주요 성과 척도들은 보통 앞에서 논의된 일반적인 기업 프로세스들의 척도들인 흐름률, 흐름 시간, 그리고 재고에 의해 나타낼 수 있다:

1. 흐름률과 관련된 프로세스 용량의 척도들

- **흐름률**(throughput rate) R은 고객들이 프로세스를 통과하는 평균속도이다. 봉쇄(blocking)나 포기(abandonment)가 없는 단순한 서비스 프로세스의 경우, 고객 도착률(수요)과 최대 서비스율(공급) 중 작은 값이다. 즉,

$$R = \min(R_i, R_p) \quad \textbf{(8.2)}$$

- **가동률** u은 자원 풀 중 고객을 처리하는 상태에 있는 용량의 평균 비율로서, 다음과 같이 주어진다(5장 참조).

$$u = \frac{R}{R_p} \tag{8.3}$$

만약 $R_p > R_i$ (즉, 총 처리 용량이 서비스 수요를 충족하기에 충분)이면, 흐름률은 유입률과 동일 ($R = R_i$)하고 가동률은 $u = R_i / R_p < 1$ 이 되어 일부 용량은 사용되지 않는다. 반면, 유입률이 처리율과 같거나 초과 ($R_i \geq R_p$)하면 $R = R_p$ 이고 $u = 1$ 이 되어 자원은 항상 고객을 처리하는 상태에 있게 된다. 앞으로 논의되겠지만, 만약 유입이나 프로세스 처리 시간에 조금이라도 변동성이 존재한다면 $u < 1$ 은 서비스 프로세스의 안정성에 필수적이다.

- **안전 용량** R_s 은 고객유입(수요)을 처리하는데 사용되고 남는 초과 처리능력(공급)으로서 다음과 같이 주어진다.

$$R_s = R_p - R \tag{8.4}$$

만약 $R_p > R_i$ 이면 $R = R_i$ 이고 $R_s = R_p - R_i > 0$ 이다. 그러나 만약 $R_i \geq R_p$ 이면 $R = R_p$ 이고 $R_s = 0$ 으로 모든 가용 용량은 유입 흐름단위를 처리하는 가동 상태가 된다. 앞으로 보이겠지만, 도착과 프로세스 처리 시간의 변동성에 대처하기 위해서는 일부 안전 용량은 필수적이다. 주문 생산 프로세스에서 안전 용량의 개념은 재고생산 프로세스에서 품절에 대비하기 위한 안전 재고와 같다. 안전 재고와 안전 용량 모두 초과 수요 또는 공급 부족 사태에 대비해서 제품이나 자원의 가용성을 보장하기 위하여 프로세스가 보유하는 쿠션의 역할을 지닌다. 다음 두 조건은 동치이다.

$$\text{가동률} = \frac{R_i}{R_p} < 1$$

$$\text{안전 용량 } R_s = R_p - R_i > 0$$

두 조건 모두 $R_p > R_i$ 을 의미한다. 즉, 평균적으로, 서비스 공급이 서비스 수요를 처리하기에 충분하고도 남는다는 것이다.

2. 흐름 시간과 관련된 고객 지체 척도

- **평균대기 시간** T_i 은 고객이 대기 행렬(투입 버퍼)에서 소비하는 시간이다.
- 단일-단계 서비스 프로세스에서, 이론적인 평균 흐름 시간은 고객의 평균 **프로세스 처리 시간**으로서 T_p 로 나타낸다. 이는 이론적인 흐름시간으로서 대기하지 않아도 되는 고객의 흐름시간이다.
- 평균 **프로세스 흐름(체재)시간** T 는 고객이 대기 행렬에서 보내는 시간과 서비스에 필요한 평균시간의 합이다. 즉,

$$T = T_i + T_p \tag{8.5}$$

- 4장에서 정의한 **흐름 시간 효율성**은 대기 행렬에서 기다리는 시간을 제외한 서비스 시간과 총 프로세스 흐름시간의 비율로서 T_p/T이다. 일반적으로 기다리는 것은 부가 가치를 창출하지 않는 활동으로 간주하므로 흐름 시간 효율성은 흐름단위가 프로세스에서 보내는 시간 중 생산적인 부분의 척도이다.

3. 고객 대기행렬의 재고관련 척도들

- **평균대기 고객 수**: 서비스를 받기 위해 대기하는 평균 고객 수로서 투입 버퍼의 평균 재고이며 I_i로 나타낸다.
- **서비스 중(in process)인 평균 고객 수**: 프로세스 중에 있는 평균 재고로서 I_p로 나타낸다. 각각의 고객은 하나의 서버에 의해 서비스를 받으므로 I_p는 고객을 처리하느라 바쁜 평균 서버의 수이다.
- **시스템(프로세스) 내에 있는 평균 고객 수**: 프로세스의 경계 안에 있는 평균 고객 수(재고)로서 I로 나타내고 대기 행렬에 있는 고객과 서비스 중인 고객을 포함한다. 즉, $I=I_i+I_p$이다.

본 장에서는 서비스 프로세스와 성과 척도들을 자연스러운 용어들로 기술하고 있지만, 이러한 개념들은 이미 이전 장들에서 본 것들이므로 앞에서 사용한 일반적인 기호들을 사용한다. 실제로, 3장, 4장, 그리고 5장의 프로세스 흐름과 관련된 개념 대부분은 원래 리틀의 법칙이 유도된 대기 행렬시스템들의 분석에 기반을 두고 있다. 설명의 간결성과 일관성을 위하여, 일반적인 기업 프로세스의 특별한 경우로서 서비스 프로세스(또는, 더 일반적인 주문 생산 프로세스)를 논하는 데 있어서 동일한 기호를 사용하였다. 주문 생산 프로세스에 사용된 이러한 용어와 기호는 그림 8.2에 요약되어 있으며 이는 6장에서 재고생산 프로세스와 소개된 그림 6.1과 유사하다. 유일한 차이는 완료된 주문들은 프로세스를 즉각 이탈하고 재고로 존재하지 않기 때문에 산출 버퍼가 없다는 것이다.

이러한 개념들은 3장에서 소개된 예제 3.1의 연속으로서 예제 8.1에 예시되어 있다.

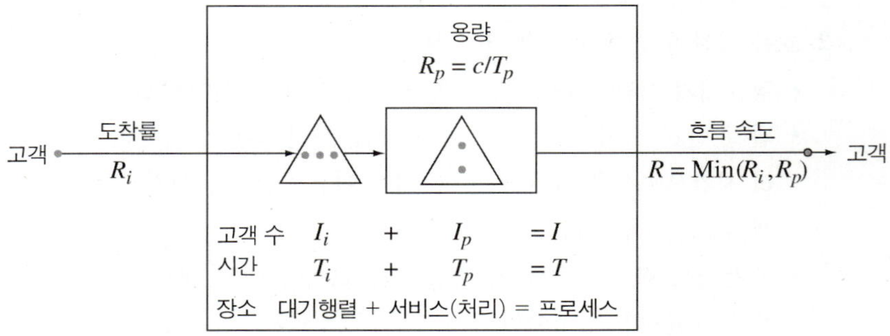

그림 8.2 서비스 프로세스 흐름, 지체, 그리고 대기 행렬

예제 8.1

밴쿠버 국제공항의 보안검색대에 도착하는 승객들을 생각해 보자. 각 승객은 그들의 기내 휴대수하물을 X-ray 검색대에 올려놓는다. 각각의 승객은 고객이고 X-ray 탐색기는 선입선출(FIFO)에 의해 고객을 처리하는 서버이다. 대기 행렬 용량은 무제한이며, 모든 고객이 봉쇄되지 않고 대기 행렬에서 기다리게 된다. 게다가, 모든 승객은 보안검색대를 반드시 통과해야 하므로 아무리 기다리더라도 대기 행렬에서 이탈하지 않는다. 평균적으로 고객 한 명은 1.5개의 가방을 휴대하며 X-ray 장비는 1분당 18개의 가방을 검색할 수 있다. 달리 표현하면, X-ray 장비는 1분당 12명의 승객의 가방을 검색할 수 있다. 즉, 탐색기의 서비스율은 12(명/분)이고 평균 승객처리 시간은 $T_p=1/12$ 분$=5$초이다. 탐색기가 한대인 경우, $c=1$, 총 서비스율은 $R_p=12$(명/분)이다. 항공편들의 스케줄을 조정하기 전, 최대 도착률(오전 9:10에서 9:30까지)은 $R_i=15$(명/분)이고, 평균 도착간격 시간은 1/15분, 또는 4초이다. 따라서, 승객 흐름 속도는 $R=\min(15, 12)=12$(명/분)이다. 매 4초당 고객이 도착하고 각 고객을 처리하는 데 5초가 필요하므로 대기 행렬(재고)은 1분당 $R_i-R_p=3$명의 속도로 늘어날 것이다. $R_i > R_p$이므로 탐색기의 용량은 승객들의 유입을 감당하기에 불충분하고 안전 용량도 없다. 즉, $R_s=0$이고 가동률은 $u=1$이며, X-ray 장비는 항상 사용상태이다. 그림 8.3은 정확히 4초 간격으로 도착하고 정확히 5초 만에 처리된다는 가정하에 승객 도착 및 검색 후 출발시간 그리고 프로세스에서 소비하는 시간을 도시해 준다. 도착하는 고객들의 대기시간은 점점 증가하고 대기 행렬은 점점 늘어난다. 만약 이러한 상태가 계속된다면, 지체시간과 대기행렬은 점점 커지고 T와 I가 무한히 늘어나는 불안정한 프로세스가 될 것이다.

반면, 항공편들의 스케줄을 조정한 후, 고객 도착률은 $R_i=10$(명/분) 또는 6초당 한 명으로 감소하였다(표 3.3 참조). 새로운 도착률은 서비스율 $R_p=12$(명/분) (또는 5초당 한 명) 보다 낮아서 탐색기는 모든 도착 고객들을 처리할 수 있다. 흐름 속도는 1분당 $R=\min(10, 12)=10$이며, 탐

고객 번호	도착 시간	출발 시간	프로세스 체재 시간
1	0	5	5
2	4	10	6
3	8	15	7
4	12	20	8
5	16	25	9
6	20	30	10
7	24	35	11
8	28	40	12
9	32	45	13
10	36	50	14

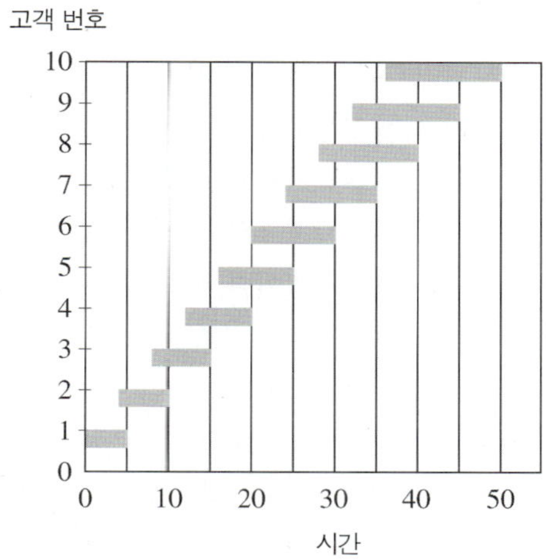

그림 8.3 승객이 4초마다 도착할 경우 흐름 시간

고객 번호	도착 시간	출발 시간	프로세스 체재 시간
1	0	5	5
2	6	11	5
3	12	17	5
4	18	23	5
5	24	29	5
6	30	35	5
7	36	41	5
8	42	47	5
9	48	53	5
10	54	59	5

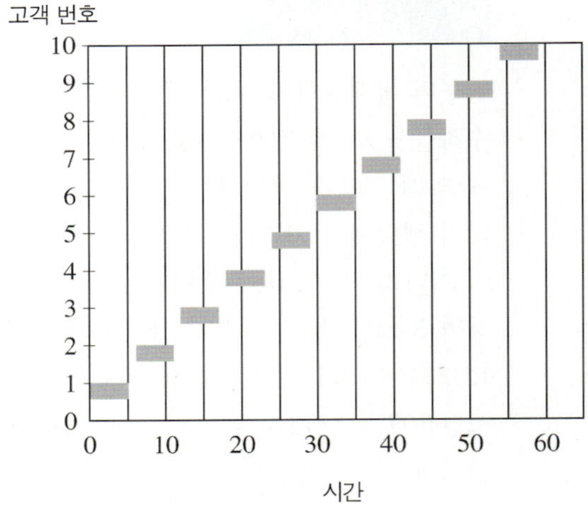

그림 8.4 승객이 6초마다 도착할 경우 흐름 시간

색기의 안전 용량은 1분당 $R_s=R_p-R_i=12-10=2$명이고 가동률은 $u=R_i/R_p=10/12=0.8333$이다. 따라서, 탐색기는 전체 시간 중 83.33% 동안 사용되며 나머지 16.67% 동안은 유휴 상태이다. 마찬가지로, 도착간격 시간은 6초이고 프로세스 처리 시간은 5초이므로, 탐색기는 도착 간격 시간 매 6초 중 5초 동안 사용되어 전체 시간의 5/6 또는 83.33% 만큼 사용 중인 상태인 셈이다. 또한, 전체 시간의 83.33% 동안은 한 명의 고객이 검사를 받고 16.67% 동안은 아무도 없으므로, 어느 한순간 검색 중인 평균 고객 수는 $I_p=(1)(0.833)+(0)(0.167)=0.833$이다. 각각의 고객은 하나의 서버에 의해 처리되므로, $I_p=0.833$은 어느 한순간 (전체 하나의 서버 중에서) 서비스 상태인 평균 서버 수이기도 하다. 마지막으로, 만약 도착간격과 프로세스 처리 시간이 각각 정확히 6초와 5초라면 대기 행렬에서 기다리는 고객은 없을 것이며, $I_i=0$이고 $T_i=0$이다(그림 8.4 참조).

이 예제는 왜 지체시간과 대기행렬이 발생하는지 명백하지만 중요한 이유를 제시한다. 만약 도착간격과 프로세스 처리 시간이 상수라면, 대기행렬은 만약 그리고 오직(if and only if) 도착률이 서비스율보다 높을 때만 생길 것이다.

도착률이 어떤 기간 동안에는 서비스율을 초과하더라도, 서비스 프로세스의 장기 안정성을 위해서는 평균적으로, 서비스율(서비스 공급)이 충분히 높아서 모든 도착 고객들을 (서비스 수요) 처리할 수 있어야 한다. 이 조건 $R_i < R_p$ (즉, 흐름 속도 $R=R_i$, 가동율 $u<1$, 그리고 안전 용량 $R_s>0$)은 안정성 조건이라 불린다. 즉, 도착률이 서비스율보다 작아야만 안정적인 프로세스가 보장된다. 이 용어는 3장 4절에서 정의된 흐름률(흐름속도)과 같은 것으로서 프로세스의 유출률이 유입률과 같을 때 안정적인 프로세스라고 했던 것과 일관성 있는 용어이다.

지체시간과 대기행렬이 유한한 값이 되기 위해서는 안정성 조건이 만족되어야만 한다. 만약 이 조건이 만족되지 않으면, 지체시간과 대기행렬은 무제한 늘어날 것이다. 본 장에서는 안정성 조건이 충족된다고 가정한다.

8.1.4 성과 척도 간의 관계

흐름률 $R=\min(R_i, R_p)$이 주어지면 리틀의 법칙에 의해 프로세스의 여러 단계에서의 고객의 수와 흐름 시간의 관계를 유도할 수 있다. 평균대기 시간(T_i)과 대기 행렬 평균 고객 수 (I_i) 간의 관계는

$$I_i = R \times T_i \tag{8.6}$$

이고 평균 서비스 시간(T_p)과 서비스 중인 평균 고객 수(I_p)와의 관계는

$$I_p = R \times T_p \tag{8.7}$$

평균 프로세스 체재시간 (T)과 프로세스 내 평균 고객 수 (I)와의 관계는

$$I = R \times T \tag{8.8}$$

가동률은 $u=R/R_p$이고 $R_p=c/T_p$이므로 $u=RT_p/c$이다. 리틀의 법칙에 의해, $I_p=R\times T_p$이므로 가동률의 또 다른 정의로서 더 직관적인 다음 식을 얻는다.

$$u = \frac{I_p}{c} \tag{8.9}$$

I_p는 서비스중인 (평균) 고객 수이므로 서비스 중인 (평균) 서버의 수와 같다. 즉, 가동률은 전체 서버 중에서 고객서비스 중인 서버의 비율이다. 또한, 가동률은 각각의 서버가 서비스 중인 시간의 비율이다.

예제 8.1에서 본 바와 같이, 항공편들의 스케줄을 조정한 후 가동률은 $u=1$에서 0.8333으로 감소하고 대기 행렬은 사라졌다. 따라서, 가동률 감소 (또는 이와 동시에 안전 용량 증가)에 의해 프로세스를 안정적으로 만드는 것은 지체시간과 대기행렬감소라는 점에서 프로세스 성과에 긍정적인 영향을 미친다. 가동률 $u=RT_p/c$은 다음 방법에 의해 낮출 수 있다(또는 안전 용량 $R_s=c/T_p-R_i$을 증대시킬 수 있다).

- 도착률 R_i 감소
- 평균 프로세스 처리 시간 T_p 감소
- 서버의 수 c 증대

우리는 이미 X-ray 탐색기 예제에서 항공편들의 스케줄을 조정한 후 어떻게 보안검색대의 승객 도착률이 감소하였는지 보았다. 더 속도가 빠른 탐색기를 구입하거나, 더 잘 훈련된 안전요원을 채용한다든지, 승객당 기내반입 가방의 수를 제한하는 방법 등에 의해서도 프로세스 처리 시간을 감소시킬 수도 있다. 마지막으로, 탐색기 추가 설치를 통해 프로세스 용량을 두 배로 늘리고 가동률을 절반으로 줄일 수도 있다.

당연히, 프로세스 관리자들은 높은 가동률과 낮은 유휴시간을 선호한다. 이는 자원을 더 많이 활용하는 것을 의미하기 때문이다. 실제로, 이상적으로는 $R_i=R_p$, 즉 유휴 용량이 없는 100% 가동

률을 원할 것이다. 만약 도착간격과 프로세스 처리 시간이 상수라면, 프로세스가 모든 도착을 처리할 수 있는 용량을 가지고 있기 때문에 대기행렬은 없을 것이다. 따라서, 예제 8.1에서, 만약 도착간격과 프로세스 처리 시간이 정확히 4초라면, X-ray 탐색기는 1분당 $R_i = R_p = 15$명의 승객을 (즉, 4초에 한 명) 처리할 수 있다. 그러나 다음 절에서 보겠지만, 만약 도착과 프로세스 처리 시간에 조금이라도 변동성이 존재한다면, 어느 정도의 안전 용량을 보유해야 한다. 즉, $R_s = R_i - R_p > 0$이고 $u < 1$이어야 한다. 그렇지 않으면, 대기행렬은 무한정 늘어날 것이다. 실제로, 다음 절에서 보이는 바와 같이, 만약 도착간격과 (또는) 프로세스 처리 시간에 변동성이 있다면, 설사 안전 용량($R_s > 0$) 또는 미활용 용량($u < 1$)이 존재하더라도 대기행렬은 발생하게 된다.

8.2 프로세스 성과에 대한 변동성의 영향

예제 8.1의 분석은 도착간격 시간과 프로세스 처리 시간이 알려져 있으며 상수라는 가정하에 이루어졌다. 변동성이 전혀 없는 상황에서는, 프로세스 용량이 도착률보다 충분하기만 하면, 즉 안전 용량이 존재하는 한, 고객들이 기다리지 않아도 된다는 것을 보장할 수 있다. 그러나 서비스 프로세스는 고객 도착과 프로세스 처리 시간의 높은 변동성에 의해 특징지어지는 경우가 많다. 예를 들어, 콜센터의 경우, 고객들의 전화가 일정한 간격을 두고 걸려오는 것은 아니며, 전화 상담원들도 모든 고객과 정확히 같은 시간 동안 통화하지도 않는다. 마찬가지로, 공항 보안검색대에 탑승객들이 일정한 간격으로 도착하지도 않으며, 검사를 받는데 똑같은 시간이 소요되지도 않는다. 서비스 프로세스에서 일어나는 이러한 예측할 수 없는 또는 임의의 변동성을 **확률적** (stochastic) **변동성**이라고 부르며 계절적 변동성이라고 부르는 장기간에 걸쳐 다소 예측할 수 있는 변화와는 구별해야 한다. 예제 8.2에서는 주문 처리율이 주문 도착률보다 큰 안정적인 프로세스에서도 확률적 변동성에 의해 대기 행렬이 늘어날 수 있다는 것을 살펴본다.

예제 8.2

밴쿠버 국제공항의 보안검색대에, 항공편들의 스케줄을 조정한 후, 승객들의 평균 도착률은 분당 10명, 또는 6초당 한 명이다. 반면, 평균 X-ray 탐색기의 처리율은 분당 12명, 또는 5초당 한 명이다. 그러나 실제 도착과 프로세스 처리 시간이 상수가 아니고 변수라고 하자. 특별히, 10명 승객의 도착간격 시간이 10, 10, 2, 10, 1, 3, 7, 9, 그리고 2초라고 하자. 따라서, 평균은 여전히 6초이다. 마찬가지로, 그들의 처리 시간은 7, 1, 7, 2, 8, 7, 4, 8, 5, 그리고 1초라고 하자. 역시, 평균은 여전히 5초이다. 이러한 관측과 함께, 승객들의 도착시각과 출발시간, 그리고 프로세스 (대기 행렬과 서비스) 중에 있는 고객 수를 관측하여 그림 8.5에 도시하였다.

고객 중 1, 2, 3, 그리고 5번은 기다리지 않아도 되지만, 다른 고객들은 그렇지 않다. 도착간격과 서비스 시간이 각각 정확히 6초와 5초이고 대기시간이 없었던 예제 8.1과 비교하면, 도착

고객 번호	도착 시간	출발 시간	프로세스 체재 시간
1	0	7	7
2	10	1	1
3	20	7	7
4	22	2	7
5	32	8	8
6	33	7	14
7	36	4	15
8	43	8	16
9	52	5	12
10	54	1	11

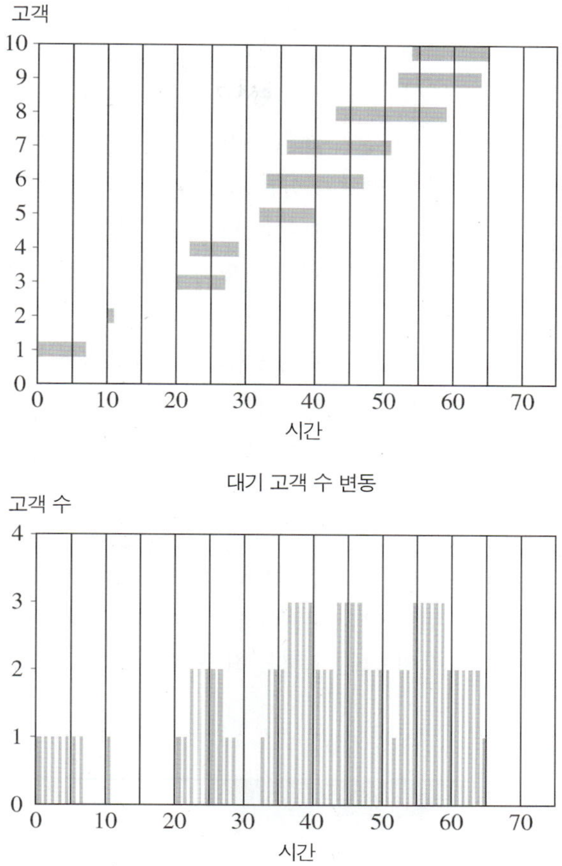

그림 8.5 도착과 서비스 시간의 변동성의 영향

간격과 서비스 시간의 변동성이 대기시간과 대기행렬을 초래한다는 결론을 내릴 수 있다.

이 예제는 서비스 프로세스의 지체시간과 대기행렬에 대한 두 번째 이유를 예시한다. 안정성 조건이 충족되더라도, 도착과 처리 시간의 변동성이 고객 지체시간과 대기행렬을 초래할 수 있다.

그 이유를 설명하면, 2번 고객은 서비스에 1초밖에 소요되지 않지만, 다음 고객의 도착 시각까지 10초가 경과해야 하고 그동안 탐색기는 2번 고객을 처리한 후 9초 동안 유휴 상태로 있게 된다. 불행히도, 탐색 서비스를 미리 생산해서 보관하거나 또는 유휴 상태의 용량을 나중에 도착하는 4번 고객을 처리하는 데 사용할 수 없기 때문에 4번 고객은 3번 고객이 처리되는 동안 대기해야만 한다. 기본적인 문제는 서비스를 미리 완료하여 보관할 수 없다는 것과 프로세스 용량이 소멸해서 없어진다는 것이다; 만약 사용하지 않으면, 용량을 상실하는 것이다. 예제 8.2에서, 서버는 예제 8.1과 같이 전체 시간의 평균 83.33% 동안 사용되지만, 도착과 프로세스 처리 시간의 변동성 때문에 서버는 사용상태인 주기와 유휴상태인 주기를 (번갈아 가며) 반복하며 유휴기간 동안의 프로세스 용량은 작업 중인 상태 동안에 도착하는 고객들을 위하여 사용될 수 없기 때문에 고객들은 기다려야만 하게 된다.

일반적으로, 변동성으로 인하여, 일부 고객들은 도착간격이 짧고 또 다른 고객들은 도착간격이 길다. 마찬가지로, 일부 고객들의 프로세스 처리 시간은 짧고, 다른 고객들의 프로세스 처리 시간은 길다. 짧은 도착 간격이 긴 프로세스 처리 시간과 결합되면 대기행렬은 늘어나게 된다. 이러한 원인의 핵심은 유입과 유출의 불균형과 프로세스 처리 능력을 시간 이동할 수 없다는 것이다. 다음에서 보이는 바와 같이 도착 시간(수요)과 프로세스 처리 시간(공급)을 일치시켜 가동률이 좀 더 균등하게 되도록 하면 이러한 상황은 경감 될 수 있다.

도착과 프로세스 처리 시간 동기화의 효과 변동성만으로 대기행렬이 늘어나지는 않는다. 대기행렬이 늘어나는 것은 프로세스 처리 시간의 변동성이 도착간격 시간들의 변동성과 독립적이기 때문이다. 예제 8.2에서, 4번 고객은 도착 간격시간이 짧아서 3번 고객 도착 후 2초 만에 도착한다. 그러나 3번 고객의 프로세스 처리 시간이 7초이기 때문에, 4번 고객은 5초 동안 대기해야 한다. 만약 도착간격과 프로세스 처리 시간이 동기화될 수 있다면 (또는 양의 상관관계를 가진다면), 대기시간은 현저히 감소할 것이다. 실제로, 예제 8.3에서 보이는 바와 같이, 만약 도착간격 시간이 짧은 고객들의 직전 도착 고객은 짧은 프로세스 처리 시간을 가지고 도착 간격시간이 긴 고객의 직전 고객은 긴 프로세스 처리 시간을 필요로 한다면, 대기행렬은 늘어나지 않을 것이다.

예제 8.3

예제 8.2에서 10명 승객들의 도착 시점들은 그대로 0, 10, 20, 22, 32, 33, 36, 43, 52, 그리고 54초이고 프로세스 처리 시간이 8, 8, 2, 7, 1, 1, 7, 7, 4, 그리고 5초로 재조정 되었다고 하자. 이제 도착간격과 프로세스 처리 시간의 변동성에도 10번 승객만 3초 동안 대기하게 된다. 1번 승객은 8초에 떠나고, 2번 승객은 10초에 도착한다. 2번 승객 18초에 떠나며, 3번 승객은 20초에 도착한다. 예제 8.2에서와같이 가동률은 그대로 0.833이다. 실제로, 예제 8.3에서는 이전의 프로세스 처리 시간의 순서만 뒤바뀌었기 때문에, 평균과 변동성은 그대로이다. 그러나 공급과 수요 간의 동기화가 더 높아져서 대기 시간이 현저히 감소하였다.

불행히도, 서비스와 여타 주문 생산 체제하에서 개별 프로세스의 필요 요건상, 대기 시간단축을 위해 도착 고객들의 프로세스 처리 시간을 바꾸는 것은 불가능하다. 8.4.3절에서는, 도착간격과 프로세스 처리 시간 간의 동기화를 어느 정도 달성하기 위한 전략에 대해 알아본다.

확률적 변동성의 악영향에 대해 다음과 같이 정리할 수 있다. 고객 도착률이 최소한 일시적으로라도 고객들이 처리되는 속도보다 높다면 대기행렬이 형성된다. 만약 도착간격과 (또는) 프로세스 처리 시간이 변동성을 나타낸다면 즉 동기화되지 않았다면, 설사 평균 도착간격 시간이 평균 프로세스 처리 시간보다 더 길더라도, 즉, 안전 용량이 어느 정도 있고 가동률이 100% 미만이라 하더라도 대기행렬이 형성될 수 있다.

8.1절과 8.2절의 핵심을 요약하면 지체시간과 대기행렬의 주 원인을 다음과 같이 정리할 수 있다.

1. 높은 도착률 R_i과 낮은 서비스율 $R_p = c/T_p$ (c가 적거나 처리 속도 $1/T_p$가 느려서)에 의해 초래되는 높은 가동률 $u = R_i/R_p$ 또는 낮은 안전 용량 $R_s = R_i - R_p$.
2. 도착시간과 프로세스 처리 시간의 시간 차가 있는 (동기화되지 않은) 높은 변동성

3~5장에서는 프로세스 성과가 어떻게 평균 흐름 시간과 평균 흐름 양에 의존하는가를 배웠다. 본 절의 주요한 교훈은 이러한 요인들의 변동성 또한 중요하다는 것이다. 설사 프로세스가 평균적으로는 유입을 처리할 수 있는 충분한 용량을 가지고 있다 하더라도, 이러한 요인들의 변동성이 프로세스 성과를 저하할 수 있다. 이 두 요인에 대해 다음 절에서 더 자세히 살펴본다.

8.3 프로세스 성과의 결정 요인

프로세스 성과의 두 가지 중요한 결정 요인들—확률적(stochastic) 변동성과 가동률—은 다음 두 요인에 의해 결정된다

1. 도착간격의 평균과 변동성
2. 프로세스 처리 시간의 평균과 변동성

실제로는, 도착간격 시간은 일정 기간 동안 도착하는 고객들의 도착 시각을 관측함으로써 측정될 수 있다. 마찬가지로, 프로세스 처리 시간도 고객별로 측정될 수 있다. 이들의 평균에 의해 평균 도착간격과 평균 프로세스 처리 시간이 얻어지며 도착간격과 프로세스 처리 시간의 변동성은 분산(또는 표준편차)에 의해 측정된다. 표준편차가 클수록 변동성이 높다. 그러나 표준편차만으로는 변동성 전부를 설명할 수 없다. 예를 들어, 똑같이 표준편차가 1분이라 하더라도 평균 프로세스 처리 시간이 2분인 경우가 평균 프로세스 처리 시간이 10분인 경우보다 더 변동성이 높다. 따라서, 시간의 변동성은 평균에 대비하여 측정해야 한다. 그러한 척도 중의 하나가 변동계수라 불리는 것으로 표준편차 대 평균의 비율로서 정의된다. 도착간격과 프로세스 처리 시간의 변동계수를 각각 C_i와 C_p로 나타낸다. 변동계수가 클수록, 평균에 대비한 변동성이 더 높아진다. 아래에서는 어떻게 변동성과 가동률이 함께 프로세스 성과에 영향을 미치는지를 계량화한다.

8.3.1 대기행렬공식

다음 근사식은 평균 대기행렬길이(투입 재고) I_i가 도착간격과 프로세스 처리 시간의 변동 계수 C_i와 C_p 그리고 가동률 $u = R_i/R_p$과 서버의 수 c에 의해 어떻게 결정되는가를 보여준다(자세한 것은 Hop과 Spearman [1996]의 8장 참조).

$$I_i = \frac{u^{\sqrt{2(c+1)}}}{1-u} \times \frac{C_i^2 + C_p^2}{2} \tag{8.10}$$

위 식은 대기행렬길이 공식으로 일컬어지며 평균 대기행렬길이가 어떻게 가동률, 서버의 수, 그리고 도착과 프로세스 처리 시간의 변동성에 의존하는지를 보여 준다. 평균 대기행렬길이 I_i는 두 요인의 곱이다. 첫 번째 요인은

$$\frac{u^{\sqrt{2(c+1)}}}{1-u}$$

가동률 효과를 나타내며 가동률 u이 1에 가까워질수록 대기행렬길이가 급격히 증가한다는 것을 보여 준다. 프로세스 용량이 도착률 (또는 마찬가지로, 안전 용량이 0으로 접근할수록)에 근접할수록, 평균 대기행렬 (그리고 대기 시간)이 무한히 증가한다.

두 번째 요인은

$$\frac{C_i^2 + C_p^2}{2}$$

변동성 효과를 나타내며 도착간격과 프로세스 처리 시간의 변동성이 증가할수록 대기행렬길이가 늘어난다는 것을 보여 준다. 도착간격과 프로세스 처리 시간의 변동성이 대기행렬길이에 미치는 효과는 유사하며 합으로 표시된다(공식에서 도착간격과 프로세스 처리 시간은 서로 독립적이라 가정한다). 대기행렬길이 공식이 시사하는 점은 도착 또는 프로세스에 변동성이 존재하는 경우—실제 그러하듯이—설사 프로세스 용량이 충분히 활용되지 않더라도 대기행렬은 증가하며 고객들은 기다리게 된다는 것이다.

대기행렬길이 공식은 그림 8.6에서와 같이 프로세스 평균 흐름 시간을 가동률의 함수로 나

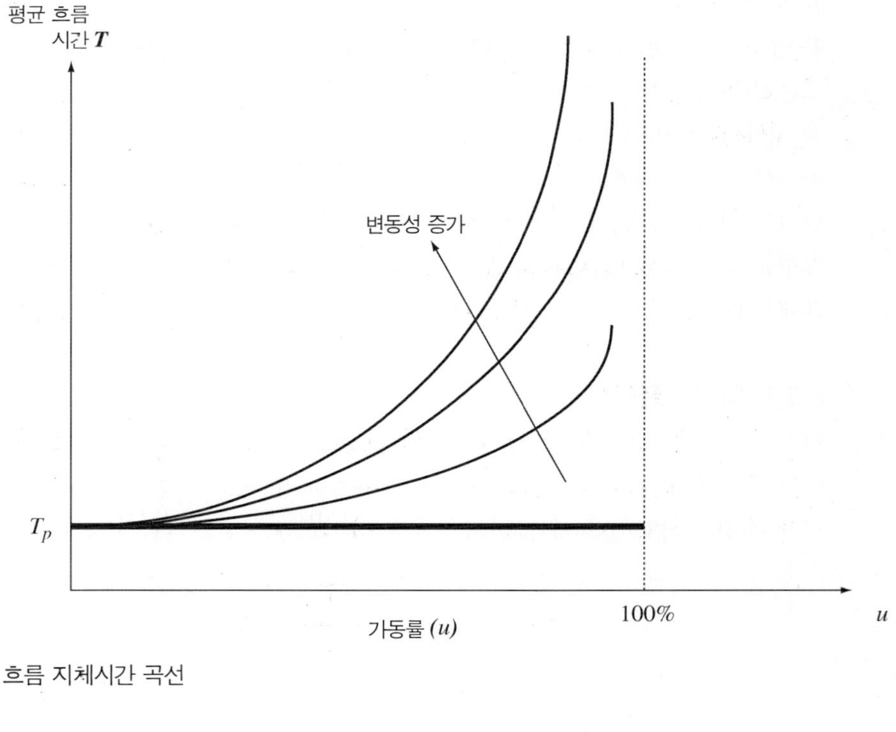

그림 8.6 흐름 지체시간 곡선

타낸 그래프인 **흐름 지체시간 곡선**(throughput delay curve)에 의해 도시될 수 있다. 이는 다른 수준의 변동성 하에서 평균 흐름 시간(대기시간과 프로세스 처리시간)이 어떻게 가동률과 함께 증가하는지를 보여 준다. 특히, 평균 흐름 시간이 가동률 및 변동성과 함께 급격하게 증가하는 것을 보여 준다.

대기 행렬길이 공식은 프로세스 성과 척도들을 근사적으로 계산하는데 사용되며, 예제 8.4에서와 같이 프로세스 성과에 대한 용량증대의 효과를 예시하기도 한다.

예제 8.4

예제 8.2와 8.3에서와같이, 10명의 승객들의 도착간격이 10, 10, 2, 10, 1, 3, 7, 9, 그리고 2초라고 하자. 평균 도착간격 시간은 6초 (즉, 평균 도착률은 1초당 R_i=1/6)이고 표준편차는 3.937초이므로 변동계수는 C_i=3.937/6=0.6562이다. 마찬가지로, 만약 승객들의 프로세스 처리 시간이 7, 1, 7, 2, 8, 7, 4, 8, 5, 그리고 1초 라면, 평균 프로세스 처리 시간은 5초 (따라서, 평균 서비스율은 1초당 R_p=1/5)이고 표준편차는 2.83초이므로 변동계수는 C_p=2.83/5=0.57이 된다. 또한, $R_i < R_p$이므로 흐름률은 $R=R_i$이 된다. c=1 그리고 $u=R/R_p$=0.83를 대기행렬길이 공식에 대입하여 평균대기 승객 수를 계산하면

$$I_i = \frac{0.83^2}{1 - 0.83} \times \frac{0.66^2 + 0.57^2}{2} = 1.56$$

이다. 따라서, 비록 안전 용량이 1초당 $R_s=R_p-R_i$=1/5−1/6=0.03(명)으로 평균적으로는 일초당 R_i=1/6의 도착률을 처리하기에 충분한 프로세스 용량 R_p=1/5을 보유하고 있지만, 평균적으로 1.56 승객들이 대기상태이다.

기타 성과 척도들을 계산하기 위하여, 리틀의 법칙과 정의를 사용하면 된다. 승객이 대기 행렬에서 소비하는 평균시간은 $T_i=I_i/R$=(1.56)(6)=9.38초이다. 평균처리시간은 T_p=5초이므로 평균적으로 승객이 프로세스에서 소비하는 시간은 T=14.38초이다. 리틀의 법칙에 의해, 평균적으로, 프로세스(시스템) 내 승객의 수는 $I=R\times T$=14.38/6=2.40이다. 마찬가지로, 처리 중인 평균 승객 수는 $I_p=RT_p$=5/6=0.83이고 $I=I_i+I_p$=1.56+0.83=2.40이다.

프로세스 성과를 개선하기 위하여 탐색기를 추가하여 프로세스 용량을 늘린다고 하자. c=2이고 총 서비스율은 두 배가 되어 1초당 $R_p=c/T_p$=2/5=0.4명이 되고 가동률은 $u=R/R_p$=(1/6)/0.4=0.42 (즉, 안전 용량은 1초당 $R_s=R_p-R_i$=2/5−1/6=0.23로 증가)로 감소한다. 이 값들을 대기행렬길이 공식에 대입하면, 대기 행렬의 평균 승객수는

$$I_i = \frac{0.42^{\sqrt{2(2+1)}}}{1 - 0.42} \times \frac{0.66^2 + 0.57^2}{2} = 0.08$$

기타 성과 특성들도 다음 표에 주어진 대로 계산 된다:

c	u	R_s (명/초)	I_i	T_i (초)	T (초)	I
1	0.83	0.03	1.56	9.38	14.38	2.40
2	0.42	0.23	0.08	0.45	5.46	0.91

따라서, 가동률이 감소(또는 안전 용량의 증대)하면 대기행렬과 지체시간이 줄어든다는 점에서 프로세스 성과가 개선된다.

대기행렬길이 공식을 통해 프로세스 성과의 두 가지 결정요인을 파악할 수 있다. 가동률 그리고 도착 간격 시간과 프로세스 처리 시간의 변동성이다. 또한, 리틀의 법칙에 의해 다양한 프로세스 성과의 척도들을 계산할 수 있다. 그러나 대기행렬길이 공식은 근사식일 뿐 정확한 식은 아니다. 정확한 식을 얻기 위해서는, 도착간격과 프로세스 처리 시간의 확률분포에 대한 구체적인 가정이 필요하다. 이들 변동성에 대해 가장 잘 알려졌고 또 관계식을 얻어내기 쉬운 분포는 다음 절에서 논의할 지수분포이다. 지수분포 가정하에서 서버가 하나일 경우 대기행렬길이 공식은 정확한 결과를 제공한다.

8.3.2 지수모형

이 모형에서는 도착간격 시간과 프로세스 처리 시간이 독립적이고 각각 평균이 $1/R_i$와 T_p인 지수분포를 따른다고 가정한다. 도착간격과 프로세스 처리 시간 간의 독립성은 이 두 가지의 변동성들이 완전히 비동기화 되어 있다는 것을 의미한다. 지수 분포에 관한 수학적인 내용은 부록 2에 있으므로 여기서는 가정들의 주요 의의에 대해서만 언급한다. 그 핵심은 도착간격과 프로세스 처리 시간의 완전한 임의성을 의미한다. 예를 들어, 만약 승객들의 도착간격이 독립적이고 평균 6초인 지수분포를 따른다고 하면, 어느 시점에서든지 다음번 도착 시점은 직전 도착 시점과 완전히 독립적이다. 도착 시간의 망각 성질이 의미하는 것은 가장 최근의 도착시점과 관계없이 현재 시점부터 다음 도착까지 평균적으로 6초를 더 기다려야 할 것으로 기대해야 한다는 것이다. 마찬가지로, 만약 프로세스 처리 시간이 평균 5초인 지수분포를 따른다면, 고객이 얼마나 오랫동안 서비스를 받고 있었던지 상관없이 처리완료까지는 평균적으로 5초를 더 기다려야 할 것으로 기대해야 한다. 다시 말하면, 실제 프로세스를 완료하는 데 필요한 시간은 과거의 정보로는 전혀 예측할 수 없다는 것을 의미한다.

만약 도착간격이 평균 $1/R_i$인 지수분포를 따른다면, 도착간격이 특정 값 t를 초과할 확률은 $e^{-R_i t}$로 주어지며 여기서 $e=2.718282$는 자연로그의 밑으로 사용되는 상수이다. 이 확률은 예제 8.5에서와 같이 Excel의 EXP 함수를 이용하여 얻어질 수 있다.

예제 8.5

공항의 X-ray 보안검색대에 도착하는 승객들의 도착간격이 평균 6초인 지수분포를 따른다고 하자. 평균 도착률 R_i은 초당 1/6명(분당 10명)이다. 따라서, 도착간격시간이 10초를 초과할 확률은 $e^{-10/6}$=EXP(−1.667)=0.1888로 주어진다. 마찬가지로, 만약 한 명의 고객의 가방들을 검사하는 데 걸리는 시간이 평균 5초인 지수분포를 따른다면 3초 이내에 검사가 끝날 확률은 $1-e^{-3/5}$=1−EXP(−0.6)=0.451188이다.

도착간격이 평균이 $1/R_i$인 지수분포를 따르면, 길이가 t인 기간 동안 도착하는 고객의 수는 평균이 R_it인 포아송 분포(부록 II 참조)를 따른다. 직관적으로 포아송 분포를 따르는 도착과정은 완전한 임의성(randomness)을 가정하는 것으로서 서로 중복되지 않는 동일한 길이의 기간의 고객 도착 수는 서로 독립적이고 동일한 포아송 분포를 따르게 된다.

지수분포의 가정은 프로세스 성과 척도들의 계산에 필요한 수학적 분석을 상당 부분 쉽게 해준다. 예를 들어, 지수분포의 표준편차는 평균과 동일하고 변동계수는 1이 된다. 만약 X-ray 검색대 예제와 같이 서버가 하나(c=1)인 경우 C_i=C_p=1을 대기행렬길이 공식에 대입하면

$$I_i = \frac{u^2}{1 - u}$$

이 되고 리틀의 법칙과 그림 8.2의 정의들을 이용하여 모든 관련 성과 척도들을 얻을 수 있다. 특히, 고객의 평균 프로세스 총 체재시간은 다음과 같다.

$$T = \frac{1}{R_p - R_i} = \frac{1}{R_s} \tag{8.11}$$

즉, 고객들의 평균 흐름(체재) 시간은 안전 용량에 반 비례하므로 안전 용량의 증가는 평균 흐름 시간을 감소시키게 된다.

복수의 서버가 있는 경우 ($c \geq 2$)에도 대기행렬길이와 시간에 대한 정확한 공식들이 존재하지만, 지수분포를 가정하더라도 복잡하다(본 장 부록 참조). 이들 공식은, Cornell 대학의 John O. McClain 교수가 개발한 Performance.xls 파일(Prentice Hall 출판사의 홈페이지 www.prenhall.com/ anupindi에서 내려 받을 수 있음)에 포함되어 있다. 이 엑셀 파일은 투입버퍼(대기 용량)이 유한한 경우와 무한한 경우 모두에 대해 사용될 수 있다. 공식을 이용하기 위해서는 다음 네 가지를 입력해야 한다. 즉, 도착률(R), 평균 서비스 시간(T_p), 서버의 수(c), 그리고 버퍼 용량(K)이다. 제한된 버퍼 용량 K의 의의에 대해서는 8.5절에서 살펴보기로 하고 여기에서는 버퍼 용량이 무한한 경우 평균대기 고객 수 또는 평균대기 시간 등과 같은 성과 척도들을 계산하기로 한다. 아래에서는 공항 보안검색대 예제에 대해 도착간격과 프로세스 처리 시간이 지수분포를 따른다는 가정에 따라 이러한 계산절차를 살펴본다.

예제 8.6

공항 보안검색대 예제에서 승객 도착률은 (1분당) R_i=10명, 프로세스 처리 시간은 T_p=5초=0.0833분, 서비스율은 (1분당) $1/T_p$= 12명이다. 검색기가 한 대인 경우, 서버의 수는 c=1이며

총 서비스(처리) 율은 $R_p=c/T_p=12$명이다. 가동률은 $u=R_i/R_p=10/12=0.83$이고 안전 용량은 (1분당) $R_s=R_p-R_i=12-10=2$명이다. 성과 척도들을 계산하기 위하여 '버퍼 용량 무한대 (infinite queue)' 워크시트에 $c=1$, $R_i=10$, $1/T_p=12$를 입력하면 다음 결과를 얻는다.

$$I_i=4.17,\ T_i=0.417\text{분}=25\text{초},\ I=5,\ T=0.5\text{분}=30\text{초}.$$

성과개선을 위해 X-ray 장비를 한 대 추가할 경우, $c=2$로 변경하면 그 결과로 $I_i=0.175$, $T_i=0.018$분$=1.08$분, $T=0.101$분$=6.06$초, $I=1.008$, 그리고 $u=0.4167$을 얻는다. 다음 표에 이 결과가 요약되어 있다.

c	u	R_s(명/초)	I_i	T_i(초)	T(초)	I
1	0.83	0.03	4.167	25	30	5
2	0.417	0.233	0.175	1.08	6.06	1.008

여기에서, 과연 승객들의 평균대기 시간을 25초에서 1초로 단축시키기 위해 검색기를 한 대 더 구입할 가치가 있는가 하는 문제를 생각해 볼 필요가 있다. 마찬가지로, 보안검색프로세스의 평균 승객의 수가 5명에서 1명으로 감소하였다. 다음 절에서는 이와 같은 의사 결정과정에서 발생하는 경제적인 상충관계에 대해 살펴본다. 일단, 이 예제에서는 프로세스가 안정적(가동률 $u<1$)이고 안전용량이 존재하더라도 ($R_s>0$) 도착과정과 서비스 시간의 변동성으로 고객들이 지체 또는 대기를 경험하게 된다는 점을 강조하고자 한다.

예제 8.4와 8.6의 결과들은 유사해 보이지만 차이점이 있다. 즉, 예제 8.4에서는 도착간격과 프로세스 처리 시간에 대해 일반적인 확률분포를 가정했고 대기행렬길이 공식에 의해 근사치를 얻었지만, 예제 8.6에서는 도착간격과 프로세스 처리 시간에 대해 지수분포를 가정하고 정확한 값들을 얻을 수 있었다. 마지막으로, 본 절에서 살펴본 대기행렬 공식은 서버가 하나인 지수 모형에 한해서는 정확하다는 점을 강조하고자 한다.

8.4 프로세스 용량 결정

앞 절에서 본 바와 같이, 프로세스 용량 증가를 통해 대기 시간이나 대기 고객 수 감소 등의 프로세스 성과를 개선할 수 있다. 대기로 인한 불편과 그로 인한 불만으로 고객이 거래처를 변경할 수도 있으며 평판도 하락이나 미래 수입 기회의 상실과 같은 경제적인 손실로 귀결될 수 있다. 더 나아가, 선적 또는 하역을 위해 부두나 항구에서 기다리는 트럭이나 배들은 운송 중인 재고들을 보유하고 있으므로 실제 경제적인 비용을 초래하게 된다. 본 절에서는 서비스 제공 비용과 대기 비용을 최소화하는 최적의 용량 결정 문제를 살펴본다. 최적의 용량 투자는 용량 추가의 비용과 고객 만족 개선의 효익 간의 균형을 유지하여야 한다. L.L.Bean 콜센터 예제를 통해 최적 용량 투자 결정문제를 살펴보기로 한다.

예제 8.7

현재 콜센터에는 평균 2.5분에 전화 한 통을 처리하는 한 명의 상담원이 있으며 전화는 시간당 평균 20통이 걸려 온다고 하자. $c=1$이며 프로세스 용량은 $R_p=0.4$(명/분)$=24$(명/시간)이다.평균 전화 도착 간격은 3분이며 도착률은 $R_i=0.333$(명/분)$=20$(명/시간)이다. $R_p > R_i$이므로 프로세스는 안정적이지만 도착 과정이나 서비스시간의 변동성으로 지체나 대기가 발생하게 된다. 도착 간격과 서비스 시간이 지수분포를 따른다고 가정하고 performance.xls 파일을 이용하여 성과 척도들을 계산해 보도록 한다.

L.L.Bean에 의하면, 고객 한 명이 콜센터에 접속하여 상담원과 연결되기까지 기다리는 동안 서비스 불만족과 미래 매출에 대한 영향으로 1분에 \$2(또는 시간당 \$120)의 매출 손실이 발생한다고 한다. 평균대기 고객은 I_i이므로, 대기에 따른 시간당 비용은 $\$120I_i$이다. 다른 계산 방법으로는, 각각의 고객들의 평균대기시간은 T_i(분 또는 시간)이므로 1인당 대기에 따른 비용은 $\$2T_i$(또는 $\$120T_i$)이고 고객들의 도착률은 R_i이므로 대기에 따른 비용은 1분당 $\$2R_iT_i$ 또는 시간당 $\$120R_iT_i$이다. 리틀의 법칙에 의해, 1분당 $\$2R_iT_i=\$2I_i$ 또는 시간당 $\$120R_iT_i=\$120I_i$이다. Performanace.xls 파일을 이용하여 상담원의 수가 $c=1, 2, 3, 4$인 경우에 대해 평균 대기고객수 I_i를 계산할 수 있다. 상담원의 수가 늘어날수록 대기 비용은 감소하지만 서비스비용은 증가하게 되며 상담원 1인당 인건비가 시간당 \$20라고 하면 시간당 인건비는 $\$20c$가 된다. 콜센터의 관리자는 시간당 총비용을 최소화하는 최적의 상담원 수를 결정하여야 한다.

$$\text{총비용} = \text{인건비} + \text{대기 비용} = \$20c + \$120I_i$$

Performanace.xls의 워크시트에

$$c=1, 2, 3, 4,\ R_i= 20(\text{명/시간}),\ 1/T_p=24(\text{명/시간})$$

를 입력하고 얻은 결과가 아래 표에 정리되어 있다.

c	I_i	$\$20c$	$\$120I_i$	Total Hourly Cost
1	4.167	\$20	\$500.04	\$520.04
2	0.175	\$40	\$21.00	\$61.00
3	0.022	\$60	\$2.64	\$62.64
4	0.003	\$80	\$0.36	\$80.36

따라서, 대기 비용과 서비스 제공 비용을 포함한 시간당 총비용을 최소화하는 상담원 수는 2명이다.

만약, L.L.Bean이 대기 시간이 아닌 총 접속 시간(total turnaround)을 기준으로 현재 또는 미래 매출 손실에 따른 비용을 산정하고자 한다면 시간당 총비용은

$$\text{총비용} = \$20c + \$120I$$

이 되며 이에 따른 결과가 아래 표에 정리되어 있다.

c	*I*	20*c*	120*I*	Total Cost
1	5.000	$20	$600.00	$620.00
2	1.008	$40	$120.96	$160.96
3	0.856	$60	$102.72	$162.72
4	0.836	$80	$100.32	$180.32

앞에서와 마찬가지로, 대기 비용과 서비스 제공 비용을 포함한 시간당 총비용을 최소화하는 상담원 수는 2명이다.

8.5 버퍼 용량, 봉쇄, 그리고 포기

지금까지는, 밴쿠버 공항의 보안검색대 예제처럼 모든 도착 고객들이 궁극적으로 서비스를 받게 되는 것으로 가정하였다. 따라서, 프로세스 흐름률은 유입률이나 최대 처리율에 의해서 결정된다. 본 절에서는, 도착 고객들의 일부는 프로세스에 들어가지 못하거나 들어가더라도 지체시간이 길어져서 서비스를 받기 전에 떠나는 경우를 생각해 본다. 그리고 흐름시간, 재고, 그리고 흐름률 등에 의해 프로세스 성과를 평가한다.

실제 서비스 프로세스들에서는, 서비스 전에 대기하는 고객의 수에 제한이 있는 경우가 많다. 이를 투입 버퍼 용량 또는 대기 공간 용량이라 하며 K로 나타낸다. 버퍼에 여유 공간이 없는 경우, 새로운 도착들은 (입장이) 거절되며 이를 **봉쇄**(blocking)라 한다. 예를 들어, 식당, 이발소, 드라이브-인 은행의 대기 공간, 구입 제품의 보관 상자, 또는 콜센터의 전화 회선 등은 도착들을 대기상태로 유지하는데 제한된 버퍼 용량을 가지고 있다. L.L.Bean 콜센터의 경우, 예를 들어, 두 명의 서버와 6개의 전화회선이 있다고 하면 최대 네 명의 고객이 대기 상태에 있을 수 있고, 버퍼 용량은 $K=4$이다. 용량에 도달하면 새로 걸려오는 전화는 통화 중 신호를 듣게 되며 시스템에 들어갈 수 없다. 봉쇄된 도착들은 나중에 다시 전화하지 않는 한 사업기회의 상실을 나타낸다.

봉쇄되지 않고 설사 대기 행렬에 가담한다 하더라도 서비스를 받기 위하여 상당 시간을 기다려야 하는 고객 중 일부는 서비스를 받기 전에 프로세스를 떠나는 수도 있으며 이를 **포기**(abandonment)라고 한다. 만약 다시 찾지 않는다면 역시 사업기회의 상실을 의미한다.

이러한 상황들을 분석하기 위하여, 추가로 기호를 정의하자. 투입 버퍼의 용량 부족으로 프로세스에 들어가지 못하는 도착들의 평균비율은 **봉쇄율**(proportion blocked)이라 하고 P_b로 나타낸다. 따라서, 잠재 고객 도착률이 R_i라 할지라도 단지 $(1-P_b)$의 확률로 시스템에 들어가게 되며 대기 행렬에 가담하는 고객의 순 도착률은 $R_i(1-P_b)$이다. 실제 시스템에 들어가는 고객 중 일부는 서비스를 받기 이전에 포기하고 프로세스를 떠나며 이를 **포기율**(proportion abandoning)이라 하고 P_a로 나타낸다. 따라서, 실제로 프로세스에 들어가서 서비스를 받고 떠나는 고객들의 순 도착률은 $R_i(1-P_b)(1-P_a)$이다. 이에 따른 흐름 속도는 다음과 같이 계산된다.

$$R = \min[R_i(1 - P_b)(1 - P_a), R_p] \tag{8.12}$$

봉쇄율 P_b와 포기율 P_a은 프로세스 흐름 속도 R에 영향을 미치므로 프로세스 성과의 중요한 척도들이다. 이러한 상황에서, 평균대기 시간 T_i는 실제로 시스템에 들어가고 서비스를 받는 고객들의 대기 시간을 의미한다. 버퍼 용량이 제한된 경우, 유입률이나 서비스율에 관계없이 최대 대기 고객 수는 K를 초과할 수 없으므로 안정적인 프로세서가 된다.

8.5.1 버퍼 용량의 효과

버퍼의 용량은 제한되어 있으나 포기는 없는 경우(P_a=0), Performance.xls 파일의 Finite Queue 워크시트를 이용하여 서버의 수 $c \geq 1$, 버퍼 용량 K, 도착률 R_i, 서비스율 $1/T_p$을 입력하면 다양한 성과 척도들을 계산할 수 있다. 구체적으로, 평균대기 고객 수 I_i, 프로세스(시스템) 내 평균 고객 수 I, 평균대기 시간 T_i, 총 체재시간 T, 그리고 가동률 u 등을 얻을 수 있다. 이러한 계산 절차가 예제 8.8에 콜센터의 사례를 통해 예시되어 있다.

예제 8.8

현재 콜센터에는 전화 한 통을 평균 2.5분에 처리하는 한 명의 상담원이 있으며 전화는 시간당 평균 20통이 걸려 온다고 하자. 콜센터에는 5개의 회선이 있어서 최대 네 명의 고객들이 대기상태에 있을 수 있다. L.L.Bean은 전화를 걸어오는 고객 중 통화 중 신호를 듣게 되어 다른 경쟁업체에 빼앗기는 고객들의 비율에 대해 추정하고자 한다. 또한, 고객의 평균대기 시간에 대해서도 알고 싶어 한다. 마지막으로, 회선 추가가 다양한 성과 척도들에 미치는 영향에 대해서도 알기를 원한다.

이 경우, 서비스 프로세스의 버퍼 용량은 유한하며 다음과 같은 정보가 주어져 있다.

서버의 수: $c = 1$
버퍼 용량: $K = 4$
도착률: $R_i = 20/$시간 또는 $0.333/$분
프로세스 처리 시간: $T_p = 2.5$분
시간당 서비스율: $R_p = 0.4/$분 $=24/$시간

이 자료들을 Performance.xls의 Finite Queue 워크시트에 입력하면, 다음을 얻는다.

봉쇄확률: $P_b = 0.1007$ (즉, 10.07%)
대기 중인 평균 고객 수: $I_i = 1.23$
평균 대기 시간: $T_i = 0.068$시간 $= 4.1$분
평균 프로세스 총 체재 시간: $T = T_i + T_p = 4.1$분 $+ 2.5$분 $= 6.6$분
시스템 내 평균 고객 수: $I = 1.98$

표 8.1 버퍼 용량이 프로세스 성과에 미치는 영향

회선 수	5	6	7	8	9	10
서버의 수	1	1	1	1	1	1
버퍼 용량 $K = n - c$	4	5	6	7	8	9
봉쇄확률 P_b(%)	10.07	7.74	6.06	4.81	3.85	3.11
흐름률(통화/시간)	17.99	18.46	18.79	19.04	19.23	19.38
대기 중인 평균 고객 수 I_i	1.23	1.52	1.79	2.04	2.27	2.48
평균 대기 시간: T_i(분)	4.10	4.95	5.73	6.44	7.09	7.68
가동률 u	0.75	0.77	0.78	0.79	0.80	0.81

따라서, 전화를 걸어오는 고객 중 대략 10%가 통화 중 신호를 듣고 끊게 된다. 즉, 매시간 20통의 전화 중 90%만이 콜센터에 연결된다. 대기 중 포기하는 경우는 없다고 가정하면 ($P_a = 0$), 흐름률은

$$R = \min[R_i\,(1 - P_b), R_p] = \min[20 \times (1 - 0.1007), 24] = 17.99 \text{통화/시간}$$

이며 서버 가동률은

$$u = \frac{R}{R_p} = 17.99/24 = 0.7495$$

이다. 즉, 상담원은 전체 시간 중 75% 동안 바쁘고 나머지 25% 동안은 유휴 상태이다. 그러나 변동성 때문에 평균적으로 1.23명의 고객이 대기상태이며 모든 전화의 10%(또는 시간당 2통)는 통화중 신호를 듣고 프로세스에 들어가지 못하게 되며 이는 매출 상실로 귀결된다.

전화회선 추가의 효과에 대해 알아보기 위하여, K의 값을 바꿔가며 얻은 주요 성과 척도들이 표 8.1에 정리되어 있다.

버퍼 용량(전화회선 수)이 증가할수록, 봉쇄율은 감소하고 더 많은 고객이 시스템에 들어가게 된다. 흥미롭게도, 시스템에 들어가는 고객들의 대기 시간은 증가한다. 그 결과 (모델에 명확히 포함되지는 않았지만), 대기시간 증가로 인한 고객들의 포기율은 상승할 수도 있다. 따라서, 버퍼 용량의 증대에는 상반되는 두 가지 효과가 있다. 진입 고객들의 증가로 인한 흐름률 증가와 평균대기 시간 증가이다. 아래에서 살펴보겠지만, 최적의 버퍼 크기는 이들 효과의 경제적인 영향을 고려하여 결정하여야 한다.

8.5.2 버퍼 용량 결정

콜센터에 연결되지 못한 고객들은 다시 통화를 시도하지 않는 한 소매업체에는 잠재적인 수입기회의 상실을 초래한다. 만약 연결되더라도 대기행렬이 너무 길어서 통화 대기상태가 지속될 경우 콜센터는 그에 대해 전화요금을 부담(수신자 부담)해야 할 수도 있다. 대기 상태가 길어 지면

고객 불만족은 증가하고 일부 고객들은 포기하고 대기 행렬을 이탈하게 되며 이 또한 역시 잠재적인 수입기회의 상실을 의미한다. 불편을 느낀 고객이 앞으로는 다른 업체와 거래하기로 한다면 이 또한 미래 수입의 상실로 연결될 수도 있다. 따라서, 각각의 운영 성과 척도들—봉쇄, 포기, 대기행렬, 그리고 지체시간—은 수입과 비용이라는 경제적인 척도들과 직결되어 있다. 용량 투자 결정은 성과개선의 효익과 필요 투자비용의 균형을 맞추어 이루어져야 한다.

예제 8.9

예제 8.8에서와같이 통화 중 신호를 듣는 고객은 전화를 끊고 경쟁업체로부터 주문한다고 가정하자. 또한, 고객 한 명을 경쟁업체에 빼앗기는데 따르는 손실은 평균 $100라고 가정하자.

접속된 후에 대기 상태가 지속되면 (미래 매출 기회에 대한 영향 등으로) 1분당 $2의 손실이 발생한다고 가정하자. 만약 전화 회선당 비용이 시간당 $5라면, 콜센터가 임대해야 하는 최적의 회선 수는 얼마인가?

콜센터의 비용에는 다음 네 가지가 있다.

1. 상담원 임금: 시간당 $20
2. 전화 회선 임대료: 시간당 $5/회선
3. 통화 중 신호 때문에 경쟁 업체에 빼앗기는 고객들로 인한 손실: 봉쇄된 통화당 $100
4. 대기 상태인 고객들의 미래 매출 기회 감소: 고객 1인당 $2/분

현재와 같이 한 명의 서버와 총 5개의 회선으로 운영할 경우, $c=1$과 $K=5$, 서버 비용은 시간당 $\$20c=\$20$, 전화 회선 임대료는 시간당 $\$5(K+c)=(5)(4+1)=\$25$이다.

예제 8.8에서 통화 중 신호로 봉쇄되는 평균 고객 수는 다음과 같이 계산되었다.

$$R_iP_b = (20)(0.1007) = 2.01/\text{시간}$$

따라서, 봉쇄에 따른 손실은

$$\$100R_iP_b = \$(100)(2.014) = \$201.4/\text{시간}$$

Performance.xls을 이용하여 대기 중 평균 고객 수는 $I_i=1.23$명이고, 대기고객 한 명당 비용은 1분당 $2 (또는 시간당 $120)이므로, 대기에 따른 시간당 비용은

$$\$120I_i = (120)(1.23) = \$147.6/\text{시간}$$

이다. 그러므로 총 운영비용은 다음과 같다.

$$\$(20 + 25 + 201.4 + 147.6) = \$394/\text{시간}$$

전화회선 수, 즉 버퍼 용량 K를 변경할 경우 시간당 총비용은 표 8.2에 요약되어 있다.

표 8.2 버퍼 용량이 총비용에 미치는 영향

회선 수 n	5	6	7	8	9	10
상담원의 수 c	1	1	1	1	1	1
버퍼 용량 $K= n-c$	4	5	6	7	8	9
상담원인건비 = \$20c/시간	20	20	20	20	20	20
전화회선 비용 = \$5 n/시간	25	30	35	40	45	50
봉쇄확률 P_b(%)	10.07	7.74	6.06	4.81	3.85	3.11
봉쇄에 따른 손실 = \$100R_iP_b/시간	201.4	154.8	121.2	96.2	77.0	62.2
평균대기고객수 I_i	1.23	1.52	1.79	2.04	2.27	2.48
대기에 따른 손실 = \$120I_i/시간	147.6	182.4	214.8	244.8	272.4	296.4
서비스, 봉쇄, 대기 등 관련 총비용(\$/시간)	394.0	387.2	391.0	401	414.4	428.6

전화 회선의 수가 6회선($n=6$)일 경우 총비용이 최소화되는 것을 알 수 있다. 즉, 콜센터의 최적 버퍼 용량은 $K=5$이다. 전화회선 수가 증가할수록 총 운영비용은 증가한다. 실제로, 전화회선을 추가로 임대할 경우 회선 비용 증가 외에도 접속 고객 수의 증가에 따라 대기 시간관련 비용도 증가하게 된다. 이러한 경우, 고객의 대기 시간비용이 너무 과다하기 때문에 접속을 허용한 후 오래 기다리도록 하는 것보다 처음부터 봉쇄되도록 적은 회선을 임대하는 것이 더 나을 수도 있다. 역으로, 6회선보다 적게 임대하는 경우에는 봉쇄율이 높아지고 접속 불가능 고객의 증가에 따른 기회상실의 비용이 회선 추가에 따른 비용보다 더 크게 되어 또한 최적이 아니다. 따라서, 최적 버퍼 크기는 이 두 가지 비용의 균형을 정확하게 유지하는 것이다.

흥미로운 점은, 버퍼에 여유공간이 없을 때 도착하여 거절되는 고객들은 설사 버퍼 용량이 더 커서 거절되지 않았다 하더라도 오랜 시간을 기다려야 하기 때문에 차라리 거절되는 것이 더 낳을 수도 있다는 것이다. 버퍼 용량에 제한을 두는 또 다른 방법은 접속된 고객들에게 대기 시간이 길어질 수 있음을 알려 주고 나중에 다시 전화를 걸도록 유도하거나 아니면 상담원이 나중에 고객에게 전화하는 것이다. 그럼으로써 봉쇄된 고객들에게 영향을 주지 않으면서 접속된 고객들에 대한 서비스를 개선할 수 있다.

8.5.3 프로세스 용량과 버퍼 용량의 결정

8.4절에서는 버퍼 용량이 무한한 것으로 가정하고 최적 프로세스 용량(서버의 수)을 결정하였다. 그리고 8.5.2절에서는 프로세스 용량 c가 주어진 경우에 최적의 버퍼 용량 K를 결정하였다. 본 절에서는 총비용이 최소화되도록 프로세스 용량과 버퍼 용량을 동시에 결정하는 문제를 살펴본다. 총비용은 앞에서와 같이 서비스 제공에 필요한 상담원 인건비와 전화 회선 비용 외에도 봉쇄와 대기에 따른 손실도 포함한다. 콜센터 예제를 통해 최적의 상담원 수와 전화 회선 수를 결정하는 예를 들어본다.

예제 8.10

앞에서와 같이 콜센터에 걸려오는 전화는 시간당 평균 20통이라고 하자. 통화 중 신호로 접속하지 못한 고객 한 명의 기회 손실은 $100라고 하자. 또한, 접속된 후 대기 상태가 지속하면 미래 매출 기회 상실 등으로 1분당 $2의 손실이 발생한다고 하자. 상담원이 전화 한 통을 처리하는데 평균 2.5분이 걸리며 상담원의 인건비는 시간당 $20이다. 최적의 상담원수와 전화 회선 수를 결정하자.

시간당 총비용은 다음을 포함한다.

- 상담원 인건비: $\$20c$
- 전화 회선에 임대 비용: $\$5(K+c)$
- 봉쇄에 따른 기회 손실: $\$100R_iP_b$
- 대기에 따른 기회 손실: $\$120I_i$

따라서, 다음과 같이 주어진 총비용을 최소화하는 서버의 수 c와 전화 회선 수 K를 결정해야 한다.

$$\text{시간당 총비용} = \$20c + \$5(K + c) + \$100R_iP_b + \$120I_i$$

Performance.xls에 의해 계산된 봉쇄확률 P_b, 대기 고객 수 I_i, 그리고 시간당 총비용이 각각 표 8.3, 표 8.4, 그리고 표 8.5에 정리되어 있다.

표 8.3 버퍼 용량과 프로세스 용량이 봉쇄 확률에 미치는 영향

P_b	$K = 1$	$K = 2$	$K = 3$	$K = 4$	$K = 5$	$K = 6$
$c = 1$	27.47%	18.63%	13.44%	10.07%	7.74%	6.06%
$c = 2$	6.22%	2.53%	1.04%	0.43%	0.18%	0.07%
$c = 3$	1.16%	0.32%	0.09%	0.02%	0.01%	0.00%
$c = 4$	0.18%	0.04%	0.01%	0.00%	0.00%	0.00%
$c = 5$	0.02%	0.00%	0.00%	0.00%	0.00%	0.00%

표 8.4 버퍼 용량과 프로세스 용량이 평균대기 고객 수에 미치는 영향

I_i	$K = 1$	$K = 2$	$K = 3$	$K = 4$	$K = 5$	$K = 6$
$c = 1$	0.27	0.60	0.92	1.23	1.52	1.79
$c = 2$	0.06	0.11	0.14	0.16	0.17	0.17
$c = 3$	0.01	0.02	0.02	0.02	0.02	0.02
$c = 4$	0.00	0.00	0.00	0.00	0.00	0.00
$c = 5$	0.00	0.00	0.00	0.00	0.00	0.00

표 8.5 버퍼 용량과 프로세스 용량이 시간당 총비용에 미치는 영향

Total Cost	$K = 1$	$K = 2$	$K = 3$	$K = 4$	$K = 5$	$K = 6$
$c = 1$	$612.42	$479.11	$419.06	$394.00	$387.20	$391.00
$c = 2$	$186.91	$123.88	$102.79	$ 97.60	$ 98.60	$102.02
$c = 3$	$104.65	$ 93.60	$ 94.27	$ 98.10	$102.78	$107.70
$c = 4$	$108.86	$111.07	$115.50	$120.38	$125.35	$130.35
$c = 5$	$130.51	$135.12	$140.05	$145.04	$150.04	$155.04

따라서, 상담원 수는 $c=3$이고 전화회선 수는 $K=2$일 때 L. L. Bean 콜센터의 시간당 총비용은 $93.60로 최소화된다.

위의 경제적인 분석에서 고객들의 봉쇄와 대기 시간에 따른 매출 기회 상실의 비용을 특정한 값으로 가정하였다. 실제로는, 이 값들은 추정하기가 쉽지 않다. 예를 들어, 병원에서 기다리고 있는 환자의 정신적 또는 육체적 고통의 비용을 추정하는 것은 불가능하다. 실제 기업에서도, 기다리는 데 지친 고객들이 친지들에게 그러한 불편한 경험을 공유하는 데 따르는 미래 매출 손실액을 추정하는 것은 어려운 문제이다. 따라서, 관리자들은 봉쇄와 대기 관련 비용을 추정하기보다는 봉쇄율이나 평균대기 시간에 대한 상한 또는 최대 허용치를 결정한 후에 이 목표들을 달성하는 데 필요한 최소 버퍼 용량 또는 프로세스 용량을 결정할 수도 있다.

8.6 프로세스 성과의 변동성과 서비스 시간 약속

지금까지의 모든 논의는 프로세스 성과의 척도들로서 평균 대기행렬길이와 평균 대기시간에 초점을 맞추었다. 본 절에서는, 이러한 성과 척도들의 평균만을 고려하는 것이 왜 충분하지 않은가에 대해 살펴본다.

서비스 프로세스에서, 평균대기 시간은 오래 기다리는 고객과 짧게 또는 전혀 기다리지 않는 고객들을 모두 포함한 것이다. 실제로 30분을 기다려야만 하는 고객은 모든 고객의 평균대기 시간이 불과 3분이라는 것과 전체 고객의 20%는 전혀 기다리지 않아도 된다는 것을 알게 된다면 심기가 불편할 것이다. 대개 고객의 참을성은 대기시간이 장기화할수록 감소하기 마련이다. 상대적으로 장시간을 기다려야 하는 고객들은 짧은 시간 동안 기다려야 하는 고객들에 비해 더 불만족을 느낄 것이다. 이상적으로는, 우리가 알기 원하는 것은 대기 시간의 평균만이 아니라 확률분포이다. 최소한 우리가 적당하다고 생각하는 시간 이상으로 고객이 대기하게 될 확률을 알고자 한다. 따라서 어느 정도 비율의 고객들이 지나치게 장시간 대기하게 되는지를 아는 것은 문제점이 있거나 또는 용납할 수 없는 서비스를 찾아낼 수 있게 해주기 때문에 중요하다. 따라서, 대기시간 확률분포의 평균값뿐만 아니라 우측 (또는 상측) 꼬리 확률에 대해서도 초점을 맞출 필요가 있다는 것이 예제 8.11에 예시되어 있다.

도착간격과 프로세스 처리 시간이 지수분포를 따르는 단일-단계 단일 서버 서비스 프로세스에서, 실제 고객이 프로세스(시스템)에서 소비(체재)하는 총 시간은 지수 분포를 따르며 평균은 곧 평균 흐름 시간 T이다. 그러므로 체재 시간이 t 이상인 고객의 비율은 다음과 같다.

$$\text{Prob}(\text{프로세스 총 체재시간} > t) = e^{-t/T} = \text{EXP}(-t/T)$$

예제 8.11

Walgreen 약국에는 Dave 라고 하는 한 명의 약사가 근무한다. 평균적으로, 한 시간에 20 명의 고객이 처방전을 가지고 약을 받으러 온다. Dave 는 평균 2.5 분 만에 한 명의 고객을 처리하므로 서비스율은 시간당 24 명이다. 만약 도착간격과 프로세스 처리 시간이 지수 분포를 따른다고 가정하면, 8.3.2 장에서 소개된 단일-단계 단일 서버 지수모형이 되어 프로세스 체재시간은 평균 $T = 1/(R_p - R_i) = 1/(24-20) = 0.25$ 시간$=15$ 분이다. 고객의 체재 시간은 지수분포를 따르므로 15 분 이상 체재하게 되는 고객의 비율은 Prob(체재시간 > 15 분)$=e^{-15/15}=$EXP$(-1)=0.3679$ 이다. 즉, 대략 37% 의 고객들이 처방약을 받고 떠나기까지 15 분 이상 소요된다. 또한, 45 분 이상 체재하게 되는 고객의 비율은 Prob(체재시간 > 45 분)$=e^{-45/15}=$EXP$(-3)=0.0498$ 이므로 대략 5% 의 고객들이 45 분 이상을 약국에서 소비하게 된다. 이러한 5% 의 고객들이 평균 고객들의 시스템 체재 시간이 15 분에 불과하다는 것을 알게 되면 화가 날 것이다. 이들이 바로 지체시간에 대해 가장 심하게 불평하는 고객들일 것이다. 따라서, 평균값 외에도, 실제 프로세스 체재시간의 확률분포의 95 백분위수는 프로세스 성과에 대한 중요한 정보를 제공한다. 이는 평균 프로세스 체재시간이 15 분이라는 정보에 추가로 5% 의 고객은 45 분 이상을 체재하게 된다는 것을 알려 준다.

이와같이 많은 비율의 고객들이 평균 T 보다 더 긴 지체시간을 경험하게 될 것이기 때문에, 비록 그것이 전형적인 고객들이 기대하는 프로세스 체재시간이라 하더라도 프로세스 관리자는 T 값을 고객 대부분이 경험하게 될 값으로 발표하는 것을 원치 않을 수도 있다. 서비스 약속으로서, 기업은 보수적으로 결정된 시간 T_d 이내에 서비스를 받게 될 것이라고 고객에게 알려 주고 싶을 수도 있다. 그렇게 되면 그 약속을 대부분은 지킬 수 있을 것이다. 예를 들어, Walgreen 약국이 고객들에게 30 분 이내에 약국을 떠날 수 있다고 약속한다면 T_d=30(분)이고 약속 시간 이상으로 기다리게 되는 고객들의 비율은

$$\text{EXP}(-T_d/T) = \text{EXP}(-30/15) = 0.1353.$$

즉, 13.53% 이다. 즉, 대략 13.53% 의 고객들에게는 약속을 지키지 못하게 되고 나머지 86.47% 에게만 약속을 지키게 된다.

7 장에서와 마찬가지로, 기업은 어떤 약속 시간 T_d을 지킬 수 있는 고객의 비율을 서비스 수준 (SL)이라고 정의할 수 있다. 즉, 체재시간을 30 분으로 약속하면 86.47% 의 서비스 수준을 제공하게 되는 셈이다.

역으로, 서비스 수준 SL을 먼저 결정하고 나서 이에 대응되는 약속시간 T_d을 계산할 수도 있다.

$$\text{Prob}(\text{체재시간} \leq T_d) = SL \tag{8.13}$$

(8.13)의 좌변은 $1-\text{Exp}(-T_d/T)$이므로

$$\text{EXP}(-T_d/T) = 1 - SL$$

이 되고 약속시간은

$$T_d = -T\, ln\, (1 - SL)$$

으로 결정된다. 여기서 ln은 자연로그를 나타낸다. 즉, $e^{\ln(x)} = x$이다.

안전 재고나 안전 용량과 유사한 개념으로서 안전 시간을 다음과 같이 정의한다.

$$T_s = T_d - T \tag{8.14}$$

또는

$$T_d = T + T_s$$

따라서, 안전 시간은 약속시간을 높은 확률로 지킬 수 있도록 서비스 제공에 필요한 평균 예상 시간에 추가로 책정된 여유시간이다. 당연히, 안전 시간이 길어질수록, 약속을 지키게 될 확률은 커진다.

예제 8.12

Walgreen 약국은 90%의 고객들에게 약속을 지킬 수 있는 체재 시간을 결정하고자 한다. 즉, $SL=0.90$이며 약속시간은

$$T_d = -15\ \ln(0.1) = 34.54\text{분}$$

이다. 따라서, 90%의 고객들은 35분 이내에 약을 받게 될 수 있다고 약속할 수 있다. 비록 평균 체재 시간은 15분이지만 안전시간으로 20분을 추가하여 90%의 고객들을 약속시간 내에 서비스할 수 있다고 하는 것이다.

8.7 용량 통합의 효과

버퍼 용량과 안전 용량에 투자함으로써 프로세스의 성과를 개선할 수 있다는 것을 앞의 절들에서 살펴보았다. 본 절에서는, 고객들을 통합하거나 분리/분류하는 방법과 서비스를 제공하는 자원들을 전문화하거나 탄력적으로 운용하는 방법을 결합하여 성과를 개선할 수 있다는 것을 살펴보기로 한다.

8.7.1 탄력적인 자원 운용과 도착 고객의 통합

서버의 수가 정해진 경우 도착 고객들은 각각의 서버에 지정된 줄을 서도록 할 수도 있고 모든 고객이 한 줄로 대기 행렬을 이루도록 한 뒤 순서대로 어떤 서버에게든 서비스를 받도록 할 수도 있다. 다른 조건들이 모두 같다면 대기행렬을 한 줄로 함으로써 성과를 개선할 수 있다. 공항 보안검색대 예제를 통해 이러한 결과를 살펴보자.

예제 8.13

공항 보안 예제에서 승객 대기 시간의 감소를 위하여 공항 당국자들이 X-ray 탐색기를 추가 설치하기로 하였다고 하자. 운영 책임자는 두 대의 탐색기를 어떻게 최대한 활용할 것인가를 결정해야 한다. 구체적으로, 그림 8.7에 도시된 두 가지의 프로세스 설계 중 하나를 택할 수 있다.

- 설계 A에서는 두 대의 X-ray 탐색기들에 각각의 대기 행렬이 있으며 도착 고객들이 50%의 확률로 나뉘어 둘 중 하나의 대기행렬에서 기다리게 된다. 예를 들어, 항공편 중 절반은 한 대의 탐색기에 나머지 절반은 다른 탐색기에 배정하는 경우이거나 또는 두 대의 탐색기가 물리적으로 떨어진 곳에 설치되어 있어 평균적으로 절반의 승객들은 한쪽 탐색기를 선택하고 나머지 절반은 다른 기계를 선택하는 경우이다.
- 설계 B에서는 모든 승객이 하나의 대기 행렬을 형성하고 각 승객은 두 대의 탐색기 중 먼저 작업이 끝난 기계에 의해 검사를 받게 된다.

두 가지 설계 대안 모두 똑같은 자원 투자가 필요하다고 가정하고, 흐름 시간과 자원 가동률 측면에서 어떤 대안이 더 나은 프로세스 성과를 가져다줄 것인지 구체적으로 분석해 보자.

프로세스 설계 A에서는, 두 개의 독립적이고 동일한 서비스 프로세스를 운영하며, 각각의 프로세스는 원래 도착률의 절반에 해당되는 도착률을 경험하게 된다. 따라서, 각 프로세스의 도착률은 1분당 $R_i=10/2=5$ (따라서 평균 도착간격 시간은 1/5분, 또는 12초)이고, 평균 프로세스 처리 시간은 원래와 같이 각각 $T_p=5$초 (서비스율은 일초당 $R_p=1/5$명, 또는 1분당 12명)이다. **Performance.xls** 파일을 이용하여 $R_i=5/$분, $1/T_p=12/$분, 그리고 $c=1$을 입력하면 총흐름 시간 $T=0.143$분$=8.57$초와 다양한 성과 특성들을 얻을 수 있다. 이러한 결과는 예제 8.4에서 장비가 한 대인 경우의 $T=30$초에 비해 상당히 개선된 것이다. 각 프로세스의 가동률은 50% 정

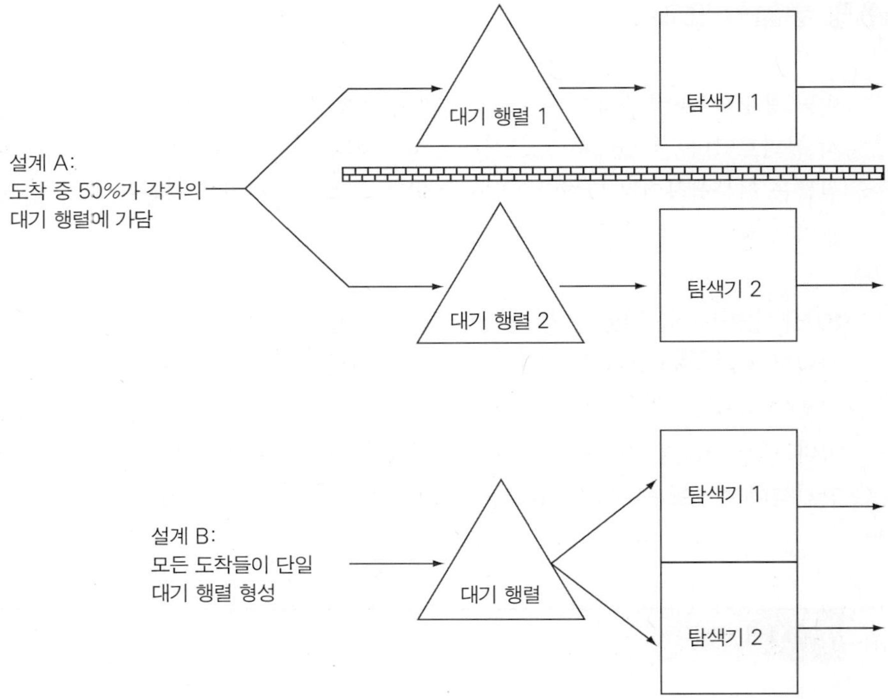

그림 8.7 용량의 통합

도 감소 되어 0.417이며 각 탐색기는 전체 시간의 41.7% 동안만 사용된다.

프로세스 설계 B에서는 도착률 $R_i=10/$분으로 모든 고객이 단일 대기 행렬을 형성하고 두 대의 탐색기 중 먼저 작업이 끝나는 기계에 의해 서비스를 받게 되며 서비스 시간은 $T_p=5$초이다. **Performance.xls** 파일에서 $c=2$, $R_i=10/$분, $1/T_p=12/$분을 입력하면, $T_i=0.0175$분$=1.05$초, 그리고 $T=6.06$초를 얻게 되며 이는 설계 A보다 33% 개선된 것이다. 다른 척도들도 설계 A에 비해 현저히 나은 결과를 보여준다. 가동률은 $u=R/R_p=10/24=0.417$로 설계 A와 동일하다. 즉, 각 탐색기는 전체 시간의 41.7% 동안만 사용된다(이는 또한 특정 시점에 사용 중인 스캐너의 평균 비율이기도 하다).

이 예제는 용량 통합(다양한 수요의 원천 간의 가용 용량의 공유)에 의해 대기 시간과 대기행렬이 단축되는 장점을 예시해 준다. 두 개의 별개의 대기행렬이 존재하는 경우, 한 서버는 대기 중인 고객이 있는 반면 다른 서버는 유휴 상태인 상황이 있을 수 있다. 대기행렬을 통합하게 되면, 시스템 내에 아무도 없는 경우에만 (복수의 서버가 있는 경우에는 대기행렬에 아무도 없는 경우에만) 서버가 유휴 상태일 수 있으므로 가용 용량을 더 많이 활용하게 된다. 또한, 설계 A에서는, 고객의 대기 시간은 대기 행렬의 앞에서 기다리고 있는 고객들의 프로세스 처리 시간에도 의존한다. 각 서버에 대해 독립적인 대기행렬이 있는 경우, 이러한 의존성은 더 커진다. 반면, 두 서버가 하나의 대기 행렬을 운영하는 경우, 고객의 대기 시간은 먼저 도착한 고객들의 프로세스 처리

시간에 부분적으로만 영향을 받는다. 만약 앞의 고객의 프로세스 처리 시간이 길어지면, 다른 서버가 다른 대기 고객들을 처리할 것이고 이에 따라 고객의 대기 시간을 단축시킬 뿐만 아니라 앞의 고객의 프로세스 처리 시간의 영향력도 감소시킬 것이다. 이를 통해 다음과 같은 중요한 관찰을 할 수 있다. 가용 안전 용량을 통합하여 모든 고객을 서비스할 수 있도록 하면 서비스 프로세스의 성과는 개선된다. 여기서 고객들을 통합하는 것과 7장에서 안전 재고를 통합하는 것에서 유사한 점을 발견할 수 있다. 7장에서는, 동일한 총재고 투자로도 재고 집중화(pooling)가 고객-서비스 수준을 향상하는 것을 보았다. 마찬가지로, 여기서는, 동일한 용량 투자로, 안전 용량의 통합이 대기행렬길이와 대기 시간 단축이라는 측면에서 서비스를 개선하는 것을 볼 수 있다. 재고 통합이 총 수요의 변동성을 감소시키고 고객서비스를 향상시키는 것처럼, 대기행렬의 통합이 도착의 변동성을 감소시키고 대기 시간을 단축해 준다.

공항 보안검색대 외에도 이러한 통합은 출입국 심사 및 세관 신고, 우체국, 자동차 면허시험장, 은행, 호텔 등에서도 관찰된다. 그러나 도착 고객들이 실질적으로 한 줄을 서야 하는 것은 아니다. 번호표를 발급하면 고객들은 줄을 설 필요가 없으며 도착한 순서대로 서비스를 받게 된다. 하나의 대표 전화 번호를 사용하는 콜센터에서도 고객들은 순서대로 상담원에게 연결된다. McDonald's의 경우 각각의 서버들에 별도의 대기행렬이 있다 하더라도 한 서버의 대기 행렬에 고객이 없으면 인접한 대기행렬 고객의 주문을 받게 함으로써 통합의 효과를 얻을 수 있다.

8.7.2 특화된 자원을 활용한 고객 구분

고객들에 따라 서비스 요건이나 대기 비용이 구조적으로 다른 경우 고객들을 분류하여 차별화하면 각각의 고객 집단내의 서비스 시간의 변동성 감소로 성과개선에 도움이 될 수 있다. 또한, 서비스를 제공하는 자원들을 교육 및 훈련을 통해 전문화하여 다른 종류의 고객들을 더 효율적으로 응대할 수 있도록 함으로써 서비스 시간과 서비스 시간의 변동성을 감소시켜 성과를 개선할 수 있다.

예를 들어, 시카고의 미드웨이 공항의 보안검색대 실험에서는 탑승객들의 탑승 경험에 근거하여 가족 동반 초보자, 중급 여행자, 그리고 여행 경험이 많은 고급 여행자로 분류하여 세 개의 보안검색 대기 행렬 중 본인의 등급에 해당하는 줄을 서도록 하였다. 그 결과, 평균대기 시간이 평균 10분에서 5분으로 단축되는 등 전체적인 처리 속도가 개선되었다. 마찬가지로, 은행, 항공사, 병원, 또는 기업들의 콜센터에서는 고객들의 전화가 상담 내용에 따라 별도로 지정된 상담원들에게 연결된다. 도착률이나 대기 비용이 다른 탑승객들에 대해 비즈니스 클래스와 일반석 고객들을 분리하여 체크인 창구를 운용하되 각각의 대기행렬은 단일화하는 것이 이치에 맞는다고 할 수 있다. 슈퍼마켓에서도 10개 이하의 품목을 구입하는 소비자들을 위한 별도의 계산대를 운용함으로써 해당 소비자들의 계산 시간을 단축할 뿐만 아니라 전체 고객들의 체재시간 변동성도 감소시킬 수 있다. 따라서, 기본적인 원칙은 이질적인 고객 집단은 분리하고 동질적인 고객 집단은 통합해야 한다.

전체적인 대기 비용을 감소시키는 또 다른 접근 방법은 이질적인 고객 집단을 도착 순서대로 처리하는 것이 아니라 등급에 근거한 우선순위에 따라 처리하는 것이다. 병원 응급실에 도착하는 환자들은 도착 순서에 따라 선별간호사에 의해 상태의 응급 정도(즉, 대기비용)와 치료 순위가 결정된다. 당연히, 심장마비 환자가 다리 골절 환자보다 먼저 치료를 받게 될 것이다. 경우에 따라서는 고객들이 추가 비용을 지불하고 먼저 서비스를 받게 허용하는 때도 있다. 예를 들어, 비즈니스석 고객들이 먼저 탑승하고 내리는 것은 일반화 되어 있지만, 미국 여권국, 특허청, 놀이 공원, 그리고 심지어는 인도의 사원들에서도 급행료를 지불하면 대기 시간을 단축할 수 있다. 디즈니 월드와 같은 놀이공원에서는 Fast Pass를 구입하면 인기 있는 놀이기구를 타기 위해 오래 기다리지 않아도 된다. 이로 인해, 디즈니는 우대 고객의 대기시간을 단축해 주고 소비자 잉여를 통해 수입 증대도 기대할 수 있다. 더 나아가, 우대 고객의 비율이 미미하다면 우대고객의 특별 대우로 인해 일반 고객들에게 미치는 영향도 크지 않을 것이다. 예를 들어, 장애인이나 노약자를 동반한 승객들을 먼저 탑승시키는 것도 나머지 탑승객들의 대기시간에 크게 영향을 주지 않는다. 자원이 부족한 응급실이나 집중치료실의 경우 일부 병원들은 실제로 집중 치료가 꼭 필요한 환자들을 더 잘 돌보기 위해 집중 치료가 그다지 절실하지 않은 환자들은 돌려보내기도 한다. 그러나 이러한 정책들은 도덕적 그리고 윤리적인 이슈가 되기도 한다. 부자들에게 덜 기다리는 특권을 주어야 하는가? 병원이 응급조치가 필요한 환자를 거부할 수 있는가?

일반적으로, 성과개선을 위해서는 도착 고객들의 서비스 요구사항과 대기 기피도 등에 관한 정보들을 수집해야만 전반적인 성과들을 최적화할 수 있도록 고객에 적합한 서비스 자원의 유형, 등급, 그리고 우선순위 등을 결정할 수 있다. 여기서 어려운 문제는 각각의 특화된 서버 자원들에 의해 서비스되는 고객들의 분류 등급을 몇 가지로 나누는가 하는 것이다. 목표는 신속하고 일관성 있는 서비스를 제공할 수 있도록 자원의 탄력적 운용과 전문화의 적절한 수준을 선택하여 통합과 분리의 효익의 균형을 이루는 것이다. 응급실의 환자 선별 간호사 운용은 그러한 혼합적인 프로세스 설계의 예이다. 다양한 부류의 환자들이 선별 간호사에 의해 다소 동질적인 여러 집단으로 분류되고 해당 전문의에 의해 치료받게 되는 것이다. 마찬가지로, 은행에 도착하는 고객들은 필요에 따라 대출, 투자, 일반 예금 대기행렬로 분류된다.

8.8 성과 개선 수단

8.2~8.3절에서, 고객 처리시간 지연과 대기행렬, 그리고 봉쇄와 포기 등으로 인한 낮은 흐름률 등의 프로세스 성과 저하는 높은 도착률, 부족한 버퍼 용량과 프로세스 처리속도, 그리고 도착과 서비스의 동기화되지 않은 높은 변동성에 의해 초래되는 것을 보았다. 그러므로 프로세스 성과를 개선하기 위한 주요 수단은 다음과 같다.

1. 가동률의 감소 (또는 안전 용량 증대)
   (a) 도착률 감소 또는 단위 서비스율 증대나 또는
   (b) 서버 수 증가
2. 고객 도착 간격의 변동성과 프로세스 처리 시간의 변동성 감소
3. 가용 자원 용량과 수요의 동기화

4. 봉쇄율 감소를 위한 버퍼 용량 증대
5. 동질적인 고객 집단에 대한 자원 통합과 이질적인 고객 집단 분리

아래에서는, 이러한 다섯 가지 성과 개선 수단들을 실천하기 위한 구체적인 관리 조치에 대해서 살펴본다.

8.8.1 용량 활용에 의한 성과 개선

대기행렬길이 공식에 의하면 가동률이 감소하면 지체시간과 대기행렬도 감소한다. 가동률 $u=R_i/R_p$ 감소 (또는 안전 용량 $R_s=R_i-R_p$의 증가)를 위하여 도착률 R_i를 감소시키거나 또는 서비스율 R_p를 증가시킬 수 있다. 이들 각각에 대한 관리적인 조치에 대해 논의한다.

도착관리 제조 프로세스에서는 도착률 R_i을 감소시키기 위해서 원재료들을 필요할 때에만 소량으로 구매하는 계획이 필요하다. 이는 투입 재고를 최소화한다. 6장에서 이미 묶음 사이즈 감소가 평균 재고와 흐름 시간에 미치는 효익에 대해서 보았다. 10장에서는 적시(JIT, Just-in-time) 구매 전략의 의의에 대해 살펴본다.

고객서비스 프로세스에서는 고객 도착률에 대해 통제할 수 있는 여지가 제한되어 있다. 게다가, 만약 서비스 프로세스의 목표가 고객을 유치하여 서비스를 제공하는 것이거나 또는 고객이 서비스에 대해 대가를 지불한다면, 도착률을 감소시키는 것은 의미가 없다. 그러나 도착시간 예약제도, 유휴 시간대 가격 할인, 대체 서비스 제공, 또는 고객들에 대한 수요시점 변경 유도 등을 통해 고객 도착을 시간 축 상에서 이동시킴으로써 도착 변동성을 감소시키고 최고 수요율(peak rates)을 낮출 수 있다. 이미 공항 보안검색대의 예에서 항공편들의 일정을 조정함으로써 X-ray 검색대의 도착률을 감소시킨 것을 보았다. 가격차별화 또한 고객들로 하여금 혼잡 시간대를 피하도록 하는 유인을 제공한다. 극장 등에서의 조조할인이나 평일 오후 시간할인, 식당에서 오후 4~5시대의 고객 할인, 호텔의 비수기 요금, 그리고 전기, 전화요금의 영업 시간 외 할인 등이 그러한 예들이다. 마찬가지로, 은행들은 고객들로 하여금 잔액 조회, 자동 입금 또는 이체 등을 온라인 서비스를 이용하게 하고 현금 자동 지급기를 편리하게 이용할 수 있도록 여러 곳에 설치함으로써 은행 창구를 방문하는 것을 억제하여 도착률과 혼잡을 감소시킨다. 전화로 운전면허 갱신을 하고 우편으로 자동차 등록 갱신을 함으로써 자동차 등록 사무소 방문 필요를 줄일 수 있다. 온라인 상거래의 증가로 소비자들의 주문이나 소매상들의 공급 방법이 다양해졌으며 비록 배송 시간이나 비용은 증가했지만, 오프라인 매장은 덜 혼잡하게 되었다. 마지막으로, 고객들이 혼잡 시간대를 피해 전화를 하도록 호소하거나, 연말 성수기 시작 전에 구매하도록 한다든가, 연말정산을 조기에 온라인으로 하도록 하는 것 등도 방법이다. 에너지 소비의 경우에는 스마트 계량기를 이용하여 전기 사용 행태를 분석하고 최대 수요율을 낮추기 위해 저렴한 비용으로 세탁할 수 있는 시간을 알려 주기도 한다. 이러한 조치들은 수요 형태에 영향을 주고자 하는 것이기 때문에 **수요 관리** 전략이라고 한다. 전반적인 목적은 지체시간과 대기행렬의 감소를 위하여 혼잡 시간대의 도착률을 감소시키고 유입의 변동성을 감소시키는 것이다.

실제로, 도착하는 고객들이 대기행렬을 볼 수 있다면 많은 사람이 기다리는 것을 보고 돌아가는 고객들이 생기게 되고 수요관리가 저절로 이루어질 수도 있다. 즉, 도착률이 대기행렬의 길이에 의존하는 상황이 되며 이는 본서의 범위를 벗어나는 주제이므로 다루지 않는다. 또한, 유명한 야구 감독 Yogi Berra이 어떤 레스토랑에 대해서 "너무 붐벼서 사람들이 그곳에 더 이상 가지 않는다."라고 한 말을 생각나게 한다.

용량관리 서비스율 R_p의 증가에 의해서도 가동률 $u=R_i/R_p$은 감소(따라서 안전 용량은 증가)할 수 있다. 5장에서 본 바와 같이, 서버의 수 c를 늘리거나 또는 평균 프로세스 처리 시간 T_p의 감소에 의해서도 프로세스 용량 $R_p=c/T_p$은 증대될 수 있다. 이러한 대안들은 비용을 수반한다. 프로세스 시간 단축은 프로세스 단순화, 작업자 전문화, 최신 기술(계산대의 바코드와 스캐너 또는 병원의 환자진료 자료 전산화)의 사용 등으로 가능하다. 맥도널드에서는 자동차 이용자들의 주문 접수 시 메뉴 판과 스피커 시스템의 상태가 서비스 속도나 정확도 개선에 중요하다는 것을 강조하고 있다. 동시에 처리할 수 있는 작업들이나 고객들의 병행 처리에 의해서도 서비스 시간을 단축할 수 있다. 스타벅스의 점원들은 시간 단축을 위해서 여러 종류의 커피를 동시에 만들기도 하는데 관리자들은 커피의 품질에 대한 고객들의 인식이 나빠질 것을 우려하기도 한다. 마지막으로, 병원에서의 사전 등록, 탑승권의 사전 인쇄 등 사전 프로세스나 셀프서비스 샐러드 바에서 볼 수 있는 고객들의 서비스 참여로 서비스 처리 요건이나 시간을 단축할 수 있다.

일반적으로, 지체시간을 완전히 없애기 위해 용량을 충분히 늘리는 비용은 경제적으로 정당화하기 곤란할 뿐 아니라 처리 시간의 변동성으로 불가능할 수도 있다. 따라서, 생산운영관리 분석가의 역할은 운영비용과 고객이 감내해야 하는 지체시간 간의 적정한 균형을 이루는 서비스 프로세스를 설계하는 것이다. 최적 용량 투자 결정을 위해서는 8.4절에서 살펴본 바와 같이 용량 추가의 비용과 효익을 동시에 고려해야 한다.

8.8.2 변동성 감소에 의한 성과 개선

도착간격과 프로세스 처리 시간의 변동성은 그들의 확률분포의 변동 계수(표준편차/평균)에 의해 표시될 수 있다. 8.3절의 대기행렬길이 공식에서 평균 대기행렬길이(그리고 대기 시간)는 도착간격과 프로세스 시간 변동계수 제곱들의 합과 직접 비례한다.

따라서, 평균 대기행렬길이와 대기 시간을 감소시키기 위한 수단 중의 하나는 도착과 프로세스 처리 시간의 변동성을 감소시키는 것이다. 도착 유형이 더 일정하게 되도록 계획함으로써, 도착 시간의 변동성을 감소시킬 수 있다. 제조 프로세스의 예를 들면, 이는 더 신뢰성 있는 공급업체를 선정하여 일관성 있게 납품하도록 하는 것을 의미한다(7장에서 논의한 대로 배송 리드타임의 변동성 감소는 안전 재고의 감소를 의미한다).

고객 도착들에 대해 통제할 수 있는 여지가 제한된 서비스 운영에서도 계획, 예약, 그리고 약속 등을 통해서 도착들을 더 예측 가능하도록 할 수 있다. 예를 들어, 항공사, 호텔, 병원, 그리고 식당 등은 예약이나 약속 등을 통해 가용 용량을 불확실한 수요와 일치시키려고 애쓴다. 그러나 지각과 약속 불이행 등으로 인해, 도착 시간의 변동성을 완전히 제거하는 것은 불가능하다.

프로세스 처리 시간의 변동성을 감소시키기 위해서는, 먼저 그 원천을 이해해야 한다. 경우에 따라서는, 공통 자원들이 프로세스 처리 시간이 제각기 다른 다양한 종류의 제품을 생산하는데 사용되기도 한다. 그런 경우에는, 제품 다양성을 제한하거나 또는 자원들이 제한된 범위의 프로세스를 처리하도록 함으로써 프로세스 처리 시간 변동성을 감소시킬 수 있다. 패스트푸드 식당의 표준 메뉴 세트, 은행의 전문화된 창구, 그리고 다른 유형의 고객들을 위한 별도의 구내 번호(또는 전화회선) 등을 예로 들 수 있다. 어떤 경우에는, 프로세스가 표준화되어 있지 않거나 표준화된 운영절차에 대한 작업훈련의 부족 때문에 프로세스 처리 시간의 변동성이 초래되기도 하며 이러한 경우 해결책은 프로세스의 표준화이다. 즉, 작업자의 재량을 축소하고 표준화된 절차에 대한 작업 훈련 프로그램을 준비하는 것이다. 예를 들어, 도요타 자동차회사는 각 작업대(workstation)에 대해 정확한 작업활동들의 순서를 지정해 두어 프로세스 처리 시간의 변동성과 평균 프로세스 처리 시간의 감소 효과를 보고 있다. 마찬가지로, 학습효과에 의해 숙련된 작업자들이 작업을 더 빨리 처리할 뿐만 아니라 안정적인 산출의 품질과 함께 프로세스 처리 시간에서도 훨씬 일관성 있게 작업한다. 따라서, 작업안정과 낮은 이직률을 유지하기 위한 관리적인 조치나 유인책은 대기행렬, 지체시간 그리고 처리 시간을 단축하고 일관성 있는 프로세스 처리와 함께 더 낳은 프로세스 성과를 가져다줄 것이다.

이러한 전략들에도, 변동성의 원천들을 모두 제거하는 것은 불가능하다. 예를 들어, 은행들은 고객들이 일정한 간격을 두고 도착하게 할 수는 없다. 고객 각자가 언제 은행에 갈 것인지에 대해 다른 고객들과 독립적으로 결정한다. 마찬가지로, 고객들의 거래 요구들이 제각기 다르기 때문에 프로세스 처리 시간의 변동성 또한 완전히 제거하거나 표준화할 수도 없다. 실제로, 주문생산 프로세스의 가장 주요한 장점은 맞춤 생산 가능성이다. 따라서, 투입과 프로세스 처리 시간의 변동성은 불가피한 것으로 간주하고, 다음에서 논의하는 대로 관리자들은 비용이 더 들더라도 안전 용량에 어느 정도 투자함으로써 대처하는 수밖에 없다.

8.8.3 용량과 수요의 동기화

8.2절에서 본 바와 같이, 대기행렬이 형성되는 것은 단지 투입과 프로세스 처리 시간의 변동성뿐만 아니라 이 두 가지 변동성의 요인들이 동기화되지 않은 이유도 있다. 8.3절에서는, 대기행렬 길이 공식과 지수 모형에서 도착 시간과 프로세스 처리 시간이 독립적인 확률변수라고 가정하였다. 그러므로 지체시간과 대기행렬을 감소시키기 위해서는 이 두 가지 유형의 변동성을 감소시키거나 또는 안전 용량을 추가하여 가동률을 감소시켜야 한다는 것을 앞에서 보았다. 본 절에서는, 지체시간과 대기행렬을 감소시키기 위하여 용량과 변동적인 수요를 동기화시키는 전략을 살펴본다.

일반적으로, 공급과 수요를 동기화하기 위해서는 공급(용량) 또는 수요(도착률)의 관리가 필요하다. 수요에 대응하여 상시로 용량을 조정하는 것은 경제적으로 타당하지도 않고 실현 가능하지 않을 수도 있다. 예를 들어, 호텔의 객실의 수나 식당의 식탁의 수를 손님들이 도착하는 것을 보고 쉽게 증감시킬 수 없다. 이러한 경우에는 수요를 관리할 수밖에 없다. 앞에서 본 바와 같이, 비수기의 객실요금이나 가격 차별은 수요를 가용 공급과 일치시키기 위해 수요를 시간 축 상에서 평준화시키기 위한 경제적 유인이다.

단기적으로는, 인력과 관련된 조정이 자본 투자 조정보다 쉽다. 용량을 수요에 맞춰 조절하는 전략은 슈퍼마켓, 패스트푸드 식당, 그리고 약국 등의 계산대에서 볼 수 있다. 점포 관리자는 대기 고객 수에 따라 계산대를 더 열거나 닫거나 한다. 선반에 물건을 채워 넣거나 바닥 청소를 하는 등 시간상으로 덜 급박한 작업을 하던 직원들을 계산대에 배치함으로써 프로세스 용량을 일시적으로 증대시킬 수 있다. 대기 행렬이 줄어들면 임시로 활용되던 직원들은 다시 원래의 업무로 되돌아가게 된다. 이러한 용량 조정 전략은 콜센터운영에서도 흔한 일이다. 즉, 대기 고객들이 많아지면 관리직들이나 기타 업무를 맡은 직원들이 임시로 전화를 받는다. 디즈니 월드에서는 비디오카메라와 디지털 지도를 이용하여 인기 있는 놀이 기구들의 대기행렬을 관찰하고 필요에 따라 직원을 추가한다. 대기행렬길이에 따라 언제 용량을 늘리거나 줄이거나 해야 하는지를 명시하는 통제 한계(control limit)정책에 대해서는 9장에서 논의하기로 한다. 용량조정 전략은 서로 다른 업무 용량들의 통합에 따른 장점을 보여 주기도 하지만 이는 또한 모든 직원이 여러 가지 직무를 수행할 수 있도록 훈련받아야 한다는 것을 의미한다. 이는 영구적인 용량 필요성을 감소시키는 데 있어서 자원 융통성의 중요성을 예시한다(10장 참조). 마지막으로, 대기행렬이 길어질수록 작업자들이 더 빨리 일하는 경향이 있는데 이는 서비스율을 도착률과 맞추기 위한 노력으로 볼 수 있다. 단기 용량 조정을 통해 용량과 수요의 동기화가 가능하고 대기 시간 감소라는 측면에서 프로세스 성과 개선을 이룰 수 있다.

용량과 수요의 동기화는 좀 더 장기적으로 보면 실행하기가 더 쉽다. 예를 들어, 콜센터, 은행, 그리고 패스트푸드 식당 등의 경우, 서비스에 대한 수요는 하루 중에서도 시간대에 따라 다르며 일주일 중에서도 요일에 따라 다르다. 이러한 시간, 요일, 계절적인 변동성의 많은 부분은 상당히 정확히 예측될 수 있다. 이에 따라 프로세스 관리자들은 예상 수요에 맞춰 필요 용량(인력)을 계획할 수 있다. 예를 들어 McDonald's는 직원들의 휴식 시간이나 작업 시작 시간 그리고 시간제 직원들의 인력 계획을 15분 단위로 수립한다.

마지막으로, 제조 프로세스에서 만약 한 작업대의 산출이 다른 작업대의 투입이라면, 관리자들은 두 작업대 사이에 누적될 수 있는 버퍼의 양을 제한함으로써 도착과 서비스율을 동기화할 수 있다. 산출 버퍼가 가득 차면 앞 작업대의 작업은 중단되게 된다. 이러한 동기화의 방법은 재공 재고와 대기시간을 감소시키기도 하지만 흐름률(throughput)이 감소할 수도 있다는 것을 10장에서 볼 것이다.

8.8.4 버퍼 용량에 의한 성과 개선

콜센터 운영에서 본 바와 같이 추가 비용으로 전화 회선을 추가하여 버퍼 용량을 늘리고 도착 유입률과 흐름률을 늘릴 수 있다. 또한, 이는 봉쇄되지 않고 접속된 고객들의 대기시간을 늘리기도 한다. 이러한 상반되는 효과의 영향을 고려하여 최적 버퍼 용량을 결정하여야 한다.

레스토랑의 칵테일 라운지를 투입 버퍼로 활용할 수도 있다. 고객들은 음료 등을 주문하고 메뉴를 살펴보거나 자리가 나기 전에 미리 주문할 수도 있다. 이러한 전략은 소비자들의 불만을 감소시킬 뿐 아니라 대기 고객으로부터 추가 수입을 창출할 수도 있다.

8.8.5 통합과 분리에 의한 성과 개선

8.7절에서 본 바와 같이 유사한 집단의 고객들을 통합함으로써 가용 자원용량의 사용률을 개선할 수 있다. 고객 통합은 은행, 우체국, 자동차 면허 및 등록 사무소 등에서 여러 서버에 대해 단일 대기행렬을 형성하여 운용하는 방식으로 실행되고 있다. 마찬가지로, 콜센터의 고객들은 대표 전화로 전화를 걸고 순서대로 상담원들에게 연결된다. 만약, 고객들이 별도의 대기행렬을 형성하더라도 대기 행렬 간에 이동할 수 있다면 통합된 대기행렬을 운용하는 것과 동일한 효과를 거둘 수 있다. 예를 들어, 맥도날드의 경우 각각의 서버들은 각자의 대기 행렬이 있지만, 자신의 줄에 대기 고객이 없는 경우 다른 줄의 고객 주문을 받는다.

그러나 다른 유형의 고객들을 통합하는 것은 서비스시간의 변동성을 증가시키고 서버들이 다양한 업무들을 수행할 수 있는 충분한 유연성이 있어야 한다. 따라서 업무 통합에 따른 교차훈련 비용과 통합의 효익을 반드시 비교해야만 한다. 마찬가지로, 전문화를 통해 처리 시간의 변동성뿐 아니라 평균 처리 시간을 단축할 수 있고 서비스의 질도 개선할 수 있다는 것을 보았다. 처리 시간에 따라 고객들을 구분하여 대기 행렬을 운용함으로써 각각의 대기 시간과 대기고객 수를 줄일 수 있다. 슈퍼마켓들의 경우 소량 구매자들을 위한 계산대를 별도로 운용함으로써 소량 구매 고객들의 서비스 시간의 평균과 변동성을 감소시키고 전체 고객들의 평균 대기시간을 줄일 수 있다.

가용 자원 용량을 할당하는데 원칙은 도착 고객들을 동질적인 집단으로 분류하고 전담 서버들에게 배정할 수 있도록 고객들의 서비스 시간에 대한 정보를 수집하는 것이다. 서버의 전문화에 의해 각각의 대기행렬의 서비스 시간의 평균과 변동성을 감소시킬 수 있다.

8.9 고객 인식과 기대 관리

대부분의 서비스 또는 주문 생산 프로세스에서 기다린다는 것은 피할 수 없는 현실이며 그 경제적 그리고 행동적 의의는 매우 크다. 기다림으로 인해 전체적인 서비스 경험에 대한 고객의 인식은 큰 영향을 받게 된다. 최고의 서비스로 평가될 수도 있었을 경험이 오랜 기다림으로 부정적으로 평가될 수도 있다. 불행스럽게도, 지체, 대기행렬, 그리고 혼잡 등은 현실에서 완전히 제거될 수 없는 것들이다. 그러나 고객만족에 대한 이들의 부정적 영향은 행태적 전략을 통해 감소될 수 있다. Maister(1985)는 다양한 접근법들을 구체적으로 기술하고 있는데, 대부분 대기시간에 대한 고객인식과 기대를 관리하는 것을 다루고 있다. 고객들이 기다리는 것에 대해 덜 민감하게 느끼게 함으로써, 고객 불만족과 미래사업손실 등 대기비용을 감소시키는 것이 목적이다.

편안함을 느끼게 하는 것 안락한 의자, 아름다운 장식, 밝은 조명, 친절하고 명랑한 직원들, 도움을 주고자 하는 서버들에 의해 고객들은 기다리는 것을 덜 불쾌하게 느끼게 된다. 통화 대기 중 들려오는 배경 음악도 대기로 인한 비용을 감소시키고자 하는 노력의 예로 볼 수 있다.

다른 것에 주의를 분산시키는 것 뭔가에 집중하게 되면 아무 생각 없이 기다리는 것보다 덜 불쾌할 것이다. 고객이 기다리는 동안 어떤 활동에 몰입하게 함으로써 기다리는 불쾌함으로부터 주의를 환기시킬 수 있다. 호텔 승강기 옆에 거울이 설치된 경우 투숙객들이 승강기를 기다리는 것에 대해 훨씬 덜 불평한다는 실험결과가 있다. 자아도취보다 더 좋은 주위 분산은 없는듯 하다. 자동차 수리업소나 병원 응급실의 대기실에 설치된 TV 또는 디즈니 월드와 같은 놀이 공원에서 놀이기구를 기다리는 고객들에게 비디오 게임, 오락, 또는 유희 등의 서비스를 제공하는 것도 대기 시간 동안 다른 것으로 주의를 분산시키는 예이다. 식당들은 대기 고객들이 기다리는 동안 메뉴를 살펴보고, 퍼즐을 풀고, 음료를 주문하면서 시간을 보내게 한다. 이는 고객이 식탁을 배정받았을 때 서비스 시간을 단축하고 추가 수입을 창출하는 장점이 있다. 어떤 식당들은 고객들에게 호출기를 제공하여 고객들이 기다리는 동안 뭔가 다른 일 들에 전념할 수 있도록 하기도 한다. 마지막으로, 디즈니 놀이 공원들은 놀이기구를 기다리는 고객들을 즐겁게 하는 것으로 잘 알려졌다.

대기관련 정보를 제공하는 것 연구에 의하면 얼마나 기다려야 하는지 전혀 모르는 경우에 고객들은 더 참지 못하는 것으로 나타났다. 대기 행렬에 가담하는 순간 예상 대기 시간에 대해 알게 되고 기다리는 동안 계속 대기 시간에 대한 정보를 받는 고객들은 기다리는 것을 더 잘 참게 된다. 놀이 공원의 관리자들에 의하면 인기 있는 놀이기구의 대기 시간을 고객들에게 알려 주기 시작한 이후에 고객들의 불평이 현저히 감소하였다고 한다. 종종 대기시간에 대해 비관적인 예상치를 알려 주면 고객들이 나중에 실제 대기시간이 예상보다 짧았다는 것을 알게 될 때 기분이 좋을 수도 있다.

대기에 대해 해명을 하는 것 왜 고객들이 기다려야만 하는가와 어떤 조치가 취해지고 있는지에 대해 해명이 있다면 기다리는 것에 대한 불만이 감소할 수 있다. 대기 고객들이 있다는 사실을 관리자들이 인식하고 조치를 취하고 있다는 것을 고객들이 알게 함으로써 서비스 제공자에 대한 고객들의 인식을 개선할 수 있다. 비행기 승객들은 이륙 및 착륙지연이 기상이나 승객안전을 위한 점검때문이라는 사실을 알게 되면 기다리는 것을 기꺼이 받아들일 수 있다. 여기서 목표는 지연되는 이유가 고객과 서비스 제공자 모두를 위한 것으로 인식시키는 것이다.

고객의 기대를 관리하는 것 만약 서비스 자체가 시간이 오래 걸린다면 고객들은 기꺼이 오래 기다릴 수도 있다. 슈퍼마켓에서, 쇼핑을 많이 한 고객은 한두 품목을 구매한 고객보다 더 오래 기다릴 수 있다. 때로는, 대기시간에 대해 비관적인 예상치를 알려 주고 고객들이 나중에 실제 대기시간이 예상보다 짧아지면 기분이 좋을 수도 있다. 대기 시간에 대한 고객들의 기대 수준을 낮게 설정하도록 하고 나서 그보다 단축된 대기시간을 경험하게 함으로써 긍정적인 기억을 갖게 할 수 있다. 항공사들은 도착시간을 넉넉하게 공지하고 도착 예정 시간보다 이르게 도착함으로써 고객들이 만족을 느끼게 하는 것이다.

대기 관련 공정성을 보장하는 것 대기 시간이 설사 길지 않다고 하더라도 나중에 도착한 고객이 먼저 서비스를 받는 경우 고객들은 쉽게 불만을 드러내기도 한다. 역으로, 오래 기다리더라도 도착 순서대로 서비스를 받을 때에는 불만을 덜 드러내게 된다. 도착 고객들로 하여금 단일 대기행렬을 형성하도록 해서 좋은 점의 하나가 고객들이 느끼는 공정성이다. 여러 대기 행렬이 있는 경우 항상 다른 줄이 먼저 줄어드는 것처럼 보이기도 한다. 추가 비용을 지불하여 먼저 서비스를 받는 것은 경제적으로는 합리적인 것으로 여겨질 수 있지만, 여타 고객들에게는 부자들보다 차별 대우를 받는다고 불공정하게 느낄 수도 있다. 불공평한 처리를 드러나지 않게 하려면 우대고객을 사려 깊게 처리할 필요가 있다.

마지막으로, 기다리는 것이 고객들에게 나쁜 것으로 간주되는 것이 일반적이지만 때에 따라서는 너무 빠른 서비스가 좋지 않은 경험이 될 수도 있다. 예를 들어, 패스트 푸드점과는 달리 고급 레스토랑에서는 천천히 접대를 받으면서 충분히 즐길 수 있는 식사를 하는 것을 고객들이 원할 수도 있다. 같은 고객이라도 상황에 따라서 신속한 점심을 원하는 수도 있고 시간적 여유를 가지고 축하할 만한 특별한 일이 있는 경우도 있다. 따라서, 서비스의 반응시간과 품질과 관련된 운영 전략을 고객의 필요에 적절하게 맞추어야 한다.

결론적으로, 고객들이 기다리는 것에 대해 느끼는 바를 관리하는 것이 실제 대기 시간 자체를 감소시키는 것만큼이나 중요한 요소이다.

요약

7장과 8장에서, 우리는 프로세스 흐름 관리의 근본적인 문제인 가용 공급과 변동적인 수요를 일치시키는 것에 대해 살펴보았다. 7장에서는, 재고 생산 프로세스에서 어떻게 안전 재고를 이용하여 이러한 목표를 달성할 수 있는가를 보았고, 본 장에서는 주문 생산 프로세스에서 안전 용량의 역할에 초점을 맞추었다. 이러한 프로세스들에서, 만약 서비스(프로세스 처리)에 필요한 자원들이 즉시 사용 가능하지 않은 경우에는 흐름단위들이 투입 버퍼들에서 기다려야 하고, 이는 흐름 시간과 투입 버퍼 재고를 증가시킨다는 것을 보았다.

특히, 본 장에서는 도착 고객들이 서버를 기다려야 하고 지체시간과 대기행렬로 고객들이 불만족을 느끼게 되는 서비스 운영관리에 초점을 맞추었다. 대기는 다음 이유에 의해 발생한다는 것을 보았다.

(1) 높은 도착률 또는 낮은 프로세스 용량으로 인한 높은 가동률
(2) 도착간격과 프로세스 처리 시간의 높은 변동성
(3) 가용 용량과 변동적인 수요 간의 동기화 결여

대기행렬길이 공식은 대기 행렬의 평균 고객 수를 가동률, 서버의 수, 그리고 변동계수들의 함수로서 근사할 수 있게 해준다. 안전 용량은 고객 유입 흐름을 처리하는 데 사용할 수 있는 프로세스 초과용량의 척도이다. 대기 시간과 대기 행렬 감소를 위한 적절한 관리수단들로서는 다음 다

섯 가지를 들 수 있다.

(1) (서버의 수 증대를 통한 프로세스 규모의 증대, 속도 증대를 통한 프로세스 개선, 그리고 안전 용량통합에 의한) 안전 용량 관리
(2) (신뢰성 있는 공급업체, 예측 개선, 예약, 그리고 약속 등에 의한) 유입 흐름의 변동성 감소와 (작업 절차 표준화 채택, 훈련 개선, 그리고 서버 전문화 등에 의한) 프로세스 변동성 감소
(3) (계획, 성수기 요금설정, 그리고 시간제 근로자 활용 등을 통한) 용량과 수요의 동기화 개선
(4) 버퍼 용량의 증대를 통한 봉쇄율 감소와 흐름률 증대
(5) (정보 기술을 이용한) 고객의 요구조건에 따른 분류와 동질 고객 집단들에 대한 자원 용량의 통합

용량 투자 결정은 버퍼와 프로세스 용량에 대한 투자를 포함한다. 용량 증대의 비용, 대기관련 비용, 그리고 포기와 봉쇄에 따른 미래 잠재 매출의 상실 등 손익 상충관계(trade-offs)를 고려해야 한다.

고객에게 약속시간을 통지하는 경우에는 흐름 시간의 변동성을 고려하여야 한다. 프로세스 관리자가 약속시간을 지키고자 하는 확신의 척도인 원하는 서비스 수준에 따라 인도 시간 견적에 안전 시간이 추가되어야 한다. 도착과 서비스 프로세스의 변동성이 존재하는 한 안전 시간은 가동률에 따라 증가한다.

마지막으로, 대기행렬과 대기시간을 줄이는 것 외에도, 고객들이 기다림에 대한 인식도 관리될 수 있다. 편안하게 기다리게 해 준다든가, 즐겁게 기다릴 수 있는 요소를 제공한다든가, 지체되는 데 대한 설명을 해 준다든가, 또는 실제 예상보다 더 오래 기다려야 한다고 알려 주고 실제는 그보다 덜 기다리게 된 것에 대해 기분 좋게 놀라게 한다든가 하는 여러 가지 방법에 의해서 달성될 수 있다.

주요 등식 및 기호

(8.1) $R_p = \frac{c}{T_p}$

(8.2) $R = \min(R_i, R_p)$ (봉쇄와 포기가 없는 경우 흐름률)

(8.3) $u = \frac{R}{R_p}$

(8.4) $R_s = R_p - R$

(8.5) $T = T_i + T_p$

(8.6) $I_i = R \times T_i$

(8.7) $I_p = R \times T_p$

(8.8) $I = R \times T$

(8.9) $u = \dfrac{I_p}{c}$

(8.10) $I_i = \dfrac{u\sqrt{2(c+1)}}{1-u} \times \dfrac{C_i^2 + C_p^2}{2}$ (대기행렬길이 공식)

(8.11) $T = \dfrac{1}{R_p - R_i} = \dfrac{1}{R_s}$

(8.12) $R = \min[R_i(1-P_b)(1-P_a), R_p]$ (봉쇄와 포기가 있는 경우 흐름률)

(8.13) Prob(프로세스 체재시간 $\leq T_d$)$=SL$

(8.14) $T_s = T_d - T$

기호

R_p= 서비스율
T_p= 프로세스 처리 시간
R_i= 유입(도착)율
R_s= 안전용량
C_i= 도착 간격 시간 변동계수
P_b= 봉쇄(blocking) 확률
T_s= 안전시간
SL= 서비스 수준
c= 서버의 수
R= 흐름률(throughput rate)
u= 가동률
T= 평균 프로세스 체재시간
C_p= 프로세스 처리 시간 변동계수
P_a= 포기(abandonment) 확률
T_d= 약속된 시간(납기일)
T_i=(투입 버퍼에서) 평균 대기시간
I_i=(투입 버퍼에서) 대기 중인 평균 흐름단위 수
I_p= 서비스(처리) 중인 평균 흐름단위의 수
I= 시스템(프로세스) 내에 있는 평균 총 흐름단위 수

주요 용어

단일-단계서비스 프로세스
대기행렬길이 공식
도착간격시간
도착률
버퍼 용량
변동계수
봉쇄(blocking)
봉쇄 비율(proportion blocked)
서비스 순서 규정
서비스율
수요 관리
안전시간
안전 용량
안정성 조건
용량 통합(pooling capacity)
체재 시간 약속
포기(abandonment)
포기 비율(proportion abandoning)

프로세스 처리시간(processing time, 서비스 시간) 흐름 지체시간 곡선(throughput delay curve)
확률적 변동성

토의 과제

8.1 운영관리의 근본적인 문제는 공급과 수요를 일치시키는 것이다. 프로세스 관리자들이 이 문제를 해결하기 위해 어떠한 전략을 사용할 수 있는가?

8.2 재고생산과 주문 생산 프로세스 관리를 위해 왜 다른 전략들이 사용되는가?

8.3 슈퍼마켓이나 병원등의 서비스 운영에서, 프로세스 관리자들은 도착 고객들을 처리할 수 있는 충분한 자원을 유지하려고 애쓴다. 이러한 노력에도 왜 우리는 종종 오래 기다리게 되는가?

8.4 제한된 버퍼 용량이 서비스 프로세스에 진입하지 못하는 고객들의 수와 진입하는 고객들의 대기 시간에 미치는 영향은 무엇인가?

8.5 변동적인 수요를 충족시키기 위하여 자원을 조직하면서, 서비스 프로세스 관리자들은 모든 자원이 모든 고객을 처리할 수 있도록 자원을 공유(pool)하는 수도 있고 또는 특정 자원은 특정 유형의 고객들만 처리하도록 할 수도 있다. 각 전략의 장단점을 논하고 어떤 상황에서 어떤 전략을 추천할 것인지 서술하라.

8.6 다음 세 가지 문장에 대해 토론하고 비교하라:

- 모든 프로세스 관리자의 목표는 가능하면 많은 고객을 가능한 한 빨리 만족하게 하는 것이어야 한다.
- 모든 프로세스 관리자의 목표는 재고를 최소화하는 것이어야 한다.
- 모든 프로세스 관리자의 목표는 제품 가용성을 최대화하는 것이어야 한다.

8.7 본 장에서는, 평균 흐름 시간과 평균 재고 등의 관점에서 프로세스 성과를 개선하는 전략을 강조하였다. 이러한 척도들의 평균만을 고려하는 것이 부적절한 예제를 들라.

8.8 본 장에서는, 주로 프로세스 성과의 계량적 척도들을 (흐름시간과 재고 등과 같은) 관리용어들과 (운영이익과 비용 등과 같은) 경제용어들을 사용하여 논의하였다. 고객만족에 대한 심리적 충격을 완화함으로써 프로세스 성과에 대한 인식을 제고 할 수 있는 전략들의 다섯 가지 예를 정성적(qualitative) 용어들을 사용하여 제시하라.

연습 문제

8.1 어느 콜센터는 5명의 고객 상담원이 근무하며 12개의 회선을 통해 평균적으로 1분당 2명의 잠재 고객들이 전화를 걸어온다. 각 고객 상담원은 평균적으로 고객 1명당 2분가량 상담을 한다. 경영진은 심사숙고 끝에 회선을 하나 더 추가하기로 하였다. 그 결과,

a. 잠재 고객 중 통화 중 신호를 듣게 되는 비율은(증가한다, 감소한다, 변하지 않는다.)

b. 고객이 경험하는 평균 흐름 시간은(증가한다, 감소한다, 변하지 않는다.)

c. 고객 상담원의 평균 가동률은(증가한다, 감소한다, 변하지 않는다.)

8.2 어느 우편주문 판매회사에는 주문 접수 부서와 불만 접수 부서가 분리되어 있다. 현재, 각 부서는 다른 전화번호를 사용하며 각각 7개의 회선과 2명의 고객 상담원이 근무한다. 각 부서에 1분당 평균 1통의 전화가 걸려오며 각 상담원은 고객 1명당 평균적으로 1.5분 가량 상담을 한다. 경영진은 두 부서를 통합하여 모든 상담원을 두 가지 업무를 모두 수행할 수 있도록 훈련시키는 것을 제안하였다. 새로 만들어지는 부서는 14 WATS회선과 4명의 고객 상담원에 의해 운영된다. 프로세스 관리자는 다음을 예상할 수 있다:

a. 잠재 고객 중 통화중 신호를 듣게 되는 비율은 (증가한다, 감소한다, 변하지 않는다.)

b. 고객이 경험하는 평균 흐름 시간은 (증가한다, 감소한다, 변하지 않는다.)

8.3 사업가 도씨는 전화로 피자 픽업 주문을 받는 Pizza-Ready라는 회사를 설립하였다. Pizza-Ready의 전략은 더 낳은 재료를 이용하여 만든 신선한 피자를 최상의 서비스로 제공하여 기존의 피자식당과 경쟁하는 것이다. 광고전략의 일환으로, '당신의 피자가 20분 이내에 준비되지 않으면, 이번 주문과 다음 번 피자주문까지 무료' 라는 문구를 사용하려고 한다. 피자 제조 프로세스의 연구 결과 모든 피자는 15분간 오븐에서 굽고 2분 동안 준비시간이 필요한 것으로 나타났다. 더 나아가, 최상의 서비스의 일환으로 고객의 전화주문은 100% 접수되며 조사에 의하면 평균 수요는 시간당 20판 정도 되는 것으로 나타났다. 이에 따라, 도씨는 한 번에 피자 하나씩을 구울 수 있는 5개의 피자 오븐을 주문하였다. 도씨는 자금 사정상 동업자를 구하고 있다. 사업 구조를 볼 때, 도씨의 사업이 수익성이 있는 투자가 되겠는가? 어떻게 조언하겠는가? 이유를 설명하라?

8.4 상품소개책자를 통한 우편주문판매 소매업체인 M.M. Sprout은 한 명의 고객서비스 상담원이 무료 접속 전화번호를 통해 주문을 받고 있다. 만약 상담원이 통화 중일 경우 고객은 대기해야만 한다. 문제를 간단히 하기 위하여, 걸려 오는 전화 중 대기 상태에 있을 수 있는 고객의 수는 제한이 없고 아무리 기다려도 전화를 끊지 않는다고 가정하자. 평균적으로 4분당 한 통의 전화가 걸려오고 주문 상담을 처리하는데 평균 3분이 소요된다고 하자. 도착간격과 처리 시간은 모두 지수 분포를 따른다고 가정하자. 전화 상담원은 시간당 $20의 급여를 받고 무료 접속 전화회선의 비용은 시간당 $5라고 한다. 회사 측은 고객 한 명이 1분간 대기하는데 따르는 비용이 불만족과 미래 사업기회 상실 등으로 $2 정도인 것으로 추정한다.

a. 다음을 추정하라.

- 상담원이 상담 중인 시간의 비율
- 고객의 평균 대기시간
- 전화 접속상태인 평균 고객 수
- 시간당 서비스와 대기 비용

b. 좀 더 현실적으로, M.M. Sprout이 네 개의 전화회선을 가지고 있다고 하자. 즉, 최대 3

명의 고객만이 대기 상태에 있을 수 있다. 또한, 네 회선 모두 접속 중인 상태에서 걸려오는 전화는 통화 중 신호를 듣게 되며 고객은 전화를 끊고 경쟁업체를 통해 주문한다고 가정하자. 이러한 고객들의 현재 및 미래 사업기회 상실로 인한 손실은 고객당 평균 $100라고 한다. 다음의 총비용을 추정하라.

- 서비스 제공
- 대기
- 통화 중 대기신호로 인한 시간당 평균 손실

c. M.M. Sprout은 회선을 추가하는 것을 고려하고 있다고 하자. 만약, 추가비용이 무시할 만 하다면 경제적 근거로 정당화될 수 있는가? 고객 대기 시간에 어떻게 영향을 미치겠는가?

d. 회선 추가와 함께, M.M. Sprout는 대기 시간감소를 위하여 상담원의 추가채용도 원한다고 한다. 그렇게 해야 하는가?

***8.5** Heaverly Mercy 병원은 방사선과의 업무 효율성과 처리속도를 개선하고자 한다. 매시간, 의사들은 방사선 판독 기사에게 평균 18장의 X-ray 필름을 제출하며 각 방사선 판독 기사는 재래식 판독 장비를 사용하여 한 번에 필름 한 장씩 판독을 한다. 필름은 환자들에 따라 다양하므로, 소견서를 준비하는 데 필요한 실제 시간은 평균 30분인 지수분포를 따른다. 판독 장비 한 대 임대비용과 판독 기사 한 명의 급여의 합은 시간당 $100이다. 의사들의 대기 비용을 금액으로 환산하기는 어렵지만, 의사들은 필름 제출 후 평균 40분 이내에 소견서를 받기를 원한다.

a. 흐름 시간에 대한 의사들의 요구를 충족하기 위하여 병원은 몇 명의 방사선 판독 기사를 고용해야 하는가? 이에 따른 방사선과의 시간당 운영비용은 얼마인가?

b. 병원은 더 낳은 X-ray 판독 장비를 리스하여 진단절차를 변경할 수 있다. 새로운 절차를 따르면 방사선 판독 기사의 평균 필름 프로세스 처리 시간을 20분으로 감소시킬 수 있다고 한다. 그러나 이와 동시에, 높은 임대비용과 추가 보조인력에 대한 급여로 기사 1인당 방사선과의 시간당 비용은 $150로 증가한다. 새로운 계획에 따라 몇 명의 방사선 전문기사를 보유해야 하는가? 새로운 계획은 경제적으로 이익이 되는가?

8.6 First Local 은행은 드라이브-인(drive-in) 시설의 대기시간과 거래시간을 단축하여 고객 서비스를 개선하고자 한다. 은행의 프로세스 관리자는 실험조사 결과 평균 고객 도착률을 시간당 30명으로 추정한다. 모든 도착 차량은 일렬로 대기하며 선입 선출에 의해 4개의 창구에 의해 서비스를 받는다. 각 직원이 차량 한 대를 처리하는데 평균 6분이 소요된다. 은행은 시간당 $30의 비용으로 고속 정보 검색 및 통신 장비를 임대하는 것을 고려하고 있다. 새로운 장비는 시설 전체를 위해 사용될 수 있고 창구 직원들의 거래 처리 시간을 고객당 평균 4분으로 단축 시킬 것으로 예상한다. 도착간격과 거래 처리 시간은 지수분포를 따르는 것으로 가정하라.

a. 고객들이 대기 행렬에서 기다리는데 따르는 비용(미래 사업 기회의 상실 등)이 고객 1인, 1시간당 $20로 추정된다면, 새로운 장비의 임대를 경제적으로 정당화할 수 있는가?

b. 이러한 대기 시간의 비용이 의문시된다 하더라도, 경쟁업체들에 대한 조사에 의하면 대기시간을 포함한 고객의 통과시간은 평균 8분 이내가 돼야 한다고 한다. 만약, First Local 은행이 이 기준을 충족하려면 새로운 장비를 임대해야 하는가?

***8.7** 항공산업의 규제철폐 이후, 이용객 증가와 경쟁심화로 Global 항공사는 효율성과 경제성에 대한 재검토의 필요를 느끼게 되었다. 비용면에서 효과적인 고객서비스 개선 운동의 일환으로, Global 항공사는 허브(hub)터미널에서의 승객 체크인 절차에 초점을 맞추어 왔으며 체크인 시설을 최대로 활용하기 위하여 공통 체크인 시스템을 운영하고 있다. 즉, 탑승객들은 한 줄(snake line)로 대기하며 체크인 창구 직원 중 누구에게라도 서비스를 받을 수 있다. 도착률은 시간당 평균 52명이며 체크인 과정 중 직원은 예약 확인, 좌석 배정, 탑승권 발행, 그리고 수하물 중량 측정, 이름표 부착 및 발송의 업무를 수행한다. 전체 과정은 평균 3분이 소요된다. 직원급여는 시간당 $20이며 Global 사의 고객관계 담당 부서에 의하면 고객이 대기행렬에서 기다리는 동안 체크인 지체로 탑승하지 못한다거나, 고객 불만족 그리고 미래 사업 기회상실 등 여러 가지 이유로 고객 1인에 대해 1분당 $1의 손실이 발생하는 것으로 추정하고 있다.

a. 얼마나 많은 수의 직원들을 허브 터미널에 배치해야 하는가?

b. 고객들과 경쟁업체를 조사한 결과 평균대기 시간 3분은 양호한 것으로 나타났다. 이 수준을 맞추려면, 얼마나 많은 상담원을 고용해야 하는가?

8.8 Henniker 은행의 고객이 계좌 명세서에 오류가 있다고 믿는 경우, 고객이 제기한 이의신청은 은행의 연구부서로 전송되고 연구부서의 직원은 문제의 거래들을 분석한 후 문서화한다. 조사가 완료되면 직원은 고객에게 전화로 결과를 통보한다. 연구부서에는 세 명의 직원이 근무하며 각각 서로에게 할당된 지역의 이의 신청에 대해서만 처리하고 각 지역의 이의 신청건수는 주당 평균 3.5건으로 동일하다. 직원들의 경험수준은 동일하며 평균 1.2일 동안 한 건을 처리한다. 주 5일 근무를 가정하라.

a. 평균적으로 몇 건의 이의 신청이 처리 대기상태인가? 이의 신청중 몇 %가 10영업일 이내에 처리되는가?

b. 은행은 새로운 정보처리시스템을 도입하는 것을 고려하고 있다. 이로 인해, 서비스분포의 평균은 이전과 동일하지만 표준편차는 50% 감소할 것이다. 문제 a에 대한 답이 어떻게 달라지는가?

***8.9** Burrito King이라는 새로운 패스트푸드 체인점은 창구 운영에 애로 사항이 있었다. 고객들은 평균 30초당 한 명꼴로 도착하며 현재 서비스 시간은 평균 25초, 표준편차는 20초이다. 새로운 프로세스의 시험 운영 결과, 서비스 시간은 평균 25초와 표준편차 10초로 나타났다. 고객들은 봉쇄되거나 또는 대기 중에 시스템을 이탈하지 않는다고 가정하라. 새로운 프로세스 하에서,

a. 평균대기 시간은 (증가한다, 감소한다, 변하지 않는다.)

b. 평균 서버 가동률은 (증가한다, 감소한다, 변하지 않는다.)

8.10 V.V. Ranger 사는 산업용 제품 판매업체이다. 모든 고객의 구매는 콜센터들을 통해서 상담원들을 통해 접수된다. 현재, Ranger 사는 미국 전역에 350개의 창고가 있으며, 각각의 창고에는 자체 콜센터가 있다. 고객은 콜센터들 중 한 곳에 전화하고 콜센터의 상담원이 응답할 때까지 기다린다. Ranger 사는 고객이 무료 전화번호로 전화하면 전국의 콜센터 중에서 가장 먼저 상담원이 응답 가능한 콜센터로 연결해 주는 교환 시스템을 평가하고 있다. 만약 Ranger 사가 교환 시스템을 설치한다면, 고객의 평균대기 시간은 (증가한다, 감소한다, 변하지 않는다.) 설명하라.

***8.11** Master Karr 사는 산업용 부품 공급업체이다. 모든 주문은 콜센터에서 접수되며 콜센터에는 15개의 전화회선이 있어서 최대 15명의 고객이 동시에 접속할 수 있다. 전화는 1분당 평균 4통화가 걸려오며 콜센터에는 5명의 서비스 상담원들이 전화를 받고 있다. 각 상담원은 평균 1분 동안 고객의 주문을 받는다. Master Karr 사는 한 고객이 일 분 대기하는 동안 전화료와 미래 사업기회 상실 등으로 $1의 비용이 발생하는 것으로 추정한다. 또한, 통화 중 신호를 듣는 고객은 다른 공급업체를 선택하게 되며 Master Karr 사에게 통화당 $50의 손실을 초래한다. 접속된 고객은 전화를 끊지 않는다고 가정하라. 상담원들은 시간당 급여는 $15이다.

a. 현재의 콜센터 운영 방식하에서 시간당 비용은 얼마인가?

b. 한 명의 상담원을 추가 배치할 때 Master Karr 사의 시간당 비용은 얼마인가? 도움이 되는가?

8.12 BizTravel.com은 Web site로 운영되는 여행사로서 최근에 'BizTravel 보장'이라는 약속을 통해 고객서비스가 만족스럽지 않을 경우 보상을 해주는 정책을 선언하였다.

a. 그 중의 하나가 '고객의 서비스 요청 이메일에 대해 두 시간 이내에 답장을 제공하지 못할 때 $10를 지급한다는 것이다.' 현재 고객들은 service@biztrave1.com으로 전자우편을 보내며 BizTravel의 메일 서버는 이 전자우편들을 다섯 명의 상담원들에게 나누어 전송한다. 예를 들어, 전체의 1/5은 CSRl@biztrave1.com에게 또 다른 1/5은 CSR2@biztravel.com에게 전송되는 식이다. Collaborative사는 중앙 우편함에 있는 고객서비스 우편들을 상담원의 가용 여부에 따라 나누어 전송하는 고객 관계 관리 소프트웨어를 개발하였다. 이 소프트웨어가 BizTravel의 새로운 고객 보장 정책을 지키는 데 도움이 되리라고 생각하는가? 설명하라

b. 또 다른 서비스 보장 약속은, '고객의 상담문의 전화가 90초 이내에 연결되지 않으면, $10를 지급한다.' 라는 것이다. 가장 전화가 많이 걸려오는 시간대는 점심시간인 12시에서 1시 사이이며, 평균 1분당 한 통의 전화가 걸려온다. 서비스를 위한 통화시간은 평균적으로 5분이다. 관리자는 이 시간대에 5명의 상담원을 배치하려고 한다. BizTravel은 보상정책에 의해 돈을 지급하게 될 것인가?

***8.13** 패스트푸드 식당사업에서 자동차 전용 창구의 운영은 점점 더 주요한 경쟁우위 원천이 되고 있다. 자동차 전용 창구 운영의 선두 격인 Mandy's에 비해 McBerger는 이 분야에서 뒤처져 있었다. 자동차 전용 창구의 서비스는 다음 단계들로 이루어져 있다. 첫 번째

단계는 주문, 두 번째 단계는 계산창구에서 계산, 그리고 마지막으로 세 번째 단계는 주문 픽업이다. 인접한 고객들의 도착간격은 평균 45초인 지수분포를 따른다. 현재, McBerger의 (세 단계) 총 서비스 시간은 평균 55초이고 표준편차는 35초이다. 프로세스에 몇 가지 변화가 있었으며 (변화가 있기 전이나 후에나) 고객들은 봉쇄되지도 않으며 일단 시스템 내에 들어온 후에는 포기(이탈)하지 않는다고 가정하라.

a. 경쟁업체들은 자동차 전용 창구의 주문을 처리하기 위하여 별도의 주방을 운영하는 것을 실험했다. McBerger가 이러한 새로운 '공장 내 공장(plant-within-a-plant)' 전략을 채택하였을 때 평균 서비스는 55초 그대로이나 표준편차는 25초로 감소하였다. 변화의 결과로서, 평균대기 행렬에서의 대기 시간이 증가하는가, 감소하는가, 또는 그대로인가?

b. McBerger는 고객 차량의 앞유리에 송수신기를 설치하여 지불창구에서 결제하는 대신에 바로 결제가 이루어지도록 하는 실험을 시작했다. 이러한 기술을 이용하여 평균대기 시간이 증가하는가, 감소하는가, 또는 그대로인가?

참고 문헌

Andrews, B. H., and H. L. Parsons. "L. L. Bean Chooses a Telephone Agent Scheduling System." *Interfaces* 19, no. 6 (November-December 1989): 1-9.

Cachon, G., and C. Terwiesch. *Matching Supply with Demand.* New York: McGraw-Hill/Irwin, 2006.

Chase, R., F. R. Jacobs, and N. Aquilano. *Production and Operations Management.* 10th ed. New York: McGraw- Hill/Irwin, 2004.

Hopp, W. J., and M. L. Spearman. *Factory Physics*, 3rd ed. Chicago: Irwin, 2008.

Kleinrock, L. *Queueing Systems.* New York: John Wiley & Sons, 1975.

Larson, R. C. "Perspectives on Queues: Social Justice and the Psychology of Queuing." *Operations Research* 35, no. 6 (November-December 1987): 895-905.

Maister, D.. "The Psychology of Waiting Lines." In *The Service Encounter: Managing Employee/ Customer Interaction in Service Businesses,* ed. J. A. Czepiel, M. R. Solomon, and C. F. Suprenant. Lexington, MA: Lexington Books, 1985.

McClain, J. O., L. J. Thomas, and J. B. Mazzola.. *Operations Management.* 3rd ed. Upper Saddle River, N.J.: Prentice Hall, 1992.

부록: 버퍼 용량이 제한된 지수모형

가정

- 도착간격과 서비스시간이 각각 평균도착률 R_i와 평균처리율 $R_p=c/T_p$(즉, 평균도착간격 $=1/R_i$, 그리고 평균 서비스시간$=T_p$)인 지수분포를 따른다.
- 서버의 수는 c이고 고객들은 도착순서대로 단일 대기행렬을 이루게 된다.
- 투입 버퍼의 용량은 K이고, 따라서 시스템 내 최대 고객 수는 $K+c$이다.

이러한 시스템의 성과 특성에 대한 정확한 공식들은 이미 알려져 있다. 자세한 것은 Kleinrock (1975)를 참조하라. 특히, 시스템 내에 고객 수가 n일 확률 P_n 또는 재고수준이 $I=n$일 확률은

$$P_n = \begin{cases} \dfrac{1}{n!}(T_pR_i)^n P_0 & \text{if } 0 \le n < c \\ \dfrac{1}{c!c^{n-c}}(T_pR_i)^n P_0 & \text{if } c \le n \le c+K, \end{cases}$$

여기서 P_0는 시스템 내에 고객이 하나도 없을 확률로서 다음과 같이 주어진다.

$$\frac{1}{P_0} = \begin{cases} \displaystyle\sum_{n=0}^{c-1} \frac{1}{n!}(T_pR_i)^n + \frac{(T_pR_i)^c}{c!} \frac{(1-(T_pR_i)^{k+1})}{(1-T_pR_i)} & \text{if } R_i \ne R_p \\ \displaystyle\sum_{n=0}^{c-1} \frac{1}{n!}(T_pR_i)^n + \frac{(T_pR_i)^c}{c!}(K+1) & \text{if } R_i = R_p \end{cases}$$

여기서 봉쇄 확률 P_b은 시스템 내에 고객 수가 $K+c$일 확률이다. 따라서, $P_b=P_{K+c}$이다. 이러한 서비스 프로세스의 가동률은

$$u = \frac{R}{R_p} = \frac{R_i(1-P_b)}{R_p} = \frac{T_pR_i(1-P_{K+c})}{c}$$

여기서 $r=R_iT_p$로 놓으면

$$I_i = \frac{P_0(cr)^c r}{c!(1-r)^2}\left[1 - r^{K+1} - (1-r)(K+1)r^k\right],$$

$$I = I_i + c - P_0 \sum_{n=0}^{c-1} \frac{(c-n)(rc)^n}{n!}; \quad T_i = \frac{I_i}{R}; \; T = \frac{I}{R}.$$

이 결과로부터 정의와 리틀의 법칙에 의해 여타 성과 척도들도 계산되어 질 수 있다. K에 큰 값을 대입하면 버퍼 용량에 제한이 없는 경우에도 이 공식들을 사용할 수 있다. 이 공식들은 www.prenhall.com/anupindi에서 내려받을 수 있는 **Performance.xls** 파일에 프로그램되어 있다.

Chapter

9

프로세스 흐름 변동성 관리: 프로세스 통제와 프로세스 능력

서론

오버헤드 도어 회사의 설립자, C.G. Johnson은 1921년에 위로 열리는 차고 문을 발명한 사람이고 1926년에 전기로 작동하는 차고 문 개폐기를 개발한 사람이다. 그 후로 오버헤드 도어 회사는 상업용, 산업용, 주거용 차고 문의 공급을 선도하는 기업이 되었고 전국에 걸쳐 450여 개 이상의 공급 체계를 갖추고 있다. 오버헤드 도어 회사는 최첨단 CAD/CAM(computer aided design and manufacturing) 기법을 이용하여 소비자의 요구조건에 맞는 철제의 문을 개발하고 제조하고 있다. 그들은 그들이 만든 제품의 품질과 사후 서비스에 대해서 대단한 자부심을 가지고 있으며 15%의 시장점유율을 유지하면서, 고급철제문 제조업체로서의 확고한 입지를 가지고 있다.

최근의 파티에서, 오버헤드 도어의 종업원들은 지난 몇 년의 회사의 업적을 치하하고 있었다. 회사중역들도 업적에 대해 서로 자축하며 축하연설을 하였다. 그러한 분위기 속에 판매담당

과장이 앞으로 나서며 이야기하기를, '여러분, 분위기를 해치고 싶지 않지만, 그다지 좋지 않은 소식을 전하고자 합니다. 최근, 저는 주요 고객들과 이야기할 기회를 얻었는데, 여러 고객이 우리의 제품과 서비스에 대해 그다지 만족하고 있지 않다는 놀라운 이야기를 듣게 되었습니다. 사실 언젠가 한 고객으로부터 우리 제품의 품질이 형편없다는 이야기도 들은 바 있습니다. 우리는 우리 제품과 서비스가 최고라고 믿고 있었지만, 고객들이 하는 이야기가 사실이라면 경쟁회사들이 현재 더 개선된 제품을 더 저렴한 가격에 내어 놓는 현 상황에서 고객을 경쟁회사에 잃을 수밖에 없습니다.' 모든 직원이 회사의 업적을 성공적으로 보고 있는 상황에서, 대개는 이러한 좋지 않은 뉴스를 전하는 사람은 해고되거나 혹은 그 이야기가 무시되기 마련이다. 그러나 역시 오버헤드 도어 회사의 CEO는 비전과 열린 마음을 가지고 있는 현명하고 사려 깊은 사람이어서인지, 판매과장에게 더 자세하게 설명해 보라고 하며 경청을 하였다. 과장은 계속 이어서 다음과 같은 내용의 이야기를 들려주었다. 고객들과 이야기해 보니, 제품의 안전성과 내구성, 그리고 사용의 용이성에 대한 불만이 있었고, 특히나 다른 경쟁 제품들보다 가격이 높은데 대한 불만이 컸다. 그리고 약속된 시간에 배달되어 제품을 설치할 때 문제가 생기는 경우 신속한 서비스에 대한 문제도 제기되었다. CEO는 이런 이야기를 주의 깊게 경청한 후, 지금이야말로 우리 제품과 서비스에 대한 고객의 불만을 발견하고 그 원인을 없애도록 노력을 기울여야 할 것이라고 결론지었다.

판매과장의 관찰이 주관적 판단과 어쩌다 한번 발생했었던 사실에 근거한 것인지 CEO는 한번 생각해 보게 되었다. 1990년대에 관리자 수업을 받았을 때, CEO는 **전사적 품질관리**(TQM: total quality management) 세미나 교육을 받았었고 식스 시그마 품질관리 도구에 대해 배웠다. '사실경영'의 정신에 입각하여, 구체적인 자료를 수집하여 분석할 필요가 있다는 것을 지적하였다. 그럼으로써 CEO는 직관적이기보다는 계량적이고 과학적인 근거에 의해 어떤 적절한 행동을 취할 수 있게 된다. CEO는 판매과장, 생산기술자, 제품 설계자, 철강 공급자, 서비스 담당자 등 다양한 구성원들로 품질 개선팀(QIT: quality improvement team)을 만들어, 미래에 발생 가능한 문제들의 원인에 대한 인식, 교정, 그리고 방지대책을 세우도록 하여 고객의 만족도를 증가시킬 수 있는 중요한 성과 척도에 대한 구체적인 자료를 수집하고 분석하도록 하였다. 개요를 그려봄으로써 회사의 제품과 서비스에 대한 고객의 불만족 원인을 QIT가 발견할 수 있을 것이다.

모든 제품과 서비스는 원가, 품질, 가용성, 그리고 흐름시간에 대해 다양성을 지니게 마련이고, 이러한 변동성이 위의 예에 나타난 것과 같은 고객의 불만을 일으키기도 한다. 이번 장에서는 그래프와 통계적 방법을 이용하여 제품과 프로세스 성과에서의 변동을 측정하고 분석하며 통제하여, 고객의 만족을 개선하는 데 대한 공부를 하기로 한다. 9.1절에서 이러한 변동성의 고객만족에 대한 영향을 공부하고, 9.2절에서 그래프와 통계적 방법을 사용하여 성과변동을 측정하고, 조직적으로 시각화시켜 분석하는 것을 공부한다. 이번 장에서 소개되는 개념들과 기법들은 제품이나 프로세스 성과에 대한 어떠한 척도 즉, 원가, 품질, 가용성, 반응시간 등에서 변동을 관리하는데 적용될 수 있지만, 이전의 장에서 이미 다른 척도에 대해서는 설명을 했기 때문에, 이번에는 품질을 중심 속성으로 간주하겠다.

7장과 8장에서 공급(리드타임과 프로세스 시간)과 수요(수요량과 고객 도착)에서의 변동이 제품 조달과 반응시간에 미치는 영향에 대해서 분석하였고, 그때 변동의 통계적 속성은 일정하고 확률분포가 알려졌다고 가정하였다. 이러한 변동에 대한 대응책은 정태적(static)인 안전망(safety net), 예컨대 안전재고, 안전 용량, 안전 시간 한계 등의 구축인데, 이러한 안전망 구축이 실제 수요와 공급에서의 변동을 흡수하여 대개는 바람직한 수준의 성과를 성취하도록 할 수 있다.

그러나 실 상황에서는 변동과 관련된 여러 통계 법칙들이 알려지지 않거나 심지어는 시간이 지남에 따라 변하기도 한다. 따라서 이번 장에서는 시간에 따른 변동성을 예측하고 추적하고 대응하는 방법을 중점적으로 다룬다. 9.3절에서 동태적 감시의 원칙에 입각한 온라인 프로세스 통제를 공부하겠는데, 동태적 감시의 원칙이란 시간에 따른 실제의 프로세스 성과를 동태적으로 지켜보고 계획된 성과로부터 벗어날 경우 교정하는 것을 말한다. 프로세스 통제는 주요 성과 지표들을 추적하고 성과에 대한 기대수준과 비교하여 기대치와 많이 벗어날 경우 교정조치에 대한 필요성을 이야기해 주는 것이다. 특히 성과가 어떤 임계치를 초과할 때만 조사하고 교정하도록 하는 관리한계(control limit) 정책의 일반적 구조에 대한 개요를 소개한다. 품질관리를 위한 정책의 일환으로서의 통계적 프로세스 통제를 설명하고 재고, 흐름시간, 비용을 관리하는데 통계적 프로세스 통제가 어떻게 적용되는지 설명하겠다.

프로세스 통제의 목적은 비정상적인 변동을 찾아내고 제거하는 내부적인 것인데, 성과에서 정상적인 변동만을 나타내도록 통계적 균형의 안정 상태로 프로세스를 유지하기 위한 것이다. 대조적으로 프로세스 능력(process capability)이란 프로세스의 결과물이 외부적으로 고객의 요구에 얼마나 잘 부응하는가 측정하는 것이고, 9.4에서 다루어진다. 훌륭한 프로세스 능력이란 것은 고객의 요구조건과 관련하여 안전한계(safety margin)를 가져서, 프로세스 설정에서 기대하지 않았던 변화가 발생하더라도, 프로세스의 결과물이 고객의 요구를 만족하게 할 수 있도록 하는 정교한 프로세스를 의미한다. 단기간의 프로세스 관리와는 다르게, 프로세스 능력을 개선하기 위해서는 정상적인 프로세스 변동을 줄일 수 있도록 여러 자원에 대한 장기간의 투자가 필요한데, 이에 대해서는 9.5절에서 토론이 될 것이다. 9.6절에서는 단순화, 표준화, 그리고 실수 교정 체계를 통한, 제품과 프로세스의 세심한 설계가 프로세스 변동의 원인과 프로세스 변동으로 인한 제품 성과에 대한 충격을 얼마나 줄여줄 수 있는지 공부할 것이다. 그리고 제품과 프로세스 변동을 계획하고 관리하기 위한 수단들을 요약하는 것으로 9장을 결론짓고자 한다.

9.1 성과 변동

생산과 프로세스 성과를 측정하는 모든 측정치는 외부적 성과를 측정하든 내부적 성과를 측정하든 변동이 있게 마련이다. 외부적 측정치들은 (예를 들면, 소비자 만족도, 제품의 상대적 랭킹, 소비자 불만의 숫자 등) 시장 조사를 할 때마다 다른 결과를 나타낸다. 대학에서의 교수강의 평가도 학기마다 다르기 마련이고, 비즈니스 위크나 파이낸셜 타임스, 월스트리트 저널 등에서 순위를 매긴 미국 경영대학 순위도 매년 변하게 된다. 컨슈머 리포트나 J.D. 파워에서 발표한 여러 제품과 서비스의 순위도 시간에 따라 변하게 된다.

모든 프로세스에서의 흐름단위들은 (flow units) 원가, 품질, 그리고 흐름 시간 등에 있어서 차이가 나게 마련이다. 예를 들자면, 하나의 생산라인에서 조립되어 나오는 자동차들도 모두 차이가 있게 마련이다. 동일한 조건에서조차도 똑같은 제품을 생산하는 시간과 비용이 다르게 마련이다. 예컨대 어떤 한 음식점에서의 서비스에 대한 만족도는, 두 명의 서로 다른 고객들이 각기 다르게 평가할 것이며 한 명의 고객이 두 번 경험했다 하여도 평가가 각각 다를 것이다. 회사 내에서 어떤 한 부서를 운영하는데 드는 비용 또한 분기마다 차이가 있을 것이다. 은행에서 똑같은 거래를 하더라도 고객들이 경험하는 거래 처리시간은 각각 다르게 된다. 백화점에서 아무리 주의 깊게 안전재고를 계획했다 하더라도 한 상품이 어떤 때엔 재고가 없을 수도 있고 또 어떤 때엔 재고가 남아돌 수도 있다. 이러한 모든 변동의 원인은 프로세스에 대해 내부적이거나 (예를 들면 부정확한 장비, 미숙련 노동자, 혹은 운영절차에 대한 기준 결여 등) 혹은 외부적 (예를 들면, 일정치 않은 품질의 원재료, 공급지연, 경제상황 변동, 혹은 고객의 기호나 요구조건 변동 등)이다.

일반적으로 변동이란 실제 성과와 기대성과 사이의 불일치를 말하는데, 변동으로 인해 원가 상승, 흐름 시간 연장, 제품 가용성 감소, 품질 저하, 그리고 궁극적으로는 고객 불만족이 야기된다. 어떤 고성능의 컴퓨터가 고장이 자주 나게 된다면, 이 고성능의 컴퓨터는 결국 기능은 부족하지만 안정적인 보급 기종의 컴퓨터보다 못한 것으로 판단될 수 있다. 고도로 숙련된 목수라 하더라도 약속을 자주 어긴다거나 일에 지연이 많다면 어떠한 집 짓는 일에 추천이 될 수 없음은 물론이다. 어떤 일급의 저격수가 평균적으로는 과녁의 중앙을 잘 맞추지만 자주 중앙에서 벗어나 사격을 한다면 믿을만한 경호원이 될 수 없다. 7장에서 공부한 대로, 원료 공급자가 물품 인도 기간(lead time)을 일정하게 지켜준다면 바람직한 재고 수준을 확보하기 위해 요구되는 안전재고를 줄일 수 있을 것이다. 8장에서 고객들은 (식당이나 전화상으로) 기다려야 할 경우, 모르고 짧게 기다리는 것보다는, 오래 기다리더라도 얼마를 기다려야 하는지 예측할 수 있는 경우를 선호한다는 것을 배웠다. 그러므로 성과변동이 큰 프로세스는 일반적으로 일관적이고 예측 가능한 성과보다 불만족스러운 것이다. 비유해 보자면, '평균적'으로 1.5미터 깊이의 호수에서도 사람이 익사하는 경우가 발생할 수 있다. 요약하자면, 고객에게 중요한 것은 제품과 프로세스 성과에서의 '평균'이 아니라 '변동'이다.

때론 어떤 고객들은 기대하지 않았던 어떠한 놀라움을 즐기고 싶을지 모르겠지만, 고객 대부분은 제품이나 서비스가 기대치에 벗어나는 변동이 있으면 가치가 떨어지는 것으로 생각하기 쉽다. 일본인 품질 전문가 제니치 다쿠치씨는 목표치에서 벗어나는 실제 성과를 제곱하는 것으로 이러한 손실을 계산하는데, 이 계산방법이 의미하는 바는, 실제 성과가 계획된 목표에서 멀어지면 멀어질수록 제품의 가치는 아주 빠르게 저하된다는 것이다. 사실상 제품의 품질 자체 혹은 그로 인한 고객의 만족은 고객의 제품 성과에 대한 기대수준과 제품을 실제 경험한 후에 느끼는 정도의 차이로서, 넓은 의미로 정의될 수 있겠다. 이러한 차이는 다음에 열거하는 차이들에 기인한다고 하겠다.

- 고객이 원하는 것과 제품이 디자인된 목적에서의 차이
- 제품 설계가 요구하는 사항과 그것을 제작하는 프로세스 능력의 차이
- 프로세스가 제작할 수 있는 능력과 실제 제작되어 나오는 것과의 차이

- 제조된 제품에 대한 성능 기대치와 실제 성능의 차이
- 제품의 실제 성능과 고객이 느끼는 성능의 차이

이상 열거한 차이들이 고객 불만족으로 이어지게 된다. 일반적으로 만약 제품의 원가, 품질, 가용성, 흐름시간 등이 각각 정해진 기대치와 현저히 다르다면 그 제품은 불량한 것으로 간주되고, 고객들의 불만족을 가져오게 된다. 무언가 조처를 할 수 있을만한 실용적 기준으로는 다음과 같은 두 가지 차이로 나눌 수 있다. (1) 고객의 요구조건과 제품의 설계 규격의 차이, (2) 설계 규격과 실제 제조된 제품의 수치와의 차이.

설계 품질이란 제품의 설계규격들이 얼마나 고객 요구조건에 잘 부합하도록 설정이 되었는가 하는 것을 의미한다. 고객의 입장에서는 제품이 갖추어야 할 조건들을 기능, 미학적, 성능, 내구성, 신뢰성, 사후 서비스 가능성 등의 여러 척도로 정의할 수 있다(Garvin, 1988). 예를 들어 자동차를 구매하는 의사결정 문제에서 고객들은 가격, 스타일, 안전기능들, 가속력, 연비, 과거 수리 기록, 그리고 신분을 상징하는 정도까지 여러 가지 요소들을 고려할 것이다. **품질 기능 전개**(QFD: quality function deployment)란 제품에 대한 고객의 요구조건을 구체적인 설계규격으로 전환하기 위한 하나의 개념적인 틀이다. 예를 들면, 차고 문의 외관, 내구성, 작동의 용이성 등은 문의 재질, 크기, 무게 등의 공학적 규격으로 표현되어야 한다. 설계 기능 전개의 목적은 '고객의 소리'를 제품 설계프로세스에 반영시키기 위한 공통분모를 제공하고자 하는 것이다. 이에 대한 더 자세한 설명은 Hauser와 Clausing(1998)의 논문에 잘 나와 있다. 품질의 집(house of quality)이라는 개념이 식스 시그마 프로젝트의 초기 단계에서 많이 사용되고 식스 시그마를 위한 디자인이라고 불리기도 한다.

한편으로 **적합품질**(quality of conformance)이란 실제의 제품이 얼마나 설계 규격에 일치하도록 제조되었는가 하는 것을 의미한다. 예를 들면, 도요타사의 렉서스가 설계상, 힘, 안락함, 안전규격에서 중형차인 캠리보다 더 높은 품질을 가졌다 하더라도 제대로 제조되지 않았다면, 완벽하게 제조된 캠리가 더 높은 품질 적합성을 지녔다고 할 수 있다. 그러므로 설계 품질이란 우리가 고객에게 제품이 어떤 기능을 할 수 있다고 약속한 것을 의미하고, 품질 적합성이란 실제의 제조된 제품이 어떤 기능이 있는가 하는 점에서 우리가 우리의 약속을 얼마나 잘 지켰는가에 대한 지표이다. 품질 적합성에 대한 지표는 예를 들면 '차 한 대당 문제점의 수', '정해진 규격대로 생산된 제품의 비율' 등을 포함하고 있다. 예를 들면 은행에서 적합성의 정도는 수표 처리나 월말 결산서 작성 시의 오류 비율이라든지 은행 창구에서 5분 이상 기다리게 되는 고객의 숫자 등으로 측정될 수 있다. 어떤 회사의 정보 분야 부서의 성과를 측정하는 데 있어, 적합성 지표는 어떤 컴퓨터 프로그램 코드 1,000줄당 나타나는 오류의 개수, 제시간에 수행된 프로젝트의 비율, 프로젝트에서 과다 비용 계상의 빈도수와 정도, 프로그램을 다시 짜야 했던 빈도, 혹은 프로그램이 실행 중 멈추는 빈도수 등으로 나타날 수 있다. 항공사의 경우라면, 적합성은 15분 이상 비행기가 지연되는 비율, 1,000번의 비행 횟수당 가방의 분실 개수, 혹은 예약상의 오류 숫자 등이 될 수 있다. 설계 규정에 부합되는 제품 적합성의 정도는 프로세스 성과에서 변동에 크게 의존하게 되는데, 이러한 변동이 제품결함, 고객 불만족 등을 가져와 결국 회사의 평판, 시장점유율, 그리

고 경쟁력에서의 저하로 나타나게 된다. 그러므로 이러한 변동을 측정하고, 분석하며 관리해서 줄이려고 노력하는 것이 절대적으로 필요하다고 하겠다.

9.2 변동 분석

여기에서는 제품과 프로세스 성과에서의 변동에 대한 정보를 수집하고, 조직하여 나타낼 수 있는 간단한 그래프를 이용한 방법들을 소개하기로 한다. 통계학이란 변동을 공부하는 학문인데, 여기에서는 관찰된 변동을 분석하기 위한 통계적 기법들에 대한 개요를 소개한다. 여기에서 목적은 시간에 따른 실제의 프로세스 성과를 추적하고 변동을 분석해서 그 변동의 근본 원인을 발견해내고 제거하여 또다시 그러한 변동이 발생하지 않도록 방지하도록 하는 분석적인 도구(통상 '식스 시그마 도구' 로 불림)를 소개하고자 하는 것이다.

앞으로 이 장에서의 주요 개념과 방법들을 소개하는 데 있어 오버헤드 도어 회사의 철제문을 생산하는 과정을 예로 들 것인데, 오버헤드 도어 회사의 좌우명은 '완벽한 만족 보장' 이다. 오버헤드 도어사의 품질 개선팀은 고객들이 자신들의 회사와의 거래에 대해 어떻게 생각하고 있고 어떻게 고객들의 인식을 개선할 수 있을지에 대한 답을 원하고 있다. 따라서 그들은 오버헤드 도어사의 제품과 서비스에 대한 고객의 만족에 영향을 미치는 요인들이 무엇인지, 그리고 고객 만족을 어떻게 측정하고, 분석하여 이를 개선할 수 있는가를 알아내고 이해하려고 노력하고 있다.

9.2.1 집계표

집계표란 제품과 서비스에 대하여 고객이 경험한 문제점들의 유형과 빈도수를 기록한 예제 9.1과 같은 일종의 표이다.

예제 9.1

오버헤드 도어사의 품질개선팀에서 1,000명의 현재와 과거의 고객들에게 설문을 보내어 오버헤드 도어의 제품과 서비스에 대해 다음과 같은 항목에 대해 각각 등급을 매겨 보라고 했다고 가정해보자.

- 문을 구매하고 유지 보수하는 비용
- 문을 주문해서 설치될 때까지의 반응 시간
- 각 고객의 선호를 반영하는 맞춤형 문을 허용하는 정도
- 주문 접수와 사후 서비스에 대한 서비스의 질
- 다음과 같은 문의 품질: 마감, 사용상 용이, 내구성

만약 고객들이 그들의 경험을 등급으로 매길 때 위의 항목에 대해 (기대와 경험한 것과의 차이

불만의 유형	불만의 개수
비용	𝍸 𝍸
반응시간	𝍸
주문적합	||||
서비스의 질	𝍸 𝍸 𝍸
문의 질	𝍸 𝍸 𝍸 𝍸 𝍸

그림 9.1 소비자 반응 집계표

에서 나타나는) '불만족' 을 나타낸다면 흐름단위(flow unit)는 '불량' 한 것으로 간주 될 것이다. 그러면 품질개선팀은 그림 9.1 에서와 같은 집계표를 작성할 수 있다

9.2.2 파레토 도표

불량품들을 유형별로 집계해 본 후, 다음 과정은 어떤 문제를 먼저 해결해야 할 것인가를 결정하는 일이다. 불량품들은 중요성이나 혹은 발생 빈도에 있어서 각각 차이가 있게 마련이므로, 우리의 제한된 시간과 자원으로 몇 개의 치명적인 것들만 가려내어 살펴보아야 한다. 불량품의 발생 빈도에 따라 불량품의 유형에 대해 순위를 매길 수도 있고, 더 나은 방법으로는 빈도수를 중요도에 따라 가중치를 부여하여 순위를 매길 수도 있다. 문제가 되는 것들은 대개는 치명적인 것은 적고, 사소한 것은 많은 형태로 발생하게 된다. 그러므로 **80-20 파레토 원칙**이 말하듯, 20% 의 문제유형이 모든 문제 발생의 80% 를 차지하게 된다. **파레토 도표**란 문제 유형의 발생빈도를 많은 것에서 적은 순서로 막대그래프로 나타낸 것이다. 파레토 도표가 성과 변동에 적용된 것이 예제 9.2 에 설명 되어 있다.

예제 9.2

고객 설문 조사에 의해 작성된 집계표(그림 9.1)는 그림 9.2 의 막대그래프로서 그려질 수 있다. 보이는 대로 회사가 우선적으로 해결해야 하는 주요 문제점들에 의해서 문의 품질을 판단한다.

파레토 도표에서 알 수 있는 것은, 예컨대 (반응시간 혹은 손익분기 비용 같은) 짧은 막대를 완전히 제거하기보다는 가장 큰 막대(문의 품질)의 길이를 절반으로 줄이도록 프로세스 개선에 관한 우선적인 노력이 이루어져야 한다는 것이다.

일단 중요한 문제점이 해결된 다음엔, 새로운 자료들을 수집하여, 우리가 다음엔 어떤 새로운 막대를 줄이기 위해 노력해야 하는지 알아내야 한다. 그러므로 파레토 도표는 지속적으로 문제를 인식하고, 우선순위를 정하고, 그리고 문제 해결을 하는 방법에 의해 연속적으로 개선하도

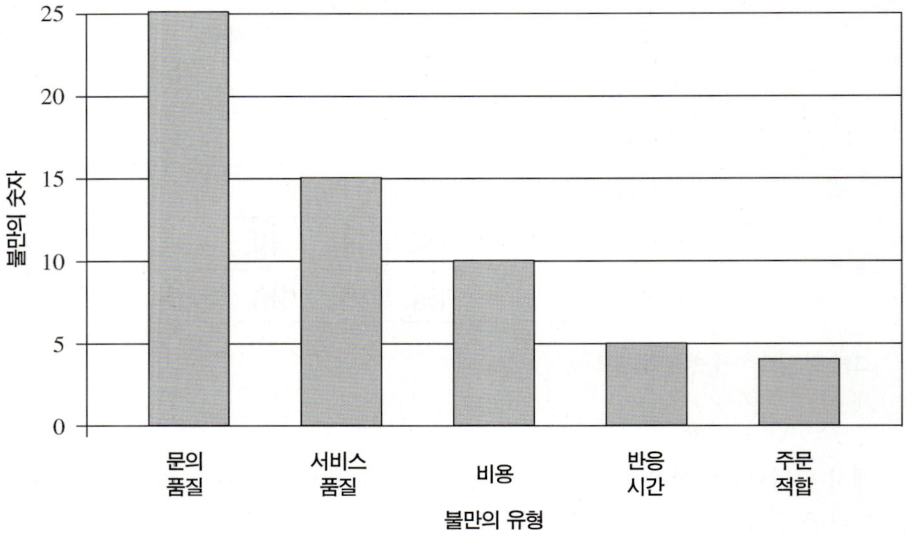

그림 9.2 고객 불만족에 대한 파레토 도표

록 하는, 동태적인 도구로서의 역할을 하는 것이다. 문의 품질을 오버헤드 도어 고객들이 말하고 있는 주요 현안으로 인식했다면, 이제는 품질개선팀이 문의 품질에서 정확히 어떤 측면이 가장 문제점이 큰가 하는 것을 생각해 볼 수 있다. 다시 집계표를 이용하여, 이번에는 불량 마감, 작동하기 어렵거나 불안정한 정도, 내구적이지 못한 정도 등에 대한 새로운 항목에 따라 각각의 불량품을 분류하게 된다.

만약 두 번째로 작성된 파레토 도표에서 문의 품질에서 작동의 용이성을 가장 중요시하고 그다음으로 내구성을 중요하게 여긴다고 가정하면, 품질개선팀은 기술자들로 팀을 구성하여 작동의 용이성과 내구성에 영향을 주는 요소들을 찾아낼 수 있도록 할 수도 있다. 이렇게 문제를 찾아내고자 하는 노력이 위의 두 가지 문제점에 영향을 주는 중대한 품질 특성으로서, 차고 문의 무게를 지적했다고 한다면, 예컨대 문이 만약 너무 무거워서 균형이 맞지 않고 열기 어렵다면, 또는 만약 문이 너두 가벼워서 자주 부서지거나 혹은 제대로 닫히지 않는다는 것을 알아내었다고 가정해보자. 그리고 설계 기술자들이 표준적인 차고 문은 무게가 최소 75 kg에서 최대 85 kg 사이에 있도록 설계품질에 대한 규격을 정하였다고 가정해보자. 적합 품질을 결정하기 위해서 오버헤드 도어의 품질개선팀은 약 2,000개의 매달 생산되는 문 중에서 100개의 표본을 임의로 뽑아서 실제 무게를 조사해 보아야 할 것이다.

9.2.3 히스토그램

히스토그램이란 관찰된 성과 특성의 빈도 분포를 나타내주는 막대그래프이다. 성과 특성에 대한 예비적인 통계분석의 하나는 분포에 대한 균형점을 알려주는 평균(혹은 기댓값)과 분포가 평균으로부터 퍼져 있는 정도를 나타내는 표준편차를 이용하여 성과 분포를 요약하는 것이다. 예제

9.3은 문의 무게에 대한 히스토그램을 보여주고 있다.

예제 9.3

지난 20일 동안의 생산라인에서 각각의 생산라인으로부터 두 시간 간격으로 다섯 개의 문들에 대해 무게를 재고 기록을 하여 표 9.1로 나타내었다고 가정해보자. 문의 무게들은 같은 날 조사된 문들의 그룹 내(within) 변동뿐 아니라 다른 날짜에 대해서 그룹 간(between) 변동을 모두 나타내고 있다. 여기에서 궁극적 목적은 변동을 분석하고, 그 변동을 적절히 통제하기 위해 어떠한 조처를 해야 하는지 결정하고 마지막으로 실제 문의 무게들의 설계규격에 대한 적합도를 개선하기 위해서 변동을 어떻게 줄일 수 있는지 결정하는 것이다.

표 9.1에 나타난 대로 차고 문의 자료들은 그림 9.3에서와같이 히스토그램으로 표현될 수 있는데, 14%의 문들이 약 83 kg의 무게가 나가고, 8%의 문들이 약 81 kg의 무게가 나간다는 것을 보여주고 있다.

문의 무게에 대한 전체 분포를 두 가지 주요 통계치로 요약할 수 있는데, 100개의 표본에서 평균 무게는 =82.5kg이고 표준편차는 s=4.2kg (혹은 분산 s^2=17.64kg)이다. 그러므로 평균 는 모든 생산되는 차고 문에 대한 기대 무게에 대한 추정값이고, 표준 편차 s는 문의 무게가 각각 다른 변동에 대한 추정값이다. 값이 높다는 것은 전체의 분포가 낮은 평균의 분포보다 오른쪽에 위치해 있고 대체로 문이 더 무겁다는 것을 나타낸다. 표준 편차가 높다는 것은, 평균을 중심으로 분포가 더 넓게 퍼져 있는 것이고 실제로 문들이 평균보다 더 무겁거나 더 가볍거나 한 경우

표 9.1 차고 문의 무게 자료

	날짜									
시간/날짜	**1**	**2**	**3**	**4**	**5**	**6**	**7**	**8**	**9**	**10**
9 a.m.	81	82	80	74	75	81	83	86	88	82
11 a.m.	73	87	83	81	86	86	82	83	79	84
1 p.m.	85	88	76	91	82	83	76	82	86	89
3 p.m.	90	78	84	75	84	88	77	79	84	84
5 p.m.	80	84	82	83	75	81	78	85	85	80
	날짜									
시간/날짜	**11**	**12**	**13**	**14**	**15**	**16**	**17**	**18**	**19**	**20**
9 a.m.	86	86	88	72	84	76	74	85	82	89
11 a.m.	84	83	79	86	85	82	86	85	84	80
1 p.m.	81	78	83	80	81	83	83	82	83	90
3 p.m.	81	80	83	79	88	84	89	77	92	83
5 p.m.	87	83	82	87	81	79	83	77	84	77

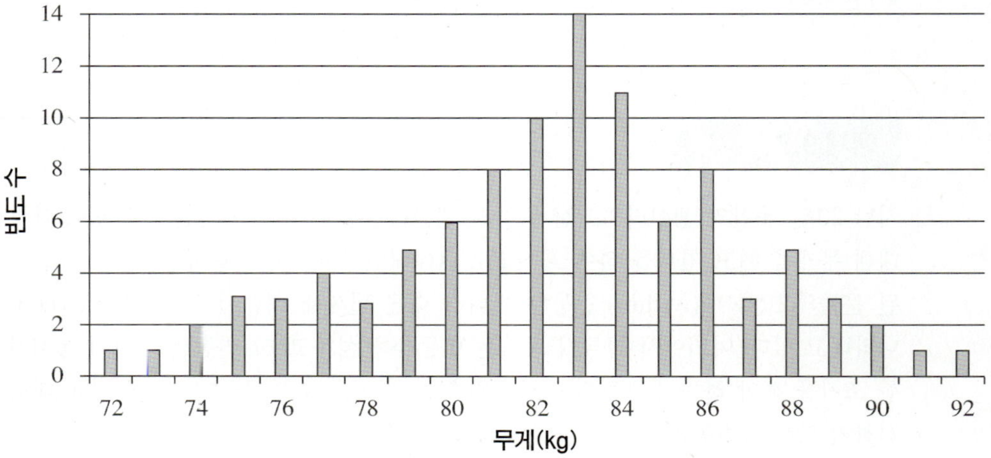

그림 9.3 문의 무게에 대한 히스토그램

가 많다는 것을 의미한다.

그림 9.3에 막대그래프들로 나타난 이산형 분포는 간편하게 연속적인 커브로 요약될 수 있는데, 이 경우엔 평균에 대해 대칭적인 종 모양으로 생긴 정규분포로서 나타낼 수 있다. 7장 (그리고 부록 II)에서 안전재고를 설명할 때 논의된 정규분포의 특성에 대해 생각해보자. 정규분포의 특성 중, 예를 들면 평균무게로부터 1배의 표준편차, 즉 82.5±(1)(4.2), 혹은 78.3과 86.7구간은 68.26%의 문들을 포함하고 있고 평균으로부터 2배의 표준편차는 즉, 74.1과 90.9구간은 95.44%의 문들을 포함하고 있다. 그리고 평균으로부터 3배의 표준편차, 즉 69.9와 95.1 사이에는 99.73%의 문들이 포함되어 있다. 그러므로 결과물의 표준편차(혹은 분산)는 문 제작과정에서의 변동에 대한 하나의 지표이다. 정교하고 일관적인 프로세스라면 거의 동일한 수준의 무게들의 문을 생산하게 될 것이고, 조작의 용이성과 내구성에 대해 예측 가능한 품질을 유지하게 될 것이다.

반응시간, 비용, 주문 수행 과정에서의 고객들의 경험, 그리고 오버헤드 도어 고객들에게 중요한 그 밖의 성과 지표들의 확률분포에 대해 비슷한 통계적 분석이 수행될 수 있다. 여기에서 중요한 사실은 모든 경우에 프로세스 성과는 흐름단위에 따라 달라진다는 것이고, 우리는 프로세스 성과가 고객의 기대에 더 잘 부합되고 예측 가능하도록 하는 것을 목표로 하면서 변동을 측정, 통제하고 줄이기를 원한다는 것이다.

히스토그램이 총체적인 측면에서 대략적인 프로세스 성과를 요약할 수는 있지만, 변동을 알아내고 줄이는데 아주 유용한 정보인, 시간에 따른 변동은 보여주지 못한다.

지난 20일 동안 문의 무게가 평균 80에서 85 kg으로 하루에 0.25 kg씩 지속적으로 증가하는 추세가 있었다고 가정하고 히스토그램, 평균, 분산을 구해보자. 그리고 평균 무게 82.5 kg을 유지하고 있는 10일간의 자료로부터 히스토그램, 평균, 분산을 구해본다면 두 가지 다른 방법으로부터 결과는 같게 나타나게 될 것이다. 여기에서 말하고자 하는 것은 예를 들어 21일째 생산된 문의 무게에 대해 예측을 한다면 어떻게 될 것인가 하는 것이다. 히스토그램 하나만 본다면 21일째 생산되는 제품은 평균 82.5 kg 그리고 표준편차 4.2 kg을 가진 정규분포에서 나오는 임의의 한 표본이라고 생각할 수 있다. 그러나 시간에 따라 증가하고 있는 경향에 대해 알고 있었다면, 21일째 생산에 대해 평균의 예측치는 85.25 kg이었을 것이다.

그러므로 성과 지표를 요약하는 데 있어서 히스토그램에만 의존하게 되면 정보에서 시간에 대한 가치를 잃어버리게 되는 것이다. 다음 절에서는 시간에 따른 성과 변동을 추적하는 것에 대한 중요성을 강조하겠는데, 이것은 이 책 전반에 걸쳐 있는 흐름 관점(flow perspective)과도 일치한다고 하겠다.

9.2.4 추이도

추이도(run chart)란 프로세스 성과에 대한 지표를 시간에 따라 나타낸 그래프이고, 시간에 따른 프로세스 결과물의 변동을 나타낸다. 또한 추이도는 어떤 경향이나 계절성(일정치 않은 잡음과는 다른)을 알아내는 데도 도움을 준다. 문의 무게에 대한 추이도가 그림 9.4에 예시되어 있다.

예제 9.4

시간에 따른 문의 무게에 대한 변동을 추적해 보려면, 매일 생산되는 문을 두 시간 간격으로 표본 채집을 하여 무게를 재어보고 그래프로 나타낼 수 있다. 간약 지난 20일 동안 시간에 따라 100개의 문에 대한 그래프를 그려보면 그림 9.4 같은 추이도가 될 것이다.

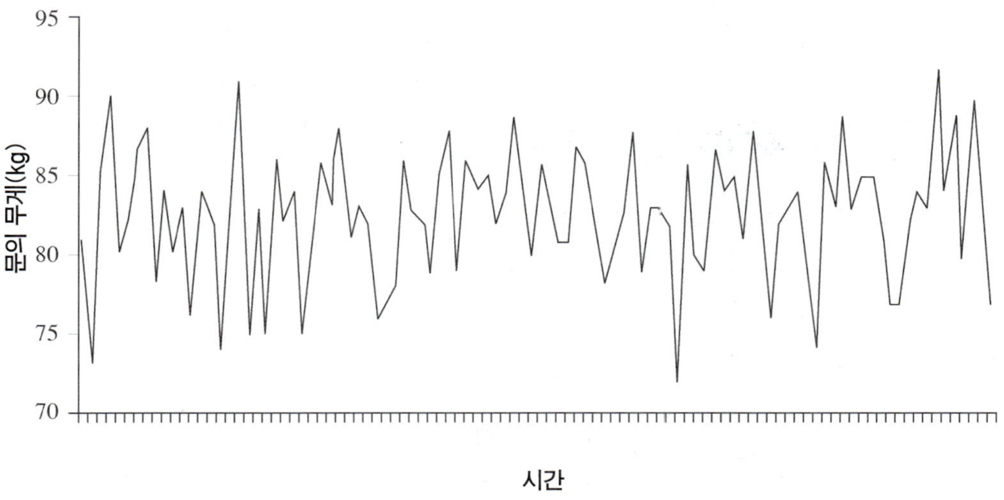

그림 9.4 시간에 따른 문의 무게 추이도

9.2.5 다중 변동도

프로세스 성과에서 변동을 더 깊이 분석하기 위해서는 (1) 한번에 생산된 흐름단위들의 그룹 내(within)의 변동과 (2) 시간에 따라 생산된 흐름단위 들의 그룹 간(between)의 변동을 분리할 필요가 있다. 우세한 형태의 변동을 분리해 보는 것은 변동의 원인을 찾아내고 제거하는 데에 큰 도움이 된다. 두 가지 형태의 변동을 구분하기 위해서, 시간에 따른 프로세스 성과에 대해 각각 n개의 관측치들을 포함하는 N개의 표본그룹들을 추출하게 된다. 그다음은 예를 들면 최댓값, 최솟값 그리고 평균값을 계산하는 것이다.

다중변동도(multi-vari charts)란 시간에 따라 표본 추출된 성과지표에 대해 최댓값-평균값-최솟값들을 그래프로 나타낸 것이다. 각 표본 그룹 내에서의 최대, 최소 측정값들의 차이는 한 시점에서의 흐름단위들 내에서의 변동을 나타내고, 표본 평균들의 오르내림은 시점 간의 변동을 나타낸다.

예제 9.5

표 9.1의 자료로부터 각각 $n=5$개의 관측치 들을 가지고 있는 $N=20$개의 표본그룹의 최대, 최소, 평균 무게들을 계산하고 요약한 결과가 표 9.2에 나타나 있다.

최대, 최소, 평균값들은 그림 9.5에서처럼 다중변동도로 그려질 수 있다. 각각의 수직선들은 어떤 한 날에 수집된 무게들의 변동 범위를 나타내는데, 그날 생산된 문 중에서의 그룹 내(within) 변동의 양을 나타내는 것이다. 각각의 수직선상의 점은 그날 생산된 문들의 평균무게를 나타낸다. 여러 날 사이에 평균이 오르내리는 것은 여러 날에 걸쳐 생산된 문들의 그룹 간(between) 변동을 나타내는 것인데, 시점에 따라 점들을 연결한 선으로서 추적된다.

이러한 다중변동도로부터 시점에 따라 관측된 평균들의 오르내림이 상대적으로 적은 것을 알 수 있는데, 그러그로 날에 따른 (예를 들면 직공들의 성과에서 금요일 효과 혹은 월요일 효과

표 9.2 표본 간 그리고 표본 내 변동

날짜	1	2	3	4	5	6	7	8	9	10
최대	90	88	84	91	86	88	83	86	88	89
최소	73	78	76	74	75	81	76	79	79	80
평균	81.8	83.8	81.0	80.8	80.4	83.8	79.2	83.0	84.4	83.8

날짜	11	12	13	14	15	16	17	18	19	20
최대	87	86	88	87	88	84	89	85	92	90
최소	81	78	79	72	81	76	74	77	82	77
평균	83.8	82.0	83.0	80.8	83.8	80.8	83.0	81.2	85.0	83.8

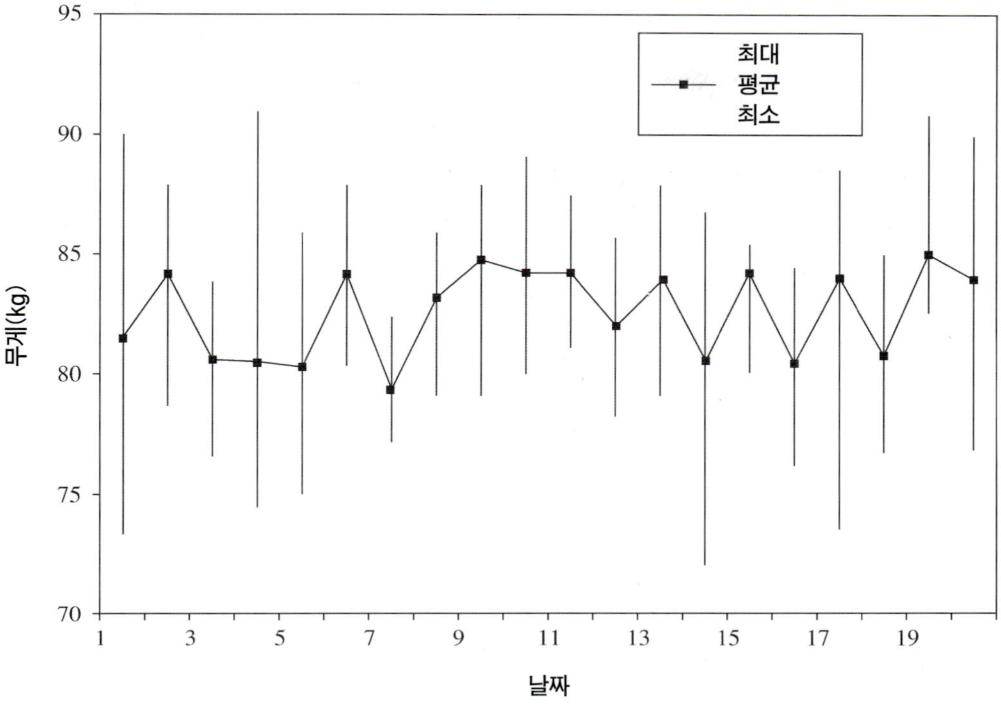

그림 9.5 문의 무게 변동성에 대한 다중변동도

에 의한) 문 무게에 영향을 주는 명백한 추세라든지, 반복적인 유형은 없다는 결론을 내릴 수 있다. 또한, 수직선의 길이들이 날짜 간에 큰 차이가 없다는 것으로, 한 날짜에 수집된 표본의 그룹 내에서의 무게의 변동은 안정적으로 보인다. 그러므로 각각의 날들은 서로 대동소이하게 보인다고 결론지을 수 있다.

그런데 날짜들 사이의 그룹 간(between) 변동이 각 날의 그룹 내(within) 변동보다 적기 때문에 총체적인 변동을 줄이기 위해서는 모든 날에 공통으로 변동 요인이 되는 것을 찾아야 한다. 그룹 간 그리고 그룹 내 변동을 분리하는 것은 제품들의 경우에만 유용한 것이 아니라 직공들의 팀워크, 작업시간대 등도 매우 유용하게 쓰인다. 여기에서 목적은 다른 형태의 변동을 분리해 봄으로써, 가장 우세한 유형의 원인을 알아내고, 통제하고 또 제거할 수 있도록 하기 위한 것이다. 그러나 그룹 간 그리고 그룹 내 변동을 보여주는 것 외에는 다중변동도가 어떤 조치를 취해야 하는지 지침에 대한 정보를 제공하는 것은 아니다.

그림 9.5에서 19일째를 주목해보면, 평균 문의 무게는 85 kg으로 다른 평균값 중 가장 높고, 바로 이전 날의 평균보다 3.8 kg이나 높다. 문의 무게를 줄이기 위해 19일째의 날에 어떤 조치를 취했어야 했는가 하는 생각을 해볼 만하다. 그러나 아무런 조치도 취해지지 않았고, 다행히도 평균은 20일째에 83.8 kg으로 내려갔다. 돌이켜보건대, 그 당시에 불필요한 우려로 성급한 행동을 하지 않았던 것이 결국 잘한 일이었다는 것을 알 수 있다. 그러나 만약 21일째 날에 평균이 86

kg으로 되었다면 이것도 그냥 무시해버려야 했겠는가 하는 것은 생각해 보아야 한다.

관찰된 변동에 근거한 조치를 취하기 위해 어떤 운영결정의 규칙을 정할 필요가 있다. 자료가 시간에 따라 변화하는 것을 추적하면서 의사 결정을 내리게 되는 문제 같은 경우이다. 예를 들면, 어떤 투자가는 주식 값이 오르내릴 때 언제 주식을 사고팔아야 하는지 결정해야 하고, 중앙은행은 시간에 따른 경제상황에 대한 자료를 근거로 이자율을 올려야 하는지 내려야 하는지 결정해야만 하는 것이다. 이렇게 언제 조치를 취해야 하는지 아닌지를 결정하는 중요한 문제를 다음 절에서 분석하겠다.

9.3 프로세스 통제

1장에서 공부한 바대로 프로세스 관리에는 두 가지 측면이 있는데, 프로세스 계획과 프로세스 통제이다. 프로세스 계획이란 프로세스를 조직하고 운영 절차를 설계하며 프로세스 능력, 유연성, 용량, 비용 효율성 등을 개발하는 것이다. 프로세스 계획의 장기적 목표는 잠재고객의 요구를 충족시키는 제품을 생산해서 고객들에게 제공하는 것이다. 프로세스 통제란 실제의 프로세스 성과가 계획된 성과와 일치하는지 단기적 관점에서 지속적으로 조절하는 것이다. 실제 성과는 여러 가지 변동 요인들로 말미암아 계획된 성과와는 차이가 있게 마련인데, 프로세스 통제는 실제와 계획된 성과와의 오차를 추적하고 이러한 변동의 원인을 찾아내어 제거하고자 하는 교정적인 노력을 취하는 행위를 포함하게 된다.

9.3.1 피드백 통제의 원칙

시간에 따른 프로세스 성과를 관리하는 데 있어서 요점은 다음의 두 단계를 포함하는 동태적 시스템의 피드백 통제 일반원칙이다:

1. 시간에 따른 결정적인 프로세스 지표에 대한 정보를 수집하는 것
2. 관측된 성과를 조절하고 유지하여 바람직한 수준으로 맞추는 데 필요한 교정적 조처를 하는 것.

그림 9.6은 **피드백 통제 원칙**을 나타내고 있다.

가정집에서 사용하는 온도 조절계는 피드백 통제 장치의 전형적인 예이다. 우리가 바람직한 온도에 맞추어 놓으면 외부공기의 유입이라든지, 문이 열린다든지, 바람의 상태 등이 변동함으로 인해 실제 온도가 변하는 것을 온도조절 계기가 감지를 하게 되는데, 실제 온도에 따라 통제 장치가 자동으로 에어컨이나 히터를 켜거나 끄게 되는 것이다. 일부 자동차에 장착된 크루즈 컨트롤 기능도 피드백 통제 장치의 또 다른 예라고 할 수 있는데, 도로에서 굴곡이 있는 언덕이 나온다 하더라도 실제 속도를 계속 감시하면서, 연료의 공급을 조절하여 지정된 속도에 근접한 실제 속도를 유지하도록 한다.

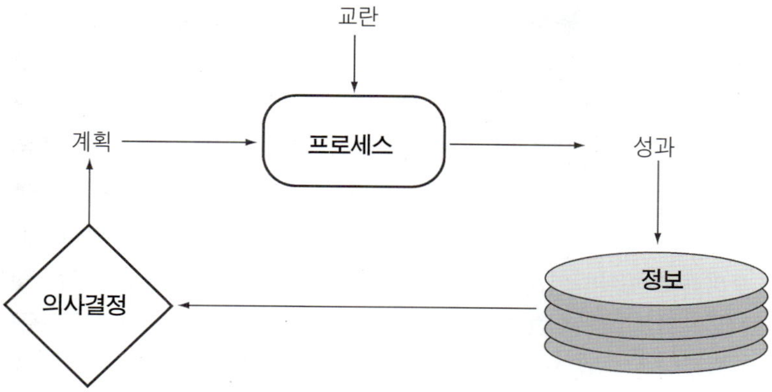

그림 9.6 피드백 통제 원칙

피드백 통제 원칙을 **프로세스 통제**에 적용하는 것은 실제 프로세스 성과(원가, 품질, 가용성, 반응시간 등)를 정기적으로 감시하고, 또 계획된 수준의 성과와 비교해보고, 그 차이에 대한 원인을 판단하고, 그 원인을 제거하기 위한 교정적인 조치를 취하는 것을 모두 포함한다.

프로세스 계획과 통제는, 개념적으로는 문제를 해결하고 지속적인 개선을 위한 **계획-실행-점검-조치**(PDCA: plan-do-check-act)의 순환주기와 비슷하다. PDCA 주기는 프로세스를 계획하고 운영하며 결과물을 조사하고, 관찰한 것에 대해 조절을 하는 일련의 과정을 포함하는 것이다. 이 네 가지의 활동이 계속 반복이 되면서 프로세스 성과를 감시하고 개선하게 되는 것이다.

프로세스 통제에서 중요한 것은 관찰된 성과에 대해 '언제' 조치를 취하는가 하는 문제이다. 실 상황에서 보면 프로세스 관리자들은 현재기간의 성과를 이전 기간의 성과와 비교하여 비용과 생산성이 매월 변하는 것을 비율로서 증가하고 감소함을 나타내는 보고서를 작성하게 된다. 그리고 관리자들은 관찰된 변동들이 바람직한 것인가에 따라 보상을 줄 것인지 견책을 할 것인지에 대한 판단을 하게 되는 것이다. 그런데 불행하게도 때로는 어떤 변동들은 부하직원의 통제 불가능한 요소에 기인한 것일 수도 있어, 이러한 변동 보고서를 근거로 한 보상체계가 적절하지 않은 경우도 있다. 품질관리의 대가인 W. Edwards Deming에 따르면, 보상이 직원들의 통제 밖의 (시스템적 원인) 요인에 기준 한다면 이것은 직원들을 보상하거나 견책하는 것을 제비뽑기에 의해 정하는 것과 같다고 하였다. 관찰된 성과 자료를 합리적으로 사용하기 위해서는, 어떤 변동이 부하직원의 통제 가능한 요인들에 기인한 것이고 어떤 변동이 그 밖의 것들인가를 구분할 필요가 있다. 그리하여 다른 유형의 성과 변동과 원인을 이해하여야 하는데, 이유는 적절한 관리적 조치가 경우에 따라 각각 다르기 때문이다.

9.3.2 변동의 유형과 원인

모든 프로세스 성과에는 변동이 있게 마련이다. 어떤 변동은 주어진 설계, 주어진 환경에서 어떤 프로세스에 대해서도 발생할 수 있는 정상적인 것이지만, 비정상적인 변동도 때때로 기대치 않게 발생하기도 한다.

정상적 변동은 통계적으로 예측 가능하고 구조적 변동과 확률적 변동을 포함하고 있다. 구조적 변동이란 프로세스 성과에서 체계적인 변화인데, 여기에는 계절성과 추세 유형도 포함되어 있다. 확률적 변동은 우연하게 발생하는 것인데 모든 프로세스에 어쩔 수 없이 발생하게 되는, 안정적인 시스템에서의 임의적인 요인에 기인한 것이다. 임의적인 요인들은 대단히 많지만, 각각 예측할 수 없으면서 아주 적은 영향을 프로세스 성과에 줄 뿐이다. 임의적 요인들은 전체적인 프로세스를 다시 설계하지 않고는 제거될 수 없다. 예를 들면 제조된 차고 문의 무게가 각기 다른 이유는 오버헤드 도어사의 제조 프로세스에서의 정밀도에 관련된 여러 가지 요소에 기인한다. 문의 무게를 나타낸 히스토그램은 빈도에 대한 분포를 나타내는데, 평균과 표준편차는 오버헤드 도어사의 프로세스 목표 무게와 그것을 달성하는 데 있어서의 정밀성을 요약하는 것이다. 그런데, 그 이상은, 어떤 이유로 같은 날 생산된 두 개의 문이 연속적으로 무게가 다른지, 왜 제조 프로세스가 부정확한지는 알 수 없다. 만약 프로세스 변동이 정상적이고 임의적인 요소에 의한 것일 뿐이라면 그 프로세스는 통계적 균형, 즉 (평균이나 분산 같은) 성과에 대한 확률 분포의 모수들이 변함없이 일정한, 안정된 상태에 있는 것이고, 프로세스는 설계된 대로 제대로 수행되고 있는 것이다. 그러면 이러한 임의적인 원인을 제거하고 프로세스 성과에 대한 일관성을 향상하기 위해 무엇을 해야 하는지 생각해 보자. 더 정밀한 장비를 갖추는 것을 포함하여 프로세스 설계를 개선하고, 더 숙련된 직공들을 고용하고 더 잘 훈련하고, 더 우수한 원재료를 구입하는 것, 이런 것들이 답이 될 수 있겠다. 그런데 이러한 것들이 모두 시간을 요하는 것이고 장기적 관점에서 자원에 대한 투자를 요하는 것이므로 경영상의 책임이 따른다고 하겠다. 이는 프로세스 자체가 부정확하고 운영환경이 안정적이지 못할 때 운영자에게 일관적인 결과물을 만들어 내기를 바라는 것은 적절치 못하기 때문이다.

그와 반대로, **비정상적인 변동**은 예측불가하고 확률분포의 모수들이 기대치 않았던 방향으로 변하기도 하면서 프로세스의 통계적 균형을 어긋나게 한다. 비정상적 변동은 외부적으로 발생한 특별한 원인에 기인하게 된다. 비정상적 변동의 존재는 프로세스 성과의 구조, 절차 혹은 환경적 측면에서 영향을 주는 하나의 혹은 여러 개의 요소가 변했다는 것을 의미한다. 이러한 요인들은 그 수가 적지만, 프로세스 성과에 큰 영향을 미치고 있다. 긍정적 측면으로는 그 요인들이 단기적으로도 분리되고 조사되어 제거 가능하다는 점이다. 예컨대, 어떤 원재료에 문제가 있는 경우, 기계의 정비가 잘못되어 있는 경우, 혹은 조작하는 사람이 특정한 날에 아프거나 하는 경우 등이다. 이러한 원인은 단기적이고 국지적인 수준에서 그리고 큰 비용에 대한 지출 없이도 구분과 교정을 할 수 있기 때문에 조작자의 책임 한도 내에서 처리될 수 있다. 프로세스 통제의 목표는 관측된 변동이 정상적인지 비정상적인지 판단하여 변동을 제거하기 위한 적절한 조치가 적절한 수준에서 취해질 수 있도록 하는 것이다.

기이하게도 비정상적 변동의 또 다른 원인은 정상적 변동에 대해 바로잡기 위한 노력의 일환으로 수행되는, 프로세스를 강화시키는 불필요한 조정들에 기인하기도 한다.

데밍의 '구슬 실험'에서 이러한 원리가 아주 잘 나타나 있다. 실험자가 바닥에 있는 표적을 맞히기 위해 깔때기를 통해 구슬을 반복적으로 떨어뜨리게 된다. 만약 구슬이 표적을 못 맞히게 되면, 이 순진한 실험자는 깔때기를 반대 방향으로 움직이면서 그 오차를 바로잡으려 하게 된다.

그런데 이러한 불필요한 동작들이 구슬의 최종 위치에 대한 변동을 증가시키는 결과를 가져오게 되는 것이다. 여기에서 올바른 전략은 깔때기를 목표 바로 위에 있게 하고 구슬이 그것을 따라서 내려가도록 하는 것인데, 이렇게 하면 구슬의 최종위치는 그저 우연에 의한 통계적 변동을 나타낼 뿐이다. 여기에서 요점은 단기간에 있어서의 임의의 오르내림에 너무 과민대응을 할 필요가 없다는 것이다. 장기적으로는 프로세스를 다시 설계하는 것으로 이러한 임의의 변동까지도 줄이려는 노력을 기울일 수 있다. 예컨대 구슬실험의 예에서 깔때기를 더 낮춘다든지, 반동이 덜 되는 구슬을 사용한다든지 혹은 목표면의 높이를 조절한다든지 할 수 있겠다.

통계적 용어로 정상적 변동은 프로세스 성과에 대해 정해진 확률 분포로부터 취해진 임의의 표본 중에서 나타나는 것을 말한다. 비정상적 변동은 이러한 분포의 모수 (즉 평균이나 분산) 등이 변할 때 나타나는 것이다. 그러므로 단기적으로 우리의 목표는 다음과 같이 네 가지로 요약될 수 있다:

1. 정상적인 확률적 변동을 구조적 변동으로부터 구분하여 예측하는 것
2. 이러한 변동을 피할 수 없는 것으로 받아들이고 이에 대응하기 위해 불필요한 조치를 피하는 것
3. 프로세스 성과에서 비정상적 변동의 존재를 알아내는 것
4. 비정상적 변동에서의 원인을 알아내고 제거하는 것

우리의 장기적인 목표는 프로세스의 정밀도를 개선하는 것과 함께 정상적인 변동을 줄이는 것이다. 단기적인 프로세스 조정들은 비정상적인 변동의 원인에 가까이 있는 직공들에게 위임할 수 있고 위임되어야만 한다. 장기적인 프로세스의 개선은 대규모의 투자, 시간, 그리고 노력이 수반되기도 하고 관리자의 책임이다. 우선 단기적인 프로세스 통제의 문제점을 짚어보기로 하자. 이제부터 논의에서는, 구조적인 변동은 이미 설명이 되었고 여기에 대한 조치는 취하지 않았다고 가정한다. 프로세스를 시간에 따라 관찰하면서 관측된 성과 변동이 정상적인지 비정상적인지 판단하려고 한다. 만약 변동이 우연에 기인한 것이라면 우리는 프로세스가 통제되고 있다고 이야기할 수 있다. 그러면 관측된 변동을 단기적으로는 제거될 수 없는, 어떤 면에서는 당연히 나타날 만한 성과변동의 한 측면으로 받아들여야 한다. 이 상황은 프로세스에 대한 가장 최대의 노력을 나타내고 있는 것이고 그것을 있는 그대로 놓아두는 수밖에 없다. 다른 한편으로 만약 성과변동이 규명될 수 있는 원인에 기인한 것이라면 우리는 프로세스가 통제되지 않고 있다고 결론지을 수 있다. 이러한 경우에는 프로세스를 중지시키고 규명될 수 있는 원인을 조사해보고 알아내어 제거해서 통제 상태로 되돌려 놓아야 한다. 그러므로 근본적인 문제는 관측된 변동이 정상적인지 비정상적인지에 대해 어떻게 구분하는지에 대한 것이다.

9.3.3 관리 한계 정책

관리 한계 정책의 기본적 논리는 만약 프로세스 성과가 기대 수준에서 너무 많이 변동을 보이고 있다면 이러한 변동성은 정상적이라고 간주할 수 없고 프로세스는 통제되어 있지 않기가 쉽다는 것이다. 따라서 무엇이 원인인가를 찾아야 하고 그렇지 않으면 관찰된 변동성을 정상적으로 간

주하고 프로세스는 제대로 통제되고 있다고 생각하여 아무런 조치를 취하지 않는 결정을 하면 된다. 만약 프로세스 성과가 계획된 수준에서 너무 많이 차이가 난다면 이러한 변동은 비정상적이고 규명될 수 있는 원인을 찾아야 한다고 결정 내릴 수 있다. 어떠한 것이 '너무 많은' 것인가를 수치화하기 위해 관리구간(control band)을 정하게 되는데, 관리구간이란 이 범위 안에서는 프로세스 성과에서 어떤 변동이라도 단기적으로 쉽게 알려지거나 제거될 수 없는 구조적, 혹은 우연적 원인에 기인한 정상적인 것으로 간주하는 구간을 말한다. 그러므로 만약 프로세스 성과가 이 구간 내에서 변화한다면 불가피한 사실로 받아들여야 하고 프로세스를 아무런 조처 없이 그냥 놓아두어야 한다. 이 범위 밖의 변동은 규명될 수 있는 원인에 기인한 비정상적인 것으로 간주하여야 하고 정밀한 조사와 교정이 필요하다.

이러한 관측된 성과에 근거한 임계치(threshold) 정책은 직관적이기도 한데 여러 가지 다양한 상황에서 적절한 최적의 답을 줄 수 있다. 관리한계정책의 한 예로서 자동차가 연료탱크를 가득 채웠을 때부터 다음에 연료를 채울 때까지 주행거리를 기록하는 것에 의해 성과를 관찰할 수 있다. 만약 자동차가 리터당 평균 10킬로미터를 주행한다면, 이 평균값은 우연적인 원인 (날씨와 교통상황 혹은 연료의 등급)과 규명될 수 있는 원인 (부정확한 점화시점, 불량한 스파크 플러그, 연료탱크의 주유, 운전미숙 등)의 조합이 실제 주행거리가 10킬로미터와는 다르게 나타나도록 하는 원인이 된다. 여기에서 의사결정의 규칙은 적합한 주행거리의 하한선(예를 들면 9킬로미터)을 정하는 것이다. 만약 실제 주행거리가 이 한계 이하로 떨어진다면 차를 정비소로 보내 점검을 해보아야 하고, 만약 이 한계 이상이라면 그냥 보통처럼 자동차를 운행하면 된다. 비슷한 예로 집안에서의 온도 조절장치의 예를 들면, 온도 조절기가 20도에 맞추어져 있을 때, 실제 온도가 정해진 온도보다 2도 아래로 내려갈 때 난방기를 작동시키고 2도 위로 올라갔을 때 난방기를 끄게 된다. 그리하여 집안 기온이 18도와 22도 사이의 관리구간 내로 유지되게 되는 것이다. 더 정확하고 정밀한 조절장치는 가격이 더 높게 되겠지만, 난방기를 더 자주 작동을 시켜 온도를 정해진 수준에 더 가깝게 유지할 것이다.

프로세스 통제의 개념이 보통은 제품 품질관리에 적용되기는 하지만, 그 원리는 시간에 따른 프로세스 성과의 어떤 지표를 통제하는데 적용될 수 있다. 예를 들면 재고와 용량을 관리하는데 관리 한계 정책의 적용을 이미 공부한 바 있는데, 7장에서 불확실한 수요에서의 재고 관리가 시간에 따른 재고 수준을 관찰하고 미리 정해진 재주문점(ROP)까지 재고가 소진되었을 때 Q개의 수량을 주문하는 과정을 포함하고 있다고 하였다. 이러한 맥락에서 보면 재주문점은 '관리한계'를 의미하는 것이고 필요할 경우에 Q개의 수량을 주문하는 조치가 취해지는 것이다. 재주문점은 재고부족의 확률에 근거하여 제품의 이용가능성을 관리하는 안전재고의 수준을 결정하게 된다.

또한, 8장에서 논의한 대로 프로세스 용량(process capacity)과 흐름시간(flow time)을 관리하는 데 있어서, 고객의 대기시간의 길이나 대기자의 수를 관찰하게 되는데 그 숫자가 상한선에 도달하게 되면 바로 서비스 시설을 확충하여 프로세스 용량을 증가시키게 되고, 하한선에 도달하게 되었을 때에는 용량을 감소시키게 된다. 이러한 운영정책은 슈퍼마켓에서 계산대들을 열거나 닫는 것으로 규칙적으로 조절한다. 대기 관리 한계를 설정하는 데 있어서, 목표는 고객의 대기시간을 제한하는 것이 될 것이다. 비슷한 예로 야외 행사 제공 서비스업, 소비자 콜센터, 병원 응급실 운영 같은 서비스 업종에서는 고객을 받아들이는 규칙을 수립할 때 만약 기존 대기 고객이 많아 적체된 상태인 경우 더 이상의 새로운 고객의 유입을 막는 정책을 만들 수 있다.

비용관리 분야에서는 경리직원들이 비용과 생산성에 대한 분산을 사용하여 부서의 성과를 추적하게 되고, 관찰된 비용이 상한선을 초과하거나 생산성이 하한선 아래로 떨어질 때 어떤 특정한 관리적인 조치를 취하도록 하게 된다. 단기적인 현금관리에서는, 기업이나 투자자의 현금상황이 시간에 따라 오르내리게 되는데, 만약 하한선 아래로 떨어지게 되면 현금을 증가시키기 위해 자산을 매각하게 되고, 현금보유액이 상한선을 넘게 되면 초과 현금을 자산에 투자하게 된다. 마지막으로 주식거래에서 투자가들은 주식의 가격이 하한선까지 떨어질 때 주식을 사들이기 위한 '한계주문(limit orders)'(혹은 팔기 위한 '손실제한(stop loss)')을 설정하기도 한다. 컴퓨터로 자동화된 '프로그램 거래'의 경우에 가격이 미리 정해진 수준에 도달하게 되면 거래가 수행되게 되어 있다.

그러므로 다양한 경영의 적용에서 관리 한계정책은 현재 주어진 정보를 이용하여 실시간으로 조치를 취할 수 있도록 하기 위한 중요한 한계점을 제공하는 수단으로서의 역할을 하게 된다.

9.3.4 관리도

통계적 프로세스 관리는 평균을 중심으로 하여 프로세스 성과의 변동의 허용 가능한 범위를 설정하는 것을 포함하고 있다. 관찰된 성과가 이러한 범위 내에서 변한다면 변동이 정상적인 것으로 간주하고 규명될 수 있는 원인의 존재가 있다고 결정지을 충분한 증거가 없으므로 프로세스에 대해 조치를 취하는 것을 억제하게 된다. 이 범위를 벗어나는 변동은 비정상적인 것으로 간주하여야 하고 조치를 취해야 하는데, 프로세스를 중지시키고 규명될 수 있는 원인을 찾아내어 제거해야 한다. 기대되는 성과치 μ을 중심으로 한 허용 가능한 관리구간(control band)을 설정하는 데에는 다음의 두 가지 요소를 고려하여야 한다.

1. 표준편차 σ로 측정된 프로세스 성과에 대한 정상적인 변동,
2. 양의 수 z로 표현된, 얼마나 우리가 프로세스를 엄격하게 관리하려고 하는가에 대한 것: 적은 값의 z는 통제가 더 엄격한 것을 의미한다.

그다음, 프로세스 변동에 대한 허용 가능한 구간으로서 z 표준편차를 설정하게 된다. 그러므로 **관리 하한**(LCL: lower control limit)과 **관리 상한**(UCL: upper control limit)을 설정하여 $[LCL, UCL]$로서 **관리구간**을 나타낸다. 이러한 **관리한계치**(control limits)들을 결정하는 일반적인 식은 다음과 같다.

$$LCL = \mu - z\sigma \quad \text{and} \quad UCL = \mu + z\sigma \tag{9.1}$$

그림 9.7에서 일반적인 관리도를 나타내고 있는데, 프로세스 성과가 관리한계와 관련하여 시간에 따라 어떻게 변하는지를 보여준다. 이것은 의사결정에 큰 도움을 줄 수 있도록 추이도가 관리 한계치들과 함께 그래프로 그려진 것이다. 만약 관찰된 성과가 관리 구간 내에서 변하고 있다면 성과 변동은 정상적이라고 추론할 수 있고, 따라서 아무런 조치도 취할 필요가 없다.

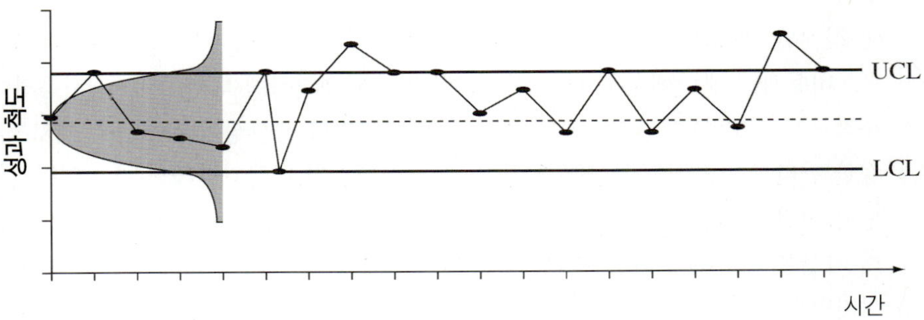

그림 9.7 프로세스 관리도

성과변동이 관리 구간 밖으로 벗어난다면 비정상적인 상황으로 해석될 수 있고 프로세스가 제대로 통제되지 않고 있는 것이므로 규명될 수 있는 원인을 찾아서 제거해야 할 필요가 있다. 관찰된 성과를 관리 한계 값들과 비교하는 데 있어서 하나 덧붙일 것은, 시간에 따른 어떠한 경향이라던지 계절적 변동의 유형에 따른 구조적 변동을 관찰할 필요가 있고, 이러한 정보가 의사결정에 반영되어야 한다는 것이다. 여러 가지 경험적인 법칙들이 변동에 대해 추론을 하여 언제 조치를 취해야 하는가에 대한 규칙으로 이용될 수 있다. 예를 들면 일곱 번의 관측치들이 연속적으로 평균 성과 이상 혹은 이하로 발견되면 변동이 관리 구간 내에 있어 프로세스가 제대로 통제되어 보인다고 할지라도 정밀한 조사를 하도록 하는 하나의 규칙을 만들 수 있겠다.

통계적 해석 관리 한계치들은 가설검정과 연관이 있다. 처음에 프로세스가 제대로 통제되고 있어 (즉, 안정적 상태) 어떤 수준 μ에 있다는 귀무가설과 프로세스의 평균이 다른 수준으로 바뀌었다는 대립가설로 시작한다. 관측된 성과에 근거하여 프로세스의 평균이 바뀌었는지를 판단해야 한다. 결정의 규칙은 만약 관찰된 성과가 관리 한계 내에 들어왔다면 귀무가설을 기각하지 못하게 된다. 만약 관리 한계 밖으로 벗어났다면 귀무가설을 기각할 수 있는, 통계적으로 유의성이 있는 증거가 있다고 결론지을 수 있고, 어떠한 규명될 수 있는 원인으로 인해 평균이 변하게 되었다고 추론할 수 있다.

이러한 의사결정의 규칙은 확률적 변동이 관찰된 변동으로 나타나 이에 대해 잘못된 해석을 초래할 수 있기 때문에 완벽한 것이라고는 할 수 없고, 때로는 잘못된 결정을 내리게 되기도 한다. 때로는 프로세스가 제대로 통제되고 있는 경우라 할지라도 단순한 정상적 변동으로 인해서 그 성과지표가 관리구간 밖으로 벗어나게 되는 때도 있기 때문이다. 만약 그러한 경우라면 프로세스가 제대로 통제되고 있지 않다고 잘못 판단을 하여 실제로 존재하지 않는 어떤 규명할 수 있는 원인을 찾으려 노력하게 되고, 이러한 헛수고에 비용을 낭비하게 되기도 한다. 이렇게 정상적인 변동을 비정상적인 변동으로 간주하고 허위경보를 울리게 되는 확률을 **제1유형 오류**(type I error) 혹은 α라고 한다. 반대의 경우로, 어떠한 규명 가능한 원인이 실제로 존재하는데도 불구하고 프로세스 성과 지표가 우연히도 관리 구간 내에 들게 되는 경우도 있다. 이러한 경우에 관찰된 변동이 정상적이라고 잘못 판단을 하게 되어 사실상 변동이 비정상적이어서 어떤 규명 가능한 원인을 찾아보아야 함에도 아무런 조사에 대한 필요를 느끼지 못하게 된다. 이렇게 비정상적인 변동을 정상적이라고 잘못 판단하는 확률을 **제2 유형 오류**(type II error) 혹은 β라고 한다. 이전의 자동차 연료 효율의 예에서와같이, 자동차가 리터당 평균 10킬로미터를 주행할 수 있고 관리 하한값을 9킬로미터에 설정해 놓았다면, 리터당 주행거리가 9킬로미터 아래로 내려간다면 자동차를 정비시키게 될 것이다. 그런데 자동차에 아무런 문제가 없는 경우에도 리터당 주행거리가 9킬로미터 아래로 내려갈 수가 있는데, 이러한 것은 환경적 상황에 기인한 우연일 뿐이고 불필요하게 시간, 노력, 그리고 비용이 드는 수리를 할 필요가 없다. 한편으로는 자동차가 사실상 정비가 필요하지만 리터당 허용 가능한 주행거리를 보여주고 있어 교정되어야만 할 문제가 간과되기도 한다. 그러므로 관리 한계 정책에 근거한 의사결정의 규칙은 때론 유용하기도 하지만 확률적 변동 때문에 잘못된 결론을 내리게 되기도 한다.

최적 통제의 정도 통제의 정도란 다음의 두 가지에 의존하고 있다.

1. 프로세스 성과가 얼마나 자주 관찰되고 있는가?
2. 프로세스 성과에서 어느 정도의 변동이 허용 가능하다고 생각하는가?

자동화된 관리시스템(가정집의 온도조절장치와 자동차의 크루즈 컨트롤등)에서는 관찰과 조정이 연속적으로 수행된다. 그러나 비즈니스 프로세스에서는 연속적인 관찰은 경제적이지도 않을 뿐만 아니라 가능하지 않을 수도 있다. 빈번한 관찰은 이에 따른 비용을 증가시키지만 성과가 저하되는 상황을 빠르게 발견할 수 있어 회복도 빠르게 되는데, 관찰하는 데 있어서 최적의 빈도수는 이러한 비용과 이익을 균형을 맞추어야 한다. 예를 들면 심장병이 있는 사람의 심장 박동수와 콜레스테롤 수치는 건강한 사람보다는 더욱더 자주 관찰되어야 하는데, 그 이유는 심장마비를 일으킬 위험에 비해서 비용은 상대적으로 적다고 판단되기 때문이다.

비슷한 경우로, 프로세스 통제의 반응은 z 값으로 측정된 관리 구간의 넓이에 의존하는데, 이것이 제1유형 오류와 제2유형 오류, 그리고 비용을 결정하게 된다. 식 9.1에 나타난 바와 같이 적은 z 값은 관리구간이 좁다는 것을 의미해서 규명 가능한 원인을 찾기 위해 때론 불필요하기도 하지만, 더 자주 관찰을 해야 한다는 것이다. 그렇지만 한편으로는, 더 엄격한 관리구간은 규명 가능한 원인이 있을 때에 더 빨리 발견을 할 수 있고 비적합에 따른 비용을 줄일 수 있다. 그와는 반대로, 큰 z 값은 넓은 관리구간과 느슨한 통제, 그리고 덜 빈번한 조사를 의미하는데, 통제의 비용은 상대적으로 적게 들지만, 비적합의 비용은 높게 된다. z 값에 대한 올바른 결정은 조사의 비용과 규명 가능한 변동의 원인을 제거하는 것에 실패할 때 발생하는 비용을 모두 고려하여야 한다. 한편으로는 정상적인 변동에 대한 자동반사적인 반응을 피하고, 다른 한편으로는 비정상적인 변동을 발견하고 즉각적인 조치를 취해 제거하고자 하는 것이다.

요약하면, 통제에 대한 적절한 정도는, 관찰의 빈도수와 의사결정 규칙에 대한 민감도 측면에서 본다면, 통제의 비용과 계획된 성과에 대한 일치도의 이익 사이에 상반되는 관계에 따라 결정되는데, 이 관계가 그림 9.8에 나타나 있다.

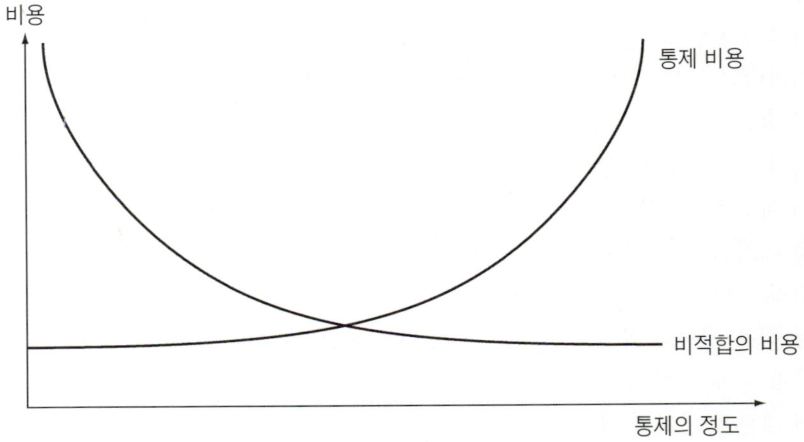

그림 9.8 통제의 최적 수준

이상적으로는 최적의 z 값은 제1유형 오류와 제2유형 오류에 대한 비용을 비교해 가면서 정해야 하지만, 통상적으로 통계적 프로세스 통제의 실행에 있어서 $z=3$이 자주 사용되고 있다. 만약 성과지표가 정규분포를 따른다고 한다면 평균의 ±3 표준편차에 99.73%의 측정치들이 포함될 것이고, $z=3$을 사용하면 제1유형 오류의 확률은 0.27%가 된다. 프로세스 통제에 대한 실제 적용 경우에 성과 지표가 정규분포를 따르는가에 대해 대부분은 알려지지 않게 되고, 따라서 정확한 평균과 표준편차도 모르게 된다. 그러므로 다음 절에서 논의될 것은 실제 성과에 대해 표본을 구하고 표본 추정치에 근거하여 관리 한계 값들을 구하는 방법들이다.

평균 관리도와 범위 관리도 시간에 따라 임의의 표본을 취해서 프로세스 성과를 관찰하게 되는데, 9.2.5절에서 논의한 바와 같이 다중 변동도를 이용하여 각각의 표본 집단내의 그룹 내 변동과 표본 집단들 사이의 그룹 간 변동을 나타내게 되는데, 어떤 변동이 정상적이고 어떤 변동이 비정상적인가에 대해서는 나타내지 못한다. 평균과 분산 관리도는 허용 가능한 변동의 구간을 설정해 줌으로써 이러한 단점을 보완할 수 있다.

시간에 따라 프로세스 성과에 대해 N개의 임의의 표본들을 취하고, 각각의 표본 집단은 n개의 관측치를 포함하고 있다고 하자. 각각의 표본에 대해 다음의 두 가지 요약 통계량을 구할 수 있다.

- n개의 측정치로부터의 표본평균 ,
- 그리고 표본 범위 R인데, 표본범위는 n개의 관측치 중에서 최댓값과 최솟값의 차이를 말한다.

그러므로 표본 평균들 $_1, _2, \ldots, _N$과 범위들 $R_1, R_2, \ldots, R_N$을 구할 수 있다. 각각의 표본 평균은 프로세스에 대해 기대되는 (혹은 평균) 성과에 대한 추정량이고, 표본 범위는 프로세스 성과에서의 변동을 나타내고 있는데, 표본 범위는 표본 표준편차와 직접적인 연관성은 있지만 다른 값이고, 계산하기가 쉽다. 다중 변동도에 나타난 바와 같이 N개의 표본 평균들과 표본 범위들을 시간에 따라 그래프로 나타내어 그룹 간 변동과 그룹 내 변동을 각각 보여줄 수 있다. 관찰된 변동이 정상인지 비정상인지에 대한 결정을 내리기 위해 표본 평균들과 범위들에 대하여 관리 구간을 설정할 수 있다.

평균 () 관리도는 평균 프로세스 성과와 함께 평균에서 허용 가능한 변동에 대한 구간을 나타내는데, 프로세스 평균을 변화시키는 비정상적인 변동을 알아내는 것이 그 목적이다. 확률이론에서 중요한 결과인 중심극한치 정리는 만약 개개의 관측치들이 정규분포가 아니라 하더라도 표본 평균 ()들의 확률분포는 정규분포를 가진다는 것을 말한다. 그러므로 표본 평균들은 평균이 μ 그리고 표준편차가 σ인 정규분포를 따른다고 가정할 수 있다. 여기에서 $\mu = \mu$로서 개개 관측치들의 평균과 같아지고, $\sigma = \sigma/\sqrt{n}$으로 개개 관측치의 프로세스 표준 편차보다 적은 값을 가지게 된다. 즉, 표본평균들은 개개의 관측치들보다 적은 변동을 나타낸다. 그러므로 일반적인 관리 한계 값들에 대한 식 9.1을 적용하여 다음과 같은 식을 얻을 수 있다.

$$LCL = \mu - z\sigma/\sqrt{n} \quad \text{and} \quad UCL = \mu + z\sigma/\sqrt{n}$$

여기에서 μ와 σ는 개개의 관측치에 대한 알려지지 않은 진실한 값의 평균과 표준편차를 의미한다. 그러므로 μ는 총체적인 평균 $=({}_1+{}_2+\cdots+{}_N)/N$에 의해 예측될 수 있고, σ는 $N \times n$개의 관측치로부터 얻어진 표준 편차인 s로서 예측되어진다. 이러한 예측치들을 사용하여, 평균 관리도(average control chart)에 대한 관리 한계 값들을 다음과 같이 설정할 수 있다.

$$LCL = \overline{\overline{X}} - zs/\sqrt{n} \quad \text{and} \quad UCL = \overline{\overline{X}} + zs/\sqrt{n} \qquad \textbf{(9.2)}$$

만약 관측된 모든 표본 평균들이 위의 관리 구간 내에 들게 되면 우리는 "평균도(average chart)가 통제되고 있다."라고 이야기하고 프로세스 평균이 안정적이라고 결론지을 수 있다. 그러므로 관측된 변동이 표본 평균들 사이에 있게 되면 이러한 변동은 정상적인 원인에 의한 것이라고 할 수 있다. 만약 표본 평균들이 관리구간 밖으로 벗어난다면 관측된 변동이 비정상적이라고 결론을 내려서 프로세스 평균을 변하게 만든, 규명될 수 있는 원인을 찾아내어야만 한다.

프로세스 평균을 관리하는 것 외에도 프로세스 성과에서의 변동이 시간에 따라 안정적이라는 것을 확인해야 한다. 위에 나타난 대로 변동이 크다는 것은 각각의 표본 그룹 내에서의 관측된 성과에서의 변량의 범위 R이 넓다는 것을 의미한다. N개의 표본들로부터 관측된 변량들 R_1, $R_2, \ldots, R_N$에 대하여 평균 표본 변량 $=(R_1+R_2+\cdots+R_N)/N$을 구할 수 있는데, 이 값은 변동기대치 그리고 표본 범위의 표준편차 s_R에 대한 지표이다. 표본 범위에 있어서의 이러한 기대치와 변동에 대한 예측치들을 사용하여, 범위 관리도(R control chart)를 얻기 위해서, 일반적인 관리 한계 값(generic control limits)들을 표본 범위들에 적용하게 되면,

$$LCL = \overline{R} - zs_R \quad \text{and} \quad UCL = \overline{R} + zs_R \qquad \textbf{(9.3)}$$

과 같다. 만약 관측된 모든 표본 변량들이 위의 구간에 속하게 된다면 범위도(R chart)는 "통제

되고 있다"라고 이야기할 수 있고, 프로세스 변동은 안정적이라고 이야기할 수 있다. 이 경우, 표본그룹 내에서의 관측된 모든 변동은 정상적인 원인에 기인한 것이라고 할 수 있는 것이다. 만약 관측된 표본 범위가 위의 관리 상한값보다 더 높다면 초과적인 변동에 대한 규명될 수 있는 원인을 찾도록 해야만 하고 관리 하한값보다 더 낮다면 프로세스 성과는 기대되는 변동보다 변동이 현저하게 적은 것이다.

다음의 예제 9.6에서 평균관리도와 범위관리도에 대해 논의하겠다.

예제 9.6

표 9.1에 나타난 바와 같이 시간에 따라 $N=20$개의 표본들을 수집하였고 각각의 표본은 $n=5$개의 관측치들을 포함하고 있다. 표 9.2에서 어떤 하루의 다섯 개로 구성된 표본에서의 평균 문의 무게를 다음과 같이 계산할 수 있다.

$$\overline{X}_1 = (81 + 73 + 85 + 90 + 80)/5 = 81.8 \text{ kg.}$$

그리고 이 표본에서 가장 무거운 문과 가장 가벼운 문 사이의 범위는

$$R_1 = 90 - 73 = 17 \text{ kg.}$$

로 계산된다. 비슷한 방법으로 둘째 날에 대한 평균 무게는 $_2$=83.8 kg이고 변량의 범위는 R_2=10 kg이다. 그리고 다른 날들에 대해서도 같은 계산 방법이 적용될 수 있는데, 표본 평균들과 범위들이 표 9.3에 계산되어 있다.

그런데 여기서 평균들과 범위들 모두 표본들마다 각각 다르다는 점을 주의할 필요가 있다. 표 9.3에서 20개의 평균의 평균을 구하면 =82.5 kg으로 계산되는데, 물론 이 값은 예제 9.3에서 계산된 것과 같이 100개의 표본 수집된 문들의 총체적인 평균과 같고 총체적인 표준편차는 s=4.2 kg으로 계산되었다.

현실에서 일반적인 z 값에 z=3을 적용하면, 식 9.2에서의 표본 평균들에 대한 관리한계 값들은

표 9.3 시간에 따른 문의 무게에 대한 표본 평균들과 범위들

표본	1	2	3	4	5	6	7	8	9	10
$\overline{X}$	81.8	83.8	81.0	80.8	80.4	83.8	79.2	83.0	84.4	83.8
R	17	10	8	17	11	7	7	7	9	9
표본	**11**	**12**	**13**	**14**	**15**	**16**	**17**	**18**	**19**	**20**
$\overline{X}$	83.8	82.0	83.0	80.8	83.8	80.8	83.0	81.2	85.0	83.8
R	6	8	9	15	7	8	15	8	10	13

$$UCL = \overline{\overline{X}} + z\, s/\sqrt{n} = 82.5 + (3)(4.2)/\sqrt{5} = 88.13 \text{ kg.}$$
$$LCL = \overline{\overline{X}} - z\, s/\sqrt{n} = 82.5 - (3)(4.2)/\sqrt{5} = 76.87 \text{ kg}$$

으로 계산된다.만약 여기에서 표 9.3에 있는 20개의 표본 평균들을 위에 계산된 한계 값들과 비교해보면 20개 모두 관리 구간 내에 들게 되는 것을 알 수 있다. 이것에 대해 그림 9.9에 나타나 있는 것처럼 관찰된 표본 평균들과 관리 상한값 그리고 관리 하한값을 그래프로 표현할 수 있다. 모든 관측값들이 LCL=77.7와 UCL=87.3 사이에 있으므로, 프로세스 평균은 안정적이라고 결론지을 수 있다. 즉, 프로세스 평균에 영향을 주는 규명 가능한 변동의 원인을 나타내는 충분한 통계적 증거가 없다는 것이고, 여러 날 사이의 그룹 간에 문의 무게들이 통계적 유의성이 있을 만큼 다르지 않다는 것이다.

비슷한 방법으로 표 9.3으로부터 표본 범위들의 평균을 구하면,

$$=10.1 \text{ kg}$$

이고 표본 범위들의 표준편차는

$$s_R=3.5 \text{ kg}$$

이다. 그러면 관찰된 변동의 범위들에 대한 관리 한계 값들을 다음과 같이 구할 수 있다.

$$UCL = \overline{R} + z\, s_R = 10.1 + (3)(3.5) = 20.6$$
$$LCL = \overline{R} - z\, s_R = 10.1 - (3)(3.5) = -0.4$$

위에서 LCL의 값 -0.4를 0으로 대체해야 하는데, 그 이유는 어떤 표본 내에서의 변동에 대한 범위가 음의 값이 될 수 없기 때문이다. 20개의 관측된 범위들을 위의 관리 한계 값들과 비교해보면 모두 20.6 kg 이하인 것을 알 수 있는데, 그림 9.10에서와같이 20개의 변동의 관찰된 범위들을 관리 상한값 그리고 관리 하한값과 함께 그래프로 나타낼 수 있다. 이 그래프에서도 역시

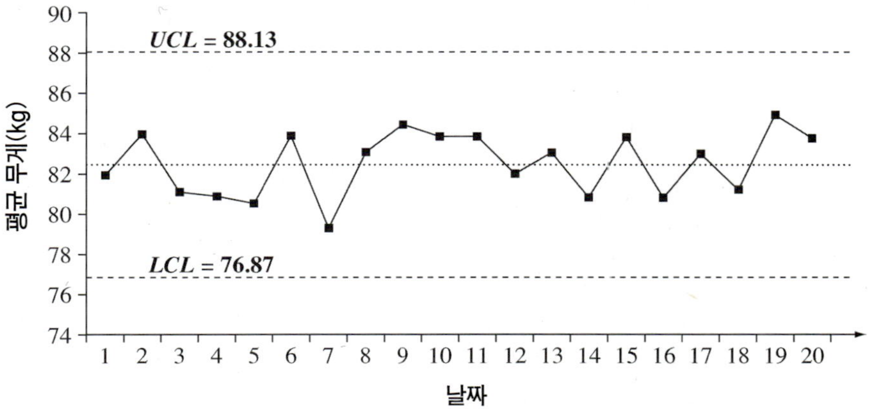

그림 9.9 평균() 관리도

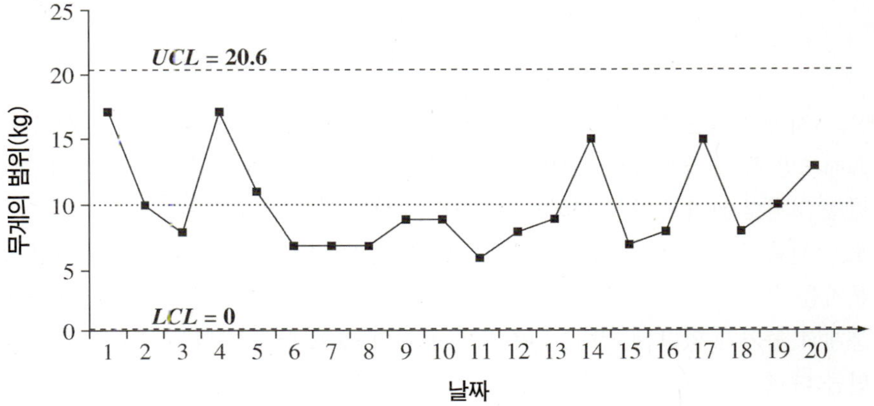

그림 9.10 범위 (*R*) 관리도

모든 점이 *UCL*=20.6보다 아래에 있다. 그러므로 모든 날 결과물의 변동이 그다지 크지 않다고 결론지을 수 있다. 다시 말해서, 각각의 날짜에서의 성과는 주어진 날의 그룹 내 변동에 대해 규명될 수 있는 변동이 존재하지 않는다는 것을 의미한다.

따라서 주어진 날짜 내의 그룹 내 변동 그리고 날짜들 사이의 그룹 간 변동이 정상적인 변동이라고 간주 될 수 있다. 이는 프로세스가 통제되고 있다는 이야기이고, 문의 무게에 대해서는 제조 프로세스 측면에서 통계적으로 안정적이라고 할 수 있겠다.

통계적 프로세스 통제에 대한 중요한 점들을 강조하기 위해서 지금까지 관리도에 대한 전문용어와 기술적 세부사항을 단순화시켜 기술하였다. 예를 들면 진실의 표준편차 σ를 예측하기 위해 표본 표준편차 s를 사용하였고, 진실의 범위 표준편차 σ_R를 예측하기 위해 표본 범위 표준편차인 s_R을 사용하였다. 통상적인 통계적 프로세스 관리에서는 σ와 σ_R 모두 평균 범위 에 상수를 곱한 값으로 추정된다. 더 자세한 설명은 프로세스 결과물의 표준 편차들과 범위에 대해 추정을 하려는 변량들의 평균범위에 대한 논의가 필요한데, Grant와 Leavenworth(1988)의 책을 참고하기 바란다.

프로세스 통제에 대해 설명을 하는 데 있어서 프로세스 결과물의 품질과 연관지었는데, 단위 흐름시간이나 비용 같은 성과 지표에 대해서도 똑같은 원칙들이 적용될 수 있다. 또한, 여기에서의 성과 지표는 연속형 변수 (예를 들면 고객의 대기시간, 혹은 프로세스 비용 등)일 수도 있고, 이산형 변수(예를 들면 흐름단위당 불량품의 개수, 혹은 전체 불량품 개수 등)가 될 수도 있다. 이산형 변수인 경우 관리 상한선을 도출하기 위해 적절한 이산 확률분포를 사용하여야 하지만 다음에 논의되는 것처럼 기본적인 관리도의 원리는 변하지 않는다.

불량률 (*p*) 도표 세세하게 명시된 품질 측정 척도 대신에 흐름단위들이 고객의 요구조건을 충족시켰는가의 여부에 따라 불량품과 정상품으로 나눌 수 있다. 어떤 프로세스에 불량률이 p의 비율로 발생하고 있다면 n개의 흐름단위를 임의적으로 표본 취했을 때 그 표본에서의 불량품 개수 D는 모수가 n과 p인 이항분포를 따르게 된다. 이때 평균은 np이고 분산은 $np(1-p)$가 된다(부록 II 참조). 불량품의 비율 $P=D/n$이고 평균 p, 분산 $p(1-p)/n$을 가지게 된다. 실제 불량품의 비율 p를 구하려면 각각 n개의 개수를 가지는 N개의 표본들을 취하고 각각의 표본집단에서의 관찰된 불량률을 구하고 그 불량률들의 평균 를 구하면 된다. 불량률(p) 챠트는 관측된 불량품들의 개수에 대한 관리 상한값들을 다음과 같이 나타낸다.

$$LCL = \bar{p} - z\sqrt{\bar{p}(1 - \bar{p})/n} \text{ and } UCL = \bar{p} + z\sqrt{\bar{p}(1 - \bar{p})/n} \tag{9.4}$$

예를 들면, 차고 문의 제조 프로세스 경우에 각각의 문을 마감과 측량 값, 무게들에 따라 단순히 불량과 우량제품으로 나눌 수 있다. 각각 5개의 문을 임의로 취한 표본그룹을 20개를 취할 때 각 표본그룹에서의 불량품의 개수가 1, 0, 0, 2, 1, 1, 0, 1, 2, 1, 2, 1, 1, 2, 1, 0, 3, 0, 1, 0이라고 하자. 각각의 숫자를 5로 나누면 각 표본 그룹에서의 불량률은 0.2, 0, 0, 0.4, 0.2, 0.2, 0, 0.2, 0.4, 0.2, 0.4, 0.2, 0.2, 0.4, 0.2, 0, 0.6, 0, 0.2, 0이 된다. 그러면 평균 불량률 =0.2가 된다. $z=3$을 취하면, 불량률에 대한 관리 상한값들은 다음과 같다.

$$UCL = 0.2 + (3)\sqrt{0.2(1 - 0.2)/5} = 0.7366$$
$$LCL = 0.2 - (3)\sqrt{0.2(1 - 0.2)/5} = -0.3366$$

위에서 불량률이 음수가 될 수 없으므로 LCL 값은 0으로 바꾸어야 한다. 따라서 만약 관찰된 불량률이 0.7366 이하이면 프로세스는 통제되고 있다고 결론을 내릴 수 있다.

불량품 개수 (c) 도표 각각의 흐름단위에 대해서 불량품의 숫자를 통제하고자 한다고 하자. 실제 발생 가능한 불량품의 개수를 n이라고 하고, 불량품 발생 확률을 p라고 하자. 그러면 흐름단위당 불량품 개수는 n과 p를 모수로 하는 이항분포를 따르게 된다. 그러나 만약 n이 크고 p가 작다면 이항분포는 평균값 $c=np$를 가지는 포아송 분포에 근사하게 된다. (포아송 분포의 경우 분산이 평균과 같다: 부록 II 참조). 진실한 평균값 c는 표본을 취하면서 흐름단위 당 관측된 평균 불량품 개수 로 예측될 수 있다. 매달의 오류의 숫자에 대한 관리 한계들을 다음과 같이 설정할 수 있다(불량품의 개수 도표라고 불림).

$$LCL = \bar{c} - z\sqrt{\bar{c}} \quad \text{and} \quad UCL = \bar{c} + z\sqrt{\bar{c}} \tag{9.5}$$

만약 관측된 오류의 숫자가 관리 상한값을 초과하게 되면 통계적으로 유의성이 있는 성과의 저하가 발생하였다는 것이므로 자세한 조사가 필요하게 된다. 만약 오류의 숫자가 관리 하한값 이하이면 기대되는 성과보다 더 우수한 성과를 나타내므로 이에 대한 보상이 주어질 필요가 있고 제도화될 필요까지도 있을 수 있다. 어떠한 경우든지 성과 변동이 비정상적이라는 신호를 관찰하게 되면 부정적이든 긍정적이든 규명할 수 있는 원인을 찾아야 하고 그에 따른 조치가 필요하게 된다.

예시로서, 오버헤드 도어 회사에서 매달 발생하는 주문 처리 오류 숫자를 감시하고 통제하고자 한다고 가정하자. 만약 이 회사에서 수 건의 주문을 처리하고 있고 각각의 주문에서 오류 발생 가능성이 적다면 각 달에서의 오류 숫자는 포아송 분포를 따르게 된다. 지난 12개월간 주문 처리 오류의 숫자를 기록해 보았더니, 3, 1, 0, 4, 6, 2, 1, 2, 0, 1, 3, 2라고 하자. 각각의 달에서의 평균 오류의 숫자 =2.083으로 계산되고, 관리 한계 값들은 다음과 같다.

$$UCL = 2.083 + (3)\sqrt{2.083} = 6.413$$
$$LCL = 2.083 - (3)\sqrt{2.083} = -2.247$$

위에서 LCL 값은 음수가 될 수 없으므로 0으로 조정되어야 한다. 모든 관측된 오류의 값들이 6.413보다 작으므로 주문 처리 프로세스는 통제되고 있다고 결론지을 수 있다.

프로세스 통제 도표의 동태적 특성 평균 $\pm z$ 표준편차를 사용하여 관리 한계 값들을 설정하기 위해서, 관찰된 표본들에 근거하여 프로세스 성과에 대한 진실한 평균과 표준편차를 추정해야 한다. 이러한 예측치들이 신뢰할 만하다는 것을 확실히 하기 위해, 표본들이 일정한 평균과 표준편차를 가진 (즉, 통제된 프로세스에서 나온) 안정된 확률 분포로부터 임의적으로 수집되어야 한다. 그러므로 관리도에 대한 논리는 어쩌면 순환적이기도 한데, 관리 한계 값들은, 프로세스가 제대로 통제되고 있다는 가정하에 프로세스 모수들에 대한 예측치에 근거하고 있고, 한편으로는 똑같은 관측치들로써, 관측된 변동이 정상적인가 아닌가 결정하기 위하여, 이렇게 계산된 관리 한계 값들을 비교하고 있다. 만약 이러한 프로세스 통제에 대한 활동이 연속적이고, 따라서 프로세스 성과에 대한 연속적인 관찰과 예측을 위한 하나의 동태적인 도구로서 관리도가 이용되는 것이라는 논리를 이해한다면 순환적 논리의 함정에서 벗어날 수 있을 것이다. 여기에서 관찰된 성과를 현재 설정된 관리 한계 값들에 대해 비교하게 되는데, 한계 값들은 현시점까지 관찰된 자료로부터 얻어진 예측치들로부터 계산되었다. 비교 후 만약 현재의 관리 한계 값들을 초과하는 성과가 발견된다면 프로세스를 안정화 시키기 위한 조치를 취해야 할 것이다. 시간에 따라 지속적으로 프로세스 성과를 관찰하고 안정화 시킴에 따라 성과 지표 확률 분포의 모수들에 대한 예측을 계속 개선하게 되는 것이다. 그러면 관리 한계 값들도 따라서 조정하게 되고, 새로이 관측된 성과를 더 신뢰성이 높은 한계 값들에 대해 비교를 하게 되고, 이러한 과정이 계속되게 된다.

그러면 만약 관찰된 프로세스 성과가 관리 한계 값 밖으로 벗어나게 된다면 어떻게 해야 하는가? 이러한 비정상적인 변동의 원인을 어떻게 조사해야 하고 교정을 해야 하는가? 비정상적인 변동의 근원들을 체계적으로 분석하고 교정하기 위한 두 가지의 도구들을 다음 절에 소개하겠다.

9.3.5 인과 관계 도표

비정상적인 변동에 대한 존재를 알아내기 위해서 관찰된 변동의 근본적인 원인을 발견하기 위해 **인과 관계 도표**(cause-effect diagram)를 이용할 수 있는데, 인과관계의 도표는 **물고기뼈**(fishbone) **도표** 혹은 **이시카와**(Ishikawa) **도표**라고 불리기도 한다. 인과 관계 도표는 원인과 결과 사이의 관계에서 연결고리를 보여주는데, 인과 관계는 결국 관측된 변동으로 이어지게 된다. 우선 토론과 브레인스토밍을 통해서, 가능한 원인에 대한 가설들을 세우게 된다. 한 지침에 따르면, 다섯 개의

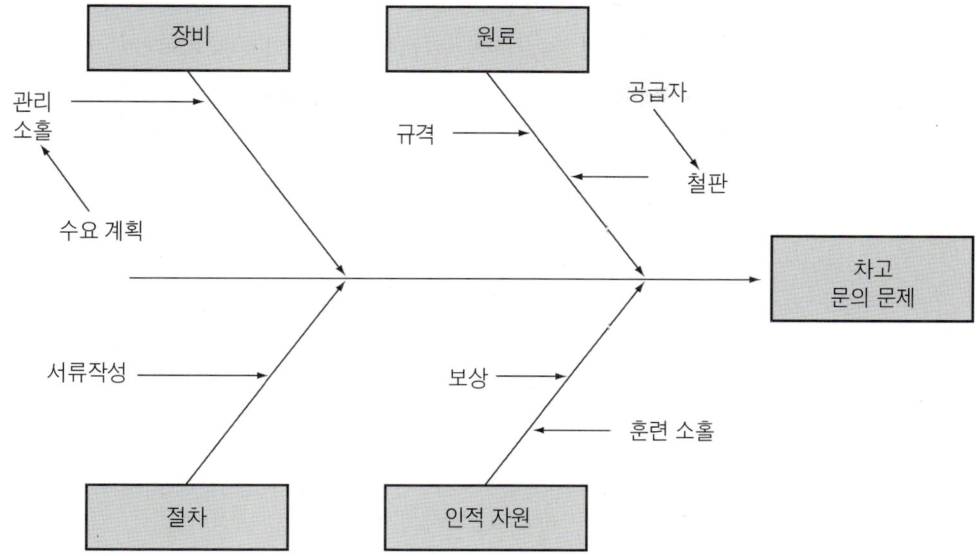

그림 9.11 차고 문의 문제점에 대한 인과관계 도표

'왜?' 라는 질문들을 연속적으로 추구하다 보면 결국 어떤 문제의 근본 원인에 도달하게 된다는 것이다. 예를 들면,

- 왜 이 문들이 이렇게 무거운가? 왜냐하면 문을 만드는 원료인 금속판이 너무 두껍기 때문에.
- 왜 금속판이 너무 두꺼운가? 왜냐하면 제조사의 철제로 된 압착기의 롤러가 부정확하게 설정이 되어 있었기 때문에.
- 왜 제조사의 롤러가 부정확하게 설정이 되었나? 왜냐하면 제조사가 우리의 요구 규격에 맞춰 생산할 수 없었기 때문에.
- 왜 제조사가 우리 측의 요구 규격을 맞추지를 못하였는가? 왜냐하면 우리 측 프로젝트 관리자가 제품을 출하 하는데에 너무 바빠서 제대로 된 공급자를 찾는데 시간이 부족했기 때문에.
- 왜 우리 측 프로젝트 관리자가 그렇게 바쁜 상황이 되었는가? 왜냐하면 생산 할당량을 제대로 맞추었는가에 따라 그의 성과가 정해지고 보수가 정해지기 때문에.

그러므로 문의 무게에서 근본적 원인은 오버헤드 도어 회사의 보상체계에 문제가 있었던 것이다. 이 문제에 대한 단순화된 물고기뼈 도표는 그림 9.11 처럼 그려질 수 있는데, 각각 화살표의 꼬리 부분은 화살표의 머리부분에 표시된 결과에 대한 가능한 원인을 보여주고 있다.

우리가 비록 단순화된 예를 통하여 예시하였지만, 실제 상황에서는 근본 원인을 찾는다는 것은 쉽지 않은 일이다. 예를 들면 2009 년에 발생하였던 도요타와 렉서스 자동차에서의 급발진 사고 등은 비용이 많이 드는 리콜문제, 법정 소송, 나쁜 평판 그리고 품질관리가 잘 된 것으로 알려졌던 이 회사의 시장 지배력을 악화시키는 결과를 초래하였다. 수개월에 걸쳐 전문가들이 이 문제의 근본 원인을 분석해 본 결과 자동차 바닥 매트가 잘 맞지 않았던 문제, 잘못된 가속 페달 설계 문제, 컴퓨터 프로그램의 오류, 그리고 운전자의 실수 등을 원인으로 찾게 되었다. 마침내 2011년 값비싼 전자 장비를 제거하게 되었다. 제품이 정교한 전자장비들로 복잡성이 더해가면서 품질관리 문제에서의 근본 원인을 찾는 것은 점점 더 어려운 일이 되고 있다.

다른 예를 들면, 2010년에 BP(British Petroleum) 사의 원유 시추 중에 발생한 미국 역사상 최악의 기름 유출 사건이 있다. 기름 폭발 사고로 11명의 근로자가 사망했으며 4백9십만 배럴의 기름이 멕시코 걸프 만에 유출되어 심각한 해양 생물 환경에 피해를 주게 되었고 어업종사자와 관광업 등의 경제 활동에도 피해를 주었다. 자세한 조사 결과 가능한 원인으로 잘못된 시멘트 작업, 불량한 유출 방지장치, BP사의 관리자들이 하청업체와 효과적으로 의사교환을 하고, 훈련을 시키고, 문제 발생 억제 척도를 마련하는데 시스템적인 오류가 있었다.

인과관계 도표가 프로세스 변수와 고객들이 중요하게 생각하는 제품특성에 대한 프로세스 변수의 영향과의 정성적인 관계를 나타내 줄 수 있지만, 확정적인 조치를 취하기 위해서는 정확한 정량적인 관계에 대한 이해가 필요하고 이것에 대해 다음 절에서 다루겠다.

9.3.6 산포도

제조사의 철제 롤링 프로세스에서 문의 무게에 대한 문제의 근본 원인이고, 바로 이것이 문의 작동을 쉽게 만들고, 고객이 중요하게 생각하는 내구성에 영향을 주는 것이라고 가정해보자. 문의 무게와 롤링 프로세스의 정확한 관계를 측정해서 제조사의 롤링 압착기에 대한 설정을 변경 하는 것에 의해 문의 무게를 관리하고자 하는 것이 목표가 되겠다.

이러한 관계를 평가하려면 롤링 압착기에 대한 다양한 설정을 실험해 보아야 하고, 차고 문의 무게에 대한 영향을 측정하고, 그 결과를 산포도라고 불리는 그래프로 나타내게 된다. **산포도** (scatter plot)란 통제 가능한 프로세스 변수가 성과 특성에 어떤 영향을 미치는가 하는 것을 보여주는 도표이다. 그림 9.12에 나타난 산포도에서 수평축은 밀리미터 단위의 철제판의 두께를 나타내고, 수직축은 제조된 차고 문의 무게를 나타낸다. 이 두 가지 변수들은 '양의 상관관계'를 보여주는데, 롤러 설정의 높은 값이 무거운 문의 무게와 관련이 있어 보인다. 이러한 관계의 정도를 평가하기 위해 통계적 회귀분석의 사용도 가능하다.

이번 절을 요약하자면, 프로세스 통제는 시간에 따른 프로세스 성과를 동태적으로 관찰하는 것을 포함하는데, 이것은 성과에 대한 변동이 정상적이고 우연적인 원인에만 기인하고 있다는 것을 확인하기 위한 절차이다. 그러므로 비정상적인 변동을 감지하여 근본 원인을 알아내고 제거할 수 있게 되는 것이다. 프로세스가 통제되고 있다고 하는 것은 성과에서의 변동이 시간의 흐름에 따라 안정적이고 결과물에서 변동이 통계적으로 예측 가능하다는 것을 의미한다. 통제되고 있다는 것은 프로세스의 내적인 안정도에 대한 것인데, 통제되고 있다는 것이 반드시 외부적으로 고객의 관점에서 결과물에 대해 프로세스 성과가 만족스럽다는 것을 의미하는 것은 아니다. 그러므로 내적인 통제에 대한 프로세스 상태를 유지하는 것과 함께 프로세스 관리자들은 프로세스 성과가 외부적으로 소비자의 요구를 충족시키는가 하는 문제도 확인하여야 한다. 여기에 대해 다음 절에서 논의하기로 한다.

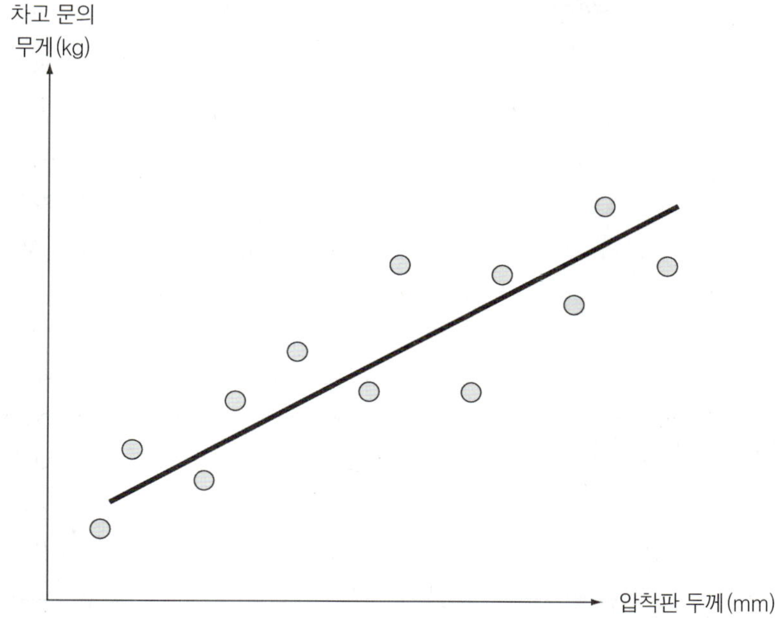

그림 9.12 산포도

9.4 프로세스 능력

프로세스 계획, 통제와 관련하여 고객들이 원하는 (예를 들면 문 작동의 용이성과 내구성 등) 것에 대한 외부적인 제품 지표들을 알아보았고, 그리고 이러한 외부적인 제품 지표들을 제조자가 통제할 수 있는 내부적인 지표(예를 들면 문의 무게 등)와 연관시켜 논의하였다. 다음으로, 고객이 원하는 제품 성과를 제품 설계의 적절한 **상한 규격**(US: upper specification)과 **하한 규격**(LS: lower specification)으로 예를 들면 75 kg에서 85 kg까지로 변환을 하였다. 이러한 규격들은 고객들이 받아들이고자 하는 성과의 변동에 대한 범위를 나타낸다. 그러므로 제품 규격 한계 값들은 외부적으로 고객의 관점에서 허용될 만한 성과변동을 나타내는 것이다. 한편으로는 프로세스 통제 한계 값들은 프로세스 안정성을 유지하는 것의 내부적인 관점으로부터 허용 가능한 성과 변동의 범위를 나타낸다. 그러므로 프로세스 관리 한계 값들과 제품 규격 한계 값들은 아주 다른 역할을 가지고 있기 때문에 예를 들면 두 가지를 한 도표에 함께 나타내는 것 같이 서로 병행하여 사용할 수 없다. 평균() 관리도에서 표본 평균을 관리 한계 값들과 함께 도표로 나타내어 비교하는 것이고, 표본평균과 규격 한계 값들과 비교는 하지 않는다. 마찬가지로 고객의 규격 기준에 맞추어야 하는 것은 표본 평균들이 아니라 개개의 제품들이다.

일단 프로세스가 통제되고 있어서 결과물의 변동이 정상적이고 통계적으로 예측 가능하다면, 프로세스 평균과 표준편차에 대한 예측값 들은 신뢰할 만하다고 할 수 있다. 이러한 예측된 값들을 근거로 하여, **프로세스 능력**(process capability)을 결정하게 되고, 프로세스 능력이란 넓은 의미로 고객의 규격들을 충족시키기 위한 프로세스의 능력으로 정의될 수 있다. 프로세스 능력은 여러 가지 다양한 방법으로 측정될 수 있겠지만, 여기에서는 서로 연관성이 높은 세 가지 방법을 소개한다.

9.4.1 규격 범위 내에서의 결과물의 비율

프로세스 능력을 측정하는 한 가지 방법은 고객의 규격기준들을 만족하는 프로세스 결과물의 비율을 구하는 것이다. 이 비율은 실제 관찰에 의해서 구할 수도 있고 예제 9.7에 설명된 대로 이론적인 확률분포를 사용해서 구할 수 있다.

예제 9.7

오버헤드 도어의 예에서 차고 문 무게에 대한 규격은 $US=85$ kg 그리고 $LS=75$ kg이었다. 또한, 그림 9.3에서 각각의 막대 높이는 특정한 무게를 지닌 문들의 비율을 나타내고 있었다. 무게가 75와 85 kg 사이에 속하는 막대들의 가중치를 모두 더하면, 설계 규격에 맞는 문들의 총비율을 구할 수 있다. 100개의 문 중에서 73개가 이러한 규격과 부합되는 걸을 알 수 있는데, 이 경우 프로세스가 현재 73% 능력으로 고객 요구조건에 부합이 되고 나머지 27%는 불량하다고 이야기할 수 있다.

다른 대안으로서 연속형 근사치로 정규분포를 사용하여 75와 85 kg 사이의 정규 확률 분포 곡선의 면적을 계산할 수도 있다. 만약 문의 무게 X가 평균 $\mu=82.5$ kg과 표준편차 $\sigma=4.2$ kg인 정규분포를 따른다고 하면 규격 한계 값들 범위 내에 속하는 문들의 비율은 다음과 같다.

$$\text{Prob}(75 \leq \mathbf{X} \leq 85) = \text{Prob}(\mathbf{X} \leq 85) - \text{Prob}(\mathbf{X} \leq 75)$$

MS Excel을 이용하면, $\text{Prob}(X \leq 85)$=NORMDIST(85,82.5,4.2,True)=0.724158, 그리고 $\text{Prob}(X \leq 75)$=NORMDIST(75,82.5,4.2,True) = 0.037073을 구할 수 있다. 그러므로,

$$\text{Prob}(75 \leq \mathbf{X} \leq 85) = 0.724158 - 0.037073 = 0.687085$$

따라서 문 제조 프로세스는 약 68.7%의 문들을 규격에 맞추어 생산하는 능력을 갖췄다고 할 수 있고, 오버헤드 도어 회사는 31.3%의 불량품의 문들을 제공하고 있다고 해석할 수 있다.

평균적으로 문의 무게가 82.5 kg이라는 것을 생각해보면, 이 수치는 규격 한계 값 내에 있지만, 평균값은 고객의 요구조건을 만족하게 하는 데 대한 기준으로는 적합하지 않다. 규격 항목들은 개개의 문에 대한 것이지 평균값들에 대한 사항이 아니기 때문이다. 오버헤드 도어 회사는 평균적으로 문들이 규격들을 충족시키고 있다고 개개인의 고객들을 안심시킬 수가 없는데, 그 이유는 어떤 임의의 한 고객이 너무 가볍거나 너무 무거운 문을 받을 확률이 31.3%나 되기 때문이다. 여기에서 프로세스가 고객의 요구조건을 얼마나 충족시킬 능력이 있는가를 결정하는 데 있

어서, 문제가 되는 것은 평균 무게가 아니라 각각의 문들의 변동이다. 다시 말하면 회사 차원에서는 평균값만을 보고 만족할 수 있겠지만, 소비자의 입장에서 분산이라는 변동성 때문에 불만족이 생길 수 있다.

재정적 측면에서 불량품의 영향은 무엇일까? 불량한 제품이나 서비스는 리콜, 재작업, 수리의 비용 그리고 궁극적으로 평판에 나쁜 영향을 주게 된다. 2009년에 발생했던 도요타 자동차의 예기치 않았던 급발진 사고는 8백만 대의 리콜을 하게 만들었고 1천5백만 달러의 비용이 들게 되었을 뿐만 아니라 경쟁사에 시장 지배력을 내어주는 결과를 가져왔다. 일반적으로 일찍 불량품을 발견하거나 문제를 교정하게 되면 소비자의 손에서 문제가 발생하는 경우보다 훨씬 비용이 적게 든다. 바늘 한 땀이 옷 전체를 쓸모 있게 만드는 것이다. 불량품의 발생을 방지하도록 하는 것이 훨씬 효과적이고 경제적이므로, 이런 경우에는 '품질은 비용이 들지 않게 한다.' 라는 말이 성립된다. 고품질을 이루려면 통상적으로는 더 시간과 노력을 들여야만 한다. 그러나 '처음에 제대로 하기' 를 제대로 실현한다면 장기적으로 비용을 더 절약할 수 있게 된다. 간혹 아주 작은 결점이 큰 재앙을 가져오기도 하는데 속담을 빌리자면 '개미구멍이 둑을 무너뜨리는 경우' 도 있는 것이다. 요약하자면 결점은 큰 비용을 가져오게 되고 결점을 방지하도록 모든 프로세스 관리자는 목표를 세워야 한다.

9.4.2 프로세스 능력률(C_{pk}, C_p)

계산하기 쉬우면서 프로세스 능력과 관련이 있는 지표 하나가 프로세스 능력률(process capability ratios), C_{pk}이다. 이 비율은 정규분포에서 만약 평균이 하한 규격 LS보다 3배의 표준편차만큼 높다면 (혹은 상한 규격 US보다 낮다면), 제품이 LS 이하(혹은 US 이상)로 떨어질 확률이 매우 적다고 할 수 있고, 다음과 같이 계산할 수 있다.

$$(US - \mu)/3\sigma$$

그리고

$$(\mu - LS)/3\sigma$$

위의 지표들은 프로세스 결과물이 얼마나 잘 규격 범위 내에 들게 되는가에 대한 대체 지표들이다. 이상의 수치가 높을수록 프로세스가 규격을 만족하게 하는 능력이 높다는 것을 의미한다. 사실상 보수적인 관점에서, 위의 두 가지 비율 중 적은 것을 택하여 프로세스 능력의 단일 지표로 사용할 수 있는데, 즉 다음과 같이 정의될 수 있다.

$$C_{pk} = \min[(US - \mu)/3\sigma, (\mu - LS)/3\sigma] \quad \textbf{(9.6)}$$

높은 값의 C_{pk}를 가지는 프로세스는 낮은 값을 가지는 프로세스보다 능력이 뛰어나다고 할 수 있다. 통상적으로 C_{pk}의 값이 1 이상이면 대부분의 결과물이 고객 규격을 만족하게 하는 능력을 갖춘 프로세스라고 할 수 있다.

또한, C_{pk} 값은 제품 규격이 단측면일 때, 즉 성과 지표들이 너무 높거나 낮지 않도록, 한쪽만 고려하는 경우에 더욱 유용하다. 예를 들면, 프로세스 비용, 배달시간 지연, 혹은 거래 처리당 오류의 숫자 등을 측정할 필요가 있을 때, 하한값은 단지 기대 품질보다 좋은 경우만을 의미하기 때문에 상한 규격, *US* 만을 명시할 수 있다. 그러면, 여기의 예들에서는 C_{pk} 값이 위의 수식에서 적합한 첫 번째의 식만 단일 값으로 주어지게 된다.

특별한 경우로 만약 프로세스가 명시된 범위에서 정 중앙에 적당하게 위치해 있다면, C_{pk} 는

$$(US - \mu)/3\sigma$$

혹은

$$(\mu - LS)/3\sigma$$

로서 정의될 수 있는데 위의 둘 다 중앙에 집중된 프로세스이다. 그러므로 적절하게 중앙에 집중된 프로세스에 대해서 프로세스 능력률 C_p 를 다음과 같이 정의할 수 있다.

$$C_p = (US - LS)/6\sigma \tag{9.7}$$

위의 비율에 대해 적절한 해석을 한다면, 분자는 고객이 허용하고자 하는 (그래서 고객의 목소리를 반영하고 있는) 변동의 범위를 나타내고, 분모는 프로세스가 제공해 줄 수 있는 능력(프로세스의 목소리)에 대한 변동의 범위를 나타낸다. 정규분포에서 대부분의 프로세스 결과물, 즉 99.73%가 평균으로부터 ±3배의 표준편차 범위 내에 속한다는 것을 생각해 보면, 프로세스 변동의 대부분은 평균을 중심으로 6배의 표준편차들 내에 있게 된다는 것을 알 수 있다. 결과적으로 6σ 는 프로세스의 자연적 관용도(natural tolerance of the process)로서 불리기도 한다. 예제 9.8은 문의 문제에 대한 프로세스 능력의 계산법을 보여준다.

예제 9.8

문의 예에서, 평균이 82.5 kg이고 표준편차가 4.2 kg이므로 계산은 다음과 같다.

$$\begin{aligned} C_{pk} &= \min[(US - \mu)/3\sigma, (\mu - LS)/3\sigma] \\ &= \min\{(85 - 82.5)/[(3)(4.2)], (82.5 - 75)/[(3)(4.2)]\} \\ &= \min\{0.1984, 0.5952\} = 0.1984 \end{aligned}$$

만약 프로세스가 μ=80 kg을 중심으로 집중되어 있다면, 프로세스 능력률을 다음과 같이 계산할 수 있다.

$$\begin{aligned} C_p &= (US - LS)/6\sigma \\ &= (85 - 75)/[(6)(4.2)] = 0.3968 \end{aligned}$$

표 9.4 프로세스 능력률과 불량률의 관계

불량품 수(ppm)	10,000	3,000	1,000	100	10	1	2 ppb
C_p	0.86	1	1.1	1.3	1.47	1.63	2

여기에서 C_{pk}=0.1984 (혹은 C_p=0.3968)이라는 것은, 프로세스가 고객의 요구 중에서 19.84% (혹은 39.68%) 만큼 충족시킬만한 능력이 있다는 것이 아니다. 예제 9.7에서 프로세스가 고객의 요구를 충족시키는 비율은 69%였다. 그런데 프로세스 능력 비율과 프로세스의 결과물이 고객의 규격을 만족하게 하는 비율 사이에는 밀접한 관계가 있다. 표 9.4에서 이러한 관계가 요약되어 있고, 이 표는 백만 개당(ppm) 불량부품의 숫자 혹은 십억 개당(ppb) 불량부품의 숫자가 나타나 있고 프로세스는 평균에 적당하게 집중되어 있다고 가정하고 있다. 그러므로 만약 백만 개당 100개 이상의 (0.01% 불량률) 불량품을 원하지 않는다면, 문 무게들의 확률 분포는 평균에 아주 가깝게 집중적으로 분포되어서 표준편차가 1.282 kg 정도가 된다면 Cp=1.3가 될 것이다.

9.4.3 6-시그마 품질

프로세스 능력의 세 번째 지표는 Motorola, GE, Sun Micro systems, 그리고 여러 다른 품질을 중요시하는 회사들이 사용하고 있는 **시그마 지표**라는 것이고, 다음과 같이 계산된다.

$$S = \min[(US - \mu)/\sigma, (\mu - LS)/\sigma] \qquad \textbf{(9.8)}$$

그리고 이러한 프로세스는 S-시그마 프로세스라고 부른다. 만약 프로세스가 규격 값들의 중앙에 정확히 집중되어 있다면 식 9.8은 다음 식과 같다.

$$S = [(US - LS)/2\sigma] \qquad \textbf{(9.9)}$$

예제 9.9

현재 문 제조 프로세스의 시그마 능력은

$$S = \min[(85 - 82.5)/(4.2), (82.5 - 75)/4.2] = \min[0.5952, 1.7857] = 0.5952$$

이다. 프로세스를 정확히 중심에 맞추게 되면 시그마 능력은 증가하게 되어 다음과 같다.

$$S = (85 - 75)/[(2)(4.2)] = 1.19$$

그러므로 정확히 중심에 맞추게 된 3-시그마 프로세스에서는 상한과 하한 규격 값들은 평균으로부터 3배의 표준편차가 되고, 이때 C_p=1 그리고 결과물의 99.73%는 규격 값들을 충족시키게 된다. 비슷한 논리로, 정확히 중심에 맞추어진 6-시그마 프로세스에서는 표준편차가 극히 적어서 상한과 하한 규격 한계 값들은 평균으로부터 각각 6배의 표준편차가 된다. 이러한 수준으로 성과가 일관성이 있게 된다면, 이는 대단히 높은 수준의 정밀도를 나타내는 것이다. 여기에서 C_p=2가 되고, 또는 10억 개의 생산품 중 단지 두 개의 불량품만이 발생하는 정도이다. 문 제조 프로세스가 6-시그마 프로세스 되려면 프로세스의 표준편차는 다음과 같아야 하는데,

$$\sigma = (85 - 75)/[(2)(6)] = 0.833 \text{ kg.}$$

위의 값은 현재 4.2인 표준편차의 1/5에 지나지 않는다.

평균이동에 대한 조정 Motorola 사의 경우 주어진 시그마 지표를 가지고 규격 값들의 중앙으로부터 ±1.5 표준편차들만큼 평균을 이동시키는 것에 의해 더 보수적인 기준으로 불량률을 계산한다. 이렇게 평균을 이동시킴으로써 6-시그마 프로세스는 백만 개당 평균 3.4개의 불량품을 생산하게 된다. 그러므로 프로세스가 정확하게 중심에 맞추어져 있지 않다고 하더라도 6-시그마 프로세스는 백만 개당 단지 3.4개의 불량품을 허용할 뿐이다. 이와 같은 높은 기준은, 비록 '제로-불량률' 은 아니라 할지라도 열심히 쟁취할 만한 목표가 될 수 있다.

이상의 프로세스 능력의 세 가지 지표들과 평균에서 1.5-시그마 이동을 허용하는 것으로 시그마 지표와 C_p 그리고 백만 개당 불량품 개수 등을 계산할 수 있고 이는 표 9.5에 나타나 있다.

왜 6-시그마인가? 표에서 보면, 3-시그마 프로세스능력에서 4-시그마 프로세스로 개선을 하려면 불량률을 1/10로 감소시켜야 하고, 4-시그마에서 5-시그마 프로세스로 바꾸려면 1/30의 불량률 개선이 필요하고, 5-시그마에서 6-시그마로의 개선은 1/70의 불량률 감소가 필요함을 알 수 있다. 그러므로 프로세스 능력에서 개선은 더욱더 힘들어지게 된다. 전문가들이 추측건대 보통의 회사가 4-시그마 품질을 제공하고 있고, 최우수 회사가 6-시그마를 목표로 하고 있다고 한다.

그러면 우리는 왜 그렇게 높은, 그리고 어쩌면 도달하지 못할 표준을 목표로 삼아야 하는가? 한가지 이유는 개개의 부품들(혹은 프로세스 단계들)이 대단히 높은 품질을 가지고 있다고 하더라도, 그 모든 부품이 모이게 되어 전체 제품(혹은 프로세스)이 가지게 되는 총체적인 품질은 개개 부품의 높았던 품질보다는 현저하게 낮아지게 된다. 예를 들면 어떤 제품이 100개의 부품으로 이루어져 있고 각각의 부품은 99%의 신뢰성을 가지고 있다면, 그 제품(혹은 모든 부품)이 제대로 작동될 확률은 단지 (0.99)100=0.366 또는 36.6%가 된다.

더욱이 만약 불량품이 그다지 많지 않다고 하더라도, 각각의 불량품에 대해 지불하게 되는 비용은 매우 높을 수도 있다. 예를 들면 심장 혈관에 문제가 있어 사망으로 이어지게 되거나, 자

표 9.5 불량품의 비율과 시그마 지표

Sigma *S*	3	4	5	6
능력률 C_p	1	1.33	1.667	2
불량품 수(ppm)	66810	6210	233	3.4

동차의 브레이크가 고장이 나거나, 혹은 비행기 동체에서 잘못된 용접 같은 일들은 자주 일어나는 것은 아니지만 제조회사들에 (법정소송 비용이나 나쁜 평판 등의 측면에서) 고객들에게 (생명의 관점에서) 그리고 궁극적으로는 사회 전체적으로 너무 큰 비용을 지불하게 되는 것이다. 사실 BP사의 기름 시추 유출 방지장치의 실패로 인한 걸프만의 기름 유출문제에서 볼 수 있듯이 제품의 실패는 자연환경과 사람의 생활에 측정 불가능한 영향을 미치기도 한다.

또한, 경쟁이나 고객으로부터의 기대들이 지속적으로 높아지고 있어서, 의욕적인 회사들이나 사업가들은 그렇게 높아진 목표를 설정하게 되는 것이다. 식스 시그마 품질을 추구한다는 것은 완벽함으로 가기 위한 지속적인 개선을 하는 조직의 문화를 대변하는 것인데 따라서 품질개선의 목표도 확장되는 것이다. 식스 시그마의 철학은 다음 장에서 공부할 간결 운영과도 관련이 있다. 간결 운영은 여러 종류의 낭비를 제거하는 것으로, 물자, 불량품, 지연, 공간, 동작의 낭비 등을 모두 제거하는 것이다. 간결 운영과 식스 시그마를 결합하여 '간결 식스 시그마 개선'이라고 부르기도 한다.

흥미로운 것은 항공사의 수하물 취급 작업은 4-시그마 프로세스에 불과하다(예를 들어 아메리칸 에어라인의 1000번의 운항에서 7개의 수하물 취급 실스가 발생한다). 하지만, 항공사의 추락 방지 능력은 식스 시그마보다 더 우수하다. 즉 사람의 목숨이 달린 경우라면 프로세스는 더 완벽해야 한다는 것이다. 그러나 사람의 인명이 달려있지 않은 경우라 하여도 예를 들면, AT&T 전화회사의 경우 99.999%의 서비스로 전화 서비스를 제공해야 하는데, 이는 일 년 중 5.26분 정도의 전화 불통 문제만을 허용한다는 것이다. 구글의 서비스도 역시 마찬가지이다. 인도의 뭄바이에서의 '다바왈라스'(box man: 점심을 배달하는 사람)는 20만 가구의 점심 공급자로부터 8만 개의 사무실에 점심을 배달하는데 하루에 세 시간 정도 64킬로미터 정도의 거리를 자동차를 이용하지 않고 다닌다. 배달 프로세스는 점심을 공급자로부터 박스에 담아 기차로, 수레로, 자전거로 주문된 사무실로 정확히 배달하는데 정보의 수집, 종합, 박스의 분류 등의 조합이 천재적으로 이루어지고 있다. 배달의 오류는 단지 1천6백만 건 중에 한번 일어날 정도인데, 이런 정확한 점심 배달 프로세스의 비용은 단지 한 고객당 6달러에 불과하다.

안전 능력 일반적으로 프로세스능력을 설계한계 $[(US-LS)-z\sigma]$로 표현할 수 있고 안전능력으로 해석하게 되는데, 7장과 8장에서 다룬 안전 재고, 안전 용량, 안전시간 등과 비슷한 개념이다. 이러한 여러 가지 안전 한계들은, 공급과 수요가 변동할 때, 제품 품질, 가용성, 그리고 반응 시간 등에 대한 고객의 요구조건을 만족시키기 위하여 변동에 대비하면서 계획된 허용치를 말한다.

프로세스 능력이 높다는 것은 변동이 적다는 것과 고객 규격을 만족하게 하는데 실패확률이 적다는 것 등을 의미한다. 프로세스 결과물이 평균을 중심으로 아주 가깝게 밀집되어 있다면 고객이 원하는 규격 값들의 넓이와 관련하여, 만약 평균이 규격 값들의 정 중앙에 있지 않다고 하더라도, 결과물들이 규격 값 안의 범위에 있게 될 것이다. 그러므로 높은 능력은, 평균이 규격 값들의 중앙에서 벗어나 이동이 생겨 프로세스가 통제되지 않는 상황이라 하더라도 불량률이 나올 확률이 적다는 것을 의미한다. 따라서 프로세스 능력은 프로세스가 고객의 규격 값들을 만족하게 하는 내성(robustness)을 의미한다. 내성이 있는 강건 프로세스(robust process)는 통제가 안 되는 상황일지라도 만족할 만한 결과물을 생산해 낼 것이다.

고객의 요구 규격에 맞추는 것으로 프로세스 능력을 측정하는 것의 문제점으로는 주어진 규격 한계 내에서의 성능이 모두 동등하게 우수하다고 간주한다는 것이다. 한편으로 Genichi Taguchi의 품질관리 철학에 따르면 정해진 규격 안에 들어가는 것보다는 정확한 목표에 맞추는 것이 더 중요하다고 한다. 제품의 모든 부품과 프로세스의 모든 단계가 정해진 규격 내에 있다 하더라도, 전체적인 성능은 만족스럽지 않을 수 있는데 이는 관용도가 쌓인 효과, 예를 들면 두 개의 부품이 규격의 반대 상한에 맞춰졌을 때 딱 맞게 조립될 수 없는 경우가 있다. 9.1절에 소개된 대로, Taguchi는 따라서 목표 수치로부터 실제 성능이 얼마나 벗어나는가를 제곱한 것으로 손해를 계산하여야 한다고 제시하고 있다.

9.4.4 능력과 통제

예제 9.7에서 본 바와 같이, 문의 생산 프로세스는 고객의 규격 값을 만족하게 한다는 측면에서 제대로 수행되고 있지 않았다. 즉 69%의 결과물만이 규격 값을 만족하게 했다. 그런데 예제 9.6에서 문의 제조 프로세스는 제대로 통제되고 있다는 결론을 내린 바 있다. 그러므로 제대로 통제되고 있는가, 그리고 규격 값을 만족하고 있는지는 프로세스 성과에서 서로 다른 두 가지의 지표들이라는 것을 중요하게 강조하고 싶다. 전자가 프로세스 성과의 내부적 안정성과 통계적 예측성을 나타내는 것이라면, 후자는 외부적인 고객 요구를 만족하게 하는 능력을 나타내는 것이다. 제대로 통제되고 있다는 것은 필요조건이기는 하지만 프로세스의 만족스러운 성과를 위한 충분조건은 되지 못한다. 프로세스가 통제되고 있다는 말은, 프로세스 평균과 표준편차에 대해 예측된 값이 신뢰성이 있기 때문에, 프로세스 능력에 대한 측정이 정확하다는 것을 의미하게 되는 것이다. 다음 절에서는 프로세스 능력을 개선해서 고객들의 관점에서도 결과물이 만족스럽게 되도록 하는 과정을 논하겠다.

9.5 프로세스 능력 개선

앞에서 정의된 각각의 프로세스 능력 지표들은 프로세스 평균과 표준편차에 의존하고 있는데, 프로세스 능력을 개선하기 위해서는 평균과 표준편차 중 하나 혹은 둘 다 조정할 필요가 있다.

9.5.1 평균이동

프로세스 결과물에 대한 확률 분포가 정해졌을 때, 프로세스 평균을 변경하는 것은 분포를 이동시키게 되는데, 이렇게 함으로써 프로세스 능력률 뿐만 아니라 규격 값들 내에 속하게 되는 결과물의 비율도 증가시키게 된다.

예제 9.10

평균 문 무게는 82.5 kg으로, 이 회사의 규격 값들인 75에서 85 kg을 생각해 볼 때 너무 높은 값이다. 그림 9.3의 히스토그램은 평균을 중심으로, 문의 무게 분포가 대칭적인 모양을 가진 분포를 나타내고 있다. 만약 여기서 프로세스 평균을 규격 값들의 중앙으로 이동시킬 수 있다면, 결과물 중 더 많은 비율이 규격 범위 내로 들어오게 될 것이다. 그러므로 만약 철판 공급자가 롤링 압착기의 두께 설정을 조금 낮춘다면, 이 회사는 평균 문의 무게를 $\mu=80$ kg으로 줄일 수 있을 것이고, 이렇게 함으로써, 전체 문 무게의 분포는 왼쪽으로 이동하게 될 것이다. 이러한 상황에서라면 규격 안의 범위에 속하게 되는 철판의 비율은 다음과 같이 증가하게 될 것이다.

$$\begin{aligned}\text{Prob}(75 \leq \mathbf{X} \leq 85) &= \text{Prob}(\mathbf{X} \leq 85) - \text{Prob}(\mathbf{X} \leq 75)\\ &= 0.88307 - 0.11693\\ &= 0.766141\end{aligned}$$

그림 9.13은 프로세스 평균을 82.5에서 80으로 이동시킴으로써 규격을 만족하게 하는 비율을 개선하는 것을 나타내고 있다.

예제 9.8에서 본 바와 같이 프로세스 능력 지수 C_{pk}는 0.1984에서 0.3986으로 증가하였다.

그러므로 프로세스를 적절히 중심에 집중시키는 것은 능력을 개선하게 된다. 더 이상의 개선을 달성하려면 정상적인 프로세스 변동을 감소시켜야만 한다. 이 경우에 프로세스는 통제되고 있기 때문에 비정상적인 변동성은 없는 것으로 간주한다.

9.5.2 변동 감소

현재의 표준편차 4.2 kg에서 나타난 바와 같이 문의 무게에서 변동이 너무 많은 상태이다. 이러한 일관성의 결여는, 예를 들면 문의 조립 장비가 너무 오래되었다든지, 보수가 잘못되었다든지,

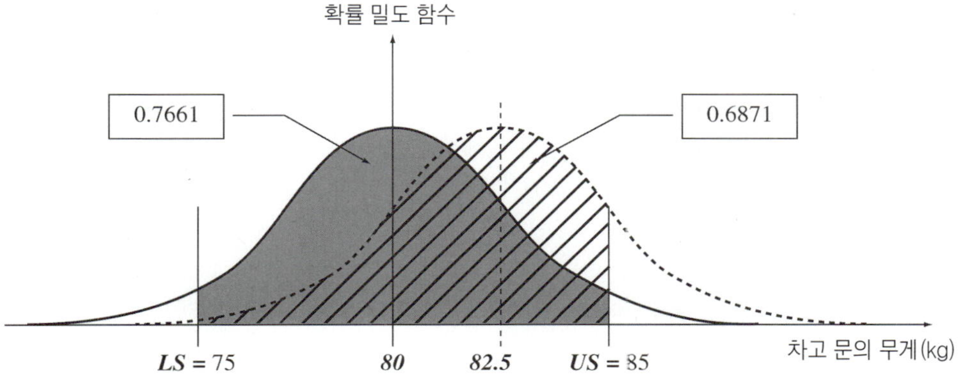

그림 9.13 평균이동에 의한 프로세스 개선

정밀하지 못하다든지, 조작하는 사람이 제대로 훈련이 되어 있지 않다든지, 혹은 철판 공급자가 공급한 철판이 롤링 압착기가 정밀하지 못한 이유로 인해 일관성이 결여되었다든지 하는 여러 가지 다양한 원인에 기인할 수 있다.

만약 그러한 변동의 원인이, 더 좋은 장비를 구입하고, 직공들을 훈련하고, 혹은 공급자 선택에 있어서의 투자를 하는 등으로 인해 교정이 될 수 있다면, 프로세스 결과물은 더욱더 일관성을 가지게 될 것이다. 결과적으로 일관성 있는 프로세스라면 표준편차가 적어야 하고, 그리고 분포는 평균에 더 가깝게 집중되어 나타나야 한다. 그리고 더 많은 결과물이 규격 안의 범위에 들게 되어야 한다. 이렇게 프로세스가 일관적일 경우, 프로세스 평균을 줄이는 것이, 프로세스가 일관적이지 못한 경우보다, 훨씬 쉽게 이루어질 수 있고, 적임자가 (직공 혹은 주임) 맡아서 진행하게 되면 프로세스 평균의 감소는 더 빠르게 이루어질 수 있다. 그러나 프로세스 변동을 줄이기 위해서는 많은 시간, 노력, 그리고 자원에 대한 투자가 요구되고, 관리의 책임도 감수해야만 한다. 때로는 프로세스 평균을 줄이는 데에도, 프로세스 변동을 줄이는 것만큼 많은 노력이 요구되기도 한다. 예를 들면 제조과정의 평균 단위 흐름시간이나 서비스 운영에서 대기시간을 줄이는 것은 프로세스 능력에 대한 많은 투자를 요하는 것이다.

예제 9.11

문의 무게 문제의 예로 돌아가서 만약 표준편차를 현재 4.2에서 2.5 kg으로 줄일 수 있다면 규격 값들을 만족하게 하는 결과물의 비율은 다음과 같이 증가할 것이다.

$$\text{Prob}(75 \le X \le 85) = 0.9544$$

그러므로

$$C_p = (85 - 75)/[(6)(2.5)] = 0.67$$

그림 9.14는 프로세스 변동을 감소시키는 것으로 인하여 규격 값들을 만족하게 하는 결과물의 비율이 개선되었다는 것을 나타낸다.

만약 99%의 결과물이 규격 안의 범위에 들기를 원한다면 얼마나 σ를 감소시켜야 하는가? 여기에 대한 답은, 상한과 하한 규격 값들이 평균으로부터 z=2.58배의 표준편차가 될 수 있도록 σ가 정해져야 한다는 것이다. 다시 말해서,

$$2.58\sigma = 5$$

혹은

$$\sigma = 1.938 \text{ kg}.$$

따라서 결과적으로

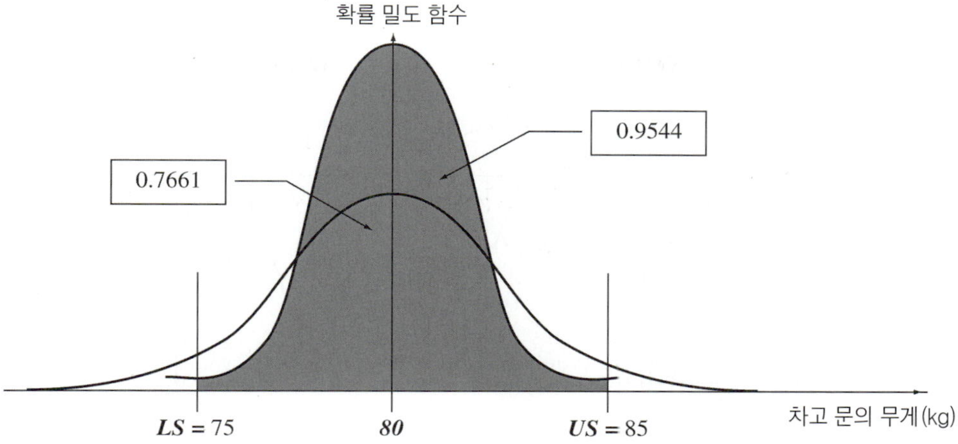

그림 9.14 변동성 감소와 평균이동에 의한 프로세스 개선

$$C_p = (85 - 75)/[(6)(1.938)] = 0.86$$

을 얻게 된다.

9.5.3 프로세스 개선이 프로세스 통제에 미치는 효과

프로세스 능력의 평균 μ를 이동시키든지, 혹은 변동 σ를 감소시키는 것에 의해 프로세스 능력이 개선되면, 관리 한계 값들도 따라서 반드시 조정되어야만 한다.

예제 9.12

프로세스 평균을 82.5 kg에서 80 kg으로 하향 조정하였을 때, 새로운 관리 한계 값들은

$$80 \pm (3)(4.2)/\sqrt{5} = (74.36, 85.63)$$

이 된다.

또한, 만약 표준편차를 4.2에서 2.5 kg으로 줄였다면 관리 한계 값들을 다음과 같이 재계산하여야 한다.

$$80 \pm (3)(2.5)/\sqrt{5} = (76.65, 83.35)$$

이상으로부터 계산된 새로운 관리 한계 값들과 다섯 개의 문으로부터 관측된 평균 무게들을 비교하여 비정상적인 변동성의 원인을 찾을 수 있는지 알아보아야 한다.

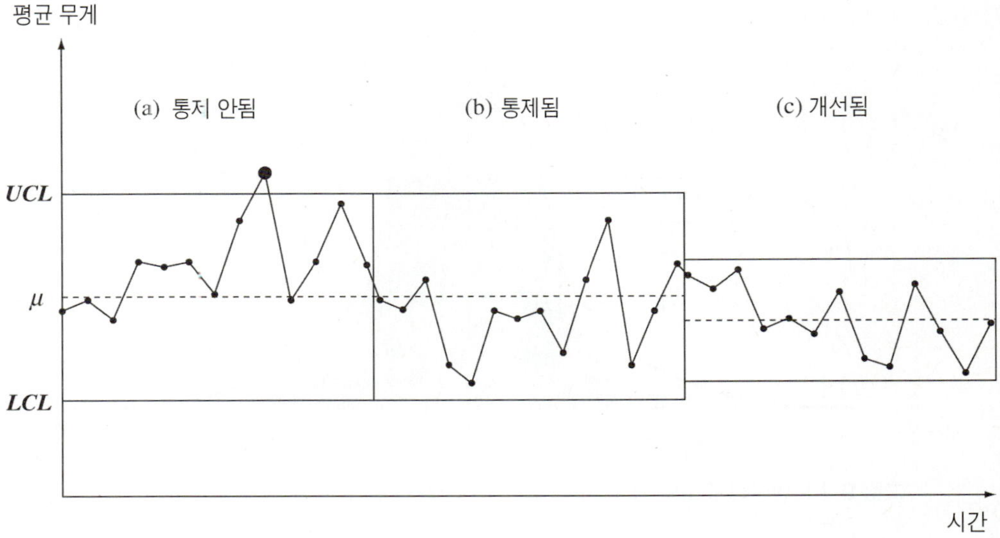

그림 9.15 통제에서 능력개선까지

그러므로 프로세스 관리 한계 값들은 프로세스 모수들이 바뀔 때마다 매번 재조정되어야만 한다. 정교한 프로세스는 관리 한계 값들이 더 좁기 마련인데, 이것은 정상적인 변동이 더 적겠다고 기대되기 때문이다. 여기에서 중요한 것은 프로세스 관리도란 표본 평균들을 그래프로 나타낸 것이고, 프로세스 능력은 개개 제품이 규격 값들을 만족하게 하고 있는가에 대한 프로세스의 능력을 의미하는 것이다. 그러므로 이러한 두 가지 다른 개념들을 같은 하나의 그래프에 겹쳐서 나타내서는 안 된다.

그림 9.15는 프로세스 변동을 관리하는 데 있어서, (1) 통제되지 않고 있던 프로세스 변동이, (2) 비정상적인 변동을 제거하면서 통제가 되고, (3) 마지막으로 적절하게 중심에 집중되고 정상적인 변동이 줄면서 능력이 높아지는 것으로 발전하는 단계를 보여주고 있다.

(1)에서 (2)로의 발전은 단기간에 이루어지는 것이지만 (2)에서 (3)으로의 발전은 장기간을 요하는 과정이다. 다음 절에서 개선된 제품과 프로세스 설계를 통한 방향으로의 단계들을 논의하겠다.

9.6 제품과 프로세스 설계

성과 변동의 원인을 찾다 보면 종종 제품의 설계와 제품을 제조하는 프로세스에까지 거슬러 올라가게 된다. 이 절에서는 프로세스 변동을 최소화하고, 제품 성과에 대한 프로세스 변동의 충격을 최소화하기 위한 설계의 두 가지 일반적인 원칙들을 소개하겠다.

9.6.1 프로세스를 위한 설계

이 절에서는 변동에 대한 확률을 최소화하기 위해 제품과 프로세스 설계의 세 가지 일반적인 원칙들이 논의되는데, 세 가지 일반적인 원칙들이란, 제품 혹은 프로세스 단순화, 표준화, 그리고 실수 방지하기이다.

단순화 단어 자체가 이야기하듯이 여기에서의 목적은 제품(혹은 프로세스) 설계를 단순화하여 제품(혹은 프로세스)이 적은 수의 부품들 (혹은 프로세스 단계들)로 구성되게 하여 공급자의 수를 줄이고 혼돈과 오류의 확률을 줄이고자 하는 것이다. 만약 제품 (혹은 프로세스)이 n개의 부품들 (단계들)을 포함하고 있고, 각각의 부품이 성공적으로 수행될 확률을 p로 나타낸다면 전체 제품 (프로세스)이 성공적으로 수행될, 즉 모든 n개의 부품이 제대로 작동을 할 확률은 p^n인데, n이 증가할수록 기하급수적으로 감소하여 결국 n을 줄이는 것이 신뢰성을 개선하는 방법이 된다.

제품다양화를 꾀하지 않는 상태에서라면, 교체 가능한 부품들을 사용하고 분할된 단위의 설계를 통하여 제품 단순화를 달성할 수 있다. 이렇게 하는 것은 조립단계에서 더 많은 선택권을 제공할 뿐 아니라, 취급되는 재료들과 재고관리를 단순화시켜주는 이점이 있다. 7장에서 논의된, 부품 공통화를 통한 재고 공통화가 필요한 안전재고의 양을 줄여준다는 사실을 상기하기 바란다.

프로세스 과정에서 부가가치가 없는 단계를 제거하는 것에 의해서 프로세스 단순화를 이루게 되면, 프로세스 비용과 흐름시간을 절약할 수 있을 뿐만 아니라 실수가 생길 기회도 감소한다. 일반적으로 '단순화' 란 설계의 중요 원칙으로서, 이를 위해서는 불필요하고 부가가치가 없는 부품들과 프로세스 단계들을 제거해야만 하고, 여기에는 기발하고 혁신적인 방법이 요구된다.

표준화 제품의 종류가 많아지게 되면, 이것이 고객들에게 더 큰 다양성을 제공하게 되겠지만, 프로세스를 복잡화시켜서 결국 비용이 비싸지고, 흐름시간이 길어지고, 품질이 저하될 수 있다. 표준화되고 검증된 부품들과 프로세스들을 사용하게 되면 조작하는 사람의 재량, 모호성, 그리고 실수에 대한 기회 등이 줄게 된다. 또한, 운영 과정들이 표준화되면, 종업원들을 고용하고 훈련하는 일들을 단순화시킬 수 있고, 성과의 일관성을 개선할 수 있다. 2장에서 논의된 바와 같이 제품의 다양성이 제한된 대신, 많은 양의 제품을 생산하는 플로우 샵(flow shops)들은 저비용, 짧은 흐름시간, 그리고 결과물의 일관적인 품질 등을 제공할 수 있다. 마지막으로 서비스 운영에서도 8장에서 논의된 바와 같이 표준화를 통한 프로세스 시간에서 변동을 줄이는 것은 고객의 대기시간을 줄여서 서비스 품질에 대한 고객들의 인지도를 개선할 수 있다.

실수 방지 방식 어떠한 프로세스를 간단하게 만들어 작업을 쉽게 만들면, 이것을 작동하는 사람의 오류 기회가 최소화되기 때문에, 제품 품질이 개선되고, 재작업이 감소하고, 흐름시간과 프로세스 비용 모두 감소하게 될 것이다. 조립과정을 쉽게 하기 위한 제품 설계는 조립 운영에서 아주 중요한데, 조립 과정은 총 제조원가의 2/3 정도를 차지하고 있고, 품질 문제의 중요한 원인이 되고 있다. 예를 들면, 조임 장치 (예를 들면 나사와 볼트 등)들은 잠재적인 문제의 원인으로서 아주 잘 알려진 것이고, 따라서 자동 잠김 장치로 교체되어야 한다. 제품 조립에서 서로 같이 결합하여 조립되는 부품들은 자리를 잘못 잡을 가능성을 방지하기 위하여 완벽하게 대칭적이거나 아니면 완전히 비대칭적으로 설계되어야만 한다. 장비들은 항상 깨끗하게 청소되어 있어야 하고 시야를 가리는 것이 없어야 하며 조립을 쉽게 하려면 가까이 접근할 수 있어야 한다. 이러한 제조업에서의 설계원칙은 공학연구와 운영에서 잘 알려진 것들이다.

부품들을 문자와 숫자를 사용하여 부호화하고, 색깔을 사용하여 부호화하며, 바코드 등을 사용하면 프로세스 운영에서의 오류를 많이 줄일 수 있게 된다. 자동화 방식을 사용하면 인건비를 줄일 수 있고 오류가 날 가능성이 감소하게 되고, 프로세스 속도와 결과물의 일관성이 증가하게 된다. 의료 기록을 전자적으로 처리하면 정확하게 최근의 환자 현황과 정보를 유지할 수 있게 되고 잘못된 진단과 치료의 위험을 많이 감소시킬 수 있다. 제품의 바코드 사용은 슈퍼마켓에서 계산 시에 오류를 크게 줄일 수 있고 항공사에서 분실되는 수하물의 숫자도 줄일 수 있다. RFID (Radio frequency identification) 기술의 사용은 더욱더 정확하고 신속하면서도 공급자로부터 소비자로의 공급체인에서 제품의 배달경로를 추적하는데 많은 오류의 가능성을 크게 줄여준다.

여러 가지 이러한 설계의 원칙들이 사실 당연한 것처럼 생각된다 하더라도 이것을 실제로 실행하려면 독창력, 인내, 그리고 실험정신 등과 함께 직공들, 재료 공급자들, 그리고 고객들로부터의 많은 협조와 공헌이 필요하다.

9.6.2 강건 설계

지금까지 논의에서는 단기적으로 규명 가능한 변동을 제거하고 장기적으로 정상적인 변동을 줄이려는 방법들에 대하여 초점이 맞추어졌다. 그런데 때로는 변동을 줄이는 것이 가능지도 않고 비경제적일 경우가 있다. 변동을 다루기 위한 하나의 대안으로서 **강건 설계(내성이 있는 설계: robust design)**를 통한 방법이 있다. 이것은 실제의 성과가 제조 프로세스나 고객들의 운영환경에서 어떠한 변동에도 크게 영향을 받지 않도록 제품을 설계하는 것을 말한다. 강건 설계의 목적은 변동의 영향에 대해 내성이 있는 설계를 개발하고자 하는 것이다.

일반적으로 제품 성과는 제품의 설계 모수들과 함께, (프로세스와 관련된) 내부적 그리고 (환경과 관련된) 외부적 교란 요인들에 의해 결정된다. 설계자의 목표는 내부적 그리고 외부적인 교란 요인들로부터 제품의 성과를 보호할만한 설계 모수들의 조합을 찾아내는 것이다. 통계적으로 계획된 실험들을 하여, 설계 요인들의 여러 조합들을 교란 요인들의 여러 가지 조합들로써 시험해 보면서 강건 설계를 위한 모수들의 조합을 찾아낼 수 있다. 여기에서 어려운 점은 모든 조합을 다 시험해 보지 않고도, 여러 교란 요인들의 존재하에 대체로 제대로 작동이 될 만한 올바른 설계 모수들의 조합을 찾아내는 것이다. 더 자세한 논의는 Taguchi와 Clausing(1990)을 참조하기 바란다.

9.6.3 통합된 설계

제품이나 프로세스 설계의 목표는 고품질, 저비용의 제품을 빠르게 생산하는 것이다. 설계는 제품 라이프 사이클에서 아주 중요한 부분을 차지하는데, 그 이유는 제조원가의 70에서 90%가 설계단계에서 소요되기도 하고 60에서 80%의 제품의 결점은 잘못된 설계에 기인하기도 한다. 통상적인 설계과정은 릴레이 경주처럼 차례대로 이루어진다. 마케팅부서에서 고객이 원하는 바를 파악하면 설계부서에서 고객의 요구조건에 맞을 수 있도록 제품을 설계하게 된다. 순차적인 작업이 이관되면서 의사소통의 문제라든가 9.1절에서 소개된 '차이점'들이 발생할 수 있다. 그 차이점들이란 설계가 한편으로는 고객의 요구를 충족시키지 못하고 생산이 되는 경우를 말한다. 제조 단계에서의 문제점은 재작업을 초래하게 되고 설계도면으로 다시 되돌아가는 재설계가 필요할 수도 있다. 이런 반복적인 과정이 제품개발 비용을 증가시키고 새로운 상품을 개발하는데 지연을 가져오고 결국 시장에서 신제품 개발의 경쟁적 지위를 상실할 수 있다.

순차적인 설계과정과 다르게, 합된 설계 과정이란 축구팀이나 교향악단처럼 고객들, 설계부서팀, 공급자들, 그리고 제조업자들이 초기 단계부터 함께 고객의 요구조건을 정확히 인지하고 제품설계 개발과 수행이 병렬적으로 이루어지는 것이다. 이는 기능 간의 장벽을 허물고 교차 기능 훈련과 밀착된 의사소통 그리고 팀워크를 통해서 가능하다. 모든 관련된 주체들이 일찍 참여하게 되면 나중에 고칠 필요가 없어지고 개발기간이 단축되며 원가를 낮출 수 있다. 의사소통을 원활히 하게 되면 오해를 줄일 수 있고 상대방의 문제점, 한계, 우위 점을 더 잘 이해할 수 있고 설계단계에서의 작업 이관이 자연스러워진다. 9.1절에 소개된 품질기능전개(QFD)는 이러한 통합된 설계의 한 예이다.

통합된 설계 (또는 병렬 혹은 병발 설계)는 원칙적으로는 맞는 이야기처럼 들리지만 이를 실제로 실행하는 데는 많은 어려움이 따른다. 여러 가지 조직에서의 문제들이 있을 수 있는데, 각기 다른 부서의 사람들이 다른 생각들을 이야기할 때 부서 간 충돌이 있을 수도 있고, 다양한 이해관계의 부서들을 조화롭게 만든다는 것은 복잡한 문제이며, 만약 포상금을 준다면 개인보다는 부서나 팀에게 주어야 한다. 보잉사의 787 꿈의 비행기 개발에서의 예는 설계와 새로운 제품의 개발에서의 어려움을 잘 나타내고 있다. 연료효율, 속도, 운항거리, 승객의 편안함(조명, 소음, 습도, 공기) 측면에서 획기적인 발전이 있었지만, 세계각지에서 온 설계팀과 부품 공급자들이 모여 의견 조율을 하는 데에는 어려움이 많았고 설계, 제조, 완성된 비행기의 전달과정에서 반복적인 지연이 있었다.

이 장은 전사적 품질관리(TQM)의 일반적 기본원리를 열거하는 것으로 맺으려 한다. 이러한 원리들은 품질의 전반적 성격을 제품과 프로세스 설계와 통제에 중점을 두도록 하고 차이점들, 변동성을 줄여서 고객 만족에 이르도록 하는 것이다.

- 고객 기준: 고객의 요구를 파악하라.
- 통합된 설계: 전체 모든 부서조직을 포함시켜라.
- 내재 된 품질: 조기에 문제 발생을 방지하라.
- 공급자의 참여: 협력과, 서로의 책임, 신뢰를 확보하라.
- 직원들의 참여: 부분적이고 국지적인 프로세스 통제에 대한 직원의 권한을 강화하라.
- 지속적인 개선: 사실과 자료, 측정에 의해 운영하라.
- 장기적 관점: 여러 물적 인적 자원, 장비, 훈련에 투자하라.

요약

이 장은 성과에서, 평균보다는 변동이 고객 만족을 결정하는데 더욱 중요하다는 것을 강조하였다. 처음에, 관찰된 변동에 대한 정보를 문서화하고 조직하여 요약하기 위한 집계표, 파레토 그래프, 히스토그램 같은 간단한 그래프와 통계적 도구들을 소개하였다. 다음은 이러한 정태적인 분석을 추이도(run chart), 다중변동도(multi-vari chart), 그리고 관리도(control charts) 같은 동태적인 방법들로 확장시켜, 시간에 따른 성과 변동을 관찰하고 분석하는 방법들을 논의하였다.

다음은 시간에 따라 관측된 변동을 관찰하고 조치를 취하기 위한 피드백 관리 원칙에 대해 설명하였다. 기대치로부터 프로세스 성과가 벗어나는 것은 정상적 혹은 비정상적인 변동에 기인한 것이라고 하였고, 비정상적인 변동을 알아내기 위해 프로세스 관리도에 대하여 논의하였다. 관리도를 작성하기 위해서 (1) 평균 프로세스 성과 지표를 예측하고 평균을 중심으로 한 정상적인 변동을 예측한 다음 (2) 평균을 중심으로 성과에서 허용 가능한 변동의 한계 값들을 설정해야 한다. 관리도를 실행하기 위해서는 (1) 한계 값들에 대해 실제 프로세스 성과들을 관찰하여 그래프로 나타내고 (2) 이러한 한계들이 초과하였을 때 조치를 취할 수 있도록 비정상적인 변동에 대한 존재를 나타내어야 한다. 인과 관계 도표와 산포도를 비정상적인 변동의 원인을 알아내고 교정하기 위한 간단한 도구로서 소개하였다. 그러므로 프로세스 통제의 목적은 프로세스가 언제 통제되지 않고 있는지 알아내는 것이고, 비정상적인 변동의 원인을 제거하여 프로세스를 통제되고 있는 상태로 되돌려 놓아, 프로세스가 정상적인 변동만을 보이도록 하여 내부적인 안정상태를 유지하도록 하는 것이다.

다음은 외부적으로 고객의 요구사항들을 충족시키기 위한 능력의 관점에서 프로세스 능력을 공부하였다. 고객 규격 값들을 충족시키는 결과물의 비율, 프로세스 능력률, 그리고 시그마 능력 등 세 가지 서로 연관된 프로세스 능력의 지표들을 정의하였는데, 이 세 가지 지표는 모두 고객의 규격 값과 관련된 프로세스 변동의 크기를 수치화하고자 하는 것이었다. 더 좋은 제품과 프로세스 설계를 통하여 정상적인 변동을 줄여 프로세스 능력을 개선하기 위한 몇 가지 전략으로 단순화, 표준화 그리고 실수를 방지하는 방식 사용 등을 논의하였다. 마지막으로 제품의 강건 설계에 대한 개념을 소개하였고, 강건 설계가 프로세스 변동의 원인에 대해 프로세스가 크게 민감하지 않도록 하는 것이라고 하였다.

변동은 항상 모든 프로세스에 존재하는 것이지만, 변동이 프로세스 불안정성, 능력하락, 그리고 고객 불만족으로 이어질 때 문제가 되는 것이다. 이 장에서는 이러한 변동의 원인을 어떻게 측정하고, 분석하며 최소화하여 제품과 프로세스 성과에서의 일관성을 개선하고, 궁극적으로 총체적인 고객만족과 우월한 경쟁력을 갖추도록 할 수 있는가를 논의하였다.

주요 등식 및 기호

(9.1) $LCL = \mu - z\sigma$ 그리고 $UCL = \mu + z\sigma$ (일반적인 관리 한계치)

(9.2) $LCL=-zs/\sqrt{n}$ 그리고 $UCL=+zs/\sqrt{n}$ (평균() 관리도 한계치)

(9.3) $LCL=-zs_R$ 그리고 $UCL=+zs_R$ (범위 (R) 관리도 한계치)

(9.4) $LCL=-z\sqrt{(1-\ )/n}$ 그리고 $UCL=+z\sqrt{(1-)/n}$ (불량률 (p) 관리도 한계치)

(9.5) $LCL=-z\sqrt{\ }$ 그리고 $UCL=+z\sqrt{\ }$ (불량품 개수 (c) 관리도 한계치)

(9.6) $C_{pk}=\min[(US-\mu)/3\sigma, (\mu-LS)/3\sigma]$ (프로세스 능력률)

(9.7) $C_p=(US-LS)/6\sigma$ (중앙집중된 프로세스 능력률)

(9.8) $S=\min[(US-\mu)/\sigma, (\mu-LS)/\sigma]$ (시그마 능력)

(9.9) $S=(US-LS)/2\sigma$ (중앙집중된 프로세스의 시그마 능력)

LCL= 관리 하한(Lower control limit)
μ= 프로세스 평균
z= 관리의 엄격함에 대한 측정치
= 표본 평균들의 평균
R= 표본 범위
s_R= 표본에서의 범위의 표준편차
= 흐름단위 당 평균 불량품의 개수
C_p=(중앙에 집중된) 프로세스 능력률
LS= 규격 하한(lower specification)

UCL= 관리 상한(Upper control limit)
σ= 프로세스 표준 편차
= 표본 평균
s= 모든 관측치의 표본 표준편차
= 평균 범위
= 불량률
C_{pk}=(중앙에 집중되지 않은) 프로세스 능력률
US= 규격 상한(upper specification)

주요 용어

6-시그마 프로세스(six-sigma process)
80-20 파레토 원칙(80-20 pareto principle)
범위 도표(R-chart)
평균 도표
강건 설계(robust design)
계획-실행-점검-조치 주(plan-po-check-act cycle; (PDCA)
관리 구간(control band)
관리도(control chart)
관리 상한(UCL: upper control limit)
관리 하한(LCL: lower control limit)
관리 한계치(control limits)
다중 변동도(multi-vari chart)
물고기뼈 다이아그램(fishbone diagram)
불량률(p) 도표(fraction defective chart; p chart)
불량품 개수 도표(number of defects chart; c chart)
비정상적 변동(abnormal variability)
산포도(scatter plot)
상한 규격(US: upper specification)
설계 품질(quality of design)
시그마 능력 척도(sigma [capability] measure)
원인-결과도(cause-effect diagram)
이시카와 도(ishikawa diagram)
적합 품질(quality of conformance)
정상적인 변동(normal variability)
제1 유형 오류(type I (or α) error)
제2 유형 오류(type II (or β) error)
집계표(check sheet)

추이도(run chart)
통합된 설계(integrated design)
파레토 도표(pareto chart)
품질 기능 전개(*QFD*: quality function deployment)
프로세스능력(process capability)
피드백 관리 원칙(feedback control principle)
하한 규격(*LS*: lower specification)
히스토그램(histogram)

토의 과제

9.1 제품이나 프로세스 성과의 평균은 높지만, 변동이 고객의 불만족을 가져오는 세 가지의 경우를 일상의 생활로부터 찾아보아라.

9.2 여러분이 식료품 가게를 운영한다고 가정하고, 고객들에게 최상의 쇼핑 경험을 제공하고자 한다고 가정하자. 고객들에게 중요한 요인들은 무엇인가를 결정하기 위하여 어떻게 해야 하는가? 고객들의 요구와 기대를 얼마나 잘 충족시키고 있는가? 고객들에게 총체적인 만족을 주기 위하여 어떻게 운영을 개선할 수 있겠는가? 등의 물음에 대하여 간략히 말하라. 특히, 이번 장에서 배운 방법 중 어떤 것이 어떤 방식으로 사용될 수 있는지 이야기하라.

9.3 항공사를 경영하는 데에 정시 운영 성과는 고객들이 중요하게 생각하는 중요한 지표이다. 실제의 이륙과 도착 시간을 예정된 시간에 대하여 히스토그램으로 나타내었다고 가정하자. 이러한 히스토그램은 여러분이 프로세스를 개선하기 위하여 어떠한 정보를 제공해 줄 수 있는가?

9.4 프로세스 성과에서의 변동을 보여주는 데에 추이도, 다중 변동도, 관리도는 히스토그램이 보여주는 정보 이외에 어떠한 정보를 보여주는가?

9.5 피드백 관리 원칙이 정보를 수집하고 의사결정을 하는데 적용될 수 있는 세 가지의 일상생활에서의 예를 들어라.

9.6 프로세스 변동의 두 가지 유형은 무엇인가? 어떻게 이러한 변동의 원인을 알아내고 제거할 수 있는가?

9.7 관리 한계 값들을 정하는데 어떠한 요인들을 고려해야 하는가? 관리 구간의 넓이를 결정하는 데 있어서 어떠한 것들이 상충관계에 있게 되는가?

9.8 제대로 통제되고 있는 프로세스가 어떻게 고객의 불만족을 가져올 수 있는가? 이는 마치 '수술은 성공적이었지만 환자가 죽게 된' 경우와 같다. 이러한 역설에 대해 논하라.

9.9 프로세스 능력을 측정하기 위한 두 가지 구체적인 방법은 무엇인가? 그 두 가지가 어떻게 서로 관련이 있는가?

9.10 6-시그마 능력이란 무엇을 의미하는가? 이러한 높은 기준을 적용해야 하는 정당성은 무엇인가?

9.11 항공 업계에서 항공기 재난은 7-시그마 능력에 해당하는 반면 수하물 처리는 4-시그마 프로세스이다. 같은 업계에서 이렇게 두 가지 프로세스들이 다른 이유는 무엇인가?

9.12 더 우수한 설계를 통해 프로세스 능력을 개선할 수 있는 세 가지 예를 들어라.

연습 문제

***9.1** Costello 연구소는 500cc의 Elixir 혈장 용액을 Mercy 병원에 공급하고 있다. 몇 가지 요인들이 혈장의 품질을 평가하는 데 있어서 중요한데, 예를 들면 순도, AIDS나 간염 바이러스의 부재, 그리고 박테리아의 수 등이다. 그런데 가장 중요한 품질 특성은 농축 단백질이다. 농축 단백질은 전기이동이라고 알려진 복잡한 전기 처리에 의해 측정이 된다. 미국 의학 협회(American Medical Association) 기준은 500cc의 혈장 한 병은 30에서 50그램의 단백질을 함유하고 있어야 한다고 명시하고 있다. 이 범위 이상 이하 모두 환자에게 위험할 수 있다.

병원 관계자들은 Costello 연구소가 혈장 처리 운영을 간결히 만들도록 안내하였고, 공급계약을 갱신하기 전에 더 엄격한 프로세스 통제를 하고 있다는 증거를 제시하여 달라고 요구하였다. Costello의 혈장 생산 장비에는 단백질 분사기와 혼합기가 있어 각 병당 농축 단백질 함유를 결정하게 된다. 프로세스 능력은 이러한 장비의 정밀성에 달렸다.

a. Costello 연구소가 공급하는 98% 이상의 혈장이 AMA 규정에 (즉, 30에서 35그램의 단백질을 함유하여야 하는) 따라야 한다는 것에 병원과 연구소가 모두 동의하였다고 가정하자.

- Costello 단백질 분사기의 정밀성을 나타내는 σ를 구하라.
- 98%의 프로세스 산출물이 규정 범위 내에 들게 하려면 각각의 혈장 용기 (500cc)에 주입되어야 하는 단백질의 양에 대한 표준 편차를 구하라.
- 또한, 이에 해당하는 능력률 C_p를 구하라.

b. Costello 연구소의 생산 책임자 Phil Abott는 혈장 주입 프로세스를 감시하기 위하여 통계적 프로세스 관리도를 만들려고 하고 있다. 각각의 배치에서 임의로 추출된 12개의 용기로부터 관측된 평균 단백질의 양을 근거로 관리도를 조직하라.

9.2 Natural Foods사는 아침 식사용 시리얼인 Takeoff를 1파운드 박스에 판매하고 있다. 미국 식품 의약국(FDA) 규정에 따르면, 1파운드 박스에는 적어도 15.5온스의 (1파운드 =16온스) 시리얼이 포함되어 있어야 한다. 그렇지만 Natural Foods 사의 박스를 채우는 프로세스는 완벽하지가 않아서 1파운드 박스에 채워진 시리얼의 무게에 대한 표준편차를 측정된 정밀도가 0.5온스였다.

a. Natural Foods 사가 98%의 박스들을 FDA 규정에 맞추기 위해 설정해야 하는 프로세스의 중심이 되는 수치는 무엇인가? 몇 퍼센트의 박스들이 16온스 이상으로 채워지겠는가?

b. 무게가 덜 나가는 박스들은 FDA의 규제 대상이지만 너무 많이 채워져서 무거운 박스들은 높은 재료비를 가져올 것이다. 그러므로 품질관리 책임자인 Morris Nerdstat는

시리얼을 박스에 채우는 프로세스를 감시하여 무게의 평균이 (a)에서 설정한 평균 수준에서 벗어나지 않도록 하려고 한다. 그는 일정한 시간 간격으로 9개씩의 박스를 임의로 추출하여 무게를 재어서 평균 무게를 도표에 나타내려고 한다. 이 중에 한번은 평균무게가 15.9온스로 관찰되었다고 하자. 그러자 회사 관계자는 이러한 성과가 FDA의 요구조건인 15.5온스를 넘었다고 만족해하였다. 이때에 Nerdstat가 취해야 할 조치가 있다면 무엇인가?

c. 6-시그마 능력을 갖춘 프로세스라면 평균과 표준편차에 대해 어떠한 목표를 설정해야 하는가?

***9.3** 은행 업무 서비스를 측정하고 평가하는 데 있어서 분석자들은 고객들이 정확성, 정시성, 반응성을 가장 중요한 항목들로 간주한다는 것을 알아내었다. 따라서 First Chicago 은행은 이러한 품질 특성을 나타내는 약 500가지의 성과지표를 관찰하고 도표로 나타내고 있다. 예를 들면, 정확성은 거래를 처리하는데 오류의 비율로서 측정하고, 정시성은 예금을 처리하는데 지연되는 횟수로, 반응성은 고객의 질문과 불만을 해결하는 속도로서 측정한다. 각각의 지표에 대해 First Chicago 은행은 최소 허용 가능 성과(Minimal Acceptable Performance: MAP)을 설정하여 관리자에게 조기 경고 신호로써, 은행업계의 경쟁자들 수준과 비교하기 위한 근거로써, 그리고 서비스 품질을 연속적으로 개선하기 위해 지속적인 목표의 상향 조정의 수단으로서 사용하고 있다.

6개월간의 기간 동안 First Chicago 은행은 모든 형태의 은행 거래에서 1,000번의 거래 처리당 오류의 숫자를 매주 기록하여, 26개의 결과를 얻은 것이, 0, 2, 0, 17, 2, 4, 0, 2, 1, 0, 0, 5, 6, 5, 15, 5, 10, 5, 2, 2, 0, 2, 0, 0, 0,1이다. 은행 행정 기구의 정보에 따르면 이러한 거래들의 평균 오류율이 1.5%라고 한다.

a. 적절한 프로세스 관리 한계 값들을 거래숫자의 비율로 설정하거나, 1,000번의 거래당 오류의 숫자로 설정하라.

b. 비교의 수단으로서 관측값들, 프로세스 평균, 관리 한계 값들, 그리고 업계 기준을 도표로 나타내라. First Chicago의 프로세스는 적절히 통제되고 있는가? 업계 기준과 비교하면 이러한 성과가 어떠한 수준에 있다고 이야기할 수 있는가?

9.4 정부는 500그램짜리 벨기에산 초콜릿 바의 무게가 표기된 대로 실제 500그램 이하로 내려가면 안 된다는 규제를 하고 있다. 만약 이러한 규제가 위반된다면 회사는 벌금을 물어야 한다. Cote d'Or 초콜릿 회사의 초콜릿 제조기는 평균이 어떤 값에 설정되어 있어도 표준편차가 5그램이 되도록 포장을 한다. 정부의 규제를 충족시키기 위해 기계 조작자가 평균을 515그램으로 설정해 놓았다고 가정하자.

a. 이러한 프로세스가 통제되고 있는가를 점검해 보기 위해 기계 조작자는 각각 25개의 초콜릿 바로 구성된 표본들을 수집하기로 계획을 세웠다. 25개의 초콜릿 바로 구성된 표본의 평균 무게로써 이 프로세스가 통제되고 있는가를 판단하게 된다. 업계 관행을 따르면 이 기계 조작자가 설정해야 하는 관리 한계 값들은 무엇인가?

b. 만약 프로세스가 통제되고 있다면 대략 몇 퍼센트의 초콜릿 바의 무게가 500그램 이

하이겠는가?

c. 정부의 벌금을 피하고자 평균적으로 15그램을 초과하여 초콜릿을 포장하게 되면 그만큼의 초콜릿은 공짜로 주어지게 되므로, 사실 회사는 비용을 더 부담하여야 한다. Cote d'Or 회사의 운영팀은 정부의 규제가 현실적으로 항상, 즉 99.87%의 확률로 충족되게 하고, 비용을 유발하는 평균 초과 무게를 3그램으로 줄이려고 하고 있다. 여기에 어떠한 측면에서 프로세스 기술이 개선될 필요가 있겠는가? 이에 대한 답을 특정한 숫자와 함께 논하라.

***9.5** 평균 지름 6 cm 그리고 표준편차 0.01 cm인 구동 샤프트를 제조하는 어떤 한 기계가 있다고 하자. 프로세스가 통제되고 있는가를 알아보기 위해 10개의 샤프트로 구성된 표본들을 취하여 전체 표본의 평균을 평가하고자 한다. 고객 규정은 구동 샤프트들이 5.98에서 6.02 cm 사이에 있을 것을 요구하고 있다. 이에 대한 적절한 관리 한계 값들을 설정하라.

9.6 어떠한 프로세스의 시그마 능력이 1-시그마에서 4-시그마 프로세스로 개선되었을 때, 제품 규정이 바뀌지 않은 채로 있게 되면 관리 한계 값들 ($UCL-LCL$)의 범위는 어떠한 영향을 받게 되는가? 이 구간이 더 좁아지겠는가, 넓어지겠는가, 아니면 그대로이겠는가? 그 이유는?

9.7 한 은행이 최근 어떠한 회사의 계산청구 기능을 의뢰받았다. 동의서에 의하면 은행은 99.2%의 청구서들을 4시간 이내에 처리하여야 한다. 현재의 처리 (프로세스)에 대한 연구는 청구서당 처리시간이 평균 2.2시간, 그리고 표준편차는 0.8이라고 밝혀내었다. 처리개선팀은 이러한 처리 과정을 변화시킬 것을 제안하였는데, 실험을 해보니 바꾸게 되면 평균 처리시간은 2시간이 되지만 표준편차는 1.2로 높아진다는 것을 알게 되었다. 이 경우 처리 과정이 바뀌어야 하겠는가? 이유는?

***9.8** Balding 회사는 NBA 경기에서 사용되는 농구공들의 공식적인 제조업체이다. 댈러스 Mavericks는 Balding사의 특별한 미세펌프 기술로 제작된, 지름 29.5인치의 퓨전 농구공을 대량 주문하였다. Mavericks 팀의 농구공 운영의 책임자인 Jennifer Boling은 농구공들을 0.2인치의 관용도를 가지고, 즉 지름이 29.3에서 29.7인치 사이에 들게 되면, 제품을 수용하겠다고 말하였다. Balding 사의 생산 과장은 회사의 농구공 제조 프로세스의 평균을 29.5인치로 설정하고 95%의 농구공들이 Boling의 요구조건에 맞도록 하고 싶어한다. 이 경우 Balding 사의 프로세스 능력률은 어떻게 되는가?

9.9 다음의 문장들에 대해 참 혹은 거짓으로 답하고, 이유를 짧게 설명하라.

a. 어떠한 프로세스에 대한 관리 한계 값들이 평균으로부터 3 표준편차로서 설정되었다고 가정하자. 만약 이 프로세스가 통제되고 있다면 99.73%의 산출물들은 규격에 맞게 될 것이다. 참인가 거짓인가?

b. 표본 크기가 증가하게 되면 어떠한 프로세스의 관리 상한값은 감소하여야만 한다. 참인가 거짓인가?

c. 어떠한 프로세스에 대한 관리 한계 값들이 평균으로부터 3 표준편차로 설정되었다고 가정하자. 만약 이 프로세스가 통제되고 있다면 한 표본이 이러한 관리 한계 값들을 벗

어나는 확률은 이 프로세스의 시그마 능력과는 무관하다. 참인가 거짓인가?

d. 6-시그마 프로세스는 항상 '통제되고' 있다. 참인가 거짓인가?

9.10 항공사의 운영 상황을 평가하는데 다음 각각의 경우에 어떠한 관리도를 사용하는 것이 적절한가 논의해보라.

a. 항공기의 도착시간 지연

b. 20여 번의 운항에서 이륙과 착륙에 지연이 있었던 항공기의 숫자

c. 1000번의 운항에서 찾지 못한 고객의 가방 숫자

d. 한 달에 접수된 고객 불만의 숫자

e. 고객의 불만을 해결하는 데 걸린 시간

f. 한 달에 기계적 결함으로 인한 이착륙에 지연이 있었던 항공기의 숫자

참고 문헌

Crosby, P. B. *Quality is Free.* New York: McGraw-Hill, 1979. Deming, W. E. *Out of the Crisis.* Cambridge, MA: MIT Center for Advanced Engineering Study, 1986.

Feigenbaum, A. V. *Total Quality Control.* New York: McGraw-Hill, 1961.

Garvin, D. A. *Managing Quality.* New York: Free Press, 1988.

Grant, E. L., and R. S. Leavenworth. *Statistical Quality Control.* 6th ed. New York: McGraw-Hill, 1988.

Hauser, J., and D. Clausing. "The House of Quality." *Harvard Business Review* 66, no. 3 (May-June 1988): 63-73.

Joiner, B., and M. Gaudard. "Variation, Management, and W. Edwards Deming." *Quality Progress*. Special Issue on Variation, December, 1990.

Juran, J. M., and F. M. Gryna. *Quality Control Handbook.* 4th ed. New York: McGraw-Hill, 1988.

Juran, J. M., and F. M. Gryna. *Quality Planning and Analysis.* 2nd ed. New York: McGraw-Hill, 1980.

Ott, E. R., and E. J Schilling. *Process Quality Control: Troubleshooting and Interpretation of Data.* 2nd ed. New York: McGraw-Hill, 1990.

Taguchi, G., and D. Clausing. "Robust Quality." *Harvard Business Review* 68, no. 1 (January-February 1990): 65-75.

Wadsworth, H. M., K. Stephens, and B. Godfrey. *Modern Methods for Quality Control and Improvement.* New York: John Wiley & Sons, 1986.

Wheeler, D. J. *Understanding Variation: The Key to Managing Chaos*, Knoxville, TN: SPC Press, 2000.

PART >>> 4

프로세스 통합

Chapter

10

간결 운영: 프로세스 동조화와 개선

서론

도요타 자동차 회사가 처음에 실행하고 선도해왔던 간결 운영(lean operation)의 원리를 다른 산업에서도 많은 회사가 사용하게 되어 비용, 품질, 공장과 공급체인에서의 반응시간 등을 개선할 수 있었다. 1980년대에 도요타와 다른 일본 제조업체들이 세계시장에서 급속히 성장하고 있는 비결로서 도요타 생산 방식(Toyota Production System)이 많은 주목을 받게 되었다. TPS의 원리를 일반화시켜 다른 산업에 적용하기 위해서 간결(lean)이라는 말이 사용되기 시작하였다. 간결함은 다른 자동차 제조업체에서 기존에 사용하던 '재고를 쌓아놓고' 제조했던 방식에 반대되는 개념으로, 재고, 잉여 노동력, 혹은 '낭비'를 제한하는 원리를 강조하기 위해서 사용된 단어이다(Hopp and Spearman, 2004). Doig(2003)의 논문에서는 항공사들이 간결 운영 기법을 어떻게 이용하여 비행기 정비 시에 항공기와 부속품 사이에 오가는 시간을 30%에서 50%까지 개선했고, 정비 생산성도 25%에서 50%까지 향상했는가에 대해 설명하였다. 또한, 이러한 극적인 개선들은 프랑스의 사치품 업체인 루이뷔통 사에서도 이루어졌다. 2005년에 20명에서 30명의 직공이 약 8일간에 걸쳐 'Reade' 토트백 한 개를 만들었는데, 2006년에 간결 운영방식으로 전환하여 6명에서 12명이 한 조를 형성하여 각각의 팀이 여러 가지 작업을 수행하게 하여서 하루에 680달러어치의 LV 로고가 붙은 루이뷔통 가방들을 만들 수 있게 되었다(Passariello, 2006).

지난 십여 년간 간결 운영의 철학은 제조업체로부터 서비스업으로 퍼져가게 되었다. 2004년에 인도의 컴퓨터 소프트웨어 제공업체 Wipro Technologies 사는 소리소문없이 '간결' 운영 전략을 시작하여 제조업체에서의 '간결' 생산 방식을 소프트웨어 서비스 산업에 적용을 시도하였다(Staats and Upton, 2009). 2007년에는 Wipro 회사는 772개의 간결 운영 사업들을 이미 마쳤거나 수행 중이었다. Saats와 Upton은 간결 운영 사업을 사용한 후 실적이 많이 향상되었고 모든 상황에 그런 것은 아니었지만 많은 경우에 비교적 적은 변동성을 보였다고 설명한다. 이러한 연구는 제조업 기반에서의 운영 원리들이 빠르게 변하고 있는 첨단 산업에도 적용 가능하다는 것을 제시하고 있다.

비슷한 개선의 예들이 다른 서비스 산업에서도 보이고 있다. Swank(2003)에 의하면 생명보험 회사인 Jefferson Pilot Financial은 우대 고객들로부터 접수 원서를 받아 처리하는 과정에 간결 생산 원칙을 적용하여, 인건비를 26% 절감할 수 있었고, 실수에 의한 서류 재발급률을 40% 감소시킬 수 있었다. 결과적으로 이 회사의 생명보험 사업 분야에서 거두어들인 새로운 연간 보험료가 2년 사이에 60%가 증가하게 되었다. Wysocki(2004)의 예에서는, 피츠버그에 있는 알레게니 종합병원(Allegheny general hospital)에서 간결 운영의 원칙으로부터 아이디어를 얻어 병이 감염될 수 있는 근원지에서의 품질관리를 통하여 90일 동안에 병의 감염을 90%까지 줄일 수 있었다.

이번 장에서는 간결 운영의 원칙들이 적용되면, 여러 조직에서 비용, 품질, 반응시간 등에서의 성과가 어떻게 개선되는지 살펴보겠다. 그러면 간결 운영의 기본 원칙들은 무엇인가? 간결 운영의 원칙들이 공장 내에서 어떻게 사용되어 흐름을 개선하게 되는가? 이러한 아이디어들이 공급체인 간의 흐름을 개선하는데 어떻게 적용될 수 있는가? 이번 장에서는 이러한 문제들에 대한 개념들을 살펴보겠다.

10.1절에서 공장과 공급체인들이 어떻게 프로세스 네트워크를 구성하는가에 대해 논의하겠다. 10.2절에서는 프로세스 네트워크로 고객 요구조건을 충족시키는 데 있어서 흐름 동조와 비용 효율의 이상적인 성과에 대해 논하겠다. 10.3절에서는 이러한 이상적인 상태에서의 이탈을 낭비로 간주하고, 이에 대한 원인과 결과들에 대해 살펴보겠다. 프로세스 개선의 목표는 낭비를 찾아내어 제거함으로써 프로세스 성과를 이상적인 상태에 가깝게 하는 것이라고 정의된다. 10.4절에서는 유연성을 증가시키고, 변동을 감소시키고, 정보와 재료의 흐름을 개선하면서 공장에서의 성과를 개선하기 위해 간결 운영의 원칙을 어떻게 적용하여야 하는가를 공부하겠다. 10.5절에서는 간결의 개념을 전체적인 공급체인에 걸친 동조와 효율을 달성하기 위한 목표로 확대하여 논의할 것이다. 마지막으로 10.6절에서 개선의 과정을 살펴보고, 이상적인 성과를 획득하는 데 있어서 지속적인 개선과 프로세스 리엔지니어링(process reengineering)이라는 두 가지의 일반적인 접근방법을 비교할 것이다. 프로세스 개선 목표를 설정하는 데 있어서의 벤치마킹의 역할을 설명하고 프로세스 개선에 항상 뒤따르기 마련인 조직에서의 변화에 대한 관리의 중요성을 공부할 것이다.

10.1 프로세스 네트워크

1장에서 논의된 대로 모든 조직은 고객의 요구를 충족시키기 위해서 투입물을 산출물로 변환시키는 비즈니스 프로세스의 일종으로 간주한다. 고객이 원하는 것을, 고객이 원할 때에, 고객이 원하는 곳으로, 고객이 지불하고자 하는 가격에 제공하는 것에 의해 기업은 고객을 만족시킨다. 이론적으로는 이러한 기준 요소들을 모두 만족하게 하는 것은 개개인의 요구사항에 맞춰 제작된 제품을, 높은 품질, 짧은 시간, 그리고 최저 원가로 개발하고, 제조하고, 제공하는 것을 의미한다. 그런데 현실에서는 기업의 주어진 능력이나 제약조건들에 의해 서로 상충하는 관계들이 반드시 고려되어야 한다. 2장에서 설명된 대로 대부분 산업분야에서 네 가지 제품속성들, 즉, 원가, 품질, 다양성, 그리고 반응시간에 의해 정의된 경쟁적인 제품 공간(product space)에서 운영의 최전선(frontier)이 존재하기 마련이다. 이러한 최전선은 현재의 주어진 기술조건과 관리 상황에서 제품속성 간 최적의 교환관계를 반영하고 있다. 경쟁은 그 산업분야에서 운영의 최전선 이하에서 운영되고 있는 기업들을 압박하여, 개선하게 하고 최전선을 향해 나아가도록 하게 된다. 이미 최전선에서 운영되고 있는 세계적인 기업들은 그 최전선을 더욱더 개선하고 밀고 나가는 것에 의해서만이 경쟁자들보다 앞서 갈 수 있게 되는 것이다. 그러므로 모든 단계에서의 기업들은 고객들이 소중히 생각하는 네 가지의 속성들에 따라 프로세스 성과를 개선하기 위한 시야와 필요한 것들을 갖추어야 한다.

이 장에서는 프로세스 네트워크의 성과를 개선하기 위하여 개개의 프로세스들에 대해 현재까지 개발된 개념들과 원칙들에 대해 공부하겠는데, **프로세스 네트워크**는 일련의 서로 연결된 프로세스들을 통과하는 여러 가지 제품들에 대한 정보와 물자의 흐름으로 구성되어 있다. 그림 10.1은 하나의 전형적인 프로세스 네트워크를 통과하는 두 가지의 제품 흐름을 예시하고 있다. 이 네트워크의 전반적인 목표는 고객의 요구에 대해 정확한 제품을 정확한 양만큼, 정확한 시간에, 정확한 장소로, 생산해서 제공하는 방식에 의해 고객의 요구를 가장 경제적인 방법으로 만족하게 하는 것이다. 이렇게 하기 위해서는 프로세스들 사이의 흐름을 비용 효율적인 방법으로 동조시키는 것이 요구된다.

공장들과 공급체인 여기에서 토론은 두 가지 다른 단계, 즉 공장과 공급체인에서의 성과에 대한 것이다. **공장**(plant)이란 단일 소유이고, 독립적으로 관리되고 운영되는 모든 시설을 이야

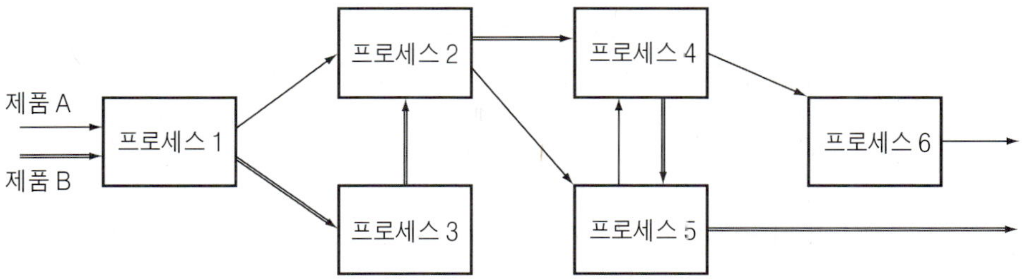

그림 10.1 프로세스 네트워크에서의 제품 흐름

기하는데, 제품이 제조되는 장소, 서비스 단위, 혹은 저장 창고 등이 이에 해당한다. **공급체인**이란 다양한 소유권을 가진 서로 연결된 시설들의 네트워크인데, 이러한 시설들 사이에는 정보와 물질적인 흐름이 있게 된다. 공급체인에는 원재료 공급자들, 마감재 생산자들, 도매상들, 배급업자들, 그리고 소매상들이 포함된다. 예를 들면, 슈퍼마켓에 세탁용 세제를 공급하는 공급체인은 화학공장, 화학재료를 저장하는 창고, 세제를 제조하고 포장하는 공장들, 배급업자들, 도매상들, 그리고 마지막으로 소매상이 포함된다. 각각의 시설들은 공장을 나타내고 이들을 모두 합친 것이 세탁용 세제 공급체인을 형성하고 있다.

이러한 시설들을 더 자세히 살펴보자면, 공급체인에서의 각각의 공장은 하나의 프로세스 네트워크이다. 세탁용 세제 공장 내에서, 구매, 생산, 저장, 그리고 운송 등을 담당하는 부서들이 모두 프로세스들(processes)이 되고 각각의 프로세스는 다양한 종류의 세제들을 다루게 된다. 이 장에서는 우선 어떤 한 공장에서 프로세스 네트워크 운영을 어떻게 관리하는가에 대하여 논의하고 주요 원칙들을 연장하여 전체적인 공급체인의 운영에 대하여 공부하겠다. 공장과 공급체인의 두 가지 단계의 운영에 적용되는 핵심 아이디어는 서로 같은 것이고 이전 장에서 다루어진 프로세스개선 수단들에 대한 것이다. 그런데 운영에 대한 세부적인 것들은 다르게 되는데, 그 이유는 규모, 영역, 지리적 분산, 그리고 다양한 프로세스 운영자의 보상방식 등이 모두 다르기 때문이다.

10.2 프로세스 이상: 동조화와 효율

고객들은 편리한 장소에서, 저렴한 가격으로, 다양한 종류의, 그리고 고품질의 제품들을 원하고 있다. 이상적인 프로세스-최소한의 가능한 비용으로 동조를 달성한-의 성과는 다음의 밀접하게 연관된 두 가지 운영 특성으로 요약될 수 있다.

1. **프로세스 동조화**란 수량, 시간, 품질, 장소에 대한 고객의 요구사항들을 만족하게 하는 프로세스의 능력을 말한다.
2. **프로세스 효율**이란 총 프로세스 비용으로 측정된다.

동조화의 네 가지 적정성 잘 동조 된 세탁용 세제 공급체인은 불량률 제로인 세제를, 정확한 수량의 박스들만큼 생산하여 바로 모든 고객의 수요를 만족하게 할 충분한 양을 여러 곳의 슈퍼마켓에 공급하게 된다. 모든 장소에서 그리고 검증된 품질의 제품을 미리 생산하고 모든 제품에 대해 충분한 재고를 유지하는 것으로 생산된 제품에 대한 고객의 수요는 항상 충족될 수 있다. 그런데 이러한 방법은 수요와 동조 된 것이 아니고 또한 효율적이라고 볼 수도 없다. 그러므로 다음의 사항들을 만족시키는 완벽히 동조화된 프로세스를 정의하려고 한다.

- 정확히 (불량품이 아니면서) 무엇이 필요한가?
- 정확히 (넘치지도 부족하지도 않게) 얼마나 많이 필요한가?

- 정확히 (빠르지도 늦지도 않게) 언제 필요한가?
- 정확히 (다른 장소가 아닌) 어디에서 필요한가?

완벽하게 동조화된 프로세스는 항상 정확한 품질의 제품을 정확한 수량으로 정확한 시간에 정확한 장소에 공급하는 것이다. 동조화의 이러한 네 가지의 적정성은 **적시 생산**(JIT: just-in-time)의 이론적 틀의 핵심을 이루고 있다. 적시 생산이란 조치가 필요할 때에만 조치가 취해지는 것을 말한다. 제조업은 필요한 흐름단위만을 필요한 수량으로 필요한 시간에 생산하는 것을 말한다.

위의 네 가지 요건들은 프로세스 능력, 유연성, 용량, 그리고 속도에서의 궁극적인 단계를 정의하고 있다. 불량률이 제로인 모든 제품은 프로세스가 매우 융통성이 있고 정밀할 때에 가능하다. 바람직한 수량을 생산하는 능력을 갖추려면, 한 번에 한 개의 제품을 생산할 수 있는 유연성을 가져야 한다. 때를 가리지 않고 발생하는 수요를 (재고 부담 없이) 만족시키기 위해서는 프로세스가 즉각적이고, 완전해야 하며, 또 수요에 대한 정확한 정보를 가지고 있어야 하고, 즉각적으로 생산하고 즉각적으로 공급함으로써 수요를 만족하게 할 수 있어야 한다. 이상적인 프로세스는 이러한 모든 조건을 가능한 최저 비용으로 만족하게 하는 것이다. 요약하면, 이상적인 프로세스는 무한한 능력과 유연성, 속도, 그리고 저 비용 등을 모두 갖춘 것이다.

동조화된 네트워크 이상적인 프로세스에 대한 개념은 프로세스들의 네트워크로 자연스럽게 연장이 되는데, 일단 네트워크가 만들어지면 어떤 한 프로세스(공급자)에서의 유출(outflow)은 또 다른 프로세스(고객)로의 유입(inflow)이 된다. 프로세스의 전체 네트워크의 완벽한 동조화는 각각의 프로세스 단계에서의 다양한 흐름단위 들에 대한 수요와 공급의 정확한 매칭이 있어야 하는데, 이것은 각 단계가 다음 단계로부터의 품질, 수량, 시간, 그리고 장소에 대한 요구를 정확히 만족하게 해야만 한다.

동조화는 개개 프로세스의 단계(활동의 네트워크로서)에서, 공장의 단계(프로세스들의 네트워크로서)에서, 또는 공급체인의 단계(공장들의 네트워크로서)에서 각각 정의될 수 있다. 각각의 경우에, 이상적인 성과에 대한 목표를 이루기 위해서는 개개의 프로세스 단계들이 능력이 있고, 유연하고, 신속하면서 비용이 적게 들어야만 한다. 동조화를 이루려면 모든 단계가 정보와 물자의 흐름에서 밀접하게 연관이 되어 있어야 한다. 그렇게 되면 모든 단계의 시스템에서 유입과 유출이 정밀하게 조화될 것이고, 단위들이 방해나 지체됨이 없이 매끄럽고 연속적으로 흐르게 될 것이다. 특히 완벽하게 동조화된 프로세스에서 매 단계에서의 결과물은 (외부적으로) 최종 고객의 수요를 정확하게 만족하게 될 것이다. 이상적인 네트워크에서는 이러한 프로세스 단계들의 동조화가 최저 가능 비용으로 달성된다.

실제 현실에서는 이러한 이상적인 상태는 달성할 수 없을지도 모르지만, 프로세스 관리의 장기적인 목표(혹은 도전)는 제품들, 프로세스들 그리고 실행들을 개선함으로써 이러한 이상적인 상태에 가까이 가려고 하는 것이다. 다음 절에서 이상적인 상태에 도달하는 데 대한 실패의 원인과 결과들을 살펴보겠다.

10.3 낭비와 그 원인

이상적인 상태에 초점을 맞추는 것이 중요한데, 그 이유는 이상적인 성과로부터의 부족함이 존재한다는 것은, 우리가 프로세스를 개선할 기회 혹은 경쟁자가 진입해 올 기회가 있다는 의미이기 때문이다. 운영상 고비용의 프로세스는 저효율을 반영하고 있는 것이다. 동조화의 결여는 불량품, 과다재고, 장기간의 지연, 또는 빈번한 품절현상 등으로 나타나게 된다.

낭비의 원인들 이상적인 상태로부터의 모든 이탈은 **낭비**로 간주하며, 프로세스 개선의 목표는 이러한 모든 낭비를 제거하는 것이라고 말할 수 있다. 그러므로 낭비란 비효율적으로 생산하고, 불량한 제품들을 생산하거나, 수량에서 너무 많거나 너무 적은 양을 생산하고, 제품을 너무 이르거나 너무 늦게 배달하는 것 등을 의미하고, 결국은 가장 경제적으로 고객의 수요를 충족시키는 데 실패한다는 것을 의미한다. 도요타 생산 시스템의 주 설계자인 Taiichi Ohno는 제조에서 낭비의 7가지 유형을 다음과 같이 분류하였다(1988).

- 불량한 제품을 생산
- 과다한 양의 제품을 생산
- 재고 보유
- 불균형적인 일의 분담으로 인한 대기
- 불필요한 프로세스
- 불필요한 직공들의 움직임
- 자원들의 이동

이러한 모든 낭비는 결국 고비용, 품질저하, 오랜 반응시간 등을 가져오고, 고객 불만족과 경쟁자에게 시장을 잃어버리는 결과까지 일으킬 수 있다. 불량한 제품들을 생산하게 되면 고객들의 불만족이 발생할 뿐만 아니라 이러한 불량한 제품들을 다시 받아서 검사하고 시험해보고 다시 작업하여 되돌려 보내는 데에 추가적인 비용과 시간을 소비하게 된다. 너무 많거나 너무 이르게 제품을 생산하게 되면 과다한 재고가 쌓이게 되어, 재고유지 비용(자본, 저장, 그리고 유행에 뒤떨어지게 되는 비용을 포함)과 단위 흐름 시간이 증가하게 된다. 흐름시간이 길다는 것은 고객의 기호 변화에 반응하고 새로운 제품의 디자인을 시장에 소개하는데 지연이 되고 있다는 것을 의미한다. 프로세스 네트워크에서 단계들 사이의 재고 버퍼(inventory buffers)는 총 흐름시간을 증가시켜서 품질 문제에 대한 피드백을 지연시키고, 근원적인 원인을 찾는 데에 장애가 되며 오류를 설명하는데 혼돈을 야기한다.

너무 적은 양을 생산하거나 늦게 생산하게 되면 품절현상, 지연과 촉진비용증가 등이 야기된다. 프로세스 네트워크에서 불충분한 유입(inflows)은 몇몇 단계들을 무용하게 하거나 자원을 비효율적으로 사용하게 한다. 마지막으로, 잘못된 제품들을 잘못된 장소에 배달하게 되면 잘못된 제품들의 과다한 재고 혹은 제대로 된 제품들의 부족 등을 가져오게 된다. 잘못된 배달을 다시 교정하려면 추가적인 비용과 지연이 생기는 것은 물론이다.

이러한 모든 낭비의 원인을 추적해보면 프로세스가 불완전하거나, 수요 공급에서의 변동, 혹은 경영관리에서의 문제들로 요약해 볼 수 있다. 4장에서 부가가치가 없는 활동, 예컨대 수송, 이동, 검사, 재작업 등은 이론적으로 흐름시간과 프로세스 비용을 증가시킨다고 하였다. 또한, 5장과 8장에서 공부한 대로 병목상태에서의 불충분한 능력은 프로세스 처리량을 감소시키고 대기시간을 증가시키게 된다. 6장에서 고정 설비비용 측면에서 제품들을 교체시키는 유연성의 결여는 수요가 연속적이라 하더라도 한차례에 많은 양의 제품을 생산하게 하고, 이것은 주기 재고(cycle inventories)를 증가시킨다고 공부하였다. 7장에서는 공급과 수요에서의 확률적 변동과 길고도 불확실한 리드타임으로 인하여 재고가 소진되는 상황을 방지하기 위해서 안전재고를 하고 있어야 한다고 논의하였다. 만약 수요가 예측 가능하고, 공급체인 면에서 모든 단계가 다른 제품들을 처리하는 데 있어서 유연하고, 변동 없는 운영에 대해 예측 가능하다면, 버퍼 재고들은 불필요하고 흐름도 동조화될 수 있을 것이다. 8장에서 논의된 대로 대기와 유입(inflow) 재고의 원인은 수요와 프로세스 시간에서의 변동이고, 이러한 변동으로 인해 추가된 비용으로 안전 용량을 갖출 것이 요구된다. 9장에서는 정상적인 변동이 높을 때 나타나는 불충분한 프로세스 능력은 결과적으로 불량제품들을 가져온다고 하였다. 한편, 여러 시점에 걸쳐 프로세스 불안정으로 나타나는 비정상적인 변동은 프로세스 통제 비용을 증가시킨다. 마지막으로, 잘못된 제품들을 잘못된 장소에 배달하는 것에서 오는 동조화 결여는 네트워크를 통한 정보와 물자들의 전송이 부적절했기 때문이다.

낭비제거 순환재고와 안전재고, 안전 용량, 그리고 수송, 검사, 재작업과 프로세스 통제 같은 부가가치가 없는 활동들은 단기적인 전술적 조치들이고, 이러한 조치들이 비유연성, 변동, 그리고 비효율적인 물자조달 등에 의한 불완전한 프로세스들을 개선하기 위해 프로세스 관리자들이 취하게 되는 것들이다. 단기적으로는 이러한 프로세스 한계점들을 주어진 것으로 받아들이고 뱃치(batch)로 처리하여 안전재고와 안전용량을 확보하고 프로세스들을 감시하며 문제점들을 교정하는 것에 의해 프로세스 한계들을 극복하려고 하게 된다. 그러나 이런 모든 지표는 총비용, 재고, 흐름시간을 증가시켜, 이상적인 성과 이하의 결과를 가져오게 된다.

장기적인 전략은 프로세스를 더욱더 유연하고, 예측 가능하고, 안정적으로 만들어 개선하려고 하는 것인데, 이렇게 함으로써 뱃치 처리, 안전 허용치, 프로세스 통제 같은 단기적인 조치들이 필요 없게 된다. 예를 들면, 6장에서 최적의 (순환재고와 흐름시간에 영향을 주는) 뱃치 크기는 작업준비 비용의 제곱근과 직접적으로 관련이 있다. 순환재고를 줄이기 위한 장기적인 해답은 작업준비 비용을 감소시켜 (즉, 프로세스 유연성을 개선하여) 적은 뱃치로 다양한 제품을 생산하여 프로세스를 경제적으로 만드는 것이다. 이러한 조치는 순환재고와 흐름시간을 감소시켜 동조화를 개선하게 된다.

7장과 8장에서 일정한 수준의 서비스를 제공하는 데 필요한 안전 재고(safety stock)와 안전 용량(safety capacity)은 그 시스템에서의 변동의 정도와 직접적인 관련이 있다고 공부하였다. 변동을 줄이기 위한 장기적인 해법은 흐름을 더욱더 규칙적이고 예측 가능하게 하는 것이다. 그렇게 함으로써 안전 완충 장치(safety cushion)에 대한 필요를 줄여서 동조화를 개선해 비용을 절감할 수 있게 된다.

9장에서 변동과 프로세스 안정성 사이의 관계를 규정 짓는 두 가지 원칙을 알아보았는데, 단기적으로는 다음과 같다.

1. 정상적인 변동이 더 많을수록 (즉 프로세스 능력이 낮을수록) 불량품은 더 많아진다.
2. 비정상적인 변동이 더 많을수록 (즉 프로세스 불안정성이 높을수록) 안정성을 유지하기 위해 더 강도 높은 프로세스 통제가 필요하다.

그런데 프로세스 능력과 안정성을 증가시키는 것에 의해 변동을 줄이게 되면 다음과 같은 결과가 초래된다.

1. 불량품, 조사, 재작업의 수를 감소시킨다.
2. 온라인 프로세스 통제에 대한 필요를 감소시켜 동조화를 개선하고 총체적인 비용을 감소시키게 된다.

그러므로 프로세스 개선의 장기적인 목표는 단기적인 해법으로 낭비에 대해 보전을 하고자 하는 것이 아니라, 낭비의 근본적 원인을 알아내서 제거하고자 하는 것이다. 우리가 원하는 것은 일시적인 조치로 증상을 피상적으로 치료하는 것이 아니라 영구적인 치료를 찾음으로써 병이 될 수 있는 근본 원인을 분석하고 제거하자는 것이다.

강물의 비유 그림 10.2는 낭비의 개념과 그 원인을 도요타 생산 시스템에 대한 연구에서 유

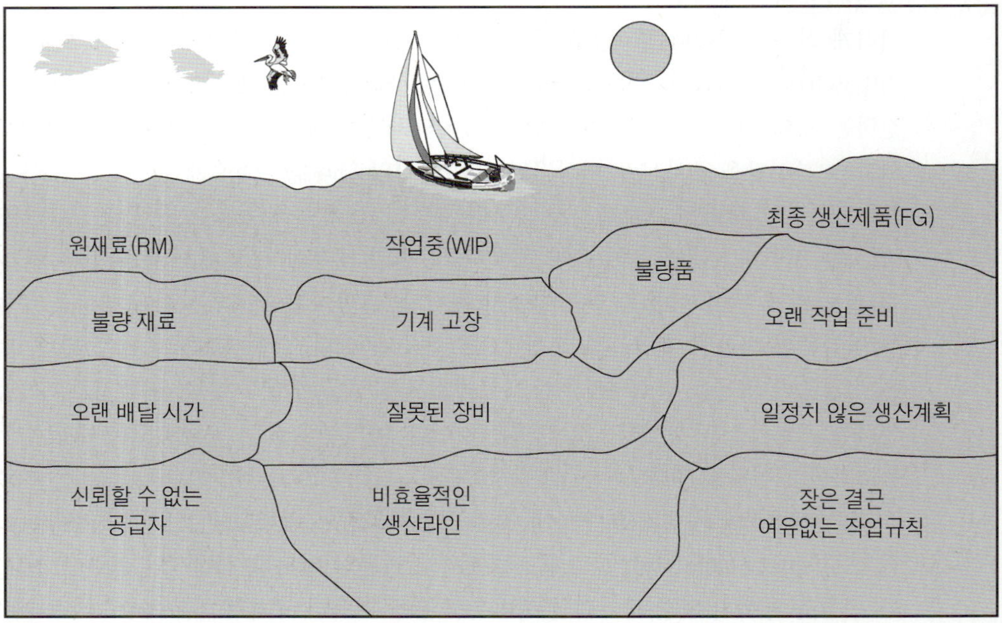

그림 10.2 강물의 비유: 낭비와 그 원인들

명하게 된 강물의 비유를 사용하여 보여주고 있다. 불량한 원료들, 기계고장, 긴 작업 준비 시간, 신뢰할 수 없는 원료 공급자들, 비효율적인 작업배치 같은 프로세스의 불완전한 것들을 강바닥에 있는 바위들로 묘사하였다. 강물의 깊이는 초과 순환과 안전재고, 안전 용량, 시간 허용치, 안전 품질, 조사, 재작업, 그리고 프로세스 통제 같은 단기적인 지표들의 형태로 낭비를 나타내고 있다. 이러한 단기적인 지표들은 바닥에 놓여 있는 문제점들에도 불구하고 프로세스 관리자가 매끄러운 항해를 할 수 있도록 도와주는 안전 완충 장치의 역할을 한다. 여기에서 적절한 장기적인 해법은 아래의 바위들을 찾아내고 제거하여 (간결 운영을 상징하는) 얕은 물에서도 매끄러운 항해가 가능하게 하는 것이다. 그러나 장기적인 해법을 달성하기 위해 세 가지의 걸림돌이 있는데, (1) 높은 물의 수위가 바위들을 덮고 있어 가시성을 줄이게 되어, 바닥에 있는 근본적인 원인을 가리고 있고, (2) 안전 완충 장치의 도움으로 가능하게 된 매끄러운 항해 때문에 근본 원인을 찾아내기 위한 우리의 동기가 약화하고, (3) 문제를 해결하는 능력의 결여는 근본 원인을 제거하는데 어려움을 주고 있다. 프로세스 관리의 어려운 점은 이러한 세 가지의 걸림돌들을 극복하고 실제 성과를 이상적인 성과에 근접하게 하는 것이다. 강물의 비유는 윗부분의 바위들이 가시화될 때까지 물의 높이를 천천히 낮추는 것이 바람직하다는 암시를 주고 있다. 바위들이 지속적으로 제거된다면 깊지 않은 물에서도 순조로운 항해가 가능하게 될 것이다.

다음의 두 절에서는 프로세스 동조화와 효율을 개선하기 위한 특정한 방법들에 대해 논의하겠는데, 먼저 공장 내에서의 방법들을 살펴보고 다음은 전체적인 공급체인에서의 방법들을 살펴보겠다. 이 두 가지 배경에서의 운영상의 세부사항은 서로 다르겠지만, 기본적인 원칙들은 모두 같다. 프로세스 동조화를 개선하기 위해서는 다음 사항들이 필요하다.

- 물자와 정보의 흐름의 동조화
- 재료 유연성의 향상
- 프로세스 변동의 감소

프로세스 효율을 개선하기 위해서는 다음과 같은 것이 필요하다.

- 프로세스 비용과 흐름시간의 감소

공장에서와 공급체인 단계에서 이상과 같은 개선들을 이루기 위해서는 프로세스에 대한 장기적인 투자가 필요한데, 여기에는 장비, 기술, 직공들, 그리고 원료 공급자들에 대한 투자가 포함된다.

10.4 공장에서의 흐름개선: 간결 운영의 기본

모든 공장은 제조공장이든, 서비스 시설이든 상관없이 프로세스 단계들의 하나의 네트워크라고 할 수 있는데, 제품이 완성되기 전까지 혹은 고객에 대한 서비스가 끝나기 전까지 이 네트워크를 통해서 물질이나 고객들의 흐름이 발생하게 된다. 이상적인 공장은 동조화된 것이고 효율적이다. 즉 각각의 단계에서의 유출(outflow)은 불량품, 재고, 지연, 혹은 품절현상 등이 없이 다음 단계로부터의 유입(inflow)에 대한 요구를 정확하고 경제적으로 충족시키는 것이다. 공장 내에서 효율과 동조화를 이룩하려는 방법들에 대해서는 간결 운영(lean operations), 적시 생산(just-in-time), 무재고 프로그램, 동시 생산, 기민한 생산, 그리고 도요타 생산 시스템(TPS: Toyota Production System) 등과 같은 제목으로 운영관리에 관한 논문들에서 많이 다루어져 왔다.

TPS의 기본적인 목적은 제품을 고객의 수요와 동조화시켜, 고객의 주문에서 배달까지의 시간을 줄이는 것(Ohno, 1988)이다. 실제와 이상적인 동조화 사이에는 항상 차이가 있게 마련이므로, 간결 운영의 중요한 특성 중의 하나는 프로세스를 이상적인 것에 가깝게 하는 것이다. 예를 들면, TPS는 낭비의 원인을 지속적으로 알아내어 제거하고, 사소한 것이라 할지라도 상시적인 변화와 개선들을 (kaizen라고 부름) 추구하려고 노력하는 것이다. 즉, 강물의 수위를 조금씩 낮춰가면서 바위들을 노출하고, 그다음 그 바위들을 부숴 버리는 것이다. 10.6절에서 이러한 지속적인 개선의 철학에 대해서 더 자세히 논의하겠다. 여기에서는 동조화와 효율을 달성하기 위한 간결운영(lean operations)의 확실한 방법들에 대해 주로 논의가 될 것이다.

간결운영이란 다음 네 가지의 진행 중인 목적이 있는 것이다:

1. 효율적인 공장 배치와 신속하고 정확한 물자와 정보의 흐름을 통한 프로세스 흐름을 개선하기
2. 작업준비 시간을 줄이고 교차직무 훈련에 의한 프로세스 유연성을 증가시키기
3. 흐름률(flow rates), 프로세스 시간, 품질 등에서 프로세스 변동을 감소시키기
4. 수송, 검사, 재작업 등과 같이 부가가치가 없는 활동들을 제거하여 프로세스 비용을 최소화하기

처음 세 가지 목표들은 프로세스 동조화를 개선하는 것이고, 네 번째 목표는 원가 효율성을 개선하는 것이다. 이런 목표들은 이 책에서 이전에 논의되었던 프로세스 개선 수단들을 통하여 달성될 수 있다. 이 목표들을 달성하려는 방법들은 (자동차) 제조 측면에서 특정한 예로 자주 논의되었지만, 기본적인 논리는 환경이 안정적이고, 제한된 품목을 대량생산하면서, 프로세스들이 연결된 경우라면, 서비스 산업을 비롯한 모든 분야에 적용될 수 있다.

대량생산을 위한 효율과 동조화의 고전적인 예를 1910년대 Henry Ford의 미시간 Rouge의 공장에서 찾을 수 있다. 이 공장은 철제 압연기와 유리 공장을 포함한 완전히 통합된 공장 시설이었는데 현대적인 기계 장비들과 전기 시스템, 자동화된 조립 라인 등을 갖추고 있었고, 숙련된 고임금의 직공들에 의해 운영되고 있었다. 이곳에서는 (2장 2.7절에서 논의된) 시간-동작 연구, 작업 합리화, 최고의 작업 방법 들을 포함하는 Taylor의 '과학적 관리'의 원칙에 따라 프로세스 효율성이 달성되었다. 총 흐름시간을 최소화하기 위하여 도입된 최신식의 움직이는 조립라인은 작업장 사이에서의 버퍼 재고(buffer inventories)를 없애고 생산을 동조화시킨 것이었다. 사실상 TPS의 시초는 Henry Ford의 시스템으로까지 거슬러 올라갈 수 있는데, 하나의 중요한 차이점은 제품 다양성을 갖출 수 있는 능력이 있는가 하는 문제였다. Henry Ford의 공장이 (검은색이 가장 빨리 건조되기 때문에 검은색만 생산했던) 모델 T만을 생산했었지만, 현대의 자동차 제조업체들은 다양한 모델과 옵션들을 제공해야 함은 물론 모든 자동차가 고품질과 가격 경

쟁력이 있어 현대 고객들의 계속 높아지기만 하는 기대를 만족하게 할 수 있어야 한다. 그렇지만 여기에서는 공장이 간결 운영을 통해서 어떻게 동조화와 효율을 달성할 수 있는지를 논의하기 위해 일반적인 수준에 맞추어 설명할 것이다.

10.4.1 프로세스 구조개선: 셀 방식의 배치

어떤 공장의 활동과 자원들의 네트워크인 프로세스 구조(process architecture)는 프로세스를 통한 작업의 흐름과 생산을 수요와 동조화시키기 위한 프로세스의 능력에 큰 영향을 미친다. 1장에서 논의한 바와 같이 통상적인 기능적 배치에서는 같은 기능을 수행하는 자원들 ('기지들')이 물리적으로 함께 모여 있게 된다. 개개의 프로세스 요구사항에 따라 각각의 다른 유형의 제품들은 자원 풀(pool)들을 통해 각기 다른 경로들을 따르게 되고, 각각 흐름단위는 그 풀에서 아무 이용 가능한 기지로 보내지게 된다.

기능적 배치(functional layout)의 중요한 이점은 각각의 기능을 위해 이용 가능한 모든 용량을 함께 모으는 것이고, 따라서 다양한 제품들을 생산하는데 자원 풀을 완전히 이용할 수 있게 되는 것이다. 또한, 기능적 배치는 각각 잘 정의된 기능 내에서 직공들을 훈련하고 성과 지표를 촉진하기도 한다. 가장 중요한 것은, 각 기능 내에서 노동의 분업화, 특화, 그리고 표준화의 이점을 살릴 수 있다는 것이고, 따라서 각 기능의 효율성을 증가시키게 된다. 1장에서 논의 한 대로, 기능적 배치는 적은 양의 다양한 제품들을 생산하는 잡샵(job shop)의 경우에 아주 이상적이다.

그런데 동조화의 측면에서, 기능적 배치는 몇 가지 문제점들을 지니고 있다. 흐름단위들은 다양한 자원 풀 사이로 상당한 거리를 옮겨 다녀야 하므로 흐름 시간은 길어지게 되고 적은 양으로 이동하기에는 어려움이 많다. 결과적으로 상당한 양의 재고가 축적되어, 여러 번의 흐름이 한 번에 모아서 이루어지게 된다. 또한, 개개의 직공은 전체의 프로세스 작업 중에서 단지 한 부분을 수행하는 것에만 집중하게 되는 경향이 있게 마련이고 전체적인 윤곽을 알기가 어려운 경우가 대부분이어서 정해진 분야만의 기술 집중적인 개선만이 가능하다.

프로세스를 기본으로 하는 기능적 배치에 대한 대안으로써, 제품을 기본으로 하는 **셀 방식의 배치**(cellular layout)가 있는데, 셀 방식의 배치란 어떤 한 제품 (또는 제품군)에 대해 연속적인 운영을 수행하게 되는 모든 작업 장소들이 하나로 합해져서 하나의 '셀'을 형성하는 것을 말한다. 정보와 물자들의 직선적이고 효율적인 흐름을 촉진하기 위해서, 셀 안에서 다른 여러 작업 장소들이 근접한 위치에 차례대로 배치되어 있게 된다. 셀은 좁은 범위의 고객 요구에 집중하게 되고 이러한 요구에 부응하는 데 필요한 모든 자원을 포함하게 된다. 모델 T를 위한 Henry Ford의 조립 라인이 이렇게 제품에 근거한 배치의 고전적인 예이다. 종합병원을 예로 들면, 정신적 외상 센터들, 암 치료 센터들, 응급병실들이 특정한 필요를 가진 환자들만 처리하기 위해 조직된 셀들이다.

셀 방식 배치의 장점들 셀 방식의 배치는 프로세스 기지 간의 정보와 물자들의 동시적인 흐름을 촉진하게 된다. 한 셀 내에서 기지들이 물리적으로 가깝게 위치하게 된 이유로, 기지 간에 수송이 줄어들게 되고, 흐름단위들을 적은 양의 뱃치들로 빠른 속도로 옮기는 것이 가능하게 되었다. 이 경우 이상적인 뱃치의 크기로는 단 한 단위만을 포함하는 때도 있다. 또한, 셀방식의 배치는 기지 간의 통신을 촉진하고, 각각의 기지들은 다음의 기지들이 필요할 때에만 부품들을 생산하게 되므로 동조화의 개선이 이루어진다. 다른 기지들에서의 작업량에 차이가 생긴다면, 즉각 명백하게 드러나게 되므로 기지들 사이에 조화를 이루기 위해서 개선에 대한 목표가 확실하게 된다. 만약 어떤 기지에서 불량품이 발견되었다면 그 정보가 공급했던 기지로 즉시 전달되게 된다. 이 경우 공급했던 기지가 그 문제가 되었던 불량품을 바로 이전에 취급했었기 때문에 불량의 원인이 더 쉽게 찾아질 수 있다. 요약하자면 셀 방식의 배치는 동조화된 흐름을 촉진하게 되고 불량품에 대한 가시성, 추적성, 그리고 설명력을 높여서 품질 문제에서 재빠른 감지, 분석, 그리고 교정할 수 있게 된다.

한 셀 내에서의 다른 기능 간의 폐쇄된 상호작용은 직공들 사이에 교차적인 숙련의 개발을 장려하게 되고, 이는 일에 대한 만족도를 높이게 된다. 전체적인 팀이 같은 제품에 대해 일을 하게 되므로 직공들은 전체 제품과 프로세스에 대한 일종의 소유의식을 경험하게 된다. 직공들 사이에 유연한 상호교환성이 생기고, 또한 직공들이 서로 협력하게 되고, 기지 변동에 따르는 어떠한 흐름의 불균형이라도 바로잡기 쉽게 된다. 마지막으로, 교차 훈련된 노동력은 수요에서 변화에 맞추어 생산량을 조절할 수 있게 되어 동조화를 개선하게 되는 것이다.

셀 방식 배치의 단점들 자원들이 어떤 한 특정한 셀에 집중되게 되므로 이러한 자원들이 다른 셀들에서는 사용될 수 없게 된다. 결과적으로 기능적 배치가 가지고 있는 자원 공동화의 장점을 잃게 되는 것이다. 이러한 손실은 자원들이 융통성이 있고 교차적인 기능이 있을 때 발생하게 된다. 셀들은 융통성이 있는 자원이 있지 않을 때, 그리고 제품생산량이 상당히 많을 때에는 문제가 생기지 않게 된다.

셀 방식의 기지들에서 상호의존성이 강하다는 것은 직공들에 대한 보상이 개인의 성과보다는 팀을 기본으로 하고 있다는 것을 의미한다. 개인의 노력은 팀의 성과와 보상에 대해 간접적으로만 연관되어 있을 뿐이기 때문에 직공들은 그들이 할당받은 작업량을 마치는 데에 대한 동기부여가 적게 된다. 이러한 무임승차(free rider)에 대한 한 가지 해결책은 팀원들이 생산성을 통제하도록 서로 동료 간에 자극을 주게 하는 것이다.

그러므로 기능적 배치와 셀 방식의 배치는 서로 장단점이 있다. 이상적으로는 셀 방식의 구조가 자동차나 가전제품에서와 같은 비슷한 작업 흐름 패턴과 대량의 생산을 하는 제품들 혹은 제품군들은 적합하다. 한편으로는 소량의 부품들을 다양하게 생산하는 때도 매우 융통성이 있는 자원들을 가진 하나의 셀을 설정하는 것이 적합할 수도 있다. 이 경우 그 셀은 융통성에 집중하게 되어, 그 셀은 모든 소량의 부품들을 생산하게 되고 그 공장에서 다른 부분은 대량의 부품을 효과적으로 생산하는 데 집중하게 된다. 만약 자원들이 융통성이 없다면 하나의 잡샵내에서 하나의 셀을 설정하여 다른 작업 흐름이 요구되고 준비시간이 길고 비용이 드는 다양한 제품들을 취급하기에는 비효율적이다. 이러한 경우에는 기능적 배치가 더욱 적합하다.

10.4.2 정보와 물자의 흐름 개선: 수요 견인

프로세스 네트워크 내에서 상호 연결된 기지들로 이루어진 시스템이 있다면, 여기에서 흐름을 관리한다는 것은 각각의 기지에 무엇을 생산할 것인지, 언제 생산할 것인지, 얼마나 많이 생산할 것인지에 대해 정보를 전해 주는 것을 말하는 것이다. 이렇게 정보와 물자를 관리하는 데에는 두 가지 방법이 있는데, 밀고 당김 (혹은 주도와 견인) (push and pull)이 그것이다. **푸쉬**(push) 방법에서는 이용 가능한 투입의 여부가 생산을 결정하게 되고, 여기에서 강조되는 것은 작업할 것이 남아 있는 한 자원의 이용을 극대화하여 시스템이 계속 바쁘게 움직이도록 하는 것이다. 예를 들면 **자재 소요 계획법**(MRP: material requirements planning)을 사용하면 최종제품에 대한 수요예측의 영향이 거꾸로 전파되어 제품 구조(물자에 대한 요구), 프로세스 준비시간, 기지들에서의 재고의 수준 등에 근거하여 기지들에서의 부품에 대해 요구치를 결정하게 된다. 중앙 집중화된 생산계획은 각각의 기지에 언제 얼마나의 제품을 생산하도록 지시를 하여 각 기지에서의 산출이 하류 부분의 기지들에서 (실제가 아니라) 계획된 요구량을 충족시키게 된다. 계획을 수행하는 데 있어서 각각의 기지들은 현재 가지고 있는 투입량을 처리하고 그에 대한 산출량을 다음 기지로 밀게(push) 된다. 이러한 밀어내는 운영은 다음과 같은 조건하에 각 단계에서의 공급을 수요와 동조화시키게 된다.

- 만약 모든 정보, 즉 물자들에 대한 요구, 프로세스 준비 시간, 부품 재고량 등에 대한 정보들이 모두 정확한 경우.
- 만약 완성된 제품에 대한 예측이 정확한 경우.
- 만약 프로세스 시간에서의 변동이 전혀 없는 경우.

모든 단계에서 위에 열거된 조건이 모두 충족되지 않는다면 계획된 흐름에 차질이 생기게 되고, 전 프로세스를 통한 동조화가 이루어지지 않아 재고 초과 혹은 여러 단계에서의 부족현상이 발생하게 될 것이다. 각각의 프로세스는 산출을 수요에 근거한 것이 아니라 투입물의 이용 가능성에 근거하고 있기 때문에 생산은 때로는 수요와 동조화되지 못하는 것이다.

동조화를 이루기 위한 다른 방법은 당기기(pull)이다. 여기에서는 고객 기지로부터의 수요가 생산을 촉진하여 각각의 기지들은 그들의 고객 기지로부터의 수요가 있을 때만 생산을 하게 된다. 상류 기지에서의 작업은 그 기지의 고객 기지로부터의 실제의 하류 수요에 의해 시작이 된다. 흐름단위들은 그들이 생산될 때에 고객 프로세스로부터 공급 프로세스로서 밀어내는(push) 것이 아니라, 고객 프로세스로부터 필요가 생길 때에만 프로세스가 당겨지게(pull) 된다. 당기기(pull) 상태에서는 공급 프로세스는 고객 프로세스로부터 생산이 필요할 때에만 생산하게 되고 그러므로 투입이 있을 때도 그 투입을 처리하는 것을 억제하던서 산출에 대한 불필요한 재고가 생기는 것을 방지할 수 있다.

도요타의 Taiichi Ohno(1988)는 당기기(pull) 방식의 특징을 다음과 같이 슈퍼마켓 운영을 예로 들어 설명하였다.

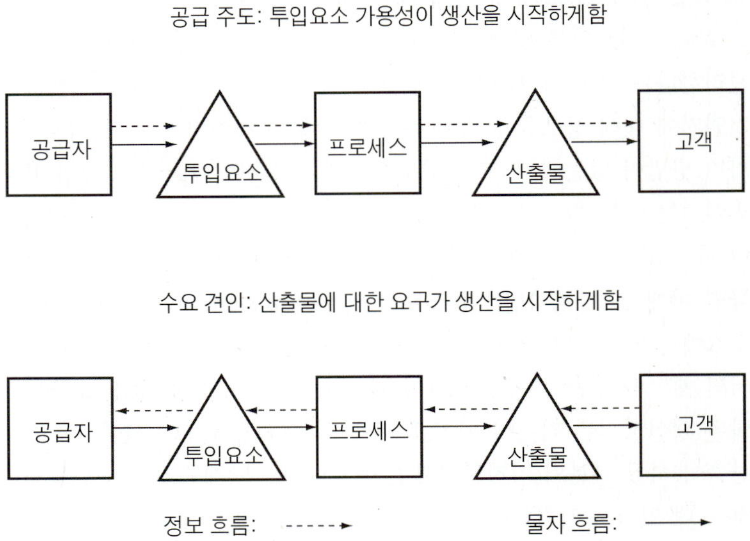

그림 10.3 동조화: 공급 주도 대 수요 견인

> 생산라인에서의 초기 프로세스를 어떻게 보는가 하는 아이디어를 슈퍼마켓에서 얻게 되었다. 후기 프로세스(고객)는 필요한 때, 필요한 양의 부품들(상품들)을 구하기 위해 초기 프로세스(슈퍼마켓)로 가게 된다. 초기 프로세스는 (팔려나가서) 부족하게 된 수량을 즉각적으로 생산하게 (상품을 다시 진열장에 채워넣게) 된다.

작업 흐름의 밀고 당기는 (push and pull) 방식들 사이의 구분이 그림 10.3에 설명되어 있다. 최종 제품의 수요에 대한 예측을 근거로 한 중앙의 계획이 미는 방식(push system)을 구동하고 있는 정보가 된다. 대조적으로, 당기는 방식(pull system)에서는 연결되는 다음 기지로부터의 지역적인 정보만이 흐름을 결정하는 데 필요하고, 흐름은 분산된 방식으로 통제된다. 당기기 방식이 제대로 작동하기 위해서는 다음의 중요한 두 가지 요건이 충족되어야 한다.

1. 각각의 프로세스에는 정확하게 정의된 고객이 있어야만 하고, 각각의 고객은 정확하게 정의된 공급 프로세스가 있어야만 한다.
2. 각각의 프로세스는 고객이 생산하라는 신호를 보낼 때에만 필요한 양을 생산해야 한다.

수요 신호 미는 (push) 방식에서는 투입이 있으면 생산을 유인하기에 충분하였다. 당기기 (pull) 방식에서는 고객은 자신의 요구를 공급자에게 알려주기 위한 신호장치가 필요하게 된다.

도요타는 신호를 보내는데 **kanban**을 공식적으로 사용하고 있는데, kanban은 고객이 자신의 요구를 공급자에게 알려주게 하는 장치인데, 고객과 공급 프로세스들 사이의 버퍼에 있는 산출 흐름단위에 붙어 있는 일종의 카드이다. 여기에 고객 프로세스, 공급 프로세스, 부품 설명, 그리고 생산량 등에 대한 정보가 적혀 있다. Kanban은 고객 프로세스와 공급 프로세스들 사이의 버퍼에 있는 산출 흐름단위들에 붙어 있어 다음과 같은 정보를 가지고 있다.

- 고객 프로세스
- 공급 프로세스
- 부품 설명
- 생산량

고객이 버퍼로부터 산출 흐름단위들을 빼내가게 되면, 붙어 있던 kanban은 공급자에게 되돌아가서 공급자가 적혀 있는 수량을 생산하도록 허가를 내어주는 신호를 보낸다. 명기된 수량을 생산하면서, 공급자는 산출을 붙어 있는 kanban과 함께 버퍼로 돌려보내게 된다. 사실상 두 가지의 kanban들이 있는데, 하나는 산출 흐름단위들을 빼 가는 것을 허용하기 위한 것이고, 다른 하나는 생산을 허가하기 위한 것이다. 각각의 kanban은 정해진 흐름의 양을 생산하는 데 필요한 것이고, 그런 다음 버려지게 되기 때문에 고객과 공급자 사이의 버퍼에 있는 kanban들의 숫자는 버퍼의 최대크기를 결정짓게 된다. 기지는 생산을 허가하는 kanban을 받았을 때에만 정해진 수량을 생산할 수 있다. 그러므로 kanban은 확충(buffer) 재고를 통제하고 공급자에게 언제 얼마나 생산해야 하는지를 정보를 제공하고 통제하게 된다. 최종 고객의 수요가, 상류 기지로 흘러 들어 가는 중간 부품들을 고갈시키고 충전시키는 연쇄적인 반응을 시작한다. 6장과 7장에서 설명한 경제적 주문량(EOQ)과 재주문점(ROP) 방식도 재주문점이 공급자가 생산하도록 만들고, 경제적 주문량이 생산되는 수량을 결정한다는 점에서 당기는(pull) 방식의 일종으로 볼 수 있다.

여러 가지 제품들을 다루고 있는 프로세스는 언제 얼마나 생산을 할 것인가에 덧붙여서 각각의 공급 기지는 다음엔 무엇을 생산해야 하는가를 알아야만 한다. 예를 들어 자동차 조립 공장에서는 다양한 색상과 옵션의 자동차들이, 다른 부품들을 사용하게 되고 다른 프로세스 요구사항들을 가지게 된다. 어떤 기지가 10가지의 옵션을 가진 내부 트림을 설치하고 있다면, 다음번 자동차에는 어떤 트림을 설치해야 하는가를 알 필요가 있다. 또한, 공급자는 그 특정한 트림을 생산하기 위한 신호가 필요하게 된다. 이러한 다양성을 다루기 위한 하나의 해법은 각각의 옵션에 대해 다른 kanban들을 만드는 것이다. 그러므로 10개의 버퍼가 있는 시스템은 10개의 다른 kanban으로 통제되게 된다. 조립 기지가 어떤 특정한 트림을 설치하게 되면 kanban은 공급자가 그 단위들을 채워 넣도록 신호를 하게 된다.

조립 기지가 어떤 트림 단위를 자동차에 설치해야 하는가에 대해 알려면, 생산라인에서 흘러오는 자동차들의 생산 차례를 정확히 알고 있어야 한다. 만약 트림 공급자의 반응시간이 아주 짧아서, 생산 순서가 정해져 있고 자동차가 조립 기지에 도착하는 시간에 트림을 생산해서 조립 기지에 가져다줄 수 있으면, 여러 개의 kanban들을 사용하고 각 기지에서 완전한 정보를 관리하는 데 대한 다른 대안이 있을 수 있다. 자동차 생산 순서를 알면, 공급자는 정확한 순서로 다른 트림들을 제공해 줄 수 있다. 조립 기지는 단순히 버퍼 위에 있는 트림을 집어서 전체 생산 순서를 알 필요도 없이 다음 자동차에 설치하면 되는데, 이것은 제공된 트림 순서가 생산라인의 자동차 순서와 일치하기 때문이다. 이러한 경우에 무엇을 생산하고 어떤 순서로 배달을 해주어야 하는가를 결정하기 위해서 트림 공급자만 생산순서를 알고 있으면 된다. 이렇게 부품들을 순차적으로 배달하는 방식을, 동조화된 견인(synchronized pull)이라고 부른다. 이러한 방식에는 공급자의 부품에 대한 능력과 공급과 고객 프로세스들 사이의 밀접한 조정이 요구된다. 그렇지만 이러한 방식으로 인해 한 공장 내에서 물자와 정보의 최소 흐름에 대한 동조화를 이룰 수 있다.

10.4.3 프로세스 유연성 개선: 뱃치 크기 감소

무엇을 언제 생산하여야 하는가 하는 것을 아는 것 외에도, 프로세스 네트워크 내의 각각의 기지들은 한 번에 얼마나 생산하여야 하는가를 알아야 한다. 예를 들면, 자동차 조립라인에서 세단형과 웨곤형의 두 가지 모델의 자동차를 생산한다고 생각해 보자. 이때 매달 각 모델에 대한 수요가 10,000대씩이라고 가정하면, 이 수요를 충족시키기 위한 하나의 방법은 처음 보름 동안 10,000대의 세단을 생산하고 그다음 보름 동안은 10,000대의 웨곤을 생산하는 것이다. 이러한 생산 방식은 실제 매달의 수요가 이런 형태로 나타나지 않을 것이기 때문에 공급을 수요와 동조화시킬 수 없을 것이다. 또한, 이러한 방식은 두 가지 모델들에 부품을 공급하고 있는 상류 프로세스들 (공급자들) 에 있어서의 작업분량을 불균형적으로 만들게 된다. 즉, 웨곤에 대한 부품 공급자들은 처음 보름 동안은 아무런 주문이 없게 되고, 세단에 대한 부품 공급자들은 후반부에 아무런 주문이 없게 된다.

평준화 생산 다른 극단적인 상황으로 세단과 웨곤을 한 번씩 번갈아 가며 생산하는 방식을 사용하여 완벽한 동조화를 이룰 수 있다. 결과적으로 **평준화 생산**(level production) (도요타 생산 시스템에서는 **heijunka**)이 이루어지는 것인데, 고객의 수요에 맞추어 적은 양이 자주 생산되는 것을 말한다. 만약 매달 세단에 대한 수요가 10,000대이고 SUV에 대한 수요가 5,000대라고 한다면 평준화 생산에서는 2대의 세단을 생산하고 1대의 SUV를 생산하여 이러한 순서를 반복하게 된다. 만약 수요의 형태가 일정하다면 평준화 생산으로 완벽한 동조화를 이룰 수가 있는데, 이때 수요에 의해서 수요 된 양만큼 흐름단위들을 생산하게 된다. 또한, 평준화 생산으로 생산 프로세스와 그에 대한 모든 공급 프로세스들에 대한 작업분량이 균형적이게 된다.

작업준비 비용과 뱃치 감소 다양한 제품을 생산하는 데 있어서 평준화 생산을 위해서는 각각의 제품의 뱃치 크기를 감소시킬 필요가 있다. 6장에서 살펴본 바와 같이 이러한 감소는 각각의 뱃치를 생산하는 데 필요한 고정 비용이 절감될 수 있을 때에만 경제적일 수 있다. 여기에서 고정 비용이란 한 모델에서 다른 모델로 바꾸어 생산하는 데 필요한 작업 전환 준비(혹은 기계교체) 비용과 시간에서 발생하게 되는 것이다. 그러므로 평준화 생산을 위해서 기본적으로 필요한 것은 작업준비 비용에서의 절감이라고 할 수 있다. 작업준비에서의 절감이 없다면 적은 양의 제품을 생산하는데 드는 작업준비 비용은 총생산비용을 증가시키게 될 것이다.

이러한 적은 뱃치 생산에 대한 개념은 도요타가 공급자들에게 간결 운영을 소개하였을 때 중심개념이었다. 작업준비 프로세스 자체를 연구하여 단순화시키는 것에 의해 작업준비 비용을 감소시킬 수 있는데, 프로세스의 단순화는 특별한 도구를 이용하여 작업을 신속하게 만들 수도 있고, 특별 주문된 기계들을 사용할 수도 있고, 이미 설비되어 있으면서 사용치 않았던 여분의 기계들을 사용하는 것에 의해서도 가능하다. 기계가 작동하고 있는 사이에도 수행될 수 있는 모든 작업준비 활동들은, 예를 들면 작업준비를 위해 필요한 도구들을 준비하는 등, 기계를 멈추지 않은 상태에서 완전하게 준비되어야 한다. 이렇게 함으로써 작업준비 기간에 기계가 작동하지 않는 시간을 줄일 수 있고, 따라서 작업준비 비용과 시간을 감소시킬 수 있게 된다. 여기에서 목표는 가능한 한 많은 부분의 설비작업을 외부화시키고 실제로 기계가 작동되는 것과 함께 설비의 작업들이 병행되어야 한다는 것이다. 작업준비 프로세스 자체의 개선에 초점을 맞추는 것으로 도요타를 비롯하여 다른 자동차 제조업체들은 작업준비 시간과 비용을 중요한 순서대로 줄이는 데 성공하였다. 이렇게 처리량에 영향을 주지 않으면서, 적은 뱃치들을 경제적으로 생산하는 능력을 향상하는 것으로 흐름시간과 재고를 줄일 수 있었다.

한 공장 내에서의 적은 뱃치 생산에 대한 개념은 적은 뱃치의 집배와 배달이 여러 공급자로부터 여러 공장으로 이루어지는 상황으로 연장될 수 있다. 두 가지의 방식 중에서 한 가지가 보통 사용되는데, 즉 한 공급자로부터 한 대의 트럭이 다수 공장으로 배달하거나, 혹은 한 공장에 소속된 한 대의 트럭이 다수 공급자로부터 적은 양의 공급품들을 운송하는 방법이 사용될 수 있다. 어떤 방식이든 적은 뱃치를 운송하는 것이 가능한데, 그 이유는 운송 시의 고정비용이 여러 공급자 혹은 여러 공장으로 분산되기 때문이다.

그런데 동조화의 목표가 평준화 생산이지만, 각각의 뱃치에 대한 고정 작업 준비 비용 혹은 운송비용을 줄이는 것에 의해서만 경제적인 동조화가 달성될 수 있다. 6장에서 설명된 대로, 작업준비 비용의 절감은 주요 수단이 되고, 또한 뱃치 크기를 줄인다고 해서 모든 프로세스가 한 개로 구성된 뱃치를 이용하여 평준화 생산을 달성할 수 있는 것은 아니다. 자동차 제조업의 경우를 예로 들면, 자동차의 시트 같은 비싼 부품들은 하나의 뱃치로서 생산되고 제공이 된다. 대조적으로 와이퍼 같은 저가의 부품들은 큰 뱃치로 제공되는데 그 이유는 뱃치의 크기를 줄일 때의 비용이 이점을 능가한다면 뱃치 크기를 줄여야 할 이유가 없다. 일반적으로 뱃치 크기의 감소는 크고 비싼 투입물의 경우에는 이익이지만, 작고 값싼 투입물들일 경우엔 큰 뱃치가 더 적합하다.

10.4.4 근원지에서의 품질: 불량품 방지와 조기감지

동조화란 고객이 원하는 대로 정확한 수량을 정확한 시간에 공급하는 것 이상을 의미하고 있다. 즉, 동조화란 고객의 품질에 대한 요구까지 충족시키는 것을 의미한다. 불량한 흐름단위들을 공급하는 것은 필연적으로 조사와 재작업이 따르기 때문에, 평균 흐름시간과 비용을 증가시키게 된다. 또한, 고객 기지에도 계속 공급을 해주어야 하기 때문에, 생산 프로세스는 버퍼에 여분의 안전재고를 하고 있어서 불량한 단위들에 대해 보정을 해줄 수 있어야만 한다. 결과적으로 이러한 조건은 평균 흐름시간과 비용을 증가시키게 되고, 간결하고 동조화된 운영을 위해서는 작업장소 간에 완벽한 흐름단위들만을 생산하여 보내는 것이다. 이를 위해서는 마지막 단계에서 검사하여 불량품이 발생한 사후에 관리하는 것보다는 근원지에서 품질을 계획하고 관리해야 하는데, 다음의 두 가지 방법으로 이를 성취할 수 있다:

1. 처음 장소에서 불량품이 발생하는 것을 방지하기.
2. 불량품이 발생하는 대로 즉시 찾아내서 교정하기.

불량품 방지 9장에서 논의된 대로 불량품을 방지하기 위해서는 제품과 프로세스 모두에 대해 세심한 설계를 하여야 한다. 여기에서 목표는 오류의 가능성을 최소화하기 위하여 단순화, 표준화 그리고 실수 검사기능 등을 사용하는 것이다. 불량품을 방지하기 위하여 TPS에서 사용된 두 가지 기법들은 **실수 검사기능**(poka yoke)과 **지능적 자동화**(jidoka)이었다. 예를 들어 실수 검사기능에서는 부품들이 부정확하게 조립될 가능성을 최소화 하도록 설계가 되었다. 지능적 자동화하에서는 불량품이 기계로 흘러들어올 때 기계가 자동으로 멈추도록 설계가 되었다. 불량품을 방지하기 위해서는 제품과 프로세스의 설계가 명확하게 정의가 되고 프로세스 단계들을 문서화하여 직공들의 자의적인 판단으로 하여 오류를 범할 가능성을 없애야 한다. 통합된 설계를 하기 위해서는 관련된 모든 사람들, 즉 고객, 설계자, 기술자, 공급자, 생산 직공들 모두의 협조와 의견수렴이 필요하다. 이들 각각은 각자 생산과 프로세스 개선을 위해 창의적인 생각과 제안이 있을 수 있는데, 이를 격려해야 하고 또 이에 대한 보상이 있어야 한다.

불량품의 가시성 모든 불량품을 방지하는 것은 불가능하지만, 이들에 대한 조기 감지와 교정을 하게 되면, 불량품을 마지막 검사 과정에서 찾아내는 것보다는 더 효과적이고 경제적이다. 불량품들에 대한 조기 감지는 그 근원을 찾아서 추적해야 하는 과정을 개선하기도 하지만 불량품으로 판별되어 폐기될 때까지 계속해서 부가되는 경제적 가치의 낭비를 최소화시키기도 한다. 조기 감지는 불량품들이 발생하여 프로세스에 포함되는 숫자를 줄여주기 때문에, 장기적으로 동조화, 그리고 비용절감에 영향을 주게 된다.

조기 감지, 그리고 품질 문제에서의 교정을 위해서는 지속적인 주의와 피드백을 관찰하는 것이 필요하다. 9장에서 논의된 바와 같이 프로세스 성과를 감시하는데 통계적 프로세스 통제를 사용하여 어떠한 비정상적인 변동이라도 감지되면 일찍 제거하는 것으로써 프로세스 안정성을 유지할 수 있다.

분산화된 통제 종업원들에게 국부적인 수준에서 문제를 판단하고 교정할 수 있는 권한과 수단을 부여해주어 행정적이나 관료적인 절차로 인한 지체가 없어야만 한다. 문제점들을 가시화하는 데 있어서 주된 아이디어는 문제의 근원들을 찾아서 알아내고 제거하는데 드는 비용과 지연시간 등을 최소화하는 것이다. 예를 들면 도요타의 한 공장에서 직공들이 문제를 발견하였을 때 그들의 기지 바로 옆에 달린 줄을 잡아당기게 되어 있다. 줄을 잡아당기게 되면 표지판의 전구가 켜지게 되고 이렇게 함으로써 그 직공의 기지에 대해 감독관의 주의를 끌게 되는데 이를 안돈(andon)이라고 한다. 그러면 감독관은 그 기지로 달려가 문제를 해결하는데 도움을 주게 된다. 만약 감독관이 문제를 빨리 해결할 수 없을 땐 프로세스 라인이 멈춰지게 되고 더 많은 사람에게 그 문제에 대해서 경보를 울리게 된다. 이러한 방식은 문제가 해결될 때까지 문제에 대한 주의를 가중시키도록 설계된 것이다. 그런데 여기서 문제를 빨리 발견하고 고치는 데에 대한 이익과 프로세스 라인을 멈추게 하는 데 따른 손실 비용의 상충관계를 잘 따져보아야 한다. 이러한 방식을 자원이용을 최우선으로 하는 통상적인 공장들에서의 시스템과 비교를 해보면, 자원의 이용이 최우선시되는 시스템에서는 작업의 중단은 극히 드문 경우에만 이루어지게 되고, 관리자들만이 이러한 조처를 할 수 있도록 권한이 부여되어 있다. 사실상 통상적인 공장에서는 직공들은 문제를 찾아내는 데 대한 책임이나 동기 같은 것을 가지고 있지 않은 것이 보통이다.

요약하면, 품질문제는 프로세스에서의 흐름 동조화를 방해하게 되는데, 이를 예방하기 위한 간결 운영의 기본적인 전략은 다음 세 가지다.

1. 훌륭한 계획을 통해 문제를 예방하기.
2. 문제가 발생하자마자 문제를 강조하기.
3. 국부적인 수준에서 문제를 해결하기.

여기에서 목표는 영구적이고 교정적인 조치를 즉각 취하여서 미래에 이러한 문제의 재발을 방지하고 근원지에서 품질을 보증하게 하는 것이다.

10.4.5 프로세스 변동 감소: 작업의 표준화, 보수 관리, 그리고 안전 용량

프로세스에서의 변동은 작업에 대한 부정확한 명세, 장비 고장 등에 기인하는 경우가 많다. 프로세스 변동을 감소하기 위한 첫 번째 단계는 각 단계에서 작업을 표준화하고 분명하게 명시하는 것이다. 도요타의 공장에서 각각 기지는 그 기지에서의 흐름시간, 수행되는 활동들의 순서, 각각의 자동차를 위해 처리해야 하는 시점 등을 나타내는 표준화된 작업도포를 벽에 부착하고 있다. 녹색과 적색 선들은 각 작업장의 시작과 끝을 나타내고, 그 사이의 노란색의 선은 70%의 작업이 완료된 장소를 표시하게 된다. 이러한 표준화의 장점은 세 가지이다. 첫째, 표준화는 직원들을 교체하는 데 따라 발생하는 변동을 감소시킨다. 둘째, 표준화는 어떤 생산주기에서 다음 생산주기로 넘어갈 때 발생하는 변동을 줄여준다. 셋째, 표준화는 제거될 수 있는 낭비의 원인을 발견하기 쉽게 한다. 만약 프로세스 자체가 제대로 명확하게 명시되어 있지 않다면 낭비를 발견하기가 더욱 어렵게 되는 것이다.

하류 단계에서 장비의 고장이 발생할 시 재고가 없는 경우라면 프로세스 운영에 취약점이 발생하는데, 공급과 수요를 동조화하기 위하여 계획적인 예방 보수 관리는 중요한 선결 요건이 된다. 사실상 도요타 생산 시스템 (TPS)에서는 직공들이 지속적으로 그들의 장비에 대한 가벼운 보수 관리를 하도록 요구하고 있는데 더 완전한 보수 관리는 작업 외 시간에 하도록 예정되어 있다.

변동의 모든 원인을 제거하는 것은 불가능하고 어떤 것들은 관리자의 통제능력 밖에 있다. 예를 들면, 노동자의 파업, 폭설, 화재, 그리고 다른 자연재해들에 의해 공급품의 배달이 지연되기도 한다. 7장과 8장에서 논의된 바와 같이, 만약 지연을 피하고자 한다면, 공급 혹은 수요 변동을 다루는 데에 단 두 가지의 현실적인 방법들이 존재한다. 즉 안전재고와 안전용량을 보유하는 것이다. 프로세스에서 안전재고와 안전용량을 보유하는 데에는 서로 상충적인 관계를 고려하여야 하지만, 간결 운영원칙은 안전재고 보유를 최소화하는 것을 의미하는데 그 이유는 안전재고의 보유가 흐름시간을 증가시키고 동조화를 위태롭게 만들기도 하기 때문이다. 결과적으로 간결 프로세스에서는 변동에 대응하기 위한 보호책으로서 안전용량이 유지되어야만 한다.

안전용량은 여분의 장비일 수도 있고, 여분의 직공들, 혹은 초과 근무의 형태를 취할 수도 있다. 예를 들면 도요타에서는 하루에 예정된 생산이 완전하게 끝나지 않으면 초과 근무로서 잉여용량을 사용하기도 한다. 이상적으로는 장비나 직공들의 형태로 되어 있는 안전 용량은 필요할 때에 사용될 수 있도록 충분히 유연하여야 한다.

10.4.6 성과의 가시성

Swank(2003)가 논의했듯이, 간결 운영의 기초적인 원칙은 프로세스 성과를 고객의 관점으로부터 측정하는 것이다. 예를 들면 프로세스 성과가 콜센터에서 전화 한 통화당 평균시간을 측정하여 평가되는 것이라면, 고객서비스 요원들은 고객이 전화를 빨리 끊게 하려고 할 것이다. 그렇지만 이렇게 하는 것은 고객들의 문제가 처음 전화 통화 시에 완전하게 해결되지 않았기 때문에 고객들이 전화를 반복적으로 걸게 만들 수도 있다. 프로세스 성과를 고객의 관점에서 측정하기 위해서는 전화 한 통화로 문제를 해결한 고객들의 비율을 측정하는 것이 더욱 효과적일 것이다. 이렇게 함으로써 고객서비스 요원들은 전화 통화를 짧게 하기보다는 고객의 문제를 해결하는데 더 초점을 맞추게 될 것이다. 비슷한 예로 통신판매 센터에서 물건을 수집하는 프로세스에서 내부적인 흐름시간을 측정하는 것에 대해서는 고객은 별 관심이 없을 것이다. 고객들은 주문하고서 상품이 인도될 때까지의 흐름시간에 관심이 있을 것이다. 그러므로 물품 집하장에서의 프로세스들은 전반적인 흐름 시간을 줄이는 데 노력을 기울여야 한다. 그런데 어떠한 조직에서 모든 단계에서의 목표들은 서로 연관되어 있다는 것을 아는 것이 중요하다. 어떤 관리자의 성과를 측정하는 지표는 그 관리자 밑에서 일하는 직원들을 측정하는 지표에 의해 직접적인 영향을 받을 수밖에 없다.

간결 운영의 가장 중요한 원칙은 실제의 성과가 기대치와 함께 각각의 작업 셀에서 가시화되어야 한다는 것이다. 간결 운영 전략의 한 예로서, Wipro 회사는 시각적 통제판(VCB: visual control board)을 설치하여 소프트웨어 개발 작업의 진행 정도를 나타내는 데 사용하였다. 프로젝트 책임자들은 일주일 치에 해당하는 매일의 작업 내역을 작업자의 이름과 함께 적어 작업장 중앙에 게시하였다. 매일, 각각의 팀원들은 몇 퍼센트의 작업이 완료되었는지 나타내게 되어 있다. VCB는 프로젝트 책임자가 전반적인 작업을 진행 정도를 보고받을 수 있도록 할 뿐만 아니라 잠재적인 문제들을 조기에 발견할 수 있어 적절한 도움이 취해질 수 있도록 하는데 유용하다 (Staats and Upton, 2009, p.14). 이렇게 작업진행 정도를 가시화시키는 것의 목적은 누군가를 비난하고 실적이 좋지 못한 사람을 처벌하려는 것이 아니라 문제 발생 시 빠르게 대처하고 우수한 실적이 나오면 팀원들을 격려해주기 위한 것이다. 기대치와 수행 정도를 가시화하는 것은 또한 작업자들이 평가되고 자신들이 객관적으로 평가하여 보상을 받을 수 있는데 도움을 줄 수도 있다.

10.4.7 인적자원을 관리하기: 종업원 참여

한 공장 내에서의 동조화를 수행하는 데에는, 긴밀하게 연결된 상호 보완적인 환경이 필요하고, 모든 종업원의 협조, 공헌 그리고 약속 등이 필요하다. 그러므로 인적자원을 관리하는 것은 간결 운영에서 아주 중요한 요소이다.

1940년대의 Western Electric에서 행해졌던 Elton Mayo의 Hawthorne 실험 이후에, 많은 행태 연구들은 직공들이 그들의 작업에 영향을 미치는 의사결정 과정에 참여하게 될 때, 직공들은 생산성 향상에 크게 기여하도록 동기부여가 된다는 사실을 밝혀내었다. 이러한 종업원 참여 근저에 깔린 중요 개념은 직공들이 프로세스를 개선할 만한 재능이 있고, 교육을 받았고, 경험이 있다고 인정을 하는 것이다.

문제 해결과 프로세스 개선 노력에서 직공들의 참여란 간결 운영의 중요한 요건이 된다. 어떠한 작업에 가장 가까운 직공들이 개선을 위한 제안을 할 수 있는 가장 많은 전문지식을 가지고 있다는 명제에 근거하면, 종업원을 참여시키는 방법은 개선 과정의 모든 국면에 직공들이 포함되는 것이 바람직하다. 또한, 종업원들이 어떤 주어진 문제에 대해 가장 최근의 그리고 정확한 정보를 가지고 있게 마련이다. 그러므로 종업원들에게 필요한 훈련과 도구들을 제공하고, 또한 작업과 연관된 의사결정에 대해 권한과 책임을 부여하는 것이 분권화된 통제를 수행하는 지름길이다. 도요타에서 불량품이 발견되었을 때 생산을 멈추게 할 수 있는 권한을 직공들에게 부여한 것이 이러한 방법의 한 예가 되겠다.

간결 운영에서 직공들은 다른 작업에 대해서도 교차 훈련이 되어 있어 회사가 직공들에 대해 유연성을 가질 수 있도록 하고 작업 교대를 통하여 직공들이 다양한 기회를 접할 수 있도록 하게 된다. 직공들에게 통상적인 작업 외에도 셀 단위에서의 팀들에게 일정한 관리적인 의무들을 행하도록 권한을 부여할 수도 있는데, 예를 들면 작업과 휴가에 대한 일정, 원재료 주문, 그리고 새로운 직공들을 채용하는 일 등에 관한 권한이다.

이러한 정책들에서 직공의 참여를 위해서는 종업원들이 기초적인 기술을 가지고 있고 교육을 받아야 함은 물론이고, 직공들은 다중의 작업을 배우고 팀의 일원으로 일하고, 전체적인 프로세스의 성공을 위해 공헌할 의지가 있어야 한다. 그러므로 간결 운영은 직공들을 채용하고 훈련하는 데 중점을 두고 있다.

10.4.8 공급자 관리: 연합

물자들을 아웃소싱하는 것은 스스로 제작을 하는 것보다 다른 제3자로부터 구매하는 것인데 수직적인 통합에 대한 하나의 융통성 있는 대안이기도 하다. 근대적 제조업에서는 구매된 물자들은 생산 원가의 큰 부분을 차지하고 있을 뿐 아니라 품질 문제의 중요한 원인이 되기도 한다. 간결 운영 아래에서 신뢰할 만하고 불량품이 없는 부품들을 정시에 인도하는 것은 대단히 중요하다. 그러므로 외부적인 공급자들은 생산 원가, 품질, 흐름 시간에 영향을 주게 되는 중요한 자원의 하나가 된다.

공급자 관리의 통상적인 방법은 여러 공급자들을 선택하고, 서로들 가격 경쟁을 하도록 하고, 공급자들이 품질을 중시하고 정시에 물품을 인도하도록 밀접하게 감시하는 것 등이다. 이렇게 하는 것이 때로는 공급자와 제조업자 사이에 적대적인 관계를 형성하기도 한다. 만약 제품이 여러 공급자들로부터 아웃소싱이 되었다면 흐름을 동조화하는 것은 대단히 어렵게 된다. 대조적으로 공급자 관리에 대한 간결한 방법은 능력 있고 믿을만한 공급자들 소수만 선정하여, 협조적이고 장기적인 관계를 배양하는 것이다. 구매자들은 공급자들과 정보를 공유하고, 공급자들에게 훈련과 기술적, 경제적인 원조까지도 제공하면서, 공급자들이 프로세스들을 개선하게 유도하고, 투입의 흐름을 공장의 요건과 동조화시키는 데 대한 보상으로 계약을 장기간으로 연장하면서 공급자들을 자신들의 공장의 연장으로 만들기 위해 노력하게 된다.

실제 물품 인도의 경우에는, 다량의 물품을 구매하는 것으로 할인을 받게 되거나, 유입되어 오는 물자들에 대한 철저한 조사로 품질을 유지하는 것 등이 통상적이다. 대조적으로, 간결 운영은 재고나 품질조사 없이 행하는 프로세스를 포함하게 된다. 공급자와 공장을 동조화시키는 데에는 불량품이 없는 물자들을 적은 뱃치로, 필요한 장소로 직접 그리고 자주 배달하는 것이 필요하다. 그런데 적은 양을 자주, 신속하게 배달하기 위해서는 공급자가 근방에 있어야 하고, 구매와 미지급 비용 처리 과정을 단순화시키는 것이 필요하다. 또한, 공급자의 프로세스가 수요가 있을 때에 적은 수량을 생산하는 능력을 갖추고 있어야 하는데, 즉 공급자의 공장이 구매자와 동조화될 필요가 있는 것이다. 근원지에서 품질에 대해 확신을 하려면 공급자의 능력과 함께 품질 좋은 부품들을 생산하겠다는 약속이 공급자들로부터 필요하다. 또한, 제품 설계 변경, 그리고 가능한 개선 방안들에 대해 구매자의 공장과 공급자 사이에 열린 대화도 필수적이다.

공급자 관리는 공급자들을 파트너로서 취급하게 되는데, 이것은 전통적으로 공급자들은 외부인들로서 신뢰 되지 못할 만하다는 관념에서 상당히 진보된 것이다. 현재에도 기업들에 간결 운영이란 공급자들이 생산하고 부품들의 재고를 가지고 있어 적시에(just-in-time) 공장에 공급하여 공장이 원재료의 재고를 가지고 있지 않아도 되게 하는 것을 의미한다. 이러한 정책이 결국 공장에서 가지고 있던 원재료의 재고를 다시 공급자에게로 밀어버리는 결과를 가져오게 된 것이다. 사실상 간결 운영의 목표는 공급자들의 프로세스와 구매자들의 프로세스를 동조화시킴으로써 전체적인 공급체인에서의 재고를 줄이는 것이어야 마땅하다. 그러므로 자신의 사업체 일부로써 공급자들을 관리하는 것이 중요하고, 그리하여 공급자들이 품질, 인도, 비용을 개선하도록 도와서 공급자들이 공장의 요구조건을 충족시키도록 하고 경제성을 확보할 수 있도록 해야 한다.

브라질에서는 General Motors의 조립공장이 있는 Blue Macaw에 공급자들의 공장들이 함께 모여 있다(Wilson, 2000). 공급자들의 공장에서는 브라질 시장을 위한 저렴한 모델인 Chevrolet Celta를 위한 계기판, 좌석, 그리고 다른 부품들이 생산된다. 공급자들은 이러한 부품들을 설계하고 제조하는 책임이 있다. 공급자들은 조립라인 일부분을 통제하고 있는데, 여기에서 그들은 그들이 설계하고 추진한 전체적인 시스템에서 조립분야를 다루고 있다. 예를 들면, Lear라는 회사는 Blue Macaw에서 문의 조립을 관리하고 그 문에 자물쇠, 유리창, 그리고 다른 부품들을 설치한다. 브라질의 Ford 자동차 회사와 Volkswagen도 비슷한 아이디어를 사용하였고, 설계, 제조, 조립과정에서의 공급자들의 참여가 증가하게 되면서 기업들은 큰 비용을 절감할 수 있게 되었다.

이상을 요약하면 간결 운영이란 연속적인 흐름 처리를 경제적으로 유지하면서 다음의 네 가지 원칙들을 수행하는 것이다.

1. 셀 방식의 배치와 수요견인 방식을 이용한 물자와 정보의 동조화. (10.4.1절, 10.4.2절)

2. 작업준비 시간을 빠르게 하여 적은 양의 뱃치로 표준화 생산을 하도록 함으로써 유연성을 증가시킴. (10.4.3절)
3. 안전 용량, 예방 정비, 신속한 피드백, 교정과 함께 작업 표준화, 공급자의 신뢰와 품질 개선에 의한 변동의 감소. (10.4.4절, 10.4.5절)
4. 품질 개선과 수송, 검사, 재작업 같이 부가가치가 없는 활동들을 제거하여 프로세스 비용을 감소. (4, 5장)

각각 이러한 원칙은 목표를 고객의 요구와 일치하게 설정하고, 성과의 가시화를 확립하고 (10.4.6절), 직공들과 공급자들에 대해서 장기간의 투자를 하는 것으로 (10.4.7절, 10.4.8절) 더욱 촉진될 수 있고 성공적인 간결 운영을 이룰 수 있게 된다. 이미 여러 회사가 깨달았듯이 이러한 선결 요건 없이는 적시(just-in-time) 운영을 수행하려는 모든 노력은 반드시 실패하게 된다. 예를 들면 만약 어떤 프로세스에서 작업준비 비용이 높고 변동성이 높다면, 결국 이것은 순환주기 혹은 안전 재고 없이는 비경제적이고 비효율적이 될 것이다. (더 자세한 설명은 Zipkin, 1991 참조)

10.5 공급체인에서 흐름 개선

고객으로부터의 수요를 충족시키기 위해 상품을 생산하고 분배하는 데에는 원재료 공급자들, 완제품 생산자들, 도매상인들, 배급업자들, 그리고 소매상인들 모두가 포함되고, 이러한 복잡한 프로세스의 네트워크를 통한 흐름도 포함된다. 이러한 부가가치 네트워크가 공급체인이다. 공급체인을 관리하는 것에는 제품이 필요할 때 필요한 곳에서 저렴한 가격으로 고객들이 이용할 수 있게 하려면, 전체의 네트워크에서 제품과 정보를 저장하고 이동시키는 것 등이 포함된다. 공급체인의 목표는 고객으로부터의 수요를 가장 경제적으로 충족시키기 위해 전체 네트워크를 통하여 흐름을 동조화시키는 것이다.

이전 장에서 공장 내에서 동조화와 효율을 이루는 데 있어서의 중요한 논점은 전체 공급 체인에서 하나의 마디만을 가지고 있는 것이라고 논의하였다. 그렇지만 공장은 원재료들, 부품들, 그리고 하부적인 조립품들이 흘러서 완성된 제품이 되는 프로세스 단계들의 네트워크로서 간주될 수 있다. 다시 말하면 이러한 프로세스 단계들의 네트워크는 공급체인의 네트워크와 비슷하여 공장 단계에서 적용된 개념들은 공급체인에서 흐름을 동조화시키는 데에도 적용될 수 있다. 그러나 공급체인을 관리하는 데에는 다음과 같은 세 가지 어려움이 있다.

1. **규모확대**: 이는 공장 내에서 (예를 들면 규모의 경제, 재고수준, 흐름 시간과 연관되어) 발생하는 논점들이 공급체인에서 확대된다는 것을 의미한다. 예를 들면 공급체인에서의 마디 사이 흐름시간은 한 공장 내에서 프로세스들 사이의 흐름시간들보다 더 크게 확대될 수 있다. 또한, 공급체인 내의 한 마디에서 다른 마디로 제품들을 수송하는 데 있어서의 규모의 경제는 지리적으로 거리가 있기 때문에 더욱더 크게 되는 것이다.

2. **다수의 의사 결정자들**: 공급체인에서 다른 마디들은 각각의 목적들과 함께 각각 다른 소유권이 있게 되므로 공급체인은 다수의 의사 결정자들로 구성되게 된다. 다른 주체들 사이에서 동기를 서로 맞춘다는 것은 아주 어려운 일이고 결국 마디들에서의 최적화는 이루지 못하게 되기도 한다. 어떤 한 마디에서의 국부적으로 최적화된 결정이 전체 공급체인에 대해서 총체적인 최적화 결정이 아닐 수도 있다.
3. **비대칭적인 정보**: 각각의 (독립적인) 의사 결정자는 단지 사적인 정보만 가지고 있고, 이러한 정보의 흐름을 나머지 공급체인과 동조화시키기에 필요한 총체적인 정보를 각각의 의사결정자가 가지고 있지 않다. 그러므로 어떠한 의사 결정자가 체인 전체의 관점에서 최적의 활동을 하려고 해도 그렇게 하지 못할 수가 있다.

다음에는 공급체인에서의 비동조화된 흐름의 중요함에 대하여 토론하고 그 근본 원인을 알아내어 공급체인에서의 동조화와 효율을 개선하기 위한 지표들을 제안하려고 한다. 이 주제에 대하여 더 자세한 논의는 Chopra 와 Meindl(2009)의 책을 참조하기 바란다.

10.5.1 동조화의 결여: 채찍 효과

공급체인은 제품과 정보의 흐름으로 분석될 수 있다. 제품들은 기본적으로 고객들을 향하여 흐르게 되고, 정보는 양 방향으로 흐르게 된다. 주문과 관련된 정보는 공급자들을 향해 상류로 흐르게 되고, 가격과 제품 이용가능성에 대한 정보는 고객을 향하여 하류로 흐르게 된다. 공급과 수요를 일치시키는 데에는 제품 흐름을 고객의 수요와 동조화시키는 것이 필요하다. 동조화하는 능력은 공급체인에서 정보의 흐름에 의하여 영향을 받는다.

하나의 제조업자, 하나의 배급업자, 하나의 도매업자, 그리고 하나의 소매업자로 구성된 단순하고 선형적인 공급체인을 가정해보자. 소매업자에게서의 고객의 수요는 제조업자에게까지 상류로 거슬러 올라가는 주문의 사슬 반응을 개시하게 된다. 그림 10.4는 이러한 공급체인에서의 각각의 마디에서 가지게 되는 전형적인 주문의 형태를 나타내고 있다. 소매업자로부터 도매업자로의 주문은 최종 고객 판매로부터의 주문보다 더 큰 변동을 나타내고 있고, 도매업자로부터 배급업자로의 주문은 이보다 더 큰 변동을 나타내고, 배급업자로부터 제조업자로부터의 주문이 가장 큰 변동을 나타내고 있다. 그러므로 상류단계에서 접수된 주문들의 형태는 소매 말단에서의 소비 형태보다 점차 더 큰 변동을 보이게 된다.

상류에서의 변동확대 현상은 **채찍 효과**라 불리고, 공급체인 소속자들 사이의 동조화의 결여를 나타낸다. 소비자 판매에서의 극히 적은 교란이라 할지라도 확대된 동요를 되돌려 보내게 되는데, 이것이 마치 가죽 채찍을 휘두르는 것과 같다. 완벽하게 동조화된 공급체인에서는 각 단계에서의 주문형태는 소매 말단에서의 소비 형태를 닮게 된다. 그렇지만 동조화되지 않은 공급체인에서는 정보 흐름이 왜곡되어서 어떤 단계들에서는 재고가 축적되게 하고 어떤 단계에서는 재고 부족이 생기고 또한 지연이 발생하게 된다. 채찍 효과는 Proctor & Gamble 같은 소비재, Hewlett-Packard 같은 전기제품, General Motor 같은 자동차, Eli Lily 같은 의약품 등 여러 산업에서 관찰되고 있다.

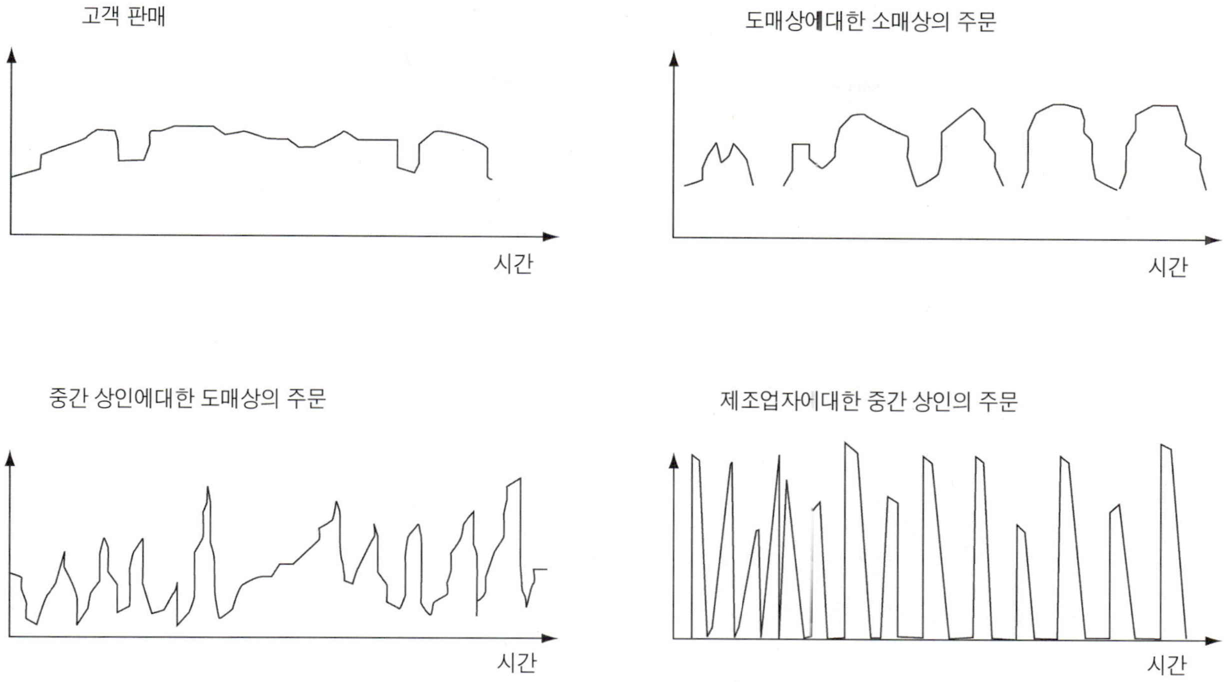

그림 10.4 채찍 효과: 공급체인에서의 주문 변동

10.5.2 채찍 효과의 원인들

Lee(1997)의 논문에서 채찍 효과의 네 가지 주요 원인이 다음과 같이 판별되었다.

1. 수요 신호 처리
2. 주문 일괄처리(batching)
3. 가격 변동
4. 배급 혹은 부족 게임

다음에서는 각각의 원인을 짧게 설명하고 공급 네트워크 내의 각각의 마디들에서 가지게 되는 수요 형태와 비교하여 그 원인이 어떻게 주문 형태의 변동이 증가하도록 하는가에 대하여 논의하겠다. 채찍 효과는 주문들이 상류로 이동하면서 변동이 종속적으로 전달되는 데 따라 발생하는 다음의 네 가지 원인의 결과이다.

수요 신호 처리 대부분의 기업들은 일종의 수요 예측에 의존하여 구매, 생산, 용량 등을 계획하게 된다. 통상적으로 단기 예측은 과거의 판매와 수요, 그리고 현재 수요에 대한 모든 관측치 들을 이용하여 미래에 대한 수요의 방향에 대하여 예측하는 것이다. 도매업자로부터 주문하여 말단의 소비자 수요를 충족시키고 있는 한 소매업자를 가정해보자. 만약 현재의 수요가 기대했던 것보다 더 높다면 소매업자는 미래의 리드타임 동안의 수요에 대하여 (평균과 오차들을 포함하여) 예측값을 조정하게 될 것이다. 현재에 실현된 수요가 이전의 예측치보다 더 높기 때문에 새로운 예측치는 상향조정되게 된다. 도매업자에 대한 소매업자의 주문이 증가하는 이유는 평균 리드타임 수요에 대한 예측이 높아졌기 때문이다. 주문량의 증가는 두 단계 사이의 물자와 정보 흐름의 지연에 의해 더욱 악화하게 된다. 재고를 다시 보충시키는 데 있어서의 지연을 보상하기 위해서 소매업자의 주문은 실현된 실제 수요보다 높게 된다. 도매업자가 소매업자의 주문을 받을 때에도 똑같은 현상이 발생하게 된다. 즉, 도매업자가 그 공급자에게 하게 되는 주문도 또한 소매업자의 주문에 비해 상대적으로 증폭되는데, 여기에서 소매업자의 주문 역시 고객의 수요에서의 변화보다 상대적으로 증폭된 것이다. 각각의 단계에서 주문을 받는 것에 근거하여 수요 예측이 이루어지기 때문에 공급체인에서 주문 증폭이 종속적으로 상류로 이어지게 된다.

그와 반대로, 만약 현재의 수요가 예측된 양보다 더 적다면 소매업자는 리드타임 수요에 대한 예측을 하향 조정하게 된다. 이러한 조정은 주문 감소를 가져오게 되고, 주문 형태에서 왜곡을 가져오게 된다. 이러한 주문 증폭의 발생은 공급체인 내에서 각각의 단계가 궁극적인 고객 수요에 따르는 것이 아니라, 각기 다른 정보들, 즉 바로 아래 단계로부터의 주문에 따라 계획들을 수립하게 된다. 그러므로 이전에 논의되었던 세 가지 어려움, 즉 규모의 확대, 다수의 의사 결정자들, 그리고 사적 정보들이 상호 작용하게 되는 것이다.

주문 일괄처리 일괄처리(batching)는 공급체인에서의 하나의 마디가 대량의 주문을 비정기적으로 내릴 때 발생하는 것인데, 기업들은 정기적으로, 예를 들면, 매주마다, 두 주마다, 혹은 매달마다 주문하게 된다. 이러한 관례는 6장에서 논의된 바 있는 구매, 생산, 혹은 수송에서 규모와 경제의 한 형태로 생기게 된 것이다. 기업들은 또한 대량의 뱃치 주문을 공급자가 제공한 동기부여에 (예를 들면 수량 할인) 의한 반응으로 행하기도 한다.

일괄 구매가 구매자에게는 최적의 방법일지라도 공급자에게는 수요의 형태에서의 왜곡을 가져오게 된다. 6장에서 논의된 바와 같이 수요 비율이 밝혀졌고 일정하다면 경제적 주문량(EOQ) 모델의 사용은 대형의 뿔 모양의 주문 형태를 만들어 내게 된다. 만약 공급자가 구매자로부터의 이러한 주문의 형태를 (아마도 상호 정보 공유를 통해서) 기대하고 있다면, 공급자가 불균형 발생의 원인이 될 수도 있다. 그렇지만 수요에 대한 정보가 아니라 단지 주문만이 공급체인을 따라서 통과하게 되기 때문에 이렇게 공급자가 불균형한 상태의 원인이 되는 일은 드문 일이다.

공급체인에서 어떠한 단계에서 한 프로세스가 뱃치의 주문을 할 때마다 상류 단계에서의 프로세스는 최종 고객 수요보다 더 변동이 심한 주문을 받게 된다. 이러한 영향은 다수 소매업자가 동시에, 똑같은 상류의 공급자에게 주문할 때 악화하게 된다. 예를 들면, 여러 소매업자가 매주 월요일에 주문하게 되는 경우가 있을 수도 있다.

가격 변동 상류 단계가 하류단계에 대해 제공한 가격의 변동이 심한 경우, 하류단계에서는 가격이 낮을 때 현재 필요한 것보다 더 많은 양을 주문하게 될 것이고 가격이 높을 때에는 구매를 연기하게 될 것이다. 6장에서 공급자들이 약간의 단기적인 가격 할인을 제공했을 때, 구매자들이 어떻게 선 구매를 하게 되고 주문량을 대폭 증가하게 되는가에 대하여 논의하였다. 선 구매는 주문이 수요보다 더 변동적이게 만들어 채찍 효과를 악화시킨다. 단기적인 가격 할인과 선 구매는 식품 산업에서 견과류 같은 몇 가지의 일용품들은 상당히 흔한 일이다.

배급 혹은 부족 게임 소매업자들이 결정하게 되는 총 주문량이 이용 가능한 제품보다 많다면 제조업자들은 그들의 제품을 구매자들에게 할당하기 위해 일종의 배급을(rationing)하게 된다. 만약 어떤 제품의 공급이 부족하게 되어 배급될 것인가에 대해 소매업자들이 예측할 수 있다면, 그들은 주문할 때에 필요한 양에 대해 과장을 하게 될 것이다. 나중에 수요가 결국 부풀려진 주문된 수량보다 적다는 것이 판명될 때 소매업자들은 주문을 취소하게 되는데, 그렇게 되면 제조업자들은 대량의 재고를 가지게 될 것이다. 이러한 현상은 실제로 제품이 부족하지 않을 때에도 발생할 수 있다. 즉, 소매업자가 부족에 대해 약간의 인지라도 하게 되면 주문은 증폭될 수 있다. 주문이 고객의 실제 수요를 반영하는 것은 아니므로 하류 단계에서 나타나는 이러한 '게임' 같은 행태는 채찍 효과를 만들어 낸다.

2003년 11월에 어떤 비공식적인 연구 보고서는 유럽에서 Nokia 전화에 대해 전반적인 부족이 있으리라 예측하였다. 이때 구매자들이 했던 이야기를 인용하면 "우리는 공급의 문제가 거의 모든 판매자에게 영향을 줄리라는 것을 알고 있다. 우리가 50,000개를 주문하면 아마도 우리는 Nokia로부터 20,000개의 전화기를 공급받게 될 것이고, 삼성이나 Siemens 제품도 같은 현상이 발생할 것이다." 이렇게 제품 부족에 대한 소문이 널리 퍼지게 되자 네트워크 운영자들은 공급이 늘어나기를 희망하면서 주문을 두 배로 하게 되었다. 이렇게 주문이 두 배가 된 것은 결국 2004년 초기에 추가적인 제품들이 배달되었을 때 재고가 증가하는 일을 가져왔다.

10.5.3 채찍 효과에 대응하기 위한 수단들

전형적인 공급체인의 특성은 독립된 주체들이 제한된 사적 정보에 따라 자신의 목적을 최적화한다는 것이다. 이제까지 살펴본 바와 같이 이러한 주체들이 모두 합리적으로 행동한다 하더라도 공급체인에서의 정보의 왜곡은 채찍 효과를 만들어 낼 수 있다. 여기서는 채찍 효과의 일부 원인에 대한 이해와 함께, 채찍 효과에 대응하기 위한 몇 가지의 수단들을 소개하기로 한다. 채찍 효과의 근본적인 원인은 다음과 같은 요소들에 기인한다고 이야기할 수 있다.

1. 비효율적인 프로세스들 (예를 들면 결과적으로 단계들 사이의 흐름을 장기화하고 고정 비용을 증가시킴)
2. 이용 가능한 정보의 (시점이 맞지 않던가 부정확함에 기인한) 모순
3. 전체적인 시스템에 대해 최적화되지 못한, 개개 주체들의 국부적인 활동들

또한, 채찍 효과에 대응하기 위한 수단들을 다음 세 가지 분야로 나눌 수 있다:

1. 운영상의 효율
2. 정보공유
3. 매개 정렬(channel alignment)

운영상의 효율 이 책 전체를 통하여 운영상의 효율을 원가, 품질, 그리고 반응시간의 형태로 간주하였고, 이러한 지표들로 나타난 효율을 달성하기 위한 수단들을 제시하였다. 이러한 수단 중 몇 가지는 다음과 같이 채찍 효과에 대응할 수 있는 것들이다.

- **(물자와 정보의) 흐름 시간 단축**: 만약 물자와 정보의 흐름 시간이 줄게 된다면 채찍 효과도 줄어들게 된다. 전자 자료 교환(EDI: electronic data interchange)이나 인터넷 같은 기술들이 공급체인에서의 다양한 단계들이 전자적으로 정보를 전송하여 정보의 흐름에서의 지연을 감소시키게 되었다. Wal-Mart와 다른 여러 기업들에서 (2장의 예제 2.1 참조) 널리 실행되었던 교차 환적(cross-docking)의 경우, 물품을 받으면 직접적으로 보내게 되어 창고 내에서의 체류 시간을 최소화하는 것이 필요한데, 이렇게 함으로써 공급자들과 소매업자들 사이의 수송 흐름 시간과 경로 재고를 줄여주게 된다.
- **규모의 경제 감소**: 만약 구매 시 뱃치 크기가 감소한다면 채찍 효과도 감소하게 된다. 이전에 논의된 바 있는, 뱃치 크기를 줄이기 위한 다양한 수단들은 공급체인에서 뱃치 크기를 줄이는 데에도 적용될 수 있다:

  고정 비용 감소: 구매, 생산, 수송에서의 고정비용 발생은, 이러한 고정비용을 줄이기 위해 대량의 뱃치 주문을 유발하기 때문에 채찍 효과를 만들어 내게 된다. EDI와 인터넷은 기업들이 주문을 전자적으로 하는 것을 가능하게 함으로써 고정된 구매 비용을 감소시키게 된다. 간결 운영에 기여하는 몇 가지 원칙들은 작업준비 비용을 감소시키고 적은 양의 뱃치를 생산하도록 유도하게 된다. 예를 들면 **수분 내 금형 교환**(SMED: single minute exchange of dies)이라 불리는 시스템에 의해 작업준비 시간을 10분 이내로 감소시킬 수 있고, **유연 제조 시스템**(FMS: flexible manufacturing system)은 다양한 부품들을 생산할 수 있는 능력을 갖추게 하고, 프로그램을 다시 작성할 수 있게 한 제조 시스템이다. 이러한 두 가지 시스템들이 생산 작업 준비 비용을 감소시킴으로써 평준화 생산(heijunka)을 가능하게 한다.

  다종주문에 대한 수량 할인: 공급자들은 구매 시 뱃치 크기에 따라 수량 할인을 종종 제공하고 있다. 그렇지만 이러한 할인은 개개의 품목에 대해서 이루어지게 된다. 예를 들면, 어떤 회사가 한 트럭 분량의 구매에 대해 3%의 할인을 제공할 수 있다. 이러한 할인이 각각의 제품군에 대해 별도로 제공될 경우, 고객들은 각 제품군을 트럭 분량으로 구매하도록 유인되게 된다. 여기에 대한 결과는 궁극적인 수요에 대한 정보가 왜곡되는 형태로 나타난다. 만약 공급자들이 품목들로 구색을 갖춰 여러 종류의 제품을 구매하는 데 대해 할인을 제공하기로 하여, 이러한 다양한 품목들로 구색을 갖춰 한 트럭분을 주문하는 경우에 3%의 할인을 제공한다면, 개개의 품목에 대해 뱃치 크기를 부풀려서 주문할 필요가 없게 되는 것이다. 이러한 정책은 개개의 품목 수준에서의 수요에 대한 정보가 왜곡되는 것을 줄여줄 수 있는데, 이러한 방법으로 공급자들은 여전히 수송에 있어서 규모의 경제를 달성할 수 있음은 물론이다. 예를 들면 P&G는 그들 제품을 구색을 갖춰 여러 종류의 제품들이 함께 한 트럭분이 되기만 하면 배급업자들에게 할인을 해주고 있다.

물자흐름에서 동맹 형성: 수송에서 경제성을 달성하는 또 다른 방법은 제3의 물류 회사와 하나의 동맹을 형성하는 것이다. 이러한 동맹은 다수의 공급자와 고객들의 욕구를 통합하는 것에 의해 수송에서의 규모의 경제를 이룩하게 된다. 배송에서의 통합은 각각의 공급자(고객)가 적은 양을 배송(수령)하게 함으로써 뱃치 크기를 증가시킬 필요가 없도록 한다. 그렇지만 회사들은 물류 기능을 외주하기로 결정하기 전에 다른 협조나 전략적인 문제들을 고려하여야 한다.

정보공유 사적인 정보를 가지고 작업을 하는 다수의 의사 결정자들이 존재한다는 것은, 이들 각자가 공급체인에서의 제품과 정보의 흐름에 영향을 주게 된다는 것을 의미한다. 이 경우, 공급체인의 일원들 사이에 정보를 공유하게 되면 채찍 효과의 정도를 감소시킬 수 있다.

- **상류의 주체들과 소비정보 공유**: 공급체인에서 각각의 단계는 미래에 대해 예측을 하기 위하여, 수요에 대한 정보를 처리하게 되는데, 이러한 전략을 수요 신호 처리(demand signal processing)라고 부른다. 그렇지만 이 체인에서 마지막 단계만이 최종 소비수요와 관련된 서적 판매 자료를 처리하게 되고, 이러한 판매 자료는 판매시점(POS: point-of-sale) 기술을 통해 수집된다. 다른 모든 단계에서의 예측은 그들이 주문받은 것을 기본으로 이루어진다. 결과적으로 체인에서의 각 단계는 다른 자료들을 근거로 예측하게 된다. 정보 공유에서의 첫 번째 단계는 공급체인에서의 모든 주체에게 판매 자료들을 이용 가능하게 만들어 각 주체의 계획이 같은 자료를 근거로 하게 하는 것이다. 사실상 2장에서 설명한 바와 같이 Wal-Mart는 공급자들과 판매 자료를 공유하고 있다.
- **하류 주체들과 제품 이용가능성에 대한 정보 공유**: 부족 게임은 소매업자들이 제품의 실제의 이용가능성 혹은 공급자들의 용량에 대해 정확히 알지 못하는 경우에 발생한다. 부족에 대한 잘못된 인지를 방지할 목적으로 용량이나 이용가능성에 대한 정보를 공유하게 되지만, 이러한 정보의 공유는 부족이 정말 발생한 경우도 밝혀내게 되어 역시 채찍 효과가 발생할 가능성이 있다. 그러므로 이러한 정보 공유가 채찍 효과에 대응하기 위한 완벽한 도구는 아니다. 부족함이 정말 발생할 경우, 현재의 주문이 아니라 과거의 판매에 근거하여 할당 정책을 사용하여야 한다.

매개 정렬(channel alignment) 운영 개선과 정보 공유로써 독립적인 공급체인의 주체들은 그들 스스로의 성과를 개선하기 위한 의사 결정을 하는데 도움을 받기는 하지만, 이것만 가지고는 전체의 공급체인을 동조화하기에 충분치 않다. 시스템의 개개의 일원들이 다른 일원들과 각각의 우선권에 대해 조정을 하기 위해서는 다른 명확한 협조 혹은 동기 부여 장치가 필요하다.

- **재고 보충과 예측에 대한 결정 조정**: 공급체인에서 각각의 단계는 고객에 대한 판매 자료를 가지고 있지만, 예측 방법과 구매 형태가 각각 다르므로, 이러한 차이점들이 여전히 주문에서의 변동을 가져올 수 있다. 하나의 해결책은 단일의 상류 단계가 하류 단계에 대한

물자의 보충을 통제하는 것이다. 이러한 전술은 상류의 단계에서 하류의 수요와 재고에 대한 정보를 가지고 있고 이에 따라 재고를 보충할 때 효과적일 수 있다. 판매자가 관리하는 재고(VMI: vendor managed inventory)와 연속적인 보충 프로그램(CRP: continuous replenishment program), 이 두 가지 기법들이 소비재 산업에서 사용되고 있다. VMI는 공동제휴 프로그램으로 공급자가 고객이 위치해 있는 곳에서 필요한 재고의 수준을 결정하고 이 수준을 유지하기 위해 재고가 보충되도록 준비하게 된다. P&G와 Wal-Mart는 1985년에 시작된 VMI 프로그램의 선봉에 서 왔다. CRP 하에서는 공급자가 계약에 정해진 수준에 맞추어 재고를 자동적으로 보충하게 된다. Campbell Soup 회사는 재고 보충을 조정하기 위하여 소매업자들과 CRP 프로그램을 사용하고 있다. 그런데 이러한 프로그램들 아래에서는 하류의 단계가 얼마나 주문해야 하는지에 대해 결정을 하지 않게 되므로 하류 단계는 자신들이 통제를 잃었다고 느낄 수도 있다.

그러므로 또 다른 해결책은 공급체인 내의 모든 단계에서 서로 조정된 예측과 보충의 방법을 사용하는 것이다. **공동 계획, 예측, 재고 확충**(CPFR: collaborative planning, forecasting, and replenishment)은 공급체인 내의 계획, 예측, 그리고 재고 확충을 조정하기 위하여 소비재 산업에서 설계된 프로그램이다. CPFR에 대한 자세한 내용은 www.cpfr.org를 참조하기 바란다.

- **가격 안정**: 단기적인 가격 하락은 소매업자가 선 구매를 하도록 유도하게 되어 공급자가 가지는 수요에 대한 정보를 왜곡시키게 된다. 제조업자는 다음과 같이 함으로써 선 구매를 줄일 수 있다.

  1. 단일의 도매가격 정책을 수립하기.
  2. 선 구매에 대한 수량을 제한하기.
  3. 주문량이 아니라 주어진 기간 동안 고객에게 판매한 수량에 따라 추가적인 보상 할인을 제공하기.

  예를 들면 식료품 산업에서는 P&G나 Kraft 같은 주요 제조업체들이 6장에서 논의된 바 있는, 항시 저 구매 가격(EDLPP: everyday low purchase pricing) 전략을 사용하고 있다.

- **할당 정책 변경**: 상류 단계에서의 용량과 제품 이용가능성에 대한 정보를 공유하는 것은 채찍 효과를 줄이는 데에 완벽한 방법이 아니라고 논의하였다. 현재 주문량에 의한 할당 방식은 하류 단계들이 주문량을 증폭시키도록 유도하게 된다. 그렇지만 GM이 과거의 판매에 의해 할당을 정하는 것 같은 할당 정책은 주문을 증폭시키는 데 대한 동기부여를 제거하게 된다.

이상을 요약하자면, 공급체인에서 흐름들을 동조화시키는 능력은 운영상의 효율, 정보 이용가능, 협조의 정도 등과 같은 요소에 의해 영향을 받게 된다. 모든 조직들은 채찍 효과로부터 발생하는 비효율의 근본 원인을 이해하고 이것을 고치기 위한 지표들을 사용하여야 한다. 대부분의 프로세스에는 협조, 정보 공유, 그리고 동기부여 구조의 변화에 있어서 여러 조직들의 이해관계가 얽힌 문제들이 있기 때문에, 이번 장에서 제안된 해법들을 수행하는 데에는 여러 어려움이 따르게 된다.

10.6 개선 과정

지금까지 프로세스 개선을 위한 여러 가지 수단들이 (즉, 무엇을 해야만 하는가에 대해) 논의되었지만 이러한 개선을 이루기 위한 과정이나 틀에 대해서는 (즉, 어떻게 하여야 하는가에 대해) 논의되지 않았다. 이번 절 에서는 프로세스 개선의 과정에 대허 논의하려고 한다. 프로세스 개선의 과정은 단기적으로 프로세스의 안정성을 유지하는 것에서 시작되고, 시간에 걸쳐 점진적으로 프로세스를 개선하며 장기적으로 때로는 개혁을 단행하게 된다. 관리자들은 어떠한 작업에 가장 가까이 있는 직공들이 프로세스 개선을 위한 기회를 알아낼 수 있는 최적의 위치에 있다는 것을 알아야 한다. 그러므로 관리자들은 직공들이 많은 제안을 하도록 격려하고 자극을 주어야 한다. 프로세스 개선을 위해서 직공들은 새로운 문제점들을 발견하고 해결하는데 두려움이 없어야 하고 확신을 해야 할 뿐만 아니라, 이상적인 상태로 접근하는 데 있어서 어려움을 극복할 수 있도록 훈련과 용기도 필요하다.

10.6.1 프로세스 안정화: 프로세스 표준화와 통제

프로세스 개선을 위한 첫 단계는 다양한 활동들을 표준화하여 과정을 명확히 정의하는 것이다. 대부분의 프로세스 성과가 변동을 하고 있게 되므로 관측된 성과가 통계적으로 예측 가능해야만 신뢰할만한 측정이 가능하다. 프로세스 개선을 위한 두 번째 단계는 9장에서 논의된 바와 같이 프로세스가 제대로 통제되도록 하는 것이다. 통계적 프로세스 통제는 시간에 걸친 성과를 관찰하고 변동이 비정상적으로 나타날 때 신속한 피드백을 제공하는 것을 포함한다. 이러한 절차는 비정상적인 변동의 원인을 알아내고 교정하여 성과 특성에 대한 예측이 믿을 만하도록 만든다. 이 단계에서는 이상적인 상태와 연관하여 프로세스가 명확히 정의 되어 있고, 지표들은 신뢰성을 가지게 된다. 이 시점에서부터 개선은 시작될 수 있다.

10.6.2 연속적인 개선: 시각과 압박에 의한 관리

프로세스가 안정화된 상태에서는 실제와 이상적인 성과 사이의 격차는 연속적인 개선, 즉 프로세스 성과에서의 지속적이고 추가적인 개선에 의해 좁혀질 수 있는데, 이러한 연속적인 개선은 간결 운영과 TPS의 아주 중요한 요소이다. 10.4절에서 언급된 대로 연속적인 개선은 *kaizen*으로 불리며 '좋은 변화'를 의미하는 말이다. Kaizen의 특징은 모든 인원이 함께 참여하여 연속적이고 추가적인 개선을 달성한다는 것이다(Imai, 1986). 다음에는 연속적인 개선의 원동력이 되는 세 가지 요소를 설명하겠다.

시각에 의한 관리 시각에 의한 관리란 문제점들과 기회들을 가시화시키고, 가시화된 문제점은 제거하고 기회는 살리기 위해 도구들과 동기부여를 제공하는 방법으로 지속적인 개선을 구동하는 것에 초점을 맞추고 있다. 안전 완충 장치(순환재고 혹은 안전재고 등)에 의해 비 유연성 혹은 변동 같은 프로세스에서의 불완전함을 덮어주는 것이 프로세스 관리에서의 자연적인 단기 경향이다. 이러한 방법은 프로세스의 불완전성에 대한 우리의 시야를 가리게 되고 그러한 불완전한 점들을 제거하려는 긴박감을 감소시키게 된다. 시각에 의한 관리의 원칙은 프로세스 문제점들을 덮어 버리는 것이 아니라 밝혀내기 위하여 재고 같은 안전 완충 장치들을 (보충하는 것이 아니라) 지속적으로 제거하는 것이다. 안전 완충 장치들을 제거하고 문제점들을 밝혀내는 것은 프로세스를 개선하기 위한 하나의 기회가 될 수 있다.

압박에 의한 관리 압박에 의한 관리란 시스템을 지속적으로 압박하여 압박을 벗어나기 위하여 성과를 개선하도록 유도하는 것을 말한다. 강물의 비유에서, 물의 높이가 낮아지게 되면 새로운 문제점들이 표면 위로 떠오르게 되고 그러한 문제점들은 적절히 처리되게 된다. 이렇게 새롭게 가시화된 문제점들이 해결된 후에 물의 높이는 또다시 낮아지게 되고 다시 처리되어야만 하는 더 많은 바위를 노출하게 된다. 여기에서 목표는 충분한 물 위에서 순조로운 항해를 하기를 거절하는 것이다. 불완전함을 보호하기 위한 안전 완충 장치로서 여분의 자원을 활용하기보다는 불완전함의 수준을 지속적으로 감소시켜야 하고 더 많은 문제점을 노출해 근본 원인을 제거하여야 한다. 여기서 요점은 보호 장치들을 점진적으로 제거함으로써 프로세스에 지속적인 압박을 가하자는 것이다.

압박에 의한 관리의 철학은 시스템을 지속적으로 압박함으로써 새로운 문제점들을 가시화하여 문제점들이 발생할 때마다 이를 처리하기보다는 문제점의 근본 문제를 제거하기 위한 우리의 책임을 더 늘려가야 한다는 것이다. 예를 들면 도요타에서는 끈을 잡아당기는(andon) 방식이 문제점들을 가시화시키는 하나의 수단이다. 만약 어떠한 한 문제로 인해 반복적으로 끈이 잡아당겨 진다면, 감독관은 마땅히 이 문제의 근본 원인을 찾아내어 즉시 그리고 영원히 제거해야 한다. 가시성을 충분히 확보하기 위하여, 도요타는 하나의 작업교대 기간 동안 끈이 잡아당겨 진 횟수를 기록하고 있다. 또한, 생산 프로세스는 단계들 사이의 kanban들을 (즉 재고 버퍼를) 제거하려는 지속적인 압박을 하고 있고 그럼으로써 단계들 혹은 마디들은 점점 더 적은 재고를 가지고 작업을 하는 방안을 연구하도록 강요받게 된다.

그런데 연속적인 개선이 성공적이기 위해서는 물의 높이를 점진적으로 낮추어야 하고, 그렇지 못하면 배는 바위에 좌초되게 될 것이다. 사실상 실제로 간결 운영이 실패하는 한 가지 이유가 점진적인 압박에 대한 중요성이 인식되지 못했기 때문이다. 예를 들면 회사가 프로세스를 개선하지 않고 그저 임의적으로 재고를 감소시키는 목표를 설정하는 경우도 있다. 결국, 궁극적인 목표는 단순히 재고를 감소시키는 것, 그 자체가 아니라 프로세스를 개선하자는 것이고 재고 감소는 단순히 문제점들을 노출시키기 위한 수단에 불과하다.

목적에 의한 관리 연속적인 개선을 위한 다른 한 가지 방법은 정기적으로 (예를 들면 매 분기마다 혹은 매년마다) 중요한 성과 지표에 대한 목표를 설정하는 것이다. 이러한 목표들은 시장에서의 수요와 경쟁자들의 성과, 이 두 가지 모두를 반영하고 있어야 한다. 이러한 목표들의 목적은 회사가 노력하여 같은 자원으로 경쟁자보다 더 잘할 수 있거나 혹은 적은 자원으로 경쟁자들만큼은 성과를 낼 수 있도록 하는 것이다. 어떤 경우이든 목표가 일단 달성이 되면 다시 개정될 것이고 프로세스와 그에 대한 압박은 계속될 것이다. 이렇게 지속적인 개선을 위한 방법은 때로는 목표 관리(management by objective)라고 불린다. 이러한 방법과 시각과 압박에 의한 관리에서의 주요 차이점은, 초점이 어디에 맞추어졌는가 하는 것이다. 시각과 압박에 의한 관리에서는 문제점들을 가시화하여 이를 변화를 위한 원동력으로써 활용하는 것에 초점이 맞추어졌고, 목적에 의한 관리에서는 목적을 달성하여 목적을 달성하려는 노력이 변화의 구동력이 되게 하는데 초점이 맞추어져 있다. 어떤 경우든 프로세스 개선을 위한 기초적인 수단에는 이 책 전체를 통해서 논의되고 있는 수단들과 같은 방법들이 포함되어 있다.

10.6.3 비즈니스 프로세스 리엔지니어링: 프로세스 혁신

때로는 이상적인 프로세스를 향한 점진적인 개선이 충분치 못할 때도 있는데, 경쟁을 따라잡기 위해 프로세스 성과에서의 현저한 개선이 필요할 때도 있다. 이러한 경우는 **리엔지니어링**(reengineering)이 해답이 될 수 있는데 Hammer와 Crampy(1993)는 리엔지니어링이라는 말을 1990년대 초반에 인기 있는 단어로 만들었고 "비용, 품질, 서비스와 속도 등의 중요한 현대적인 지표들에서 극적인 개선을 달성하기 위해 비즈니스 프로세스를 근본적으로 다시 생각하고 급진적으로 다시 설계하는 것"이라고 정의하였다.

이러한 정의의 몇 가지 중요한 단어들을 고려해 보면,

- 근본적으로 다시 생각한다는 것은 낙후되고 오류도 많고 혹은 시간에 따라 부적절한 전통적인 절차들과 가정들을 다시 고찰해보고 이에 대해 질문을 던져보는 것을 의미한다. 비즈니스 프로세스에서의 각각의 단계에서 왜 이런 것이 행해져야 하고 어떻게 다른 방식으로 행해져야 하는지 혹은 어떻게 하면 문제들을 제거할 수 있는가를 질문해 보는 것이다.
- 급진적으로 다시 설계한다는 것은 기존의 프로세스를 단순히 변경하는 것이 아니라 프로세스를 처음부터 다시 재발명하는 것을 의미한다. 이것은 현재의 강에서 바위들을 하나씩 들어내어 제거하려고 하는 것이 아니라 새로운 강을 바위가 전혀 없이 건설하는 것을 의미한다. 그러므로 '깨끗한 기록'을 가지고 새출발하는 것이 필요하게 되고, 만약 우리가 프로세스를 다시 시작한다면 이상적인 프로세스는 어떤 모습을 하고 있겠는가에 대해 질문을 하는 것이 필요하다.
- 극적인 개선이란 성과 지표에서 10% 정도 개선을 하는 것이 아니라 예를 들면 10배의 개선을 목표로 현저한 변화를 꾀하는 것을 의미한다. 예를 들면 전형적인 리엔지지어링 프로젝트의 목표는 지금 시장에 나와 있는 제품보다 절반의 불량률로, 절반의 시간으로, 그리고 절반의 비용으로 제품을 설계하고 생산하여 인도하는 것이다. 9장에서 논의된 6-시그마 철학은 이러한 '연장된 목표'에 대한 설정의 한 예이다. 이러한 정도의 개선을 위해서는 혁신적인 사고가 필요하다.

- 중요한 지표들이란 프로세스개선이 고객들에게 중요한 원가, 품질, 그리고 반응 시간 등에 초점을 맞추어야 한다는 것이다. 고객들이 알아차리지 못하는 지표나 중요하게 생각하지 않는 지표들을 개선하는 것은 낭비라는 것이다.

리엔지니어링과 연속적인 개선 개선을 위한 하나의 틀로써 리엔지니어링은 세 가지 요소에서 연속적인 개선과 차이가 있다. 바람직한 개선의 정도와 시간에 대한 틀, 그리고 변화 구동요소가 그것이다. 연속적인 개선에서는 변화 구동요소가 (가시화 혹은 목표들) 기존의 프로세스에서 내부적인 구성품이 된다. 프로세스 리엔지니어링에서 프로세스 자체를 처음부터 다시 생각해 보는 것은 어떠한 외부적인 것에 의해 지배를 받게 되는데, 고객의 요구에서의 극적인 변화라든지 혹은 기술에서의 변화 같은 것을 예로 들 수 있겠다. 우리는 기존의 프로세스를 더 좋게 만들기 위해 노력해야 함은 물론이지만, 현재의 프로세스보다 현저하게 더 잘 할 수 있는 새로운 프로세스를 발명하려고 노력해야 한다.

Hammer와 Champy(1993)는 성공적인 리엔지니어링의 고전적인 예로써 Ford 자동차 회사에서의 외상매입 처리 과정을 인용하였다. 1980년대 초기에 북미주의 한 부서에서 500여 명을 채용하였는데, 회사는 기존의 프로세스들을 개선함으로써 20%의 인력 절감을 희망하고 있었다. 그렇지만 이 조치는 공급자들이 보낸 송장을 처리하는데 초점을 맞추었고 Ford는 송장을 모두 제거하고 배송이 될 때 지급을 하는 방식으로 전체적인 구매 과정을 급진적으로 변경할 수 있었다. 그 결과 75%의 인력을 절감할 수 있었다. 그런데 주요 언론들은 1990년대 초기에 '리엔지니어링'을 '다운사이징' 과 동일시하였지만, 인력과 비용을 절감한 것은 리엔지니어링이 효과적으로 작용했던 하나의 프로젝트에 불과한 것이다. 리엔지니어링은 시간, 품질, 유연성에서 극적인 개선을 가져올 수도 있다. Hammer와 Champy는 이에 대해 몇 가지 예들을 논의하였다.

리엔지니어링과 연속적인 개선이 반드시 서로 대조적인 관계에 있는 것은 아니다. 두 가지 모두 장기적인 개선 프로그램에서 중요한 구성요소가 된다. 사실상 새로운 프로세스를 위한 설계와 함께, 리엔지니어링을 위한 노력에는 연속적인 개선을 위한 프로그램도 포함되어야 한다. 또한, 연속적인 개선이 프로세스를 보통의 점진적인 단계로 이상적인 성과에 가까워지게 하는 것이라면, 리엔지니어링에서는 때로는, 특히 외부적인 환경과 기술에 큰 변화가 일어났을 때 급진적인 변화가 필요하게 된다. 그러므로 리엔지니어링은 고객의 기대에서의 극적인 변화 혹은 완전히 다른 프로세스 설계를 가능케 하는 기술에서의 변화가 있을 때 필요한 것이다.

10.6.4 벤치마킹: 최고의 목소리에 주의를 기울이기

프로세스 개선에는 특정한 목표들을 설정하고 달성하는 것이 필요한데, 여기에서 특정한 목표들이란 다른 회사들의 프로세스들을 연구하고 그들의 최고 업무를 흉내 내는 것으로 큰 도움이 될 만한 프로젝트를 말한다. 이렇게 하면 새롭게 재발명을 할 필요가 없으므로 시간과 비용이 절감된다. Robert Camp(1995)는 **벤치마킹**을 '최고의 방법, 업무, 프로세스들을 지속적으로 찾아 나서는 과정, 그리고 최고 중의 최고가 될 만한 좋은 점들을 채택하거나 각색하는 과정' 이라고 정의하였다. 다른 회사의 제품들을 가격, 품질, 혹은 반응시간에 대해 벤치 마크하거나, 주요 프로세스들에 대해 비용, 흐름시간, 혹은 재고 회전에 대해, 웨어하우징, 청구서작성 또는 배송 등의 보조적인 프로세스들을 벤치마크 할 수도 있다.

최선의 업무들을 찾는 데 있어 스스로의 조직 내에서 찾을 수도 있고, 외부적인 경쟁자들로부터 찾을 수도 있다. 또는 전혀 다른 산업에서 경쟁관계에 있지도 않은 조직으로부터 찾을 수도 있다. 예를 들면 일본 회사들이 미국 슈퍼마켓 운영을 관찰하고 물자 흐름에서의 견인(pull) 시스템을 고안하게 된 것이다. Xerox 회사는 통신판매 회사인 L.L. Bean으로부터 효율적인 물류 배송 시스템을 벤치마크 하였다. 항공기가 정비를 마치고 탑승구로 돌아오는 시간을 줄이기 위해 Southwest 항공사는 NASCAR(national association for stock car auto racing)에서의 경주용 자동차가 연료공급이나 부품교체로 잠깐 정지하는 것에 대해 연구하여 벤치마킹하였다. 현재 슈퍼마켓 계산대에서 사용되고 있는 바코드는 이제 제조업자들이 부품의 재고와 흐름을 관리하기 위하여 널리 사용하고 있다.

벤치마킹을 성공적으로 수행하기 위해서 중요한 것은 다른 조직의 활동을 단순히 따라 하는 것이 아니라는 것이다. 벤치마킹이란 세계적인 회사들이 하는 것의 근저에 깔린 기본적인 개념을 알아내고 어떻게 이러한 것들이 이루어지고 있는가에 대해 이해하여, 배운 것을 자신의 상황에 맞게 적용하는 것을 의미한다. 여기에는 최고를 판단하기 위한 의부 지향, 그들의 방법을 이해하려는 열린 마음, 그리고 그들의 해법을 자신의 문제에 맞도록 변형하는 혁신성 들이 필연적이다.

10.6.5 변화 관리

프로세스 개선이란 현재 비즈니스를 운영하고 있는 자신의 방식을 변화시키는 것을 말하는데, 여기에는 불확실성이 뒤따르게 된다. 그렇지만 현재 상태를 유지하고 미래에 대해 예측을 하고자 하는 것은 인간의 자연적인 성향이다. 변화를 관리하는 데 있어서의 어려움은 사람들이 변화를 받아들이게 하고 더 나은 상황을 위한 변화가 가져올 위험을 감수하게 하는 것이다.

아이러니하게도 상황이 좋지 않은 경우에 사람들이 변화하도록 만들기가 더 쉽다. 왜냐하면 이때에는 변화가 개선을 위한 하나의 선택이 아니라 생존을 위해 필수적인 것으로 인식되기 때문이다. 그렇지만 이때에는 기존의 프로세스를 점진적으로 개선하는 것만으로는 회사의 경쟁적 위치를 개선하기에는 너무 늦었을 수도 있다. 즉, 전체의 프로세스를 리엔지니어 하는 것이 필요한 것이다. 또한, 상황이 좋을 땐, 불행하게도 자연적인 인간의 성향은 안심하게 되고 잠재적인 환경의 변화와 경쟁의 위협을 알아차리지 못할 수도 있다. 여기에서 어려운 점은 사람들이 현상유지에 만족하지 못하여 변화를 추구하게 하고 그렇지만 변화에 따르는 위험을 안심하고 감수할 수 있게 하는 것이다. 연속적인 개선의 논의에서 살펴보았듯이, 이러한 동기유발에서의 균형은 낭비를 가시화하고 (시각에 의한 관리), 점진적으로 이용 가능한 자원들을 감소시키고 (압박에 의한 관리), 점진적으로 목표를 상향 조정하는 것이다 (목표에 의한 관리).

마지막으로 모든 조직에서의 변화는 변화에 영향을 주는 모든 구성원이 참여정신을 가지고, 우호적인 환경에서, 자유로운 의견교환을 하면서 참여하였을 때 더 쉽게 이루어질 수 있다.

요약

이번 장에서는 프로세스들의 네트워크를 통한 다양한 제품들의 흐름을 관리하는 문제를 살펴보았다. 이러한 프로세스 네트워크의 전반적인 목표는 공급을 수요와 일치시키는 것인데, 이때 고려되는 항목들은, 원가, 품질, 다양성, 그리고 고객들이 원할 때 원하는 곳에서 제품이 이용 가능한가 하는 것들이다. 이상적인 상황은 공급과 수요가 최저 원가에 동조화되는 것이다. 공장 단계에서 이러한 동조화를 달성하기 위하여 간결 운영의 원칙들에 대하여 살펴보았고, 이 논리를 연장해 전체적인 공급체인을 관리하는데 적용하여 보았다. 여기에서 목적은 모든 종류의 낭비를 제거하자는 것이다. 즉, 프로세스 능력이 높아지고, 유연해지고, 그리고 변동이 감소하면서 발생하는 과다 비용, 불량품, 지연, 그리고 재고들을 제거하자는 것이다. 더 나아가서는 다른 유형의 프로세스들 사이에 정보와 물자가 빠르고 정확하게 흐르도록 촉진하기 위해서 이러한 다른 프로세스들은 반드시 조화되고 서로 조정이 되어야 한다.

공장 단계에서 이러한 목적들을 달성하기 위한 구체적인 방법들은 다음과 같다.

1. 프로세스 구조를 셀 방식의 배치로 개선할 것.
2. 수요 견인 방식을 사용하여 정보와 물자의 흐름을 조정할 것.
3. 뱃치 크기를 줄이고, 작업 준비 시간을 줄여서 프로세스 유연성을 개선할 것.
4. 근원지에서 품질을 확실히 보증할 것.
5. 작업 표준화, 예방적인 보수, 안전 용량 등에 의해 프로세스 변동을 감소시킬 것.
6. 개선 여지가 있는 부분들을 알아내기 위해서 성과의 가시화를 높일 것.
7. 개선 과정에 모든 종업원을 참여시킬 것.
8. 공급자들과 정보를 조정하고 또한 보상 체계를 제휴할 것.

공급 체인에서의 흐름을 관리하는 데에도 비슷한 원칙들이 적용되는데, 단지 공급체인은 규모가 커지고, 여러 의사 결정자들이 다른 정보와 동기들이 있어, 복잡성이 더해진다는 차이가 있다. 여기에는 예측이 다양해질 수 있고, 주문이 일괄 처리되고, 가격이 변동하고, 부족 게임 등이 발생하여 주문에서의 변동이 증가하게 된다. 공급 체인을 동조화시키기 위한 수단들은 다음과 같다.

1. 기술과 물류체계를 통해 정보와 물자의 흐름시간을 감소시키기.
2. 생산과 주문 시의 고정 비용을 감소시키고, 수량 할인을 감소시키기.
3. 고객의 수요와 제품의 이용가능성에 대한 정보를 공유하기.
4. 다양한 주체들 사이에 예측과 재고 보충을 조정하기.
5. 단기적인 가격의 오르내림을 방지하기.

공장 단계 혹은 공급체인에서 프로세스 개선을 이루기 위해서는 (1) 프로세스 표준화와 통제를 통한 안정화, (2) 시각, 압박, 목적에 의한 관리를 통한 지속적인 개선, (3) 고객들이 중요시하는 원가, 품질, 반응시간 같은 중요한 성과 지표들을 극적으로 개선하기 위해서, 프로세스를 전체적으로 다시 생각해보고, 급진적으로 재설계하는 등의 프로세스 리엔지니어링 등을 수행해야 한다. 동종 업계에서 최고의 업적을 벤치마킹하는 것은 그들의 업무를 알아내고, 채택하고, 자신의 것으로 각색하여 받아들이면서 프로세스 개선을 위한 구체적인 목표를 설정하고 성취하는 데 도움이 된다. 마지막으로 모든 프로세스 개선에 대한 노력에는 조직에서의 변화가 필수적인데, 조직이 동기 부여가 되고, 이러한 노력이 내면화되어 자신의 것으로 흡수되어야 한다.

주요 용어

Kaizen
간판(kanbans)
공급 주도(push)
공급 체인(supply chain)
공동 계획, 예측, 재고 확충(CPFR: collaborative planning, forecasting, and replenishment)
공장(plant)
낭비(waste)
리엔지니어링(reengineering)
벤치마킹(benchmarking)
셀 방식의 배치(cellular layout)
수분 내 금형 교환(SMED: single minute exchange of dies)
수요견인(pull)
실수 검사기능(poka yoke)
안돈(andon)
유연 제조 시스템(FMS: flexible manufacturing system)
이상 프로세스(ideal process)
자동화(automation)
자재 소요 계획법(MRP: material requirements planning)
적시 생산(JIT: just-in-time)
지능적 자동화(jidoka)
지속적인 개선(continuous improvement)
지속적인 보충 프로그램(CRP: continuous replenishment program)
채찍 효과(bullwhip effect)
판매자가 관리하는 재고(VMI: vendor managed inventory)
평준화(heijunka)
평준화 생산(level production)
프로세스 네트워크(processing network)
프로세스 동조화(process synchronization)
프로세스 효율(process efficiency)

토의 과제

10.1 미는(push) 시스템에서 kanban을 사용하면 어떤 영향이 있는가?

10.2 한 자동차 부품 제조업체가 도요타 생산 시스템 (TPS)에 대해 최근에 알게 되었고, 간결 운영을 실행하려고 하고 있다. 전통적으로 단계들 사이의 (단계들 사이에 500개 이상의 부품이 사용되고 있음) 작업 중 사용되는 재고의 양에 대해서는 통제가 되지 않고 있었

다. 첫 단계로, 단계들 사이에 존재하는 작업 중 사용되는 재고의 양을 최대 20개로 제한하였다고 하자. 이러한 조치가 단기적으로 공장에서 생산되는 산출물에 어떠한 영향을 미칠 것인가? 강물의 비유에서 배웠던 교훈을 사용하여, 이 회사는 안전 완충 장치들을 어떻게 관리하여야 하는가?

10.3 도요타 생산 시스템의 설계자 Taiichi Ohno는 kanban 카드의 사용을 미국 슈퍼마켓에서 힌트를 얻었다고 이야기하고 있다. 이러한 도요타 생산 시스템에서의 kanban 사용이 어떻게 슈퍼마켓의, 예를 들면 유제품 섹션에 적용될 수 있는지 설명하라.

10.4 셀 방식의 배치가 가장 효과적 일 수 있는 상황들을 열거하라. 기능적 배치가 선호될 수 있는 경우는 어떠한 상황인가?

10.5 다양한 제품을 생산하는 공장에서 어떠한 방식으로 당기는 (혹은 견인, pull) 시스템을 실행하여야 하는가?

10.6 평준화 생산 혹은 heijunka의 장점은 무엇인가? heijunka가 성공하려면 작업준비 시간이 짧아야 하는 이유는 무엇인가?

10.7 공급체인의 각 단계에서 리드타임이 긴 경우에, 주문량을 근거로 예측할 경우 채찍 효과가 발생하는 이유는 무엇인가? 이러한 상황을 개선 시킬 수 있는 대응책은 무엇인가?

10.8 가격 판촉이 채찍 효과를 증폭시키는 이유는 무엇인가? 이러한 상황을 개선 시킬 수 있는 대응책은 무엇인가?

10.9 Wal-Mart 같은 회사가 채찍 효과가 공급체인에서 나타나는 것을 방지하기 위해 취해야 할 조치는 무엇인가?

10.10 P&G 같은 회사가 채찍 효과가 공급체인에서 나타나는 것을 방지하기 위해 취해야 할 조치는 무엇인가?

참고 문헌

Camp, R. *Business Process Benchmarking*. Milwaukee: ASQ Quality Press, 1995.

Chopra, S., and P. Meindl. *Supply Chain Management: Strategy, Planning, and Operation, 4th ed.* Upper Saddle River, N.J.: Prentice Hall, 2009.

Doig, S. J., A. Howard, and R. C. Ritter. "The Hidden Value in Airline Operations." *McKinsey Quarterly*, no. 4 (2003): 105-115.

Gualandi, G., R. Hatfield, J. King, H. Leuschner, P. Ridgewell, and G. Shao. "Nokia Feels the Squeeze from Shortage." *Off the Record Research: Sound Byte*, November 13, 2003.

Hammer, M., and J. Champy. *Reengineering the Corporation: A Manifesto for Business Revolution*. New York: Harper Press, 1993.

Hopp, William J., and Mark Spearman. *Factory Physics: Foundations of Manufacturing Management*, 2nd ed. Burr Ridge, IL: Irwin, 2004.

Imai, M. *Kaizen: The Key to Japan's Competitive Success*. New York: Random House, 1986.

Lee, H. L., V. Padmanabhan, and S. Whang. "Information Distortion in a Supply Chain: The Bullwhip Effect." *Management Science* 43, no. 4 (April 1997): 546-558.

Mishina, Kazuhiro. *Toyota Motor Manufacturing, U.S.A., Inc.* Harvard Business School Case Study

1-693-019. Boston, MA: Harvard Business School, 1992. 1-23.

Ohno, T. *Toyota Production System: Beyond Large-Scale Production.* Cambridge, Mass.: Productivity Press, 1988.

Passariello, C. "Louis Vuitton Tries Modern Methods on Factory Lines." *Wall Street Journal,* October 9, 2006. Page A1.

Pollack, A. "Aerospace Gets Japan's Message: Without Military Largess, Industry Takes the Lean Path." *New York Times,* March 9, 1999.

Schoenberger, R. *Japanese Manufacturing Techniques: Nine Hidden Lessons in Simplicity.* New York: Free Press, 1982.

Spear, Steven, and H. Kent Bowen. "Decoding the DNA of the Toyota Production System." *Harvard Business Review* 77, no. 5 (September-October 1999): 97-106.

Staats, B. R., and Upton, D. M. "Lean Principles, Learning, and Software Production: Evidence from Indian Software Services," Working Paper 08-011, Harvard Business School, 2009.

Swank, C. K. "The Lean Service Machine." *Harvard Business Review* 81, no. 10 (October 2003): 1-8.

Wilson, A. "Blue Macaw: GM's Factory of the Future." *Automotive News International,* September 1, 2000.

Womack, J. P., D. Jones, and D. Roos. *The Machine That Changed the World: The Story of Lean Production.* New York: Macmillan, 1990.

Wysocki, B., Jr. "To Fix Healthcare, Hospitals Take Tips from Factory Floor." *Wall Street Journal,* April 9, 2004.

Zipkin, P. "Does Manufacturing Need a JIT Revolution?" *Harvard Business Review* 69, no. 1 (January-February 1991): 40-50.

APPENDIX

부록 1

MBPF 점검 목록

여기에서는 이 책에서의 중요한 요점들을 요약하고, 비즈니스 프로세스 흐름들을 관리하기 위한 점검 목록들을 제공한다.

프로세스 흐름척도들

- **주요 개념**: 흐름시간(T), 재고(I), 흐름률(R), 프로세스 비용, 품질.
- **주요 관계식**: 재고 = 흐름률 × 흐름시간

$$I = R \times T$$

- **주요 관리 활동**: 성과 개선을 위해 관리해야 할 프로세스 흐름척도 선택
- **주요 계량 지표**: 순현재가치, 총자산 이익률

세 가지 운영 척도들 (흐름시간, 재고, 흐름률)이 서로 연관되어 있으므로, 이 중 두 가지 척도들에 대해 목표를 설정하게 되면 세 번째 척도까지 설정하게 되는 결과를 가져오게 된다. 프로세스 개선을 위한 기본적인 관리적 수단들은 다음과 같다.

1. 흐름률의 증가(흐름시간의 감소)
2. 재고의 감소(흐름시간의 감소)
3. 프로세스 비용의 감소
4. 프로세스 품질의 개선

이론적 흐름시간을 관리하기 위한 수단들

- **주요 개념**: 핵심경로, 핵심활동, 이론적 흐름시간
- **주요 관리 활동**: 모든 핵심 경로 상의 활동들을 알아내고 관리하기
- **주요 계량 지표**: 핵심경로의 길이

프로세스의 이론적 흐름시간은 프로세스의 핵심 경로에서의 총 작업량에 의해 결정되므로, 이론적 흐름시간을 줄이기 위한 단 한 가지의 방법은 각각의 핵심경로의 길이를 줄이는 것이다. 핵심경로의 작업량을 줄이기 위한 기본적인 방법은 다음과 같다.

1. 핵심경로 상의 작업들을 비핵심 경로로 조정한다. (즉, 작업을 순차적으로 하기보다는 병행하여 수행하기)
2. 비가치 창출 부분을 제거한다. (현명하게 일하기)
3. 재 작업의 양을 줄인다. (처음부터 똑바로 하기)
4. 제품믹스를 변경한다. (보다 적은 작업시간을 요하는 제품들을 먼저 생산)
5. 작업의 속도를 올린다. (보다 빠르게 일하기)

추가로, 프로세스의 흐름 시간은 대기 시간에 영향을 받는다. 대기시간을 감소시키는 방법은 다음과 같다.

- 혼잡으로 인한 영향 관리
- 배치 크기 감소
- 안전 버퍼 감소
- 흐름 동기화

이들 수단에 대해서는 5, 6, 7, 8, 그리고 10장에서 논의되었다.

흐름률을 관리하기 위한 수단들

- **주요 개념**: 흐름률, 용량(이론적 용량, 유효용량), 병목 자원
- **주요 관리 활동**: 병목 자원 파악과 관리, 흐름률 개선 매핑
- **주요 계량 지표**: 단위 시간당 흐름단위 수, 단위 시간당 공헌 이익(contribution margin)

프로세스 흐름률 관리는 흐름률 개선 지도 상의 위치에 따라 다음과 같이 달라진다.

1. 흐름률이 용량보다 현저히 적은 경우 프로세스 병목은 프로세스 외부에 존재한다. 이 경우, 흐름률은 프로세스 산출에 대한 수요나 투입의 공급 등과 같은 외부 요인들에 의해 제한된다.
2. 흐름률이 용량과 비슷한 경우, 프로세스 병목은 프로세스 내부에 존재한다. 이 경우, 흐름률은 프로세스 용량의 증가에 의해서만 가능하다. 이에는 다음과 같은 두 가지 방법이 가능하다.
   a. 이익이 더 큰 제품을 우선 생산하는 식으로 제품믹스를 수정하여 프로세스의 재무적인 용량을 증대시킨다.
   b. 다음과 같은 방법으로 프로세스의 실제 용량을 증대시킨다.
      ◦ 프로세스 용량이 이론적 용량에 근접한다면 자원들은 효율적으로 사용되고 있는 것이며 용량 추가를 위해서는
        - 자원 단위 추가
        - 자원 단위들의 규모 증대
        - 작업 시간 추가
        - 하청 또는 외주
        - 작업 속도 증대

        등을 통한 자원 추가가 필요하다.
      ◦ 프로세스 용량이 이론적 용량보다 현저히 작다면 자원들은 비효율적으로 사용되고 있는 것이며 흐름률 개선을 위해서는
        - 부가가치가 없는 활동 제거
        - 불량, 재 작업, 반복 작업 감소
        - 작업 준비 시간 단축
        - 작업 일부를 병목이 아닌 자원들에 재배정

        등과 같은 방법이 가능하다.

대기 시간을 줄이기 위한 수단들

- **주요 개념**: 대기 시간, 버퍼(대기 공간), 변동, 흐름-시간 효율, 주기 재고, 안전 재고, 안전 용량.
- **주요 관리 활동**: 대기 시간을 줄이기 위한 버퍼 관리.
- **주요 계량 지표**: 버퍼에서의 대기 시간.

버퍼는 일괄처리나 변동으로 인하여 축적이 된다. 대기 시간을 줄이기 위한 기본적인 방법들은 다음과 같이 요약될 수 있다.

1. 주기 재고(뱃치 크기) 감소
   - 뱃치당 작업준비 비용 혹은 주문 비용 감소

- 가격할인 조건 재협상
- 선 구매 감소

2. 안전 재고 감소
   - 수요예측 개선으로 수요 변동성 감소
   - 재충전 리드타임 단축
   - 재충전 리드타임의 변동성 감소
   - 물리적/가상적 중앙 집중화 또는 특성화 등을 통하여 다수 장소 또는 다수 제품의 안전 재고 공동(통합) 관리
   - 대체제품 활용
   - 공통 부품 사용
   - 수요 시점에 가까워질 때까지 제품 차별화 지연
3. 안전 용량 관리
   - 안전 용량 증대
   - 도착과 서비스 변동성 감소
   - 이용 가능한 안전용량 통합
4. 흐름 동기화
   - 용량이 수요와 동기화될 수 있도록 관리
   - 수요가 이용 가능한 용량과 동기화될 수 있도록 관리
   - 프로세스 내에서의 흐름 동기화
5. 대기 비용을 줄이기 위해 고객들이 느끼는 심리적 기대 관리

프로세스 변동성을 통제하기 위한 수단들

- **주요 개념**: 정상적/비정상적 변동성, 통제 한계(범위), 프로세스 능력, 강건 설계
- **주요 관리 활동**: 프로세스 성과의 지속적 관찰 및 통제, 변동과 변동성의 영향 감소, 낮은 변동성의 프로세스와 제품 설계
- **주요 계량 지표**: 품질, 비용, 시간, 재고

1. 주요 성과 지표들의 변동성을 지속적으로 측정, 우선순위 결정 및 분석
2. 비정상적 변동을 제한하기 위한 피드백 통제 사용
   - 주요 성과 척도들의 허용 가능한 변동에 대한 통제 한계 설정
   - 실제 성과 관찰과 모든 비정상적 변동 교정
3. 프로세스 능력 개선
   - 프로세스 성과의 중심 위치 설정 확인
   - 정상적인 변동 감소
   - 생산가능성을 고려한 설계(단순화, 표준화, 오류 원천 차단)
4. 강건설계(robust design)를 통한 프로세스 변동에 대한 제품 성과의 면역성 확보

프로세스 네트워크에서 흐름을 관리하기 위한 수단들

- **주요 개념**: 낭비, 부가가치가 없는 활동들, 제품(셀 방식의) 배치, 수요견인, 근원지에서의 품질, 종업원 참여, 공급자 연합, 채찍 효과, 정보 흐름, 보상, 평준화 생산, 강물의 비유, 연속적인 개선, 리엔지니어링
- **주요 관리 활동**: 효율성 유지와 프로세스 흐름 동기화, 프로세스 개선을 위한 틀 설정
- **주요 계량 지표**: 비용, 품질, 시간, 유연성

1. 공장에서의 흐름 관리
   - 프로세스 구조: 셀 방식의 배치
   - 정보와 물자 흐름: 수요 견인 방식
   - 생산 평준화: 뱃치 크기 감소
   - 근원지에서의 품질: 불량품 예방, 가시성, 분권화된 통제
   - 자원의 탄력적 운용: 작업 전환 시간 단축, 작업자 교차 훈련
   - 프로세스 변동성 감소: 작업 표준화, 프로세스 유지 관리, 안전 용량 유지
   - 성과의 가시성

- 공급자 관리: 정보 공유와 보상 조정 등을 통한 연합(제휴)
- 공급 일관성: 안전 용량의 유지
- 인적 자원 관리: 종업원 참여

2. 공급체인에서의 흐름 관리

- 정보 기술과 물류 효율화를 통한 정보와 자원의 흐름시간 감소
- 주문과 수량 할인의 고정 비용 감소
- 고객의 수요와 제품의 이용가능성에 대한 정보 공유
- 다양한 관련 주체들의 예측값들과 재충전 결정 조정
- 가격 안정

3. 프로세스 개선

- 구조: 연속적인 개선과 리엔지니어링
- 수단: 가시성 증대, 유인 및 보상, 개선 수단(PDCA 주기), 벤치마킹

APPENDIX

부록 2
확률 통계 기초

A. 확률변수

확률 변수는 확률(chance)에 의해 값이 결정되는 결과를 수치로 표현한 것이다. 본서에서는 확률 변수를 **대문자 굵은 활자**(BOLDFACE UPPERCASE LETTERS)로 나타내고 확률 변수들의 실현 값은 소문자 기울임체(*lowercase italicized letters*)로 나타낸다. 예를 들어, 다음 달 동안의 스웨터의 수요에 대해 확정적으로 말할 수 없으므로 0에서 1,000 사이의 값으로 예상한다. 불확실한 수요를 확률변수 **X**로 나타내면, **X**는 집합 {0, 1, ⋯ ,1000}의 원소 중의 하나를 취하게 된다. 다음 달 마지막 날에, 실제 수요는 734단위였다는 것을 알게 된다면 **X**의 값은 $x=734$라고 한다.

1. 확률 분포

$\{\mathbf{X} \le x\}$은 확률 변수 **X**가 실수 값 x보다 같거나 작은 값을 취할 사건을 나타낸다. 이 사건은 확률 변수 **X**의 값을 결정하는 실험이나 현상의 결과에 따라 일어날 수도 있고 일어나지 않을 수도 있다. 이 사건이 일어날 확률을 $\Pr\{\mathbf{X} \le x\}$로 나타낸다. x 값에 따라서 이 확률을 다음과 같은 함수로 정의할 수 있다.

$$F(x) = \Pr\{\mathbf{X} \le x\}, \qquad -\infty < x < \infty,$$

여기서 $F(x)$를 확률 변수 **X**의 누적분포함수(c.d.f.: cumulative distribution function)라 한다. 경우에 따라서는, 확률 변수와 분포 함수 간의 관계를 명시하기 위하여 $F_X(x)$로 쓰기도 한다. 누적분포는 확률 변수에 대한 모든 정보를 포함한다.

확률 변수 **X**가 취할 수 있는 값들이 $x_1, x_2, \ldots$와 같이 유한집합(finite set) 또는 가산집합 (denumerable set)이고 $i=1, 2, \ldots$에 대해서 $p_i=\Pr\{\mathbf{X}=x_i\}$이고 $\sum_i p_i=1$이면 이산확률변수라 부른다. $i=1, 2, \ldots$에 대해서, 함수

$$f(x_i) = \Pr\{\mathbf{X} = x_i\} = p_i, \qquad \text{for } i = 1, 2, \ldots,$$

를 확률 변수 **X**의 확률 질량 함수(p.m.f.: probability mass function)라고 부르며 분포 함수와는 다음과 같은 관계를 가진다.

$$F(x) = \sum_{x_i \le x} f(x_i)$$

확률 변수 **X**가 취할 수 있는 값들이 연속된 구간의 한 점으로 주어지면 **X**를 연속확률변수라 한다. 이 경우, 확률 변수 **X**가 어떤 특정한 x 값을 취할 확률은 매우 미미하므로 실질적으로 모든 x에 대해 $\Pr\{\mathbf{X}=x\}=0$이다. 또한, 누적 분포 함수는 x의 연속함수가 된다. 때에 따라서는 다음을 만족하는 확률밀도 함수(p.d.f.: probability density function) $f(x)$가 존재한다.

$$F(x) = \int_{-\infty}^{x} f(u)du$$

이때 누적 분포함수는 확률밀도함수의 그래프에서 x의 왼쪽 면적을 나타낸다.

2. 기댓값 (또는 평균)

확률 변수 $\mathbf{X}$의 평균 또는 기댓값은 확률을 가중치로 한 가중평균이다. 즉,

$$E(\mathbf{X}) = \begin{cases} \sum_i x_i f(x_i) & \mathbf{X}\text{가 이산확률변수인 경우} \\ \int_{-\infty}^{\infty} uf(u)du & \mathbf{X}\text{가 연속확률변수인 경우} \end{cases}$$

본서에서는 $\mathbf{X}$의 평균을 기울임체 X 또는 μ_X로 나타내기로 한다.

3. 분산과 표준편차

확률 변수의 분산은 평균으로부터의 변동 정도의 척도이다. 확률변수 $\mathbf{X}$에 대해 평균 μ_X와의 편차 제곱의 기댓값이며 다음과 같이 나타낸다.

$$V(\mathbf{X}) = E[(\mathbf{X} - \mu_{\mathbf{x}})^2].$$

표준 편차

확률 변수 $\mathbf{X}$의 표준 편차는 분산의 제곱근으로서 다음과 같이 나타낸다.

$$\sigma_X = \sqrt{V(\mathbf{X})} = \sqrt{E[(\mathbf{X} - \mu_{\mathbf{x}})^2]}.$$

변동 계수

확률 변수 $\mathbf{X}$의 변동 계수는 표준 편차의 평균에 대한 비율로서 다음과 같이 나타낸다.

$$C_X = \frac{\sigma_X}{\mu_X}.$$

분산, 표준 편차, 그리고 변동 계수는 모두 $\mathbf{X}$의 불확실성과 변동성의 척도들이다.

이러한 기본적인 정의를 기초로 여러 개의 확률 변수와 관련된 개념들과 결과들을 생각해 보자.

4. 확률 변수의 독립성

두 확률 변수 $\mathbf{X}_1$과 $\mathbf{X}_2$에 대해 하나의 값이 결정되더라도 다른 하나의 확률분포에 영향을 미치지 않으면 두 확률 변수 $\mathbf{X}_1$와 $\mathbf{X}_2$는 독립이라고 한다. 엄밀히 말하면, 어떤 두 사건 A와 B에 대해,

$$\mathbf{X}_1\text{와 }\mathbf{X}_2\text{는 독립} \Leftrightarrow$$
$$\Pr(\mathbf{X}_1 \in A \text{ and } \mathbf{X}_2 \in B) = \Pr(\mathbf{X}_1 \in A)\Pr(\mathbf{X}_2 \in B)$$

이다. 이 관계가 만족되지 않으면, $\mathbf{X}_1$과 $\mathbf{X}_2$는 종속이라고 한다. 따라서, $\mathbf{X}_1$과 $\mathbf{X}_2$가 독립이면

$$E(\mathbf{X}_1\mathbf{X}_2) = E(\mathbf{X}_1)E(\mathbf{X}_2)$$

5. 공분산과 상관 계수

두 확률 변수 $\mathbf{X}_1$과 $\mathbf{X}_2$의 평균들과 표준 편차들이 각각 μ_1과 μ_2그리고 σ_1와 σ_2라고 하자. $\mathbf{X}_1$과 $\mathbf{X}_2$의 공분산은 $\mathbf{X}_1$과 $\mathbf{X}_2$의 각각의 평균으로부터의 편차의 곱의 기댓값이다. 즉, $(\mathbf{X}_1-\mu_1)(\mathbf{X}_2-\mu_2)$의 기댓값이며 다음과 같이 나타낸다.

$$Cov(\mathbf{X}_1, \mathbf{X}_2) = E[(\mathbf{X}_1 - \mu_1)(\mathbf{X}_2 - \mu_2)].$$

상관 계수는 다음과 같이 정의된다:

$$\rho = \frac{Cov(\mathbf{X}_1, \mathbf{X}_2)}{\sigma_1\sigma_2}.$$

상관계수의 값은 항상 -1과 $+1$ 사이의 실수이다. 양의 공분산 또는 상관계수는 두 확률변수가 같은 방향(증가든 감소든)으로 움직이는 경향이 있음을 의미한다. $\mathbf{X}_1$이 $\mathbf{X}_1$의 평균 이상(또는 이하)의 값을 취할 때 $\mathbf{X}_2$도 $\mathbf{X}_2$의 평균 이상(또는 이하)의 값을 취한다는 것을 의미한다. 반면, 음의 공분산 또는 상관계수는 두 확률변수가 반대 방향(증가든 감소든)으로 움직이는 경향이 있음을 의미한다. 즉, $\mathbf{X}_1$이 증가할 때 평균적으로 $\mathbf{X}_2$는 감소한다는 것을 의미한다. $\mathbf{X}_1$과 $\mathbf{X}_2$가 독립이면, 두 확률변수는 서로 상관관계가 없으며

$$Cov(\mathbf{X}_1, \mathbf{X}_2) = 0.$$

이다.

6. 확률 변수들의 합

두 확률 변수 $\mathbf{X}_1$과 $\mathbf{X}_2$에 대해 다음이 성립한다:

$$E(\mathbf{X}_1 + \mathbf{X}_2) = E(\mathbf{X}_1) + E(\mathbf{X}_2)$$
$$V(\mathbf{X}_1 + \mathbf{X}_2) = V(\mathbf{X}_1) + V(\mathbf{X}_2) + 2Cov(\mathbf{X}_1, \mathbf{X}_2)$$

$\mathbf{X}_1$과 $\mathbf{X}_2$가 독립이면 $Cov(\mathbf{X}_1, \mathbf{X}_2)=0$이므로, 다음 결론을 얻는다.

- 독립인 확률 변수들의 합의 기댓값은 각각의 확률 변수들의 기댓값의 합과 같다.
- 독립인 확률 변수들의 합의 분산은 각각의 확률 변수들 분산의 합과 같다.

또한, $\mathbf{X}_1$과 $\mathbf{X}_2$가 동일한 분포를 따르고 (따라서, 평균과 표준 편차가 각각 μ_1와 σ로 동일) 상관계수가 ρ이면, $\mathbf{X}_1+\mathbf{X}_2$의 표준 편차는

$$\sigma_{x_1+x_2} = \sqrt{2(1+\rho)}\sigma.$$

이다.

B. 주요 확률 분포들

생산운영관리와 응용 사례들에서 사용되는 주요 이산 확률분포와 연속 확률분포에 대해 살펴본다.

1. 이항분포

불확실한 실험의 결과가 확률 p로 성공이거나 확률 $1-p$로 실패인 경우를 생각해 보자. 이진(binary 또는 Bernoulli) 확률변수 $\mathbf{N}_1$을 $\mathbf{N}_1=0$(실패), $\mathbf{N}_1=1$(성공)로 정의할 수 있다. 기댓값과 분산의 정의에 의해 $\mathrm{E}(\mathbf{N}_1)=p$, $V(\mathbf{N}_1)=p(1-p)$이다.

만약 이와 동일한 실험을 각각 독립적으로 n번 시행한다고 하자. 총 성공횟수를 $\mathbf{N}$이라 하고 각각의 시행의 성공 또는 실패 여부를 $\mathbf{N}_1, \mathbf{N}_2, \ldots, \mathbf{N}_n$으로 나타내면 $\mathbf{N}$은 $0, 1, \ldots, n$의 값을 취하는 이산 확률 변수이며 이항분포(n, p)를 따른다고 한다. 확률 변수의 합의 기댓값과 분산의 공식에 의해 $\mathrm{E}(\mathbf{N})=np$, $\mathrm{V}(\mathbf{N})=np(1-p)$이다. 확률질량함수는 다음과 같이 주어진다.

$$\Pr\{\mathbf{N}=k\} = \binom{n}{k} p^k (1-p)^{n-k} \text{ for } k = 0, 1, 2, \ldots, n$$

여기서 p^k는 n번의 독립적이고 동일한 시행에서 k번의 성공이 일어날 확률이며, $(1-p)^{n-k}$는 $n-k$번의 실패가 일어날 확률이다. 또한 $\binom{n}{k} = \frac{n!}{k!(n-k)!}$는 n번의 독립적이고 동일한 시행에서 k번의 성공과 $n-k$번의 실패가 일어날 수 있는 가능한 조합의 횟수이다. Microsoft Excel에서는 BINOMDIST 함수를 이용하여 다음과 같은 확률을 계산할 수 있다.

$\mathrm{P}(\mathbf{N}=k)$ = BINOMDIST(k, n, p, False) 또는 BINOMDIST(k, n, p, 0)

$\mathrm{P}(\mathbf{N} \le k)$ = BINOMDIST(k, n, p, True) 또는 BINOMDIST(k, n, p, 1)

2. 포아송 분포

이항분포에서 시행횟수 n이 매우 커지고 성공확률 p가 매우 작아지면 포아송 분포로 근사할 수 있다. 포아송 분포는 콜센터에 걸려 오는 전화 통수, 불량품의 개수, 고객 불만 접수 건수 등 생산 운영관리의 다양한 분야에 유용한 모형 도구로 사용되고 있다. 시간을 따라 발생하는 일련의 확률적 사건들을 생각해 보자. 이 사건들이 단위 시간당 평균적으로 R회 정도 발생한다고 하자. 기간 t 동안 일어난 횟수를 나타내는 이산 확률 변수를 $\mathbf{N}(t)$라고 하자. $\mathbf{N}(t)$가 다음과 같은 확률분포를 가지면 평균이 Rt인 포아송 분포를 따른다고 한다:

$$\Pr\{\mathbf{N}(t)=n\} = e^{-Rt}\frac{(Rt)^n}{n!}, \text{ where } n = 0, 1, 2, \ldots$$

기간 t 동안 일어난 사건 횟수의 평균은 $E[\mathbf{N}(t)]=$

Rt이고 또한 분산도 Rt이다. 포아송 분포의 확률질량함수와 누적분포는 Excel의 'POISSON' 함수를 이용하여 다음과 같이 얻어질 수 있다.

$\Pr(\mathbf{N}(t) = n)$ = POISSON (n, Rt, False) 또는
POISSON (n, Rt, 0)
$\Pr(\mathbf{N}(t) \leq n)$ = POISSON (n, Rt, True) 또는
POISSON (n, Rt, 1)

3. 지수 분포

고객들의 도착과 같은 일련의 확률적 사건들이 단위 시간당 평균 적으로 R회 정도 발생하는 포아송 과정에 의해 발생한다고 하자. 연속한 두 사건의 간격을 연속확률 변수 $\mathbf{T}$로 나타내면 $\mathbf{T}$는 평균이 $m=1/R$인 지수분포를 따르며 확률밀도함수는 다음과 같이 주어진다.

$$f(t) = Re^{-Rt},\ t \geq 0$$

지수분포의 평균과 표준 편차가 모두 m이므로 지수분포의 변동 계수는 1이다. 지수분포의 확률밀도함수와 누적분포는 Excel의 'EXPONDIST' 함수를 이용하여 얻어질 수 있다.

$f(t)$=EXPONDIST (t, $1/m$, False) 또는
EXPONDIST (t, $1/m$, 0)
$F(t)$=EXPONDIST (t, $1/m$, True) 또는
EXPONDIST (t, $1/m$, 1)

4. 정규 분포

정규분포는 통계와 확률이론에서 가장 중요한 분포라고 할 수 있다. 실무에서는 동일하고 독립적인 확률변수들의 합이 정규분포를 따른다고 하는 중심극한정리의 결과로서 종종 일어나기도 한다. 예를 들어 이항 분포에서 n이 크고 p가 0이나 1에 가까운 값이 아니면 평균이 np이고 분산이 $np(1-p)$인 정규분포로 근사할 수 있다. 정규분포는 평균 μ와 분산 σ에 의해서 분포의 특징이 결정되며 확률밀도함수는 다음과 같이 주어진다.

$$f_{\mathbf{X}}(x) = \frac{1}{\sigma\sqrt{2\pi}} \exp\left[-\frac{(x-\mu)^2}{2\sigma^2}\right]$$

평균은 μ이고 분산은 σ^2인 정규분포를 따르는 확률 변수 $\mathbf{X}$는 $N(\mu, \sigma^2)$으로 나타낸다. 정규 분포의 확률밀도 함수는 종(bell) 모양이며 평균을 중심으로 대칭이다.

실제 문제에서는 정규 분포를 따르는 확률 변수 $\mathbf{X} \sim N(\mu, \sigma^2)$가 주어진 x 값보다 같거나 낮을 확률 p를 계산하거나 반대로 확률 p가 주어진 경우 이에 대응되는 x 값을 구하게 된다. 이를 위해 두 가지 방법이 가능하다. 첫째는 Excel을 이용하여 직접 계산하는 것이고, 둘째 방법은 표준화라 불리는 전통적인 계산방법이다. $\mathbf{X} \sim N(\mu, \sigma^2)$에 대해 다음 두 가지 문제를 생각해 보자.

문제 1. x가 주어진 경우, 확률 $p=\Pr\{\mathbf{X} \leq x\}$를 구하라.

방법 1. Excel의 NORMDIST 함수 이용

p = NORMDIST(x, μ, σ, True).

방법 2. 표준화(standardization): 확률 변수 $\mathbf{X}$와 특정 값 x를 다음과 같이 확률 변수 $\mathbf{Z}$와 그에 대응하는 값 z로 변환한다.

$$\mathbf{Z} = \frac{\mathbf{X}-\mu}{\sigma} \quad \text{and} \quad z = \frac{x-\mu}{\sigma}$$

변환에 의해 $\mathbf{Z} \sim N(0, 1)$이며, $\mathbf{Z}$를 표준 정규분포를 따르는 확률 변수라고 한다. 또한, 다음이 성립한다.

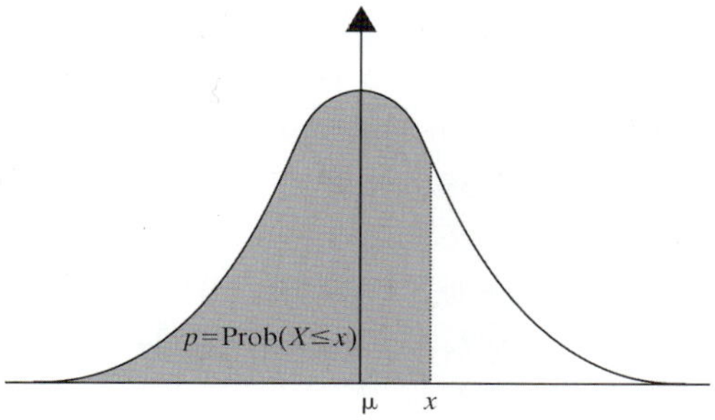

그림 A.1 정규분포의 누적확률

$$p = \Pr\{\mathbf{X} \le x\} = \Pr\{\mathbf{Z} \le z\}$$

여기서 주어진 z 값에 대응하는 확률 p는 표준 정규 분포의 누적확률분포표 (표 A.1)로부터 읽을 수 있다. z가 음인 경우에는, $\Pr(\mathbf{Z} \le z) = 1 - \Pr(Z \le -z)$라는 대칭성을 이용한다.

문제 2. p가 주어진 경우, $\Pr\{\mathbf{X} \le x\} = p$를 만족하는 x를 구하라.

방법 1. Excel의 NORMINV 함수 이용

$$x = \text{NORMINV}(p, \mu, \sigma).$$

방법 2. 표준화(standardization) 역변환: 표 A.1 에서 $p = \Pr\{\mathbf{Z} \le z\}$에 해당하는 z 값을 찾은 뒤 다음과 같이 표준화의 역변환에 의해 x를 결정한다.

$$x = \mu + z\sigma.$$

표 A.1 표준정규분포의 누적분포

z	0.00	0.01	0.02	0.03	0.04	0.05	0.06	0.07	0.08	0.09
0.0	0.5000	0.5040	0.5080	0.5120	0.5160	0.5199	0.5239	0.5279	0.5319	0.5359
0.1	0.5398	0.5438	0.5478	0.5517	0.5557	0.5596	0.5636	0.5675	0.5714	0.5753
0.2	0.5793	0.5832	0.5871	0.5910	0.5948	0.5987	0.6026	0.6064	0.6103	0.6141
0.3	0.6179	0.6217	0.6255	0.6293	0.6331	0.6368	0.6406	0.6443	0.6480	0.6517
0.4	0.6554	0.6591	0.6628	0.6664	0.6700	0.6736	0.6772	0.6808	0.6844	0.6879
0.5	0.6915	0.6950	0.6985	0.7019	0.7054	0.7088	0.7123	0.7157	0.7190	0.7224
0.6	0.7257	0.7291	0.7324	0.7357	0.7389	0.7422	0.7454	0.7486	0.7517	0.7549
0.7	0.7580	0.7611	0.7642	0.7673	0.7704	0.7734	0.7764	0.7794	0.7823	0.7852
0.8	0.7881	0.7910	0.7939	0.7967	0.7995	0.8023	0.8051	0.8078	0.8106	0.8133
0.9	0.8159	0.8186	0.8212	0.8238	0.8264	0.8289	0.8315	0.8340	0.8365	0.8389
1.0	0.8413	0.8438	0.8461	0.8485	0.8508	0.8531	0.8554	0.8577	0.8599	0.8621
1.1	0.8643	0.8665	0.8686	0.8708	0.8729	0.8749	0.8770	0.8790	0.8810	0.8830
1.2	0.8849	0.8869	0.8888	0.8907	0.8925	0.8944	0.8962	0.8980	0.8997	0.9015
1.3	0.9032	0.9049	0.9066	0.9082	0.9099	0.9115	0.9131	0.9147	0.9162	0.9177
1.4	0.9192	0.9207	0.9222	0.9236	0.9251	0.9265	0.9279	0.9292	0.9306	0.9319
1.5	0.9332	0.9345	0.9357	0.9370	0.9382	0.9394	0.9406	0.9418	0.9429	0.9441
1.6	0.9452	0.9463	0.9474	0.9484	0.9495	0.9505	0.9515	0.9525	0.9535	0.9545
1.7	0.9554	0.9564	0.9573	0.9582	0.9591	0.9599	0.9608	0.9616	0.9625	0.9633
1.8	0.9641	0.9649	0.9656	0.9664	0.9671	0.9678	0.9686	0.9693	0.9699	0.9706
1.9	0.9713	0.9719	0.9726	0.9732	0.9738	0.9744	0.9750	0.9756	0.9761	0.9767
2.0	0.9772	0.9778	0.9783	0.9788	0.9793	0.9798	0.9803	0.9808	0.9812	0.9817
2.1	0.9821	0.9826	0.9830	0.9834	0.9838	0.9842	0.9846	0.9850	0.9854	0.9857
2.2	0.9861	0.9864	0.9868	0.9871	0.9875	0.9878	0.9881	0.9884	0.9887	0.9890
2.3	0.9893	0.9896	0.9898	0.9901	0.9904	0.9906	0.9909	0.9911	0.9913	0.9916
2.4	0.9918	0.9920	0.9922	0.9925	0.9927	0.9929	0.9931	0.9932	0.9934	0.9936
2.5	0.9938	0.9940	0.9941	0.9943	0.9945	0.9946	0.9948	0.9949	0.9951	0.9952
2.6	0.9953	0.9955	0.9956	0.9957	0.9959	0.9960	0.9961	0.9962	0.9963	0.9964
2.7	0.9965	0.9966	0.9967	0.9968	0.9969	0.9970	0.9971	0.9972	0.9973	0.9974
2.8	0.9974	0.9975	0.9976	0.9977	0.9977	0.9978	0.9979	0.9979	0.9980	0.9981
2.9	0.9981	0.9982	0.9982	0.9983	0.9984	0.9984	0.9985	0.9985	0.9986	0.9986
3.0	0.9987	0.9987	0.9987	0.9988	0.9988	0.9989	0.9989	0.9989	0.9990	0.9990
3.1	0.9990	0.9991	0.9991	0.9991	0.9992	0.9992	0.9992	0.9992	0.9993	0.9993
3.2	0.9993	0.9993	0.9994	0.9994	0.9994	0.9994	0.9994	0.9995	0.9995	0.9995
3.3	0.9995	0.9995	0.9995	0.9996	0.9996	0.9996	0.9996	0.9996	0.9996	0.9997

이 표는 표준정규분포의 누적분포 함수이다. 즉, 여기에 주어진 값들은 p 표준 정규분포를 따르는 확률 변수 $\mathbf{N}(0, 1)$가 z 값보다 작을 확률이다. 예를 들어, $z=1.65$ 이면, $p = 0.9505$ 이다.

연습 문제 해답(일부)

3장: 프로세스 흐름척도

연습 문제 3.1

For the bank we have

Average inventory I = 10 people,

Throughput R = 2 people/min (we assume a stable system).

Thus,

Average wait time $T = I / R = 10/2$ min = 5 min.

연습 문제 3.4

First, draw the flowchart with all the data given:

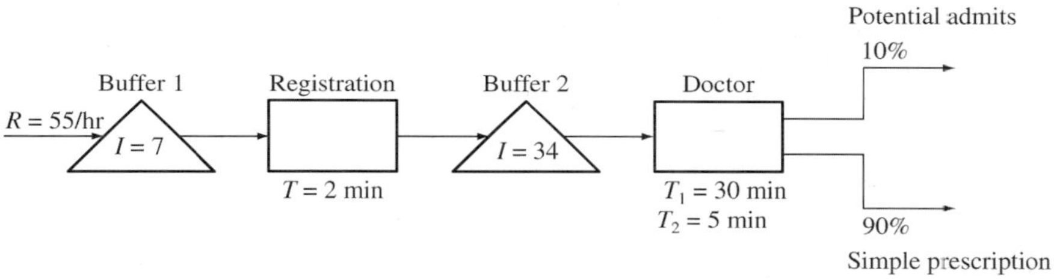

We assume a stable system. This implies that average inflow equals average outflow at every stage. In this case you are given inventory numbers I and flow rate R = 55 patients/hr. There are two flow units:

(1) Those that are potential admits: flow rate = 55 × 10% = 5.5/hr.

(2) Those that get a simple prescription: flow rate = 55 × 90% = 49.5/hr.

To find the average flow times, we use Little's law at each activity for which the flow time is unknown:

(1) ***Buffer 1:*** R = 55/hr (both flow units go through there), I = 7, so that waiting time in buffer 1 = T = I/R = 7/55 hr = 0.127 hour = 7.6 minutes.

(2) ***Registration:*** flow time T = 2 min = 2/60 hr. All flow units flow through this stage. Thus, flow rate through this stage is R = 55/hr. Average inventory at registration is given by $I = RT$ = 55 × 2/60 = 1.83 patients.

(3) ***Buffer 2:*** R = 55/hr (both flow units go through there), I = 34, so that waiting time in buffer 2 = T = I/R = 34/55 hr = 0.62 hour = 37.1 minutes.

(4) ***Doctor time:*** depends on the flow unit:

4a: potential admits: T = 30 minutes

4b: prescription folks: T = 5 minutes

OK, now we have everything to find the total average flow times: find the critical path for each flow unit. In this case, each flow unit only has one path, so that is the critical path. We find its flow time by adding the activity times on the path:

a. For a potential admit, average flow time (buffer 1 + registration − buffer 2 + doctor) = 7.6 + 2 + 37.1 + 30 = 76.7 minutes

b. For a person ending up with a prescription, average flow time (buffer 1 + registration + buffer 2 + doctor) = 7.6 + 2 + 37.1 + 5 = 51.7 minutes.

The answer to the questions is found as follows:

(1) *On average, how long does a patient spend in the emergency room?*

We know the flow time of each flow unit. The average flow time over all flow units is the weighted average: 10% of total flow units spend 76.7 minutes while 90% spend 51.7 minutes. Thus, the grand average is:

$$T = 10\% \times 76.7 + 90\% \times 51.7 = 54.2 \text{ minutes.}$$

(2) *On average, how many patients are being examined by a doctor?*

This question asks for the average inventory at the doctor's activity. Again, first calculate inventory of each type of flow unit:

a. Potential admits: R = 5.5 patients/hr, T = 30 min = 0.5 hr, thus, $I = RT$ = 5.5/hr × 0.5 hr = 2.75 patients

b. Simple prescription: R = 49.5 patients/hr, T = 5 min = (5/60) hr, thus $I = RT$ = 49.5 × (5/60) = 4.125 patients

Thus, total inventory at the doctor is 2.75 + 4.125 = 6.875 patients.

(3) *On average, how many patients are in the ER?*

This question asks for total inventory in ER = inventory in buffer 1 + inventory in registration + inventory in buffer 2 + inventory with doctors = 7 + 1.83 + 34 + 6.875 = 49.705 patients.

4장: 흐름시간의 분석

연습 문제 4.1

a. The first step is to find the average flow time for the activities "time with judge" and "pay fine." This can be done by averaging the ten observations given in the table. These amount to 1.55 minutes and 2.4 minutes, respectively. Thus, the theoretical flow time is 1.55 + 2.4 = 3.95 minutes.

b. The average flow time of the process can be estimated by taking the average of the total time each defendant spent in the system. This comes out to 120 minutes.

c. The flow time efficiency is 3.95/120 = 3.3%

연습 문제 4.5

a.

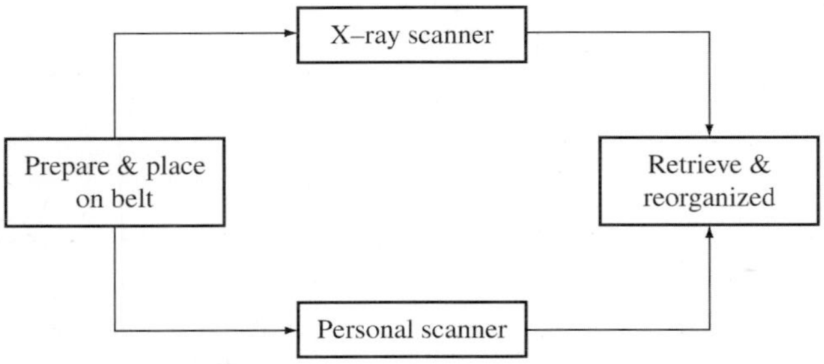

b. The critical path is the one through the X-ray scanner.

The flow time is 30 + 40 × 1.5 + 60 = 150 seconds.

c. The flow time efficiency is 150/530 = 28%

d. The personal scanner is not on the critical path.

5장: 흐름률과 용량의 분석

연습 문제 5.2

a. The capacity of shopping cases is 24/4 = 6 cases per day and the capacity medical cases is 24/6 = 4 cases per day.

The contribution from shopping cases is 6 × 4000 = \$24,000 per day and from medical cases is 4 × 5000 = \$20,000 per day. Shopping is more profitable.

b. The capacity is 4.8 cases per day, and the margin per unit is 0.5 × 5000 + 0.5 × 4000 = \$4500 per case. The margin at capacity is 4.8 × 4500 = \$21,600 per day

c. The profit at capacity is (21,600 × 20) − 500,000 = −68,000 (a loss)

d. An extra paralegal will increase the capacity by 120/5= 24 cases per month. This is worth 24 × 4500 = \$108,000 per month (less the cost of the paralegal)

연습 문제 5.3

a. The capacity is 6 customers per hour:

The unit load from the three hair stylists is 10 + 15 + 5 = 30 minutes per customer. Checking in (LuLu) takes 3 minutes. Thus, the capacity of the stylists is 3 × 60/30 = 6 customers per hour, and of LuLu is 1 × 60/3 = 20 customers per hour. The bottleneck are the stylists.

연습 문제 5.6

a. The variable cost is 33% × 15 = \$5 million per month. The throughput profit multiplier is (18−5)/(18−15) = 13/3 = 4.3

6장; 재고 분석

연습 문제 6.2

BIM Computers: Assume 8 working hours per day.

a. We know Q = 4 wks supply = 1,600 units; R = 400 units/wk = 20,000 units/yr; purchase cost per unit C = 80% × \$1250 = \$1,000. Thus, holding cost $H = rC$ = 20%/year × \$1,000 = \$200/yr. Switch over or setup cost S = \$2,000 + (1/2 hr × \$1,500/day × 1 day/8 hr) = \$2,093.75. Thus, number of setups per year = R/Q = 20,000 units/yr/1600 units/setup = 12.5 setups/yr. Thus,

- Annual setup cost = $(R/Q) \times S$ = 12.5 setups/yr × \$2,093.75/setup = \$26,172/yr.
- Annual Purchasing Cost = $R \times C$ = 20,000 units/yr × \$1,000/unit = \$ 20 M/yr.
- Annual Holding Cost = $(Q/2) \times H$ = 800 × \$200/yr = \$160,000/yr.
- Thus, total annual production and inventory cost = \$20,186,172.

b. The economic order quantity,

$$\mathrm{EOQ} = \sqrt{\frac{2RS}{H}} = \sqrt{\frac{2 \times 20000 \times 2093.75}{200}} = 647 \text{ units.}$$

The associated calculations are as follows:

- Number of setups = R/Q = 20,000/647 = 30.91. Thus, annual setup cost = 30.91 setups/yr × \$2,093.75/setup = \$64,718/yr.
- Annual holding cost = $(Q/2) \times H$ = 323.6 × \$200/yr = \$64,720/yr
- Annual purchasing cost remains \$20M/yr
- The resulting annual savings equals \$20,186,172 − \$20,129,438 = \$56,734.

연습 문제 6.4

Current fixed costs, say, S_1 = \$1000. Current optimal lot size $Q_1 = 400$. New, desired lot size $Q_2 = 50$. Intuitively, since the lot size needs to decrease by a factor of 8 and demand is unchanged, the fixed costs need to go down by a factor of $1/(8)^2 = 1/64$. Thus, the new fixed cost should be \$1000/64 = \$15.625. Formally, we must find the fixed cost S_2 at which Q_2 is optimal. Since Q_1 is optimal for S_1, we have

$$Q_1 = 400 = \sqrt{\frac{2RS_1}{H}} = \sqrt{\frac{2 \times R \times 1000}{H}}$$

So, $R/H = 160000/2000 = 80$. Now,

$$Q_2 = 50 = \sqrt{\frac{2RS_2}{H}}$$

or $S_2 = 50^2/(2 \times 80) = 15.625$. So, the retailer should try to reduce her fixed costs to \$15.625.

연습 문제 6.10

Each retail outlet faces an annual demand, $R = 4000/\text{wk} \times 50 = 200{,}000$ per year. The unit cost of the item, C = \$200/unit. The fixed order cost, S = \$900. The unit holding cost per year, $H = 20\% \times 200$ = \$40/unit/year.

a. The optimal order quantity for each outlet

$$Q = \sqrt{\frac{2RS}{H}} = \sqrt{\frac{2 \times 200{,}000 \times 900}{40}} = 3000$$

with a cycle inventory of 1500 units. The total cycle inventory across all four outlets equals 6000 units.

b. With centralization of purchasing the fixed order cost, S = \$1800. The centralized order quantity is then,

$$Q = \sqrt{\frac{2RS}{H}} = \sqrt{\frac{2 \times 800{,}000 \times 1800}{40}} = 8485$$

and a cycle inventory of 4242.5 units.

7장: 프로세스 흐름 변동성 관리: 안전 재고

연습 문제 7.2

a. Average weekly demand $(R) = 1000$
Standard deviation of weekly demand $(\sigma_R) = 150$.
Lead time $(L) = 4$ weeks.
Standard deviation of demand during lead time $\sigma_{LTD} = \sqrt{L}\sigma_R = 300$.
Current reorder point $(ROP) = 4{,}200$.
Average demand during lead time $(LTD) = L \times R = 4{,}000$.
Current level of safety stock $(I_{safety}) = 200$.
Current order quantity $(Q) = 20{,}000$
Average inventory $(I) = I_{safety} + Q/2 = 200 + (20{,}000/2) = 10{,}200$.
Average time in store $(T) = I/R = 10{,}200/1{,}000 = 10.2$ weeks.
To estimate total costs, observe that the fixed cost per order, S = \$100 and the holding cost per unit per year. H = 25%/year times \$1/year = \$0.25/year
Annual ordering cost = $S \times R/Q$ = \$100 × 2.5 = \$250.
Annual holding cost = $H \times I$ = \$0.25 × 10,200 = \$2,550.

b. We use the EOQ formula to determine the optimal order quantity.

$$Q = \sqrt{\frac{2RS}{H}} = \sqrt{\frac{2 \times 50{,}000 \times 100}{0.25}} = 6{,}325$$

To determine the safety inventory, I_{safety}, for a 95% level of service, we first observe that the z-value = 1.65. Then $I_{safety} = z \times \sigma_{LTD} = 1.65 \times 300 = 495$.

Then, average inventory $(I) = I_{safety} + Q/2 = 495 + (6{,}325/2) = 3{,}657.5$.
Average time in store $(T) = I/R = 3.6575$ weeks.

c. If lead time (L) reduces to 1 week, then standard deviation of demand during lead time $(\sigma_{LTD}) = 150$.
Safety stock for 95% level of service = 1.65 × 150 = 247.5.
Average inventory = 247.5 + (6,325/2) = 3,410.
Average time in store = 3.41 weeks.

연습 문제 7.5

The revenue per crate, p = \$120.00; variable cost, c = \$18.00; and salvage value, v = −\$2.00. The marginal benefit of stocking an additional crate (MB) = $p - c$ = \$120 − \$18 = \$102. The marginal cost of stocking an additional unit (MC) = $c - v$ = \$18 + \$2 = \$20. Then,

$$MB/(MB + MC) = 102/(102 + 20) = 0.836.$$

The probability density of demand and its cumulative probability is listed below.

Demand	**0**	**1**	**2**	**3**	**4**	**5**	**6**	**7**	**8**	**9**	**10**	**11**	**12**	**13**	**14**	**15**
Frequency	0	0	0	1	3	2	5	1	6	7	6	8	5	4	1	3
Prob.	0	0	0	0.02	0.06	0.04	0.1	0.02	0.12	0.13	0.12	0.15	0.1	0.08	0.02	0.06
Cumulative Prob.	0	0	0	0.02	0.08	0.12	0.21	0.23	0.35	0.48	0.6	0.75	**0.85**	0.92	0.94	1

The optimal order quantity is the smallest number of crates such that cumulative probability is at least 0.836. From the table this gives the number of crates to be 12.

연습 문제 7.8

a. To compute the optimal order quantity at each store we use the EOQ formula.
Assume 50 sales weeks/year; H = 25%/year times \$10.
R = 10,000/week = 500,000/year and S = \$1000. Thus,

$$(optimal)\ Q = \sqrt{\frac{2RS}{H}} = \sqrt{\frac{2 \times 500{,}000 \times 1000}{2.5}} = 20{,}000$$

The replenishment lead time (L) = 1 week.
Standard deviation of demand during lead time at each store (σ_{LTD}) = 2,000.
Safety stock at each store for 95% level of service (I_{safety}) = 1.65 × 2,000 = 3,300.
Reorder point (ROP)= $R \times L + I_{safety}$ = 10,000 + 3,300 = 13,300.
Average inventory across four stores (I^d) = 4 ×
(I_{safety} + Q/2) = 4 × (3,300 + (20,000/2)) = 53,200.

Annual order cost for all four stores = 4 × S × R/Q = 4 × 1,000 × 25 = \$100,000.
Annual holding cost for all four stores = $H \times I^d$ = \$133,000.
Average time unit spends in store (T) = I^d / 4 × R = 53,200/40,000 = 1.33 weeks.

b. To compute the optimal order quantity at centralized store observe that this store faces a cumulative average weekly demand = 4 × 10,000 = 40,000. This gives an annual demand of 2,000,000 units.

$$(optimal)\ Q = \sqrt{\frac{2RS}{H}} = \sqrt{\frac{2 \times 2{,}000{,}000 \times 1000}{2.5}} = 40{,}000$$

Standard deviation of demand during lead time at central store

$$\sigma_{LTD} = \sqrt{4} \times 2000 = 4000$$

Safety stock at central store for 95% level of service = 1.65 × 4,000 = 6,600.
Reorder point (ROP) = $R \times L + I_{safety}$ = 40,000 + 6,600 = 46,600.
Average inventory in central store (I^c) = 6,600 + (40,000/2) = 26,600.
Annual order cost for central store = $S \times R/Q$ = \$1,000 × 50 = \$50,000.
Annual holding cost for central store = $H \times I^c$ = \$66,500.
Average time unit spends in the central store = I^c/R = 26,600/40,000 = 0.67.

연습 문제 7.10

Mean demand is, 1000/day with a daily standard deviation 150.

Annual unit holding cost, H = 0.25 × \$2/unit/year = \$5/unit/year.

Review period, T_r = 2 weeks and replenishment lead time, L = 1 week.

a. Average weekly demand, R = 7×1000 = 7,000; weekly standard deviation of demand = σ_R = $\sqrt{7}$ × 150 = 397
Standard deviation of demand during review period and replenishment lead time

$$\sigma_{RLTD} = (\sqrt{T_r + L})\sigma_R = \sqrt{3} \times 397 = 688$$

For a 98% service level z = NORMSINV (0.98) = 2.054 and safety stock

$$I_{safety} = z \times \sigma_{RLTD} = 2.054 \times 688 = 1413$$
$$\text{OUL} = R \times (T_r + L) + I_{safety} = 7000 \times 3 + 1413 = 22{,}413 \text{ units}$$

Average order quantity, $Q = R \times T_r$ = 14,000 and therefore cycle stock = 14,000/2 = 7,000.
Average inventory, $I = Q/2 + I_{safety}$ = 7,000 + 1,413 = 8,413.
Total average annual holding cost = $H \times I$ = 5.0 × 8,413 = \$42,065 per unit per year.

b. If review period, T_r, is reduced 1 week, then, standard deviation of demand during review period and replenishment lead time

$$\sigma_{RLTD} = (\sqrt{T_r + L})\sigma_R = \sqrt{2} \times 397 = 562$$

For a 98% service level z = NORMSINV (0.98) = 2.054 and safety stock

$$I_{safety} = z \times \sigma_{RLTD} = 2.054 \times 562 = 1154$$
$$\text{OUL} = R \times (T_r + L) + I_{safety} = 7000 \times 2 + 1154 = 15{,}154 \text{ units}$$

Average order quantity, $Q = R \times T_r$ = 7,000 and therefore cycle stock = 7,000/2 = 3,500.
Average inventory, $I = Q/2 + I_{safety}$ = 3,500 + 1,154 = 4,654.
Total average annual holding cost = $H \times I$ = 5.0 × 4,654 = \$23,270 per unit per year.
Total savings in holding costs = \$42,065 − \$23,270 = \$18,795 per year.
Of course, now we order twice as frequently. So any associated costs related to placing orders needs to be balanced off against the savings in inventory holding costs of a shorter review period.

8장: 프로세스 흐름 변동성 관리: 안전 용량

연습 문제 8.5

a. We are given:

Average arrival rate, R_i = 18 per hour = 0.3 per minute

Average unit capacity, $1/T_p$ = 2 per hour = 1/30 per minute

$$\text{Cost per server} = \$100 \text{ per hour}$$

$$\text{Desired average time in system} = 40 \text{ minutes.}$$

To determine the number of servers c, we know that capacity utilization should be less than 100%, so

$$\text{Utilization} = \text{inflow/capacity} = 18/2c < 1, \text{ or } c > 9$$

With infinite buffer capacity, the Performance spreadsheet provides the following results:

Number of Servers (c)	Average Number in the System (I)	Average Time in System (T)
10	15	50 minutes
11	11	36.5 minutes
12	10	32.7 minutes

Thus hiring 11 servers limits the average turnaround time of 36.46 minutes which is under the desired target of 40 minutes, at the hourly cost of $1,100.

b. Now suppose the service time is reduced to 20 minutes but the equipment and radiologist costs $150 per hour. Then we have

Average arrival rate, $R_i = 18$ per hour $= 0.3$ per minute,

Average unit capacity, $1/T_p = 3$ per hour $= 1/20$ per minute,

Cost per server = $150 per hour,

Desired average time in system = 40 minutes.

To determine the number of servers c, we should ensure the utilization of less than 100%, so

$$\text{Utilization} = \text{inflow/capacity} = 18/3c < 1, \text{ or } c > 6$$

With $c = 7$, the average time in the system is $T = 32.27$ minutes, which is less than 40 minutes desired.

The cost of hiring seven servers at $150 per hour is $= 7 \times 150 = \$1{,}050$. Thus, it is advantageous to lease the more sophisticated equipment. It reduces the total cost as well as the overall time in the system.

연습 문제 8.7

We are given:

Average arrival rate, $R_i = 52$ per hour $= 52/60$ per minute,

Average unit capacity, $1/T_p = 20$ per hour $= 1/3$ per minute,

Cost of customer waiting =

$1 per minute = $60/hour = $60/hour

Cost per server = $20 per hour.

To determine the number of servers c, we know that we should have a utilization of less than 100%, or

$$\text{Utilization} = \text{inflow/capacity} = 52/\text{hr}/(c \times 20/\text{hr}) < 1 \text{ so that } c > 2.6.$$

Increasing the number of servers from 3 upward, the Performance spreadsheet with infinite buffer capacity yields:

Number of Servers c	Server cost per hour	Average Queue length I_i	Average waiting time T_i	Waiting cost per hour = $\$60I_i$	Total cost per hour
3	$60	4.94	5.69	$296.1	$356.10
4	$80	0.66	0.76	$39.5	$119.6
5	$100	0.16	0.19	$9.6	$109.6
6	$120	0.043	0.049	$2.56	$122.56

Thus Global should staff with 5 agents. Observe that the industry norm of averaging under 3 minutes of waiting can be achieved using only 4 agents.

연습 문제 8.9

a. Reducing variability will reduce the waiting time

b. Server utilization will remain the same, since the average demand and service rates do not change.

연습 문제 8.11

a. Waiting cost = ($60/hr) × (average # of customers waiting) $= \$60I_i = \$94.65$/hr

Blocking cost = ($50/call) × (average # of busy calls/hr) $= \$50/\text{call} \times R \times P_b = \$149.93$/hr

Staffing cost = $15/CSR × (# of CSRs) $= \$15c = \$75$/hr

Total cost = $319.58/hr

b. Now the number of servers c increases to 6 while the buffer capacity K decreases to 9. Recalculate the performance with the spreadsheet (calculations summarized above).

Waiting cost $= \$60I_i = \$30.77$/hr

Blocking cost $= \$50/\text{call} \times R \times P_b = \$29.78$/hr

Staffing cost $= \$15c = \$90$/hr

Total = $150.54/hr

Part	Arrival Rate R_i	Service Time T_p	Number of Servers c	Buffer Capacity K	Capacity Utilization u	Probability of blocking P_b	Average queue length I_i
a	4	1	5	10	79.00%	1.25E-02	1.58
b	4	1	6	9	66.50%	2.48E-03	0.51

Hence, we should add a server, as it yields a cost savings of \$319.58 − \$150.54 = \$169.04/hr.

연습 문제 8.13

a. The average waiting time in queue will decrease, because less variability leads to less waiting, by the queue length formula.

b. The average waiting time in queue will decrease because shorter service time leads to lower capacity utilization and hence less waiting.

9장: 프로세스 흐름 변동성 관리: 프로세스 통제와 프로세스 능력

연습 문제 9.1

a. Given the symmetric shape of normal distribution around its mean, maximum conformance of the output within the given specifications will be achieved by centering the process at the midpoint of the specifications, that is, at $\mu = 32.5$ gms. Now if we desire 98% of the output to conform to the specifications, from the normal distribution tables, the specification limits should be $z = 2.33$ standard deviations on either side of the mean. Therefore, $(35 - 32.5)/\sigma = 2.33$, or $\sigma = 2.5/2.33 = 1.073$ gms. The corresponding process capability ratio is $C_p = (35 - 30)/6\sigma = 0.78$.

b. With sample size $n = 12$, and process precision $\sigma = 1.073$ as above, we can now determine the ideal control limits on subgroup averages of 12 bottles as:

$\overline{X}$ control chart: $\mu \pm 3\,\sigma/\sqrt{n} = 32.5 \pm (3)(1.073)/\sqrt{12} = (31.57, 33.34)$

연습 문제 9.3

From the 26 observations given, we can calculate the average number of errors per thousand transactions $m = 3.3077$, or the average fraction defective $p = 0.0033$, which is much better than the industry average of 0.015.

a. Note that the number of errors N in 1000 transactions has binomial distribution with $n = 1000$ and $p = 0.0033$. Since n is large and p is small, we can use Poisson approximation with mean $c = 3.3077$. Control limits on the number of errors can be determined as $c \pm 3\sqrt{c} = (0, 8.76)$.

b. Observe that three observations 4, 15, and 17 out of the 26 given exceed the UCL = 8.75. Hence, the process is *not* in control, even though on average the bank's performance is better than the BAI standard! The process is not stable, and our estimate of m is not reliable. We first need to stabilize the process by removing assignable causes.

연습 문제 9.5

Given the process mean $\mu = 6$ cm, standard deviation $\sigma = 0.01$ cm, and sample size $n = 10$, the $\overline{X}$ chart control limits are $LCL = \mu - 3\,\sigma/\sqrt{10} = 5.9905$ and $UCL = \mu + 3\,\sigma/\sqrt{10} = 6.0095$ cm

Note that the customer specifications are irrelevant in setting the control limits.

연습 문제 9.8

If D is the diameter of basketballs produced, we need Prob $(29.3 \leqslant D \leqslant 29.7) = 0.98$.

Now we know that Prob $(-2.33 \leqslant Z \leqslant 2.33) = 0.98$, so $z = (29.7 - 29.5)/\sigma = 2.33$ or we need $\sigma = 0.086$ inches.

Hence, the process capability ratio should be $C_p = (USL - LSL)/6\sigma = (29.7 - 29.3)/6\sigma = 0.7752$.

GLOSSARY

용어 해설

10분 내 작업준비(SMED: single minute exchange of dies) 작업준비 시간이 10분 내로 감소 될 수 있는 하나의 시스템.

6-시그마(six-sigma) 백만 개당 3.4개의 불량품만을 생산해 내는 프로세스.

80-20 파레토 법칙(80-20 pareto principle) "약 20%의 문제 유형이 발생건수 기준으로 전체의 80%를 차지한다."라고 설명하는 원칙.

c-도표(c chart) 불량 흐름단위들의 수에 대해 허용 가능한 통제 구간을 보여주는 도표

p 도표(p chart) 제조된 제품 중 허용할 수 있는 불량률이 있는 관리구간을 나타낸 도표: 불량률 도표라고도 함.

R 도표(R chart) 시간이 흐름에 따라 발생하는 변동성의 허용 가능한 관리구간을 나타내는 도표.

ㄱ

가상집중화(virtual centralization) 여러 지역으로 구성된 네트워크의 재고 공유가 제품 가용성에 대한 정보와 수요 충족을 위한 지역 간 제품 배송에 의해 가능한 시스템.

가용손실율(availability loss factor) 계획가용시간 중 자원 가용이 불가능한 비율.

가치 흐름 지도(value stream mapping) 하나의 프로세스에서 부가가치 활동과 낭비 활동들을 나타내며 활동들과 버퍼들의 연관성을 지도로 나타내는 도구.

가편(채찍) 효과(bullwhip effect) 공급망을 구성하는 기관 사이에서 동기화(synchronization)의 결여로 인해 상류(upstream)에서 변동성이 증폭되는 현상.

간판(kanban) 도요타 자동차사에서 개발한 신호 체계. 소비자가 이 신호 체계를 이용하여 공급자에게 수요를 알린다. 소비자와 공급자의 프로세스들 간에 위치한 버퍼에 있는 산출 흐름단위에 부착한 카드 형식을 취하며 소비자의 프로세스 특성, 공급자의 프로세스 특성, 부품의 특성과 생산량이 카드에 명시되어 있다.

강건 설계(robust design) 생산 프로세스 혹은 운영 환경에서의 어떠한 변동에도 실제 성과가 영향을 받지 않도록 제품을 설계하는 것.

경제적 주문량(economic order quantity) 총 변동과 고정비용을 최소화하는 주문량.

계속실사, 재주문점방식(continuous review, reorder point policy) 재고관리 시스템의 한 종류로 재고관리자가 초기에 고정된 주문량을 주문한 후 재고수준을 계속 관찰하여 재고수준이 특정의 재주문점 이하로 하락할 때 주문을 하는 시스템.

계절성 재고(seasonal inventories) 수요와 공급에 계절적 변동을 흡수하기 위한 버퍼로서의 역할을 하는 재고.

계획-집행-점검-실행 주기[Plan-Do-Check-Act (PDCA) cycle] 지속적인 개선을 실천하기 위한 수단으로서 프로세스 계획, 프로세스 운영, 산

출검사, 관측을 통한 조정 등을 포함.

계획이용 가능정도(scheduled availability) 자원 단위가 운영에 투입되도록 계획된 시간의 양.

고갈현상(starvation) 필요한 투입이 고갈되어 강제적으로 자원의 유휴상태가 된 현상.

고정작업준비비용(fixed setup cost) 작업준비를 위해 사용한 시간과 자원.

고정 주문비용(fixed order cost) 주문량과 무관한 주문처리 관리비용, 자재수송비용, 제품인도비용, 제품검사비용.

공급자 관리 재고(VMI: vendor managed inventory) 공급자가 고객이 위치해 있는 곳에서 필요한 재고의 수준을 결정하고 이 수준을 유지하기 위해 재고가 보충되도록 준비하게 되는 공동제휴 프로그램.

공급체인(supply chain) 다양한 소유권 형태의 서로 연결된 시설들의 총체적인 네트워크를 지칭하는데, 연결된 시설들 사이에는 정보와 물자의 흐름이 있게 된다. 이러한 네트워크에는 원재료 공급자들, 최종 완제품 생산자들, 도매업자들, 배급업자들, 소매업자들이 포함된다.

공동계획, 예측, 재고보충(CPFR: collaborative planning, forecasting, and replenishment) 공급망의 계획, 예측과 주문 기능을 통합하기 위해 소비재 산업에서 만든 일련의 방안.

공장(plant) 공장 부지, 서비스 단위, 또는 저장 창고 등과 같이 독립적으로 소유, 관리, 운영되는 시설.

공장 내 공장(PWP: plant-within-a-plant) 공장 내의 모든 시설들이 여러 개의 작은 공장으로 나누어져 각각이 특정한 임무에만 초점을 맞춘 프로세스를 수행함으로써 그 임무에 전념할 수 있게 되어 있는 공장.

과업의 여유시간(slack time of an activity) 하나의 과업이 프로세스 흐름 시간에 영향을 주지 않으면서 지연될 수 있는 시간.

관리 범위(control band) 프로세스 변동이 정상으로 간주되는 범위.

관리도(control chart) 관리범위를 결정하여 의사결정 능력을 지닌 프로세스 수행을 기록한 차트.

관리상한(UCL: upper control limit) 관리 한계의 상한.

관리하한(LCL: lower control limit) 관리 한계의 하한.

관리한계(control limits) 관리구간의 상한과 하한.

교환관계(trade-off) 운영 최전선 상에서 한 측면이 감소하면 다른 측면은 증가하는 관계.

규격하한, 성과 수용하한(LS: lower specification) 수용 가능한 구간의 하한.

규모의 경제(economies of scale) 평균 단위비용이 수량이 증가함에 따라 감소하는 특성을 지니는 프로세스.

기능별 전문화(functional specialization) 작업자의 기능에 따라 특화되는 조직 구조 또는 프로세스. 각 작업자는 특화된 업무만을 취급한다.

기능 전략(functional strategy) 조직의 3대 기능인 재무, 마케팅과 운영의 목표를 정의하는 전략적 계획.

기능(중심)배치(functional layout) 프로세스 활동의 특성에 따라 조직 자원을 통합하는 프로세스 설계 방법.

기업전략(corporate strategy) 전략적 계획의 일부로써 기업영역을 결정하여 그 범위 내에서 기업이 영업하고 핵심 자원을 취득하여 할당한다.

기회비용(opportunity cost) 자금이 어떤 활동에 투자되므로 인해 다른 투자 대안에서 얻지 못하게 된 수익.

ㄴ

낭비(waste) 비효율적으로 생산하고, 불량한 제품들을 생산하거나, 수량에서 너무 많거나 너무 적은 양을 생산하고, 제품을 너무 이르거나 너무 늦게 배달하는 것 등으로 인하여 가장 경제적으로 고객의 수요를 충족시키는 데 실패하는 것.

노동(labor) 엔지니어, 작업자, 서비스 안내자 또는 판매 직원 등을 포함한 인적자원 자산.

노동의 분업(division of labor) 노동을 기본 단위로 분할한 후 노동자와 기계에 할당하여 생산효율성을 올리는 방안.

ㄷ

다중변동도(multi-vari chart) 표본 추출된 성과척도 값의 상위, 평균, 하윗값을 나타내는 도표.

단위생산자원의 유효용량(effective capacity of a resource unit) 생산자원 단위가 순가용시간 내에 완전히 사용될 경우 달성할 수 있는 최대 흐름률.

단위생산자원 풀의 유효용량(effective capacity of a resource pool) 하나의 풀에서 모든 생산자원 단위의 유효용량들의 합.

단일-단계 서비스 프로세스(single-phase service process) 각각의 고객이 하나의 서비스 시설에 의해 처리되고, 이러한 서비스 시설에 의해 수행된 작업들이 하나의 활동으로 결합한 서비스 프로세스.

대기고객 처리규칙(server order discipline) 대기하고 있는 고객들이 처리되는 순서.

대기주문(backlogged) 고객이 자신의 수요가 충족되기를 기다리는 상태.

대기행렬 길이 공식(queue length formula) 서버 사용률, 서버의 수, 그리고 도착 및 서비스 변동성에 의해 결정되는 평균 대기행렬 공식.

대량생산(mass production) 다량의 제품 생산.

도착 간격 시간(interarrival time) 순차적으로 도착한 고객들 간의 시간적 간격.

ㄹ

리드타임(lead time) 주문시점부터 주문량이 도착하는 시점까지의 시간 간격.

리드타임 수요(lead time demand) 리드타임 기간의 흐름단위 수요량.

리엔지니어링(reengineering) 비용, 품질, 서비스, 그리고 속도 등의 중요한 성과 척도를 극적으로 개선하기 위한 근본적인 사고의 변혁과 비즈니스 프로세스의 재설계.

리틀의 법칙(Little's law) 세 가지 프로세스 성능 척도의 관계를 정의하는 법칙. 평균 재고=평균 흐름률×평균 흐름 시간

ㅁ

목표재고(order upto level) 주기적 재고관리 정책을 사용할 때 사용하는 목표 재고량.

물리적 재고보유비용(physical holding cost) 재고 보유로 인한 실제 지출.

물리적 집중화(physical centralization) 기업의 모든 재고를 한 곳에 통합하여 모든 고객을 서비스하는 것.

미국 제조 시스템(American system of manufacturing) 조립할 때 부품을 상황에 따라 맞춤 제작을 할 필요가 없는 호환성 부품을 소개한 미국의 제조 시스템으로 1810년도에 시작.

ㅂ

버퍼(buffer) 한 가지 활동을 마치고, 다음 활동의 시작을 기다리는 흐름단위를 저장하는 프로세스의 한 부분.

버퍼용량(buffer capacity) 버퍼에서 기다릴 수 있는 최대 흐름단위 양.

벤치마킹(benchmarking) '최고 중의 최고'가 되기 위해 최선의 방법, 최상의 실무, 최선의 프로세스를 지속적으로 탐색하고, 보다 나은 특징을 꾸준히 수용하는 과정.

변동계수(coefficient of variation) 평균과 변동량의 상대적 크기를 보여주는 척도. 분산/평균

병목(bottleneck) 처리능력이 가장 느린 자원 풀(pool). 이론적 병목(Theoretical bottleneck) 및 유효 병목(Effective bottleneck)도 참조.

복수 생산(load batching) 생산자원이 복수의 흐름단위를 프로세스 하는 현상. 생산된 제품량을 로드 뱃치라고 한다.

봉쇄율(proportion blocked) 투입 버퍼의 부족으로 프로세스에 들어가지 못하는 도착 평균비율.

부가가치 활동(value-adding activities) 고객들이 중요시하기 때문에 흐름단위의 경제적 가치를 증가시키는 활동.

불량률 도표(fraction defective chart) p 도표 참조.

불량품 수 도표(number of defectives chart) c 도표 참조.

비부가가치 활동(non-value-adding activities) 기업의 프로세스에 필요하지만 직접적으로 흐름단위의 가치를 증가시키지는 않는 활동.

비정상적 변동(abnormal variability) 예상치 못한 방식으로 분포의 모수가 변동됨으로써 프로세스의 통계적 균형상태가 깨어지는 예상치 못한 변동성.

비즈니스 프로세스(business process) 생산자원에 의해 수행되는, 투입을 산출로 변환하는 활동으로 구성되는 네트워크.

ㅅ

사업전략(business strategy) 기업을 구성하는 각 사업부나 사업단위가 영위하는 사업의 범위를 각 사업부가 제공할 제품의 속성과 표적 세분시장 기준으로 정의한 내용을 담고 있는 계획.

산출(outputs) 프로세스에서 다시 환경으로 돌아가는 유/무형의 품목들. 예를 들어 완제품, 처리된 정보, 재료, 에너지, 현금, 그리고 만족한 고객 등.

산포도(scatter plot) 통제 가능한 프로세스 변수가 최종 제품 특성에 어떻게 영향을 미치는가를 나타내는 그래프.

생산능력 공유화(pooling capacity) 다양한 수요자들이 가용용량(생산능력)를 함께 사용하는 것.

생산단위당 과업별 소요시간(work content of an activity) 평균 방문 수에 활동 시간을 곱한 값으로, 흐름단위의 전환을 위해 필요한 시간의 총량을 측정한 값.

생산 뱃치(production batch) 생산결과로 나오는 묶음 단위.

생산성 딜레마(productivity dilemma) 다양하지만 생산성이 낮은 제품들을 생산할 것인가와 생산성은 높지만 다양하지 않은 제품들을 생산할 것인가의 선택 문제.

생산자원(resources) 프로세스를 통해 투입을 산출로 바꿀 수 있도록 하는 유형의 자산. 자원은 크게 두 가지로 나뉜다: 토지, 건물, 시설, 장비, 기계, 정보시스템 등과 같은 고정 자산을 포함하는 자본과 기술자, 운영자, 고객서비스 상담원, 판매원 같은 사람들을 포함하는 노동.

생산자원 운전중단(resource breakdown) 장비 고장에 연유하여 프로세스를 위해 자원을 사용하지 못하게 됨.

생산자원 유휴(resource idleness) 가용자원을 지니고 있지만 단위들을 처리하지 못하도록 프로세스 용량에 영향을 주는 요소들. 예를 들면 고갈현상과 장애 같은 요소들이 있다.

생산자원 풀의 용량 가동률(capacity utilization of a resource pool) 생산자원이 프로세스에 의해 활용되는 정도; 자원 풀의 이론적 용량에 대한 흐름률의 비율.

생선뼈 그림(fishbone diagram) 원인 결과도 참조 바람.

서비스 운영(service operations) 서비스를 제공하는 프로세스들.

서비스율(service rate) 프로세스율(processing rate) 참조.

선행관계(precedence relationships) 여러 활동들의 완료순서를 결정해주는 선후관계.

선형도표(histogram) 관찰된 특정 행위의 확률 분포를 막대기 도형으로 표현한 도표.

설계품질(quality of design) 제품 명세가 고객 요구를 충족하는 정도.

성과수용상한(US: upper specification) 허용 가능한 성과의 상한.

셀 방식 배치(cellular layout) 한 제품(또는 제품 족: product family)의 생산을 위해 연속적으로 행해지는 조업을 수행하는 모든 작업장(stations)을 활동의 수행순서에 따라 배치한 생산자원의 배치방법.

수요관리 전략(demand management strategies) 수요 패턴에 영향을 가하기 위한 기업의 활동.

수요추종 전략(chase demand strategy) 수요 변화와 정확하게 맞추어 생산하여 수요 변동에 대처하는 전략.

수요 충족률(fill rate) 총 수요량 중 재고로 충족되는 수요의 비율.

수익률(rate of return) 투자자가 일정 기간 후 회수 시에 요구하는 보상.

순간 재고누적률(instantaneous inventory accumulation rate) 순간적 투입률과 산출률의 차이, $\Delta R(t)$로 표시한다.

순간 재고축적률(instantaneous inventory buildup rate) instantaneous inventory accumulation rate 참조.

순한계비용(net marginal cost) 단위당 한계구매비용과 처분가치의 차이.

순한계이익(net marginal benefit) 제품의 단위가격과 한계구매비용의 차이.

순현재가치(net present value) 미래기대 현금흐름을 현재가치로 환산하여 계산된 금전적인 기대손익척도.

시계열분석(time-series analyses) 과거 자료에 의한 예측 기법.

시장유지 전략(market-driven strategy) 기업이 주요 경쟁우선순위를 정하고 이를 지원하는 과정을 개발하는 두 가지 전략대응 중 하나(또 다른 전략대응은 프로세스 위주 전략).

신문판매 문제(newsvendor problem) 불확실성하의 의사결정모형으로서 의사결정자가 과다주문의 기대비용과 과소주문의 기대비용을 고려하여 최적의 주문량을 결정하는 기본적인 모델.

ㅇ

안돈(andon) 게시판을 의미한다. 도요타 생산방식에서 작업자는 줄을 당김으로써 라인을 정지시키는 권한을 부여받았다. 안돈은 라인을 정지시킨 작업장이 어디인지를 감독자가 쉽게 파악할 수 있게 하는 장치이다.

안전시간(safety time) 회사가 약속된 날짜에 서비스를 확실히 제공할 수 있게 하려고 기대시간 이상 허용해야 하는 시간 한계.

안전용량(safety capacity) 고객 유입에 대응할 수 있는 초과적인 처리 용량.

안전재고(safety inventories) 공급중단이나 수요 불확실에 대비하기 위한 재고.

안정성 조건(stability condition) 안정적인 프로세스를 보장하기 위해서는 평균 투입률이 평균 처리율보다 적어야만 한다는 조건. 지체시간과 대기행렬을 제한하는 것이 필요하다.

안정적 프로세스(stable process) 장기적으로 평균 투입률이 평균 산출률과 같게 되는 프로세스.

약속된 기일(promised duration) 주문이 이루어진 후 고객에게 언제까지 배달될 것이라고 알려주는 시간 계획.

연기(postponement) 차별화 참조.

예방정비(preventive maintenance) 계획된 자원 정비활동.

예측(forecasting) 미래를 예상하는 과정.

완제품(산출) 재고(outputs inventory) 재고 분류 중 하나; 프로세스를 마쳤으나 아직 프로세스를 벗어나지 않은 흐름단위.

용량 낭비 요인(capacity waste factor) 낭비된 자원의 이론적 용량의 비율.

운송뱃치(transfer batch) 운송이나 이동에서의 뱃치 크기.

운송재고(in-transit inventory) 일종의 재공 재고. 수송 중인 재고. 파이프라인 재고라고도 불린다.

운영(operations) 제품 또는 서비스를 설계, 생산, 인도하는 기업 프로세스.

운영 유효도(operational effectiveness) 기업의 프로세스 관리 척도.

운영전략(operations strategy) 전략계획의 한 측면으로 기업이 기업전략에 따라 제품을 생산하고 인도할 수 있도록 하는 최선의 비즈니스 프로세스를 구성하고 개발하는 것.

운영 최적선(operations frontier) 경쟁적인 제품공간에서 모든 산업지위를 포함하는 작은 곡선.

유연대량생산(flexible mass production) 다양한 제품을 생산할 수 있는 대량생산 기법.

유연생산시스템(FMS: flexible manufacturing system) 다양한 부품을 생산할 수 있는 재프로그래밍이 가능한 생산시스템.

이론적 병목(theoretical bottleneck) 최소한의 이론적 용량을 지닌 하나의 자원 묶음.

이론적 재고(theoretical inventory) 프로세스의 평균 흐름률을 균형 상태로 유지하는 데 필요한 최소한의 재고.

이론적 흐름 시간(theoretical flow time) 전형적인 흐름단위를 기다림 없이 처리하는 데 필요한 최소한의 시간.

이상적 프로세스(ideal process) 가장 낮은 비용으로 달성된 프로세스의 통합.

이시가와 도표(ishikawa diagram) 원인결과도 참조 바람.

인과관계도(cause-effect diagram) 관찰된 변동성의 근본적인 원인을 발견해낼 수 있게끔 일련의 인과관계를 나타내는 도표.

인과모형(causal models) 과거의 수치 자료 외에 다른 요인이 수요에 영향을 미친다는 가정을 토대로 하는 예측 방법.

일회 주문량(batch) 규모의 경제를 고려하여 정하는 일회 주문량의 크기.

일회 주문량(lot size) 작업준비 후 연속적으로 프로세스 되는 흐름단위의 수.

일회 주문량(setup batch) 로트 크기 참조.

입도선매(forward buying) 가격 할인의 이점을 얻기 위해 미래의 수요를 미리 구매하는 행위.

ㅈ

자동화(jidoka) 지능적 자동화 시스템으로써 불량탐지 기능을 생산기계에 내장시킨 경우.

자동보충방식(CRP: continuous replenishment program) 기업 간의 제휴를 통해 공급자가 상호협약조건에 따라 능동적으로 소비자의 재고를 통제하는 방안.

자본(capital) 토지, 건물, 시설, 장비, 기계 및 정보시스템과 같은 고정자산.

자원가용손실(resource availability loss) 프로세스를 위한 가용 자원이 고갈되어 프로세스 용량에 영향을 주는 요인들의 한 범주.

자원 단위(resource unit) 자원 묶음에서의 각각의 단위.

자원 단위의 단위 로드(unit load of a resource unit) 자원이 각각 흐름단위를 처리하는 데 필요한 시간.

자원 단위의 이론적 용량(theoretical capacity of a resource unit) 자원 단위가 (유휴기간, 자원 가용성의 손실, 작업준비로 인한 시간 손실 등이 없이) 충분히 활용되고 있을 때의 최대 유지 가능한 흐름률.

자원 풀(resource pool) 동일한 활동들을 수행할 수 있는 교체 가능한 자원들의 묶음.

자원 풀의 이론적 용량(theoretical capacity of a

resource pool) 하나의 자원 풀의 모든 자원 단위들의 이론적 용량들의 총합.

자원 병합(resource pooling) 서로 상이한 자원 묶음들을 유연하게 만들어 서로 다른 자원 묶음들이 수행했던 작업들을 다룰 수 있게 하는 것.

자원 순가용 시간(net availability of a resource) 흐름단위의 프로세스에 사용 가능한 자원의 실제 기간; 일정계획상의 가용자원과 그 손실분의 차이.

자재소요계획(MRP: material requirements planning) 최종제품 수요예측을 기초로 제품 구조('자재명세서'), 프로세스 리드타임, 그리고 중간 생산스테이션에서의 재고수준 등에 근거하여 중간 생산스테이션에서의 부품 소요를 결정하는 계획 수단.

작업 전환 준비(changeover) 다른 품목을 생산할 수 있게끔 기계 공구를 청소, 조절 또는 교환하는 과정.

작업준비(setup) 작업 전환 준비(changeover)참조.

잡샵(job shop) 프로세스 구조의 일종으로 유연생산 자원을 사용하여 다품종 소량을 생산한다.

재고(inventory) 프로세스 구역 내에 존재하는 흐름단위의 량.

재고 보유비용(inventory holding cost) 재고를 보유하는데 발생하는 재무비용. 물리적 보유비용과 기회비용 두 부류로 구성된다.

재고생산(make-to-stock) 고객 주문을 기대한 생산.

재고 축적도(inventory buildup diagram) 일정 기간의 재고 변동을 표시한 도표.

재고 통합(pooling inventory) 다양한 수요자들이 가용재고를 함께 사용하는 것.

재고 회전(inventory turns) 흐름률과 평균 재고의 비율. 평균 흐름시간과 반비례한다.

재고 회전율(turnover ratio) See inventory turns.

재공 재고(in-process inventory) 일종의 재고 분류. 프로세스 내의 재고. 재공품 재고 참조 바람.

재공품 재고(work-in-process inventory) 제조 혹은 서비스 운영 프로세스 내에서 처리되고 있는 흐름단위들.

재주문점(reorder point) 재주문 시 재고수준.

적시 생산(just-in-time) 필요할 때 적시에 행해지는 활동. 생산면에서 볼 때 적정생산량을 적시에 생산하는 행위.

적합품질(quality of conformance) 실제제품이 선택된 설계명세에 적합한 정도.

전략적 적합(strategic fit) 기업이 추구하는 경쟁우위와 그 경쟁우위를 달성하기 위하여 사용하는 프로세스 구조와 경영방침 간의 일관성.

전량할인(all-unit quantity discount policy) 구매수량이 일정량을 넘게 되면 모든 구매량에 대해 할인을 받는 방식; 점진적 할인(incremental unit discount policy)참조.

전사적 자원관리(TQM: Total Quality Management) 품질관리를 거시적 관점에서 고객 중심으로부터, 품질을 개선하고, 공급자와 고용인들을 포함하고, 문제 발생 방지를 강조하고, 문제점의 조기발견과 교정, 그리고 장기간의 지속적인 개선을 이루려는 경영 방식.

점진적 단위 할인 정책(incremental unit discount policy) 일정량 이상의 구매가 이루어졌을 때 일정량을 초과하는 수량에만 할인을 받는 정책; 전량할인정책 all-unit quantity discount policy 참조.

정보기술(information technology) 자료를 수집하고 계획하고 운영할 수 있도록 프로세스 전체를 지원하고 있는 하드웨어와 소프트웨어.

정상 변동성(normal variability) 기업의 프로세스에 필요하지만 직접적으로 흐름단위의 가치를 증가시키지는 않는 활동.

제 1 유형 오류(type I error) 정상적인 변동이지만, 프로세스 성과가 관리구간 밖으로 벗어나는 상황.

제 2 유형 오류(type II error) 비정상적인 변동이어서 규명 가능한 원인이 있음에도 프로세스 성과가 관리구간 내에 들게 되는 상황.

제곱근 법칙(square root law) 특정한 서비스 수준을 제공하는 데 필요한 총 안전 재고는 재고가 저장되어 있는 장소들 숫자의 제곱근만큼 증가한다는 법칙.

제조(manufacturing) 제품생산프로세스(제품운영이라고도 함).

제품가치(product value) 어떤 특정고객이 제품에 대해 지불하고자 하는 가격.

제품경쟁공간(competitive product space) 제품의 네 가지 특성(비용, 시효성, 다양성, 품질)을 척도로 하여 표현한 기업의 제품 포트폴리오.

제품다양성(product variety) 고객의 필요를 충족하기 위해 제공되는 선택의 범위.

제품배달 반응시간(product delivery response time) 고객이 제품 주문 후 받기까지 기다려야 하는 시간.

제품별 배치(product layout) 자원의 위치가 제품 프로세스 요건들에 의해 결정되는 프로세스 설계 유형의 하나.

제품속성(product attributes) 고객이 중요시하는 제품의 특성.

제품원가(product cost) 고객이 제품을 소유하고 경험하는데 발생하는 비용.

제품 전문화(product specialization) 개개인이 특정 제품라인에 전념하도록 배정되어 개인들이 제품별로 전문성을 가지는 프로세스와 조직 구조. (이에 대응되는 조직구조는 프로세스/기능 전문화임).

제품품질(product quality) 제품의 우수성의 정도; 제품이 얼마나 제 기능을 수행하는가 정도.

제품-프로세스 행렬(product-process matrix) Hayes and Wheelwright(1979)가 제안한 것으로 프로세스를 제품들에 대응시키는데 사용되는 도구.

조달 묶음(procurement batch) 구매 묶음 단위.

주기서비스수준(cycle service level) 주문주기 내에 제품 고갈이 발생하지 않을 확률.

주기 재고(cycle inventory) 특정 뱃치크기에 따르는 평균 재고.

주기적 재고관리 정책(periodic review policy) 재고관리자가 주기적으로 재고량의 수준을 조사하여 미리 정해진 수준으로 재고량을 채울 수 있도록 주문량을 정하는 재고관리 정책; 주기적 재고 목표량 관리 정책이라고도 함.

주문 생산(make-to-order) 고객 주문에 따른 생산.

주문중 재고(on-order inventory) 도착하지 않았지만 이미 주문된 재고.

지속적 개선(continuous improvement) 지속적이고 점진적으로 진행되는 프로세스 수정 과정.

지속적 개선(kaizen) 지속적으로 프로세스의 낭비요인들 (예를 들어 재고, 대기시간, 또는 불량품을) 일으키는 원인을 색출하고 수정하는 행위.

집계도(check sheet) 소비자가 경험하는 제품 또는 서비스의 불량 또는 문제가 발생하는 빈도.

집중화 전략(focused strategy) 소수, 동질의 수요에 치중하여 공급하는 비즈니스 프로세스 전략.

집중화 프로세스(focused process) 소수의 제품 품종에 집중하여 생산하는 프로세스. 이러한 프로세스는 집중화 전략의 산물이다.

ㅊ

차단(blocking) 투입 저장공간(input buffers)이 제한적이어서 프로세스에서 진행을 기다려야 할 투입(서비스에서는 고객의 도착: arrival)을 더 이상 수용할 수 없는 상황.

차별화 지연(delayed differentiation) 프로세스의 일부를 지연시켜 안정재고를 줄이는 전략.

처리시간(processing time) 활동시간 참조.

총 단위 부하(total unit load) 한 흐름단위를 처리하기 위해 하나의 생산자원 단위가 사용해야 하는 시간의 양으로서, 생산규모에 따른 준비 시간도 포함한다.

총 자원사용시간(takt time) 각각의 프로세스 자원들이 수요를 충족시키기 위해 하나의 흐름단위에 사용하는 최대 시간. 이용 가능한 총 프로세스 시간을 그 시간 동안의 총 수요량으로 나눈 것. 이용 가능한 운영시간만을 고려하면 총 자원사용시간은 흐름률의 역수이다.

총자산수익률(return on total assets) 기업이 투자자들에게 수입을 벌어주기 위해 자산을 얼마나 잘 이용하였는가를 나타내는 재무지표.

추이도(run chart) 시간에 따라 관찰된 프로세스 성과의 척도를 그래프로 나타낸 것.

층화(cascading) 특정 프로세스에 대해 하나의 프로세스흐름도(process flowchart)에서 몇 단계의 세부 내용을 동시에 표현하는 것.

ㅌ

통계적 품질관리(statistical quality control) 표본단위들을 샘플링하고 프로세스의 품질을 보장하기 위하여 통계적 이론을 사용하는 관리 기법.

통합 법칙(aggregation, principle of) 여러 확률변수를 합친 값의 표준편차는 개별표준편차의 합보다 작다는 통계 원칙.

투입(inputs) 환경으로부터 흘러들어오는 형태가 있거나 또는 형태가 없는 흐름단위. 원자재, 부품, 에너지, 데이터, 또는 소비자의 수요 등을 포함함.

투입률(inflow rate) 일정 기간에 도착하는 흐름단위의 평균 흐름률.

투입 재고(inputs inventory) 일종의 재고 부류. 프로세스 대기 중인 흐름단위.

ㅍ

파레토 도표(pareto chart) 문제유형별 발생빈도 수를 내림차순으로 나타내는 막대그래프.

파이프라인 재고; 운송재고(pipeline inventory) 재공재고 분류의 하나; 운송 중인 흐름단위. 운송재고라고도 함.

판매 촉진(trade promotion) 짧은 기간만 제공되는 가격할인 정책.

평균 도표(X-bar chart) 시간에 걸쳐 표본 평균값들이 변하는 것을 허용하는 관리구간을 나타낸 도표.

평균 흐름률(average flow rate) 평균적으로 단위시간 동안 프로세스를 거쳐나가는 흐름단위 개수. 스루풋(throughput)이라고도 함.

평균 흐름시간(average flow time) 특정 기간 프로세스를 거쳐 나가는 모든 흐름단위가 평균적으로 걸린 시간.

평시 염가 정책(EDLP: everyday low pricing) 소매가격에 대한 일시적 할인을 하지 않으며 항상 일정한 낮은 가격으로 공급하는 정책.

평시 저구매가 정책(EDLPP: everyday low purchase prices) 도매가격에 대한 일시적 할인을 하지 않으며 항상 일정한 낮은 가격으로 공급하는 정책.

평준화(heijunka) 평준화 생산전략 참조바람.

평준화 생산(level production) 소비자의 수요에 부합하는 소량 다품종 제품을 높은 빈도로 생산하는 스케줄.

평준화 생산 전략(level-production strategy) 수요가 계절성을 보일 때 생산율을 꾸준히 유지시켜 수요가 낮은 기간에 누적한 제품을 수요가 높은 기간으로 투입하여 높은 수요를 충족한다.

포기(abandonment) 대기행렬에서 얼마 동안 기다린 고객이 일을 보기 전에 떠나는 상황.

포기율(proportion abandoning) 프로세스에 진입하지만 서비스가 시작되기 전에 포기하는 고객의 수.

포카요케(방우설계)(poka yoke) 사용자가 실수하지 않도록 하는 부품의 설계, 제품, 또는 프로세스.

푸쉬(push) 고객 수요가 아닌 투입 자원 가용성에 의해 생산이 시작되는 프로세스.

풀(pull) 생산개시 신호가 고객에 의해 발생되어 각 생산 스테이션이 고객의 수요에 의해서만 생산하는 프로세스.

품질기능전개(QFD: quality function deployment) 제

품의 기능에 대한 고객의 필요를 구체적인 설계명세로 변환하는데 사용될 수 있는 개념적 구조.

프로세스(process) 투입을 산출로 전환시키는 조직 또는 조직의 일부분.

프로세스 계획(process planning) 기업이 원하는 방향으로 프로세스 능력을 개선할 수 있도록 내부적 조치를 찾아내고 관리정책을 구체화하는 것.

프로세스 네트워크(processing network) 상호 연결된 경로들을 통한 복수의 제품들의 정보와 물자의 흐름으로 구성된 시스템.

프로세스 능력(process capability) 고객 요구를 충족할 수 있는 프로세스의 능력.

프로세스 동기화(process synchronization) 고객의 수요를 양, 시간, 질, 지리적 요건 등의 관점에서 충족시킬 수 있는 프로세스의 능력.

프로세스 배치(process layout) 기능적 배치 참조.

프로세스 비용(원가)(process cost) 산출을 생산하고 인도하는데 드는 모든 비용.

프로세스 비율(processing rate) 서버에 의해 고객들이 처리되는 속도. 서비스율이라고도 함.

프로세스 설계(process design) 고객의 기대를 충족할 수 있는 능력을 가장 잘 개발할 수 있는 프로세스 구조를 선택하는 시스템.

프로세스 용량(생산능력)(process capacity) 유지 가능한 최대 프로세스 흐름 속도.

프로세스 위주 전략(process-driven strategy) 기업이 주요 경쟁우선순위를 정하고 이를 지원하는 과정을 개발하는 두 가지 전략 대응(fit)중 하나로서 프로세스 능력들을 먼저 판단하고 나서 어떤 시장지위가 이러한 프로세스들에 의해 가장 잘 지원될 것인가를 파악하는 전략대응(또 다른 전략 대응은 시장위주전략).

프로세스 유연성(process flexibility) 원하는 다양한 제품을 생산하고 인도할 수 있는 프로세스의 능력.

프로세스 유효용량(effective capacity of a process) 유효병목의 유효용량.

프로세스의 이론적 용량(theoretical capacity of a process) 이론적 병목의 이론적 용량.

프로세스 척도(process metrics) 프로세스의 성과를 추적할 수 있는 측정 가능한 차원.

프로세스 통제(process control) 실제 프로세스 성과가 단기적으로 계획에 부합되도록 지속적으로 확인하는 것에 초점을 맞춘 프로세스 관리 측면.

프로세스 품질(process quality) 양질의 제품을 생산하고 인도하는 프로세스의 능력.

프로세스 효율성(process efficiency) 총 프로세스 비용으로 측정된 프로세스 성과.

프로세스 흐름관리(process flow management) 프로세스가 어떻게 운영되어야 하며 어떤 자원들이 어떤 활동에 배분되어야 하는지를 명세한 관리정책.

프로세스 흐름도(process flowchart) 투입, 산출, 흐름단위, 활동/버퍼 네트워크, 활동에 배분된 자원, 그리고 정보구조 등을 식별할 수 있도록 프로세스를 그림으로 나타낸 것.

프로세스 흐름시간(process flow time) 프로세스 흐름 참조.

프로세스 흐름척도(process flow measures) 관리자가 통제할 수 있는 프로세스 성과의 내부 척도들. 이들 척도(흐름시간, 흐름률, 그리고 재고)를 통해 프로세스 흐름의 핵심을 파악할 수 있음.

플로우 샵(flow shop) 특정한 자원을 사용하여 소품종 대량생산을 하는 프로세스 형식.

피드백 통제(feedback control) 프로세스 수행을 기간별로 감시한 후 이상적 목표와 비교하여 차이가 발생하는 원인을 분석한 후 수정을 가하는 행위.

ㅎ

하위프로세스(sub-process) 활동들은 하위 활동들로 전개되는데 이러한 하위 활동들의 집합체가 독립된 프로세스로서 간주되고 자체적인 투입, 산출, 활동 등을 가지게 된다.

한계분석(marginal analysis) 추가의 한 단위구매 시 예상 비용과 효익을 비교하는 분석.

핵심경로(critical path) 흐름도표 상의 가장 긴 경로.

핵심활동(critical activities) 핵심경로 내의 활동.

확률변동성(stochastic variability) 서비스 프로세스들에서 발생하는 예측 불가능하고 임의적인 변동.

활동: 과업(activity) 변환의 가장 단순한 형태. 프로세스를 이루는 기본 단위.

활동(과업)및 버퍼(완충)의 네트워크(network of activities and buffers) 어느 한 활동의 산출이 중간 버퍼 등을 통과하여 다른 활동의 투입이 되도록 서로 연결된 프로세스 활동.

활동시간(activity time) 한 흐름단위가 활동을 한번 마치는 데 필요한 시간.

흐름단위(flow unit) 프로세스의 관점에서 분석되는 단위. 예를 들어 프로세스의 투입 흐름단위로서 고객주문 또는 프로세스의 산출 흐름단위로서 완성품을 예로 들 수 있다. 흐름단위는 투입단위와 산출단위의 화폐 가치일 수도 있다.

흐름률(throughput) 평균 흐름률 참조

흐름률 개선 지도(throughput improvement mapping) 프로세스 관리자가 흐름률을 증가시키기 위해 어떤 요소가 가장 필요한가 하는 것을 알아내는 과정.

흐름시간(flow time) 흐름단위가 프로세스 범위 내에서 사용하는 시간.

흐름시간 효율성(flow-time efficiency) 평균 흐름시간과 이론적 흐름시간의 비율로써 프로세스 내에서의 대기시간이 차지하는 비중을 나타냄.

흐름량(flow rate) 프로세스 내의 특정 지점을 주어진 기간 내에 흘러 지나가는 흐름단위 수.

흐름 지체 곡선(throughput delay curve) 어떠한 프로세스의 평균 흐름 시간을 가동률의 함수로 나타낸 그래프.

INDEX

찾아보기

ㄱ

ㄴ

ㄷ

ㄹ